시간의 연대기

시간의 연대기

잊힌 시간 형태의 기록

이창익 지음

책을 내면서

이 책은 안에서 밖으로 투영되는 시간이 아니라 밖에서 안으로 스며드는 시간을 묘사하고 있다. 즉 인간이 세계를 향해 내뿜는 주관적인 시간이 아니라, 세계가 인간의 몸과 영혼에 주입하는 객관적인 시간을 이야기하고 있다.

나의 내면은 몸 밖에 있는 모든 인간, 모든 사물, 모든 공간에 시간치(時間値)를 매긴다. 세상의 모든 것은 일정한 시간치를 얻을 때만 내 안으로 온전히 흡수될 수 있다. 인간은 시간이라는 소화액으로 세상을 집어삼킨다. 이러한 시간은 인간이라는 '시간 거미'가 세상을 향해 쏘는 거미줄 같은 것이다. 거미줄에 걸리면 시간이 될 것이고, 거미줄을 피하면 무시간으로 떨어질 것이다.

우리의 언어는 고작해야 과거, 현재, 미래 같은 시간치밖에 모른다. 그러나 우리는 이보다 훨씬 복잡한 방식으로 세상의 사물을 마음속에 저장한다. 예컨대 똑같은 과거지만 매 과거는 서로 다른 온도, 무게, 부력을 갖고 있다. 어떤 과거는 순식간에 현재로 미끄러졌다가 금세 사라진다. 어떤 과거는 엄청난 부력으로 현재의 표층을 떠돌면서 결코 과거로 가라앉지 않는다. 어떤 식이든 모든 인간은 자기만의 시간을 재배하기도 하고, 훌쩍 자라 버린 시간의 느닷없는 방문을 받기도 한다.

그러나 나는 이 책에서 그러한 시간을 이야기하지 않았다. 한때 우리는 낮과 밤의 시간만 구분해도 되는 매우 느슨한 세계를 살았다. 그러나 이제 우리의 세계는 빛과 어둠을 나누는 헐거운 시간 관념으로는 더 이상 살 수 없는 곳이다. 근대적인 세계는 시, 분, 초를 강박적으로 느끼면서 살아야 하는 곳이다.

우리는 시계의 보급으로 모든 사람이 시간을 향유할 수 있는 문명 세계에서 살게 되었다고 생각할지 모른다. 그러나 시계 없이 달력만으로도 충분히 '시간화'를 향유할 수 있는 시대가 있었다. 달력의 통일만으로도 사람들이 충분히 같은 세계에서 살고 있다는 동질감을 느낄 수 있는 시대가 있었다. 그러나 근대적인 세계는 벽에 걸린 달력만으로는 살 수 없는 곳이다. 이제 손목에 감긴 시계가 없다면, 기차도 버스도 탈 수 없고, 제때 출퇴근할 수도 없고, 누군가를 만날 수도 없고, 국가와 사회와 역사에 참여할 수도 없는 시대가 도래한 것이다.

시계가 원래 존재하는 시간, 당연히 있어야 하는데 없는 시간을 마침내 발견하게 한 것은 아니다. 그저 우리는 시계가 필요 없는 세계에서 시계 없이는 살 수 없는 세계로 이행했을 뿐이다. 이 세계가 맞고 저 세계는 틀리다고 말하고 싶은 것은 아니다. 그저 지금과는 다른 세계의 가능성을 잊지 말아야 한다고 말하고 싶다. 우리는 이

제 삶과 세계를 '시간화'하는 것이 아니라, 외부의 힘에 의해 '시간화'되면서 살아가고 있는 것 같다.

나는 근대적인 시간의 정체를 조금 다른 관점에서 드러내기 위해 이 책을 썼다. 즉 서구에서 유입된 근대적인 시간이 전근대적인 시간을 어떻게 대치하고 삭제했는지를 서술하는 방식으로 이야기를 전개하지 않았다. 오히려 나는 근대적인 시간이 점진적으로 일상을 파고드는 느린 속도를 생생히 묘사하고 싶었다. 근대적인 시간의 발아와 성장, 굴절과 타락을 모두 담아 보고 싶었다.

이 책은 태양력이 채용된 1896년부터 일제강점기가 끝나는 1945년까지 50년 동안 한국에서 근대적인 시간이 어떤 모습으로 형성되고 있었는지를 추적하고 있다. 처음에는 달력의 역사에 관한 대중적인 책을 쓰고자 했다. 그런데 달력에 관한 글을 정리하면서 종, 오포(午砲), 사이렌, 시계, 라디오로 이어지는 시보(時報)의 역사에 주목하게 되었다. 결국 달력의 연대기에 관한 장을 완성하고 나서 종, 오포, 사이렌, 시계, 라디오의 연대기를 추적하는 추가적인 작업을 진행했다.

나는 2013년 봄에 《조선시대 달력의 변천과 세시의례》라는 책을 출간했다. 조선시대 달력에 대해 더 깊이 알고 싶은 독자는 이전 책을 참고하면 될 것이다. 또한 철학적이고 종교적인 시간이라는 주제에 관심 있는 독자는 2020년에 출간된 《죽음을 사색하는 시간》을 참고하면 좋겠다.

20여 년 전에 조선시대 달력을 다룬 박사학위논문을 발표하고 나서 몇 차례 출판 제의를 받은 적이 있다. 먼저 박사학위논문의 내용과 술어가 너무 전문적이므로 일반 독자가 접근할 수 있는 교양서의 형태로 다시 쓰면 좋겠다는 제안이 있었다. 다음으로 근대적인 시간의 유입 과정을 다루고 있는 박사학위논문의 마지막 장을 확장하여 한 권의 단행본을 만들면 좋겠다는 제안이 있었다.

그러나 종교학자로서 조선시대 달력이나 근대적인 시간에 관한 연구에 지속적으로 매달리기는 쉽지 않았다. 종교학 분야에서 달력은 그다지 환영받는 연구 주제가 아니었고, 연구 프로젝트의 환경도 대학원 시절의 연구를 지속하도록 허용하지 않았다. 그렇게 나의 관심은 점점 달력이나 근대적인 시간의 문제에서 멀어져 갔다.

2021년에《미신의 연대기》를 출간한 후 테오리아로부터 달력에 관한 대중적인 책을 다시 시도해 보면 어떻겠느냐는 제안을 받았다. 몇 가지 고민은 있었지만, 이제는 나도 관심사를 계속 미래로 지연시킬 수만은 없는 나이가 되고 말았고, 이번 기회가 아니면 다시는 달력에 관한 작업을 할 수 없을 거라는 예감도 있었다. 어쩌면 결코 세상에 나오지 않았을 이 책을 '시간화'시킨 테오리아에 감사드린다. 2022년 봄에 처음 작업을 시작했고, 2023년 여름에 책의 뼈대와 윤곽을 확정한 후 '말의 살'을 입히는 작업을 계속하여 2024년 봄에 본문 원고를 모두 완성했다.

《시간의 연대기》원고가 어느 정도 마무리되고 나서 이 책의 학문적 정체성에 관한 질의가 있었다. 누군가는 역사학자가 아닌 종교학자가 왜 이런 역사학적인 작업을 하느냐고 질문할지도 모른다. 그런데 사실 나는 역사학이 아니라 '시간의 민속학'을 염두에 두면서 이 책을 썼다. 굳이 민속학이라는 표현을 쓴 것은 이 책에서 내가 역사보다는 역사의 배경 또는 역사의 분위기에 더 많은 관심을 기울이고 있기 때문이다.

　이 책은 나의 아버지와 어머니가 태어나기 직전의 세계를 다루고 있다. 이 책을 쓰면서 나는 아버지와 어머니의 인생을 조금 더 구체적으로 상상할 수 있었다. 아버지와 어머니의 시간에 애틋한 존경과 사랑을 보낸다. 끝으로 누구도 그린 적 없는 만화로 덧없는 지상에서 늘 영원한 현재를 발명하고 있는 김예슬 작가에게 감사의 말을 전한다. 이 책을 통해 독자들이 지금도 우리의 몸과 영혼에서 흐르고 있는 지나간 시간의 선율을 좀 더 또렷이 느낄 수 있기를 바란다.

2024년 겨울 경기 화성에서
이창익

차례

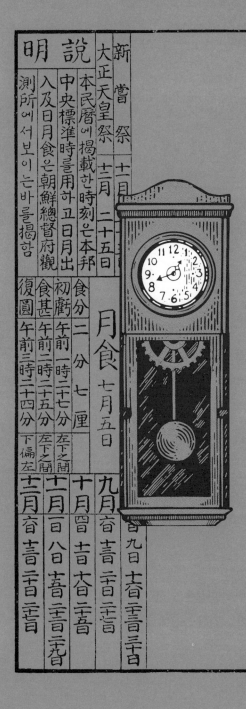

근대적인 시간의 지도

이 책은 구체적인 시간, 물질적인 시간, 눈에 보이고 귀에 들리는 시간, 몸으로 스며든 시간을 이야기한다. 이 책은 집중력을 잃은 방만한 영혼이 과거와 미래로 부풀어올라 영원에서 시간으로 타락한다는 식의 신학적인 이야기를 하지 않는다. 또한 과거와 미래로 내던져진 마음이 시간이라는 형태로 인간의 존재 지평을 구성한다는 식의 철학적인 이야기를 하지도 않는다. 또한 이 책은 천문학적인 시간 측정의 역사를 나열하지도 않는다. 이 책의 목적은 시간의 신비나 수수께끼를 푸는 것도 아니고, 시간의 과학사를 서술하는 것도 아니다. 이 책은 그저 우리의 시간이 자연적인 소여가 아니라 인위적이며 작위적으로 구성된 역사적이고 정치적인 산물이라는 것을 이야기하고 있다.

오늘날 우리는 시간의 압력이 최고조에 이른 시대에서 살고 있는 것 같다. 사람들의 손에 들린 스마트폰의 시간은 1초의 오차도 없이 동일하다. 이제 모든 것이 시간의 그물에 포획되어 있어서 과연

시간 밖에 놓인 사물이 존재할까 싶을 정도다. 모든 상품은 유통기한에 갇혀 있고, 이제는 불의의 사고나 질병이 아니라면 인간의 수명도 어느 정도 시간적으로 평준화되고 있는 듯하다. 모든 것이 시간 안에 갇혀 있는 느낌이다. 영혼의 살처럼 신체의 피부처럼 시간이 우리 안에 깊이 스며들어 있기 때문에, 앞으로는 우리가 시간을 외부의 객체로 마주할 필요도 없을 것만 같다.

우리는 다시는 돌아갈 수 없는 과거를 추억하고 이제는 사라진 사람들을 떠올리면서 늘 시간의 비가역성을 이야기한다. 그래서 시간을 거스르는 타임머신을 상상하기도 하고, 시간에 쉽게 마모되지 않을 단단한 현재를 구축하려 분투하기도 한다. 어떤 면에서 보면 시간에 더 진한 흔적을 남기고자 하는 욕망, 즉 현재의 시간을 더 짙게 채색하여 매 순간을 완성하고자 하는 욕망이 현대 문화의 추진력인 듯싶을 때가 있다. 우리는 자신의 텅 빈 시간을 바라보며 그 공허에 좌절하기도 하고, 수습할 길 없이 파괴된 시간이 일으키는 고통으로 몸부림치기도 한다. 이 모든 것은 우리의 몸과 영혼이 지나치게 '시간화'된 탓인지도 모른다. 가끔은 우리의 시간 자체가 병들어 있다는 느낌이 들 때도 있다.

어떤 철학자의 말처럼 우리의 삶을 일그러뜨리는 시간의 질병은 내면에서 생성되는 진짜 시간에 주목하지 못하고, 외부에서 부과되는 가짜 시간을 진짜 시간으로 오인하기 때문에 발생하는 것인지도 모른다. 그렇다면 허위의 시간이 아닌 참다운 시간을 되찾을 수 있을 때, 우리를 짓누르는 시간의 무게에서 탈출할 수 있는 길이 열릴지도 모르겠다. 그러나 이 책은 시간의 진가(眞假)를 판별하는 이런 식의 문제를 더 깊이 파고들지 않을 것이다. 이 책은 그저 지금 우리가 사용하는 시간이 어떻게 하나의 사물처럼 제작되어 유포되고 있었는지, 그렇게 만들어진 시간이 어떤 사회적이고 정치적인 환경에서 '생의 원리'가 되어 버렸는지를 최대한 냉담하게 묘사하고자 한다.

나는 우리를 가두고 있는 시간을 가끔씩 '온 오프' 하는 능력이 중요하다고 생각한다. 이따금 시간의 전원 스위치를 끌 수 있다면 얼마든지 우리가 시간의 질곡에서 풀려날 수 있을 것만 같다. 시간 없는 삶은 머나먼 초월의 세계에 있는 것도 아니고, 종교적으로 다듬어진 영혼의 획득에 의해서만 가능한 것도 아니다. 어느 정도의 '시간 소거'는 언제든 지상에서 펼쳐질 수 있는 일상적인 가능성이다. 이미 우리는 시간 밖으로 나왔다가 다시 시간 안으로 들어가는 일을 무수히 되풀이하며 살아가고 있다. 독자들이 이 책을 읽으면서 근대적인 시간이 구축되던 백여 년 전의 상황과 현재 우리의 상황을 자꾸 비교하면 좋겠다. 그러다 보면 지금 우리가 얼마나 내면의 시간을 강탈당하며 살고 있는지 절절히 느낄 수 있을 것이다. 이 책은 근대적인 시간이라는 신체 강탈자의 침입을 다루고 있다.

편의상 시간을 세 종류로 나누어 볼 수 있다. 첫째, 우리의 마음속에서 흐르는 과거, 현재, 미래로 구성되는 내면의 시간, 즉 인간적인 시간이 있다. 둘째, 천체의 운동이 형성하는 측정 가능한 천문학적인 시간이 있다. 셋째, 앞의 두 시간과는 달리 인위적으로 제작되어 유포되는 제3의 시간이 있다. 이 제3의 시간은 사회적인 시간이기도 하고, 역사적인 시간이기도 하고, 정치적인 시간이기도 하다. 우리는 밤에는 내면의 시간에 침잠하더라도, 낮에는 제3의 시간 질서를 받아들여야 한다. 그래야 사회가 구성되고 역사가 만들어지고 국가가 가동된다. 이 책에서 나는 내면의 시간과 천체의 시간의 접점에서 제3의 시간이 어떻게 구성되고 있는지를 묘사하고자 했다.

이 책은 제3의 시간에 관한 것이지만, 제3의 시간이 취하는 형식은 시대에 따라 달라질 것이다. 근대적인 시간의 정체를 밝히기 위해 나는 이 책에서 사회적인 시간, 정치적인 시간, 식민지의 시간이 내면의 시간을 압도하고 질식시키는 과정을 점층적으로 보여주려 한다. 아마도 인내심 있는 독자라면 이 책의 각 장이 제시하는 '시간의 파괴 현상'을 어렵지 않게 포착할 수 있을 것이다. 나는 근대적인 시간 자체가 어떤 본래적인 결함을 갖고 있다는 식으로 이야기를 전개하지 않았다. 다만 근대적인 시간을 왜곡하고 굴절시키고 타락시킨 역사적인 상황을 좀 더 주의 깊게 들여다보고 싶었다.

이 책은 주로 일제강점기 자료에 근거하여 근대적인 시간의 발아 과정을 묘사하고 있다. 이 책을 쓰면서 나는 식민주의와 제국주의가 어떻게 시간을 악용하고 오용하고 남용했는지를 가급적 담담하게, 그러나 선명하게 서술하고자 했다. 식민화와 근대화가 동시에 진행된 20세기 초의 상황으로 인해 현재까지도 우리는 역사적인 정체성의 혼란을 겪고 있다. 예컨대 어디서부터 어디까지를 우리 역사라고 할 수 있는지부터가 문제시된다. 그러나 나는 긍정적인 것이든 부정적인 것이든 이 땅에서 일어난 모든 것이 우리 역사에 속한다는 생각을 견지하면서 작업했다. 왜냐하면 20세기 초에 형성된 근대적인 시간의 틀이 아직도 우리의 삶에 깊은 영향을 미치고 있기 때문이다. 나는 현재 우리의 시간 의식을 지배하고 있는 내밀한 '시간의 무의식'을 파헤치고 싶었다.

대한제국 시기부터 일제강점기까지 약 50년 동안 근대적인 시간은 천천히 공간을 잠식하면서 영역을 확장하고 있었고, 점진적으로 사람들을 시간의 그물 안으로 포획하고 있었다. 사실상 공간의 근대화와 시간의 근대화는 궤를 같이할 수밖에 없다. 그런 이유로 나는 필요하다고 판단될 때마다 틈틈이 이 책 곳곳에 공간의 연대기를 끼워 넣었다. 그동안 많은 연구자들은 근대적인 시간의 유입 과정을 단편적으로, 또는 단선적으로 묘사하곤 했다. 그러다 보니 근대적인 시간이 얼마나 느린 과정을 통해 얼마나 힘겹게 당시 조선 사회로 퍼져 나갔는지를 파악하기가 힘들었다. 따라서 나는 이 책을 통해 50년이라는 장기적인 시간 동안 근대적인 시간이 매우 느린 속도로 조선의 공간에 스며드는 모습을 '슬로 모션'으로 보여주고자 했다.

나는 이 책에서 근대적인 시간이 수많은 시행착오 끝에 사회정치적으로 매우 힘겹게 구성된 엄청난 노고의 산물이라는 것을 가능한 한 치밀하게 묘사하고 싶었다. 정치적인 상황에 따라 시간 관념은 그 강도를 달리하며 삶에 영향을 미쳤고, 시간 관념을 정치적으로 수정하고 조작하는 일도 빈번했다. 이 책에서 독자는 근대적인 시간이 얼마나 부자연스럽고 엉성하게 조선의 공간을 침윤했는지를 보게 될 것이다. 또한 독자는 근대적인 시간이 오포(午砲), 사이렌, 시계, 라디오, 달력 같은 다양한 수단을 통해 서로 다른 강도와 밀도로 파상 공격을 하며 서서히 스며들었다는 것을 알게 될 것이다.

독자는 이 책에서 근대적인 시간이 유입된 서로 다른 길을 천천히 걷게 될 것이다.

1장에서는 조선시대에 통금과 새벽을 알리던 밤의 종소리, 즉 시종(時鐘)의 역사를 조사하고, 물시계가 폐지될 때까지 공식적인 '소리 시계'로 존재하던 종들의 행방도 수소문했다. 또한 시종이나 범종이 일본 사찰의 종, 경종, 제야의 종으로 변질되다가 급기야 용해되어 대포와 탄환이 되는 과정, 제야의 종이라는 근대적인 시간 의례가 만들어진 경위, 마지막으로 보신각의 연대기도 추적했다. 종소리는 시간이 없는 공간에 하루에 두 번 시간을 공급하는 시보(時報) 장치였다. 그런데 종소리가 침투할 수 있는 물리적인 공간의 외연은 매우 한정적이었다. 깊은 밤의 시작과 끝에서 하루 두 번 울리던 '시간의 소리'는 지금과는 전혀 다른 시간 개념에 입각해 있었다. 하루의 시간을 둘로 쪼개는 정도의 시간 분할은 근대적인 시간과는 매우 거리가 있는 것처럼 보인다.

해시계는 낮에만, 그것도 맑은 날에만 작동할 수 있는 것이기도 하고, 정밀한 해시계를 사람들이 통행하는 모든 공간에 설치하는 것도 불가능했다. 따라서 조선시대에는 물시계로 표준시를 측정한 후 종을 쳐서 이 '물의 시간'을 알릴 수밖에 없었다. 그런데 물시계는 제작하기도 어렵고 관리하기도 힘들었으므로 물시계를 대중적으로 보급하는 것은 아예 불가능했다. 결국 조선시대에는 시계의 보급이 아니라 시계가 가리키는 시간을 효과적으로 전파할 수 있는 시보가 중요했다. 그런데 물시계의 시간을 적절히 전파할 수 있는 수단도 종소리밖에 없었다. 그것도 모든 공간에 시간을 전파하는 것이 아니라 시간이 꼭 필요한 한정된 장소에 하루 두 번 시간을 공급하면 그뿐이었다.

2장에서는 종을 대신하여 시간을 알리기 시작한 오포와 사이렌의 연대기를 추적했다. 오포와 사이렌은 종보다는 훨씬 더 넓은 공간에 시간을 공급할 수 있다는 이점이 있었다. 다만 종과 달리 오포는 하루에 한 번 정오에 발사되었고, 사이렌은 정오뿐만 아니라 기상을 위해 아침에도 울렸다. 또한 종소리는 통금 시간을 알리고, 밤과 낮의 경계선을 알리기 위해 사용되었지만, 오포와 사이렌의 주목적은 사람들이 시보를 듣고 각자의 시계를 정확히 조정하게 하는 것이었다. 모든 벽시계와 손목시계가 서로 다른 시간을 가리키고 있다면, 사실상 이런 시간은 사회적, 정치적 통합에 전혀 도움이 되지 않는다. 시계의 일치가 시간의 힘을 발생시키고, 더 많은 사람의 시계가 일치할수록 시간의 힘은 더 커진다. 따라서 오포와 사이렌은 시계의 일치를 통해 시간의 힘을 키우는 것을 목적으로 하고 있다. 이처럼 근대성은 동시성의 확보를 통해 공시적인 사회 구조를 강화하는 것을 지향했다.

오포에 비해 사이렌은 더 적은 비용으로 더 정확한 시보를 할 수 있었다. 사이렌의 또 다른 강점은 시보뿐만 아니라 경보의 용도로도 언제든 사용할 수 있다는 것이었다. 사이렌은 한편으로는 일상의 시간을 알리고, 다른 한편으로는 언제든 일상의 시간을 중지시킬 수 있었다. 그런데 처음에는 사이렌의 시보와 경보가 분리되어 작동하는 것처럼 보였지만, 시간이 흐르면서 시보와 경보의 경계가 희미해졌고, 어느 순간 '시보=경보'의 수준으로 둘의 동화가 이루어졌다. 사이렌의 연대기와 관련하여 이 점을 세밀히 추적하고자 했다. 여기서 독자는 시보가 곧 경보가 되고, 경보가 곧 시보가 되는 장면을 통해 근대적인 시간의 중요한 특징을 간취할 수 있을 것이다. 나는 2장에서 일상이 언제든 비상으로 추락할 수 있는 시간 구조, 즉 일상의 시간과 비상의 시간이 공존하는 시간 구조를 통해 근대적인 시간의 정체를 폭로하고자 했다. 따라서 시보와 경보의 혼재와 동화를 촉진한 사이렌은 근대적인 시간의 매우 중요한 상징물이었다.

1920년대 중반부터 시계가 본격적으로 보급되기 시작했고, 1930년대가 되면 시계 보급률이 비약적으로 높아졌다. 또한 1927년에 경성방송국이 개국하면서 라디오가 또 다른 시보 매체로 주목받기 시작했다. 1930년대가 되면 시계와 라디오의 대중적인 보급으로 인해 근대적인 시간이 일상화되기 시작했고, 사이렌은 일상의 시간을 알리는 시보 기능을 넘어 비상의 시간을 알리는 경보 기능을 수행하기 시작했다. 또한 시계탑, 대시계, 전기시계 등의 표준 시계가 급증했고, 이와 함께 정치적인 상황이 급변하면서 사이렌의 순수한 시보적 성격은 점점 퇴색했다. 이제 사람들은 아침 6시 사이렌이 울리면 궁성요배와 라디오 체조를 실시했고, 정오 12시 사이렌이 울리면 어디서든 멈춰 선 채 고개를 숙여 정오묵도를 실시했다. 이제 시보는 개인이 아닌 국민으로서 어떤 정형화된 행위를 하기 위한 시간의 방아쇠였다. 이러한 시보는 리추얼(ritual)의 시간을 선포하는 경보였다.

이 책에서 독자는 황국신민 양성을 목적으로 하는 궁성요배, 정오묵도, 라디오 체조의 시각을 알리기 위해 사이렌이 사용되는 장면을 생생히 목도할 것이다. 순수하게 시각을 전달하는 것이 아니라 국민의례의 시각을 일깨운다는 점에서 이것은 시보이자 경보였다. 사이렌의 연대기에서는 특히 전국에 수십 미터 높이의 철탑과 망루가 빼곡히 세워지고 여기에 사이렌이 장착되는 점진적인 과정을 여실히 보여주고자 했다. 이처럼 '시간의 높이'가 공간적으로 충분히 확보된 후에 비로소 근대적인 시간이 작동할 수 있었다.

1장과 2장은 종, 오포, 사이렌에 의한 시보의 문제를 다룬다. 이와 달리 3장은 시계의 보급뿐만 아니라 시계탑, 대시계, 전기시계를 통한 '공간의 시간화' 문제를 다룬다. 특히 6월 10일 '시(時)의 기념일'은 1920~30년대에 시계의 보급과 시간관념의 확산에 있어서 결정적인 공헌을 했다. 따라서 시계의 연대기에 일본과 조선의 '시의 기념일'에 대한 광범위한 조사 작업을 포함했다. 3장에서는 시계탑과 대시계 같은 거리 시계의 등장 과정을 연대기적으로 추적하면서, 랜드마크로 부상한 관공서, 철도역, 은행, 백화점 등을 포함한 근대적인 건축물의 형성 과정도 간략히 서술했다. 근대적인 시간은 공간의 근대화가 전개되면서 그 지배력을 강화했다. 따라서 독자는 근대적인 건축물의 형성 과정을 통해 근대화의 추이를 짐작할 수 있을 것이다. 또한 일제강점기의 많은 근대적인 건축물이 여전히 현존하고 있기 때문에, 건축물의 연대기는 과거와 현재를 이어주는 중요한 장치일 수 있다. 아직 현존하고 있는 건축물 안에서 과거의 시간이 여전히 꿈틀거리고 있기 때문이다.

거리 시계로 인해 해당 공간을 통과하는 사람은 언제든 정확한 시간을 알 수 있었고 손목시계의 시간도 조정할 수 있었다. 종, 오포, 사이렌과 달리 거리 시계는 언제든 눈으로 볼 수 있는 시각적인 시보 장치였다. 근대적인 건축물은 외벽에 대시계를 붙이고 있거나, 내부의 벽에 전기시계를 걸고 있는 경우가 많았다. 관공서, 우편국, 철도역, 백화점, 은행, 병원, 학교 등의 근대적인 공간은 시계를 장착한 공간, 즉 시계 시간의 질서에 편입된 공간이었다. 근대화가 진행되면서 많은 사람들의 삶의 형태가 바뀌고 근대적인 공간은 점점 확장되었으며, 자연스럽게 삶의 공간에 적합한 근대적인 시간에 대한 요구도 쇄도하기 시작했다. 이런 이유로 이 책 곳곳에는 마치 영화의 맥거핀처럼 특정 공간이 등장한다. 정확한 시간이 필요한 공간이 계속 증가하고 있는 모습을 좀 더 구체적으로 보여주고 싶었다.

4장에서는 먼저 오포, 사이렌, 시계, 라디오가 전달하던 표준시의 연대기를 작성했다. 그리고 라디오 시보의 일상화 정도를 측정하기 위해 라디오 방송국의 신설과 증설 과정 및 라디오 보급률의 추이를 연대순으로 추적했다. 특히 4장의 마지막 절에서는 라디오 체조가 탄생하여 보급되는 과정을 꽤 상세히 서술했다. 이제는 사이렌 소리를 듣고 시계를 맞추는 것보다 일정한 리추얼을 수행하는 것이 중요해지기 시작한 것이다. 다시 말해 근대적인 시간은 정확한 시계에 존재하는 것이 아니라, 같은 시간에 같은 행동을 반복함으로써 같은 생각을 일으키는 신체들에 기생하는 것이었다. 추상적으로 흘러가는 시계 시간이 아니라 신체의 동시성이 바로 근대적인 시간의 얼굴이었다. 특히 시간화된 신체의 전형을 보여주는 라디오 체조 사진은 책을 쓰는 내내 기괴한 느낌을 불러일으켰고, 나는 그 기괴함의 정체를 파악하고 싶었다.

나는 1장에서 종의 연대기를 추적하면서 분(分)과 초(秒)라는 시간 개념이 전혀 필요 없는 세상, 심지어 하루를 24등분으로 나눈 시(時) 개념에서도 압박감을 느끼는 느슨한 세상을 에둘러 표현하고 싶었다. 3장에서 이야기한 시계의 보급으로 인해 어쩌면 역사상 처음으로 분과 초라는 시간 단위가 사람들의 시간 관념 안에 들어오기 시작했다. 물론 조선시대에도 시(時), 각(刻), 경(更), 점(點) 같은 시간 단위가 있었다. 조선시대에는 기본적으로 12지시법(支時法)과 96각법(刻法)을 사용하여 시간을 표시했다. 12지시법은 하루의 시간을 12개의 시로 등분하고 각각의 시를 12(支)에 의해 표시했다. 96각법은 하루의 시간을 96개의 각으로 등분하고 1각 즉 15분을 시간의 단위로 삼았다. 즉 조선시대에는 우리가 아는 분이나 초에 해당하는 시간 개념이 아예 존재하지 않았던 것이다.

달력의 구조와 변화를 다루는 5장이 제시하는 것처럼, 조선시대의 시 개념은 양적 분할뿐만 아니라 질적 분할에 입각해 있었다. 그런데 시계는 분과 초라는 새로운 시간 개념을 유포시켰고, 사람들은 양적 차원만 존재하는 전혀 다른 '시간의 세계'로 진입하게 되었다. 시계의 보급으로 양적으로 '미시 분할'된 시간이 도입되긴 했지만, 시계 시간은 질적으로는 매우 밋밋했다. 조선시대의 시간이 질적으로 구조화된 양적 시간이었다면, 근대적인 시간은 양적으로 구조화된 텅 빈 시간이었다. 이처럼 근대적인 시간은 질이 사라지고 양만 남은 시간이었으므로 사라진 '시간의 질'을 어떻게 회복할 것인지가 항상 문제로 남았다.

조선시대 달력에 응축된 '시간의 질'은 우주의 운동, 음양오행, 시간의 신(神) 등에 의해 결정되었다. 반면에 근대적인 시간은 인간이 자율적으로 '시간의 질'을 결정할 수 있다는 장점이 있었다. 그러나 20세기 초에 '시간의 질'을 결정한 것은 주로 사회와 국가였다. 따라서 각각의 인간은 텅 빈 시간을 채우는 '시간의 질'이 되기 위해 사이렌 신호에 따라 이리저리 동원되어야 했다. 또한 전차와 기차 같은 근대적인 사물과 은행과 백화점 같은 근대적인 건축물이 '시간의 질'을 형성하기 위해 시간 안으로 흡수되었다. 무엇보다도 중요한 것은 인간이 '시간의 질'을 형성하기 위한 시간의 재료로 전락하고 있었다는 사실일 것이다.

조선시대에는 종소리를 듣고 하루를 시작하고 끝맺을 수 있었지만, 낮에 정확한 표준시를 아는 것은 거의 불가능했다. 대체로 사람들은 표준시 없이 어림짐작의 시간을 살아야 했다. 하루 두 차례의 시보만으로도 구조화가 가능한 삶을 살았던 것이다. 그런데 표준시를 모른다고 해서 삶에 특별한 문제가 생기지는 않았다. 왜냐하면 조선시대 사람에게 중요한 것은 시계가 아니라 달력이었기 때문이다. 즉 하루에 정확한 시간치를 부여하는 것, 달과 달의 경계를 정확히 아는 것, 절기의 변화를 아는 것 등이 중요했던 것이다. 다시 말해 하루에 매겨지는 '시간의 이름'을 정확히 아는 것은 중요했지만, 하루 안에서 매 시간의 정확한 경계선을 아는 것은 별로 중요하지 않았다. 이러한 세계에서 분과 초는 그저 시간의 잉여에 불과했다.

조선시대 사람들은 시계가 아니라 달력이 필요한 삶을 살고 있었다. 바로 이 점이 중요하다. 삶의 형태에 들어맞는 시간의 형태가 따로 있는 것이다. 시간의 형태가 삶을 결정하는 것이 아니라 삶의 형태가 그에 적합한 시간을 선택하고 결정한다고 말할 수 있다. 따라서 달력만으로도 충분히 '시간의 질서'를 유지할 수 있었던 사회는 근대적인 시간의 도입에 그리 적극적이지 않았다. 일제강점기에 '달력 시간'이 아니라 '시계 시간'이 주도권을 쥐기까지는 꽤 많은 시간이 필요했다. 삶의 구조를 파괴하지 않는 한 새로운 시간 형태는 여전히 삶을 겉도는 문명의 기호이자 장식품일 뿐이었다.

5장에서는 태양력의 채용부터 음력의 공식적인 소멸에 이르기까지 달력의 복잡한 변화 과정을 최대한 선명히 정리하고자 했다. 특히 양력 달력의 등장 이후로는 조선과 일본의 달력을 병치시켜 대조할 때만 그 변화의 의미를 정확히 파악할 수 있었다. 어떤 경우에는 지나치게 꼼꼼한 비교 작업을 따라가는 것이 독자의 입장에서 다소 부담스러울지 모르지만, 조금 거칠고 고단한 여정의 끝에서 적절한 보상이 기다리고 있을 것이다. 나는 달력의 연대기가 여전히 정확히 작성되지 않고 있다는 점이 불만스러웠다. 그래서 음력이 점진적으로 폐기되는 전 과정을 최대한 세밀히 추적하고자 했다.

음력의 폐지가 결코 쉽지 않았던 가장 근본적인 이유는 무엇일까? 어떤 사람은 음력의 시간 질서가 포함하고 있는 미신과 주술의 견고함에서 그 원인을 찾을지도 모른다. 또 어떤 사람은 양력으로 번역하기 힘든 '제사의 질서'를 그 원인으로 거론할 것이다. 조선시대 사람들은 죽은 자를 음력으로만 기억했다. 따라서 죽은 자의 '음력화'를 통째로 전복하여 모든 죽은 자를 '양력화'하기는 쉽지 않았다. 정치적인 제도로 죽은 자에 대한 기억을 강제로 조정하기도 어려웠을 것이다. 게다가 제사에서 양력을 사용하는 것은 꽤 오랫동안 무례(無禮)와 비례(非禮)의 처사로 여겨졌다. 따라서 제사의 질서가 붕괴되지 않는 한, 죽은 자의 '양력화'가 진행되지 않는 한 음력의 폐지는 요원한 일로 여겨졌다.

또한 음력의 시간은 운명과 길흉의 예측에 의해 불안한 미래를 보정하는 기능을 내장하고 있었다. 전근대적인 세계는 미래보다는 과거의 의미를 향유하는 시간 구조를 갖고 있었다. 그리고 미래는 편히 음미할 수 없는 불안 요소로 가득 차 있었다. 길흉으로 직조되는 미래는 너무도 불안했고, 이러한 상황으로 인해 점술 의존도가 높을 수밖에 없었다. 그런데 근대적인 시간은 과거보다는 미래를 향유하는 시간 구조를 갖고 있다. 따라서 근대적인 미래의 시간 질서가 견고해지고 미래에 대한 불안이 어느 정도 완화될 때까지 사람들은 결코 점술의 시간을 포기할 수 없었다.

나는 이러한 여러 요인이 음력 폐지를 어렵게 했다는 주장에 동의한다. 그러나 한 가지 더 유념할 사항이 있다. 그것은 조선시대 달력이 여러 가지 서로 다른 시간주기의 병치와 교차로 구성돼 있다는 점이다. 즉 조선시대 달력은 양력일이나 요일 주기를 쉽게 흡수할 수 있는 '열린 시간'의 구조를 갖고 있었다. 이로 인해 간지, 오행, 별자리, 음력일, 양력일, 요일 등은 어렵지 않게 서로 접착할 수 있었다. 이처럼 음력과 양력의 쉬운 접착으로 인해 사람들은 굳이 음력과 양력 가운데 하나만 선택해야 한다는 것을 받아들이기 어려웠던 것이다.

양력이 시행된 후 매우 느리게 음력은 양력에게 실용적인 시간의 자리를 내어 주었고, 결국 점차 주술종교적인 시간으로 퇴행했다. 그러나 처음에 음력과 양력은 서로 대치하는 갈등의 관계보다는 오히려 서로 다른 시간의 선율처럼 조화롭게 '시간의 대위법' 같은 것을 형성하고 있었다. 음력과 양력의 공존이 일종의 '시간의 폴리포니'를 가능하게 한 것이다. 음력과 양력이라는 서로 다른 시간의 선율이 한동안 매우 기이한 형태로 공존하고 있었고, 사람들은 이러한 시간의 공존에 차츰 익숙해지고 있었다. 그렇다면 음력과 양력의 무난한 병존이라는 독특한 시간 구조가 음력 폐지를 한층 어렵게 했을 것이다. 음력은 근대국가를 형성하는 데 있어서 정치적으로만 불편한 사항이었다.

1장~4장은 원래 5장을 설명하기 위한 주석으로 쓰인 것이다. 그러나 저술 과정에서 종, 오포와 사이렌, 시계, 라디오를 다루는 장이 각각 독립적인 장으로 분할되었다. 따라서 이 책은 종, 오포, 사이렌, 시계, 라디오에 관한 장으로 이루어진 전반부와 달력의 연대기를 다루는 후반부로 구성된다. 독자는 전반부에서 근대적인 시간의 정체에 관한 기초적인 정보와 지식을 상당 부분 습득할 수 있을 것이고, 후반부에서 근대적인 달력의 탄생 과정을 상세히 추적할 수 있을 것이다. 이 책이 독자에게 현재를 알기 위해 과거로 떠나는 좋은 여행이 되기를 바란다.

종의 연대기

明　說　大正天皇祭　二月　二十五日　新嘗祭　十一月

測所에서보이는바를揭함　入及日月食은朝鮮總督府觀　中央標準時를用하고日月出　本民曆에揭載한時刻은本邦

復圓　午前三時二四分　食甚　午前二時二五分　初虧　午前一時二七分　食分　二分　七厘　月食　七月五日

下偏左　左下之間　左下之間

十二月　十一月　十月　九月
一日　八日　四日　九日

시간의 중심
종의 역사

시간 공유의 어려움: 인정과 파루

조선시대에 시간은 어떤 모습으로 존재했을까? 아니 조선시대 사람들은 어떤 형태로 시간을 공유했을까? 누군가는 바로 해시계나 물시계를 떠올릴 것이다. 그러나 시계탑처럼 여기저기 설치된 해시계나 물시계를 보고 조선시대 사람들이 똑같은 시간을 공유했을 리는 없다. 그렇다면 당시에 시간을 공유할 수 있는 가장 확실한 방법은 무엇이었을까? 바로 이 지점에서 우리는 시간을 알리던 거대한 종(鐘)에 주목하지 않을 수 없다.

  시간의 연대기를 작성하려면 먼저 시간이 종소리로 존재하던 시절부터 이야기를 해야 한다. 시간은 사람들을 이어주는 보이지 않는 끈이다. 그리고 시간의 공유는 공동체를 형성하는 기초 원리이기도 하다. 따라서 정확한 시간의 측정 이상으로 중요한 것은 시간 전달과 공유의 체계라고 할 수 있다. 정확한 시간을 측정할 수 있는 해시계나 물시계의 존재도 중요하다. 그러나 더 중요한 것은 그렇게 측정한 시간을 어떻게 하면 최대한 많은 사람들에게 동시에 전달할 수 있는가 하는 문제였다.

종의 연대기는 시간 측정이 아니라 시간 공유의 연대기다. 조선시대에는 어느 정도 정밀한 시간 측정이 가능했다. 그러나 최대한 많은 사람들이 정밀한 시간을 이용하는 것은 전혀 다른 문제였다. 종의 연대기를 통해 우리는 시간의 전달, 시간의 유포, 시간의 공유가 얼마나 어려운 과제였는지 짐작할 수 있을 것이다.

1895년 이전에 조선에서는 하루를 96개의 각(刻)으로 등분하는 96각법(刻法)을 사용하고 있었다. 24시간제로 환산하면 1시간을 4등분 하여 15분을 1각으로 삼은 것이다. 또한 조선에서는 하루를 12등분 하여 12지(支)로 시(時)를 표시하는 12지시법(支時法)을 96각법과 조합하여 사용했다. 각각의 지(支)에 8각, 즉 2시간을 할당하여 시간을 구분한 것이다. 12지시법과 96각법은 매일 똑같은 일정한 시법이다. 그런데 이와 동시에 조선에서는 일몰에서 일출까지의 밤 시간을 다섯 등분 하여 1경(更)에서 5경까지 밤 시각을 구분하는 오경(五更) 제도를 시행했다. 그리고 다시 각각의 경을 다섯 등분 하여 1점(點)에서 5점까지 경의 시각을 세분하는 경점법(更點法)을 사용했다. 1년 동안 일출과 일몰의 시각은 계속 변하기 때문에 오경의 시간 길이도 절기에 따라 변할 수밖에 없었다. 결국 조선에서는 규칙적인 96각법 및 12지시법과 유동적인 오경 제도라는 이질적인 시법을 함께 사용하고 있었던 것이다. 즉 96각법과 12지시법이라는 정시법(定時法)뿐만 아니라 오경 제도와 경점법이라는 부정시법(不定

時法)이 같이 사용되고 있었다.

조선에서는 태조 7년(1398)부터 종루(鐘樓)에 경루(更漏)라는 물시계를 설치하여 표준시계로 사용했다.[1] 그리고 세종 16년(1434) 7월 1일부터 장영실(蔣英實)이 만든 자격루(自擊漏)를 경복궁 보루각(報漏閣)에 설치하여 사용하면서 비로소 정밀한 표준시계를 갖추게 되었다. 1895년에도 조선에서는 여전히 경복궁 누국(漏局)에 있는 물시계를 표준시계로 삼는 시보(時報) 제도를 운영하고 있었다. 물시계를 기준으로 도성의 성문을 닫는 인정(人定)과 성문을 여는 파루(罷漏) 그리고 오정(午正)의 시보 시간이 정해졌던 것이다.[2] 인정을 '인경', 파루를 '바라'라고도 부른다. 밤의 시작, 낮의 시작, 하루 중간의 시각을 알리는 것이 가장 기초적인 시보였다.

인정의 시각은 1경 3점이고, 파루의 시각은 5경 3점이었다. 헌종대 무렵에 승정원(承政院)의 업무 사항을 조목별로 정리한 《은대편고》를 보면 조선 후기에 인정과 파루 및 경점에 따라 종, 북, 징을 치는 횟수가 어떠했는지 알 수 있다. 인정인 1경 3점에는 북과 징을 치고 나서 별자리 수인 28수(宿)에 대응하여 대종(大鐘)을 28회 쳤다. 파루인 5경 3점에는 북과 징을 거두고 불교의 33천(天)에 대응하여 대종을 33회 쳤다. 불교의 우주관에서는 세계의 중심에 수미산(須彌山)이 있고, 수미산 정상에 도리천(忉利天)이 있다. 도리천에는 중앙의 제석천(帝釋天)을 중심으로 사방에 각 8위의 천신이 배치되어 총 33위의 천신이 거주한다. 이로 인해 도리천을 33천이라고도 부른다. 또한 《은대편고》에 따르면 각 경점마다 북은 경의 수만큼 치고 징은 점의 수만큼 쳤으며, 이것을 5번 반복했다. 예컨대 1경 3점에는 북을 1회 징을 3회 치고 이것을 5번 반복했고, 1경 4점에는 북을 1회 징을 4회 치고 이것을 5번 반복했으며, 1경 5점에도 역시 같은 식으로 북과 징을 쳤다. 인정부터 파루까지 북을 295회, 징을 303회 쳤다고 한다.[3] 인정의 종은 하루의 끝에 치는 '모종(暮鐘)'이고, 파루의 종은 하루의 시작에 치는 '효종(曉鐘)'이었다.[4]

이규경(李圭景)은 《오주연문장전산고》의 〈종각흥천대종변증설〉에서 세조 기축년에 북과 징을 쳐서 시간을 알리는 고정보루법(鼓鉦報漏法)을 정했으며, 1경 3점에 종을 28회 치고 이를 인정이라 했고, 5경 3점에 종을 33회 치고 이를 파루라 했다고 적고 있다. 기축년은 1469년 예종 1년이므로 연대 착오가 있는 것으로 보인다.[5] 그런데 《조야회통》이나 《동국여지비고》를 보면, 각 경점마다 북은 경의 수만큼 치고 징은 점의 수만큼 치며 이것을 5회 반복하는 법식, 그리고 인정 때 종을 28회 치고 파루 때 종을 33회 치는 법식은 세조 13년(1467)에 정해진 것으로 보인다. 왜냐하면 친불교적인 행보를 보인 세조가 파루 때 33천에 대응하여 33회 타종을 하게 했다는 이야기는 매우 설득력이 있기 때문이다.[6]

1874년에 일본에서 출간된 《조선사정》이라는 책에도 조선의 인정과 파루 제도가 소개되어 있다.[7] 일본인의 눈에 이 제도가 다소 특이하게 보였던 것 같다. 그런데 이 책은 조선에서 초경(初更)에 종을 3번 치는 것을 인정이라 하고 5경에 3번 치는 것을 파루라 하며, 2경, 3경, 4경에는 북을 치고 징을 울린다고 잘못 기재하고 있다. 아마도 1경 3점과 5경 3점에서 경과 점이라는 시간 표시를 잘못 이해하여 1경에 3회, 5경에 3회 종을 친다고 기록한 듯하다.

1894년에 출간된 《조선사정》에서도 똑같은 실수가 반복되고 있다.[8] 특히 인정의 종소리가 들리면 이웃집에도 갈 수 없다는 것, 야행 금지를 어기면 잡힌 시각에 따라 볼기에 곤장을 맞는다는 것이 일본인에게 매우 이색적으로 보였던 것 같다. 1894년의 《조선사정》은 조선에서 밤중에도 왕래를 허용하는 날은 정월 원일(元日), 정월 14일과 15일, 8월 15일, 12월 회일(晦日)이라고 적고 있다.

순조 8년(1808)에 왕명으로 편찬한 《만기요람》에 야행의 처벌이 명시되어 있다.[9] 즉 인정과 파루 사이에는 야행이 금지되었고, 2경 후부터 5경 전까지는 대소 관원도 밤에 출행할 수 없었다. 그리고 급한 공무, 질병, 사상(死喪), 출산 등 부득이한 일로 야행하는 자의 경우, 도착하는 집에서 보증을 받은 후 그를 넘겨주고 다음 날 병조에 이 사실을 알렸다. 정조 9년(1785)에 완성된 《대전통편》을 보면 이 과정을 더 자세히 알 수 있다.[10] 부득이한 사유로 야행하는 자가 먼저 순관(巡官) 및 경수소(警守所)에 직접 이 사실을 알리면, 순관 및 경수소에서는 야간 통행증인 경첨(更籤)을 지닌 사람으로 하여금 야행하는 자를 도착지로 데려간 후 보증을 받고 넘겨주게 했다.

순관 및 경수소는 도성 안에서 이유 없이 야행하는 자를 체포할 경우 먼저 인근 경수소에 두었다가 야경(夜警)을 담당하는 관청인 순청(巡廳)에 감금한 후, 다음 날 병조에 보고했다. 세조 2년(1456)에는 경성 안팎에 경수소 106개소를 설치했다.[11] 순청은 각각 창덕궁(昌德宮)과 운종가(雲從街)에 있는 좌순청(左巡廳)과 우순청(右巡廳) 2개소가 있었다.[12] 관원의 경우 3품 이하는 바로 감금했고, 정3품 이상의 당상관(堂上官)이나 사헌부(司憲府)와 사간원(司諫院)의 관원은 시중드는 사내종을 감금했다. 그리고 도성 밖에서는 경수소에 감금한 후 새벽에 순장(巡將)에게 보고했다. 또한 야행을 적발했다고 거짓으로 알리거나, 뇌물을 받고 야행한 사람을 풀어줄 경우에는 군령으로 처벌했다. 야행을 하다가 붙잡힌 자는 다음 날 곤장을 맞았다. 초경에 붙잡힌 자는 10대, 2경은 20대, 3경은 30대, 4경은 20대, 5경은 10대를 맞았다. 가장 으슥한 밤에 야행한 자를 가장 심하게 처벌한 것이다.

시간의 소리: 종루 종, 광화문 종, 돈화문 종

고종 초에 편찬된 《동국여지비고》의 〈한성부〉 편에 종루의 역사가 잘 기술되어 있다. 여러 기록이나 저술을 보면 연대나 사실 관계에 혼란이 있으므로 여기에서는 조선왕조실록, 《신증동국여지승람》, 《동국여지비고》 등을 참고하여 간략히 종루의 역사를 살펴보려 한다. 사실 조선시대 '종의 역사'를 완벽하게 추적하는 일은 거의 불가능한 것처럼 보인다. 자료들 간에 불일치한 부분이 꽤 많기 때문이다.

《태조실록》의 태조 4년(1395) 9월 29일 자 기사는 새 궁궐인 경복궁(景福宮)을 소개하면서 광화문(光化門)에 상하층으로 된 3칸 누각을 짓고 상층에 종과 북을 매달아 새벽과 황혼의 경계를 정했다고 적고 있다.[13] 종의 크기는 알 수 없지만 인민의 노동과 휴식의 경계를 엄격히 한다는 의미에서 광화문 누각에 매단 종과 북으로 낮과 밤의 시작과 끝을 알린 것이다. 《세종실록》〈지리지〉도 광화문 문

루는 2층이고 누각 위에 종과 북을 매달아 새벽과 저녁을 알렸다고 적고 있다.[14]

본격적으로 '표준시간'을 알릴 수 있었을 대종은 그다음 해에 주조된다. 태조 4년(1395)에 태조는 운종가에 종루를 짓고 새 종을 걸고자 하지만 몇 차례 주종(鑄鍾)에 실패한다. 태조 5년(1396) 5월 12일에 새 종을 완성하여 종루에 걸지만, 다음 달인 6월 2일에 시험 삼아 너다섯 번 종을 치자 종에 금이 가서 종을 다시 주조해야 했다.[15] 동년 12월 7일에 태조가 새로 주조한 종을 보았다는 기록이 있는 것으로 보아 6개월 만에 새 종을 주조하여 종루에 걸었던 것으로 보인다.[16] 그런데 1년여가 지난 뒤 태조 7년(1398) 2월 11일에 경기도 광주에서 백금 50냥을 넣은 새 종을 주조하는 데 성공한 것으로 보아, 그 전에 주조한 종에도 문제가 있었던 것 같다.[17] 처음에는 농민들을 징발해 광주에서 한양의 종루까지 종을 운반하다가 나중에는 군대를 동원해 운반한 것으로 보인다. 두 달 뒤인 태조 7년 4월 15일에 이 대종을 종루에 매달았고, 다시 두 달 뒤 윤5월에 경루라는 물시계를 종루에 설치했다.[18] 이 대종의 종명(鐘銘)은 권근(權近)이 작성했다.[19]

태조 이성계(李成桂)가 종루와 대종에 공을 들인 데는 여러 가지 이유가 있었을 것이다. 먼저 대종을 주조한 후 태조의 공덕과 위업을 전하는 권근의 종명을 종에 새겨 정치적인 권위를 확보했다. 다음으로 인민의 작식(作息), 즉 노동과 휴식을 일정하게 통제하려면 낮과 밤의 경계를 구획할 수 있는 '표준시계'가 필요했다. 또한 권근의 종명을 보면 대종을 주조하여 한양의 부정한 기운을 진압하는 일종의 엽승(厭勝)을 했던 것으로 보인다. 임진왜란으로 소실되기 전까지 종루의 대종은 200여 년간 한양의 '공동 시계' 역할을 수행했다.

태종 1년(1401)부터는 순작법(巡綽法)을 엄격히 시행하여 1경 3점 이후부터 5경 3점 이전까지 밖에 나다니는 자를 모두 가두게 하였다.[20] 이때부터 야간 통행금지가 본격적으로 실시된 것이다. 《경국대전주해》를 보면 1경 3점부터 사람이 다니는 것을 금지하고 5경 3점부터 사람이 다니는 것을 허용한다고 적혀 있다.[21]

태종 5년(1405)에는 이궁(離宮)인 창덕궁(昌德宮)을 지었고, 태종 13년(1413) 1월 27일에는 주철 1만 5천 근으로 대종을 주조하여 창덕궁 정문인 돈화문(敦化門)에 매달았다.[22] 돈화문 종의 종명은 변계량(卞季良)이 작성했다.[23] 변계량의 종명에 의하면 이 종을 주조한 이유는 태종의 공덕을 종에 새기고 군신(群臣)의 조회(朝會) 시기를 엄격히 하기 위한 것이었다. 경복궁 광화문에 이어 두 번째 궁궐인 창덕궁의 돈화문에도 종을 매달아 '공동 시계'의 기능을 수행하게 한 것이다. 종루만으로는 도성 안에 '시간의 소리'를 가득 채울 수 없었기 때문에 문루의 종이 필요했을 것이다. 태종 13년에 경복궁 남쪽에서 종묘 앞까지 881칸의 행랑(行廊)을 조성하면서 종루의 위치를 옮기지만, 여전히 태조 때 주조한 대종을 종루에 매달았다.[24] 《세종실록》〈지리지〉를 보면 종루는 도성 중앙에 있는 2층 누각으로 누각 상층에 종을 매달아 새벽과 저녁을 알렸다고 한다.[25] 태조 때 지은 종루는 2층 5칸이었다.[26]

태종 14년(1414)에는 이응(李膺)의 건의에 따라 파루에 종을 치는 파루당종법(罷漏撞鍾法)을 제정했다.[27] 그 전에는 5경 1점에 파루 종을 치던 것을 이때부터 5경 3점에 치는 것으로 변경하게 된다. 또한 그 전에는 인정과 파루에 북과 종을 동시에 쳤지만, 이때부터는 중국의 제도에 따라 북을 친 후에 종을 치는 것으로 바뀌게 된다. 그리고 중국에서는 저녁 종인 혼종(昏鍾)을 치지 않는다는 이유로 인정에는 종을 치지 않게 된다. 또한 이때부터 파루 종을 치는 횟수도 28수에 따라 28회 치는 것으로 정해진다. 그 전에는 인정과 파루에 주로 64괘에 따라 64회 종을 친 것으로 보인다. 그렇다면 1414년에도 인정에 28회, 파루에 33회 종을 치는 법식은 아직 정해지지 않았다는 것을 알 수 있다. 또한 이때 인정 종은 폐지하고 북만 쳤으며, 파루 종도 33회가 아니라 28회 쳤다는 것을 알 수 있다.

그러나 인정 종의 폐지가 그리 오래 유지된 것 같지는 않다. 세종 5년(1423)에는 인정 종은 1경 3점 말에 치고, 북은 5경 3점 말에 치는 것은 전후의 균형이 맞지 않으므로 앞으로는 5경 3점 초에 북을 쳐야 한다고 서운관(書雲觀)에서 건의하자 이를 그대로 실행한다.[28] 이 기사를 통해 당시에는 인정에도 종을 쳤고, 파루에는 북을 친 후에 종을 치거나, 아니면 종은 치지 않고 북만 쳤다는 것을 알 수 있다.

세종 7년(1425) 4월 19일에 세종은 당시 흥천사(興天寺)에 있던 종을 옮겨 남대문에 매달게 한다.[29] 아마도 농사철에 비가 오지 않자 음기를 조장하기 위해 남대문에서 종을 친 것이 아닌가 추측된다. 흥천사는 태조가 정동(貞洞) 근처 돈의문(敦義門) 안에 있던 신덕왕후(神德王后) 강씨(康氏)의 무덤인 정릉(貞陵) 옆에 지은 사찰이다. 정릉은 태종 9년(1409)에 도성 밖인 성북구 정릉동의 현재 위치로 옮겨졌다.[30]

세종 7년(1425) 6월에는 가뭄이 심해지자 기우제(祈雨祭)의 일환으로 제향(祭享)을 제외하고는 도성 내외에서 북을 치는 것을 금지했고, 인정과 파루에도 종만 치게 했다.[31] 그리고 세종 9년(1427) 5월 25일에도 가뭄으로 인해 세종은 인정과 파루, 그리고 정오를 알리는 오고(午鼓) 때 북은 치지 말고 종만 치라고 명령한다.[32] 그리고 비가 내리자 6월 23일에는 남문인 숭례문(崇禮門)은 열고 북문인 숙청문(肅淸門)은 닫았고, 인정과 파루 때 다시 북을 치기 시작했다.[33] 중종 때 이후로 숙청문은 숙정문(肅靖門)이라 불린다. 그런데 다시 가뭄이 지속되자 세종은 7월 4일에 인정, 파루, 오고 때 북은 제외하고 종만 치게 했다.[34]

조선시대에는 가뭄이 심할 때 남문을 닫아 양기를 차단하고 북문을 열어 음기를 유입시키는 방법을 썼다. 이것은 《문헌통고(文獻通考)》에 나오는 동중서(董仲舒)의 기우(祈雨) 법식을 따른 것이다.[35] 그리고 일식(日食) 때는 북을 쳐서 양기를 돕고, 월식(月食) 때는 종(鍾)을 쳐서 음기를 도왔다. 따라서 가뭄이 들면 양기를 돋우는 북은 금지하고 음기를 조장하기 위해 종만 친 것이다.

이와 똑같은 이유로 성종 1년(1470) 1월 11일에 구치관(具致寬)과 신숙주(申叔舟)는 종이 크면 재앙이 일어난다고 말하면서 광화문 밖 종각(鐘閣), 운종가 종루, 원각사(圓覺寺)에서 울리는 큰 종이 음기를 조장하여 난신과 도적이 들끓는 것 같다고 주장한다. 그리고 종각의 종은 군대를 집합시키는 첩종(疊鐘)의 용도로만 사용하고, 원각사의 종은 큰 불사(佛事)가 있을 때만 사용해야 한다고 주장한다. 그러나 성종은 그들의 주장을 받아들이지 않았다.[36] 이처럼 음기를 상징하고 불교를 연상시킨다는 이유로 대종의 종소리에 적대감을 품은 자들이 존재했던 것이다.

세종 16년(1434) 3월 26일에는 광화문에 새 종을 매달았다.[37] 태조 때 매달았던 종을 떼고 새로 주조한 종을 설치한 것으로 보인다. 한발이 극심하여 계속 기우제를 지내던 세종 22년(1440) 5월에는 종루를 새로 지었다.[38] 세종은 태조 4년(1395)에 지은 종루의 구조를 고쳐서 십자로(十字路)에 동서 5칸 남북 4칸의 층루(層樓)를 지었으며 그 아래로 사람과 말이 통행했다고 한다.[39]

세종 3년(1421) 5월 5일에는 세종이 상왕인 태종과 함께 종루에 올라 석전(石戰)을 구경했다는 기록이 있고,[40] 세종 9년(1427) 5월 3일과 4일에는 명나라 사신 3명이 종루에 올라 석전희(石戰戲)를 구경했다는 기록이 있다.[41] 석전희는 석척희(石擲戲)라고도 불리며, 5월 5일 단오에 사람들이 길거리에 모여 돌을 던지며 싸워서 승부를 겨루는 놀이였다. 석전희는 전통적인 놀이였지만 사상자가 속출하여 국가에서는 이를 금지하고자 했다. 그런데 태종 때 명나라 사신들이 석전희를 구경하고자 하므로 어쩔 수 없이 병조(兵曹)에서 직접 석척패(石擲牌) 또는 석척군(石擲軍)을 만들어 단오에 종루 거리에서 석전을 벌이게 하기도 했다. 종루 앞에서 벌이는 석전은 사신 접대용 공연이었던 셈이다. 세종 11년(1429) 6월 3일에는 사상자가 생기는 등 석전의 폐해가 크다는 이유로 공식적인 석척군을 폐지하고, 사신이 보기를 원할 때만 임시로 사람을 모집하기로 했다.[42]

또한 의금부(義禁府)에서는 종루를 지키면서 주야로 화재를 감시하다가 불이 났을 때 종을 치기도 했다.[43] 광해군 때는 종루의 종을 치면 일시에 거사를 일으킨다는 흉서가 돌자 특별히 수종장(守鍾將)을 배정해 종을 지키기도 했다.[44] 이처럼 종루의 종이 시간만 알려준 것은 아니었다. 종루는 일종의 신문고(申聞鼓) 역할도 했다. 세종 17년 (1435) 1월에는 종루에 올라 종을 쳐서 하찮은 일로 하소연하는 자들을 막기 위해 의금부로 하여금 종루의 문을 잠그고 감시하게 했다.[45]

흥천사종의 행방

세조도 태조나 태종 이상으로 종에 집착했던 인물이다. 《세조실록》의 기사를 보면, 세조는 금군(禁軍)을 호령하고 정돈하기 위해 경회루 남쪽에 소각(小閣)을 짓고 새로 주조한 대종을 매달았다. 그 후 세조 3년(1457) 9월 6일경 세조는 광화문 오른쪽에 각(閣)을 짓고 이 대종을 옮겨 매달게 했다.[46] 그런데 이유원(李裕元)의 《임하필기》를 보면 세조 2년(1456)에 대궐 안 사정전(思政殿) 앞에 대종을 설치했고, 그 후 다시 광화문 밖 서쪽에 종각을 지어 대종을 옮겨 설치했고, 이때 신숙주가 종명을 다시 작성했다고 한다.[47] 세조 7년(1461)에 세조가 광화문에 가서 종각을 세울 터를 살펴보았다는 기록이 있는 것으로 보아, 1457년에 지은 광화문 밖 종각이 이 무렵에 다시 건축된 것으로 보인다.[48] 《동국문헌비고》(1770)는 세조 3년(1457)에 대종을 주조했고, 1770년 당시에는 이 종이 1748년에 새로 지은 광화문 밖 종각 안에 있었다고 기록하고 있다. 이중화(李重華)의 《경성기략》도 이 대종이 세조 3년(1457) 1월에 주조되었다고 적고 있다. 따라서 광화문 밖 종은 1456년이나 1457년에 주조된 것으로 보인다. 예종 1년(1469)에는 광화문 밖 종각을 성 안으로 이전하기도 했다.[49]

그 후 선조 25년(1592) 임진년에 광화문 밖 종각은 불타고 종만 남았으므로 영조 24년(1748) 5월에 종각을 다시 짓게 했다. 당시 동대문 안과 광화문 밖에는 수백 년 동안 방치된 종이 하나씩 있었다고 한다. 두 개의 종에는 세조의 어휘(御諱)와 어제(御製) 및 내전(內殿)의 휘호(徽號) 등이 새겨져 있었다. 특히 동대문 안 종에는 온통 부처를 칭송하는 말이 새겨져 있었고, 영조는 이것을 고려 말의 유풍이라고 생각했다. 그리고 영조는 풍우를 피할 수 있도록 동대문 안 종과 광화문 밖 종을 위해 각각 한 칸짜리 각을 짓게 했다.[50] 《임하필기》에 따르면 광화문 밖 종은 그 후 파손되어 더 이상 사용할 수 없는 지경에 이르렀다.[51] 《경성기략》에 의하면 고종 3년(1866)에 광화문 밖 종을 녹여 당백전(當百錢)을 주조했다. 그래서 '인경 떼어 주머니에 넣을 놈[摘鐘入囊漢]'이라는 속언이 생겼다고 한다.[52]

《임하필기》와 《경성기략》에 따르면 세조 7년(1461) 10월에 세조가 대종을 주조하여 한계희(韓繼禧)에게 종명을 짓게 한 후 정동 흥천사에 매달았다. 그리고 훗날 이 흥천사종은 흥인문(興仁門) 즉 동대문 안으로 옮겨졌다. 이 종이 바로 영조 때 동대문 안에 방치되어 있던 종이다. 앞서 말했듯이 영조 24년(1748)에 영조는 동대문 안 종을 위해 각을 세웠다. 그런데 《임하필기》에 의하면 다시 이 종은 자리를 옮겨 1870년 무렵 광화문 문루에 걸려 시간을 알리고 있었다.[53] 이처럼 흥천사종은 흥천사에서 동대문으로 이동한 후 다시 광화문에 매달렸다. 그 후 흥천사종은 1910년에 동물원과 식물원이 있는 창

창경원 이왕가박물관 본관[54]

경궁(昌慶宮)박물관으로 옮겨졌다.[55] 이 종은 지금은 '흥천사명동종(興
天寺銘銅鐘)'이라 불리고 보물 제1460호로 지정되어 있다.

　창경궁박물관은 1909년 11월 1일에 창경궁 명정전(明政殿) 등
의 기존 전각을 이용하여 일본 제실박물관(帝室博物館)을 본뜬 형태
로 개원했다.[56] 한일병합 후 1911년 4월 26일부터는 창경궁의 박물
관, 동물원, 식물원을 창경원(昌慶苑)으로 통칭했다.[57] 1911년 11월
30일에 창경원 높은 언덕에 새로 짓던 박물관 본관을 준공했고,
1912년 3월 14일에 낙성연을 개최했다.[58] 그 후 이 박물관은 이왕
가박물관(李王家博物館), 이왕직박물관(李王職博物館), 창경궁박물관,
창경원박물관 등으로 불렸다. 흥천사종은 이왕가박물관 전시실로
이용된 명정전의 툇간에 석조 불상과 함께 전시되고 있었다.

창경궁 명정전에 전시된 이왕가박물관의 흥천사종[59]

덕수궁 석조전 옆 이왕가미술관 신관[60]

1938년 3월 25일부터 이왕가박물관은 덕수궁 석조전(이왕가미술관 구관) 옆에 새로 지은 3층짜리 석조 건물로 이전했고, 6월 5일에 '이 왕가미술관 신관'이라는 새 이름으로 개관했다.[61] 그리고 1938년 4월 28일경 흥천사종도 덕수궁 이왕가미술관으로 옮겨졌다.[62] 현재 이왕가미술관 신관은 국립현대미술관 덕수궁관으로 사용되고 있다. 흥천사종은 해방 후 1946년 5월 20일에 미군 기술자에 의해 덕수 궁 광명문(光明門)에 걸렸고, 그 후 자격루와 함께 전시되다가 지금 은 경복궁에 보관되어 있다.[63]

흥천사종의 연대기를 좀 더 상세히 추적해 보자. 1919년에 조선 총독부가 발행한 《조선금석총람》의 〈흥천사종명〉을 보면, 이 종이 세조 7년(1461) 임오년에 주조되었다고 기록되어 있지만, 세조 7년 은 신사년이므로 세조 8년(1462) 임오년이 맞는 것으로 보인다.[64] 《동국문헌비고》(1770)에도 세조 8년에 대종을 주조하여 이조참판 한 계희에게 종명을 짓게 했고, 영조가 1748년에 흥천사종을 위한 종 각을 지었으며, 1770년 무렵에는 이 종이 흥인문 안에 있었다고 적 혀 있다.[65]

그런데 《동국문헌비고》의 증보판인 《증보문헌비고》(1908)를 보면, 고종 2년(1865)에 흥인문 안에 있던 흥천사종을 광화문 문루에 매달 았고, 인정과 파루 때 이 종을 운종가의 종각 종과 함께 쳤다고 한 다. 또한 조하(朝賀)를 할 때와 왕이 수레를 타고 대궐 밖을 나서는 삼엄(三嚴) 후에 이 종을 49회 쳤다고 한다. 조선시대에는 왕이 대궐 밖으로 행차할 때 호위하는 군사와 백관이 행차를 준비하는 단계를 일엄(一嚴), 이엄(二嚴), 삼엄(三嚴)으로 구분했다.[66]

〈흥천사종명〉을 보면 세조 7년(1461) 신사년 여름 5월 13일(임자일)에 경기도 양주의 회암사(檜巖寺)에서 석가여래의 사리분신(舍利分身)이 일어나서 상광(祥光), 서기(瑞氣), 훈작(熏灼)이 있었고, 이향(異香)이 산곡(山谷)에 가득 퍼졌다고 한다. 사리분신은 사리가 여러 개로 나뉘며 그 수가 불어나는 신비한 현상을 가리킨다. 그 후 태종의 아들인 효령대군(孝寧大君) 이보(李補)가 25개의 사리를 가져왔고, 자성왕비(慈聖王妃)가 내전에서 예배하자 다시 사리분신이 일어났으며, 함원전(含元殿)에 안치하자 또 사리분신이 일어났다. 세조 때 함원전은 불사(佛事)를 벌이거나, 사리를 안치하거나, 불상을 조성한 후 점안법회(點眼法會)를 하는 용도로 사용되었다. 5월 17일에 효령대군이 또 사리를 얻어 바쳤고, 왕비가 내전에서 예배하자 또 사리분신이 일어났다. 5월 18일에 왕이 직접 부처를 찬미하는 가타(伽陀)를 짓고 왕비가 함원전에서 공양을 드리자 또 사리분신이 일어나서 사리는 총 102개로 불어났다. 회암사에서 가져온 것까지 합하면 얼마나 많은 사리분신이 일어났는지 알지 못할 정도였다고 한다.

세조는 크게 기뻐하며 죄수를 사면하고 대서원(大誓願)을 발하고 직접 능엄경(楞嚴經)을 번역했다. 또한 종친 및 관리와 장수를 거느리고 조종(祖宗)과 일체 중생을 위해 여래상(如來像) 1구를 만들었고, 중궁(中宮)과 세자를 위해서도 여래상 1구를 만들었다. 그리고 꿈에 관음보살(觀音菩薩)과 지장보살(地藏菩薩)을 만나는 이적이 일어나자, 두 보살상을 만들어 그 안에 사리를 안치한 후 흥천사의 사리각(舍利閣)에 봉안했다. 왕비는 불상에 예배하고 향을 사르며 공양을 했다. 그리고 홍종(鴻鐘) 즉 대종을 주조하여 정동 흥천사에 매달았고, 이

종으로 염불의 시간을 알려 중생을 제도하게 했다. 〈흥천사종명〉은 세조 8년(1462)에 새겨졌다. 이처럼 흥천사종은 원래 불교를 위한 종으로 제작되었지만, 나중에는 시보(時報)를 위한 종으로 이용되었다.

흥천사가 폐사된 후 흥천사종은 원각사로 옮겨졌다. 중종 7년(1512)에 원각사마저 폐사된 후 김안로(金安老)가 흥천사종을 동대문으로 옮겨 시보에 이용했다. 그러나 김안로의 죽음으로 이 종은 200년 이상 동대문 안에 방치되고 만다. 영조 24년(1748) 5월에 동대문 안 종과 광화문 밖 종을 모두 세조가 제작했다는 사실을 알게 되자, 영조는 두 개의 종을 위해 종각을 지었다. 그리고 흥선대원군이 경복궁 중건을 추진하던 고종 3년(1866) 가을에 광화문이 완성되었고, 이때 여러 사찰의 승려들로 하여금 동대문의 흥천사종을 운반해 광화문 문루에 매달게 한 후 광화문 완공을 축하하는 법회를 열었다. 그 후 흥천사종은 융희 4년(1910) 4월 28일에 창경궁박물관으로 옮겨졌다.[67]

원각사종의 행방

세조 10년(1464)에는 효령대군이 회암사에서 원각법회(圓覺法會)를 여는 도중에 여래(如來)가 나타나고 신승(神僧)이 탑을 에워싸는 일이 발생했다고 한다. 다른 사람은 아무도 여래와 신승을 보지 못했고 효령대군의 눈에만 나타났다. 또 수백 개의 사리분신이 일어났고, 이 사리를 가지고 함원전에서 공양을 드리자 또 수십 개의 사리분신이 일어났다. 이를 기념하기 위해 세조는 관청처럼 사용되던 흥복사(興福寺)의 주변 인가 200여 채를 철거한 후 현재의 탑골공원 자리에 원각사(圓覺寺)를 세웠다. 원각사는 세조 11년(1465) 4월 7일에 낙성되었다.[68] 그리고 세조 13년(1467) 4월 8일에는 화강석을 기초로 하여 대리석으로 쌓아 올린 원각사탑이 완성된다.[69] 원각사는 연산군 10년(1504)에 연산군이 이곳에 연방원(聯芳院)을 두면서 폐사되었고 중종 7년(1512)에 완전히 헐렸다.

세조 10년(1464)에 사리분신이 일어난 후 세조 11년(1465) 1월 16일에는 구리 4만여 근으로 주조한 대종이 완성되었다.[70] 최항(崔恒)이 작성한 〈원각사종명〉에는 쇠 5만 근을 녹여 대종을 주조했다고 적혀 있다.[71] 흥천사종과 마찬가지로 원각사종도 효령대군과 관련된 사리분신을 기념하기 위해 주조되었다. 세조 7년(1461)부터 세조 14년(1468)까지 회암사, 원각사, 함원전 등을 중심으로 사리분신이 계속 일어났다. 이보다 앞서 세조 4년(1458) 2월 11일에 세조는 새로 주조한 대종을 종루에 매달았다.[72] 태조 7년에 주조한 종루의 대종을 새 종으로 교체했을 가능성이 크다.

《조선금석총람》에 실린 〈경성 보신각종기〉에 따르면 보신각종의 종명은 명나라 성화(成化) 4년 무자년, 즉 세조 14년(1468)에 새겨졌다.[73] 이것은 보신각종을 실제로 조사한 결과 얻어진 것이므로 우리는 세조 14년 즉 1468년을 기준으로 보신각종의 기원을 추론할 수밖에 없다. 그런데 다른 자료를 보면 세조 13년에 대종을 주조했다는 사실이 반복적으로 등장한다. 따라서 세조 3년의 광화문 밖 종각 종처럼 세조 13년에 주조한 대종의 종명을 1년 뒤에 새겼다고 추론할 수도 있다.

　19세기 헌종대 문헌으로 추측되는 《은대편고》에는 "세조 때 대종을 주조했고, 지금은 이 종이 운종가루(雲從街樓)에 매달려 새벽과 저녁을 알리고 있다."라고 쓰여 있다.[74] 이것은 임진왜란 이후 운종가 종각에 매달렸던 '보신각종'이 세조 때 주조한 종이라는 것을 알려준다. 김재구(金載久)의 《조야회통》에는 세조 13년에 대종을 주조하여 운종가에 두었다는 기록이 보인다.[75] 《동국여지비고》 제2권 〈한성부〉 편에도 세조 13년에 대종을 주조했다는 기록이 보인다.[76] 《동국문헌비고》는 세조 14년에 의금부 판사 윤자운(尹子雲), 예문관 대제학 서거정(徐臣正) 등에게 명하여 대종을 주조하게 했고, 지금은 이 종이 운종가루에 있다고 적고 있다. 일단 이러한 기록들에 의거하여 세조 13년(1467) 또는 14년(1468)에 주조한 종이 임진왜란 이후에 운종가 종각의 종이 되었다는 것을 알 수 있다. 또한 이 기록들은 보신각종에 새겨진 종명을 조사한 〈경성 보신각종기〉의 연도와도 대략 일치한다. 다만 《은대편고》와 《동국문헌비고》는 세조 때 대종을 주조했고, 나중에 이 종이 운종가루에 매달렸다고 적고 있지만, 《조야회통》은 세조 13년에 대종을 주조하여 운종가에 두었다고만 적고 있다.

　그런데 여러 가지 가능성으로 미루어 볼 때 세조 13년 또는 14년에 주조한 이 종은 원래 흥천사나 원각사에 매달렸던 것으로 보인다. 19세기에 쓰여진 《동국여지비고》에도 원각사에 대종이 있었고 이 종이 바로 지금 종루의 종이라고 기록되어 있다.[77] 조각난 정보들을 서로 이어 보면, 보신각종은 원각사종일 가능성이 꽤 높다. 다

만 세조 11년의 원각사종과 세조 13년 또는 14년에 주조한 대종이
일치할 수 있는지의 여부가 관건일 것이다. 세조 11년에 주조한 원
각사종을 세조 13년 또는 14년에 새로 주조하거나 개조했을 가능
성도 남아 있다. 대종을 주조한 사실과 관련하여 각종의 역사 기록
이 어긋나기 때문에 우리는 다양한 추론을 전개할 수밖에 없다.

　이중화의《경성기략》에 따르면 세조 14년 2월에 대종이 주조되
었고, 일제강점기에는 이 종이 종로 보신각에 매달려 있었다.[78] 종
로의 종루에 대한《증보문헌비고》의 짧은 기록을 먼저 살펴보자.[79]
돈의문 안 정릉사(貞陵寺) 즉 흥천사에 대종 2개가 있었다. 이 절이
폐사되자 원각사로 종 2개를 옮겼고, 다시 원각사가 폐사되자 김안
로가 종 2개를 각각 동대문과 남대문으로 옮겨 신혼(晨昏)을 알리고
자 했지만 김안로의 죽음으로 이 일은 수포로 돌아갔다. 선조 25년
(1592) 임진왜란 때 종로의 종루가 불타면서 종도 녹아 없어졌다. 선
조 26년에 환도 후 종로에 종각을 짓고 남대문에 있던 종을 여기에
매달았다. 동대문에 있던 종은 1866년에 광화문 문루에 매달리게
될 흥천사종이다.《증보문헌비고》의 기록을 신뢰한다면, 세조 14년
에 주조한 종은 처음에는 원각사가 아니라 흥천사에 매달렸던 것으
로 보인다. 그렇다면 세조 11년에 주조한 원각사종의 행방은 오리
무중이다.

　이긍익(李肯翊)의《연려실기술》에 따르면 시보 기능을 하는 광화
문 문루 대종(태조 4년과 세종 16년 제작)이나 종루 대종(태조 7년 제작)과
는 별도로 흥천사와 원각사에 각각 대종이 있었다. 그렇다면 일단
총 4개의 대종이 있었다. 이와 별도로 세조 2년이나 3년에 주조한

광화문 밖 종이 있었다. 그리고 중종 때 김안로가 흥천사종과 원각사종을 각각 동대문과 남대문으로 옮겨 시보를 하려고 했지만 뜻을 이루지 못했다. 임진왜란 때 광화문 문루의 대종과 종로 종루의 대종은 모두 파손된다. 그리고 선조 27년(1594) 가을에는 남대문 안에 있던 종을 남대문 안에 매단 후 신혼을 알렸다.[80]

《중종실록》을 보면 중종 31년(1536)에 김안로는 종루에서 울리는 인정과 파루의 종소리가 성 밖까지 들리지 않아 조신(朝臣)이 늦는 일이 많다면서 흥인문과 숭례문에 각각 종을 매달아 치면 종소리가 들리지 않는 곳이 없을 거라고 주장한다. 그리고 폐사된 흥천사와 원각사의 종을 각각 흥인문과 숭례문으로 옮긴 후 실제로 종각을 짓고 종을 매달아 치자 종소리가 도성 밖까지 들렸다. 경복궁 보루각에서는 숭례문으로, 신설한 창경궁 보루각에서는 흥인문으로 시간을 알린 것으로 보인다. 그러나 바로 다음 해에 김안로가 사약을 받고 죽으면서 흥인문과 숭례문의 종각은 철거되고 종은 방치된 채 군사들이 지키고 있었다고 한다.[81]

명종 10년(1555)에는 동대문과 남대문에 있는 두 대종에 위기가 찾아온다. 비변사(備邊司)가 대종을 녹여 총통(銃筒)을 만들 것을 요청하면서 먼저 남대문 대종을 깨뜨려야 한다고 주장한 것이다. 그러나 명종은 오래된 물건을 함부로 깨뜨릴 수 없다고 하면서 이를 허락하지 않았다. 실록의 사관(史官)은 명종이 불교에 빠져 있어서 허용하지 않은 것이라고 기록하고 있다. 여기서도 우리는 훗날 종로 종각에 걸리는 남대문 대종이 불교 사찰, 즉 원각사에 있던 종이라는 것을 알 수 있다. 또한 사관은 조선 왕은 이(李)씨고 김안로는 김(金)씨이며 오행상극에 따라 금[金]이 목[木]을 이기기 때문에, 김 안로가 봄과 여름을 상징하는 동쪽과 남쪽에 종을 걸어 목의 기운을 약화시키고자 한 것이라는 소문을 전하고 있다. 이러한 혐의 때문에 김안로가 동대문과 남대문에 걸었던 대종을 바로 철거하여 성 위에 버려둔 것이다. 그런데《명종실록》에 따르면 동대문과 남대문의 성문 위에 종각을 지어 종을 매달았고, 그 뒤에도 계속 성 위에 종을 방치한 것으로 보인다.[82]

그 뒤 명종 18년(1563)에 명종은 흥인문과 숭례문의 대종을 내수사(內需司)에 주라는 명을 내렸다. 이때도 사관은 명종이 훗날 불교 사찰에 주려고 대종을 내수사에 보관하는 것이라고 의심하고 있다.[83] 이처럼 무기가 될 뻔한 위기를 넘기고 흥천사와 원각사의 대종은 겨우 살아남는다. 실록 기사에 따르면 김안로가 동대문과 남대문에 대종을 매달지 못했다는 여타의 기록은 잘못된 것이라 할 수 있다.

임진왜란 때 운종가 종루가 불타면서 종도 파손된다. 선조 28년(1595)에 흙속에 반쯤 묻힌 종루의 깨진 종을 발굴하지만 5분 2는 이미 녹아 버렸고 2만 근도 채 남지 않은 상태였다. 당시에 회암사 터에도 불에 탔지만 온전히 남은 대종이 하나 있었다. 이때도 처음에는 종루의 깨진 종을 녹여 화포를 만들려는 시도가 있었지만 200년 된 물건을 함부로 없앨 수 없다는 쪽으로 의견이 모아졌다.[84] 호조(戶曹)에서는 일단 깨진 종을 땅 속에 그대로 묻어 두자는 의견을 냈다.[85] 결국 회암사의 대종을 깨서 화포를 주조했고, 종루의 깨진 종도 아마 녹여서 무기를 만들었을 거라고 추측된다.[86] 임진왜란 때 광화문 밖 종, 즉 광화문 밖 종각의 종도 파손된 것 같다. 선조

38년(1605)에 군기시(軍器寺)에서 광화문 밖의 깨진 종으로 화기를 만들 것을 요청하지만 선조는 광화문 밖 종각의 종은 그대로 두라고 말하면서 거부했다.[87] 그러나 결국 고종 3년(1866)에 이 종을 녹여 당백전을 주조하게 된다.

선조 27년(1594) 9월에 선조는 조잡하게라도 종을 매다는 도구를 만들어 남대문 안 대종으로 인정과 파루를 알리라는 명을 내렸다.[88] 동년 11월 4일에 비로소 남대문 안에 종을 매달고 인정과 파루를 알리기 시작했다.[89] 전쟁으로 2년 이상 종루의 종이 울리지 않았던 것이다. 그렇다면 1594년에 남대문 안 종을 운종가 종루에 매달았다는 기록은 잘못된 것이다.

그 후 정유재란 때 경리조선군무(經理朝鮮軍務)로 임명된 명나라 장수 양호(楊鎬)가 남대문 대종을 도성의 남쪽 높은 언덕, 즉 명례동(明禮洞)으로 옮겨 매달라는 명령을 내렸다. 명나라 군사와 조선 군사 1천 명이 종을 옮기려다 실패하지만, 마침내 선조 31년(1598)에 조선군만으로 종을 옮기는 데 성공하여 동년 2월 19일부터 양호가 정한 장소에서 인정과 파루를 알렸다.[90] 현재 명동성당이 위치한 이 고개는 그 이후로 종현(鐘峴)이라 불렸다. 따라서 1598년에도 여전히 운종가 종루에는 종이 없었다.

광해 11년(1619) 4월 14일에 광해군은 종루를 빨리 중건하여 금종(金鍾)을 다시 매달라는 명을 내렸다. 그러나 병조(兵曹)에서는 건축 재료가 없으니 종루가 아니라 종각을 만들어 즉시 종을 매달자고 건의했다.[91] 따라서 2층의 종루가 아니라 1층의 종각을 지었던 것으로 보인다. 이때 종현에 있는 남대문 대종을 옮겨 종각에 매달

1899년경 보신각 주변 모습[92]

앞다는 정확한 기록이 없으므로 이 금종이 남대문 대종인지 아닌지
는 확실하지 않다. 그런데 불과 7일 뒤인 4월 21일에 어물전 행랑
에서 화재가 발생하여 종각이 불타고 금종까지 떨어져 인정과 파루
를 알릴 수 없게 되었다. 얼마 지나지 않아 종각을 다시 지은 것으
로 보인다.[93] 인조 15년(1637)에 종각을 중건했다.[94] 숙종 11년(1685)
1월 9일에도 종각에 불이 나서 1월 11일에 종각을 고쳐 지었다.[95]

고종 1년(1864) 4월 20일에도 지전(紙廛)에서 불이 나서 종각이 불
탔다. 종각 개건은 5월 28일경에 끝났지만 이미 5월 24일부터 종
을 매달아 인정과 파루를 알렸다.[96] 고종 6년(1869)에도 마상전(馬床
廛)에서 화재가 발생하여 종각이 불탄 적이 있었다.[97] 이 무렵 화재
로 종이 조금 녹아서 종에 새겨진 명문(銘文) 가운데 일부를 알아보

기 힘들게 되었다는 이야기도 있다.[98] 1915년에 종각을 이전하는 공사를 하면서 발견한 상량문에 의하면 최종적으로 종각은 1869년 10월 28일에 준공되었다.[99] 그리고 고종 32년(1895) 3월 15일에 보신각(普信閣)이라는 편액을 걸면서 이때부터 종각을 보신각이라 부르게 되었다.[100]

1924년에 조선총독부 학무국 고적조사과에서 펴낸《고적 및 유물 등록대장 초록》에 따르면 보신각종은 5만 근 동종(銅鐘)으로 높이 10척 5촌, 구경 7척 5촌 3분이고, 세조 14년 무자년 6월에 주조되었다. 당시 경주박물관 분관에 보관돼 있던 성덕대왕신종(聖德大王神鐘)은 12만 근 동종으로 높이 11척, 둘레 23척 5촌, 두께 7촌, 구경 7척 5촌이다.[101] 따라서 보신각종이 성덕대왕신종보다 조금 작은 것을 알 수 있다.

그렇다면 남대문 대종은 언제부터 운종가 종각에 매달렸던 것일까? 선조 31년(1598)에 명례동 종현으로 남대문 대종을 운반한 것까지는 확인된다. 그리고 정조 11년(1787)에는 이미 종현에 종이 없었다.[102] 여러 기록을 종합하면 보신각종은 처음에 원각사에 있었고, 원각사가 폐사되자 남대문으로 옮겨져 남대문 대종이 되었다. 정유재란 때 남대문 대종은 종현으로 옮겨졌고, 그 후 얼마 지나지 않아 운종가 종각에 매달렸거나, 아니면 다시 남대문으로 옮겨졌다가 한참 후에 운종가 종각에 매달렸던 것 같다.《고적 및 유물 등록대장 초록》에 따르면 고종 6년(1869)에 남대문 대종을 운종가 종각에 옮겨 매달았다고 한다. 그렇다면 1869년 10월 28일에 새 종각을 준공하면서 남대문 대종을 비로소 종각에 매달았을 수도 있다.

물시계의 폐지

세종 6년(1424) 5월 6일에 세종은 중국의 체제를 살펴 대궐에서 쓸 수 있는 경점(更點) 기구, 즉 물시계를 구리로 주조하라는 명을 내린다.[103] 자격루가 등장하기 전에 물시계는 모두 사람이 옆에서 살대[箭]의 눈금을 읽고 시간을 측정해야 하는 불편한 것이었다. 그 후 세종 16년(1434) 7월 1일부터는 자동으로 시각을 알려주는 자격루를 경복궁 보루각에 설치하여 사용하기 시작했다.[104]

태양력 시행 직전인 1895년 9월 29일에 〈궁내부 포달 제4호〉에 의해 물시계를 기준으로 하는 조선의 시보 제도는 공식적으로 폐지된다.

> 종전 인정과 파루 시종(時鐘)을 폐지후고 오정(午正) 예(例)를 의(依)후야 자정(子正)에도 종을 당(撞)홈. 보시(報時)와 경고(更鼓)의 절차도 일체 폐지홈.[105]

〈궁내부 포달 제4호〉의 내용을 보면 인정과 파루의 종은 폐지하고 오정뿐만 아니라 자정에도 종을 치는 것으로 바뀌게 된다. 즉 서양 시간의 방식으로 낮과 밤 12시가 시간의 기준점이 된 것이다. 그리고 경복궁과 종각 사이 여러 곳에 금고(金鼓) 즉 쇠북을 설치하여 누국에서 측정한 물시계의 시각을 종각으로 전달하던 시보 체계역시 이때 폐지된 것으로 보인다. 또한 밤에 북과 징을 쳐서 오경의 시각을 알리던 경고 제도도 폐지된다.

〈궁내부 포달 제4호〉는 물시계를 더 이상 표준시계로 사용하지 않는다는 것, 그리고 물시계에 의존하던 경점법을 폐지한다는 것을 골자로 하고 있다. 그러나 이 포달에 의해 조선에서 공식적으로 12지시법과 96각법이 완전히 폐지된 것은 아니다. 그 후에도 12지시법과 96각법은 1908년까지 시헌력(時憲曆)과 명시력((明時曆) 같은 조선의 달력에서 계속 사용되고 있었기 때문이다. 1895년 9월 29일 이후에도 조선에서는 13년 이상 동안 12지시법 및 96각법과 24시간제가 병존하면서 시간의 혼란이 빚어지고 있었다.

그러나 공식적으로 물시계의 시간을 폐지하고 서양 시법을 도입하기 이전부터 조선 땅에는 서서히 서양 시간이 밀려들고 있었다. 이미 11년 전인 1884년 윤5월 20일 이후부터 오정, 인정, 파루 때 하루에 세 번 창경궁의 금천교(禁川橋)에서 대포를 쏘아 시간을 알리고 있었기 때문이다.[106] 기록만 놓고 보면 11년 이상 대포의 시간과 물시계의 시간이 공존하고 있었던 것이다.

종각의 타종 이외에 대포 소리로 시간을 알리고 있었다는 것은 여러 가지 의미를 지닐 것이다. 왕궁에서 대포를 쏘아 강력한 시간을 도성 안으로 흩뿌린다는 상징적인 의미도 있었을 것이고, 정확한 시간 고지의 필요성이 예전보다 더 커진 것이라고 생각할 수도 있다. 어찌 됐든 대포 소리로 오정, 인정, 파루의 시간을 알림으로써 사람들의 '시간 의식'은 그전보다 강해졌을 것이다. 그리고 이때부터 이미 종각의 타종은 대포 소리에 묻혀 점차 상징적인 시간으로 전락하고 있었을 것이다.

식민의 종소리
일본 불교의 범종

2

조선 후기에 시간을 알리던 종은 공교롭게도 세조 때 사리분신을 기화로 주조된 불교의 범종(梵鐘)이었다. 세조 8년(1462)에 완성된 것으로 보이는 흥천사종은 동대문에서 잠시 시보에 이용되었고, 고종 3년(1866)에는 광화문 문루에 매달려 한동안 시간을 알렸다. 세조 11년(1465)에 주조되었다가 세조 14년(1468)에 최종적으로 완성된 것으로 추측되는 원각사종도 임진왜란 후 남대문과 명례동 종현에서 시보에 이용되었고, 고종 6년(1869) 또는 그보다 훨씬 이전에 운종가 종각에 매달려 시간을 알렸다. 흥천사종과 원각사종 같은 범종은 종소리로 잠시 시간을 지우거나 멈춘다는 종교적 목적에서 주조되었지만, 최종적으로는 시간을 만들고 구획하는 지극히 세속적 도구로 전락하고 말았다. 조선에서 불교는 그렇게 한동안 '시간의 소리'로 존재하고 있었다.

1895년 9월 29일에 인정과 파루의 제도가 폐지된 후에도 종로 종각의 종은 계속 울렸다. 그러나 한일병합 후에 종각의 종은 더 이상 울리지 않았고, 그 대신 정오 시각을 알리는 대포인 오포(午砲)가 매일 정확한 시각을 전하고 있었다. 그러나 종소리가 조선에서 완전히 사라진 것은 아니었다. 일제강점기에 종은 시보보다는 경보(警報)를 위한 용도로 활용되고 있었다. 예컨대 1915년 8월경 황해도 해주군 해주읍에서는 화재가 발생할 때 경찰서 앞뜰의 경종(警鐘)뿐만 아니라 남문

황해도 해주 읍성 남문 범종[1]

(南門) 누상(樓上)의 범종을 울려 소방대를 소집하기로 결정한다.[2] 기존에는 인정과 파루를 알리던 범종이 이제는 시보가 아니라 경보를 위한 용도로 사용되고 있음을 알 수 있다.

그런데 일제강점기에 전국 곳곳에서 울리기 시작한 또 다른 종소리가 있었다. 조동종(曹洞宗), 정토진종(浄土眞宗) 본원사파(本願寺派), 정토진종 진종대곡파(眞宗大谷派) 같은 일본 불교가 조선 포교를 본격적으로 시작하면서 전국에 일본 사찰이 들어선다. 그리고 이 사찰들은 앞다투어 종루를 짓고 종을 매단다. 이 종소리는 시간의 종소리나 불교의 종소리보다는 '식민의 종소리'였다. 여기서는 경성부 남산에 있었던 일본 사찰 3곳, 즉 조동종의 조계사(曹谿寺)와 춘무산(春畝山) 박문사(博文寺), 진종대곡파 동본원사(東本願寺) 경성별원(京

일선병합기념 대범종 (1919)[3]

城別院)의 종루와 종에 대해 간략히 살펴볼 것이다. 식민지 상황에서 일본 불교 사찰은 직접 범종을 주조하기도 했고, 때로는 조선의 범종과 종루를 그대로 가져다 쓰기도 했다.

1919년 7월 20일 오후 2시에 경성부 대화정(大和町) 3정목(丁目) 26번지 조계사 관음당(觀音堂)에서는 일본의 주조사(鑄造師)들이 큰 가마솥으로 구리와 주석을 녹인 후 도가니에 부어 구경 4척 무게 천 근의 '일선병합(日鮮倂合) 기념 범종'을 만드는 의식을 거행했다. 이 종은 옛 법식에 따라 만든 일본식 범종이었다.[4] 일본 조동종 사찰 인 대화정 조계사는 1907년 3월에 일한사(日韓寺)라는 이름으로 포 교 인가를 받았고, 1915년에 사찰을 신축한 후 조계사로 개칭했다.[5]

조계사 산문이 된 황건문6

이 조계사는 현재 종로구 수송동에 있는 대한불교조계종 조계사(曹
溪寺)와는 전혀 무관한 사찰이다. 이 기념 범종은 시간 전달을 위해
서가 아니라 일본 불교의 종소리로 경성을 가득 채우기 위해서 주
조되었다.

1925년에 조계사는 고종이 1902년에 이궁(離宮)으로 지은 평양
풍경궁(豐慶宮)의 정문인 황건문(皇建門)을 이축하여 산문(山門)으로
사용했다. 조계사는 평양에 국유재산으로 남아 있던 황건문을 불하
받은 후 1925년 8월에 해체하여 화물 자동차 11대에 싣고 경성으
로 운반했다. 황건문을 다시 조립하여 완성하는 데 약 2개월이 걸
렸고, 황건문을 이축하는 데 약 1만 원이 들었다고 한다. 상량문에

"광무(光武) 7년 6월 15일 11시 10분"이라고 적혀 있었으므로 황건문은 1903년에 완공되었을 것이다.[7] 황건문은 해방 후 조계사 자리에 들어선 동국대학교의 정문으로 사용되다가 1971년에 철거되어 사라졌다고 한다.

또한 1926년에 조계사는 경희궁(慶熙宮) 숭정전(崇政殿)을 양도받은 후 이축하여 본전 건물로 사용했다.[8] 1910년 11월에 경희궁 자리에 조선총독부중학교(1913년에 경성중학교로 개칭)가 들어선 후 숭정전은 교실로 사용되다가 당시에는 집기 창고가 돼 있었다. 조계사는 경기도청이 국유재산으로 관리하던 숭정전을 무상으로 불하받았고, 그 대신 경성중학교에 1,500원을 기부했다. 경성중학교는 이

경희궁 숭정전[9]

돈으로 집기 창고를 신축했다.
1926년 3월부터 4월까지 숭정전
을 해체하여 조계사로 운반한 후
74평의 숭정전에 10여 평을 더
해 7월까지 조립을 마칠 예정이
었다.[10] 현재 숭정전은 동국대학
교 안에 있는 법당인 정각원(正覺
院)으로 이용되고 있다.

　1922년 무렵 조계사는 종루를
건축했다. 1919년에 주조한 '일
선병합 기념 범종'을 매달았을

조계사 종루[11]

것으로 추정된다. 그전까지는 본당 옆에 작은 종을 매달아 아침저
녁으로 울렸다고 한다. 종루가 생긴 뒤로는 경성 동부를 중심으로
서부까지 종이 울려 조계사의 명성이 널리 알려지게 되었다고 한
다. 그런데 종소리가 구슬프고 애잔해서 종루가 생긴 뒤로 그 부근
에서 자살을 시도하는 사람들이 있었다. 1924년 10월에도 종루 바
로 아래 소나무에서 액사한 여자가 있었다. 그전에도 바로 뒷산에
서 처자를 찔러 죽인 남자가 있었다고 한다.[12]

　1924년에는 수백만 명의 신도를 가진 보천교(普天敎)의 교주 차경
석(車京石)이 재정난으로 교세가 약해지자 범종을 주조하기 위해 전
신도에게 놋쇠 숟가락을 기부하게 했다고 한다. 그런데 놋쇠 숟가
락이 많이 모이지 않자 이번에는 음양의 논리를 내세워 놋쇠 그릇
을 기부하게 했다. 숟가락은 형태가 양물(陽物)과 비슷하므로 음성

조계사 종루로 추정되는 유리건판 사진13

(陰性)의 놋쇠 그릇을 합한 후 음양이 상합한 범종을 주조하여 보천
교 본부인 정읍에 두고자 했다는 것이다.14 신문기사는 우스갯소리
처럼 이야기를 전하고 있지만, 당시 조선에서 그만큼 범종 주조가
유행했다는 것을 보여주는 사례라고 생각된다.

부산부 서정(西町)의 동본원사 별원도 교토의 다카하시쇼세도(高
橋鐘聲堂)에 구경 3척여, 길이 5척, 무게 260관(貫)의 범종을 주문했
고, 1921년 3월 25일에 범종을 반입하여 종을 처음 치는 당초식(撞
初式)을 거행할 예정이었다.15

1924년에 체신국(遞信局)의 마스시마 준(松島惇)은 경성부 남산에
있는 진종대곡파의 동본원사 경성별원 범종이 신라시대에 만들어
진 것이 틀림없다는 연구 결과를 내놓았다.16 남산 동본원사 경성별

원 범종은 1907년 4월에 경기도 양평군 용문산 상원사(上院寺)에서 양도받은 것으로 조선의 4대 명종 가운데 하나로 유명했다. 이 종은 구경 2척 9촌 5분, 두께 2촌 2분, 하부 둘레 9척 2촌 4분, 상부 둘레 7척 3촌 6분, 용두를 제외한 높이 4척 4촌, 무게 약 400여 관이다. 이 종은 신라 경순왕의 명에 의해 주조된 것으로 약 3할여의 순금을 포함하고 있다는 전설이 있었다.[17]

양평 용문산 상원사동종 (진종대곡파 동본원사 경성별원 범종)[18]

다른 기록을 보면 그 당시 시점으로 약 800년 전에 주조된 이 범종은 원래 신라 경순왕 때 창건된 보리사(菩提寺)에 있었지만 이후 상원사로 옮겨졌고, 다시 상원사가 불타 없어지면서 1908년에 남산 동본원사 경성별원으로 옮겨졌다. 또한 이 범종에는 전체 약 400관 가운데 13관 정도의 금이 포함되어 있으며, 이 금은 1932년 당시 시가로 12만 원 이상이었다고 한다.[19]

그런데 1924년 11월 12일 자《경성일보》는 세키노 다다시(關野貞)의 말을 인용하면서 남산 동본원사 경성별원 범종이 신라계 형식에 중국식을 절충한 것이며 고려 초기에 제작된 것이라고 밝히고 있다. 1920년에 조선총독부가 발간한《조선고적도보》7권도 남산 동본원사 경성별원 범종을 고려시대의 것으로 분류하고 있다. 또한 오타니대학(大谷大學) 소속 박사를 비롯한 여러 학자들은 이 종이 국보로 영구히 보존할 만한 가치가 있는 것이라고 주장했다. 따라서 준국보(準國寶)로 인정받을 날이 머지않으므로 종이 상하지 않도록 더 이상 타종하지 않으면 좋겠다는 의견도 있었다.[20]

1937년에 경성 남산 동본원사 부인회는 심전개발(心田開發)과 종교 흥륭에 부응하여 정각(正覺)의 소리를 널리 퍼지게 한다는 명목으로 대범종 주조를 계획하고, 4월 8일까지 부인들을 대상으로 1인당 10원을 기본으로 헌납금을 받았다.[21] 곧 보물로 지정될 남산 동본원사 경성별원의 양평 상원사동종을 더 이상 훼손할 수 없었으므로 새로운 종을 주조하고자 한 것이 아닌가 추측된다. 남산에 있던 양평 상원사동종은 1940년에 보물 제367호로 지정되었다.

진종대곡파의 남산 동본원사 경성별원은 경기도 경성부 남산정(南山町) 3정목 40번지에 있었다. 지금은 그 자리에 한양교회가 있다. 1890년 7월에 경성부 수정(壽町)에 동본원사의 부산별원(釜山別院) 경성지원(京城支院)이 설치되었고, 1891년 3월에는 주동(鑄洞) 37호의 땅 540여 평을 구입하여 그곳으로 이전했다. 1895년 2월에 경성별원으로 개칭했고, 7월에 본산(本山)으로부터 목상본존(木像本尊)을 받아 봉안했다. 그리고 이 무렵 경성 시가를 한눈에 내려다볼 수 있는 남산 중턱의 왜성대(倭城臺) 땅 4,300여 평을 매수했다. 1900년 11월에 이곳에 가본당(假本堂)을 지었고, 1906년 11월에 공비 약 6만 원을 들여 13칸 4면의 본당을 완공했다.

당시 고종이 남산 동본원사 경성별원의 건축에 많은 도움을 주었다고 한다. 고종은 건축 계획을 듣고 3천 원, 가본당을 건축할 때

남산 동본원사 경성별원[22]

1,500원을 하사했고, 본당 건축에 착수하자 1905년 9월에 공사관을 통해 2,100원을 전달했으며 남산의 거목을 건축 재목으로 사용할 수 있도록 허락했다. 또한 1910년 7월 12일에 동본원사 경성별원은 고종이 내린 '대한아미타본원사(大韓阿彌陀本願寺)'라는 편액을 거는 의식을 거행했다.[23]

고종은 1897년에 환구단(圜丘壇)을 만들었고, 1902년에는 환구단 동쪽에 석고단(石鼓壇)을 건립했다. 석고단은 '돌로 만든 북'인 석고(石鼓)가 있는 석고전(石鼓殿)과 정문인 광선문(光宣門)으로 구성되었다. 1922년에 조선총독부는 남대문통 광선문 안에 국립도서관을 건축할 계획을 세운다.[24] 장곡천정(長谷川町) 6번지 석고단 자리에 세워진 조선총독부 도서관은 1925년 4월 3일 진무천황제(神武天皇祭) 축제일을 택해 개관한다.[25] 한동안 광선문은 조선총독부 도서관 정

석고단 광선문 (조선총독부 도서관 정문)[26]

문으로 사용되었다. 그 후 1927년 6월에 석고단 광선문은 이축되어
남산 동본원사 경성별원의 산문으로 사용된다.[27] 해방 후 광선문의
행방을 자세히 알 수는 없지만, 1964년부터 성균관대학교 정문인
대성문(大成門)으로 사용되다가 1976년에 해체되었다고 한다.

1935년 3월에 조선총독부 도서관은 부지가 협소하다는 이유로
뜰에 있던 석고전을 춘무산 박문사로 옮겨 그곳에서 종루로 사용
하도록 결정한다.[28] 석고전은 박문사 본당 앞으로 이축되었고 동년
7월 19일 오후 5시에 박문사 종루 낙성식이 열렸다.[29] 이때 주직(住
職)인 스즈키 텐잔(鈴木天山)이 의식을 집행하는 도사(導師)를 맡아 낙
경기도(落慶祈禱)의 독경과 예불을 했다.[30]

석고전은 1965년에 해체된 후 창경원(昌慶苑)으로 이축되어
1966년 10월 14일에 창경원 야외무대로 개조된다.[31] 그 후 1983년

박문사 종루가 되기 전의 석고전[32]

박문사 종루가 된 석고전[33]

창경원 야외무대가 된 석고전[34]

12월 30일에 창경원은 창경궁(昌慶宮)으로 복원되었다. 1983년 12월부터 창경원 철거 공사가 시작되었고 야외무대 석고전의 철거는 1984년 2월 12일에 시작되어 2월 28일에 완료되었다.[35]

춘무산 박문사는 이토 히로부미(伊藤博文)를 기념하기 위해 1930년 3월부터 일본, 조선, 만주에서 기부금을 모아 경비 27만 5천 원을 들여 경성 장충단(獎忠壇)공원 동쪽 소나무 숲 41,882평 부지에 건평 약 387평으로 지은 사찰이다. 박문사는 가마쿠라 시대의 선종 가람 형식을 모방하고 여기에 조선풍을 가미하여 철근 콘크리트 2층으로 건축되었다.[36] '춘무(春畝)'라는 이토 히로부미의 호를 따서 절이 있는 산을 '춘무산'이라고 불렀다. 1931년 6월 22일에 지진제(地鎭祭)를 지낸 후 공사에 착수하여 1932년 4월 23일에 상량식(上

춘무산 박문사 본당[37]

櫟式)을 거행했다.[38] 그리고 이토 히로부미의 기일인 1932년 10월
26일에 낙성식과 입불식(入佛式)을 거행했고, 주직은 조동종의 스즈
키 텐잔이 맡았다.[39] 장충단은 나라를 위해 순국한 조선 군인들에게
제사하기 위해 1900년에 세워졌고, 한일병합 후에는 1919년 6월부
터 장충단 일대를 공원화하여 경성부가 관리하고 있었다.

석고전만 박문사로 이축된 것은 아니었다. 박문사를 건축할 당
시에 조선의 왕과 왕후의 영정을 봉안하던 경복궁 선원전(璿源殿)과
부속 건물 약 96평을 이축하여 박문사의 주직이 거주하는 고리(庫
裡)와 서원(書院)으로 사용했다.[40] 해방 후 경복궁 선원전은 1945년
11월 23일에 발생한 박문사 화재로 전소되었다고 한다.[41]

1910년에 경희궁 자리에 경성중학교가 들어선 후 경희궁 정문인
흥화문(興化門)은 서대문정(西大門町) 2정목 2번지에 있었던 경성중

박문사 고리로 사용된 경복궁 선원전[42]

박문사 총문(경춘문)으로 사용된 경희궁 흥화문[43]

학교의 통용문으로 이용되었다. 그런데 1931년 말에 흥화문은 건축 중인 박문사로 이축되었고, 경춘문(慶春門)이라 개칭된 후 박문사 총문(總門)으로 사용되었다.[44] 해방 후 1959년 1월 13일부터 박문사 본당을 허물고 그 자리에 외국 국빈 접대용 영빈관(迎賓館)을 신축하는 공사를 시작했다. 그리고 8년 후인 1967년 2월 28일에야 영빈관이 완공되어 개관식이 열렸다.[45]

그런데 정부는 영빈관과 인근 국유림 등 약 2만 7천여 평을 불하하기로 결정한 후 1973년 6월 26일에 공매 공고를 냈고, 동년 7월 6일에 삼성그룹이 낙찰을 받았다.[46] 처음에는 영빈관 부근에 '호텔 임피어리얼'이 들어설 예정이었지만, 호텔 완공 후 1979년 3월 8일에 '호텔 신라'라는 이름으로 완전 개관을 했다.[47] 여전히 흥화문은 영빈관과 신라호텔의 정문으로 계속 사용되고 있었다. 그 후 1987년 10월 중순부터 흥화문을 해체하기 시작하여 경희궁 입구로 이전한 후, 1988년 4월 30일에 복원을 완료했고, 동년 6월 24일에 흥화문 현판식이 열렸다.[48]

일본 불교의 조선 포교가 진행되면서 전국 각지의 일본 사찰에 종루와 범종이 설치되었다. 1924년 11월 16일에는 간

평남 진남포 동본원사의 범종 (1933년)[49]

도 용정(龍井)의 조동종 별원에서 대범종 당초식이 열렸고, 모치마키(餅まき)를 한 후 식을 마쳤다.[50] 모치마키 또는 모치나게(餅投げ)는 건물 상량식 후에 지붕에서 떡을 뿌리거나 던지는 일본식 의식으로 불제의 의미가 있었다. 1925년 8월경 전북 이리의 동본원사 주직 다케우치 쇼엔(武內正圓)은 범종 제작과 종루 건설을 기획하고 있었다. 오하시농장(大橋農場)에서 기증한 높이 2척 8촌, 무게 200관의 범종이 나고야에서 곧 도착할 예정이었고, 일반 신도들이 약 3천 원을 기부하여 종루도 건설할 계획이었다.[51] 1925년 9월 20일에 부산부 서정(西町)의 묘각사(妙覺寺)도 새로 주조한 범종의 시당식(始撞式)을 거행한 후 모치마키를 했다.[52]

1928년에 전남 광주군 동문통(東門通)의 영원사(永源寺)는 쇼와(昭和)천황 즉위 기념사업으로 범종을 설치했다. 단신도(壇信徒) 총대(總代)와 간사가 약 3천여 원의 희사금을 모금했고, 동년 10월 28일에 종루 상량식을 거행한 후 붉고 흰 떡으로 모치마키를 했다.[53] 영원사는 1917년 9월 18일에 창립 허가를 받은 광주군 광주면 궁정(弓町) 69번지의 조동종 사찰이었다.[54] 1928년 12월 26일 자로 광주 영원사의 사원 종루당(鐘樓堂) 건축 허가가 난 것으로 보아 이 무렵 종루당이 완공되고 범종이 걸렸을 것으로 추측된다.[55]

1932년에 정토진종 본원사파 서본원사(西本願寺) 사찰인 대전 지역의 광조사(光照寺)는 이세(伊勢) 구와나(桑名)에서 구경 3척 3촌, 높이 6척 3촌, 중량 300관의 대범종을 주조했다. 종이 도착하자 2월 21일 오후 1시에 깃발을 들고 역전에서 시내를 거쳐 광조사로 종을 운반했고, 오후 3시에는 종을 절에 들이는 인입식(引入式)을 거행했다.[56] 종을 처음 치는 당초식은 3월 13일에 거행할 예정이었다.[57] 이 종은 일본 불교가 대전 지역에 설치한 최초의 범종이었다.

일본 불교만 종루나 종각을 설치한 것은 아니었다. 조선 전역의 기독교 교회들도 앞다투어 종각을 설치하고 있었다. 1933년 4월 17일 오후 3시에 황해도 신천에서는 갑자기 폭풍이 일어 전신과 전화가 고장났고 신천장로교회의 종각이 넘어지면서 종이 파손되어 삼사백 원의 피해를 입은 일이 있었다.[58] 1935년 12월 15일에는 충남 강경의 중정(中町)에 사는 이은국(李殷國)이 개신교 신자가 아님에도 불구하고 강경황산교회(江景黃山敎會)에 100여 원 상당의 종각을 기증했다.[59]

분명히 교회와 사찰의 종도 '종교적인 시간'을 알림으로써 얼마간 시보의 기능을 겸하고 있었을 것이다. 그러나 1920~30년대에 종소리는 더 이상 표준적인 '시간의 소리'가 아니었다. 이 무렵에는 이미 오포(午砲)와 모터사이렌이 '시간의 중심'을 잡아 주고 있었다. 따라서 이제 종소리는 세속적인 시간이 아닌 초월적인 시간, 즉 이 세상의 시간이 지워진 다른 세상의 시간을 가리키는 기호에 가까웠다.

시간 지우기
제야의 종소리와 종의 침묵

3

제야의 종, 그 시작

이스미 주조(亥角仲藏)가 전북도지사였던 1920년대 초에 전주 남문 범종은 물산진열소 쪽으로 옮겨져 수양단(修養團)의 아침 기상을 위해 이용되다가 그 후 방치되었다. 1933년 4월 12일에 가미우치 히코사쿠(上內彦策) 전북 내무부장은 매일 아침저녁 전주 사람들에게 아취 가득한 종소리를 들려주고 싶다는 취지에서 재향군인분회, 소방조, 청년훈련소생을 동원하여 전주 남문 범종을 원래의 위치로 다시 옮겼다.[1] 4월 15일에는 남문 위에서 전주 구락부(俱樂部) 주최로 범종의 당초식이 열렸다. 그전에는 거지와 노점으로 무척 불결했던 남문도 이때 다시 복원 공사를 한 것으로 보인다.[2] 이처럼 종은 시보나 경보 같은 실용적인 기능에서 벗어나 차츰 상징적인 자리로 이동하고 있었다. 이제 종소리는 현재의 시간보다는 오히려 과거의 시간을 가리키기 시작했고, 시간을 만들기보다는 시간을 지

전주 남문 (일제강점기): 남문 문루에 설치된 종의 일부가 보인다.[3]

우기 시작했다.

경성방송국(JODK)은 1927년 2월에 개국했고, 1928년 연말에는 어떤 절에서든 종을 빌려 마이크로폰 앞에 설치한 후 제야(除夜)의 종을 쳐서 새로운 해의 시작을 알릴 계획을 세웠다. 또한 신년 1월 1일 오전 5시나 6시경에는 살아 있는 닭을 울려 봄의 시작을 알리고, 오전 9시 반경에는 일본에서 '봄을 알리는 새[春告鳥]'로 여겨지는 휘파람새[鶯]를 마이크로폰 앞에 세워 진귀한 첫 울음소리를 들려 줄 작정이었다.[4] 1928년 12월 31일 월요일의 경성방송국 프로그램을 보면 1929년 1월 1일 0시 0분에 제야의 종을 친 것으로 되어 있다.[5] 1932년 12월처럼 남산 동본원사 경성별원의 양평 상원사 동종을 빌렸을 것으로 추정된다.

1929년 1월 1일 라디오 프로그램을 보면 실제로는 오전 7시 정각에 계명(鷄鳴), 즉 닭이 우는 소리를 방송했다. 그리고 오전 9시 정각에는 휘파람새가 신년 들어 처음 우는 소리를 방송했다. 이를 위해 이치오카 가쿠지(市岡角次)라는 사람이 사육하는 휘파람새를 연말부터 스튜디오에서 기르면서 길들이고 있었다고 한다.[6] 1927년 12월 31일 라디오 프로그램에는 제야의 종이 없었고, 다만 1928년 1월 1일 오전 11시에 휘파람새의 첫 울음소리를 방송했을 뿐이었다.[7] 따라서 1928년 12월 31일부터 비로소 제야의 종이 라디오를 통해 울려 퍼지기 시작했다는 것을 알 수 있다. 이처럼 제야의 종은 라디오 방송으로 생중계되는 그 해 마지막 날 마지막 순간의 종소리를 의미했다. 경성방송국은 'JODK'라는 호출 부호를 사용했기 때문에 흔히 'DK'로 표기되었다.

1929년 12월 31일에 도쿄방송국(JOAK)은 도쿄 아사쿠사(淺草) 관음당(觀音堂)의 종소리를 라디오로 일본 전역에 중계방송한다. 백팔번뇌를 제거한다는 의미로 12월 31일 오후 11시 50분부터 1월 1일 오전 1시까지 108회 타종을 했다. 경성방송국도 아사쿠사 관음당에서 울리는 제야의 종, 아사쿠사의 참배 실황, 닭 울음소리를 중계방송했다.[8]

1930년 12월 31일에 오사카방송국(JOBK)과 도쿄방송국은 오후 11시 50분부터 1월 1일 오전 0시 30분까지 오사카방송국 교토 스튜디오에서 교토에 있는 정토종 총본산 지온인(知恩院)의 종을 울려 중계방송을 했다. 또한 1월 1일 오전 8시 30분부터는 오사카방송국에서 휘파람새가 처음 우는 소리를 방송하여 신춘의 기분을 돋울 예정이었다. 이 소리도 각 방송국을 통해 일본과 조선으로 중계방

송되었다.[9]

1931년 12월 31일에는 오후 11시 55분부터 나가노방송국(JONK)이 나가노 젠코지(善光寺)의 종소리를 제야의 종으로 방송할 예정이었다. 또한 1932년 1월 1일 오전 6시 50분에 오사카방송국은 오사카동물원에서 새벽을 알리는 닭소리를 방송하고, 다시 오전 8시에 같은 동물원에서 휘파람새 울음소리를 방송할 예정이었다.[10]

1932년 말 일본방송협회는 전국의 명종(名鐘)을 제야의 종으로 선정한 후 마이크를 통해 종소리를 중계방송하기로 결정한다.[11] 12월 31일 오후 11시 55분부터 먼저 도쿄 우에노 간에이지(寬永寺)의 종소리를 15분간 방송하고, 구마모토의 혼묘지(本妙寺), 나고야의 오스 칸논(大須觀音), 마쓰시마의 즈이간지(瑞巖寺), 히로시마의 고쿠타이지(國泰寺), 남산 동본원사 경성별원의 종을 각각 5분씩 치고, 교토방송국에서 오쓰의 미이데라(三井寺)의 종을 5분간 친 후 오사카방송국에서 나라의 도다이지(東大寺) 종을 역시 5분간 치기로 결정되었다. 따라서 라디오를 통해 약 50분간 제야의 종이 차례대로 타종될 예정이었다.

처음에 경성방송국은 당시 종로의 전차 교차점 한쪽 구석에 처박힌 채 오랫동안 사용되지 않은 보신각종의 사용 허가를 받으려고 했다. 그러나 총독부 학무국과 박물관에서는 보신각종이 명종의 조건에 부합하지 않고 종을 매단 방식도 졸렬하여 치더라도 울리지 않을 거라고 거절했다. 따라서 경성방송국은 조선의 3대 명종으로 유명한 남산 동본원사 경성별원의 종을 1932년 제야의 종으로 선정했다.

파루의 종소리로 매일같이 밤을 지우고 새로 낮을 만든 것처럼, 제야의 종은 지난해의 시간을 지우고 새해의 시간을 새로 만든다는 상징적인 기능을 수행하기 시작했다. 이 종소리는 일상의 실용적인 시간이 아니라 시간의 죽음과 재생을 가리키는 상징적인 시간 속으로 사람들을 인도하고 있었다.

1932년에도 정토진종 본원사파 서본원사 사찰인 경남 진해의 대광사(大光寺)에는 제야의 종이 없었다. 따라서 부인회 회장인 하세가와 마스에(長谷天益枝)가 주도하여 회비 가운데 별도 적립금으로 1932년 9월 중순에 교토의 가라스마도오리(烏丸通)에 있는 이토 불구백화점(伊藤佛具百貨店)에 높이 3척 3촌, 구경 2척 3촌, 중량 104관의 범종을 주문했고, 10월 말에 진해 행암만(行巖灣)에 완성된 종이 도착했다. 10월 30일 오후 1시에 소가 끄는 수레에 범종을 싣

고 흰색과 붉은색 밧줄로 묶은 후, 140명의 부인회원과 불교 청년단원 등이 꽃으로 장식한 삿갓을 쓰고 문장(紋章)이 들어간 작은 깃발을 흔들었고, 무라카미 쓰마(村上ツマ)라는 사람의 선창으로 하세가와 마스에가 만든 노래를 부르며 시내를 행진하여 대광사로 범종을 운반했다.[13]

성덕대왕신종 (봉덕사종)[12]

1935년에 당시 동양 최고

1915년 이전의 경주 남문 밖 봉황대 종각 (사진 좌측)[14]

의 범종으로 1,160여 년의 역사를 자랑하던 경주 봉덕사(奉德寺) 범종, 즉 성덕대왕신종은 경주고적보존회가 관리하고 있었다. 이 범종은 구조가 아름답고 형태가 웅장하며 소리가 오묘했으므로 경주고적보존회는 라디오를 통해 이 종소리를 소개하고자 했다. 이를 위해 3월 2일에 오사카의 촉탁(嘱託)이 경성에 와서 학무국 등과 교섭을 진행하고 있었다.[15]

1935년 말에 일본방송협회는 경주 봉덕사지에서 경주박물관으로 옮겨진 봉덕사 범종을 제야의 종에 포함시켰다. 따라서 부산방송국에서 기술원이 와서 임시중계기를 가설한 후 전신전화선으로 경주에서 부산으로 종소리를 보내고, 다시 부산에서 경성으로 보내고, 마지막으로 경성에서 도쿄중앙방송국으로 보내 봉덕사 종소리를 신년 0시 1분부터 2~3분 정도 전국에 방송할 예정이었다.[16]

봉덕사종, 즉 성덕대왕신종은 1915년 10월까지 경주 남문 밖 봉황대(鳳凰臺) 아래 종각에 있었다. 그 후 총독부박물관 경주분관 뜰에 종각을 짓고 종을 옮긴 후부터는 누구도 손을 댈 수 없게 하며 보존하고 있었다. 이 종은 높이 1장 1척 9촌, 구경 7척 5촌, 주위 2장 3척 4촌, 두께 8촌, 무게 12만 근에 달하는 조선 최대의 범종이었다. 신라 35대 경덕왕이 아버지 성덕왕을 위해 황동 12만 근을 희사하여 대종을 주조하려 했지만 성공하지 못했고, 아들 혜공왕이 771년에 완성하여 봉덕사에 봉납했다. 봉덕사가 홍수로 무너지자 종을 영묘사(靈妙寺)로 옮겼고, 영묘사마저 불타 버리자 경주 남문 밖 봉황대 아래에 종각을 설치하고 종을 매달았다. 이 종은 계속 시보에 이용되었을 것이다. 그 후 1915년에 옛 관아 자리로 종을 옮겼다가 최종적으로 경주박물관에 두었다고 한다.[17]

한동안 상징적인 차원에서 종의 시대가 계속 이어지고 있었다. 그러나 1937년 7월 7일 중일전쟁이 일어난 후에 방공(防空)을 위한 음향관제가 지속되면서 각 사원의 타종도 금지되기 시작했다. 따라서 1937년 12월에는 한 해에 이별을 고하는 제야의 종을 칠 수 있는지가 관심의 대상이었고, 조선총독부는 제야의 종만은 허용하는 쪽으로 의견을 모으고 있었다.[18] 동년 12월 24일에는 조선총독부와 군 당국의 협의 결과 일시적으로 음향관제를 해제하여 12월 31일 제야의 종뿐만 아니라 1월 1일 오전 10시 황거요배(皇居遙拜) 시각을 알리는 기적, 사이렌, 타종 등도 허용하기로 결정이 난다.[19]

1927년 4월 중순경에 평양 대동문(大同門) 종각은 바로 근처에 있는 대동문공원의 연광정(練光亭) 옆으로 이전되기 시작했다. 종각 이전이 완료되자 6월 24일 오후 1시에 평양부윤 마쓰이 신스케(松井

평양 대동문 종각 (사진 우측)[20]

信助)가 시당식을 거행했다. 무게가 4천여 관인 대동문 종각 종은 1726년 영조 때 평안감사 윤헌주(尹憲柱)가 백성으로부터 동(銅)과 소종(小鐘)을 모아 부벽루(浮碧樓)에서 주조한 것으로 성문을 여닫는 인정과 파루를 알리기 위해 사용되었다. 또한 화재, 수재, 도난 시에도 백성을 위한 경보 용도로 이 종을 사용했다.[21] 대동문공원의 종각에 있는 종은 나중에 연광정공원의 종이라고도 불린다.[22]

평양 성문의 개폐를 알리던 연광정공원의 종은 한일병합 이후 20여 년 이상 울리지 않았다. 평양방송국(JBBK)은 1937년 12월 31일 제야의 종으로 연광정의 종소리를 일본 본토와 식민지에 방송할 예정이었다. 또한 평양방송국은 12월 30일 오후 7시 30분부터 우편국 앞 도로의 혼잡한 상황, 조선은행이 지폐와 금은화를 다루는 잡다한 소리 등을 라디오로 들려줄 계획이었다.[23] 연광정공원의

연광정 옆으로 이전한 대동문 종각 (사진 좌측)[24]

종은 보호물로 지정되어 있었으므로 평남도청을 경유하여 총독부에 인가 신청을 해야 했다. 그런데 12월 23일에 불인가의 회답이 오는 바람에 모든 계획이 수포로 돌아갔다.[25]

1937년 제야의 종은 12월 31일 오후 11시 58분부터 일본 7개 방송국이 먼저 각지의 범종 소리를 6분씩 중계한 후 조선, 대만, 만주의 순으로 방송을 이어가는데, 조선에서는 개성 남대문 문루에서 연복사종(演福寺鐘)을 울려 중계방송을 할 예정이었다.[26] 1937년 12월에는 제야의 종으로 중계방송을 하기 위해 개성 남대문 문루에 연복사종을 다시 매다는 공사를 진행했다. 문루의 들보가 썩어 위험해지자 몇십 년 동안 개성 남대문의 종을 더 이상 치지 않고 있는 상태였다. 그런데 1937년 12월 23일에 종을 시험하자 옛날과 다름없는 오묘한 소리를 냈다고 한다. 개성 남대문은 고려 말 공양왕

개성 남대문 (1918년): 문루 좌측으로 연복사종이 보인다.[27]

3년(1391)에 기공한 조선 최고의 누문(樓門)으로 1934년 8월 27일에 보물 제10호로 지정되었다. 연복사종은 절이 폐사되면서 다른 곳에 옮겨졌다가 1910년대에 남대문으로 옮겨졌다고 한다.[28]

고려 충목왕 2년(1346)에 기존의 연복사종을 원나라 공장(工匠)의 손으로 다시 주조하여 탄생한 범종이 개성 남대문 문루에 걸려 있었기 때문에, 1936년까지만 해도 개성에 오는 사람은 누구나 이 종을 보러 왔다고 한다. 개성박물관은 1934년 8월 27일에 보물 제11호로 지정된 이 종을 박물관 구내로 이전하기 위해 개성부

개성 남대문의 연복사종[29]

와 교섭을 마쳤고, 1936년 5월경에는 총독부의 허가만 기다리고 있는 상태였다. 연복사종은 높이 10척 7촌, 구경 6척 2촌, 구후(口厚) 8촌, 상부 용두(龍頭) 2척의 대범종으로 경주 봉덕사종, 경성 동본원사 경성별원 범종 등과 함께 조선의 명종으로 손꼽혔다.[30] 그런데 1937년 12월에도 연복사종은 개성박물관으로 옮겨지지 않고 여전히 개성 남대문 문루에 있었던 것이다.

연복사는 고려 태조가 건국을 하면서 비보사찰(裨補寺刹)의 하나로 조성했다고 한다. 약 700년 전에 이승(尼僧) 굉변(宏卞)은 신라 이래의 사찰인 금강산 장안사(長安寺)가 황폐해지자 절의 재건을 희망했다. 그런데 원나라 황후인 기황후(奇皇后)가 황태자를 낳은 기념으로 다액의 금은을 기부했고 공장을 보내 장안사의 종을 주조하게 했다. 바로 이 공장이 개성에 가서 연복사의 종을 다시 주조한 것이다.[31]

1938년 12월에 경성방송국은 일본, 대만, 만주뿐만 아니라 중국의 화중(華中)과 화북(華北)의 제1선에 있는 군인들에게 들려주기 위해 경주박물관에서 봉덕사종을 울려 중계방송을 하기로 결정한다. 12월 31일 오후 11시 55분부터 도쿄, 교토, 대만에서 각 7분씩 제야의 종소리를 방송하고 난 후, 1939년 1월 1일 오전 0시 16분부터 봉덕사종의 종소리를 방송할 예정이었다. 《경성일보》는 봉덕사종이 '어머니를 부르는 종(에밀레종)'이라 일컬어진다고 전하고 있다.[32] 이처럼 중일전쟁 발발 이후 장기전에 돌입하면서 제야의 종조차도 전쟁을 위해 동원되는 상황에 처하게 된다.

1940년은 일본의 진무천황(神武天皇) 즉위기원 2600년이었으므로 역사적인 의미를 살려 연대순으로 제야의 종을 울려 중계방송을 하기로 결정된다. 조선방송협회는 개성 남대문 문루의 연복사종을 선정하여 1939년 12월 5일에 일본방송협회 앞으로 입후보 신청을 했다. 연대순으로 따져 일본 전역의 종과 비교해도 연복사종은 가장 오래된 종에 속했다. 연복사종은 경주 봉덕사종보다 높이는 3척 3촌 짧지만 두께는 1촌 두꺼웠다.[33]

일제강점기에 제야의 종은 시간을 만든다는 의미보다는 108번의 타종에 의해 낡은 시간을 지우고 새로운 시간을 맞이한다는 의미가 더 강했다. 즉 제야의 종은 과거를 완전히 삭제하고 새로운 미래를 건설한다는 상징적인 의미를 내포하고 있었던 것이다.

종의 두 갈래 미래: 무기 또는 보물

1938년 7월에 중일전쟁 1주년을 맞아 인천부의 각 정회(町會)와 청년단은 '폐품보국(廢品報國)'의 기치하에 폐품을 수집하여 7월 10일에 인천군사후원연맹에 헌납했다. 직업별 국민정신총동원연맹의 고물상보국단(古物商報國團)이 폐품을 전문적으로 분류한 후 입찰과 경매를 거쳐 국방헌금을 할 예정이었다. 그런데 이때 동본원사 인천별원에서 높이 2척여의 범종을 보내와 사람들이 깜짝 놀랐다고 한다. 나가이 데루오(永井照雄) 인천부윤(仁川府尹)은 금이 가서 손상된 주안방호단(朱安防護團)의 경종을 동본원사 인천별원의 종으로 교체했다.[34] 아마도 이즈음부터 조선 전역의 범종은 언제든 폐품으로 전락할 위기에 처했던 것 같다.

1943년 3월에 함남의 원산사원연합회는 각 사원의 금속품을 헌납하기로 결의했다. 원산부 천정(泉町) 1정목의 동본원사는 본당에 있는 중량 800킬로그램짜리 범종, 소형 범종인 환종(喚鍾), 등롱(燈籠), 불구(佛具) 등을 헌납한 후 3월 24일에 범종헌납식을 거행할 예정이었다. 천정 3정목의 서본원사도 대향로(大香爐), 불교 의식용 타악기인 동라(銅鑼), 청동 환종 등 21점을 헌납하기로 했다.[35] 일본 불교의 범종과 환종도 모든 사물의 총동원령과 함께 사람을 죽이는 전장의 대포와 탄환으로 화했던 것이다.

1943년에 경성부 수송정(壽松町)의 조선불교 조계종 총본사 태고사(太古寺)도 전쟁을 위한 '금속류 회수 운동'에 부응하여 말사(末寺)와 포교당의 범종과 동 제품의 헌납을 추진했다.[36] 태고사는 대한불교 조계종 조계사(曹溪寺)의 전신이다. 1943년 5월 24일에는 봉은사(奉恩寺)를 비롯한 경성 부근 30여 개 말사와 포교당에서 모은 범종, 동 제품, 유기 제품, 불구 등을 바치는 헌납앙고법요(獻納仰告法要)를 거행했다. 이날 태고사의 종무총장(宗務總長)인 히로타 쇼이쿠(廣田鍾郁) 즉 이종욱(李鍾郁)은 "범종은 그 음향이 우렁차고 좋아서 마군(魔軍)을 부숴 버렸다는 전설이 있는 바와 같이 헌납된 이 범종이 일단 병기가 되면 반드시 적 미영(米英)을 격멸하고야 말 것이다."라고 말했다.

태고사의 2,600근 범종, 봉은사 안양암(安養庵)의 800근 범종, 수종사(水鍾寺)의 500근 범종, 백련사(白蓮寺)의 450근 범종, 그리고 봉원사(奉元寺), 청련사(靑蓮寺), 소림사(小林寺), 봉국사(奉國寺), 흥천사(興天寺), 극락암(極樂庵), 사자암(獅子庵) 등의 작은 범종 12개가 이날 헌납되었다. 그리고 신도들이 모은 1,145점의 동 제품과 유기 제품

총 4,321킬로그램도 같이 헌납되었다.

함남 안변군의 대본산 석왕사(釋王寺)는 1943년 7월 8일 대조봉대일(大詔奉戴日)에 대동아전쟁의 필승을 위한 기원제를 올리면서 대웅전의 대범종을 비롯해 부속 사찰의 범종 10개를 헌납했고 사찰까지 전부 헌납하기로 결의했다. 또한 함주군의 귀주사(歸州寺)도 본사와 말사의 범종 전부를 헌납할 예정이었다.[37] 대동아전쟁 개전기념일인 1941년 12월 8일에 개전의 조서인 〈선전(宣戰)의 조칙〉이 공포된후, 일본 정부는 1942년 1월부터 종전까지 매월 8일을 대조봉대일로 지정하고 있었다.

1943년 9월에 개성부 고려정(高麗町)의 안화사(安和寺)도 항공일(航空日)인 9월 20일을 기념하기 위해 개성부 총력과에 범종을 헌납했다.[38] 일본은 항공술의 발달이 전쟁 승리의 열쇠라는 인식하에 1940년 9월 28일을 항공일로 지정하고 전국적으로 하늘과 관련한 여러 행사를 개최했다.[39] 1941년부터는 9월 20일이 항공일이었다. 1944년 2월 5일에는 부평정(富平町)의 서본원사 범종이 부산부의 요새 사령부로 헌납되어 비상시 경종으로 사용되었다.[40] 특히 1943년 4월부터 결전의 비상조치에 의해 범종, 가보, 식기, 쇠장식 등의 금속류 사장품(死藏品)의 적극적인 공출이 추진되었다.[41] 말 그대로 전쟁을 위해 인간과 사물의 총동원이 이루어진 것이다.

이러한 상황에서 다른 종들은 어떻게 혹독한 시절을 견디고 살아남았을까? 조선총독부는 1933년 8월 9일에 〈조선보물, 고적, 명승, 천연기념물 보존령〉을 공포한다.[42] 이로써 조선총독의 허가를 받지 않는 한 보물의 수출이나 이출(移出)을 할 수 없게 되었다.[43] 1934년

해남 대흥사 탑산사동종[44]   평창 상원사동종[45]

8월 27일에는 보물 제1호 경성 남대문, 보물 제2호 경성 동대문을 위시하여 153개의 보물이 지정되었다.[46]

　여기서는 1934년에 보물로 지정된 범종만을 살펴보자. 보물 제3호는 경기도 경성부 종로의 경성 보신각종, 제11호는 경기도 개성부 북본정(北本町) 남대문 문루의 연복사종, 제19호는 경기도 강화군 부내면 관청리 잡종지(雜種地)의 강화동종(江華銅鐘), 제99호는 경북 경주군 경주읍 동부리 조선총독부박물관 경주분관의 경주 성덕왕신종, 제139호는 평남 평양부 이문리 대동문공원의 평양동종(平壤銅鐘), 제149호는 전남 해남군 삼산면 구림리 대흥사(大興寺) 대광명전(大光明殿)의 탑산사동종(塔山寺銅鐘), 제153호는 강원도 평창군 진부면 동산리 상원사 경내에 있는 상원사동종(上院寺銅鐘)이었다. 6년이 지난 1940년 7월 31일에야 경기도 경성부 남산정 동본원사 경성별원 경내의 동종이 보물 제 367호로 지정된다.[47] '동종'이 라고만 표기하고 있지만 이 종 은 바로 양평 용문산 상원사동 종이다.

강화동종은 숙종 때 강도유수 (江都留守) 윤지완(尹趾完)이 주조 한 후 다시 민진원(閔鎭遠)이 재 주조한 것으로 무게 6,520근, 폭 6척 6촌, 구경 4척 6촌의 대

인천 강화동종[48]

종이었다. 이 동종은 인정과 파루 때 성문의 개폐를 알렸고, 1935년 경까지도 정오를 알리기 위해 타종되었다. 병인양요 때 프랑스군이 강화동종을 프랑스에 가져가려고 강화읍에서 약 5정(町) 떨어진 토

인천 강화 종각[49]

끼다리[兎橋]까지 운반했지만, 너무 무거워서 버리고 가는 바람에 한 동안 들판에 방치되기도 했다. 강화동종은 1934년 8월 27일에 보물 제19호로 지정되었지만, 1938년과 1939년에는 종각이 훼손되어 곧 무너질 정도였다고 한다.[50]

중일전쟁과 태평양전쟁의 과정에서 '폐품보국'이라는 명목하에 많은 범종이 융해되어 대포가 되고 탄환이 되었다. 그리고 살아남은 종들은 보물로 지정되어 완전한 침묵에 빠지거나 1년에 단 한 번 제야의 종이 되어 라디오를 타고 울려 퍼지고 있었다. 때로는 방공용이나 비상용 경종으로 사용되기도 했지만, 이제 종은 더 이상 시간을 만들지 못하고 시간을 지우거나 멈추는 용도로만 사용되고 있었다.

종각
중지된 시간의 역사

4

일제강점기의 종각

1908년 12월에 대한제국 탁지부(度支部)는 보신각의 높이가 낮아

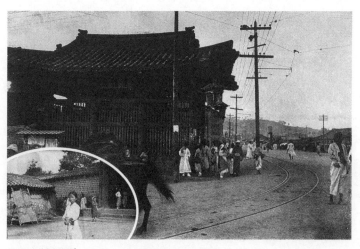

1906년의 보신각[1]

1915년 시구개정 공사 직전의 보신각[2]

종소리가 멀리까지 들리지 않으므로 1909년에 보신각을 4층 내지 5층 양옥으로 신축한 후 최상층에 종을 매달아 한성 전체에 종소리가 울려 퍼지게 한다는 계획을 세운다.[3] 1909년 11월에 보신각을 3층으로 새로 짓는다는 종각 개축설이 다시 등장한다.[4] 경성 시내에 서양식 고층 건물이 하나둘 들어서자 종각의 근대적 변신을 꾀했던 것으로 보인다. 한일병합으로 종각의 신축이나 개축은 결국 실현되지 못했다. 그런데 우리는 1895년 이후 자정과 정오를 알리고 있던 보신각종이 적어도 1909년까지는 계속 울리고 있었음을 알 수 있다.

1915년에는 조선물산공진회(朝鮮物産共進會)를 앞두고 추진된 경성 남대문통 시구개정(市區改正) 공사로 인해 8천 관의 종을 그대로 매단 채 보신각을 후방으로 이전하는 작업을 한다.[5] 이때 이전 준

이전 공사 중인 보신각 (1915)⁶

비를 위해 종각 뒤 온돌을 굴착하다가 흥선대원군이 세운 척화비가
발굴되었다. 전국 각지에 세운 척화비 가운데 경성의 척화비는 그
동안 소재 불명이었는데 이제 종각 뒤에서 발견된 것이다. 또한 종
각 뒤 중앙관제묘(中央關帝廟) 즉 중묘(中廟)도 같이 이전되었다. 이전
공사 중에 관제 즉 관우(關羽)의 영위(靈位)는 포전(布廛) 박창운(朴昌
運)의 집에 모셨다. 1916년 3월 20일 오전 11시 반에는 이전한 관
제묘로 관제의 영위를 옮기는 봉안식이 거행되었다.⁷

　시구개정 공사는 조선은행 앞에서 종로 십자가두까지 약 500간
(900미터) 거리에서 진행되었다. 도로를 확장하여 15간(27미터) 대로
를 만들면서 주변 가옥을 이전했고 주변 점포도 석조연와(石造煉瓦)
건축물로 바꾸었다. 이와 함께 가스관, 수도관, 전신전화선을 지하
에 매설했고, 전차 궤도도 수정했고, 대광교(大廣橋)와 소광교(小廣

橋) 등의 가교 공사도 진행했다.[8]

이전 공사를 진행 중이던 1915년 8월 28일에는 들보 안에서 너비 2척 5촌, 길이 10척 이상의 상량문이 발견된다. 이 상량문은 보신각이 "동치(同治) 8년(1869년) 10월 28일 유시(酉時)"에 준공되었다고 기록하고 있었다. 이때 발견한 종각의 상량문은 조선총독부에서 보관했다.[9] 1915년 8월 25일부터 5만 근의 종을 매단 채로 종각을 통째로 비스듬히 뒤로 옮기는 공사가 시작되었고, 9월 8일에 공사가 끝날 예정이었다.[10] 이전 후에는 보신각에 전식(電飾) 장치, 즉 일루미네이션을 설치한 것으로 보인다.[11] 그러나 1924년이 되면 이제 보신각은 먼지에 싸인 채 방치되고 있었다.[12]

한일병합 이후에는 오포가 시간을 알렸고 보신각의 종소리는 더 이상 들리지 않았을 것이다. 특히 3층 내지 4층의 양옥이 종로 거리를 즐비하게 채우면서 보신각은 '조선의 시간'을 상징하는 퇴락한 건물로 시들어가고 있었다. 보신각에는 원래 진채(眞彩)를 사용하고 그 위에 들기름을 발랐으므로 한 번 채색하면 50년 동안 변색하지 않았다고 한다. 그러나 1915년에 종각을 이전한 후 청부업자가 칠한 채색은 불과 10년 만에 색이 바랬다.[13]

이미 오포마저 폐지되고 모터사이렌이 정오를 알리고 있던 1928년에는 종로 2정목의 보신각을 수리하자는 의론이 일었다. 지역 유지가 인접한 중앙관제묘에 새로 도색 작업을 했기 때문에 훼손된 보신각이 더 낡아 보였다고 한다. 1928년에 경성중앙번영회 이사장 박승직(朴承稷)은 시가의 미관을 손상시키지 않도록 보신각을 수리하고 채색할 계획을 세운다. 그는 총수선비 5백 원 가운데

1915년 이전 공사 후의 보신각[14]

반액을 중앙번영회에서 기부하겠다는 출원서를 경성부를 통해 조선 총독부 학무국장 앞으로 제출했다.[15]

1928년 4월 17일 자 신문기사에 따르면 조선생명보험회사 이사이며 소격동(昭格洞) 총대(總代)인 양재창(梁在昶) 외 종로 유지들이 발기하여 고적 보존과 가로 미화를 위해 총독부에서 3백 원을 지원 받아 총 6백 원을 들여 4월 초부터 보신각 청소를 시작했다. 또한 4월 15일부터 퇴색한 들보와 기둥을 채색하기 시작하여 하루이틀 사이에 공사가 마무리될 예정이었다.[16]

1928년에는 오랫동안 벙어리 노릇을 하던 종로 '인경(인정)'이 울린다는 소문이 퍼지는 바람에 5월 단오에 남녀노소가 보신각 앞에서 종이 울리기를 기다리며 밤중까지 인산인해를 이루었다고 한다. 보신각의 단청 작업이 이런 소문을 일으킨 것으로 보인다. 실제로

단청 작업 중인 보신각 (1928년 4월 16일 촬영)[17]

___

단청 작업 후에 경성중앙번영회에서 보신각종을 울리고자 신청을
했지만 허가가 나지 않았다고 한다.[18] 벙어리가 된 보신각종이 '잃
어버린 조선의 목소리'를 상징하고 있었다는 것을 짐작할 수 있다.

1928년 2월 28일~3월 2일에 《매일신보》에 실린 총 4회의 〈새
옷 입게 된 보신각 회고담〉에는 조선시대의 시보에 관한 흥미로운
이야기가 실려 있다.[19] 조선시대에는 경복궁 누국의 누수(漏水)가 표
준시각을 결정했다. 경복궁에는 누국의 누수가 담기는 것을 보고
매 시각 궐내의 각 전을 돌며 시간을 알리던 아이나 어른, 즉 시동
(時童) 또는 경동(更童)이 있었다. 낮에는 시동이라 부르고 밤에는 경

동이라 불렀다. 그리고 인정과 파루에는 대궐에서 종각까지 연달아 배치된 경점군(更點軍)이 순차적으로 북과 꽹과리를 쳐서 시간을 알리면 종각의 경점군이 이를 듣고 종을 쳤다.

또한 해가 질 무렵이면 해남과 부산 등 남선(南鮮) 방면에서부터 순차적으로 켜지는 남산(南山)의 봉화(烽火), 의주(義州) 등 서선(西鮮) 방면에서부터 순차적으로 켜지는 길마재 즉 현저동(峴底洞)의 봉화, 함경도와 강원도 등 북선(北鮮) 방면에서부터 순차적으로 켜지는 동대문 밖 홍릉(洪陵)의 봉화가 일제히 켜졌다. 그 후 보신각의 인정 종이 울리면 즉시 봉화를 끄고 남대문, 동대문, 돈의문(敦義門) 즉 새문, 창의문(彰義門) 즉 북문, 광희문(光熙門), 동소문(東小門) 즉 혜화문(惠化門), 서소문(西小門) 즉 소의문(昭義門) 등 7문을 닫았고, 파루 종이 울리면 다시 성문을 열었다. 북쪽의 북청문(北淸門)은 개폐를 하지 않고 항상 폐문 상태였다. 또한 변란이 있을 때도 종각 종을 울려 경보를 했다.

1932년 1월 3일 자 《매일신보》에는 보신각과 사이렌을 대비하는 흥미로운 기사가 실려 있다.[20] 1932년 경성에서는 정오에 사이렌이 울린 후 각 관청과 회사의 벨과 공장의 기적이 울려 점심시간을 알려 주었다. 그러나 사이렌이 정오를 알릴 때에도 보신각의 거종(巨鐘)은 오늘날처럼 종로 한복판을 차지한 채 여전히 침묵을 지키고 있었다. 당시에 사이렌은 정오에 울렸지만, 과거에 보신각종은 주로 밤과 새벽에 울렸다는 차이는 있을 것이다. 기사에 따르면 보신각 종은 구경 7척 5촌 3분, 구주위(口周圍) 2장(丈) 3척 4촌, 구후(口厚) 1척, 전고(全高) 1장 2척 5촌이었다. 기사에 혼란스러운 부분이 있

지만, 이 기사도 보신각종을 세조 13년에 주조된 것이라 설명하고
있다. 또한 이 기사는 인정에 28회 종을 치고 나면 남자의 통행을
금지했고, 낮에는 여자가 외출하지 않았으므로 인정 이후에 여자만
외출할 수 있었다고 기록하고 있다. 조선시대에 대한 당시의 역사
적 편견이 이러한 낭설을 만들어낸 것으로 보인다.

1933년이 되면 화신백화점 사장 박흥식(朴興植)이 총독부로부터
보신각을 불하받은 후 보신각을 헐고 그 일대에 화신상회 지점을
건축하려 한다는 소문이 돌기도 했다. 이미 광화문이 이전되고 창
덕궁에도 길이 생기는 상황이었으므로 종각 앞에 있는 화신백화점
이 종각마저 헐고 새 건물을 지으려 했던 것 같다.[21]

보신각 옆에 있던 중앙관제묘는 360여 년 전에 건축되었다고 한
다.[22] 전설에 따르면 보신각을 지키는 습독관(習讀官)의 꿈에 관우가
나타나 다음 날 아침 어떤 여자가 관우의 화상(畵像)를 팔러 오면 그
것을 사서 모시고 제향을 지내라고 말했다. 습독관은 파루 종을 치

러 나갔다가 실제로 어떤 여자에
게 관우의 화상을 산 후 병조판서
에게 그 사실을 고했다. 그 후 임
금이 보신각 옆에 관제묘를 짓고
제향을 지내게 했다는 것이다.

고종은 별도의 하사금 이외에
남대문 시장의 셋돈 가운데 35원
을 매월 초하루에 중앙관제묘의
제수 비용으로 사용하게 했다. 한

종로 중앙관제묘 (1928)[23]

일병합 후 제수 비용을 마련하기 어려워지자 1915년에 고종은 자작(子爵) 조중응(趙重應)을 불러 중앙관제묘도 동묘(東廟)나 남묘(南廟)처럼 제향이 끊기지 않게 하라고 명하고 하사금을 내렸으며, 또한 종로 야시(夜市)를 창설하여 야시의 셋돈 가운데 일부를 제수 비용으로 사용하게 했다.

그 후 경성부에서 종로 야시를 관리하게 되자 남묘의 사원(社員)들이 돈을 갹출하여 중앙관제묘의 제향을 지냈다. 1년에 7회씩 대제(大祭)를 지냈고 초하루와 보름에는 삭망제(朔望祭)를 지냈다. 1928년 당시에는 70여 세의 조영희(趙永熙)가 전 재산을 들여 중앙관제묘를 관리하고 매일 조석으로 배례를 했다고 한다. 고종 때 종로에 화재가 나서 보신각이 불타고 종까지 일부 녹았지만, 중앙관제묘의 경우 관우가 나타나 부채를 부쳐 불을 막았다는 전설도 있었다.

자유의 종과 제야의 종

1945년 8월 15일에는 누군가 보신각의 문창살을 뜯고 들어가 종로 거리의 만세 소리에 맞추어 마음껏 종을 울렸다고 한다. 1946년 2월에는 삼일절 기념식을 위해 보신각에 새로 단청을 입히고 뜯긴 문도 고쳤다.[24]

미군정청 기자단의 제의로 미군정청과 방송협회는 해방 후 처음 맞는 1946년 새해 원단에 보신각종을 치기로 결정한다. 다만 12월 31일 자정에 '제야의 종'으로 칠 것인지, 아니면 1월 1일 정오에

'자유의 종'으로 칠 것인지를 두고 의견이 나뉘었다. 윌스라는 미군 대위가 '자유의 종'을 주장했다고 한다.[25] 결국 '제야의 종'으로 울렸는지 '자유의 종'으로 울렸는지는 알 수 없다. 1947년 12월 31일에는 완전 자주 독립을 기념한다는 의미로 경주 봉덕사 성덕대왕신종을 '제야의 종'으로 선정해 전국에 라디오로 중계방송했다.[26] 이처럼 해방 후에도 일제강점기의 풍습을 이용해 자주 독립을 축하하는 역설적인 상황이 벌어지고 있었다.

1946년 3월 1일 오전 9시 40분에 보신각 앞에서 삼일절 기념식이 열린다. 이때 김구, 김규식, 이승만, 홍진, 명제세, 김성수, 임영신, 권동진, 오세창, 이종현 등이 당목(撞木)으로 종을 일곱 번 쳤고 라디오로 종소리를 전국에 중계방송했다. 당시 신문기사는 종로 인경을 "자유의 종"이라 불렀다.[27] 7이 신비하고 완전하고 성스러운 숫자이기 때문에 일곱 번 타종했다고 한다.[28] 1946년 8월 15일 '해방일'에도 보신각종을 14번 울리고 전국에 중계방송했다.[29] 전국 14개 도(道)를 상징하는 숫자 14를 택해 타종을 했다고 한다.[30] 1948년 3월 1일에는 오전 6시 20분부터 10분간 보신각종을 울리고 라디오로 종소리를 중계방송하기로 했다.[31]

해방 후 보신각종은 독립과 자유와 해방의 상징으로 삼일절과 광복절에 울렸다. 그런데 1949년에 서울시는 대한민국 정부 수립 1주년을 기념하여 보신각종을 8월 15일 아침부터 하루 세 번씩 치기로 결정한다. 8월 15일 아침 9시에는 서울시장 이기붕(李起鵬)이 보신각종을 울렸다.[32] 당시에는 전력 부족으로 오랫동안 아침, 정오, 저녁을 알리는 사이렌이 울리지 않고 있었다. 따라서 보신각종을 아

한국전쟁 때 파괴된 보신각[33]

침, 낮, 저녁에 울려 시간을 알렸고, 보신각에 표준시계와 직원을
배치하여 시간을 묻는 시민에게 시간을 알려주기로 한 것이다. 또
한 타종 횟수가 33회인지 30회인지에 대한 혼동이 있어서 문헌 조
사 후 옛 관습에 따라 타종하기로 했다.[34] 실제로 당시에 몇 회 타
종했는지는 정확히 알 수 없다. 1950년 삼일절에도 보신각종이 울
렸다. 이미 상태가 좋지 않았던 보신각종이 이때 많이 손상되었을
것으로 짐작된다.

　보신각종만 남고 보신각 건물은 한국전쟁 때 소실된다. 1952년
5월 12일부터 종로 대한청년단, 즉 한청(韓靑)의 자진 근로 동원과
미 제8군 공병단의 도움으로 서울시는 보신각 재건에 착수했다.[35]
조선방직 사장 강일매(姜一邁)가 보신각 공사비 1500만 원을 서울시
에 기부하기도 했다.[36] 이때 재건한 보신각은 도시 계획 관계로 원

래의 자리에서 벗어나 철근 콘크리트로 지은 것이었다. 처음에는 1952년 8월 15일까지 보신각 재건을 마칠 계획이었던 것 같다.[37] 1952년 11월 29일에 단청을 제외하고 보신각 건물이 완공되었다. 유엔군이 보내준 자재를 제외하고 인건비와 기타 잡비만 약 1억 5천만 원이 들었다고 한다.[38] 단청 공사는 1953년 5월 27일에 시작되어 9월 8일에 완료된다.[39] 이때 단청은 경국사(慶國寺) 주지 김보현(金普現)이 맡았다. 1953년 3월 1일에는 재건된 보신각의 종이 다시 울렸다.[40] 그리고 착공한 지 1년 6개월여가 지난 1953년 12월 10일에 보신각 준공식이 거행되었다. 총공사비로 약 3,053,659환이 들었고 이승만 대통령의 친필로 보신각 현판을 만들었다.[41]

그 후 보신각종은 삼일절과 광복절에 자유의 종으로 타종되었을 뿐만 아니라 연말에는 제야의 종으로도 사용되었다. 사람들은 제야

1953년에 복원한 보신각 (1978년 4월 18일 촬영)[42]

의 종에 대한 추억에서 쉽사리 벗어나지 못했다. 해방 후 한동안 주로 절과 교회에서 12월 31일 24시에 제야의 종을 울린 것으로 보인다. 어떤 신문기사를 보면 당시에 제야의 종은 108회 울린 듯하다. 108회 타종은 불교에서 108나한의 공덕을 칭송하여 108번뇌를 없앰으로써 청정한 심신으로 묵은해를 보내고 새해를 맞는다는 것을 의미했다. 또한 1년은 12개월, 24기(氣), 72후(候)로 구성되고, 이 숫자를 모두 합하면 108이라는 뜻도 있었다고 한다.[43]

1958년 1월에 연세대 교수 이홍직(李弘稙)은 제야의 종으로 사용하고 있는 보신각종보다 뛰어난 경주 봉덕사종이나 평창 오대산 상원사종 등 소리 좋은 명종을 현지에서 차례로 타종하여 중계방송하면 좋겠다는 칼럼을 쓴다.[44] 일제강점기와 똑같은 방식으로 제야의 종을 재현하고자 한 것이다. 실제로 1958년에는 보신각종이 아니라 경주 봉덕사종, 즉 에밀레종을 제야의 종으로 선정한 후 경성방송국 후신인 서울중앙방송국(KA)이 12월 31일 24시에 종소리를 중계방송할 계획을 세운다.[45] 그런데 FM시설이 제대로 갖추어지지 않아 에밀레종 소리를 중계방송하려던 계획은 수포로 돌아간다. 결국 서울중앙방송국과 기독교방송국(KY)은 제야의 종으로 보신각 종소리를 중계방송한다.[46]

1954년과 1958년 삼일절에도 보신각종을 울린 것을 보면, 이 무렵부터 현재까지 삼일절과 광복절에 보신각 타종 행사를 계속했던 것으로 보인다. 삼일절에는 새로운 세상의 아침을 알린다는 의미에서 보신각종을 파루 때와 같이 33회 타종했다.[47] 1959년 12월 31일 제야의 종은 지나간 1년의 시간을 제거한다는 의미에서 인정

때와 같이 28회 타종한 것 같다.[48] 그리고 1960년과 1963년 12월 31일에는 33회 타종을 했다.[49] 따라서 1960년 이후 제야의 종 타종 횟수가 33회로 고착되어 지금에 이른 것 아닌가 하는 추측을 해볼 수 있다. 33회 타종한다는 것은 지나간 시간을 제거하는 '인정의 종'이 아니라 새로운 시간을 만드는 '파루의 종'을 친다는 것을 의미한다.

1972년 10월 25일에는 종로 1가 서울지하철 1호선 제5공구 종로 네거리 공사장 지하 3미터 지점에서 임진왜란 때 소실된 조선 초기 종루의 주춧돌과 장대석으로 보이는 큰 돌 7개가 발견된다. 가로 세로 높이가 각각 1.5미터인 정방형 주춧돌은 무게가 8톤 정도로 불에 그을린 흔적이 있었고, 주춧돌에서 기둥과 닿는 부분은 둥글게 다듬어져 있었다. 7개 가운데 2개는 인부들이 공사 중에 깨뜨렸다고 한다.[50]

1953년 12월 10일에 준공한 보신각은 정면 3칸 측면 2칸의 단층 건물로 대지 149평 건평 14.5평의 철근 콘크리트 구조물이었다. 1977년 8월 25일에 서울시는 1979년까지 종로 2가 네거리 보신각 주변 851평을 연차적으로 도심공원화하고, 1978년에는 품위 없고 조잡한 단층 보신각을 중층 누각으로 중건한다는 보신각 주변 공원화 계획을 발표한다.[51] 1977년에 보신각 주변 사유지 416평을 매입한 후 1978년에 2억 원을 들여 누각을 중건하고, 1979년에는 285평을 추가로 매입하여 공원화할 예정이었다.[52] 서울시는 1978년에 9억 5천만 원을 투입하여 사유지 416평을 매입한다.[53] 서울시는 1978년 4월부터 보신각 중건 공사에 착수하고, 여기에 보상비 16억 원과 공사비 2억 원 등 총 18억 원을 투입할 예정이었다. 새로운 보신각은 바닥 면적 72평의 중층 누각으로 세종 때 건설한 종루를 모델로 하여 동서 5칸(18미터), 남북 4칸(13.5미터) 높이 17미터로 건축할 예정이었다.[54]

서울시는 계획보다 늦은 1978년 6월에 공사를 시작했다. 보신각 중건 공사는 1979년 3월 30일까지 총공비 2억 2229만 3천 원을 들여 연건평 144평의 철근 콘크리트 구조물로 한식 청기와 팔작 지붕의 중층 누각을 짓는 것으로 결정되었다. 시멘트 1,658부대, 철근 56.91톤, 레미콘 568제곱미터, 청기와 20,656장 등 4959만 원 상당의 주자재는 관급 자재를 사용할 예정이었다.[55]

그런데 보신각 중건 계획에 따라 종을 이전하는 작업을 하던 서울시가 1979년 3월 8일 이후 보신각종에서 균열을 발견한다. 중간 허리 부분에 1m, 윗부분에 40cm와 25cm, 아랫부분 두 곳에 20cm 정도의 금이 있었다고 한다. 문화재관리국 전문위원의 1차 조사에서도 종의 윗부분 용두 밑에 있는 직경 15cm 깊이 7.5mm 가량의 타원형 흠과 중간 부분 안쪽에 있는 길이 1m 폭 8mm의 선이 육안으로 확인되었다. 서울시는 금이 외부 충격에 따른 손상인지 주조 당시부터 있던 것인지를 조사해 달라고 문화공보부에 요청했다. 문화공보부는 3월 21일에 정밀 조사를 실시할 계획이었다. 당시에 보신각종은 삼일절, 광복절, 제야에 각각 33회, 즉 1년에 총 99회 타종되고 있었다.[56]

보물 제2호로 지정된 보신각종의 훼손 사실이 알려지자 전문가들은 서울시의 관리 소홀과 문화재관리국의 감독 불충분을 지적했다.

1979년 8월에 중건한 보신각 (1979년 9월 촬영)[57]

이미 여러 차례 화재를 겪어 일제강점기 때부터 소리가 좋지 않았고, 1963년에 보물로 지정될 당시부터 문제가 있었던 종을 더 크게 울리기 위해 대여섯 명이 매우 강한 힘으로 치면서 종의 파손이 가속화되었다는 것이다. 또한 종을 치는 당목(撞木)의 문제, 비전문가가 마구잡이로 타종하는 방식의 문제도 지적되었다. 보신각종을 보수한 후 '치는 종'으로 두고 다시 타종해야 한다고 주장하는 사람도 있었고, 박물관 안의 '보는 종'으로 은퇴시킨 후 보존해야 한다고 주장하는 사람도 있었다. 국보 제36호인 평창의 상원사동종도 이미 훼손된 상태였다.[58]

마침내 1979년 8월 15일에 2층 누각으로 중건된 보신각의 준공식이 열렸다. 최종적으로 공사비 3억 8천만 원과 보상비 16억 7천만 원 등 총공사비 20억 5천만 원이 소요되었고, 청기와 21,206장

과 화강석 390톤이 사용되었다.[59] 준공식이 열린 8월 15일 정오에
도 균열이 생긴 보신각종을 다시 33회 타종하는 일이 벌어졌다.[60]

　정밀 조사 후 1980년 6월 23일에 서울시는 보신각종 보존을 위
해 앞으로는 제야의 종만 치고 삼일절과 광복절 등 국경일에는 타
종을 하지 않기로 결정한다. 그리고 보신각종 중주(重鑄) 위원회를
구성하여 종의 문양, 형태, 크기를 결정한 뒤 제작비 5억 원을 들여
1982년 말까지 새 종을 주조하기로 결정한다.[61] 그러나 보신각종
중주 위원회는 1984년 1월 20일에야 발족했고, 서울신문사가 주도
하여 국민 성금 약 7억 9천6백만 원을 모았다.

　1985년 7월 23일에 경기도 용인군 기흥면 보라리에 있는 성종사
(聖鐘社) 공장에서 거의 완성된 상태의 새 종이 언론에 공개된다. 이
종은 각계의 성금 8억 원을 모아 서울대 공대 부속 생산기술연구소
염영하(廉永夏) 박사 팀, 서울대 미대 강찬균(姜燦均) 교수 팀, 성종사
주조 팀이 참여하여 완성되었다.[62] 1985년 5월 16일에 주조 작업을
시작하여 7월 14일에 주물을 투입하고 7월 18일에 인양 작업을 마
쳤으며, 7월 29일에는 성종사에서 시험 타종식이 열렸다. 새 종은
무게 20톤, 높이 3.7미터, 구경 2.23미터였다.[63] 1985년 8월 2일에
기존의 보신각종은 당시 경복궁 국립중앙박물관으로 옮겨졌고, 새
종이 보신각에 매달렸다.[64] 동년 8월 14일에 보신각종 중주 위원회
는 서울시에 새 종을 기증했고, 8월 15일 광복절 정오에 처음으로
새 종이 타종되었다.[65]

오포와 사이렌의 전성시대

2장

明　說　大正天皇祭　新嘗祭　十一月

大正天皇祭　十二月　二十五日

新嘗祭　十一月

本民曆에揭載한時刻은本邦中央標準時를用하고日月出入及日月食은朝鮮總督府觀測所에서보이는바를揭함

月食　七月五日

食分　二分七厘

初虧　午前一時二十七分　左下之間

食甚　午前二時二十五分　左下之間

復圓　午前三時二十四分　下偏左

오포의 연대기
무기의 시간

용산과 한양공원의 오포

한일병합 무렵부터 시간을 알리는 대포, 즉 오포(午砲)가 본격적으로 시보에 동원되기 시작했다. 일제강점기에 수많은 범종은 융해되어 탄환과 대포가 되었지만, 역으로 대포라는 강력한 무기는 일상으로 역류하여 종소리를 대신하는 강력한 시간의 소리를 분출했다. 여기 서는 오포가 폐지된 1924년을 중심으로 오포의 역사를 간략히 추적해 볼 것이다. 1924년 6월 19일 자 《조선신문》은 〈까마귀는 울지 않아도 오포는 울었다: 폐포(廢砲)를 추억하며〉라는 기사를 싣고 있다.[1] 이 기사를 통해 우리는 오포의 역사를 대략적으로 알 수 있다. 기사는 옛날에는 대단한 무기였던 대포가 시대의 진보에 따라 골동품으로 취급되어 이제는 효창원(孝昌園)에 잔해를 남기게 되었다고 적고 있다.

《조선신문》 기사에 따르면 효창원 오포는 청동제로 구경은 1척이고 중앙부에 해바라기 문양이 새겨져 있었다. 이 대포는 옛날 도쿠가와 시대에 우라가(浦賀) 지역으로 흑선(黑船), 즉 미국 페리 함대가 왔을 때 도쿠가와 막부가 주조한 것일 수도 있고, 에도 후기에 포술(砲術)의 제1인자 에가와 타로자에몬(江川太郎左衛門)이 심혈을 기울여 주조한 것일 수도 있었다. 그러나 이 기사의 정보는 다소 부정확하다.

1936년에 발행된 《경성부사》 제2권을 보면 효창원 오포에 관해 좀 더 상세한 정보를 얻을 수 있다.[2] 처음에 경성의 오포는 한국주차군사령부(韓國駐箚軍司令部)가 관장하여 남산의 대화정 2정목에 설치했다. 그 후 오포는 용산연병장, 즉 1936년 당시 용산 야포대 구내 남쪽 화약고의 위쪽 언덕으로 옮겨졌다.

이 오포는 에도 막부 말기인 게이오(慶應) 3년 정월, 즉 1867년에 일본에서 제작된 것이며, 여기에는 해바라기 문양이 양각되고 제작자 성명도 새겨져 있었다. 제작자 중에는 성(姓)에 백제(百濟)라는 말이 들어 있는 사람이 4명이나 있었다. 오포의 포신(砲身) 길이는 10척 4촌, 구경은 6촌 5분, 포구(砲口) 주위는 3척 6촌 5분, 포상(砲床) 주위는 4척 7촌이었다. 그리고 포상에서 2척 5촌의 지점에는 지름 6촌의 동그라미에 해바라기 문양이 양각되어 있었다. 또한 포신에는 포가(砲架)에 놓을 수 있도록 지주(支柱)가 있고, 지주의 한쪽 끝에는 4,722파운드[英斤]라고 포의 무게가 새겨져 있었다. 또한 이 오포는 포신의 앞쪽에서 탄약을 장전하는 포구장전식(砲口裝塡式)으로 중앙에 2개의 손잡이가 있고, 제작 연도는 포상의 지면을 향한 쪽에 새겨져 있었다.

1922년 8월 15일 자《동아일보》기사를 보면, 오포는 한일병합 전후부터 본격적으로 발사되었고, 야포병 연대의 기록에 의하면 경성에서는 이미 1907년경에 매일 빠짐없이 용산의 오포가 발사되고 있었다. 그리고 1907년 4월에 호포위수조령(號砲衛戌條令)에 의해 위수사령관 하세가와(長谷川) 대장이 삼각지 용산연병장에 오포를 설치한 후 처음에는 총구를 신용산으로 향한 채 발포했다. 그 후 경성 시내에 오포 소리가 들리지 않는다는 불평이 있어서 총구를 경성 시내 쪽으로 향하게 했다.[3]

1914년 6월 1일에 조선군사령부로 개칭한 한국주차군사령부는 1904년 3월 20일에 도쿄에서 편성되어 4월 3일에 경성에 도착한 후, 대관정(大觀亭)에 머물다가 동년 8월 29일에 대화정 2정목의 신축 영사(營舍)로 이전했었다. 그 후 1908년 10월 1일에 한국주차군 사령부는 대화정 2정목에서 용산으로 이전하고 동년 12월 19일에 전체 청사의 낙성식을 거행했다. 그리고 일본 정부는 1910년 6월 29일에 대화정 2정목에 헌병사령부(憲兵司令部)를 설치하고 구내에 경무총감부(警務總監部)를 두었다.[4]

그렇다면 최초의 오포는 1904년 8월 29일 이후에 한국주차군사령부가 남산 대화정 2정목에 설치했을 것이고, 1908년 10월 1일에 군사령부가 용산으로 이전하면서 오포도 함께 이동했을 것이다. 특히 일본 영사관은 1904년 11월 28일부터 당시의 한국표준시보다 32분 빠른 일본중앙표준시를 사용하기 시작했고, 영사관과 경찰서의 종루에 있는 작은 종인 반종(半鐘), 즉 경종(警鐘)으로 일본중앙표준시를 알렸다.[5] 따라서 대화정 2정목에 있던 한국주차군사령부도 일본군에게 일본중앙표준시를 알리기 위해 이때부터 오포를 사용했을 가능성이 크다. 또한 경부철도주식회사도 1904년 11월 20일부터 한국표준시가 아닌 일본중앙표준시를 기준으로 열차를 운행했다.[6] 그렇다면 일본군의 오포는 1904년 말 이후 1908년 3월까지 경성에서 일본중앙표준시를 알렸을 것이다. 1908년 4월 1일부터는 일본인이 근무하는 통감부에서도 한국표준시를 사용했기 때문이다. 그리고 다시 한일병합 이후 1912년 1월 1일부터는 전 조선에서 일본중앙표준시가 사용된다. 따라서 일본군의 오포는 1908년 4월 1일부터 1911년까지는 한국표준시를 알렸고, 1912년부터는 다시 일본중앙표준시를 알렸던 것이다.

경성과 용산 양쪽에 널리 오포 소리가 들리도록 1912년 12월 26일에 오포가 용산에서 남산 한양공원으로 옮겨졌고, 1920년 5월 25일 이후 다시 효창원으로 옮겨졌다. 그리고 1919년 4월에 야포병 제26연대가 용산에 창설된 이후로는 이 연대에서 1922년 8월 14일까지 오포를 발사했다. 위수규칙(衛戍規則), 즉 주둔규칙의 일부에 오포에 관한 규정이 있었다고 한다. 매일 오전 11시가 지나면 하사(下士) 또는 상등병(上等兵)의 지휘로 제26연대 병사 수 명이 오포가 있는 곳으로 와서 장약(裝藥)을 마친 후 정오를 기해 포를 발사했다. 오포가 3분 이상 틀리면 사수(射手)는 육군징벌령에 의해 엄벌에 처해졌는데, 제26연대에서는 시각이 틀려 처벌된 사례가 없었다. 1922년 8월 15일부터 일본 육군이 군축을 이유로 효창원의 오포를 폐지하자 곧바로 경성부가 이를 인계받았다. 그러나 불과 2년 뒤 1924년 6월 20일을 마지막으로 경성의 오포는 폐지되고, 6월

21일부터는 시대의 진보를 상징하는 사이렌 소리가 경성의 정오를 알리게 된다.

1912년 6월 27일 자《매일신보》에는 오포를 용산에서 남산 한양공원으로 이전할 계획이라는 기사가 실린다. 오포가 설치된 곳은 1925년에 완공되는 조선신궁(朝鮮神宮) 사무소 부근이었다. 야포(野砲)를 가지고 시험 발사한 결과 시보를 확실히 하려면 남쪽을 향해 오포를 발사하는 것이 좋다는 것이었다. 따라서 이전비 예산을 결정한 후에 오포 이전을 위한 교섭을 시작할 계획이었다.[7] 그 후 조선총독부와 군사령부 사이에 협의가 이루어지고, 군에서는 육군대신에게 용산의 오포를 한양공원으로 이전하는 건에 대해 허가 신청을 한다.[8] 그 후 육군성(陸軍省)에서 군경리부로 허가 지령이 내려오지만, 이미 동절기에 접어들고 있어서 1913년 봄이 되어야 온전한 공사를 시작할 수 있었으므로 군사령부는 오포의 임시 이전을 검토했다.[9]

1912년 12월이 되면 용산에서 한양공원으로 오포를 옮기기 위해 오포대(午砲台) 이전 공사가 진행되었고, 12월 21일부터 29일까지 오포 발사가 중지될 예정이었다. 오포대 이전 비용은 총독부가 부담하고 이전 감독은 군사령부에서 맡았다.[10] 그런데 예상보다 빨리 1912년 12월 25일에 오포대가 준공되었고, 12월 26일에 용산에서 한양공원으로 오포를 이전함으로써 12월 27일부터 다시 오포를 발사할 수 있었다.[11] 1913년 3월 28일부터 4일 동안 오포가 발사되지 않은 적도 있었다. 용산에서 한양공원으로 오포를 이설할 때 응급 공사만 하고 오포대를 설치했으므로 본 공사를 위해 오포 발사

를 잠시 중지해야 했던 것이다.[12]

효창원의 오포

1919년 5월이 되면 한양공원은 교통도 불편하고 장소도 적당하지 않으며 또 머지않아 그 근처에 조선신사(朝鮮神社)가 들어설 예정이므로 7월경에 오포대를 청파동 효창원 근처로 옮길 거라는 소문이 돌기 시작한다.[13] 1919년 10월 23일 자《매일신보》는 남산 한양공원이 조선신사 부지로 예정되어 있으므로 오포대를 다른 곳으로 옮기게 되었다고 전하고 있다. 따라서 조선신사, 즉 후일의 조선신궁을 지을 목적으로 오포를 효창원 방면으로 이전한 것은 분명하다. 결국 남대문 정거장 서남쪽 1,000미터 지점에 있는 청파동 선린상업학교 북쪽 높은 곳, 즉 효창원이 오포를 이전할 예정지로 결정된다. 1919년 10월 20일 오전 11시에 군사령부는 이곳에서 야포를 6회 발사하고 소리가 잘 들리는지 시험했다. 그 결과 경성 방면에서는 의외로 소리가 잘 들렸고, 용산 방면에서도 그전과 다름없이 소리가 잘 들렸다고 한다.[14] 다음 해가 되면 한양공원의 오포를 효창원으로 옮기는 이전 공사로 인해 1920년 5월 25일부터 29일까지 오포 발포가 중지된다.[15]

　1924년 6월 21일 자《경성일보》는 효창원으로의 오포 이전에 관해 흥미로운 이야기를 전하고 있다.[16] 기사에 따르면 효창원 오포는 1907년 전후에 처음 경성 하늘에서 울리기 시작하여 약 20년간 시

일본 최초 에도성 오포의 발사 장면 (1871년 9월 9일)[17]

보 기능을 수행했다. 남산 한양공원에 있을 때 오포는 총구를 용산
방면으로 향한 채 용산 육군에 의해 발사되었다. 그러나 경성부민
일반에게 오포 소리가 잘 들리지 않는다는 이유로 효창원으로 오포
를 이전했고, 총구 방향을 조정하여 경성과 용산 양 방면에 소리가
잘 들리도록 했다는 것이다.

　당시에 오포 이전을 위해 소 8마리로 한양공원에서 효창원 산기
슭까지 오포를 운반했지만, 언덕은 가파르고 길은 좁아서 이동이
매우 어려웠다고 한다. 따라서 이전을 청부받은 자가 무척 애를 먹
고 있었다. 그런데 한 사람의 지혜로 단돈 5원을 들여 효창원공원
으로 오포를 이전하는 데 성공했다. 그 사람은 5원짜리 지폐를 5전
짜리와 10전짜리 동전으로 모두 교환한 후 효창원 부근 주민 약

3백 명에게 나눠 주었다. 그리고 수십 개의 그물을 오포에 묶어 오포를 쉽게 효창원으로 끌어올릴 수 있었다.

《경성일보》는 다이쇼 2년 즉 1913년에 한양공원에서 효창원으로 오포를 이전했다고 적고 있다. 그러나 남산에 조선신궁을 건축하기로 하면서 오포를 이전했으므로 1920년 5월 말에 남산 한양공원에서 효창원으로 이전한 것이 맞다.[18]

1908년에 발간된 이시이 겐도(石井研堂)의 《메이지 사물 기원》에 의하면 일본의 경우 메이지 4년(1871)에 병부성(兵部省)에서 오포 실시를 계획했고 동년 9월 9일에 처음 오포를 발사했다.[19] 낮 12시마다 대포로 공포(空砲)를 한 발씩 발사하여 시호포(時號砲)로 삼은 것이다. 일본에서는 정오 12시를 알리는 호포(號砲)를 그 소리를 따라 "동(ドン)"이라고 불렀다. 오포는 관원과 원근의 인민으로 하여금

도쿄 오포의 발사 장면20

정확한 시각을 알게 하고, 이로써 소지하고 있는 시계의 빠름과 늦음을 조정하여 정확한 시간 안에서 살 수 있게 하는 것을 목적으로 했다.

1921년에 스즈키 세이이치(鈴木誠一)가 편집하여 비매품으로 발행한 《대동경 시민의 상식》에 의하면, 도쿄의 오포는 궁성의 기타하네바시몬(北桔橋門) 안에 있는 중앙기상대의 남쪽에서 발사되었고, 특별한 고장이나 과실이 없는 한 매일 정확한 시각에 발포되었다.[21] 이 책에 따르면 음향은 공기 중에서 1초에 330미터의 속력으로 전달되기 때문에, 오포 소리를 듣고 정확한 시간을 알려면 자신의 소재지와 오포소(午砲所) 간의 거리를 알고 나서 음향이 도달하는 데 필요한 시간을 감안해야 했다. 자택과 오포소의 거리가 1리(里)일 경우, 일본의 1리는 3,927미터이므로 음향이 전달되는 데 걸리는 시간은 약 12초였다.

이 책은 시내와 근교의 주요한 각 지점까지 오포 소리가 도달하는 데 걸리는 시간을 싣고 있다. 오차노미즈(御茶水), 니혼바시(日本橋), 오와리초(尾張町), 도라노몬(虎の門), 이치가야 미쓰케(市ヶ谷見附)는 5초, 우에노(上野), 료고쿠(兩國), 쓰키시마(月島), 시바코엔(芝公園), 아오야마 연병장(靑山練兵場), 에도가와바시(江戸川橋)는 10초, 닛포리(日暮里), 아즈마바시(吾妻橋), 다카나와 저택 부근[高輪御殿附近], 신주쿠(新宿)는 15초, 미나미센주(南千住), 가메이도(龜井戸), 야스야마(八ッ山), 오키(大岐), 요요하타(代々幡)는 20초가 걸렸다. 근대화가 진전되면서 시계가 빠른 속도로 보급되고 있었지만, 모든 시계의 시간을 하나로 통일하는 것은 여전히 오포에 의해서만 가능했던 것이다.

오포의 폐지와 잔존

1922년 7월이 되면 일본 육군성은 전국 사단(師團) 소재지에서 발포하는 오포를 1923년 4월부터 폐지하기로 결정한다. 오포 발사를 위해 1개 사단에서 1년에 1만 원을 부담하고 있으므로 총 19만 원을 절약할 수 있게 되었다고 한다.[22] 그런데 1922년 8월 9일에 위수근무령이 개정되면서 오포는 동년 8월 14일을 마지막으로 군사령부의 손을 떠나게 된다.

결국 1922년 8월 14일에 마지막 오포를 발사한 후 8월 15일부터 조선의 일본 육군은 부산, 대구, 인천, 원산, 평양, 군산, 목포, 경성의 8개소에 있는 조선 전국의 오포를 폐지한다.[23] 1921년 11월 12일부터 1922년 2월 6일까지 열린 워싱턴회의의 결과에 따라 군비를 축소하는 상황에서 1922년 8월 15일까지 일본군 5만 6천여 명이 제대할 예정이었고, 조선에 주둔하는 일본군도 8월 14일에 3천3백여 명이 제대식을 했다. 1922년 8월 15일 자《매일신보》기사는 전국적으로 오포에 드는 비용이 약 8만 원 정도라고 전하고 있다. 일본의 경우에도 육군에서 관리하는 오포는 전부 폐지했고, 도쿄나 교토 같은 대도시의 시청은 자체적으로 경비를 부담하여 오포를 유지하기로 했다. 따라서 오포가 폐지되는 조선의 각 부(府)도 오포 없이 지낼 것인지, 아니면 각 부의 예산으로 오포를 유지할 것인지 결정해야 하는 상황에 놓이게 된다.

경성부에서는 시간이 정확하지 못하면 문화 생활이 퇴보할 것이라는 이유로 도쿄나 교토처럼 경성부 예산으로 오포를 유지해

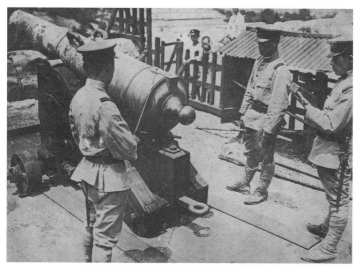
폐지 직전의 일본 오사카성 천수대(天守臺) 오포 (1922년)[24]

야 한다는 의견이 일었다.[25] 1922년 8월 14일 오전에 요시마쓰 노리오(吉松憲郎) 경성부윤(京城府尹)은 용산 군사령부에 찾아가서 8월 15일부터는 경성부에서 경비를 부담하여 오포를 운영하는 방안을 협의했다. 요시마쓰 부윤은 오포 비용과 포수(砲手) 수당도 같이 지불한다는 조건으로 오포를 그대로 둘 것을 요청했고, 용산 군사령부는 육군본부에 전보로 조회를 했다. 당시 오포 사용 경비는 경성이 약 1천여 원, 부산이 약 720원, 대구가 400원, 인천이 1,103원, 원산이 1,126원, 평양이 1,259원, 군산이 347원, 목포가 526원 정도였다.

결국 8월 15일 협의 결과 경성부는 시민에게 표준시간을 알리기 위해 오포를 인수하여 당일 정오부터 발포를 시작했다. 처음에는 육군 포수가 경성부 측 포수에게 발포 방법 등을 교육했고, 경성부청의 다카시마(高島) 내무계 주임 등 경성부의 포병 출신 직원 몇 명이 화약투성이가 된 채 오포를 발사했다고 한다. 경성부는 재향군인에게 오포 발사를 의뢰하려고도 했지만, 결국 8월 17일부터 오포를 위탁하기 위해 경성소방대와 교섭을 시작했다.[26] 또한 요시마쓰 부윤과 사와무라(澤村) 이사관이 8월 18일 오전 9시에 용산 군사령부에서 육군 측 간부를 만나 오포와 표준시계 인계를 위한 협의를 한 것을 보면 오포 인계 절차가 간단하지는 않았던 것 같다.[27] 오포 비용은 매일 화약 값이 4원이고 포수 2명이 필요했으므로 1년에 2천 원 정도가 필요했다. 그리고 오포를 발사하려면 정확한 표준시계가 필요했지만, 육군 측에서 표준시계까지 넘겨준 것 같지는 않다.[28] 1922년 9월 경성부협의회 안건에는 오포비 1,900원이 올라와 있었다.[29]

1922년 8월 19일경에도 경성부 직원이 아직 대포 쏘는 법을 익히지 못해서 용산포병대 포수가 매일 출장을 와서 직접 오포를 발사했다. 또한 보통 화약을 쓸 수 없어서 포병대에서 화약을 융통해 쓰고 있었고, 표준시계도 증서를 작성한 후 빌려 쓰고 있었다. 사정이 이렇다 보니 오포가 아닌 다른 대안을 모색하기도 했다. 당시 일본에는 오포를 폐지한 후 증기 기적이나 압착 공기를 사용하거나 전깃불을 켜서 오정을 알리는 곳도 있었다. 경성부에서도 경성전기회사에 위탁하여 정오에 1~2분 동안 일제히 경성 시내의 모든 전등을 켠 후 전등이 꺼지는 시각을 정오로 하여 시간을 통일하자는 의견이 있었다. 그런데 경성전기회사에는 일제히 불을 켜고 끄는 장치가 아직 없었다고 한다. 그렇지만 추가 경비를 들여서라도 오포 대신에 이러한 '점등오정식(點燈午正式)'을 이용하면 좋겠다는 주장이 등장하기도 했다.[30]

　오포를 쏘는 데 가장 중요한 것은 정확한 표준시계를 확보하는 일이었다. 아마도 그런 이유 때문에 1922년 8월 20일경에 경성부는 경성부청(京城府廳)과 효창원 사이에 새로 전신선을 놓아 통신할 수 있도록 경성우편국과 교섭을 벌이고 있었다.[31] 또한 효창원의 구식 오포는 줄을 잡아당겨 폭발시키는 구조로 습한 날에는 자기황(自起黃)이 터지지 않아 1~2분 가량 발사가 지연되곤 했다. 따라서 경성부에서는 1922년 9월 29일부터 시간의 정확성을 기하기 위해 건전지를 사용하여 전기선으로 오포를 발포하는 방식의 전기뇌관 장치를 사용했다. 또한 이 무렵 인천관측소에서 정오 시각을 직접 통보받는 전령(電鈴) 장치도 곧 설치할 계획을 세우고 있었다.[32] 전령은 전류가 흐르면 울리는 벨(bell)이다. 전령 설치는 이보다 몇 달 뒤에 이루어졌다.

　경성부가 오포를 인수한 후 오포가 1~2초 내지 3~4초씩 빠르거나 늦게 발사되는 일은 매우 흔했다. 아마 그전에도 사정은 비슷했을 것이다. 그 당시 정오가 되면 종현성당에서도 종을 울렸고, 각 공장에서도 신적(信笛)을 울리고 있었다. 그런데 오포 소리보다 빠르거나 늦게 종현성당의 종이나 공장의 신적이 울리는 바람에 사람들은 어떤 소리를 기준으로 시계를 맞추어야 할지 무척 혼란스러운 상황을 맞곤 했다. 그만큼 모든 시계의 시간을 하나로 통일하는 일은 쉽지 않았다. 특히 시계를 소유한 사람의 수가 늘면서 시계의

효창원 오포의 마지막 발사 (1924년 6월 20일)[33]

불일치 문제가 점점 첨예하게 부각되기 시작했다. 따라서 1922년 12월 5일부터 경성부 전신과(電信課)에서는 인천관측소에서 전령으로 경성우편국에 정오 시각을 알리면, 다시 경성우편국에서 전령으로 효창원 오포대에 정오 시각을 통보하게 하여 보다 정확한 시각에 오포가 발사되도록 했다.[34]

《경성일보》에 따르면 1922년 8월 27일부터 소방대에서 10명의 인원 가운데 매일 2명씩 가서 오포를 발사하여 1924년 6월 20일까지 664일 동안 발포했고, 총합계 675일간 경성부청의 경비로 발사했다고 한다. 그리고 1회분 화약의 무게는 660돈(꿍)이고 가격은 5원 20전이었으므로, 오포의 화약 비용으로 2년 동안 3,510원이 들었다고 한다. 다만 《경성일보》는 1922년 8월 15일까지는 용산 육군이 오포를 발사했고, 8월 16일부터 경성부청에서 발사했다

고 기록하고 있으므로 다른 기록과는 하루의 오차를 보인다.[35]

1924년 6월 20일 정오에는 효창원에서 경성부의 다카시마 내무계 주임과 소방서의 오구마(小熊) 경시(警視) 등의 입회하에 대악부장(大樂部長)의 지휘와 함께 대포에 장전을 한 후 최후의 오포 일발을 발사했다. 이렇게 경성의 오포는 역사 속으로 사라졌고, 6월 21일부터는 정오 1분 30초 전부터 정오까지 사이렌을 울려 시보를 할 예정이었다.[36]

1924년 6월 20일을 끝으로 효창원 오포는 남대문 근처에 설치된 시보전령(時報電鈴), 즉 모터사이렌에 자리를 내주고 더 이상 발사되지 않았다. 그리고 동년 6월 21일 이후 오포는 용산 효창원공원의 한쪽 구석에 처박힌 채 비바람에 노출돼 있었다. 당시 《매일신보》기사는 이 오포가 러일전쟁 때 사용된 무기라고 전하고 있다.

1925년 9월에 경성부는 군대와 협의를 거듭한 후 효창원 오포를

오포 폐지 후 방치된 효창원 오포[37]

기념물로 잘 보존하기 위해 가을 무렵 새로 완공될 조선신궁에 헌상할 계획이었다.[38] 경성부는 이 오포를 조선신궁으로 이전하여 기념물로 후세에 전하고자 500여 원의 이전비까지 책정했다. 그러나 신궁 경내에 대포를 설치하면 쓸데없는 오해가 생길 수 있다는 우려가 표명되는 바람에 이전 계획은 좌절된다. 그렇

지만 경성부는 이 오포가 '시(時)의 기념일'과 관련하여 의미가 있고 경성부민에게도 잊을 수 없는 기념품이라는 입장이었다. 그래서 효창원 오포를 사람들 눈에 잘 띄는 남산공원으로 이전하기 위해 이전비 1,000원을 1926년 예산에 반영할 계획까지 세운다. 그런데 성송록(成松綠)을 비롯하여 효창원 부근에 사는 유력자들이 오포를 효창원에 그대로 잘 보존하고 이전비 1,000원으로 효창원을 확장해 달라는 의견을 경성부윤에게 전달하며 교섭을 벌이기 시작했다. 따라서 1925년 11월 하순에도 오포는 그대로 효창원공원에 방치돼 있었다.[39] 그 후 효창원 오포의 행방은 오리무중이다.

지방의 오포 설치 상황

1887년 무렵 인천의 일본인 거류지가 발전하자 일본인들은 표준시간의 필요성을 절감하기 시작했다. 1887년 10월 4일 자로 인천 영사 스즈키 미쓰요시(鈴木充美)가 외무차관 아오키 슈조(靑木周蔵)에게 보낸 공문을 보면 그때의 상황을 짐작할 수 있다. 당시에 인천의 일본인은 이미 850여 명에 달했지만, 마땅한 시표(時表)가 없어서 사람들의 시계가 서로 맞지 않았으므로 재판소 소환 등에도 지장이 많았다. 그래서 스즈키는 당시 인천항에 정박해 있던 세이키함(淸輝艦) 함장에게 매주 토요일 정오마다 호포를 발사해 달라고 의뢰를 하여 긍정의 답신을 받았다. 또한 그는 일본 해군성(海軍省)에 조회하여 앞으로 인천항에 정박하는 각 군함에서 토요일마다 정오 호포

를 발사해 줄 것도 요청했다. 이것이 인천 지역 오포의 효시였다.[40]

그러나 이런 식의 오포는 부정확하여 불편이 적지 않았던 것 같다. 그리하여 1905년 11월에 일본인 거류민회는 오포 설치를 결의하고, 일본 영사를 통해 일본 육군성의 육군대신에게 소형 대포인 산포(山砲)를 불하해 달라고 요청했다. 1906년 2월 7일에 산포와 부속품이 인천에 도착하자 2월 8일에 두세 발 시험 발사를 했고, 2월 9일부터는 오포를 정식으로 발사하기 시작했다.[41] 이 산포는 인천 관측소가 있던 응봉산(鷹峰山)에 설치된 것으로 보인다. 1924년 5월 21일에는 인천관측소의 오포가 고장이 나서 낮 12시 25분이 지나도록 울리지 않았고, 이로 인해 공장, 관청, 답동성당의 종소리도 울리지 않아 시간의 혼란이 일었다고 한다. 따라서 당시에는 인천 관측소에서 오포를 발사하고 있었던 것으로 보인다.[42]

인천부의 1923년도 오포비 예산은 1천여 원이었다. 따라서 1923년 11월에 인천부는 값비싼 오포 비용을 위생 사업에 충당하고 1924년부터는 오포를 폐지하는 방안을 잠시 고민하지만, 결국 인천의 오포는 그대로 존치된다. 전국 각 부의 1923년도 오포 비용은 경성이 3,960원, 평양이 1,229원, 대구가 1,182원, 인천이 1,103원, 원산이 1,030원, 부산이 720원, 군산이 637원, 목포가 464원, 마산이 366원이었다. 따라서 일본 육군이 오포를 폐지한 1922년 8월 15일 이후에는 각 부가 직접 오포를 운영하고 있었음을 알 수 있다.[43] 1924년 6월 21일부터 경성부가 오포를 폐지하고 사이렌으로 시보를 시작하자 인천에서도 오포 폐지 이야기가 흘러나왔다. 그러나 인천항에서 울리는 선박의 기적 소리와 섞여 사이렌 소리가 잘

목포의 오포[44]

들리지 않는다는 이유로 인천부는 오포를 존치시킨다.[45]

목포에서는 1909년 4월에 대한제국의 대포를 양도받아 오포로 사용했다. 목포의 오포도 산포였던 것 같다. 1921년에는 7월 4일부터 목포의 오포를 수선한 후 7월 6일부터 정상적으로 발사한 일이 있었다.[46] 목포의 오포대는 유달산이 있는 온금동(溫錦洞)에 있었다.[47]

1913년 3월경에 평양 외천면 오영현(五營峴)에 설치된 호포가 폐지되어 표준시간의 '보도 기관'이 사라지자 평양부민은 시간의 혼란을 겪게 된다. 그런데 평양역의 시간이 비교적 정확하여 사람들이 평양역에 전화를 걸어 시계의 시간을 조정했으므로 역무에 차질이 빚어졌다. 당시 신문기사는 경성과 인천 등지에는 측후소가 있어서 표준시간을 알려 줄 수 있지만 평양은 그렇지 못하다고 지적하면서, 평양역에 전화를 걸어 시계를 조정하는 일을 자제할 것을 부민들에게 요청하고 있다.[48] 1914년 6월 무렵 평양 만수대(萬壽臺)에 오포대를 설치하는 계획이 추진되면서 평양에서도 다시 시간의 통일이 가능해질 전망이었다.[49] 평양부는 민유지를 차용하여 오포대를 설치했고, 1920년 8월경에는 소유자가 민유지 반환 청구를 하자 오포대 이전 장소를 물색했다. 관유(官有) 건물을 얻어 포수가 거주할 가옥과 오포대 설치 장소를 마련할 계획이었다.[50] 이때 오포대가 서기산(瑞氣山)으로 이전된 것 같다. 그리고 1922년 8월 14일을 끝으로 일본 육군이 오포를 폐지하지만 경성부처럼 평양부도 오포를 인수하여 계속 발포한 것으로 보인다.[51]

1915년 1월 14일 오후 1시 무렵 부산 복병산(伏兵山) 즉 오포산에 불이 나서 오포대 부근 약 100평의 초목과 오포 설치대의 일부가 불탄 적이 있었다. 따라서 1915년 전에 이미 부산 복병산에 오포가 설치되어 있었음을 알 수 있다.[52] 복병산 오포는 1907년에 서남쪽 산기슭에 설치되었다고 한다.[53] 1915년 6월에는 복병산 오포대를 목도(牧島) 즉 절영도(絶影島)의 구 해군저탄소(海軍貯炭所) 부지로 이전하기 위한 공사가 시작된다. 6월 7일에 오포 발사 후 바로 포신 운반을 시작했고, 6월 8일에는 오포 발사를 하지 않을 예정이었다. 신문기사는 하루이틀 사이에 공사를 마쳐 새로운 위치에서 오포를 발사하면 초량(草梁) 북쪽 부산진(釜山鎭)에서도 오포 소리가 잘 들릴 것이라고 전하고 있다.[54]

그런데 1915년 6월 9일에 목도에서 첫 오포를 발사했지만, 대청정(大廳町) 서쪽의 시가에서는 용두산(龍頭山)에 막혀 오포 소리가 잘 들리지 않았다.[55] 목도로 오포를 이전한 후 오포 소리가 들리지 않는 곳이 많아 불편을 느끼는 시민들이 많았다고 한다. 따라서 정확한 시간을 알기 위해 부산우편국에 전화를 거는 사람이 날로 증가하여 우편국 업무에 지장이 있을 정도였다. 부산우편국은 당분간 시간 문의에 응답하겠지만 계속 그럴 수는 없다는 입장을 밝히기도 했다.[56] 당시에는 오포 소리를 듣는 것 외에는 시계를 표준시간에 맞출 방법이 없었다. 근대적인 삶은 정확한 시간을 요하는 방향으로 흘러가고 있었고, 오포 소리는 모든 시계를 하나의 시간으로 수렴시킬 수 있는 유일한 장치였다.

1918년에도 대구에는 표준시간을 알려주는 '보도 기관'이 없었다. 1918년 8월 2일 자 《조선시보》는 시간의 통일과 시간의 정확성은 현대사회의 생존 경쟁에서 승리하기 위한 필수조건이라고 강조하면서 대구의 사정을 전하고 있다. 당시 대구는 대구역의 시간을 기준으로 시내의 각 상점, 은행, 회사, 관청의 시계를 조정하고 있는 상황이었다. 따라서 대부분의 시계가 10~20분에서 30분이나 1시간까지 서로 어긋나는 일이 다반사였다. 따라서 대구부민은 하루라도 빨리 대구부에서 표준시간의 '보도 기관'을 설치해 주기를 요망하고 있었다.[57]

마침내 1920년 6월 24일에 대구부는 시간 통일을 위해 8월부터 오포대 설치 공사를 하기로 결정하고 배수지(配水池), 달성공원, 월견산(月見山)을 후보지로 선정했다.[58] 그 후 대구부는 갑38식(甲38式) 오포가 도착하자 월견산 자라바위에 오포를 설치한 후 1920년 10월 1일부터 발사했다.[59] 따라서 월견산은 오포산이라고도 불렸다. 청나라 숙친왕(肅親王)이 소유했던 중국 대련(大連)의 대포를 800원에 구매하여 오포로 사용했다고 한다.[60] 대구부는 오포 소리에 놀라는 사람이 많다는 이유로 1921년 4월 초에 월견산 오포를 달성공원으로 옮겼다. 그러나 한 달 동안 지켜본 결과 달성공원은 오포 발사 때 땅 울림이 너무 심해서 다시 5월 3일에 오포를 월견산으로 옮기게 된다.[61]

조치원에서는 1921년 6월이 되어서야 오포 설치를 결정했고, 조치원경찰서가 설치를 주관할 예정이었다.[62] 1921년 11월까지 원산부에서는 원산수비대(元山守備隊)가 오포를 발사하고 있었다. 그러나 동년 11월 15일에 원산수비대는 상부의 명령으로 더 이상 오포를 발사할 수 없다고 원산부에 통보했고, 원산부는 대책 마련에 부심했다.[63] 마산부에서도 1922년 11월 4일부터 오포를 발사하기 시작했다.[64]

1924년 5월에 신의주에서 오포 문제가 발생했다. 평북도청에서는 일찍이 의주에서 오포를 쏘아 올렸지만, 신의주로 오포를 이전한 후에는 의주에서 사용하던 소포(小砲)를 창고에 넣어둔 채 한 번도 사용하지 않고 있었다. 의주에서는 높은 곳에서 오포를 쏘았기 때문에 소리가 멀리까지 퍼졌다. 그러나 신의주는 평지여서 겨우 부내 일원에만 소리가 울려 퍼졌다. 그런데 부근 시골 지역은 오포가 아니면 정오를 알 수 없는 상태였다. 따라서 의주에서 쓰던 소포를 다시 이용해야 한다는 요구가 있었다고 한다.[65]

당시에는 일반 건축물뿐만 아니라 특별 보존 건축물까지 오포로 인해 막대한 피해를 입기도 했다.[66] 대구에서는 1924년 5월에 오포

소리에 놀라 아이가 기절하는 일이 벌어지기도 했다.[67] 1926년 7월 14일에는 군산부청 포수(砲手)인 도가와 데쓰야(外川鐵彌)가 오포를 발사하다가 화약가루가 얼굴에 박히는 중상을 입기도 했다.[68]

1919년 7월 3일에 강화우편국, 경성우편국, 경성 시내 각 우편소는 평화기념 우표를 오포 소리와 동시에 일제히 판매했다. 우표를 사러 온 사람이 너무 많아 2열이나 3열로 줄을 서서 구입했다고 한다. 이날 경성우편국은 1전 5리짜리 우표 3만 매, 3전짜리 6만 매, 4전짜리와 10전짜리 각 3천 매를 모두 판매한 것 같다. 기념 스탬프가 도착하면 구입한 우표를 가져와서 찍을 수 있었고, 기념 엽서도 판매할 예정이었다. 이처럼 오포 소리는 한동안 일상에 존재하는 가장 정확한 표준시간이었다.[69]

시간 기계의 등장
남대문소방서의 모터사이렌

2

1923년까지도 경성부에서는 30만 부민에게 정확한 시간을 알리기 위해 매일 오포를 발사하고 있었다. 무엇보다도 오포 또는 오정포 (午正砲)는 '시간의 통일성'을 기하기 위한 장치였다. 그런데 1924년 초에 경성부는 오포 폐지를 결정한다. 그 대신 남대문소방소 본부 뒷편에 높은 망루를 설치하여 전기 장치로 시각을 알리기 위해 1924년 2월경에 경성부청 토목과에서 망루를 설계하기 시작했다. 망루는 정오 시보를 할 뿐만 아니라 소방수가 대기하며 파수를 볼 수 있는 구조로 설계되고 있었다.[1]

이처럼 경성부는 오포를 폐지하고 소방소 망루에 전기시보기(電氣時報機), 즉 모터사이렌을 설치하기로 결정했다.[2] 1924년 3월에는 망루 설계가 끝난 후 니후쿠 니스케(荷福仁助)라는 토목건축업자가 낙찰을 받아 남대문소방소에서 공사를 진행하고 있었다. 이것은 소방 망루를 겸하는 높이 53척의 철골 망루로 정상에는 모터사이렌이 설치될 예정이었다. 모터사이렌은 인천관측소에서 전류로 시간을 통보하면 바로 벨을 눌러 호적(號笛)을 울릴 수 있는 장치였다. 오포 보다는 시보가 정확하다는 것, 그리고 경성과 용산의 중간에 있는 높은 곳에서 호적이 울리기 때문에 시내 구석구석까지 소리가 들린 다는 것이 모터사이렌의 장점으로 거론되었다.

일제강점기에 소방 관련 규정이 자주 바뀌었으므로 당시 신문기 사는 남대문 소방힐소, 남대문소방소, 남대문소방서, 소방본부 같은 말을 뒤섞어 사용하고 있다. 따라서 먼저 남대문소방소의 명칭 변 경 과정을 간략히 정리한 후 모터사이렌 이야기로 돌아가려 한다.

조선총독부 경무총감부는 1912년 6월 1일 자로 경성부 5개소에 경무총감부 상비소방수 힐소(詰所)를 설치했다. 이때 남대문 소방힐 소, 동현(銅峴) 소방힐소, 동대문 소방힐소, 창덕궁 소방힐소, 덕수 궁 소방힐소가 설치되었다.[3] 소방힐소는 일종의 소방수 대기시설이 다. 남대문 바로 옆에 있던 남대문 소방힐소도 이때 건축되어 6월 1일 자로 개소했다.[4] 시구개정(市區改正)에 따라 1914년 9월 1일 자 로 동현 소방힐소는 황금정(黃金町) 소방힐소로 개칭된다.[5] 그 후 조 선총독부 경기도 경무부는 1915년 5월 1일 자로 경성부 상비소방 대 힐소의 명칭을 개정한다. 이때부터 '소방힐소'가 '소방소(消防所)' 로 개칭되었으므로 '남대문 소방힐소'도 '남대문소방소'로 이름이 바뀐다.[6]

1924년 3월 1일부터는 그동안 경기도 경찰부 보안과에 속해 있 던 소방소가 따로 분리되어 '소방과(消防課)'가 신설된다. 소방과는 남대문소방소에서 사무를 보다가 추후 '소방서(消防署)'로 독립할 예 정이었다.[7] 따라서 이때 남대문소방소 안에 경기도 소방 업무를 전담하는 '경기도 경찰부 소방과'가 설치된 것이다. 따라서 1924년에 모터사이렌이 설치된 장소의 정확한 명칭은 '경기도 경찰부 소방과'가 있는 남대문소방소였다.

1년 후인 1925년 4월 1일 자로 남미창정(南米倉町)의 남대문소방소에 경성부 일원의 소방 사무를 통할하는 경성소방서(京城消防署)가 신설된다.[8] 그리고 1925년 5월 16일에는 남대문소방소에서 경성소방서 개서식(開署式)이 거행된다.[9] 남대문소방소가 경성소방서로 바뀌었으므로 그 후로도 경성소방서는 흔히 '남대문소방서'라 불렸다.

1924년 초에 경성부는 용산 효창원에 소방수를 상주시켜 오포를 발사하고 있었다. 그런데 오포 발사 장소가 용산에 치우쳐 있고, 풍향에 따라 소리가 들리지 않는 일도 있고, 비가 올 때 불발이 되어 장전을 다시 하느라 부정확한 시보를 하게 되고, 오포를 한 번 발사하는 데 오륙 원의 경비가 든다는 등의 결점이 있었다. 모터사이렌은 이러한 결점을 없애는 편리성이 있었다. 또한 당시에 일본 교토에서도 오포 대신 모터사이렌으로 성공적으로 오정 시보를 하고 있었다. 남대문소방소의 모터사이렌 공사는 1924년 5월 중순경에 끝날 예정이었다.

1924년 4월에도 남대문 옆 경기도 소방과 구내 남쪽 모퉁이, 즉 법원 관사에 인접한 공지에서 모터사이렌 설치 기초 공사가 진행되고 있었다. 53척의 시보기 망루는 소방소에 있는 기존의 망루보다 18척 이상 높았다. 그리고 망루가 완성되면 상근 소방수가 배치되어 화재의 발견, 예방, 경계를 담당할 예정이었다.[10] 시보기 설치 공사는 원래 1924년 5월 중순경에 완료될 예정이었지만, 공사가 지

연되어 6월 10일경으로 준공이
미뤄졌다. 5월 30일 자《경성일
보》에 따르면 시보기 설치에는
건설비 3천5백 원, 사이렌 1천
원, 도합 4천5백 원의 경비가 소
요되었다.[11]

남대문소방소 시보기 망루는
시간을 알리는 탑이라는 의미에
서 '보신탑(報辰塔)'이라 불리기
도 했다.[12] 당시 신문기사에서 모
터사이렌은 사이렌, 호적, 오적
(午笛), 전기시보기, 시보전령, 시
보전령기(時報電鈴機), 기적(汽笛),

설치 공사 중인 남대문소방소의 모터사이
렌 망루[13]

시보기적(時報汽笛), 전령(電鈴), 전령시보기, 전력호적기(電力號笛機),
전기음향기(電氣音響機) 등 무수한 이름으로 불렸다. 또한 그 소리를
본떠 일본에서 오포를 '동(ドン)'이라고 부른 것처럼 시보기를 '부우
(ブー)' 또는 '보오(ボー)'라고 부르기도 했다. 명칭이 통일되지 않았
다는 사실만으로도 우리는 해당 사물의 낯섦의 정도를 짐작할 수 있
다. 그런데 오포라는 말 자체가 이미 보통명사처럼 사용되고 있었으
므로 나중에는 모터사이렌도 그냥 오포라고 불렸다. 당시 각 공장에
서는 이미 그전부터 사이렌을 울려 시간을 알리고 있는 상황이었다.

경성부는 남대문소방소 망루에 설치할 모터사이렌을 오사카에 주
문했고, 원래는 '시(時)의 기념일'인 6월 10일 오정부터 모터사이렌

으로 시보를 할 예정이었다. 그러나 기상 악화로 인천에 들어오는 배가 예정일보다 늦은 6월 9일에 도착하는 바람에 모터사이렌 시보도 연기되었다. 모터사이렌은 중량이 200관, 즉 750킬로그램이었고, 전기를 이용하여 소리를 내면 사방 2리 정도까지 소리가 들릴 것으로 기대되었다.[14]

남대문소방소에 53척 망루가 이미 준공되었으므로 경성부는 하루이틀 사이에 시보전령을 설치하여 6월 12일이나 13일부터 울릴 예정이었다. 그리고 1924년 6월 13일경부터 오포는 폐지될 계획이었다. 다카시마 내무계 주임에 따르면 시보전령은 마치 자동차 경적처럼 "부우부우"하는 소리를 냈다. 인천관측소에서 경성우편국으로 시보를 하면, 다시 남대문소방소 시보기에서 이것을 받아 오정 전후에 30초씩 소리를 낼 예정이었다. 시보전령 소리는 2리, 즉 약 8킬로미터 밖까지 선명히 들리고 노량진, 동막(東幕), 뚝섬까지도 들릴 것으로 기대되었다.[16]

예정보다는 시보전령 설치가 늦어졌다. 마침내 1924년 6월 16일 오후에 시보전령을 일차적으로 시험했고, 6월 17일 오전

남대문 경성소방서의 모터사이렌 망루 (1929)[15]

에는 다니 다키마(谷多喜磨) 경성부윤과 사와무라 이사관이 시보 시험을 했다. 최고 음향으로 좀 더 소리를 높여 시험한 뒤 그 결과에 따라 빠른 시일 내에 시보전령으로 오포를 대체할 예정이었다.[17] 그런데 6월 16일부터 전령시보기를 시험한 결과 음향이 2리 사방으로 울려 퍼진다는 당초 선전과는 전혀 다르게 겨우 10~20정(町), 즉 1~2킬로미터 정도까지만 소리가 들렸다.[18]

전기시보기의 경비는 1년에 오륙백 원이지만 효창원 오포의 경비는 이천사오백 원이었으므로 이천 원 정도의 경비 절감 효과가 있을 것으로 생각되었다. 그리고 향후 효창원 오포는 폐지한 채 그대로 그곳에 보존할 예정이었다. 남창동(南倉洞), 즉 남미창정에 설치된 이 전기시보기의 성능을 시험하기 위해, 6월 17일 오후 5시경에는 직원들을 경성부 각소에 배치하여 음향 도달 거리를 조사했다. 그 결과 전철이나 기타 잡음으로 시끄러운 장소에서는 소리를 명료히 들을 수 없었지만, 약 27정 즉 3킬로미터 정도 떨어진 한적한 곳에서는 쉽게 들을 수 있었다. 또한 황금정통(黃金町通) 전부, 훈련원, 장충단공원, 대화정 1정목과 2정목, 독립문, 봉래정(蓬萊町), 용산 삼각지 등에서는 소리가 명료히 들렸지만 동대문 근방에서는 들리지 않았다.[19]

결국 1924년 6월 20일 정오의 오포를 끝으로 10여 년간 경성의 정오를 알리던 오포는 멈추었다. 6월 21일 정오부터는 남대문 경기도 소방과 구내에 건설된 철골 망루에서 울리는 모터사이렌으로 시보를 하기로 한 것이다. 정오 3분 전에 인천관측소에서 전령 즉 '전기 벨'로 시보를 하면 망루에서 10마력 모터의 스위치를 눌러 정

남대문소방소의 1924년 모터사이렌 (망루에서 남대문을 내려다본 모습)[20]

오 90초 전에 사이렌을 울리기 시작했고, 사이렌이 멈추는 때가 바로 정오였다. 오포와 달리 사이렌은 일시적인 소리를 내는 것이 아니라 90초간 울리기 때문에 경성 구석구석까지 소리가 들릴 것으로 기대되고 있었다.[21]

하루 1회 발사한 오포와 달리 남대문소방소의 모터사이렌은 매일 오전 6시와 정오 12시의 2회에 걸쳐 표준시를 알렸다. 사이렌 성능 문제로 잡음이 적은 아침 시간대에도 시보를 해서 시간의 통일을 도모한 것이다. 1924년 10월 20일부터는 아침 호보(號報) 시각을 6시에서 7시로 변경했다.[22] 하절기에서 동절기로 넘어가면서 아침 호보 시각을 변경했을 것이다. 새로운 20마력 시보기로 교체한 후 1925년 4월 7일부터는 시보기를 매일 한 번 정오에만 울렸고,

다시 1925년 6월 10일부터는 시간생활을 진작하기 위해 매일 상오 6시, 오정, 하오 6시에 시보기를 울렸다.[23] 전기시보기를 울리는 횟수는 상황에 따라 여러 차례 변경되었다. 언제든 울릴 수 있다는 것이 오포와 모터사이렌의 가장 큰 차이점이었다.

1924년 6월 21일부터 오포를 모터사이렌으로 바꾸자마자 호적 소리가 번잡한 도시의 소음에 묻혀 잘 들리지 않는다는 문제점이 부각되었다. 따라서 남대문소방소의 호적을 마력이 더 큰 것으로 바꾸거나, 아니면 종로나 용산 등에 호적을 증설하는 방안이 검토되고 있었다.[24] 호적 소리가 멀리까지 들리지 않자 차라리 종로 보신각에서 '인경' 종을 치는 것이 낫겠다는 불평도 자자했다.[25] 시보기로는 오포를 전혀 대체할 수 없으므로 종로 2정목 십자로에 있는 보신각종을 울려 시간을 알리면 좋겠다는 주장까지 등장한 것이다. 종소리는 사방 3리, 즉 약 12킬로미터까지 확실히 들리기 때문에 종소리만큼 훌륭한 것은 없다는 것이었다. 1924년 6월 22일 자 《경성일보》는 부민들의 "부우부우~" 하는 불만 소리가 모터사이렌의 "부우부우~" 하는 소리보다 컸다고 조롱하고 있다.[26] 전기시보기의 호적 소리를 통해 사람들은 문명의 이기가 매우 기분 나쁜 소리를 낸다는 사실과 직면해야 했다. 종에서 대포로, 다시 대포에서 사이렌으로 옮겨가면서 시간의 소리는 갈수록 거칠어졌다. 시보기에 대한 비난이 일면서 하루빨리 이를 개선할 것을 요구하는 목소리가 점점 높아졌다. 이러한 반응을 전혀 예상하지 못했기 때문에 경성부 당국자들은 매우 당황했다고 한다.[27]

이처럼 모터사이렌 시보는 제대로 이루어지지 않았고, 사이렌 음향은 사람들에게 불쾌감을 주었다. 사람들은 시간의 소리가 매우 기분 나쁜 사이렌 소리로 변했다는 사실, 이 불길한 소리가 근대적인 소리라는 사실을 쉽게 받아들이지 못했다. 종각의 종소리가 대포 소리로 바뀐 것까지는 견딜 수 있었지만, 사이렌 소리의 기계음에 적응하기는 쉽지 않았던 것이다. 그러나 이 날카로운 사이렌 소리가 앞으로 사람들이 적응해야 할 근대적인 시간의 소리였다. 근대적인 시간은 값싸고 편리하고 유용했지만, 그 대신 날카롭고 거칠게 사람들의 정신을 후벼 파고 있었다.

게다가 현 갈월동인 강기정(岡岐町) 이남의 용산 일대에서는 사이렌 소리가 나는지조차 알 수 없을 정도였다. 따라서 사람들이 용산에 있는 만철공장(滿鐵工場)의 기적을 오포 대신 이용하고 있는 형편이었다. 남만주철도주식회사의 공장에서 울리는 사이렌 소리로 시간을 짐작한 것이다. 강기정, 삼판통(三坂通, 현 후암동), 연병정(練兵町, 현 남영동) 근방 주민들이 경성부 당국에 오포 부활을 요청하는 운동을 벌일 태세였기 때문에 용산경찰서는 주민의 의향에 관한 보고서를 수합하고 있었다.[28] 비용 문제로 오포가 폐지되었지만 경성부에서 매 호당 매달 평균 2리(厘) 남짓의 비용만 부담하면 되므로 남대문소방소의 시보기적 대신에 다시 오포를 부활시켜 달라는 목소리가 높았다고 한다.[29]

이처럼 남산과 한강 사이에 있는 한강통 북부의 연병정과 강기정 부근 주민들은 절실하게 오포 부활을 희망했다. 바로 옆에서 울리던 효창원 오포가 갑자기 멎고 멀리 남산 자락에서 희미하게 사이렌 소리가 들렸을 터이므로 효창원 부근 지역의 상대적 상실감이 컸던 것 같다. 이곳 주민들에 따르면 오포는 시간관념을 철저하게 하고 시간의 '진짜 의미'를 부지불식간에 숙지시켰다. 그런데 유감스럽게도 경성부는 1년에 고작 약 1,700원의 경비를 절감하려고 오포를 시보기로 바꾸었다. 즉 경성부가 적은 돈을 아끼려다가 '시간의 통일'이라는 더 중요한 것을 잃어버렸다고 주장하고 있는 것이다.[30] 이처럼 시보기에 대한 평판은 점점 나빠지고 있었다. 경성부 당국에서도 제조원(製造元)에 실적을 보고하여 개선책을 마련하고 있었다.[31]

1924년 7월 초에는 비가 계속 오면서 대기 중의 수증기 때문인지 모터사이렌 소리가 잘 들렸다. 따라서 조선처럼 공기가 건조한 곳에서는 일본에서 사용하는 정도의 마력과 사이렌 크기로는 충분하지 않다는 주장도 있었다. 경성부는 모터 출력을 10마력에서 20~30마력으로 올리고 사이렌도 현재보다 훨씬 큰 것으로 바꿀 예정이었다. 당시에 경성부는 새로운 사이렌이 도착할 때까지 다시 오포를 부활시킬 의향도 갖고 있었다. 다니 다키마 경성부윤은 부민에게 정확한 시간을 알리기 위해서라면 오포를 일시 부활시키는 일도 주저할 필요가 없다고 말했다. 그러나 이미 폐지한 오포를 다시 부활시키는 것은 당국의 위엄을 손상시킨다는 주장이 제기되면서 오포가 부활하지 못한 듯하다.[32] 경성부는 음향과 공기 습도는 엄청난 관계가 있으며, 1924년 7월 초에 2~3일간은 동대문 방면, 초음정(初音町), 경복궁 뒤쪽에서도 사이렌 소리가 잘 들렸다고 주장했다.[33] 이러한 논란을 거치면서 사람들의 귀는 기분 나쁜 사이렌 소리를 머지않아 '문명의 소리'로 받아들일 수 있도록 길들여지고 있었다.

1924년 8월 3일에는 모터사이렌에 폭 약 8분, 길이 약 2촌 5분의 균열이 발생하여 수리를 하기도 했다.[34] 결국 9월 초에 경성부는 모터사이렌의 크기가 문제라고 판단하고 2배 이상의 마력을 가진 모터사이렌을 구입할 계획을 세운다. 이를 위해 약 3천 원의 예산이 필요하기 때문에 경성부는 부협의회를 열어 추가예산을 확보할 예정이었다. 또한 남대문소방소는 정확한 시계를 보유하고 있지 않아서 부민의 시간 문의가 있을 때 제대로 답변할 수 없었기 때문에 경성부는 남대문소방소에 전기시계를 설치할 계획도 세운다.[35] 결국 시보기를 처음 가동한 지 3개월 후인 1924년 9월 19일에 남대문소방소의 10마력 소형 사이렌을 20마력 가량의 대형 사이렌으로 교체하는 안건이 경성부협의회에서 가결된다.[36]

마침내 설치한 지 1년도 지나지 않아 남대문소방소의 시보기는 교체된다. 1925년 3월 30일에 경성부가 주문한 20마력 시보기가 도착하자 경성부는 바로 설치 공사에 들어갔다.[37] 그리하여 4월 5일 정오부터는 새로운 20마력 시보기가 울리게 된다.[38] 이전의 10마력 시보기는 날씨에 따라 소리 전달에 문제가 많았으므로 잡음이 가장 적은 오전 6시나 7시에도 사이렌을 울려 시간의 통일을 도모하고 있었다. 그런데 교체된 20마력 시보기는 음향 도달 시험에서 좋은 결과를 보여주었기 때문에 1925년 4월 7일부터는 아침 시보를 폐지하고 매일 정오 1회만 시보를 하기로 결정되었다.[39]

1927년 무렵이 되면 '전력호적기'는 경성부의 친숙한 일상 사물이 된다.[40] 이미 관청, 은행, 학교 등에는 벽시계가 걸려 있었고, 사람들의 손목에도 시계가 감기기 시작했다. 모터사이렌을 작동하는 방식도 처음과는 조금 달라졌다. 인천관측소에서 경성우편국을 거

남대문 좌측으로 보이는 남대문 경성소방서 망루 (1925~1926년)[41]

처 경성소방서로 신호를 보내면 오전 11시 30분경부터 전기실에서 '링링' 하는 소리가 날카롭게 울리면서 모터사이렌을 작동시킬 준비를 하게 했다. 정오 12시 3분 전에 다시 '링링' 하는 소리가 들리고 12시 1분 전에 소리가 멈추면, 바로 전기가 통하고 기계가 일제히 돌기 시작하면서 모터사이렌 소리가 거리에서 거리로 퍼져나갔다. 시보기는 처음 30초는 좀 더 부드러운 소리를 냈고, 다음 30초는 가장 강한 소리를 냈고, 소리가 끝나는 시각이 바로 정각 12시였다. 그리고 사이렌이 멈추면 각 공장에서 일제히 기적을 울리기 시작했다. 1927년에 20마력 사이렌은 정오에만 울리고 있었다. 1개월 경비는 관리 수당과 소모품 등으로 50원이 들었고, 전기는 경성전기회사에서 무료로 제공했다. 당시에 경성의 시보기는 교토 다음으로 가장 큰 모터사이렌이었다고 한다.

1937년 7월경에는 남대문 옆 경성소방서 망루의 사이렌이 작동을 멈춘다. 7월까지 태평통에 완공될 새로운 경성소방서에 100여 척의 망루를 세워 새로운 사이렌을 가동할 예정이었기 때문이다. 남대문소방서의 사이렌은 망루와 함께 동대문 밖 용두리(龍頭里) 소방서 출장소로 옮겨져 오로지 방공 경비에 사용될 예정이었다. 1924년부터 14년 동안 울린 이 사이렌을 이전하는 날 소방서에서는 특별히 평소보다 오래 사이렌을 울릴 예정이었다.[42]

1937년 11월 16일 오후부터 경성소방서는 태평통 1정목 1번지 경성세무서 옆 신축 사옥에서 업무를 개시했다.[43] 경성소방서는 공비 7만 2천 원이 들어간 건평 400평의 철근 콘크리트 8층 건물로 지하는 보일러실, 1층은 차고, 2층은 사무실, 3층은 훈시실(訓示室)

조선신궁 표참도(表参道) 입구 옆에 있는 남대문 경성소방서 망루 (1930년)[44]

이었고, 4층부터는 망루였다. 망루에 서면 경성부민관(京城府民館)의 대시계를 멀리 내려다볼 수 있었다. 신축 경성소방서 망루는 탑의 높이가 130척이었고, 동쪽으로는 왕십리에서 청량리 일대, 서쪽으로는 남대문과 현저정(峴底町) 일대, 북쪽으로는 북악산 기슭, 남쪽으로는 남산 기슭까지 내려다볼 수 있었다.[45] 경성소방서는

태평통 경성소방서와 망루 (1937)[46]

1945년에 서울소방서로, 1949년에 서울중부소방서로 명칭을 변경했다. 그 후 경성소방서 망루는 서울시의 무교로 확장 계획에 의해 1976년 3월 31일부터 철거되기 시작했다.[47]

남대문 옆 경성소방서 자리에는 원래 경성세무서를 신축하여 이전할 예정이었다. 그러나 1939년에 경성부는 이곳에 남산 조선신궁 외원(外苑)를 조성하기로 결정한다. 경성부는 소공원 건설을 위해 4만 원의 예산을 들여 식목과 설비 점검 등의 미화 사업을 하기로 했고, 동년 4월경에는 이미 땅고르기 작업을 시작했으며, 인접한 법원 관사도 다른 곳으로 이전할 계획이었다. 또한 조선신궁은 황기(皇紀) 2600년(1940년) 기념사업으로 조선신궁 관련 참고품을 수집하여 이곳에 조선신궁참고관(朝鮮神宮參考館)을 건설할 계획도 추진하

고 있었다.[48]

1939년 8월 15일에 경성의 정오 사이렌이 사람들의 시계보다 5분 일찍 울린 일이 있었다.[49] 당시에 경성소방서 사이렌계(係)는 매일 오전 11시에서 정오 사이에 경성무전국(京城無電局) 청량리 분실에 전화로 시각을 문의하여 시계를 맞춘 후 정오에 사이렌 스위치를 작동시켰다. 그런데 8월 15일 11시 8분쯤에 경성소방서에서 시각을 문의하자 무전국에서 11시 13분이라고 답변을 했고, 따라서 소방서 시계의 장침을 5분 빠르게 조정한 후 정오 시보를 했던 것이다. 당시에는 이미 경성중앙방송국에서도 도쿄중앙방송국의 '방송 시보'를 전하고 있었다. 따라서 1939년 8월 15일에는 경성소방서의 사이렌이 울리고 나서 정확히 5분 후에 라디오 방송 시보가 있었다고 한다. 이로 인해 경성중앙방송국은 사이렌보다는 라디오가 더 정확한 시보를 할 수 있다고 자랑했다. 1939년이 되면 이미 사이렌, 전기시계, 라디오 등 다양한 방식으로 시간이 곳곳에서 흐르고 있었기 때문에 사이렌은 더 이상 유일한 표준 시보 장치가 아니었다.

'시보' 사이렌의 시대는 저물고 있었지만, 1937년 7월 7일에 중일전쟁이 발발하면서 '경보' 사이렌의 시대가 시작되고 있었다. 1939년 8월 15일의 사이렌 오보(誤報) 사건은 시보의 정확성뿐만 아니라 국방을 위해서도 문젯거리가 되었다. 일본의 주요 도시는 중앙기관에서 스위치를 작동하면 전류가 흘러 여러 곳에 설비된 사이렌이 일제히 울리는 방식을 취하고 있었다. 그러나 경성의 경우 경성소방서는 무전국에 문의하여 시보를 하고, 다른 곳에 설치된 시보대(時報臺)도 각기 따로 시보를 하고 있어서 각 시보에 시차가 생기고 있었다. 공습경보에서는 절대로 사이렌 간에 시차가 생기면 안 되기 때문에 이 문제가 중요하게 부각된 것이다.[50] 그보다 몇 달 전인 1939년 3월에 경성부 소방본부는 적기의 출현에 대비해 방공과 방독을 위한 설비를 갖추기 시작했다. 특히 많은 경비를 들여 경성부 16곳에 큰 사이렌을 설치했고, 소방본부의 기본 스위치를 돌리면 경성 전역에서 사이렌이 일제히 울릴 수 있도록 본부와 각지의 사이렌을 연결하는 외선 부설 공사도 3월 중에 마칠 예정이었다.[51]

당시 경성소방서 망루에 설치된 사이렌은 경성부가 매년 437원을 들여 소방서에 위탁하여 운영하고 있었다. 그러나 사이렌이 정시에 울리더라도 먼 곳에서는 소리가 조금 늦게 들릴 수밖에 없었고, 여전히 사이렌 소리가 안 들리는 장소도 있었다. 따라서 1939년 8월 15일의 오보 사건 이후 경성부는 1939년 3월에 경성부 16곳에 설치한 방공경보용 고음향 사이렌을 정오 시보에 사용할 수 있는 방안을 검토하기 시작했다. 방공경보용 사이렌은 경성부청 내무과에서 스위치를 작동하면 일제히 울릴 수 있었다. 그러나 방공경보용 사이렌으로 시보를 하려면 경성중앙전화국과 연결된 특수한 설비뿐만 아니라 계원(係員)과 상당한 경비도 필요했기 때문에, 경성부는 다음 해 예산에 이를 반영하여 1940년 4월 1일부터 방공경보용 사이렌으로 정오 시보를 할 계획을 세우고 있었다.[52] 전쟁의 상황에서 사이렌은 시보보다는 경보를 위해 설치되고 있었기 때문에 실제로 위의 계획이 실현되었던 것 같지는 않다.

1939년 8월 24일에도 정오 사이렌이 라디오 표준 시보보다 50초 정도 빨리 울리는 바람에 사이렌 시보에 대한 신뢰는 더욱 추락했다. 이미 8월 15일 사건 이후로 경성소방서는 경성무전국 청량리 분실에 더 이상 시각을 문의하지 않고 소방서 벽에 걸린 전기시계를 표준시계로 삼아 시보를 하고 있었다. 그런데 소방서 전기시계가 50초 정도 빨리 가는 바람에 사이렌 시보도 덩달아 빨라졌던 것이다. 이번에도 경성중앙방송국은 사이렌이 울리고 50초가 지나서 도쿄중앙방송국으로부터 정오 시보가 있었다고 말하면서 라디오의 우위를 강조했다.[53]

모터사이렌 전성시대
시보에서 경보로

3

시간의 그물과 시간의 암전

1920년대 중반이 되면 바야흐로 모터사이렌 전성시대가 시작된다. 모터사이렌은 강력한 기계음으로 광범위한 일상 공간을 포획할 수 있는 시간의 그물이었다. 동시에 모터사이렌은 순식간에 일상의 시간을 지우는 시간의 암전이었다. 이처럼 사이렌은 시보와 경보의 간격을 좁히면서 언제든 평범한 '일상의 시간'이 '비상의 시간'으로 전락할 수 있다는 것을 알려주고 있었다. 시보는 시간의 그물이지만 경보는 시간의 암전이었다.

남대문소방소에 모터사이렌이 설치된 후 다른 지역에서도 오포를 사이렌으로 변경하는 문제가 계속 현안으로 대두된다. 1928년 5월에는 시보 신호를 위한 '전동 발음 시보기'라는 설명과 함께 모터사이렌 판매 광고가 신문에 등장한다.[1] 이때부터 소형 모터사이렌이 전국 곳곳에 설치되기 시작했을 것으로 짐작된다. 1930년 9월부터는 비상보지(非常報知)와 시보를 위해 사용할 수 있는 수동사이렌의 광고가 신문에 실리기 시작한다. 광고에 따르면 수동사이렌은 육해군, 부청과 군청, 면사무소, 소방조(消防組), 경찰서, 경관주재소, 형무소 등에서 사용될 수 있었다. 또한 당시 광고는 경성소방서에 12대를 납입한 것 이외에 조선 전역에 60대를 납입했다는 사실도 표기하고 있다.[2] 소방조는 평상시에는 생업에 종사하다가 유사시에 화재를 진압하는 민간 소방 조직이었다.

1923년 무렵까지 압록강 너머 안동현(安東縣, 현 단둥시)에서는 5번통 유치원 옆 소방대 망루에서 오종(午鐘)을 쳐서 시보를 하고 있었다. 오포가 아니라 종을 쳐서 정오를 알린 것이다. 그런데 오종이 폐지되자 시중의 시간이 통일되지 않아 이로 인한 불편과 불이익이 적지 않았다. 따라서 안동현은 만철전기영업소(滿鐵電氣營業所)와 교섭하여 전기음향기(電氣音響機)를 설치하기로 하고, 1923년 9월에 도쿄에 주문했지만 1923년 간토 대지진으로 발송이 지연되었다. 이 전기음향기는 1924년 4월에나 도착하여 5월 이후에 설치될 예정이었다. 설치 장소로는 진강산(鎭江山)과 소방대 망루가 물망에 올랐다. 소방대 망루는 시중의 한가운데 있고, 전화교환국의 친시계(親時計)와도 가깝고, 전 시가지에 걸쳐 철저하게 음향을 전달할 수 있었으므로, 이곳에 전기음향기가 설치될 가능성이 높았다. 친시계는 여러 대의 자시계(子時計)를 연결하여 쓸 수 있는 모체 격의 전기시계를 가리킨다. 이 전기음향기는 정오뿐만 아니라 화재 시나 기타 비상시에도 음향을 내어 시민의 편리를 도모할 것으로 기대되었다.[3] 경성부와 거의 비슷한 시기에 안동현에도 모터사이렌이 설치된 것으로 보인다.

마산부는 1926년 2월에 오포를 폐지하고
기적을 사용하는 방안을 고려하고 있었다.
오포 발사 경비가 매년 약 5백 원이나 들었
으므로 마산부는 경성전기 마산지점과 교섭
하여 기적을 설치한 후 정오 시보를 하고자
했다.[4] 결국 마산부는 '시(時)의 기념일'인
1926년 6월 10일부터 오포를 폐지하고 기
적을 사용한다. 종래의 오포는 풍우에 노출
된 채 마산부청사 뒷산에 그대로 방치되어
있었다. 그런데 '오보기적(午報汽笛)'은 음향
이 낮고 부민 일반에게 잘 들리지 않아 무용

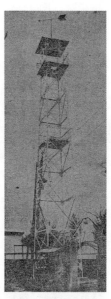

대전의 모터사이렌 (《경성
일보》 1927년 5월 2일 자)

하므로 다시 오포를 산꼭대기에 설치해 정
오를 알려야 한다는 목소리도 있었다.[5] 마산부는 1927년 6월 10일
'시의 기념일'을 맞아 부청사 뒷산 중턱에 설치된 오포를 발사하여
시간의 정확성에 대한 관념을 선전하기도 했다.[6]

1926년 12월 11일에 대전소방조는 대전경찰서 구내 북쪽에서 경
종대(警鐘臺) 신설 기초 공사를 시작했다. 이것은 68척의 철탑을 세
우고 그 위에 다시 6척의 소방 망루를 가설하는 것으로 총 74척의
높이를 자랑했다. 대전소방조는 우선 이곳에 경종을 매달아 사용하
다가 추후 모터사이렌을 설치할 계획이었다.[7] 1927년 5월이 되면
이 경종대에 모터사이렌이 설치된다.[8] 1933년에 대전소방조는 대전
경찰서 경종대에 국기를 게양하기로 결정한 후, 3월 28일에 경찰서

원과 소방조원이 집합한 가운데 국기게양식을 열었다.[9] 모터사이렌이 장착된 많은 철탑은 이런 식으로 국기게양탑(國旗揭揚塔)의 역할을 겸하는 경우가 많았다.

신의주부에서는 신의주경찰서에 경종을 설치하여 시보를 하고 있었다. 그런데 경종 소리가 좋지 않아 잘 들리지 않았고, 화재 시에도 소방조원(消防組員)의 소집이 늦어져 큰불이 나는 일이 있었다. 따라서 신의주부에서는 1928년 3월경에 모터사이렌을 설치하여 시보와 함께 화재 경보까지 하기로 결정했다. 공사비는 약 2천 원이고 전기는 신의주전기회사에서 기부받을 예정이었다.[10] 신의주부는 1924년에는 오포를 발사했지만, 오포를 계속 유지하지 못하고 경찰서 경종으로 대신한 것 같다. 천안에서도 1932년까지 경종을 울려 정오를 알리고 있었다. 그러나 1932년 7월 18일부터는 경종대에 설치한 사이렌으로 정오를 알리기 시작했다.[12] 목포에서는 1909년 4월에 대한제국의 대포를 양도받아 오포를 발사하기 시작했다. 그런데 목포에서도 1931년 8월부터 기존의 경종대에 사이렌을 설치한 후 정오보(正午報)를 하기 시작했다.[13]

대구부에서는 1925년 8월에 오포를 전기 장치로 울리는 기적인 '전적(電笛)'으로 교체할 계획을 세운다. 1925년

목포의 시보 사이렌[11]

8월 13일에 업자에게 2마력 전동기를 가져오게 하여 시험을 해 보지만 음향이 충분하지 않았다. 그러나 6마력 정도의 전동기를 사용하면 충분할 듯했고, 연간 경비도 1천수백 원에서 2백 원 내외로 줄일 수 있다는 점에서 모터사이렌은 오포의 좋은 대안이었다.[14] 그러나 이 계획은 실현되지 못한 것으로 보인다.

1930년에도 대구부에서는 월견산 정상에 있는 오포로 정오를 알리고 있었다. 오포 경비로는 매년 약 1천2백~1천3백 원, 1일 평균 3원 가량이 들었다. 이때도 대구부는 경비가 적게 드는 모터사이렌 채용을 추진했다. 모터사이렌의 가격이 다양했으므로 대구부는 4백~5백 원 정도의 제품을 구입할 예정이었다. 대구부는 대구경찰서의 종루에 모터사이렌을 설치할 계획을 세우고, 전기 상점인 오카베상회(岡部商會)에 제품 목록을 만들게 했다. 오포는 풍향에 따라 소리가 잘 들리지 않고 다액의 경비가 들었지만, 모터사이렌은 오포의 절반 정도 경비로 훨씬 선명한 소리를 전달할 수 있었다. 대구부는 대구경찰서 구내에 있는 종루를 본정 1정목의 소방힐소로 이전한 후 이 종루에 사이렌을 설치할 예정이었다.[15]

1931년 12월 1일부터 대구부가 오포를 폐지하고 모터사이렌으로 시보를 했다는 신문기사가 있는 것으로 보아 1930년에는 모터사이렌을 설치하지 못한 것으로 보인다.[16] 1933년 8월경에는 대구소방조의 망루 이전 공사가 진행되면서 한동안 사이렌을 울릴 수 없었다. 이때 오포를 임시로 사용하자는 주장도 있었지만, 결국 사이렌을 대구경찰서 옥상으로 옮겨 당분간 시보를 하기로 의견이 모아졌다.[17] 그런데 정확한 이유는 알 수 없지만 대구의 사이렌은 8월 초

인천의 모터사이렌 (1931)[18]

부터 9월 초까지 1개월 동안 울리지 않았다. 대구소방조의 망루를 이전하여 9월 12일에 사이렌을 설치했고, 9월 13일에 시험을 마친 후 9월 14일부터는 정오 시보를 개시할 예정이었다.[19]

1931년까지도 인천부에서는 인천 관측소가 있는 응봉산에서 매일 오포를 발사하고 있었다. 그런데 인천부는 1931년 6월 30일 자로 오포를 폐지하고 7월 1일부터 모터사이렌을 울린다. 모터사이렌은 1,735원을 들여 오사카 이부키공작소(伊吹工作所)에 주문한 것이었다. 1931년 6월 12일에 모터사이렌이 도착하자마자 인천 산근정(山根町) 소방대 망루에 설치하기 시작했고, 6월 15일에 설치 공사를 마친 후 시험을 하자 양호한 결과가 나왔다. 인천에 설치된 것은 31형 15마력 최신식 모터사이렌이었고, 인천부는 오포에 비해 매년 약 9백 원 이상을 절감할 수 있게 되었다.[20]

1931년 8월 5일 자 《조선신문》은 인천부의 모터사이렌 가격을 2,829원 50전으로 수정하고 있다. 그런데 극히 일부 지역을 제외하고 일반 부민이 모터사이렌 소리로 정오를 알기는 거의 불가능했고, 심지어 인천부청에서도 사이렌 소리를 듣기가 힘들었으며, 일요일은 모터사이렌도 쉬는 날이었다. 따라서 적은 비용을 아끼려고 오포보다 못한 사이렌을 설치했다는 비난의 목소리가 높았다.[21] 결국 설치 4개월 만인 1931년 10월 27일부터 인천부는 좀 더 향상된 새로운 시보 사이렌을 사용하게 된다.[22]

부산부가 목도 즉 현재의 영도(影島)에 설치한 오포는 사격이 불가능한 1877년식 구형 야포를 불하받은 것으로 소리가 낮아 멀리까지 들리지 않았다. 따라서 이를 개선하기 위해 사이렌을 설치하는 방안이 제시되기도 했지만 음향에 대한 확신이 없었다. 1930년 10월에는 경비가 조금도 들지 않는 오포의 보완책이 제시되기도 했다. 즉 오포는 그전처럼 계속 발사하되 1일 1회 부민에게 표준시를 알리기 위해 와사전기회사(瓦斯電氣會社)로 하여금 매일 오후 9시에 부산시 전체의 전등을 일순간 소등하게 한다는 방안이 등장하지만, 이 방법의 실효성에 관한 의문이 남아 있었다.[23]

부산부는 이제 오포만으로는 부민들의 시간을 일치시키기 힘든 상황에 점점 봉착하고 있었다. 당시에 부산 시가지는 해안을 따라 점점 북쪽으로 확장되고 있었으므로 목도에 설치된 오포 소리가 북쪽에는 잘 들리지 않았다. 또한 와사전기회사는 전등 소등안이 기술적으로 불가능하다는 의견을 표명했다. 결국 1931년도부터 용두산에 20~30마력의 사이렌을 설치하여 운영하는 것이 유력한 방안으로 떠올랐다. 그렇지만 비용이 가장 큰 문제였다. 사이렌의 최초 설치비는 3천 원이고 유지비는 월 40~50원 정도였다. 오포보다 유지비는 20~30원 정도 적게 들었지만 문제는 설치비였다.[24]

1931년 1월에 부산부는 오사카의 이부키철공소에서 제작한 20마력 최신식 KS 터보형 사이렌을 명년도인 1932년에 설치하기로 결정한다. 이 사이렌의 음향 도달 거리는 사이렌을 중심에 둘 때 직경 약 2리(里) 2정(町), 즉 약 8킬로미터였다. 또한 이 사이렌에는 급발급지(急發急止) 장치와 전기시계 등의 부대 장치도 있었다. 부산의 시가지는 띠 모양으로 길어서 오포로는 음향을 철저하게 전달할 수 없었고, 오포의 시각 또한 부정확했다. 따라서 부산부는 사방 1리, 즉 약 4킬로미터까지 소리를 선명히 전달할 수 있도록 조선에서 가장 우수한 최신식 사이렌을 구입한 것이다.[25]

용두산에는 부립병원 등이 있었으므로 부산부는 원래 오포가 설치되었던 복병산 정상에 공사비 3천7백~3천8백 원을 들여 사이렌을 설치했다. 20척 높이의 철탑에 설치된 사이렌에는 목도, 부산진, 중도정(中島町)의 세 방면으로 향한 3개의 확성기가 장착되어 있었고, 반경 약 4킬로미터 이내에서는 사이렌 음향이 똑똑히 들렸으므로, 부산부는 이때부터 오포보다 정확하고 쉽게 시보를 할 수 있게 되었다.[27]

부산 복병산의 모터사이렌 (1932)[26]

부산부는 1932년 9월 1일부터 '모던(modern)'한 사이렌을 사용하여 17만 부민에게 시보를 하기로 결정하고, 8월 26일과 27일 오전에 두 번 시험 운행을 했다. 그런데 사이렌 음향이 기선(汽船)의 기적 소리와 비슷해서 혼동하기 쉽다는 비난이 일기도 했다.[28]

사람들이 기적 소리와 모터사이렌 소리를 구별하기 위해서는 아직 시간이 더 필요했다. 모터사이렌 소리는 사람들이 그전에는 한 번도 들어본 적 없는 근대적인 거친 기계음이었을 것이다. 마침내 9월 1일부터 복병산 사이렌이 오전 11시 59분부터 울리기 시작하여 12시 정각에 그쳤고, 사이렌이 멈추는 시각이 정오였다.[29]

그런데 1932년 9월 29일 정오부터 사이렌 음향이 나빠지고 끊어지더니 30일 정오에는 윙윙거리는 소리를 내며 복병산 사이렌이 고장 났다. 조사에 따르면 동력 스위치를 잘못 다룬 것이 원인이었다.[30] 1934년 여름에도 모터사이렌이 자주 고장 나서 8월 24일 오전 9시부터 10시까지 철저한 수리를 한 일이 있었다.[31] 1935년 2월 25일 오후 3시 반경에 부산부의 오보 사이렌이 갑자기 공습경보 비슷한 날카로운 소리를 내어 부민들을 놀라게 한 일이 있었다. 사이렌이 고장 나서 전력 시험을 하던 중에 벌어진 일이었다. 부산부는 2월 27일 오후에도 다시 한번 고장 수리를 진행하므로 사이렌 소리에 놀랄 필요가 없다고 당부했다.[32] 시보와 경보를 겸하는 사이렌은 이처럼 사람들의 삶을 언제든 긴장 속에 몰아넣을 수 있는 물건이었다.

1928년 3월에도 평양부에서는 서기산(현 해방산)에 있는 오포로 시보를 하고 있었지만, 구식 오포는 경비가 많이 들고 음향을 전 시가지에 전달하지도 못했다. 따라서 평양부는 부협의회의 자문을 거쳐 차후 모터사이렌을 설치할 계획이었다.[33] 평양부에서는 1928년 8월 10일 자로 오포가 폐지되고 모터사이렌이 설치된다.[34] 아마도 서기산 오포대에 사이렌을 설치한 것으로 보인다. 그런데 바쁜 일이 있

평양 박구리 소방본대의 모터사이렌
《매일신보》1932년 8월 26일 자)

을 때도 평양 사람들은 정오 사이렌 소리를 듣지 못하는 경우가 많았다. 그래서 평양 상점가인 대화정(大和町) 중심부에 있는 마루텐(丸天) 시계점의 주인 이와미(岩見)는 1930년 10월 7일에 사이렌 설치를 완료한 후, 10월 8일부터 매일 오전 8시와 오후 10시 두 차례에 걸쳐 직접 시보를 했다.[35] 이로써 평양부에는 정오에 울리는 사이렌 외에 아침과 저녁에 상점가에서 울리는 사이렌이 하나 더 존재하게 되었다.

1932년 4월경에 평양부는 경비 5천 원을 들여 5월 상순까지는 박구리(磚九里)에 90척의 망루를 준공한 후 모터사이렌을 이곳으로 이전할 계획이었다.[36] 1931년 10월 10일부터 공사를 시작하여 최종적으로 총공비 1만 원을 들여 1932년 8월에 완공한 평양부 박구리 소방본대 망루는 당시 평양 유일의 마천루였다. 1932년 8월 23일에 서기산의 25마력 모터사이렌을 박구리 망루로 이전했고, 8월 24일부터는 30초 동안 사이렌 소리로 정오를 알리기 시작했다.[37] 인천과 부산처럼 평양 박구리 소방 망루에도 이부키철공소의 모터사이렌이 설치되었다.

그런데 1934년 10월이 되면 평양에서는 각 학교와 공장 등의 사이렌이 마구 울려 퍼져 정오 시보 사이렌 소리가 잘 들리지 않는 문제가 발생한다. 평양에서도 근대적인 소리가 범람하기 시작한 것이다. 따라서 평양부 전기과는 1935년도에 20마력 터보식 모터사이렌 3대를 구입한 후, 하나는 평안백화점(平安百貨店) 옥상에 두고, 다른 하나는 평양부청 옥상에 두고, 또 다른 하나는 선교(船橋)의 적당한 곳에 두기로 했다. 이것은 한 곳에서 스위치를 작동하면 일제히 3대가 울리는 방식이었다. 이후 박구리의 사이렌은 폐지할 예정이었다. 이로써 평양을 중심으로 인근 군에도 시보 사이렌이 울려 퍼질 것으로 기대되었다.[38]

1932년 봄에 함남의 원산제이공립보통학교는 창립 10주년을 맞아 기념사업으로 사이렌을 설치하기로 했다. 이 학교는 아동과 일반 민중에게 '시(時)의 관념'을 심어주기 위해 오전 6시와 오후 9시에 사이렌을 울릴 예정이었다.[39] 원산의 경우 소방서나 경찰서가 아니라 학교에서 먼저 사이렌을 설치했다. 1934년에는 원산제일공립보통학교도 학교 후원회의 도움으로 6월 10일 '시의 기념일' 전에 교내에 사이렌을 설치할 예정이었다.[40]

원산부도 1932년에 사이렌을 설치한다. 원산수력전기회사는 1932년 7월 12일 자로 영업 기간이 만료될 예정이었지만, 다시 25개년 계속인가 신청을 하여 7월 8일 자로 승인을 받았다. 7월 11일에 동 회사의 고바야시 기사부로(小林儀三郎)와 노토미 젠고로(納富善五郎)는 원산부청을 방문하여 고토(後藤) 부윤을 만나 공공단체에 봉사하고 싶다는 의사를 밝혔다. 결국 동 회사는 원산부에 3천 원짜리 모터사이렌을 기부하고 이를 가동하기 위한 전력도 무

료로 공급하기로 했으며, 기존의 오포용 경비는 공회당 건축 기금
으로 충당해 달라고 요청하면서 각종 공공단체에도 5천 원을 기부
했다.[41]

1932년 10월에 원산부는 원산수력전기회사가 기부한 사이렌을
원산경찰서 구내에 설치했다. 동 회사는 5천 원을 들여 소방용 수
관자동차(水管自動車)와 대형 사이렌을 주문했다. 수관자동차도 기부
물품이었을 것이다. 10월 28일에 경찰서 소방 망루에 대형 사이렌
을 설치하는 공사를 마친 후, 이날 정오에 시험 가동을 하자 갈마반
도 쪽까지 소리가 들렸다고 한다. 원산부는 친숙한 오포를 폐지하
고 11월 1일부터 시보 사이렌을 정식으로 가동시켰다. 이로써 화재
나 기타 비상시에도 사이렌을 울려 부민에게 위험을 알릴 수 있었
고, 연간 6백 원의 경비도 줄일 수 있었다.[42]

전시 체제하에서 1939년 9월에 원산에서는 방공훈련이 6일 동
안 계속된다. 원산 시가지가 남북으로 가늘고 길게 뻗쳐 있어서 북
부에서는 충혼비의 사이렌을 울리고 남부에서는 남산의 사이렌을
울렸다고 한다. 그런데 1939년 당시에 원산부는 북부의 충혼비 사
이렌만 울려 정오 시보를 하고 있었으므로 남부 끝자락에는 소리가
들리지 않을 때도 있었다. 따라서 9월 8일에 방공훈련이 끝나자, 앞
으로는 남부와 북부 두 곳의 사이렌을 모두 울려 정오 시보를 해 달
라는 남부 주민의 요청이 많았다고 한다.[43] 그렇다면 1939년경에는
원산부 북서부 장덕산(長德山)에 있는 충혼비에 사이렌이 설치되어
있었던 것으로 보인다. 이 충혼비는 청일전쟁과 러일전쟁의 전사자
를 기리기 위해 원산 재향군인분회가 원산 시내를 한눈에 조망할

수 있고 측후소도 있는 장덕산에 세
운 것이다. 충혼비 제막식은 1930년
11월 8일에 거행되었다.[44]

1932년 2월에도 함흥부에는 오포가
아직 설치되어 있지 않아서 부민들은
일요일을 제외하고 울리는 도립병원의
기적 소리를 듣고 시간을 짐작할 따름
이었다. 따라서 북조선 제일의 도시라
고 자부하던 함흥의 부청, 경찰서, 우
편국이 연합하여 1932년에 '오보(午報)
사이렌' 설치를 추진하고 있었다. 문
제는 매월 첫 번째와 세 번째 일요일

원산 장덕산 충혼비[45]

에는 주간 동력을 위한 송전이 이루어지지 않는다는 점이었다. 즉
전기가 공급되지 않는 날에 어떻게 우편국에서 사이렌이 설치된 경
찰서로 정확한 시간을 알릴 수 있을 것인지가 관건이었다.[46] 이처럼
전기가 제대로 공급되지 않는 곳에는 정확한 시간도 공급될 수 없
었다. 이제 시간은 전기를 타고 흐르고 있었던 것이다.

마침내 함흥부는 전화선에 특별한 방법으로 선 하나를 추가하여
자동보시기(自動報時機) 형식으로 정확한 시간을 전달하는 방법을 사
용하기로 했다.[47] 이것은 인천측후소에서 받은 정오보(正午報)를 자
동중계기로 함흥경찰서에 전달한 후 소방용 사이렌을 울려 오보를
하는 방식이었다. 함흥부는 1932년 5월 25일에 도쿄의 닛폰전기(日
本電機)에 주문한 122호 D 계전기(繼電機)가 도착하자 즉시 중계통

보 설비에 착수하여 5월 27일에 공사를 완료했다. 그리고 6월 10일 '시의 기념일'부터 부민에게 사이렌으로 정확한 시간을 통보할 예정이었다.[48] 1933년 1월에는 함흥경찰서의 사이렌이 고장을 일으켜 1월 16일부터 1개월간 시보와 경보가 중지되기도 했다.[49]

1933년 11월에 청진부도 사이렌 설치를 계획한다.[50] 청진소방조, 국방의회, 청진경찰서가 사이렌 설치를 주도하여 3,520원의 기부금을 모았고, 애초에는 1933년 12월 중순까지 설치를 완료할 계획이었다.[51] 1934년 1월에는 20마력 사이렌이 도착하면 1월 중순에 고말산(高抹山)에 설치할 준비를 하고 있었다.[52] 원래 계획보다 늦은 3월 9일 정오에 고말산에 설치된 사이렌의 시명식(始鳴式)이 열렸다. 청진의 사이렌은 하루 두 번 아침 6시 반과 정오에 울릴 예정이었다. 그런데 이 사이렌은 덩치만 크고 소리는 너무 작다는 불평불만이 여기저기서 터져나왔다.[53] 이 사이렌은 오사카의 지요다제작소(千代田製作所)에서 설계한 것으로 최소한 사방 4킬로미터 이상 울려 퍼진다고 알려졌다. 그러나 "처녀 울음소리" 같은 빈약한 사이렌 소리는 전 시가지에 들리지도 않았고, 심지어 선박의 기적 소리에도 미치지 못했다고 한다.[54]

모던한 시간: 시보와 경보의 혼재

1928년에 경북 김천의 재향군인회는 천황 즉위 기념사업으로 시보기를 설치했다. 4년 후에 이 시보기는 김천읍에 기부되고, 1932년

4월 1일부터는 읍에서 시보기를 운용한다. 그러나 김천읍에는 아직 주간에 전기가 들어오지 않아 정오 시보를 할 수 없었다. 그래서 전력이 들어오는 아침 5시와 저녁 8시에 시보를 했고, 주간 전력이 개통되면 추후 정오 시보를 할 예정이었다.[55] 이처럼 밤에만 전등용 전기가 들어오고 낮에는 전기가 들어오지 않는 곳이 많아서 모터사이렌으로 정오 시보를 할 수 있는 지역은 제한적이었다.

1930년대가 되면 사이렌은 마치 각 지역의 필수품처럼 전국 각지에 보급되기 시작한다. 이리(裡里)에서는 에비스회(惠美壽會)라는 예술운동단체가 연예 공개 수익으로 모터사이렌을 구입하여 기부함으로써, 1930년 3월 6일부터 경종대에 사이렌을 설치하여 정오 시보를 시작했다.[56] 1930년 5월 24일부터 조치원소방조도 조치원경찰서 구내 망루에 모터사이렌을 설치하여 일반 시민에게 오보 신호를 전하기 시작했다. 오보 때는 모터사이렌을 1분간 울렸고, 소방조 연습 출장 때는 3분간 울렸으며, 화재 때는 고음과 저음을 연속으로 울렸다.[57]

1930년에 강원도 김화군에서는 '시의 기념일'인 6월 10일에 공회당 2층에 전령, 즉 사이렌을 설치했다. 이 전령은 토목건축 청부업을 하는 요네다 히로요시(米田廣吉)가 기증한 것으로 김화경찰서에서 매일 정오에 울리면 창도군과 철원군까지 들릴 정도였다.[58] 1931년 무렵 산간벽지인 경기도 용인에서는 주민들의 시간관념이 희박해서 집회 등을 개최할 때 불편이 많았다. 그래서 서장, 군수, 번영회장 등이 의논하여 사이렌 하나를 구입한 후 매일 오전 7시와 정오에 시보를 하여 시간관념의 함양에 노력하고 있었다.[59] 조선총독부가 식민지 조선의 각 지역을 정치적으로 섬세하게 관리하려면 무엇보다 시간의 통일이 필요했다. 그리고 오포보다 설치가 쉽고 비용이 적게 드는 사이렌은 공동체의 시간을 관리하는 데 매우 효율적인 기계 장치였다.

1931년 8월에 철원소방조는 1,500원을 들여 지상 60척 철골 망루와 5마력 모터사이렌을 설치하기로 했다. 사이렌이 도착하면 이미 준공한 철골 망루 정상에 설치할 예정이었고, 주변 약 6킬로미터까지 사이렌 음향이 도달할 것으로 기대되었다.[60] 이 모터사이렌도 시보와 경보 기능을 겸했을 것이다. 또한 1935년에 철원 의용소방조(義勇消防組)는 읍장의 기부를 받아 역전에 있는 경종을 사이렌으로 교체했다.[61] 춘천읍은 경찰서의 경종으로 읍내에 정오 시보를 하고 있었다. 그런데 1931년 8월경에 사사키 간사쿠(佐々木勘作)와 사토 쇼자부로(佐藤圧三郎)가 핸들이 달린 수동사이렌과 설치 비용을 기부했다. 이로써 춘천읍에도 사이렌 소리가 울려 퍼지게 되었다.[62]

1932년 1월경에 경북 경산의 십일회(十日會)는 경산 읍내에 사이렌을 설비하여 시각을 알릴 필요성을 느끼고 이를 추진했지만 비용을 감당할 수 없었다. 그런데 경산의 부호 안병길(安炳吉)이 종루와 2마력 사이렌의 설치를 위해 5백 원을 기부했다. 종루는 나카무라 철공소(中村鐵工所)에 의뢰하고 사이렌은 대구의 이와이상회(岩井商會)에 주문했다.[63] 일제강점기에는 전국 각지에서 관민(官民) 유지를 중심으로 친목을 도모하고 지역 발전을 위한 중요 사항을 협의하기 위해 십일회가 조직된다. 십일회는 일종의 관민 소통 기관이었고, 그 이름은 매월 10일에 회합을 가진 데서 유래했다. 비슷한 회합으로 이십일회(二十日會)가 있었다.

1932년 초에도 황해도 사리원에는 정확한 시간을 알려줄 수 있는 설비가 전혀 없었으므로 소방조와 지역 유지들은 읍의 재정으로 모터사이렌을 설치할 계획을 세웠다.[64] 1932년 5월까지도 경기도 평택에는 정확한 시간을 알릴 수 있는 설비가 없었다. 따라서 1932년에 평택에서는 평택소방조 창립 20주년을 맞아 면비(面費)와 유지의 기부로 최신식 사이렌을 설치했고, 6월 10일 '시의 기념일'부터 매일 정오에 시보를 했

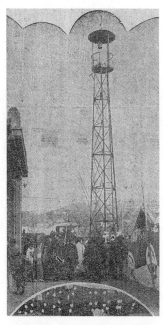

공주의 모터사이렌 (《경성일보》 1932년 4월 7일 자)

다.[65] 평북 영변경찰서도 1932년 6월 10일 '시의 기념일'에 "소 울음소리"를 내는 사이렌을 설치하고 시보를 시작했다. 출근 30분 전에 시보를 해 주면 관청에 다니는 사람들이 매우 편리할 것이라는 말이 항간에 떠돌았다고 한다.[66]

1932년 4월에 충남 공주에서도 공비 840원을 들여 모터사이렌이 부착된 지상 42척의 철골 망루를 준공했다. 사이렌의 전기는 공주전기회사의 기부를 받았다. 《경성일보》는 이 망루를 '모터 경종대(警鐘臺)'라고 부르고 있다. 당시 가와카미(川上) 공주서장은 기존의 경종으로는 비상시에 정확한 경보를 하기 어렵다고 판단하여 모

터사이렌 망루 건설을 추진했다. 이처럼 이제 사이렌은 시보보다는 경보를 위해 설치되고 있었다. 가와카미는 이미 전임지인 강경에서 사이렌 망루를 건설한 경험이 있었으므로 공주 유지인 김갑순(金甲淳), 김윤환(金潤煥), 홍원표(洪元杓) 등의 기부를 받고 소방조와 지역 유지를 설득해 망루 건설을 추진했다. 1932년 4월 4일에는 오카자키(岡崎) 도지사를 비롯한 관민 유지 100여 명이 참석하여 망루 건설제(建設祭)를 거행하고 축하연을 벌였다.[67]

경남 밀양군에는 1933년에도 오포조차 없었기 때문에 라디오가 있는 곳에서만 정오에 시계를 맞출 수 있었다. 따라서 이시다(石田) 전 경찰부장의 주도로 1933년 8월 말에 밀양군에도 사이렌이 설치되었다. 사이렌 설치비는 기부금으로 충당했고, 경상비는 읍비(邑費)에서 매년 지출하기로 결정되었다.[68] 1933년에도 라디오 보급률은 매우 낮았기 때문에 라디오로 시계를 맞추기는 쉽지 않았을 것이다. 경북 영천읍에서는 1933년 4월에 면협의회에서 사이렌 설치를 결의하고 2백 원을 들여 오사카에 주문했다. 이로써 동년 6월 8일부터 영천 읍내를 중심으로 사방 약 4킬로미터까지 정확한 정오 시각을 알릴 수 있었다.[69]

1933년 3월경에 함북 성진의 요시미네(吉嶺) 읍장, 후쿠다(福田) 서장, 나쓰메(夏目) 소방조두(消防組頭)는 시보와 비상 경보를 위해 7.5마력 사이렌을 구입하여 성진경찰서나 군청의 고대(高臺)에 설치하기로 의견을 모았다. 그리고 공비 1천 원 가운데 5백 원은 읍비로, 나머지는 5백 원은 기부금으로 충당하기로 하고 읍회(邑會)에서 토의하기로 했다.[70] 마침내 1933년 7월 22일부터 성진군청 고

대에 설치된 사이렌이 울려 퍼졌다.[71]

1934년에 함북 나진에서는 만철공사(滿鐵工事) 청부인이었던 토건협회 지부 소속 24명이 약 1천2백 원을 갹출하여 나진 경찰관 주재소에 2마력 모터 사이렌을 기증했다. 먼저 가탑(假塔)을 설치하여 1934년 2월 26일부터 사이렌을 울렸고, 3월 10일경에 목철탑(木鐵塔)이 완성되면 드디어 나진에도 사이렌 표준시계가 정식으로 들어설 예정이었다. 그런데 나진

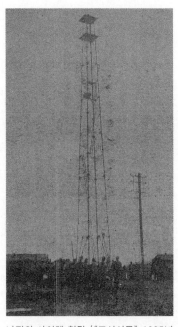

나진의 사이렌 철탑 (《조선신문》 1935년 6월 23일 자)

은 땅이 넓고 바람이 강해 소리가 잘 들리지 않았다고 한다.[72]

결국 1935년에 신학철(申學撤), 신태연(申太淵), 신은홍(申銀弘), 신철석(申鐵錫), 신경태(申京泰) 등 5명이 공비 2천수백 원을 요하는 높이 75척 사이렌 철탑을 기부했고, 동년 6월 19일에 관민 30여 명이 참석한 가운데 철탑 기증식이 거행되었다. 이 철탑은 유키전기(雄基電氣) 나진출장소가 나진경찰서 신청사 뒤에 세운 것으로 매일 정오에 1분간 사이렌을 울렸고 화재나 수해 등 비상시에도 울릴 예정이었다. 국제도시 나진의 중앙에 높은 산처럼 우뚝 솟은 철탑은 이채로운 근대 문명의 상징이었다.[73]

1934년에 울산 방어진 경찰관 주재소의 구로이와(黑岩) 경찰보(警察補)는 사람들에게 시간관념을 심어주기 위해 유지들의 찬동을 얻은 후 강음의 대형 사이렌을 구입하여 주재소 옥상에 설치했다. 그리고 동년 9월 1일부터 매일 오전 7시와 정오 12시에 시보를 했다.[74] 1934년 11월경에 화천경찰서장 하루야마 나오유키(春山直幸)는 모범부락으로 선정된 화천군 하남면 용암리에 50원 상당의 8인치 사이렌 1개를 기증했다.[75] 1936년 초에는 화천공립보통학교의 춘천 지역 졸업생들이 사이렌을 구입하여 학교에 기증했다. 이 사이렌은 오전 9시 시업(始業) 준비, 오전 10시 시업 개시, 오후 4시 종업(終業)에 맞추어 울렸다.[76]

이제 사이렌 소리는 방방곡곡에서 사람들의 정신을 서서히 '모던한' 시간 안에 가두고 있었다. 1934년 11월 27일 자《조선시보》는 이제 세상은 '사이렌 시대'가 되었다고 말하고 있다. 이 무렵 소학교에서도 종을 치지 않고 사이렌을 울려 시간을 알리기 시작했다. 그런데 학교의 사이렌 소리가 소방자동차의 사이렌 소리와 비슷해서 화재가 난 것으로 착각하는 일이 빈번했다고 한다. 부산에서는 경찰서가 나서서 학교의 사이렌 소리를 줄이도록 권고해야 한다는 목소리가 나오기 시작했다. 시보와 경보의 혼란이 빚어진 것이다. 사이렌의 낯선 기계음은 고작 10년 만에 일상 곳곳을 가득 채우고 있었다. 이제 일상 어디에서나 '시간 기계의 소리'가 울리고 있었다.[77]

함북 무산에서는 사이렌 신설을 위한 기부금을 모집하여 1934년 6월 10일 '시의 기념일'까지 사이렌을 설치할 예정이었다.[78] 사이토(齋藤) 목공소가 무산경찰서 구내에 설치한 사이렌대는 예정보다 늦

은 7월 7일에 준공되었고, 이날부터 무산에서도 사이렌이 울려 퍼지기 시작했다.[79]

1934년 5월에 함북 회령에서도 지역 유지의 기부를 받아 비상 사이렌을 설치하기 위해 노력하고 있었다.[80] 마침내 1935년 1월 22일부터 야마모토(山本) 전기공업소가 회령경찰서 구내에 높이 35척의 사이렌탑을 세우기 시작했고, 사방 2리, 즉 약 8킬로미터까지 울려 퍼질 수 있는 10마력 전기사이렌도 설치했다. 동년 2월 20일에 사이렌탑 준공식 겸 명초

무산의 사이렌대 (《조선신문》 1934년 7월 10일 자)

식(鳴初式)이 거행되었다.[81] 회령에서는 이 사이렌으로 매일 30초간 오보를 하고, 화재나 기타 비상시에는 방호단(防護團)의 경보를 준용하여 5초 간격을 두고 10초씩 사이렌을 계속 울릴 예정이었다.[82]

1932년부터 본격적으로 추진된 농촌진흥운동과 연계되어 사이렌은 농촌에 근대적인 시간 질서를 이식하는 역할을 담당하고 있었다. 1934년에 황해도 서흥의 다키자와(瀧澤) 서장은 소방조 및 지역 유지와 협의하여 농촌진흥과 자력갱생의 기념사업으로 시보와 경보를 위한 모터사이렌을 설치하기로 결의했다. 다키자와는 1933년 말에 서흥신사(瑞興神社) 앞에 국기게양탑을 세운 인물이었

다.[83] 1934년에 전주에서도 황태자 탄생 기념사업의 일환으로 모터 사이렌과 국기게양탑을 설치했다. 그리고 8월 1일에 김제신사(金堤神社) 경내에 관민 유지를 초청해 성대한 준공식과 게양식을 거행했다. 식이 끝나고 작은 연회를 열었으며 황국만세삼창을 한 후 해산했다.[84]

우리는 여기에서 사이렌과 국기게양탑의 기묘한 병치를 만나게 된다. 1931년 만주사변 이후에 사이렌은 모든 시계를 하나로 일치시키는 표준시계의 역할을 넘어, 모든 인민의 신체를 시간 속에서 일치시키는 국가 형성의 도구로 전환되고 있었다. 1932년 이후에는 매우 빠른 속도로 사이렌이 전국에 보급되기 시작했고, 동시에 1932년부터 전국 도처에 국기게양탑이 설치되기 시작했다. 고공을 찌르는 사이렌 철탑은 거대한 국기를 게양하는 국기게양탑의 역할을 하기도 했다.

1932년 7월 11일에는 조선신궁이 있는 남산의 정상 국사당(國師堂) 터에 준공한 높이 100척의 국기게양탑에 세로 18척 가로 27척의 대형 일장기(日章旗)를 매다는 국기게양식이 거행되었다. 안세이(安政) 원년, 즉 1854년 7월 11일에 일장기가 제정된 것을 기념해 이 날짜를 택한 것이다.[85] 이 국기게양탑은 대일본국기선양회(大日本國旗宣揚會) 조선본부장인 오쿠보 마사토시(大久保眞敏)가 약 1,500원을 출연해 건설한 것이었다. 해발 900척 높이에 건설된 이 철골 국기게양탑은 지상 70척 지점에 노대(露臺)가 설치되어 유사시 방공에 활용될 수도 있었다.[86]

1935년에 함남 호인(好仁)경찰서는 '1호 1기(一戶一旗)'의 국기게양 계획을 완수한 후, 자력갱생운동의 일환으로 9월 하순까지 관내 주요 지역 6개소에 사이렌을 설치할 예정이었다.[87] 경남 창원군에서는 1935년 1월 22일부터 종래의 불편한 오포를 폐지하고 모터사이렌을 사용하여 시보를 했다. 이 모터사이렌은 창원군 창원면 소계리에 사는 김기철(金基哲)이 소방 사업을 위해 창원면에 기증한 것이었다.[88]

남산 정상의 국기게양탑[89]

1935년 5월 말에 평남 순천(順川)의 오이카와(及川) 서장은 지역 유지의 기부를 받아 경성 아카바네(赤羽) 소방기구점에서 사이렌을 구입한 후 6월 10일 '시의 기념일'에 성대한 시명식을 개최했다. 이것은 이부키식(伊吹式) 쌍우형(双羽型) 5마력 사이렌이었다. 시보는 아침 6시와 정오에 했고, 스위치를 바꾸면 경찰관의 비상소집, 수재, 화재 등에도 사이렌을 사용할 수 있었다.[90] 1935년에 황해도 옹진읍(甕津邑)에서는 온천천(溫泉川) 개수 공사와 당현교(堂峴橋) 가설 공사를 맡은 재령(載寧)의 건축청부업체 기산조(岐山組)의 조장(組長) 기잔 나가사다(岐山長貞)가 7백 원 가량의 대형 전기사이렌과 부속 기구 일체를 기증하겠다고 신청했고, 6월 13일에 옹진경찰서가 수납을 결정했다. 사이렌 설치는 고리야마(郡山) 옹진경찰서장의 숙원 사업이었다.[91]

1935년 9월 20일경에 인구 5천여 명의 상업 지역인 평남 영유(永

柔)에도 시보기가 설치된다. 이 시보기는 평원군 사업가 김양기(金養起)의 4백 원과 김영기(金寧起)의 1백 원 등 지역 유지의 의연금을 모아 설치되었다.[92] 1935년 12월 초에 황해도 평산군 보산면 남천(南川)에서는 보산면장과 우에무라(上村) 소방조두 등의 노력으로 지역 유지의 기부를 받아 경찰서 구내 망루에 사이렌을 설치하고 시보를 시작했다.[93]

1934년에 대구부는 11만 부민의 시간 여행(勵行)과 시간 정신 작흥을 위해 정오 1회 울리던 사이렌을 아침과 저녁을 포함해 1일 3회 울리기로 결정한다. 이를 위해 경상비 2백 원을 계상했고 추가 전력도 대흥전기회사(大興電氣會社)에서 기부받았다.[94] 1일 3회 시보가 계속 이어지지는 않았다. 1935년 11월에도 대구부는 정오 1회만 울리던 시보 사이렌을 민심작흥과 근검주간 행사를 위해 일주일간 1일 3회, 즉 기상, 정오, 취침 시각에 울렸다. 이에 대한 반응이 좋아서 다소 경비가 늘더라도 시간관념과 규율생활을 고양하기 위해 평상일에도 시보 사이렌을 3회 울려 달라는 요청이 일었다고 한다.[95]

1935년에 전북 이리에서는 12월 1일부터 3월 31일까지는 오전 7시 반, 4~5월과 9~11월의 5개월간은 6시 반, 6~8월의 3개월간은 5시 반으로 아침 시보 사이렌 시각을 변경했다.[96] 단지 시간을 알리는 것이 아니라 사이렌 시보로 주민의 생활 리듬을 관리하는 방향으로 나아가고 있었던 것이다. 수원읍에서도 조기(早起) 장려를 위해 오전 6시에 사이렌을 울리고 있었는데, 1937년 4월 1일부터는 오전 5시 반에 사이렌을 울리기 시작했다.[97] 이처럼 사이렌의 용도는 정확한 시간을 알리는 시보를 넘어 시간으로 사람의 행위를 통제하고 관리하는 경보의 방향으로 점차 진화하고 있었다. 사이렌을 통해 시보와 경보가 서서히 뒤섞이고 있었던 것이다.

1936년 4월 19일에 전남의 영암소방조는 소방 망루에 2마력 사이렌을 설치하고 당일 저녁에 시험을 했다. 이 사이렌은 평상시에는 아침과 정오에 시보를 하고 비상시에는 경보를 하기 위한 것으로 사방 2리 반, 즉 약 9킬로미터까지 울려 퍼졌다. 사이렌 구입을 위해 소방조 일동은 출동 수당을 헌납했고, 연말에는 설날 장식인 마쓰카자리(松飾り)를 만들어 수익금을 모았다. 이것도 부족하자 소방조는 '오루 토키(オールトーキー)'라는 전발성영화(全發聲映畵)로 영화회를 개최하여 수익금을 보탰다.[98] 1936년 11월에 경남 통영읍에서는 읍사무소 옥상에 모터사이렌을 설치한 후 12월 1일부터 정오 시보와 비상 화재 경보를 시작했다. 통영 시가지가 서부로 확장되면서 경찰서 사이렌과는 별도로 또 다른 사이렌이 필요해진 것 같다.[99] 1936년 11월에 경기도 광주군 경안면(京安面)의 경안소방조도 전기사이렌을 설치하고 시보와 경보를 시작했다.[100]

1930년대 중반이 되면 사이렌의 유무가 마치 문명화와 근대화의 척도처럼 여겨지고 있는 듯하다. 충북 보은읍에서는 1936년 12월에도 아직 사이렌이 설치되지 않아 정확한 시간을 알 수 없었으므로 농촌진흥과 자력갱생운동을 위해 사이렌 설치가 시급하다는 여론이 일었다.[101] 그런데 경성의 구마히라상점(熊平商店)이 보은경찰서에 3마력 전기사이렌 1대를 기부했다. 1937년 6월 초에 보은경찰서는 전기회사와 교섭하여 구내 경종대에 사이렌을 설치하는 공사를 하고 있었다.[102] 보은경찰서는 6월 15일 정오부터 전기사이렌

으로 정오 시보와 경보를 시작했다.[103]

충북 옥천군 청산면(靑山面)에서는 청산주재소 나가타니(永谷) 주임의 노력에 의해 1937년 1월에 모터사이렌이 설치되었지만, 주간 전력 공급을 위한 전선이 가설되지 않아 사이렌을 가동할 수 없었다. 동년 5월에는 남선합동전기회사(南鮮合同電氣會社)가 전선 가설 공사를 하고 있었으므로 청산면에서도 사이렌이 곧 울릴 예정이었다.[104] 1937년 6월에 경기도 용인에서도 용인경찰서 망루에 전기사이렌을 설치하고 시보와 경보를 시작했다.[105] 1937년 7월에 충북 영동군에서는 읍내 중앙에 건설된 소방 종루대에 4마력 사이렌을 설치한 후 오보와 경보를 시작했다.[106]

일본의 종, 오포, 모터사이렌

시보 방식의 변천에서 일본 각 지역과 식민지 조선 사이에 큰 차이는 없었다. 후쿠이시(福井市)와 우지야마다시(宇治山田市)를 예로 들어 일본에서 시보 방식의 변화가 어떠했는지 간략히 살펴보자.

1941년에 발행된 《후쿠이시사(福井市史)》라는 책을 보면 1871년에 후쿠이시 하마초(浜町)에 소방용 망루를 겸한 대종루(大鐘樓)가 신축된 후 기요네초(米町)에 있던 종이 이곳으로 옮겨졌다.[107] 다시 1875년에는 시간을 알리는 북인 도키다이코(時太鼓)가 설치되었다. 1876년에는 큰불이 나서 종루가 소실되자 이 종을 아스와산(足羽山) 쪽으로 옮겼다. 그리고 도키다이코는 폐지하고 친토쿠지(鎭德寺)

라는 절에서도 시종(時鐘)을 쳤다. 1883년 5월에는 친토쿠지의 종을 세엔지(淸圓寺)라는 절로 옮겼다.

1911년 3월 말을 끝으로 아스와산 및 세엔지의 시종은 폐지되었고, 4월 1일부터는 게야초(毛矢町) 총포화약점의 타지마 가즈마(田島 一馬)에게 의뢰하여 후쿠이중학교 운동장 동쪽 모퉁이에서 매일 정오에 1회씩 오포를 발사했다. 그러나 오포의 불편으로 인해 1925년 4월 1일부터는 오포를 폐지했고, 후쿠이시청에서 전기시보기로 오전 5시 또는 6시, 정오 12시, 오후 10시에 1일 3회 시보를 하는 것으로 바뀐 후 1941년에 이르고 있었다.

우지야마다시(현 미에현 이세시)의 경우 1913년 9월에 제국재향군인회 우지야마다시 분회의 사업으로 정오 호포 발사를 결의했다. 그리고 동년 10월에 오사카 포병 공창(工廠)에서 군용 4근야포(四斤野砲) 1문을 불하받은 후, 10월 31일에 묘켄산(妙見山) 고겐지(高源寺)에서 발포식을 거행했다. 1918년에는 시의 보조금이 끊겨 오포 발사를 중지할 수밖에 없게 되자 지역 유지가 만든 신도오포회(神都午砲會)가 이 사업을 승계했다. 1919년 3월에 시의 보조금이 부활했고, 1921년 3월에 시의 사업으로 결정된 후 4월 1일부터는 시에서 오포 발사를 실시했다. 1926년 8월에 시청 부지에 전기시보기를 설치하여 아침 6시, 정오, 저녁 6시에 시보를 할 수 있게 되자 정오 호포는 폐지되었다.[108]

도쿄에서는 1929년 3월까지 궁성에서 오포를 발사했지만 4월 1일부터는 모터사이렌을 사용하여 시보를 하기로 결정되었다. 그리하여 혼죠(本所), 고이시카와(小石川), 아자부(麻布)의 3개소에 사이렌

도쿄의 전기사이렌 (《부산일보》 1929년 4월 27일 자)

탑을 건설했다. 이 사이렌은 육군 기술본부에서 연구를 거듭한 것으로 전시에 적의 공군이 공격할 때 시민에게 경보를 하는 기능도 갖추고 있었다. 3대의 사이렌 가운데 하나는 주위 70마일까지 음향을 전달할 수 있는 강력한 것이었다. 그리고 3대의 사이렌은 서로 연결되어 있어서 정오 12시가 되면 일제히 울릴 수 있었다.[109] 이처럼 도쿄는 경성보다 훨씬 늦게 전기시보기를 채택했다. 도쿄의 전기사이렌은 예정보다 한 달 늦춰진 1929년 5월 1일부터 가동되었다.[110]

철탑과 망루의 시대
높이의 식민화

4

망루, 시간의 높이

일제강점기 초기에는 교번소(交番
所), 역전, 소방조, 항구 등에 신호를
위한 경종과 화재 감시를 위한 목조
망루가 많이 설치된다. 1920년대 중
반부터는 전국적으로 목조 경종대
가 철골 경종대로 바뀌었고, 1930년
을 전후하여 철골 경종대에 설치된
경종이 서서히 사이렌으로 교체되기
시작했다. 이미 1923년에 부산 용두
산에는 높은 철골 망루가 세워져 있
었다.
　1924년 2월 무렵 용산 원정(元町)

부산 용두산 망루 (《조선시보》
1923년 10월 3일 자)

남산정 소방힐소의 45척
목조 망루 (《경성일보》
1926년 10월 30일 자)

황금정 2정목의 70척 철골
망루 (《경성일보》 1925년
11월 20일 자)

삼각지 망루[1]

3정목의 도로변에 설치된 목조 소방 망루는 작은 바람에도 흔들릴
정도로 부패가 심한 상태였다고 한다.[2] 1926년에 남산정(南山町) 소
방힐소의 45척 목조 망루는 언제 무너질지 모를 정도로 부식이 심
각한 상태였고, 10월 29일부터는 망루에서 파수 보는 일도 중지되
었다. 경종이 매달린 이 망루는 1911년에 건설된 것이었다.[3]

　1925년 11월 21일에는 경성부 황금정 2정목에 경성에서 가장 높
은 70척 철골 망루가 주민들의 손에 의해 준공되어 낙성식이 열렸
다.[4] 경성 시내에 화재가 빈발하자 인가가 조밀한 이 지역의 주민들
이 자발적으로 망루를 건설한 것이었다.

1929년 7월 6일에 경성소방서는 삼각지 소방수 파출소 뒤에 철골 망루를 준공하고 낙성식을 거행했다. 총공비 4,300여 원이 들어간 삼각지 망루는 지상에서 파수대까지 31미터이고 전장은 33.4미터(약 110척)였다. 남산소방서 망루보다 2배나 높은 이 망루에서는 신용산과 구용산, 도화동, 이태원, 봉래정, 서대문형무소 부근 고시정(古市町), 동막리(東幕里), 노량진, 영락정(永樂町), 여의도까지 볼 수 있었다.[5]

경성소방서 서대문파출소 망루(《매일신보》 1938년 11월 10일 자)

철골 망루만 건축된 것은 아니다. 1938년 11월 중순에는 서대문경찰서 옆에 높이 30미터(약 100척)의 경성소방서 서대문파출소 망루가 준공되었다. 이 망루는 총공비 2만 3천5백 원이 들어간 건평 213제곱미터 철근 콘크리트 건축물로 경성 시내의 3분의 2를 내려다볼 수 있었다. 또한 서부 경성방호단 출장소의 경보기, 즉 사이렌을 이 망루에 설치할 예정이었다.[6] 1939년 12월경에 평양소방서는 만수대(萬壽臺)에 들어서는 새로운 도청 청사 옥상에 평양에서 가장 높은 해발 130여 척의 소방 망루를 설치했다. 이 망루의 실제 높이는 청사 부지 지면에서 약 50척이었다.[7]

1939년 9월경에 개성부 대화정(大和町)의 구 양성일용품시장(兩城日用品市場) 자리에 약 100척의 망루가 있는 개성 소방힐소가 준공

개성 소방힐소의 망루 (《경성일보》
1939년 9월 21일 자)

되었다. 총공비 4만 4천 원이 들어간 이 건물은 전면이 타일로 장식되었으며, 이제 곧 결성될 경방단(警防團) 본부로 사용될 예정이었다.[8]

미나미 지로(南次郎) 조선총독은 1939년 7월 3일에 〈경방단규칙〉을 공포하고 10월 1일부터 시행했다. 이 규칙에는 "경방단은 방공, 수화(水火) 소방, 기타 경방에 종사한다."라고 명시되어 있다.[9] 당시 부읍면(府邑面)에 경방단이 신설되면서 이전의 〈소방조 규칙〉과 〈수방단(水防團) 규칙〉은 자연스럽게 폐지되었다. 1939년 9월에 전국에 2,438개의 경방단, 19만 9667명의 경방단원이 있었다. 경방단원은 검은 모자를 쓰고 카키색 제복을 입고 다녔다.[10]

경종 소리와 신체의 통일

1924년 2월경에 경남 울산소방조는 8백 원을 모금한 후 기존의 목조 경종대를 높이 42척의 철조 경종대로 교체하여 울산경찰서 앞에 세웠다.[11] 울산경찰서의 경종은 1915년에 오니시 요시타로(大西芳太郎)의 아버지가 기증한 것이었다. 1928년에 이 종이 파손되자 오니시 요시타로가 오사카에서 고가의 종을 구입하여 기증했고, 다시 8월에 새 종을 달 수 있었다.[12]

전북 전주소방조도 1924년 8월 15일에 소방조 창고에서 지사, 군수, 경찰서장, 신문기자 등이 참석한 가운데 1천5백 원을 들인 경종대의 준공식을 거행했다.[13] 전북 금산군 제원면에서는 제원리 농촌진흥회와 양풍회(良風會)가 주도하여 천장절축일(天長節祝日)인 1924년 10월 31일에 42척의 높은 사다리를 경찰관 주재소 구내에 설치하고 여기에 49근의 경종을 매달았다. 향후 주재소장이 매일 오전 6시와 정오 12시에 사방 1리, 즉 약 4킬로미터까지 울려 퍼지는 시종(時鍾)을 울려 시간을 알리고, 수재나 화재 시에도 경보를 할 예정이었다.[14] 양풍회는 허례 폐지와 소비 절약을 목적으로 전국 각지에서 창립된 단체였다.

1925년 무렵 함남 함흥경찰서 구내에 건립되어 있던 함흥소방조의 경종대는 철골 54척의 고탑으로 북조선 최고 높이였지만, 거기에 매달린 경종은 소형이어서 소리가 멀리까지 울려 퍼지지 않았다. 따라서 동년 6월경에 평양에서 대형 경종을 구입했다.[15] 그런데 1928년부터 함흥이 급격히 발전하면서 함흥경찰서의 경종으로는 화재 시와 비상시에 소리를 철저히 전달할 수 없었다. 결국 1929년 2월경에 함흥에서는 유후(油布) 서장의 주도로 미래를 위해 약 1,500원의 최신식 대형 모터사이렌을 설치하기로 결정했다.[16]

1926년에 대구에서는 화재 시에 경종을 울렸지만 음향 품질이 조

옥천경찰서 망루17

악했다. 따라서 대구소방조는 우수한 경종 2개를 구입한 후, 하나는 대구경찰서 구내 망루에 설치하고, 다른 하나는 역전 파출소 망루를 철골로 개축한 후 설치하기로 했다.[18] 시보만을 할 수 있는 오포로는 경종의 역할을 대신할 수 없었던 것이다.

1927년 12월 초부터 충북 옥천소방조가 옥천경찰서 뜰에 건설 중이던 높이 40여 척의 경종대는 12월 20일에 완공되었고, 1928년 1월에 낙성식을 거행할 예정이었다.[19] 경남 삼천포소방조는 1927년 4월 16일에 철근 경종대 낙성식을 거행했다. 이 경종대는 높이 30척으로 공비 400원이 들어갔으며, 사천의 야마모토(山本) 철공소가 주재소 구내에 건설했다.[20]

제주도에서는 쇼와(昭和)천황 즉위 기념으로 공비 1천여 원을 들여 경찰서 경종대를 개축한 후 1928년 10월 27일에 낙성식을 거행했다.[21] 강원도 삼척경찰서도 1928년 12월경에 쇼와천황 즉위 기념으로 금속제 경종대를 주문하여 경찰서 앞에 세웠다.[22] 황해도 황주(黃州)에서도 1927년부터 총 820원을 모금하여 1928년에 쇼와천황 즉위 기념으로 철골 경종대 2기를 건설했다. 구보키 지로(窪喜次郎)가 공사를 맡아 1928년 10월 21일에 경종대를 준공했고, 10월 22일에는 평양부에서 초빙한 신관(神官)이 참석한 가운데 낙성식이 거행되었다. 네 개의 기둥이 있는 높이 36척의 철골 경종대 하나는 황주경찰서 구내에 건설되었고, 세 개의 기둥이 있는 같은 높이의 다른 철골 경종대는 황주군 황주면 예동리의 기구치장(器具置場)에 건설되었다.[23] 기구치장은 소방기구를 보관해 두는 곳이다.

1929년 5월에 전남 광주에서는 광주경찰서에 있는 경종대를 면비로 개축하기로 결정했다. 기존의 목조 경종대를 철조로 개축하는 작업이었을 것이다. 부산에서 전문기술원이 와서 상부에 파수대가 있는 77척의 철근 경종대를 건설하는 공사를 5월 10일부터 시작했다.[24] 1929년 6월 7일에 철조 경종대가 준공되자 광주소방조는 6월 9일에 낙성식을 거행했다. 이때 불제(祓除)의 의미로 신사(神社)의 신직(神職)을 초빙하여 수불식(修祓式)을 거행했고, 경종대 위에서 떡을 던지는 모치마키를 하며 축하연도 베풀었다.[25]

1929년에 경북 포항의 장기(長鬐)소방조는 수방과 화재 진압을 위해 약 300원을 들여 양포(良浦)에 경종대를 설치하기로 했고, 동년 4월까지 약 1,200원의 기부금을 모았다. 장기소방조는 경종대뿐만 아니라 소방용 의복 등도 구입할 예정이었다.[26] 1929년에 강원도 양양군 현남면 인구리(仁邱里) 보안조합(保安組合)은 화재와 수재에 대비하는 구호와 경계의 시설로 경종을 구입하기로 결정했다. 남애리(南涯里)와 동산리(銅山里) 어민들과 지역 유지들은 갹출을 통해 경종을 구입한 후, 동년 5월 10일에 인구 경찰관 주재소 구내 경종대에 설치했다. 경종대에는 다섯 종류의 기상신호기(氣象信號旗)를 게양했고, 낮 12시에는 경종을 12번 타종하여 주민들에게 시간을 알렸다.[27]

1930년 10월경에 천안에서는 소방조두인 데라오 지사부로(寺尾治三郎)와 부조두인 가와무라 야스이치(河村保一)가 소방협회지부 발회식을 계기로 수백 원을 들여 사이렌이 설치된 약 50척의 철골 경종대를 기부했다. 또한 고우마의원(合馬醫院)의 고우마 히사히로(合馬久博)는 경종대 설치 장소를 기부했다.[28] 이 제1경종대는 천안 1정목에 설치되었다. 1932년에도 가와무라 야스이치는 3백 원 가량의 경종대를 기부했다. 이번에는 소학교 교문 옆에 제2경종대를 건설할 예정이었고, 동년 5월 7일에 땅의 수호신에게 제사하는 지진제(地鎭祭)를 거행했다.[29] 제2경종대는 보영정(寶永町)에 건설되었고, 독지가가 5마력 사이렌을 기증하고 천안전기회사가 무상 설치를 함으로써 7월 중순에는 경종대 준공식이 거행될 예정이었다.[30]

1930년에 전남 나주소방조는 높이 60척의 경종대를 준공했고, 7월 1일에 거행된 낙성식에서는 신관의 수불식이 있었다. 식후에는 경종대 위에서 모치마키를 했고, 자동차를 타고 시내를 돌며 모치마키를 하기도 했다.[31] 이 무렵 나주 영산포의 소방 경종대도 완성되어 1930년 9월 28일에 낙성식이 거행되었다.[32] 양양경찰서 구내에 있던 목조 경종대가 썩어 위험해지자, 양양소방조는 경성에서 철제 조립식 경종대를 구입하여 1930년 9월 20일에 경찰서 구내에 설치했다.[33] 동년 10월 21일에 경종대 낙성식이 거행되었고 식후에는 모치마키가 있었다.[34] 1930년 9월경에 황해도 평산군 한포(汗浦) 주재소에도 오이시 고토(大石小頭)의 기부로 공비 80원을 들인 35척의 철주(鐵柱) 경종대가 건설되었다.[35]

1930년에 강릉경찰서 앞 목조 경종대가 이미 썩고 있어서 새로운 경종대 신설이 시급했다. 때마침 강릉 부호 최순승(崔淳昇)이 건설비 6백 원을 기부했고, 강릉에 사는 사다이케(定池)가 청부를 맡아 6월경에 높이 60척의 최신식 철근 경종대를 완공했다.[36] 7월 1일에 경종대 낙성식이 거행되었고 경종대 위에서 모치마키를 했다.[37] 1931년에 경기도 평택경찰서 구내의 목제 경종대는 썩어 위험한 상태였다. 소방조 부조두인 오쿠무라 마사지로(奧村政次郎)가 200여 원을 기부했고, 7월에는 전망대가 달린 높이 40척의 철골 경종대가 완공을 앞두고 있었다.[38] 철원소방조도 1931년 8월경에 1,500원을 들여 지상 60척의 철골 망루를 세웠고, 여기에 5마력 모터사이렌을 장착할 예정이었다.[39]

1932년에 황해도 서흥에서는 기부금을 모집하여 경종대 2기를 구입한 후 하나는 경찰서 앞에, 다른 하나는 보통학교 앞에 설치할 예정이었다.[40] 동년 5월 28일에 서흥 그라운드(운동장)에서 경종대 낙성식이 거행되었다.[41] 1932년 6월 1일에 소방후원회 기부금 300여 원으로 구 마산 소방힐소 옥상에 경보용 전기사이렌이 설치되었다. 화재 시 경종을 3회 울린 것처럼 사이렌도 3번 울릴 예정이었고, 사이렌 고장을 대비해 경종을 없애지는 않았다.[42] 1932년에 대전군 동면 주재소는 각종 집회와 일상생활을 위한 시간관념을 진작한다는 취지에서 면사무소, 학교, 지방 유지의 찬조를 받아 풍령식(風鈴式) 경종을 설치했고, 6월 21일부터 정오 시보를 할 예정이었다.[43]

1932년에 강원도 이천(伊川)소방조는 이치마루(一丸) 서장과 사사키(佐々木) 보안주임의 노력으로 지방 주민의 원조를 받아 경찰

강원도 이천경찰서의 사이렌 경종대[44]

서 구내에 사이렌이 부착된 경종대를 건설했고, 6월 19일에는 준공식을 거행했다. 이천 소방조는 비상시뿐만 아니라 오전 출동 시간 30분 전, 정오 12시, 오후 4시에도 사이렌을 울려 시보까지 할 예정이었다.[45]

1933년 3월경에 충남 서산군 안면면(安眠面)의 농촌진흥연구회는 농촌에 시간관념을 도입하기 위해 11개 이(里)마다 중앙 지대에 경종을 설치하여 조기(早起)를 장려하고, 농사의 휴식과 식사 시간 등을 일정하게 하기로 했다.[46] 서산군수 윤건용(尹建鏞)도 시간존중을 위해 각 이에 경종을 매다는 일을 장려했다. 당시에 모범부락으로 유명했던 안면면의 승언리(承彦里)와 중장리(中場里) 등은 이미 자력갱생을 위해 동리 중앙에 경종을 매단 후 매일 새벽, 정오, 저녁 세 차례 울려 기상, 작업, 취침의 시간을 분명히 하고 있었다.[47] 1932년에 시작된 농촌진흥운동과 함께 경종과 사이렌이 군면리 단위까지 보급되고 있었던 것이다. 농촌의 재편성을 위해서는 같은 시간 리듬으로 살아가는 집단을 형성하는 것이 가장 중요했다.

강원도 원주군 건등면 문막리에서는 경찰관 주재소에 종은 있었지만 경종탑이 불완전해 종을 칠 수 없었다. 이를 알고 1933년 12월경에 지역 유지 오고세 료헤이(生越良平)가 200여 원의 철제 경종대를 기증했다.[48] 민풍진흥과 생활개선을 위해 강원도 횡성군 우천면 경찰관 주재소는 면 당국과 함께 250여 원을 들여 주재소 뒷산에 11인치 사이렌이 장착된 지상 38척의 경종대 겸 국기게양탑을 건설했다. 이를 위해 횡성금융조합의 심홍섭(沈弘燮), 박대희(朴大熙), 이석구(李錫九), 김진철(金振徹), 박병주(朴炳周) 등이 의연금을 기부했다.[49]

1933년 11월 19일에는 함남 함주군 오로리(五老里) 경찰관 주재소 앞뜰에서 오로리소방조의 경종대 준공식이 국기게양식과 함께 거행되었다.[50] 함남 함주군 기곡면(岐谷面)에서는 1934년 1월경에 기곡면 경찰관 주재소 앞에 높이 25척의 경종대를 건설했다. 이 경종대는 도로 품평회에서 도지사로부터 받은 특별상여금 30원으로 건설된 것이었다.[51] 1935년 3월경에 함주군 서호진(西湖津)의 소방조두 오쿠야마 다다히토(奧山忠人)는 경찰관 주재소에 경종대와 국기게양탑을 설치하도록 500원을 기부했다.[52]

1924년에 경남 창녕군 영산면에 건설된 목조 경종대는 1933년에는 이미 썩어 더 이상 사용하기 힘들었다. 영산 경찰관 주재소장 구와키노(桑木野) 부장의 주도로 영산 소

경남 창녕군 영산면의 철골 경종대 (《부산일보》 1933년 5월 13일 자)

방조원이 1년간의 출동 수당을 갹출하여 1933년 5월경에 시장 한쪽 구석에 철골 경종대를 건설했다. 공비 400원을 들여 지하 6척 콘크리트 기초 위에 건설한 지상 45척의 철골 경종대에는 경보와 시보를 위한 수동사이렌이 장착되었다. 또한 이 경종대 위에는 27척의 국기게양대도 설치되었다. 야간에는 경종대 위에 설치한 백열전등을 켜서 시장을 통행하는 사람들에게 도움을 주었다고 한다.[53]

황해도 서흥군 신막(新幕)소방조는 1932년에 경종탑 건설을 계획한 후 모터사이렌과 국기게양대가 장착된 철골탑을 경성의 다카하시상점(高橋商店)을 통해 오사카에 주문했다.[54] 1933년 7월 25일에 신막소방조는 경종대 준공식을 거행했고 식후에는 모치마키가 있었다. 5마력 모터사이렌이 장착된 지상 47척의 경종대 위에 국기게양주(國旗揭揚柱)가 솟아 있었다.[55]

1930년대 초반이 되면 경종대가 국기게양대로 사용되는 것은 꽤 흔한 일이었다. 1933년에는 춘천전기주식회사가 창립 10주년을 맞아 지상 35미터의 철골 국기게양탑을 춘천읍에 기부했고, 4월 3일 진무천황제일(神武天皇祭日)에 국기게양식이 거행되었다. 국기게양탑은 경성의 다치바나(立花) 철공소가 청부하여 춘천읍사무소 뒷산에 설치했다.[56] 1937년 11월 7일에는 춘천 봉의산(鳳儀山)에 25미터 높이의 국기게양대가 준공되어 가로 30척 세로 20척의 대형 일장기가 게양되었다.[57]

1933년 5월 31일에는 함남 고원(高原)소방조가 새로 건설한 경종대와 창고의 낙성식이 거행되었다.[58] 1933년 11월 5일에 천안군 성환면(成歡面) 소방조는 5마력 사이렌이 설치된 경종대의 준공식을 거

황해도 서흥군 신막읍의 경종대
《조선신문》 1933년 7월 27일 자)

춘천의 35미터 국기게양탑[59]

행했다.[60] 1933년경에 함남 삼수군 강진면 신갈파리(新乫坡里)에 사는 강영모(姜英模)는 백수십 원의 사재를 들여 신갈파리에 수동사이렌을 기부했다. 또한 그는 농민의 시간관념을 일깨우고 생활을 개선하기 위해 놋쇠 범종 5개를 강진면 주요 부락에 기증하기도 했다.[61]

1934년에 함남 삼수군 금수면(襟水面) 성내(城內) 경찰관 주재소는 신촌리(新村里) 23가구를 경찰관 지도부락으로 선정하여 집중적으로 관리했다. 이곳에는 양반 가문이 많아 게으름이 충만하다는 것이 선정의 이유였다. 여기서도 부락민이 갹출한 후 경종대를 건설하여 시보를 함으로써 시간관념을 고취하고 있었다.[62] 1934년 1월에 경

공습경보 및 시보용 수동사이렌 광고63

북 달성군에서는 군수의 지도하에 농촌진흥과 민심작흥을 위해 면비로 경종을 구입했다. 특히 시간관념을 고취하기 위해 노동 시간을 정하여 타종에 따라 노동과 휴식을 할 수 있도록 했다.64

1934년 11월 13일에 강원도 김화보통학교 운동장에서 경종대 낙성식이 거행되었다. 김화경찰서 연무장 옥상에 건설된 원래의 경종대는 높이가 낮아 화재 경보가 잘 들리지 않았다. 따라서 조선소방협회 김화지부장인 가시와바라(柏原) 경찰서장의 노력에 의해 풍향지시기, 국기게양대, 사이렌, 전망대가 장착된 높이 50척의 철제 경종대를 김화경찰서 앞 우측에 건설했다.65 1934년 12월경에는 함남 안변경찰서 구내에 수동사이렌이 장착된 조립식 철골 사각 경종

대가 건설되었다. 이것은 높이가 36척이었고 국기게양탑을 더하면 56척에 달했다.[66]

1934년에 함남 정평군 정평면(定平面)과 신상면(新上面)에서는 기존의 목제 경종대가 썩어서 철골제 경종대 건설을 위해 4월부터 기부금을 모았다. 신상면은 2,240원을 모아 11월 4일에 준공식을 거행했고, 정평면은 785원을 모아 11월 17일에 준공식을 거행했다. 이 경종대에는 정오 시보를 위한 수동사이렌과 축제일을 알리기 위한 국기게양탑이 설치되어 있었다.[67]

1935년에 경기도 장단군(長湍郡)에서는 부패한 목조 소방 경종대를 신축해야 했다. 이때 지역 유지인 이희빈(李熙斌)이 시가 약 700원의 토지 900평과 가격 350원의 철제 경종대를 기부했고, 5월 10일에 높이 45척의 경종대가 준공되었다.[68] 1935년 5월경에 함남 북청군 장항리(獐項里)에서는 구장(區長) 강철구(姜喆求)와 지역 유지가 약 90원에 경종을 매입한 후 설치했다. 이 경종은 농촌진흥운동에 따라 시간을 엄수하여 일제히 취침하고 기상하기 위한 것이었다.[69]

1935년 5월 17일에 경기도 안양소방조의 경종대 낙성식이 거행되었다. 후쿠시마 하쓰이치(福島初市) 안양 주재소 수석, 혼다 사다고로(本田貞五郎) 안양역장, 고바야시 와타루(小林渡) 소방조두, 조한구(趙漢九) 면장, 기리타 모토쓰구(桐田元次) 조선직물 공장장 등이 자금 조달에 노력한 결과, 조선직물주식회사 250원, 경수(京水) 버스 80원, 철도국 80원, 경성전기 수원지점 30원, 쇼와(昭和) 트럭 30원 등 합계 1,080원의 기부금을 모았다. 결국 지상 51척 철근제

안양소방조의 경종대 (《조선신문》 1935년 5월 22일 자)

경종대와 소방기구 치장(置場)을 건설했고, 경종대는 안양의 명소가 되었다.[70]

평남 숙천군에서는 소방조와 경찰서의 노력으로 면민 유지 5명의 기부를 받아 1935년 5월 20일에 경찰서에 방공감시대 겸 경종탑을 건설했고, 5월 25일에 준공식을 거행했다. 방공감시대는 50미터의 철근 콘크리트 건조물이었고, 경종탑 위에는 1평 크기의 국기를 계속 매달아 '국기 사상'을 보급할 계획이었다. 1일 3회 오전 6시, 정오, 오후 10시에 시보를 했고 정각 30초 전부터 30초 동안 사이렌을 울렸다. 또한 등화관제, 소방수 소집, 화재와 수재 등의 재해 시에도 사이렌을 울릴 예정이었다.[71] 1935년 7월 15일에 함남 홍원군 주익면 내원리(來源里)에서 경종대 겸 국기게양대 준공식이 열렸다. 청년부장 김희석(金熙錫)이 과거의 적색 사상을 청산하고 갱생 운동의 모범을 보이기 위해 청년부 기금 70여 원을 들여 경종대를 건설한 것이었다.[72] 1936년에 강원도 평창군 도암면 유천리(楡川里)에 사는 이범유(李範裕)는 제2차 갱생부락인 동리에 경종 1대 구입 대금 50원을 기부했다.[73]

1936년 4월 29일 천장절(天長節)에 강원도 양양경찰서는 오후 1시 반부터 3시 반까지는 국기게양탑 준공식을 거행하고, 3시 반부터 5시까지는 경종대 준공식을 거행했다. 국기게양탑은 전체 길이 110척으로 동해안 일대에서 가장 높았다.[74] 경종대는 토성면 교암리 한치응(韓致膺), 도천면 속초리 고동환(高東煥), 토성면 천진(天津) 장홍준(張弘俊)이 각각 5백 원, 철도공사 청부자인 구스미조(楠見組)와 쓰다조(津田

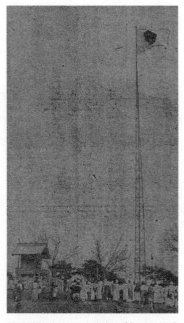

양양경찰서의 국기게양탑 (《조선신문》 1936년 5월 8일 자)

組)가 5백 원을 기부하여 구입한 것이었다.[75]

1936년 1월 14일에 전북 이리군 대장촌(大場村)소방조는 경종대 낙성식을 거행했다.[76] 1936년 11월에 강원도 홍천군 두촌면 자은리(自隱里)에 있는 두촌주조조합(斗村酒造組合)은 국기게양탑이 장착된 시가 약 300원의 지상 30척 철근 경종대를 기부했다. 두촌 경찰관 주재소 앞에 건설된 두촌소방조의 목조 경종대가 이미 부패한 상태였기 때문에 철제 경종대로 바꾼 것이다. 고바야시(小林) 광업회사가 경종대 건설 재료를 경성에서 두촌까지 무료로 운반하기로 했다.[77] 마침내 1937년 1월 16일에 두촌소방조는 국기게양대가 부착된 경종대의 낙성식을 거행했다. 앞으로는 사대절(四大節)과 축제일에 국기게양대에서 일장기가 나부낄 예정이었다.[78] 사대절은 1월 1일, 기원절(紀元節), 천장절(天長節), 메이지절(明治節)을 가리킨다.

1936년 5월 15일에 함남 영흥군 진평면 진흥리(鎭興里)소방조는 경종탑과 국기게양탑 낙성식을 거행했다.[79] 1936년 12월경에 충북 괴산군 연풍면의 지역 유지 8명은 각각 50원, 합계 400원을 갹출하여 300원으로 연풍 경찰관 주재소에 경종대를 건설했고, 나머지 100원은 소방기구 구입비에 충당했다.[80] 1937년 1월경에 인제군 북면 원통리(元通里)에 사는 최용순(崔龍順)은 그리 유복한 살림이 아님에도 불구하고 경종대 건설비로 소방조에 300원을 기부했다.[81] 1937년 3월 22일에 울산 방어진(方魚津)소방조는 숙원 사업인 철골제 경종대 건설을 결의했다.[82] 1934년에 조직된 충남 부여군 임천면 칠산리(七山里) 소방조합도 1937년 12월경에 경종대 건립 계획을 수립했다.[83]

1937년 이후에는 경종대 건설에 관한 신문기사가 별로 보이지 않는다. 강원도의 묵호(墨湖)와 발한(發翰)에는 1941년까지도 경종대가 없었지만, 주재소 수석 고토(後藤) 경부보(警部補)가 부임한 후 비상시국의 경방(警防) 시설 강화를 위해 경방기념일인 1941년 6월 26일에 경종대가 낙성되었다.[84]

그런데 모든 지역에 사이렌이 설치된 것은 아니었다. 특히 전기가 들어오지 않는 곳에서는 전기사이렌을 사용할 수 없었으므로 수동 사이렌이나 경종 같은 다른 대체 수단에 의지해야 했다. 1932년에 경기도 파주에서는 농촌진흥회의 주요 사업인 공동작업의 시종(始

終), 긴급 집회의 소집, 취침과 기상 등을 알릴 수 있는 신호종(信號鐘)을 설치하고자 했지만 13원이나 하는 신호종 비용을 댈 수가 없었다. 그런데 파주군 주내면의 유명근(柳命根) 유기제조공장이 파주군 360개 농촌진흥회와 인근 군 지역을 대상으로 실비 7원 50전에 직경 7촌 신호종을 제공하기로 결정함으로써 비로소 파주군 전 지역에 신호종이 설치될 수 있었다.[85]

1934년 8월 무렵 산간벽지인 함남 단천군 하다면(何多面) 가원리(加元里)에는 시계를 소유한 사람이 별로 없었고, 따라서 이곳 사람들은 시간관념도 거의 없었다고 한다. 따라서 농촌진흥회와 지방 유력자 등이 비용을 갹출하여 신호종을 구입한 후 하루 2회 오전 6시와 오후 10시에 타종함으로써 시간관념의 보급에 노력하고 있었다.[86] 1935년 2월경에 경기도 강화군 송해면 승뢰리에 사는 박동섭(朴東燮)은 농촌진흥운동을 위해 180원을 들여 신호 경종을 구입한 후 송해면 지역 18개 농촌진흥회에 기부했다.[87]

1940년에도 '제1차 갱생부락'이자 '공여부락(共勵部落)'인 강원도 고성군 오대면 송정리에는 신호종이 없었다. 그래서 4월경에 남기학(南基鶴), 정의윤(鄭義允), 남학선(南鶴善) 등 3인이 비용을 갹출하여 신호종을 주문했다.[88] 갱생부락과 공여부락은 농촌진흥운동을 위해 선정된 시험 부락이다. 1941년 6월에 강원도 영월군 남면 연당리(淵堂里)에서는 야스다 나오사카(安田直坂)가 시가 220원의 경종 1대를 기부했다. 이 경종은 시보보다는 궁성요배(宮城遙拜)와 정오묵도(正午默禱)의 시간을 부락민에게 알리기 위한 것이었다.[89]

1930년대에 들어서면 경종, 사이렌, 망루는 시보를 넘어 '사회

교화'를 달성하기 위한 좋은 도구로 진화하고 있었다. 또한 망루는 방공감시대와 국기게양대로도 사용되고 있었다. 전국 곳곳에 세워진 높은 철탑은 모든 공간에 빈틈없이 시간을 전파하기 위해 건축된 '모던'의 상징물이었다. 공간을 가득 메운 채 신체 밖을 떠돌던 시간이 이제는 철탑의 시야에 들어오는 모든 신체 안으로 침투하며 인간을 '시간화'하기 시작했다. 1930년대 이후로 사이렌 소리는 시계를 통일하기 위한 시보보다는 신체의 행동을 통일하기 위한 경보의 의미를 더 강하게 띠고 있었다. 이렇게 식민지의 근대적인 시간은 '시보의 시간'에서 '경보의 시간'으로 점점 타락하고 있었다. 시작, 끝, 중지 등을 알리는 사이렌 소리가 하루에도 수차례 모든 사람의 일상을 도막 내기 시작했다. 그리고 일상(日常)과 비상(非常)의 경계선은 점점 희미해지고 있었다.

일상과 비상
근대적인 시간의 정체

5

정신, 사람, 물건의 총동원

조선총독부 학무국은 시국 인식을 명확히 하고 각 학교 생도와 아동을 총동원할 수 있는 체계를 구축하기 위해 1937년 9월 6일부터 매월 6일을 애국일(愛國日)로 정했다. 애국일 의식은 국기게양, 국가 합창, 국민정신작흥에 관한 조서(詔書) 봉독, 시국에 관한 강화, 동방요배(東方遙拜) 순으로 진행되었고, 식후에는 신사참배(神社參拜)가 있었다. 또한 학생들은 여가 시간에 근로보국(勤勞報國) 활동도 해야 했다.[1]

1937년 10월에는 '황국신민의 서사(皇國臣民ノ誓詞)'가 제정되었다. 그리고 동년 11월부터는 관공서, 회사, 은행, 공장, 각종 단체, 정동리(町洞里) 부락을 단위로 하여 전면적으로 1일 또는 15일 등이 애국일로 정해졌다. 애국일에는 황거요배(皇居遙拜), 신궁참배, 국기게양, 황국신민의 서사 제창, 적절한 강화 등의 행사가 있었다. 내선일체(内鮮一體)를 위한 국민 행사의 틀이 어느 정도 갖추어진 것이다. 1938년 3월부터는 지원병 제도가 실시되고, 4월부터는 교학(教學)의 쇄신과 확충이 결정되면서 징병제와 의무교육의 전주곡이 시작되었다.[2] 또한 학무국에서는 매월 1일과 15일이 신사참배일이라는 점 등을 들어 1938년 11월 1일부터 각 학교의 애국일을 매월 1일로 변경했다.[3]

1932년부터 조선에서 추진된 농산어촌진흥운동(農山漁村振興運動)은 부유하고 건강한 개인 생활을 영위하는 것을 목표로 했으므로 전시(戰時)에는 적합하지 않은 것이었다. 그런데 1937년 7월 7일에 중일전쟁이 발발한 직후 일본은 준전시체제(準戰時體制)를 순전시체제(純戰時體制)로 전환하는 '국가총동원'을 실시하기 시작한다. 그리고 인(人)와 물(物)의 총동원을 위한 선행 작업으로 먼저 '정신의 총동원'을 실시한다. 1937년 8월 말에 일본에서는 거국일치(擧國一致), 진충보국(盡忠報國), 견인지구(堅忍持久)를 목표로 '국민정신총동원 실시요강'이 결정되었고, 10월에는 내각 외곽단체로 '국민정신총동원중앙연맹'이 결성되었다. 그리고 1938년에는 조선에서도 내선일체 강화를 위한 국민정신총동원 기구의 수립이 추진된다.[4]

1938년 6월 12일에 야나베 에이자부로(矢鍋永三郎), 마에다 노보루(前田昇), 니와 세이지로(丹羽清次郎), 임무수(林茂樹), 윤치호(尹致昊), 한상룡(韓相龍), 가다 나오지(賀田直治), 조병상(曺秉相), 박영철(朴榮喆), 최린(催麟) 등 10인이 총독부에 모여 '국민정신총동원조선연맹' 결성 준비위원이 되었고, 6월 14일에는 정식으로 총독부에서 발기인준비위원회를 개최했다. 이들은 조선연맹규약안을 작성하고

발기인을 인선하고 연맹사무소 설치를 결정했다.[5]

　1938년 6월 22일에는 경성부민관(京城府民館)에서 조선의 유력 단체 65개 및 일본과 조선의 유력자 57명이 발기인회를 열어 조선연맹 설립의 취지와 연맹규약안을 심의하여 결정하고, 오노 로쿠이치로(大野緑一郎) 정무총감을 명예총재로 추대했다. 또한 지방연맹 결성을 위해 지방 장관 및 지방 각 방면에 지방연맹 결성 후에 조선연맹에 가입하라는 의뢰장을 보냈다. 7월 1일에는 경성부민관에서 창립총회를 열어 발기인 이하 500여 명이 야나베 에이자부로를 좌장으로 추대하고, 취지와 연맹규약을 결정하고, 이사장으로 시오바라 도키사부로(鹽原時三郎) 학무국장을 추천했다.[6]

　중일전쟁 1주년인 1938년 7월 7일에는 장기전 체제하에서 총후(銃後) 진영을 공고히 한다는 명분으로 경성운동장에서 국민정신총동원조선연맹과 경성부연맹이 합동으로 발회식을 거행했다.[7] 조선연맹 산하에는 도연맹, 부연맹, 군도(群島)연맹, 읍면연맹, 정동리부락연맹뿐만 아니라, 관공서, 학교, 회사, 은행, 공장, 대상점 등의 소속 인원으로 구성된 각종연맹이 있었다. 그리고 정동리부락연맹과 각종연맹은 기저 조직으로 애국반(愛國班)을 조직했다. 정동리부락연맹은 10호(戶)를 단위로 애국반을 조직했고, 각종연맹은 적절하게 구분하여 애국반을 조직했다. 7월 7일에 강원도연맹이 가장 빨리 결성되었고, 9월 18일에 함경북도연맹이 가장 늦게 결성되었지만, 2개월여 만에 13도 연맹이 모두 조직되었다. 애국반은 동년 10월 말까지 28만 135개가 결성되었고, 반원(班員)의 수는 409만 6440명이었다.[8]

1938년 9월 22일에는 각도연맹 대표자와 연맹 가맹자가 모여 "황국정신의 현양, 내선일체의 완성, 생활 혁신, 전시경제정책에 대한 협력, 노동보국, 생업보국, 총후의 후원, 방공방첩, 실천망의 조직과 지도 철저"를 강령으로 선정하고, 실천 요목 21개조를 정했다. 특히 매일 황거(皇居)에 요배하는 궁성요배(宮城遙拜)에 중점을 두었고, 이때부터 애국일을 매월 1일로 통일하여 이날 집단적으로 국민의례와 황거요배를 하게 되었다. 1938년 12월 초에는 명예 총재직이 폐지되고 가와시마 요시유키(川島義之) 대장이 연맹총재로 취임했다. 1939년 2월에 애국반은 가맹을 강제하는 힘을 가진 국민 조직이 되었다. 동년 2월 말에 전국 지역연맹의 애국반은 31만 8924개, 반원 수는 425만 9755명이었다. 이러한 정신 총동원은 결국 내선일체를 목표로 하고 있었다. 국민정신총동원운동은 약칭하여 '정동(精動) 운동'이라 불렸다.[9]

'정동' 경성연맹은 애국일인 1939년 11월 1일부터 매월 1일에 애국반 상회(常會)를 열기로 결정했다.[10] 이날 75만 경성부민은 오전 7시에 사이렌이 울리면 집집마다 국기를 걸고, 지정 장소에 모여 국가합창, 국기게양, 궁성요배, 황군(皇軍)의 무운장구(武運長久) 기원, 전몰용사 영령을 향한 묵도를 하고, 전달 사항 보고가 끝나면 황국신민의 서사를 제송(齊誦)한 다음 국기를 내린 후 해산할 예정이었다. 각 가구의 대표자가 참여하는 이러한 애국반 상회는 약 30분 정도 진행되었다.[11]

1940년은 일본의 기원 2,600년이었고, 9월 27일에 독일, 이탈리아, 일본의 삼국동맹 조약이 체결되었다. 일본은 중일전쟁에서 승리하여 동아신질서를 확립하고, 팔굉일우(八紘一宇)의 신세계를 건설한다는 목표를 갖고 있었다. 또한 1940년에는 이미 조선인의 창씨개명(創氏改名)이 80%를 넘어서고 있었다.[12] 1940년 10월 7일에는 가와시마 요시유키 대장이 '정동' 총재를 사임하고 미나미 지로 조선총독이 그를 대신했다. 조선총독부는 1940년 10월 14일에 '조선국민조직신체제 요강'을 발표했고, 이로써 '정동'을 대체하는 '국민총력연맹(國民總力聯盟)'이라는 새로운 조직이 등장했다. 국민총력연맹은 약칭하여 '국총연맹'이라 불렸다. 10월 16일에 국민총력조선연맹 발회식이 있었고 총독부에 국민총력과가 신설되었으며, 10월 21일에는 각 도에 국민총력과가 설치되었다. 그리고 11월 1일에는 국민총력운동이 새 출발을 알렸다.[13]

국총연맹은 "국체(國體)의 본의에 기반하여 내선일체의 열매를 거두어 각자 그 직역(職域)에서 멸사봉공의 정성을 바치고, 협심육력(協心戮力)으로 국방국가 체제를 완성하여 동아신질서 건설에 매진하는 것"을 강령으로 삼았다. 국총연맹은 1932년부터 추진된 농산어촌진흥운동과 1938년부터 추진된 국민정신총동원운동 등 모든 운동의 통합을 추진했다. 정동연맹과 달리 국총연맹에서는 조선총독이 총재를 맡고 정무총감이 부총재를 맡았다.[14] 1940년 10월 23일에 경기도연맹이 결성되었고, 11월 중순까지 조선 전역에서 각도연맹이 결성될 예정이었다.[15]

1941년 4월 1일 애국일부터는 국민총력연맹과 조선방송협회가 협의하여 애국일 상회와 애국반 상회에서 라디오를 이용하기 시작했다. 1941년에는 매월 1일 아침의 애국일 상회와 매월 7일 오후

7시 반의 애국반 상회로 상회가 한 달에 2번 열린 것으로 보인다. 애국일 상회 때는 아침 7시 40분부터 '국민총력의 노래'와 '애국반의 노래'를 방송하고, 7시 45분에 개회사와 국기게양을 한 후 국가 합창 반주를 방송하고, 7시 50분에 궁성요배와 묵도의 호령이 있고 나서 7시 52분에 강화를 방송하기로 했다. 애국반 상회 때는 오후 7시 반에 '국민총력의 노래'와 '애국반의 노래'를 방송하고, 7~8분 정도의 강화가 있고 나서 오후 8시부터 총력운동에 관한 연예 방송을 하기로 했다. 또한 수시로 부인, 어린이, 가정에 관한 방송도 할 예정이었다. 라디오가 없는 곳은 부근에서 수신기를 얻어 왔고, 낮에 전기가 들어오지 않는 곳은 체신국의 특별 장치 덕분에 '낮 전기'를 공급받을 수 있었다.[16]

'국민정신총동원'이라는 이름은 지나치게 정치적이고 강제적이라는 인상을 주기 때문에 신체제 운동에서는 개인의 자발적인 봉사를 강조하는 '국민총력'이라는 이름을 채택했다고 한다. 그러나 '국민총력운동'은 정신뿐만 아니라 개인의 모든 것을 자발적으로 바칠 것을 요구한다는 점에서 전면적인 '국민 총력전'을 위한 준비 작업의 성격을 띠고 있었다.

일상의 시간과 비상의 시간

1937년 7월 7일에 중일전쟁이 발발한 후 사이렌의 용도는 사뭇 달라진다. 이제 사이렌은 일상의 시간이 아니라 전쟁의 시간을 위해 존재하는 것 같았다. 1937년 8월 15일 오전 5시 반에 향군(鄕軍) 진주분회는 향군의 사기를 고무하고 황군 장병을 격려하기 위해 사이렌 소리를 신호로 진주신사(晋州神社) 앞에 집합하여 황군의 무운장구를 기원했다. 그리고 임시총회를 열어 군인칙유(軍人勅諭)와 교육칙어(敎育勅語)를 봉독한 후 당국과 황군 장병에게 격려의 선언결의문을 전송했다.[17]

중일전쟁 발발 후에 방공 실시 구역에서는 사이렌과 기적 사용이 금지되었다가 1937년 9월 15일부터 사이렌 기능 점검 명목으로 매일 1회 정오에 30초간 울리는 시보가 재개되기도 했다.[18] 부산부도 방공음향관제 실시로 시보 사이렌을 정지시켰지만, 1937년 9월 14일부터는 기능 점검을 위해 다시 정오 오보를 시작했다.[19] 1937년 7월 26일에 부산부는 공습에 대비하기 위해 목도 이외에 부산진, 대신정(大新町), 송도(松島)에 경보용 사이렌을 증설하고, 방호단원(防護團員) 전용 방독 마스크 1천 개를 구입하기 위한 추가 예산을 계상하여 부협의회에 제출했다.[20] 결국 1937년 10월에 부산부는 총경비 2만 원을 들여 시보와 방공 시설을 겸하는 사이렌을 송도의 부산부 배수펌프 상부(上部), 대신정 그라운드, 부산진의 소서성지(小西城址), 즉 자성대(子城臺) 등 세 곳에 설치했고, 10월 5일 10시에서 정오 사이에 사이렌 장치를 시험했다.[21]

충북의 청주재향군인회는 1937년 7월 18일~20일에 애국부인회와 국방부인회 등 각 단체가 참여하는 방공극(防空劇)을 상연한 후 그 수익금을 방공 모터사이렌 구입비로 기증했다.[22] 비상시국을 맞아 '등화관제'를 하고 있던 전남 장흥에서는 1937년 9월 9일부터

'음향통제'를 시작하여 경찰서의 사이렌 소리와 시내 각 학교 등의 종소리를 일제히 금지시켰다. 그런데 정확한 시간을 알 수 없어 시민 불편이 가중되자 9월 15일부터는 종전대로 정오 시보를 실시했다.[23] 1937년 12월 9일에 진주읍에서는 850원을 들여 경성의 구마모토상회(熊本商會)에 주문한 5마력 모터사이렌을 진주경찰서 앞 철탑에 설치했다.[24] 1938년 10월 3일에 함북 나남(羅南)에서는 나남읍사무소 구내에 설치한 방공용 사이렌을 시험 가동했다.[25]

부군면(府郡面)에 이르기까지 전국 방방곡곡에 사이렌이 범람하자 조선총독부는 방공경보용 사이렌을 통일하는 방안을 마련하여 1938년 2월 14일에 각 도지사에게 통첩했다. 먼저 방공경보용 사이렌은 경보 신호에 맞추어 울릴 수 있도록 반드시 급발급지(急發急止) 장치를 설치해야 했다. 소리의 장단을 마음대로 조절할 수 있는 사이렌을 설치해야 했던 것이다. 다음으로 같은 시내에 여러 대의 사이렌을 설치할 경우 반드시 원격 조정에 의해 동시에 일제히 울릴 수 있는 설비를 갖추어야 했다.[26] 애초에 사이렌은 시계를 통일하기 위해 등장했지만, 이제는 사이렌이 통일의 대상이 되는 역설적인 상황이 벌어지고 있는 것이다.

1938년 1월 1일 원단에는 오전 10시에 전국에서 울리는 사이렌 신호에 맞추어 각 개인이 일제히 동방요배를 해야 했다.[27] 1938년 2월 23일 아침에 중국 비행기가 타이베이를 공습했다는 정보를 입수한 후, 조선총독부는 2월 24일 오후 2시부터 방공을 위해 사이렌에 대한 음향관제를 실시했고, 경계경보에 따라 신속하게 등화관제를 할 수 있도록 조치했다.[28] 사이렌에 대한 음향관제는 3월 12일 오후 5시부터 해제되었다.[29] 당시에 등화관제와 음향관제는 주기적으로 반복되었다. 1938년 5월 31일 오전 11시 30분부터 실시된 음향관제는 6월 15일부터 해제되었다.[30] 음향관제가 실시되면 소방자동차 사이렌도 울릴 수 없었다고 한다.

1939년 1월 8일 자 《경성일보》는 프랑스가 세계전(世界戰)의 위기 속에서 파리 중앙부에 펠탑이 보이는 곳에 공습경보용으로 세계 최대의 30마력 모터사

프랑스 파리의 공습경보용 사이렌 (《경성일보》 1939년 1월 8일 자)

이렌을 설치했다고 전하고 있다.[31] 1939년 6월경에 경기도 장단역 (長湍驛) 앞에서 대창공업소(大昌工業所)를 운영하는 김흥성(金興成)은 180원을 들여 장단소학교에 사이렌을 기증했다.[32] 1939년 12월에 황해도 평산군 한포(汗浦)에서는 사토 데이이치(佐藤貞一) 경방단장이 약 500원을 들여 주재소에 사이렌을 기증했다.[33]

1940년 6월 10일 '시의 기념일'에 일본 천황은 이세신궁(伊勢神宮)을 참배한다. 이세신궁의 외궁(外宮) 참배는 오전 11시 12분, 내궁(內宮) 참배는 오후 1시 54분으로 예정되어 있었다. 이때 조선총독부는 사이렌과 종을 울려 전 국민이 일제히 자기가 있는 곳에서 이세신궁을 향해 요배를 하게 했다.[34] 같은 날 경기도 평택읍에서는

시간존중과 정시여행(定時勵行)을 통한 생활개선을 위해 집집마다 선전 비라를 배포하고 각 요소(要所)에 선전문을 게시했다. 그리고 이날 오전 6시 30분에는 일제히 궁성요배를 한 후 황군의 무운장구와 전몰장병의 영령을 위해 1분간 묵도를 했다. 또한 하루 세 번 오전 6시 30분, 정오, 오후 6시 30분에 사이렌을 울려 각 가정의 시계를 맞추게 했다.[35] 경성부는 1940년 10월 1일~5일에 방공훈련으로 사이렌을 중지시켰다. 그리고 10월 6일 이후 10월의 궁성요배 사이렌은 오전 7시 20분에 울리기로 했다.[36]

1940년 10월에 경기도 시흥군 서이면 안양리에 사는 박경선(朴敬善)은 서이면 경방단에 사이렌을 기증했다. 그리고 10월 4일에 관계자 및 군민 유력자가 참석한 가운데 안양신사(安養神社)에서 사이렌 수여식이 거행되었다.[37] 경기도 소사(素砂)에서는 중일전쟁이 발발하자 방공과 방화 등의 비상시에 사용하기 위해 사이렌을 설치했다. 1941년에는 정오 시보와 정오묵도(正午默禱)를 위해서도 사이렌을 울려 달라는 지역민의 요청이 있었다고 한다.[38] 애초에 방공경보를 위해 설치된 사이렌을 정오 시보와 정오묵도를 위해 사용한다는 점에서 시보와 경보가 혼재하는 새로운 차원의 시간 리듬이 등장하고 있음을 알 수 있다.

1941년 4월경에 함남 혜산(惠山)의 혜산서국민학교 제23회 졸업생 일동은 모교에 시가 2백 원 이상의 사이렌을 기증했다.[39] 이 사이렌은 시보보다는 올바른 황국신민(皇國臣民) 양성을 위한 '국민 만들기' 프로젝트에 사용되었을 것이다. 1941년까지도 양양경찰서 경종대에는 손으로 돌리는 수동식 사이렌이 설치되어 있었다. 1941년

5월경에는 조선운송(朝鮮運送) 양양영업소의 기부로 양양경찰서 경종대에 마침내 5마력 사이렌이 설치되었다. 이 사이렌의 주요 용도는 아침의 궁성요배와 정오묵도의 정확한 시간을 알리는 것이었다.[40] 1941년 7월까지 천안읍에서는 오전 6시 기상 사이렌만 울리고 있었지만, 8월 1일부터는 오전 7시에 한 번 더 사이렌을 울려 이에 맞추어 궁성요배를 하기로 했다.[41] 1941년 8월경에 춘천경찰서는 궁성요배와 정오묵도를 위해 모터사이렌을 하나 더 설치하는 공사를 했다.[42] 1942년 6월 16일 정오에는 표준시계의 고장으로 경성부의 정오 사이렌이 정각보다 3분 늦게 울리면서 정오묵도에 차질이 빚어지기도 했다.[43]

방공훈련은 적기의 내습을 주민에게 신속히 알려 피해를 최소화하기 위한 것이었다. 1941년 10월의 방공훈련 때 경성부는 시보 사이렌을 울리는 것이 혼동을 조장한다는 이유로 경종과 범종을 난타하고 확성기를 사용하여 경보를 하기로 했다. 사이렌 소리가 시보인지 경보인지 혼란을 주었기 때문에 방공훈련을 종과 확성기로만 했던 것이다.[44] 이것은 사이렌이 아직은 경보보다는 시보의 장치라는 인상을 준다. 그런데 1944년 7월이 되면 오전 7시 궁성요배와 정오묵도의 시간을 알리던 사이렌이 방공을 위해 중지된다. 신문기사는 사이렌이 울리지 않더라도 가정과 직장에서 요배와 묵도를 행할 것을 당부하고 있다.[45] 전시 상황에서 이제 사이렌이 시보를 중단하고 경보만을 전담하고 있는 것이다.

사실상 1940년이 되면 사이렌 소리에 맞추어 모든 시계를 통일하는 시보의 역할은 다소 부차적인 것으로 전락하고 있었다. 이제

조선인의 궁성요배[46]

중요한 일은 사이렌 소리에 맞추어 전 국민이 똑같은 시각에 똑같은 행위를 하는 것이었다. 사이렌은 모든 사람이 같은 시각에 일어나 궁성요배를 하고, 같은 시각에 고개를 숙여 정오묵도를 하게 하는 '행위의 방아쇠'였다. 궁성요배는 일본 천황의 거소인 궁성을 향해 최경례(最敬禮)를 하는 행위였고, 정오묵도는 황군의 무운장구를 기원하고 전몰장병의 영령에게 감사를 표하는 행위였다. 궁성요배와 정오묵도는 사이렌 시보가 정지시킨 시간의 틈에 기생하는 기묘한 식민지 국가의례였다.

시보는 일상의 시간을 만들지만 경보는 일상의 시간을 정지시키고 지운다. 그런데 식민지 국가의례에서는 시보와 경보가 혼재하고 있다. 궁성요배와 정오묵도는 잠시 모든 사람의 시간을 일시 정지시켜서 일상의 시간에 긴장감을 불어넣는다. 느슨한 일상의 시간이 식민지 리추얼(ritual)에 의해 매일 주기적으로 비상의 시간으로 재조직된 것이다. 우리는 이것을 '일상의 비상화(非常化)'라고 부를 수 있다. 이처럼 시보와 경보의 혼재를 통해 일상의 시간은 차츰 전쟁의 시간으로 변모하고 있었다.

당시에 사이렌 소리는 집, 직장, 길거리 등 어디에서나 일상의 시간을 순식간에 리추얼의 시간으로 전환시킬 수 있었다. 이때 시보는 사실상 경보였다. 시보는 일상의 시간을 통일하고 질서 있게 하지만, 경보는 일상의 시간을 언제든 비상의 시간으로 굴절시켰다. 1940년을 전후하여 사이렌은 아침과 정오의 시보를 담당할 뿐만 아니라 기상, 궁성요배, 정오묵도라는 전 국민적인 리추얼을 가능하게 하는 장치로 기능하고 있었다. 시보는 시간의 일치를 의도했지만, 경보는 행위의 일치를 강제했던 것이다. 이렇듯 시보와 경보의 결합을 통해 현재 우리가 체험하고 있는 근대적인 시간이 서서히 발아하고 있었다. 이제 시보는 경보를 위한 것이었고, 시간의 일치는 행위의 일치를 위한 것이었다.

사실상 처음부터 남대문소방서의 전기시보기는 일상적인 시보 외에도 국가적인 행사를 알리기 위한 용도로 사용되고 있었다. 1925년 10월 1일에 조선총독부는 인구조사라 할 수 있는 '국세조사(國勢調査)'를 처음으로 실시한다. 일반 가정에 대한 조사는 이미 그전부터 준비 조사를 하고 있었기 때문에, 10월 1일에는 조사원과 감독원이 오전 0시 한밤중에 출동하여 경관과 파출소의 협력을 얻어 주로 걸식자와 부랑인을 상대로 조사를 시작했다. 그런데 경성부는 '국세조사'를 한다는 것을 알리기 위해 9월 30일 오후 9시에 평소의 2배 음향으로 모터사이렌을 울리기로 결정했다.[47] 1940년 10월 1일의 '국세조사' 때는 9월 27일에 신고용지 적출(積出)을 마친 후에 2,600명의 조사원이 각 세대에 신고용지를 배부하며 기입 방법을 지도했다. 또한 경성부는 90만 부민에게 신고 당일을 환기시키기 위해 경성소방서의 협력을 얻어 9월 30일 오후 11시 58분부터 10월 1일 오전 0시까지 2분간 사이렌을 울릴 예정이었다.[48]

1925년 11월 26일에는 모터사이렌을 울려 일본 황실의 황손 탄생을 신속히 알리기 위해 경성부 시보기 담당 직원과 경성소방서원이 계속 대기하고 있었다.[49] 국민적 경사는 밤중에라도 시보기를 울려 30만 경성부민에게 알려야 한다는 것이 그 이유였다. 경성부는 모터사이렌을 약 10분간 울려 황손 탄생을 알릴 예정이었다.[50] 다이쇼(大正)천황의 장례식이 거행되는 1927년 2월 7일 밤 11시에 경성부는 훈련원 광장에서 일반 부민이 참여하는 요배식을 개최하기로 했다. 그리고 국가적인 슬픔의 시간을 알리기 위해 밤 11시 정각에 1분간 모터사이렌을 울리고, 사원과 교회의 범종과 공장과 회사의 기적도 일제히 울리고, 전차도 1분간 정차하기로 했다.[51]

모터사이렌은 항구의 기상 상황을 알리기 위해 사용되기도 했다. 1932년 초까지 평남 진남포항에서 34마일 떨어진 서도등대(西島燈臺)에서는 안개가 심할 때 신호용 대포인 무포(霧砲)를 발사하여 항해의 안전을 도모하고 있었다. 그러나 무포가 별로 효과가 없자, 1932년에는 공비 3만 원을 투여하여 무포에서 모터사이렌으로 무신호기(霧信號機)를 변경하기로 결정했다. 모터사이렌의 도달 거리는

8마일이었고, 진남포항의 1년 농무(濃霧) 시간은 6백 시간 내외였다고 한다.[52] 1938년까지도 강원도 장전(長箭)의 어업조합에서는 해상 기상 특보를 위해 수동사이렌을 사용하고 있었지만 신호가 철저하지 못했다. 따라서 장전어업조합은 1천 원을 들여 최신형 음향관이 장치된 3마력 모터사이렌을 구입한 후 1938년 9월 12일부터 사용하기 시작했다.[53]

작업장에서도 모터사이렌은 노동의 관리에 매우 효과적이었다. 1934년까지도 경북의 사방사업구(砂防事業區)에서는 휴식, 점심식사, 일의 시작, 철수 등을 알리기 위해 직원이 종을 흔들며 돌아다니고 있었다. 그런데 이를 불편하게 여긴 봉화군 봉성사업구(鳳城事業區) 직원 일동은 비용을 갹출하여 사이렌을 구입한 후 높은 나무 위에 설치하여 시보를 했다. 《경성일보》는 사이렌 소리가 인근 부락까지 울려 퍼져 인부, 농부, 처자에게 시간을 알림으로써 '자력갱생종(自力更生鐘)'의 역할을 하고 있다고 평가하고 있다.[54] 작업장을 비롯한 근대적인 삶의 전 영역이 '시간의 소리'를 필요로 하고 있었으므로 일상의 삶이 사이렌 소리로 가득 차는 것은 어쩌면 불가피한 일이었다.

마지막으로 교통의 발달로 정류소와 철도역 등에서는 전령, 즉 전기 벨이 필수품이 되었다. 1930년대에는 여객 자동차 운전자가 정시 발차 시각을 어기고 마음대로 차를 출발시키는 바람에 승객들이 차를 타지 못하는 일이 빈발했다. 따라서 충청북도 경찰부는 각 군청 소재지와 중요 지역의 여객 자동차 운수사업 영업소나 정류소에 1937년 8월 말까지 발차 신호용 전령을 설치하게 했다. 이것은 정확한 발차에 관한 시간관념을 심어 줌으로써 발차 전 혼잡을 피하고 발차 시각의 정확을 기하기 위한 것이었다. 전기 벨을 울려 발차 5분 전에 30초 동안 예보를 하고, 발차 시간이 되면 다시 30초 동안 자동차 출발을 알리도록 했다.[55]

明　說　新嘗祭　十一月

　　　大正天皇祭　十二月　二十五日

本民曆에 揭載한 時刻은 本邦

中央標準時를 用하고 日月出

入及日月食은 朝鮮總督府觀

測所에서 보이는 바를 揭함

月食　七月五日

食分　二分　七厘

初虧　午前　一時二十七分　左之間

食甚　午前　二時二十五分　左下之間

復圓　午前　三時二十四分　下偏左

시계 시간의 등장
모던 타임의 확산

1

회중시계, 완시계, 괘시계, 치시계

1882년 음력 4월 6일에 체결된 조미수호통상조약에 "사치품 등 즉 외국주(外國酒), 외국 연초, 시계류의 수입품에 대한 관세정률은 종가세(終價稅) 30퍼센트를 초과하지 않는다."라는 내용이 있는 것으로 볼 때, 시계는 개항기에 본격적으로 유통되기 시작했을 것이다.[1] 1894년 12월에 경성에서 영업을 하고 있는 일본인 시계사(時計師)는 3명이었고, 1895년 12월에는 5명으로 증가했다.[2] 19세기 말이 되면 일본에서 구입한 회중시계가 조선에 들어오는 일도 잦았다. 요시찰 인물의 동정에 대한 일본 측의 보고서에 따르면, 1897년 8월 14일에 마이코마루(舞子丸)라는 배를 타고 아카마가세키(赤間關), 즉 현 시모노세키 항구에 도착한 송헌빈(宋憲斌)과 심상로(沈相老)는 다음 날 시가지를 산보하다가 회중시계(懷中時計)와 양산(洋傘) 등을 구입한 후 오후 5시에 같은 배로 부산을 향해 떠났다.[3]

세이코샤의 에키세렌토(Excellent) 회중시계 (1899년)[4]

당시에 사치품인 회중시계는 일반인이 구입하기 힘든 물건이었을 것이다. 1897년 11월 16일 자 《독립신문》에는 외국 부인의 금시계, 사슬, 연필 등을 새문안 대궐 즉 경희궁에서 어떤 아이가 훔쳐 갔으며, 이것을 찾아주는 자에게는 상금 30원을 준다는 광고가 실려 있다.[5] 1898년 5월 28일에는 훈련원에서 관립 외국어학교의 대운동회가 열렸는데 상품으로 시계, 시계끈, 자명종 등을 주었다고 한다.[6]

1899년 9월 4일 자 《황성신문》에는 시계와 부속품 등을 염가로 판매하는 경성 장동(長洞) 화천상점(和泉商店)의 광고가 실려 있다.[7] 1902년 8월 9일 자 《황성신문》에는 종시계(鐘時計)와 부속품을 산처럼 쌓아 놓고 판매하며 시계 수리도 하고 있다는 이현(泥峴) 기지마다이라(木島平) 시계포(時計舖)의 광고가 실려 있다.[8] 1904년 무렵

세이코샤의 세이코(Seiko) 완시계 (1924년)[9]

《황성신문》에는 미국이나 스위스 등에서 만든 회중시계, 괘종시계(掛鐘時計), 좌종시계(坐鐘時計) 등을 판매한다는 광고가 보인다.[10]

1880년대에서 1920년대 중반까지 판매된 휴대용 시계는 주로 회중시계였다. 일본에서는 소매나 호주머니에 넣고 다니는 회중시계를 수시계(袖時計) 또는 몌시계(袂時計)라고 불렀고, 지갑 등 다른 물건에 매달아 쓴다고 해서 근부시계(根付時計)라고도 불렀다.[11]

19세기 말에 군사용으로 개발된 완시계(腕時計) 즉 손목시계는 제1차 세계대전 때 군용시계로 널리 보급되었다. 군용시계가 완시계의 기능과 디자인을 결정했고, 제1차 세계대전 이후에 완시계가 대중적으로 보급되기 시작했다. 일본 세이코샤(精工舍)의 경우 1913년에 일본 최초로 완시계를 발매했고, 1924년 이후에 비로소 양산을 시작했다.[12] 조선에서도 1924년부터 완시계 판매 광고가 신문 지상에 등장하기 시작했다.[13] 오포와 사이렌처럼 손목시계에도 전쟁의 냄새가 가득 배어 있었다. 완시계는 팔뚝에 감는 시계라는 의미에서 완권시계(腕卷時計) 또는 팔뚝시계라고 불리기도 했다.

한일병합 후 1910년 12월에 경성에 사는 가와시마 도시오(河島

敏雄) 외 8명은 시계점조합소(時計店組合所)를 설립하기 위해 규약을 제정하고 경찰서에 인허가 청원을 했다.[14] 1911년에는 경성의 시계상인이 연합하여 경성시계진흥회를 설치한 후 1911년 2월부터 11월까지 회원 가입을 한 사람에 한하여 10개월 할부로 할인 판매를 하기 시작했다. 그러나 여전히 시계는 일반 서민이 구매하기에는 너무 값비싼 사치품이었다.[15]

1914년 1월 25일에 부제(府制) 시행이 공포되고 4월 1일 자로 부제가 실시된다.[16] 이로 인

세이코샤의 오르골이 내장된 스리게루(スリゲル) 괘시계 (1929년): 정면 문짝과 측면 등에 유리창이 있는 장방형 나무 상자에 시계를 넣은 형태의 벽시계를 흔히 '스리게루 괘시계'라 불렀다.[17]

해 기존의 일본인 자치행정기구인 거류민단은 폐지되었다. 이즈음 부산거류민단 민회(民會)는 도쿄 미쓰코시오복점(三越吳服店)에 주문하여 현 의원 21명에게는 사슬이 달린 금시계를 증정했고, 구 의원에게는 금시계만 증정했다.[18] 1914년 1월 31일에 인천 산수정(山手町)에 사는 송준용(宋畯用)은 인천공립상업학교의 교사(教舍) 증축 낙성식 날에 괘시계(掛時計) 1개를 기념품으로 기부했다.[19] 당시에는 벽시계를 괘시계, 괘종시계, 주시계(柱時計) 등으로 불렀다. 1915년 7월 5일에 고금서화관(古今書畵舘) 주인인 김규진(金圭鎭)의 아우 김

태진(金台鎭)이 규슈 의과대학을 우등 성적으로 졸업하자 7월 26일에 최상급 시계가 상품으로 도착했다고 한다.[20] 이처럼 20세기 초에 시계는 기념품이나 상품으로 증정되는 경우가 많았다.

1916년 1월 1일부터 전국 측후소는 오전과 오후라는 표현을 쓰지 않고 "1월 14일 18시 5분 10초"의 형식으로 하루를 24시간으로 나누어 시간을 표시하기로 했다. 이로 인해 12시간 문자판이 있는 기존의 시계를 다 폐기하고 앞으로는 24시간 문자판이 있는 시계를 사용해야 하는 것 아니겠는가 하는 의견이 등장하기도 했다.[21] 이처럼 1910년대 중반에도 근대적인 시간과 시계는 여전히 사람들에게 익숙하지 않은 것이었다.

1916년 3월 24일에 열린 사립 휘문의숙(徽文義塾) 제7회 졸업식에서는 졸업생 35명 가운데 우등 성적으로 졸업한 임승옥(林承玉)이 은시계를 상품으로 받았다.[22] 1916년 4월경에 경북도청은 지방 면사무를 개선하고 선행을 장려하기 위해 면리원(面吏員)과 지방 독행자(篤行者)에게 상장과 함께 은시계와 은배(銀盃)를 수여했다.[23] 1916년 5월 8일에 경성상업회의소 2층에서 공공사업과 자선사업에 공로가 현저한 독행자에 대한 선장식(選奬式)이 열렸고, 경성부윤이 용산에 거주하는 민유식(閔裕植)과 사타케 겐타로(佐竹權太郎)에게 표창장과 은시계를 증정했다.[24]

1916년 6월 14일에는 부산의 관민 유지가 갹출하여 전 부산역장 호리이 기사쿠(堀井儀作)에게 170원에 달하는 금사슬이 달린 금시계를 증정했다.[25] 1916년 7월경에 황해도 봉산군 기천면 면장인 김원홍(金元弘)은 재직 중에 성실히 근무한 공로로 면민으로부터 금시계

1개를 증정받았다.[26] 1916년 12월 2일에 보병 소좌 오마루 슈타로
(王丸周太郎)가 부산 수비대에서 평양의 보병 제79연대로 영전하여
떠나자, 부산 운수지부장, 헌병분대장, 재향군인분회장 등이 갹출하
여 이틀 전인 11월 30일에 사슬이 달린 금시계 1개를 증정했다.[27]

1917년 3월 26일에 열린 평양여자고등보통학교 졸업식에서는 윤
심덕 등 졸업생에게 은제 회중시계를 증정했다.[28] 1917년 2월 12일
에 하세가와 요시미치(長谷川好道) 조선총독은 토지조사국 제도과 고
원(雇員)인 16세 안명환(安明煥)의 암산과 주판 재주에 감동하여 은시
계를 수여했다.[29] 1920년 5월 2일에 경복궁에서 경성상공연합회가
주최한 경성시민 대운동회가 처음으로 열렸다. 시내 일주 6마일 마
라톤 대회에서 인력거꾼들이 일등에서 삼등을 차지했고, 일등을 한
최원규(崔元奎)에게는 금측시계(金側時計)가 증정되었다.[30]

1920년 3월 24일에 열린 목포 상업학교와 공립보통학교 졸업식
에서 목포 북교동(北橋洞)에
사는 김약한(金約翰)은 우등
생 4명에게 회중은시계 3개와
좌종시계 1개를 증정했다.[31]
1920년 4월 28일에 왕세자
이은(李垠)과 나시모토노미야
마사코(梨本宮方子)의 결혼식
이 열리자 매일신보사는 '놋
는 시계', 즉 치시계(置時計)
를 헌상했다.[32] 1922년 11월

세이코샤의 청유리틀 치시계 (1913년)[33]

월섬의 〈콜로니얼 A〉 회중시계 광고 (1917년 경): 이 광고는 코리아의 시계 소유를 문명화에 연결시키고 있다.[34]

15일에 함경북도 지사는 회령면 4동 21번지에 사는 신홍제(申弘提)가 1915년부터 일본인 잡화점에서 성실하게 근무했다는 이유로 독행자 표창식을 거행하고 시계를 수여했다.[35]

1910년대와 1920년대에는 각종 시상식의 상품이나 기념품으로 금제나 은제의 회중시계를 증정하는 일이 많았다. 시계 소유는 시간을 듣는 것이 아니라 볼 수 있다는 점에서, 시간을 이리저리 들고 다닐 수 있다는 점에서 문명화의 가시적인 상징이었다. 시계를 소유한다면 누구든지 '시간의 중심'이 될 수 있었다. 그런데 시계는 기념품이나 기부품에 속할 정도로 고가의 사치품이었기 때문에 당시에는 시계 절도 사건이 매우 빈번했다.

1920년대에 시계의 대중적 보급에 가장 큰 영향을 미친 것은 '시(時)의 기념일'이었던 것으로 보인다. 1920년에 도쿄에서 6월 10일을 '시의 기념일'로 지정한 후, 1921년에는 조선총독부도 '시의 기념일'에 시간존중과 정시여행(定時勵行)을 선전할 준비를 했다. 이를 위해 조선총독부는 도쿄 생활개선동맹회의 기념식 거행 계획안과 선전지를 전국 각 도와 면에 보낼 계획도 세웠다.[36] 1921년 '시의 기념일'에는 집무의 시간, 집회의 시간, 방문의 시간에 관한 시간관념을 선전했다. 그런데 시간의 여행(勵行)을 위해서는 먼저 시계가 필요했고, 오포나 전신국과 정거장의 각자의 시계를 이용하여 시계를 정확한 시간에 맞추어야 했다. 또한 오포는 약 3정(町)마다 1초씩 늦게 들리므로 이를 감안하여 시계를 맞추어야 했다.[37] 1정(町)은 약 109미터다.

1923년 1월 7일 오후 2시에 경성 우조당(友助堂) 시계포의 송재영(宋在榮)과 현석주(玄錫柱) 등의 발기로 약 40명의 회원을 거느린 경성시계상조합(京城時計商組合)이 명월관에서 창립 총회를 개최했다. 우조당은 1906년경에 남촌 초동(草洞)에서 괘종시계 12개를 가지고 개업한 후 황금정통에 본점을 두고 남대문통 한성은행 앞에 지점을 둘 정도로 성공한 시계포였다.[38] 1923년 10월 23일에 조선부업품공진회(朝鮮副業品共進會)가 열리고 있는 경복궁 경회루 옆 광장에서 부공협찬회(副共協贊會)는 일등 상품인 금시계 외에 500여 점의 보물이 걸린 보물찾기[寶探] 행사를 개최했다.[39] 1928년 4월 17일에 원산부 반도의원(半島醫院) 원장인 안남규(安南奎)는 길이 5척의 표준시계 3개를 구입하여 각각 제1·제2공립보통학교와 해성(海星)보통학교에 기증했다. 또한 안남규는 "건강, 시간, 품행"이라고 적힌 표어를 인쇄하여 아동들에게 배부하기도 했다.[40]

《동아일보》는 1926년 9월에 8월분 신문 대금 선납자 가운데 추첨을 통해 1등에게 목각시계(目覺時計)를 증정했다.[41] 1927년 9월과 10월에 충북 청주군 강외면에서는 수도립모품평(水稻立毛品評), 즉 논벼 품평을 하여 1등에게 목각시계를 증정했다.[42] 목각시계란 아침

세이코샤의 배꼽형(ヘソ型) 양령(兩鈴)
목각시계43

에 눈을 뜨게 하는 기침시계(起寢
時計), 즉 자명종 시계의 다른 말
이다. 1928년 2월 23일 자《경
성일보》에는 10원 이상의 시계
를 구매할 경우 '빅토리(ビクトリ
ー)' 목각시계를 무상으로 증정한
다는 내용으로 일본 오사카 신사
이바시(心齋橋)에 있는 나카니시
하쿠보탄상점(中西白牡丹商店)의
광고가 실려 있다.44 사은품으로
지급되었으므로 목각시계가 다른 시계보다는 저렴했다는 것을 알
수 있다. 1933년 7월 25일 자《경성일보》에는 세이코샤의 목각시
계를 200개 한정으로 2원 50전에 판매한다는 경성역 앞 명시당(明
時堂)의 광고가 실려 있다.45

일제강점기의 시계 보급률

1920년대의 시계 보급률은 어떠했을까? 1923년 8월 말에 평안남
도 대동군 경찰서는 인민의 지식과 시(時)에 대한 관념이 얼마나 진
보했는지 파악하기 위해 관내의 시계 수를 조사했다. 대동군은 평
양부와 인접하여 도시 문명을 흡수하기 쉬운 곳이었고, 당시 총호
수도 2만 5천여 호가 넘었다. 조사에 따르면 시계의 총수는 괘종시

계 295개, 좌종시계 42개, 회
중시계 552개, 합계 889개였
으므로, 약 30호당 1개의 시
계를 보유하고 있었고 시계 보
급률은 약 3.5%였다.《매일신
보》기사는 1910년경만 하더
라도 닭 울음소리를 듣고 겨우
시간을 짐작하는 상태였기 때
문에, 10년 사이에 시에 대한
관념이 엄청나게 향상되었다고
평가하고 있다.[46]

기생과 치시계: 1928년 1월 19일 자 소인이
찍힌 사진엽서[47]

　여러 개의 시계를 소유한 집
도 있었을 터이므로 시계의 실
제 보급률은 더 낮았을 것이다. 대동군의 전체 시계 가운데 개인용
회중시계는 약 62%, 벽에 걸어 두는 괘종시계(괘시계)는 약 33%,
좌종시계(치시계)는 약 5%를 차지했다. 탁상시계인 치시계의 보급률
은 매우 낮았다. 또한 1920년대 중반 이후에 대중적으로 보급되었
던 손목시계(완시계)를 가진 사람은 아예 없었다.

　평남 대동군의 시계 보급률은 일반 농촌 지역에 비해 상대적으로
높았던 것 같다. 일례로 1924년 4월 20일을 기준으로 강원도 평창
경찰서가 조사한 평창군 각 면의 시계 분포 상황을 보면, 1920년대
중반까지도 농촌의 시계 보급률이 얼마나 낮았는지 짐작할 수 있
다.[48] 조사 결과에 따르면 평창군에서는 민간의 경우 호수 74호당

종별 \ 면	평창		대화		미탄		진부		봉평		계		총계
	관공리	민간	관공리	민간	관공리	민간	관공리	민간	관공리	민간	관공리	민간	–
주시계 (柱時計)	16	19	4	7	3	1	4	7	4	2	31	36	67
치시계 (置時計)	36	23	10	4	5	0	5	5	1	1	57	33	90
회중시계 (懷中時計)	75	26	13	13	4	0	10	31	8	1	110	71	181
계	127	78	27	24	12	1	19	43	13	4	198	140	338

강원도 평창군 시계 분포 상황 (1924년 4월 20일 현재)

또는 인구 385명당 시계 1개를 소유하고 있었으므로, 가구를 기준으로 시계 보급률은 약 1.4%에 불과했다. 그러나 이 가운데 고장난 시계도 있어서 실제로 움직이는 시계는 100호당 1개 정도였을 것으로 추산되었다. 미탄면의 경우에는 민간에 1개의 주시계(괘시계)가 있을 뿐이었다. 평창군의 전체 시계 가운데 회중시계는 약 53%, 치시계는 약 27%, 괘시계는 약 20%를 차지했다.

평남 대동군은 '회중시계>괘시계>치시계' 순이었지만, 강원도 평창군은 '회중시계>치시계>괘시계' 순이므로 지역에 따라 보급된 시계 종류에 차이가 있었을 수도 있고, 1923년에 비해 1924년에는 치시계의 보급률이 상대적으로 높아졌을 수도 있다. 다만 양 지역 모두에서 개인용 회중시계의 비율은 50% 이상이었다. 평남 대동군은 약 30호당 1개, 강원도 평창군은 74호당 1개의 시계만 존재했다. 그러나 이것은 일본인과 조선인의 시계 수를 모두 합한 값이므로, 조선인 가구만 따진다면 시계 보급률은 이보다 더 낮았을 것이다. 따라서 1920년대 중반까지도 부유층을 제외하면 대부분의 조선인 가구에는 시계가 없었다고 볼 수 있다. 오포마저 없는 지역이라면 일반인이 표준시를 알기는 매우 힘든 상황이었을 것이다.

'시의 기념일'을 제정하여 아무리 시간관념을 강조하더라도 시계가 보급되지 않으면

상류층 가정집의 벽기둥에 걸린 괘시계[49]

근대적인 의미에서 '시간'은 존재할 수 없었다. 여전히 산간벽지에서는 '몇 시 몇 분'이 아니라 밤중, 첫닭 울 때, 첫새벽, 해뜰 때, 조반 때, 조반 먹은 뒤, 점심 때, 저녁 때, 저녁 후, 삼경 때, 사람 잘 때, 첫잠 잘 때 등의 표현으로 '시(時)'를 표현했다. 또한 시간 길이도 담배 한 대 먹을 때, 밥 한 솥 할 때, 버선 한 짝 기울 때 등으로 표현하고 있었다. 따라서 시간관념을 강조하는 구호는 대도시에서나 의미 있는 것이지 시계가 없는 산간벽지에서는 아무 소용 없는 무의미한 것이었다.[50]

평창군의 조사 결과를 발표한 평창경찰서의 미야키 마사오(宮木正雄)는 평창군의 시계 보급률이 40~50년 전의 일본의 상황과 비슷하다고 적고 있다. 그래서 그는 30여 년 전 일본 고향에서의 경험을

살려 매우 흥미로운 제안을 한다. 먼저 각 부락에서 공동으로 주시계를 구입하게 한 후, 순번을 정해 부락의 이곳저곳에 월 단위로 주시계를 걸어둔다. 그러면 남녀노소가 시계의 이점에 친숙해지고 자연스럽게 계몽과 사회 교육이 이루어져서 문화의 진보를 달성할 수 있다는 것이다. 또한 그는 소작인의 산업 장려 등을 위해 국비와 지방비로 표창을 할 때 주시계를 상으로 주어서 시계 보급률을 높이면 좋겠다는 제안을 덧붙이고 있다.[51]

1930년대가 되면 불과 10여 년 사이에 시계 보급률이 비약적으로 높아진다. 1931년 6월 10일 '시의 기념일'에 충남의 예산공립보통학교는 아동 가정의 시계 사용률을 조사했다. 조사에 따르면 총 533호에 괘시계 174개, 치시계 130개, 회중시계 204개가 있었으므로 시계의 총수는 508개였고 시계 보급률은 95%에 달했다.[52] 여러 개의 시계를 보유한 가구가 있었을 것이므로 실제 보급률은 이보다 낮았을 것이다. 전체 시계 가운데 회중시계가 약 40%, 괘시계가 약 34%, 치시계가 약 26%의 비율을 점유했다. 그런데 이 조사는 조선인 아동이 다니는 보통학교의 가정을 대상으로 한 것이므로 일본인과 조선인 가구를 함께 취급한 이전의 조사와는 그 성격이 다르다. 1920년대에 비해 조선인 가정의 시계 보급률이 엄청난 증가세를 보이고 있는 것을 알 수 있다.

1933년에 대구의 수창공립보통학교에서는 '시의 기념일' 전날인 6월 9일 오후 1시 반부터 오구리(小栗) 교장 이하 직원 17명이 5~6학년생 370명을 동원하여 18개 정(町) 1,457호의 시계 수를 조사했다. 당시 시계가 없는 집은 359호로 전체의 약 25%였으므로

75% 가구는 시계를 보유하고 있었던 셈이다. 그리고 정확한 시계는 319개, 정지한 시계는 60개, 느린 시계는 322개였다고 한다.[53] 1933년에 대구 지역 시계 보급률이 75%였으므로 이를 기준으로 당시의 도회지 시계 보급률을 대략 짐작할 수 있다. 1935년 '시의 기념일'에 경북의 김천공립보통학교에서는 923명의 학생을 대상으로 가정에서 사용하는 시계 수를 조사했다. 시계 수는 주시계 485개, 회중시계 363개로 총 848개였다.[54] 단순히 산술적으로 계산하면 시계 보급률은 약 92%였다.

1920년대 중반에서 1930년대 중반 사이에 조선 각 지역의 시계 보급률은 빠른 속도로 높아지고 있었다. 또한 1920년대 중후반 이후로는 표준시를 알려줌으로써 모든 시계를 통일하는 시보 수단이 차츰 오포에서 사이렌으로 바뀌고 있었다. 시계 보급률이 꽤 높아졌기 때문에, 이제는 각 가정이 소유한 모든 시계에 같은 시간을 부여함으로써 모든 사람의 시계 시간을 통일하는 것, 즉 모든 사람이 같은 시간 안에 살면서 서로 교류하게 하는 일이 가장 중요한 과제로 떠오르기 시작했다. 그리고 일단은 모터사이렌이 그런 역할을 하고 있었다.

최초의 시계탑
거리 시계의 등장

2

경복궁 시계탑

한국 최초의 시계탑은 경복궁 북문인 신무문(神武門)의 동편에 있
는 광림문(廣臨門)과 집옥재(集玉齋) 사이에 있었던 것으로 추정된다.
1894년부터 1934년까지 40년간 조선에 체류한 에밀 마르텔(Émile
Martel)의 회고담에 의하면, 1894년 청일전쟁 이전에 고종이 유럽
풍 궁전을 건축하려고 초빙한 러시아 건축가 아파나시 이바노비치
세레딘사바친(Afanasii Ivanovich Seredin-Sabatin)이 바로 경복궁 시
계탑을 설계한 인물이었다.[1]

세레딘사바친은 경복궁에 세워진 유럽식 건물인 관문각(觀文閣)
과 러시아공사관의 건축에도 관여한 것으로 알려져 있다. 건청궁(乾
淸宮) 경내에 2층 백색 건물로 지어진 관문각은 1888년에 착공되어
1891년에 준공되었다.[2] 그런데 1895년 을미사변 때 명성황후(明成
皇后)가 건청궁에서 시해된 이후 관문각은 방치되다가 1901년 5월

이후 철거된 것 같다.[3]

집옥재에서 20~30미터 떨어진 곳에 있었던 경복궁 시계탑은 관문각과 함께 1888년에서 1891년 사이에 건축된 것으로 보인다. 그런데 목조 시계탑이라 지칭한 에밀 마르텔의 회고담과 달리 이 시계탑은 벽돌, 석재, 판자를 사용해 만든 신고전주의 양식의 3층 건축물이었다.[4] 이것은 4면 시계탑이었을 것으로 추정되며, 3층에 노

집옥재 부근의 경복궁 시계탑[5]

대가 있는 것으로 보아 1층 출입문을 통해 3층까지 올라갈 수 있었을 것이다. 또한 3층에서 파수를 보다가 화재 등의 비상시에 맨 꼭대기에 있는 종을 울려 경보를 할 수 있었던 것으로 보인다. 관문각처럼 이 시계탑도 1901년 이후에 철거된 것으로 추정된다.

한성전기회사의 시계탑: 전차, 전등, 와사등

1901년에는 종로에 다른 형태의 시계탑이 등장한다. 보신각 옆에 있는 구 종로서적 건물 맞은편에는 종로타워와 서울기독교청년회관(YMCA회관) 사이에 장안(長安)빌딩이라는 3층 건물이 있다. 1901년

한미전기회사(구 한성전기회사) 사옥[6]

10월경에 현 장안빌딩이 있는 곳에 한성전기회사(漢城電氣會社) 2층 사옥이 건축되었다. 바로 이 한성전기회사 사옥의 탑옥에 3면 대시계가 설치되어 있었다.

조선에서는 1895년 9월 29일에 인정과 파루의 종이 폐지되었지만, 적어도 1909년까지는 오정과 자정에 보신각종을 울려 시보를 했다. 한일병합 전까지는 보신각종으로 계속 오정과 자정 시보를 했을 것으로 추정된다. 그런데 1901년에 보신각 맞은편에 건축된 한성전기회사의 탑옥에 전기시계가 설치된 후로는 이 대시계가 종로 거리의 또 다른 표준시계 역할을 하기 시작했다. 범종과 전기시계는 종로 거리를 사이에 두고 마치 과거와 미래처럼 서로 마주보고 있었다. 1901년에서 1910년까지는 한성전기회사의 시계탑을 마주한 채 보신각종이 계속 울리고 있었을 것이다.

1901년 10월 4일 자《황성신문》의 잡보(雜報)에는 〈표준전종(票準電鐘)〉이라는 제목으로 다음과 같은 기사가 실려 있다.

전기철도회사에셔 종로에 일대이층옥자(一大二層屋子)를 건축ᄒ야 근이(近已) 준공ᄒ얏거니와 기(其) 옥상 시종(時鐘)은 전기로 운기(運機)ᄒ야 시진(時辰)을 지(指)ᄒ눈듸 차(此)로써 성시(城市)의 표준(票準)ᄒ는 시(時)를 작(作)ᄒᄂ다더라.[7]

이 기사는 2층으로 건축된 한성전기회사의 탑옥에 설치된 시종
(時鐘), 즉 3면 대시계가 전기시계이고, 이제 경성에도 근대적인 표
준시계가 등장했다는 것을 알리고 있다. 전기시계를 전종(電鐘),
즉 '전기 종'이라 부르고 있는 점이 이채롭다. 종각의 종에 비유하
여 길거리의 표준시계를 여전히 '전종' 또는 '시종'이라 부르고 있
는 것이다. 이처럼 당시에 시간의 언어는 아직 종의 세계를 벗어나
지 못하고 있었다. 사실상 한성전기회사 탑옥의 대시계는 한국 땅
에 등장한 최초의 대중적인 표준시계이자 '거리 시계'였다. 1902년
1월 5일에 한성전기회사에 화재가 발생하여 동년 7월에 이전과 똑
같은 모습으로 건물을 고쳐 지었다고 한다.[8]

1896년에 인천에 들어와 제임스 모스(James R. Morse) 등과 함
께 경인철도 부설을 허가받은 콜브란(H. Collbran)과 바스트윅(H. R.

구 한성전기회사(좌)와 보신각(우)[9]

Bostwick)은 2년 후에는 경성 서소문 안에 거주하고 있었다. 우연히 그들은 고종이 가마를 타고 군신을 거느린 채 행렬을 이루어 명성 황후의 무덤이 있는 청량리 홍릉(洪陵)에 찾아갈 때마다 10만 원 안팎의 경비가 든다는 것을 알게 되었고, 경비 절감을 위해 고종에게 전기 철도 부설을 권했다. 결국 고종은 육군총장(陸軍總長) 이학균(李 學均)에게 명하여 콜브란과 계약을 체결했다. 그리하여 고종이 현금 35만 원과 토지 등 40만 원을 출자하여 1898년 1월 18일에 이근배 (李根培)와 김두승(金斗昇)의 명의로 콜브란과 바스트윅에게 전등, 전차, 전화의 가설을 인가하면서 한성전기회사가 설립되었다.[10]

일본의 경우 1895년에 처음으로 교토에서 전기 철도의 전차 운행이 시작되었다. 따라서 콜브란은 교토 전철 설계자인 마키 헤이이치로(眞木平一郞)에게 한성의 전철 가설을 의뢰했고, 마키 헤이이치로, 오하타 고노스케(大圃孝之助), 이시쿠마 노부노유(石隈信乃雄) 외 2명이 1898년 10월에 한성에 도착했다. 그들은 동년 10월 17일에 기공하여 서대문과 청량리 홍릉 간 단선 궤도 부설 및 가선(架線) 공사에 착수했고, 동년 12월 25일에 전기 철도를 준공했다. 또한 동대문 안에 발전소 용지를 확보한 후 동년 12월부터 기초공사에 착수하여 75킬로와트 직류발전기가 있는 발전소를 건설하고 전차 조립도 마쳤다.

그 후 1899년 음력 4월 8일(양력 5월 17일)에 전기 철도 개통식이 거행되었다. 전차는 전장 28피트 7인치(약 8.7미터), 폭 7피트 11인치(약 2.4미터)로 승객 정원 40인의 개방차(開放車) 8대와 고종 황제를 위한 귀빈차 1대가 있었다. 운전수는 교토 전철 경험이 있는 일

경성 전차: 1908년 10월 9일 자 소인이 찍힌 사진엽서[11]

본인이었고 차장은 한국인이었다. 처음에는 일정한 전철 정류장이
없었으므로 아무데서나 손을 들어 "여보 좀 탑시다"라고 말하면 탈
수 있었다고 한다. 그리고 서대문, 종로, 동대문, 청량리를 3구(區)
로 하고 1구당 5전의 승차 요금을 받았다.[12] 1899년 5월 20일부터
는 일반 승객도 전차를 탈 수 있었지만, 한동안은 경희궁 흥화문 앞
에서 동대문 안까지만 전차를 운행했다. 당시에 전차는 오전 8시에
서 오후 6시까지만 운행했다.[13] 1899년 12월 20일에는 종로와 용
산을 잇는 용산 전차 철로가 준공되자 한성전기회사 사장인 이채연
(李采淵)이 용산 전차 통행 예식(禮式)을 거행했다.[14]

　전차 운행 시간은 일과(日課) 시간의 리듬을 변화시킬 수밖에 없
었을 것이다. 1900년 11월 1일부터 한성전기회사는 전차의 종차(終
車) 시각을 밤 9시까지 연장했다.[15] 1913년 11월경에는 전차 운행

시간이 5월부터 10월까지는 오전 5시~다음 날 1시, 11월부터 4월까지는 오전 6시~자정 12시로 연장되었다. 하절기에는 총 20시간, 동절기에는 총 18시간을 운행한 것이다.[16] 1929년 제야에는 예년처럼 용산, 광희문, 동대문, 종로의 간선(幹線)에 한해 자정 12시에서 1월 1일 오전 2시로 종차 시각이 연장되었고, 1월 1일에 전차 시발(始發) 시각은 오전 5시였다. 마지막 전차는 행선지가 붉은 빛으로 조명되어서 '적전차(赤電車)'라 불렸다.[17]

1931년 3월 16일부터 경성전기회사는 전차 운행 시간을 11월 1일부터 3월 15일까지는 오전 6시~자정 12시, 3월 16일부터 4월 30일까지는 오전 5시 30분~자정 12시, 5월 1일부터 8월 31일까지는 오전 5시~다음 날 오전 12시 30분, 9월 1일부터 10월 31일까지는 오전 5시 30분~자정 12시로 변경했다.[18] 1939년 하절기의 경우 5월 1일부터 8월 31일까지 시발은 30분 앞당겨지고 종차는 30분 늦춰져서 오전 5시~자정 12시에 전차가 운행했다고 한다.[19] 앞서 1931년과 1939년 사이에도 전차 운행 시간이 조금씩 변동되었던 것으로 보인다. 전차로 인해 새벽에 일찍 출근하여 밤늦게까지 일하는 사람도 많아졌을 것이고, 낮과 밤에 대한 인식도 이전과는 달라졌을 것이다.

1900년에 한성전기회사는 동대문발전소에 125킬로와트의 직류발전기와 교류발전기를 증설하여 총 200킬로와트의 발전력을 갖추게 된다. 그런데 발전기 증설은 전차 운영에서 생기는 손실을 전등사업으로 보충하기 위한 것이었다. 1900년 4월 10일부터 한성전기회사는 종로에 전등 3개를 설치하고 점등을 시작했다.[20] 이것은 궁

궐 밖에 설치된 최초의 전등이었다.[21] 또한 1901년 6월 17일부터
는 경운궁(현 덕수궁) 안에 전등 6개를 설치하고 점등을 시작했다.[22]
그리고 1901년 8월 17일에도 동대문 안에서 전등 개설 예식을 거
행하고 거리의 전등을 점등했다.[23] 이때부터 한성 거리에 본격적으
로 전등이 가설되기 시작했을 것이다. 1901년 8월 15일부터 10월
31일까지 일제강점기의 본정 5정목에서 남대문통까지 진고개[泥峴]
쪽 도로를 개수한 후 도로에 30여 개의 전등을 점등하여 이곳이 불
야성을 이루었다고 한다.[24]

  1934년에 발행된 《경성부사》 제1권에 따르면, 1900년에 한성전
기회사는 16촉광(燭光) 전등 2천 개를 공급할 계획을 세우고, 진고
개에 거주하는 일본인들에게 권유하여 5월 말에 처음으로 민간 전
등의 점등을 시작했다. 보통은 10촉광이지만 8촉광과 16촉광을 포
함해 약 600개의 전등이 가설되었고, 2개 이상의 전등을 가설하
는 집은 드물었다. 그 후 전등 수요가 증가하자 1903년에 마포에
225킬로와트 발전기 2대를 둔 제2발전소를 설치했고, 남대문 안
에도 변전소를 설치했다.[25] 전등 설치 가구와 전등 수는 1909년
에 521호 8,600개, 1916년에 17,100호 65,123개, 1921년에
35,962호 130,746개, 1928년에 68,040호 284,435개로 증가했
다.[26] 1930년에 경성부 총인구는 394,240명, 총세대수는 76,287호
였다.[27] 산술적으로 1928년이 되면 경성부의 약 90% 가구에 전
등이 설치되었을 것으로 보인다. 1933년 말이 되면 경성부에서만
82,712호에 407,038개의 전등이 설치되었다.[28]

  1925년에 조선 내 50개 전기회사의 전등 설치 가구와 전등 수는

총 129,094호 453,918개로 가구당 평균 3개의 전등을 설치하고 있었다. 일본인의 경우 64,597호에 322,100개의 전등이 설치되었고, 조선인의 경우 62,298호에 119,337개의 전등이 설치되었다. 전등을 설치한 전체 가구 가운데 일본인이 50%, 조선인이 48%, 외국인이 2%를 점유했다.[29] 1925년에 조선의 전체 인구는 약 1952만 명이었고, 총세대수는 약 372만 호였다. 따라서 1925년에 조선의 전체 세대 가운데 전등이 설치된 곳은 약 3.5%였을 것으로 추정된다.[30]

1927년에 조선의 전등 설치 가구와 전등 수는 총 153,581호 525,066개였고, 일본인의 경우 73,546호 364,013개, 조선인의 경우 77,180호 144,247개, 외국인의 경우 2,855호 16,806개였다.[31] 1928년 체신국 조사에 따르면 전등 설치 가구는 총 164,914호로 22호당 1호(약 4.5%)의 비율로 전등을 사용하고 있었다. 일본인 77,626호, 조선인 83,868호, 외국인 3,420호에 전등이 설치되어 있었다.[32] 1930년 1월경의 체신국 조사에 따르면 전등 설치 가구와 전등 수는 총 183,706호 638,629개로 1가구당 평균 2.9개를 설치하고 있었다. 설치 가구 수는 일본인 81,422호(44%), 조선인 98,699호(54%), 외국인 3,585호(2%)였고, 설치 전등 수는 일본인 416,275개(65%), 조선인 201,358개(32%), 외국인 20,996개(3%)였다.[33] 가구당 설치 전등 수는 일본인이 조선인보다 2.5배 정도 많았다.

1931년 8월경의 조사에 따르면 236,569호에 831,190개의 전등이 설치되어 가구당 평균 3.5개의 전등이 가설되어 있었다.[34] 1930년에 조선의 전체 인구는 약 2천1백만 명이었고, 총세대수는 4백만 호 정도였다. 따라서 1931년에 조선의 전체 세대 가운데 전등이 설치된 곳은 약 6% 정도였을 것으로 추정된다.[35] 1932년 7월경의 조사에 따르면 전등이 설치된 총 259,543호 가운데 일본인 가구는 100,116호, 조선인 가구는 154,152호, 외국인 가구는 5,275호였다.[36] 1933년 5월경의 조사에 따르면 전등이 설치된 총 268,010호 가운데 일본인 가구는 104,015호, 조선인 가구는 160,324호, 외국인 가구는 3,671호였다. 지역별 전등 설치 가구 수는 경기 90,759호, 충북 3,957호, 충남 9,176호, 전북 15,181호, 전남 16,292호, 경북 18,970호, 경남 36,565호, 황해 8,203호, 평남 22,279호, 평북 9,221호, 강원 6,412호, 함남 18,708호, 함북 12,287호였다.[37] 1933년에도 조선 전체 가구의 전등 설치 비율은 6~7% 사이에 머물렀던 것으로 보인다.

전등선만으로도 전기시계나 라디오에 전력을 공급할 수 있었으므로 전등 가설 비율은 근대적인 시간의 보급에 매우 중요한 요소였다. 또한 전등의 불빛은 노동과 휴식, 수면과 각성, 낮과 밤의 질서를 근대적인 형태로 재편하는 촉매로 작용했다. 전등선은 근대적인 시간을 조선 각지로 전파하는 데 있어서 가장 중요한 물리적 기반이었다.

다시 한성전기회사 이야기로 돌아가 보자. 1904년 7월 18일에는 미국신탁회사에서 저리(低利)로 자금을 차입하면서 한성전기회사가 한미전기회사(韓美電氣會社)로 이름을 바꾼다. 그리고 1909년 8월 9일 자로 한미전기회사는 일한와사회사(日韓瓦斯會社)에 매각된다. 이에 앞서 1909년 7월 27일에 일한와사회사는 상호를 일한와사

전기주식회사로 고치고 등기 변경을 했다.[38] 이로써 일한와사회사는 와사 즉 가스 사업과 전기 사업을 겸하는 회사로 성장했다. 그리고 1909년 이후에 한성전기회사 사옥은 일한와사전기주식회사 경성사무소로 사용되었다. 1911년 4월경 일한와사전기회사는 사옥 탑옥에 있는 기존의 3면 대시계를 없애고, 5월 말 준공을 목표로 그전보다 두 배 정도 큰 새로운 3면 대시계를 설치하는 개조 작업을 했다.[39]

원래 일한와사주식회사는 1907년 6월 27일에 통감부로부터 영업 허가를 받았고, 1908년 9월 30일에 도쿄에서 창립총회를 열었으며, 동년 10월 5일에 도쿄 교바시구(京橋區) 야마시타정(山下町)에 회사를 설치했다. 동 회사는 1909년 7월에 경성 본정 2정목의 경성지점 영업사무소 등을 완공했고, 동년 12월까지 와사제조소 건축 공사를 마쳤다. 또한 동년 6월 9일부터 12월 말까지 총연장 4만 5천 피트 6인치(약 13.7킬로미터)의 와사관 매설 공사를 진행했다. 일한와사전기회사는 메이지천황 탄생일인 1909년 11월 3일 천장절(天長節) 밤에 일본인이 거주하는 시가지에서 최초로 와사등을 점화했다.[40]

한미전기회사의 전등 요금은 1개월당 8촉광은 1원 30전, 10촉광은 1원 60전, 16촉광은 2원 50전이었다. 전등 가설비는 3개 이내 설치는 전등 1개당 4원, 3개 이상 설치는 전등 1개당 3원, 10개 이상 설치는 전등 1개당 2원이었고, 전주(電柱)와 전류선 등이 필요할 때는 그 비용도 부담해야 했다. 1907년 1월 기준으로 경성부 인구는 약 20만 명(약 5만 호)이었고, 이 가운데 일본인은 약 2만 명(약 4천 호), 구미인은 약 2백 명, 청국인은 약 3천 명이었다. 이 가운데 전등 설치 가구는 493가구(약 1%)뿐이었고, 10촉광으로 환산할 때 전등 수도 8,398개에 불과했다. 이에 반해 와사 요금은 1천 입방 피트당 3원이고, 보통 램프 1개의 1개월 요금은 1원 내외였다. 그리고 와사등이 전등보다 훨씬 밝았다. 1910년 1월 31일까지 와사등 설치 예약 호수는 1,152호였다. 그러나 1905년에 백미 1되는 18전, 소금 1되는 10전, 설탕 1근은 12전, 소고기 1근은 40전이었으므로 전등과 와사등 요금은 상당히 고가였을 것이다.[41]

한미전기회사는 계속 적자를 보다가 결국 1909년에 일한와사회사에 매각되었다. 그 후 일한와사전기회사는 1911년에 마산지점을 설치했고, 1912년에는 진해지점뿐만 아니라 인천전기주식회사를 매수하여 인천지점까지 설치했다.[42] 1915년 9월 11일에 열린 주주총회를 통해 일한와사전기주식회사에서 경성전기주식회사로 회사명을 변경하는 것이 결정되었고, 동년 9월 16일에 등기 변경이 완료되었다.[43] 경성전기주식회사는 1928년에 수원전기주식회사를 매수했고, 1932년 5월 10일에 임시주주총회에서 본사 이전을 결정한 후 5월 16일에 경성지방법원에서 등기를 완료하여 본사를 도쿄에서 경성으로 이전했다. 1933년에는 종래의 가스, 전기 철도, 전화, 전등, 전력 사업에 이어 경성부영(京城府營) 승합자동차 사업을 인수했고, 1934년 1월 31일에는 경인버스주식회사와 화물자동차 사업도 인수했다.[44]

1913년에 일한와사전기회사는 남산 본정 3정목 진고개에 있는 구 제일은행(第一銀行) 경성지점 사옥을 인계받고 이전을 시작했다. 동년 1월 15일에 먼저 영업과가 이전했고, 12월 27일에는 전기과

1928년에 신축한 경성전기주식회사 경성지점[45]

를 제외한 전 부서가 이전했다. 전기과는 1914년 봄에 동대문 차
고 부근으로 이전할 예정이었다.[46] 신문 기록에 따르면 구 제일은행
경성지점 사옥은 바로 직전에 남만주철도주식회사 출장소로 이용
되었던 것 같다. 구 한성전기회사 건물인 종로 사옥은 수리하여 대
여할 계획이었다. 1915년에 회사명을 변경한 후, 1927년에 경성전
기주식회사는 남대문통 2정목 5번지와 황금정 2정목 199번지의 땅
787.4평을 매수했고, 동년 8월 2일에 기공하여 1928년 12월 30일
에 석재와 타일로 장식한 266.3평의 르네상스식 철근콘크리트 5층
벽돌 건물을 준공했다.[47] 사옥의 낙성식은 1929년 4월 29일에 거행
되었고, 5월 1일~5일에 사옥 이전을 완료했다.[48] 경성전기주식회사
는 조선식산은행(朝鮮殖産銀行) 맞은편에 있었고, 현재는 한국전력공

사 서울본부 사옥으로 사용되고 있다.

1899년에 등장한 전차는 일정 시간 동안 규칙적으로 운행하며 공간을 분절하는 근대적인 시간이었다. 1900년에 거리에 등장하여 차츰 가정으로 침투한 전등은 밤의 시간을 지움으로써 시간의 질서를 근본적인 차원에서 뒤흔들고 있었다. 차후에 살펴볼 것처럼 전기시계와 라디오는 전등선에 연결하여 사용할 수 있었다. 전등선을 타고 전류뿐만 아니라 근대적인 시간이 공간 속으로 퍼지고 있었다.

종로경찰서 이전기: 법원, 태화여자관, 소화낙원

그렇다면 1914년 봄에 일한와사전기회사가 떠난 후 구 한성전기회사 사옥은 어떻게 되었을까? 1915년에 경찰서 폐합의 영향으로 총

종로경찰서 (구 한성전기회사): 바로 옆에 YMCA회관이 보인다.[49]

경성지방법원과 경성복심법원[50]

원이 3백수십 명으로 증가하자, 탑골공원 옆에 있던 종로경찰서는
6만 원의 예산으로 구 한성전기회사 건물을 매수하여 달포 동안 수
리하고 증축한 후, 동년 9월 1일에 사법계를 제외하고 모두 이곳
으로 이전했다.[51] 9월 27일에는 종로경찰서 사법계도 이전을 마쳤
다.[52] 그 후 1923년 1월 12일 오후 8시 20분에 김상옥(金相玉)이 종
로경찰서에 폭탄을 투척하는 일이 발생했다.[53]

1924년 4월 28일 오후 10시 50분에 서소문정(西小門町) 조선인쇄
주식회사 공장에서 시작된 화재로 인해 총독부 정동분실(貞洞分室)의
철도부, 전매국, 토목부, 토지개량과, 법무국이 모두 소실되었다.[54]
1926년에는 3년 계획으로 공비 60만 원을 들여 고등법원(高等法院),
경성지방법원(京城地方法院), 경성복심법원(京城覆審法院)의 삼법원이
이전할 청사가 구 총독부 정동분실 터에 신축되기 시작했다.[55] 삼법

대심원, 경성공소원, 경성지방재판소, 경성구재판소[56]

원 이전 후에 종로 1정목 공평동에 있는 경성지방법원과 경성복심
법원 청사는 향후 경기도로 이관하여 종로경찰서 청사로 사용하고,
종로경찰서가 사용하던 구 한성전기회사 사옥은 추후 민간에 불하
할 예정이었다.[57] 당시에 경성지방법원과 경성복심법원은 1907년에
조선시대 의금부(義禁府) 터에 신축한 평리원(平理院)과 한성재판소
(漢城裁判所)의 건물을 사용하고 있었다.

　1907년 7월 24일의 한일신협약(정미7조약)에 따라 통감부는 한
국 사법제도 개선의 명목으로 대심원(大審院), 3곳의 공소원(控訴院),
8곳의 지방재판소(地方裁判所), 113곳의 구재판소(區裁判所)를 설립하
기로 한다. 그 결과 종로 공평동에 대심원, 경성공소원, 경성지방재
판소, 경성구재판소가 들어섰다. 또한 1909년 7월 12일에 사법권
위탁 협약(기유각서)이 체결된 후 동년 10월 16일에 〈통감부 재판소

정동의 고등법원 (대한제국 탁지부 건물)[58]

령(統監府裁判所令)〉이 공포되었다. 그리고 1909년 11월 1일부터 시행된 〈통감부 재판소령〉에 의해 '통감부 재판소'는 구재판소, 지방재판소, 공소원, 고등법원으로 나뉘었다.[59] 바로 이때 대심원이 고등법원으로 개칭되었다.

한일병합 후 1910년 10월 1일에 '통감부 재판소'는 '조선총독부 재판소'로 개칭되었다.[60] 1912년 3월 18일에는 개정된 〈조선총독부 재판소령〉이 공포되어 4월 1일부터 시행되었다. 이때 재판소가 지방법원, 복심법원, 고등법원으로 나뉘면서 지방재판소는 지방법원, 공소원은 복심법원, 구재판소는 지방법원지청으로 개칭되었다.[61] 1911년 8월경에 남산 왜성대의 총독부 증축 청사로 탁지부가 이전하게 되자, 대한제국 시절의 정동(貞洞) 탁지부 건물을 수리한 후 고

1928년에 준공된 정동의 경성사법청사 (현 서울시립미술관 서소문본관)[62]

등법원만 그곳으로 이전하게 된다.[63] 1911년 11월 30일에 고등법원은 공평동을 떠나 탁지부, 사법부, 중추원이 공용하던 정동 청사로 이전했다.[64]

그 후 1928년 10월 7일에 삼법원이 이전할 정동 경성사법청사의 낙성식이 거행되었고, 정동에서 구 탁지부 건물을 사용하고 있던 고등법원은 10월 11일에, 공평동에 있던 경성지방법원과 경성복심법원은 10월 12일~13일에 이전을 개시했다.[65] 이 건물은 해방 후 1995년 10월까지 대법원 청사로 사용되었고, 전면부와 현관부를 제외하고 모두 신축된 후 2002년 5월 17일부터 서울시립미술관 서소문본관으로 이용되고 있다.

1929년 1월이 되면 4월 이후에 종로경찰서를 공평동의 경성지

경성지방법원 자리로 이전한 종로경
찰서66

방법원과 경성복심법원 건물로 옮기는 일이 기정사실화된다.[67] 그런데 당시에 일본인들은 경성 남부에 백화점을 짓고 북부 진출을 계획하고 있었고, 조선인 실업가들은 경성 북부에 일본인 백화점에 대항할 만한 백화점을 설립하는 것을 계획하고 있었다. 따라서 구시가지 상권의 중심지에 있는 구 한성전기회사 건물이 누구에게 불하될 것인가 하는 문제가 종로 상인들의 초미의 관심사였다고 한다.[68] 마침내 1929년 9월 2일 전후에 종로경찰서는 공평동 구 경성지방법원과 경성복심법원 청사로 이전하기 시작했고, 9월 4일부터 그곳에서 업무를 개시했다.[69]

1942년 8월경에는 적성재산(敵性財産) 가운데 하나인 종로 2정목 인사정(仁寺町) 194번지 태화여자관(泰和女子館)으로 종로경찰서를 이전하는 것이 결정되었다.[70] 1943년 4월부터 종로경찰서는 태화여자관에 유치장, 무도장, 창고를 신설한 후 동년 10월 24일에 그곳으로 이전했다.[71]

미국 남감리회 선교사인 월터 러셀 램버스(Walter Russell Lambuth)와 메이미 마이어스(Mamie D. Myers)는 1920년 말에 명월관(明月館)

지점인 요리점 태화관을 매입한 후 1921년 봄에 태화여자관이라는 성인 여자 교육기관을 개관했다.[72] 태화관은 1919년 3월 1일에 기미독립선언서가 낭독된 곳으로 알려져 있다. 그 후 1938년 4월부터 총공비 13만 원을 들여 기존 건물을 헐고 기와지붕을 얹은 3층 화강암 석조 건물을 짓기 시작했고, 1939년 6월경에 태화여자관 신축 건물이 준공되었다. 이때부터 태화여자관은 태화여학교의 경영권을 성신여학교에 넘겼고, 교육사업보다는 사회사업에 전념하기 위해 태화기독교사회관(현 태화기독교사회복지관)으로 개칭했다.[73]

　대동아전쟁을 전후하여 미국과 영국의 선교사가 조선에서 철수한 뒤, 조선총독부는 1941년 12월 29일에 적국인 미국과 영국의 교회, 회사, 점포 등을 적성재산 즉 적산(敵産)으로 분류했다. 당시 경기도 경찰부는 화신백화점(和信百貨店)의 박흥식(朴興植)에게 50만 원을 내고 태화여자관을 양도받게 했다. 그 후 박흥식이 태화여자관

1939년에 신축한 태화여자관[74]

신신백화점(좌)과 화신백화점(우) (1976년 12월 23일 자 사진)[75]

과 공평동 종로경찰서를 맞교환하면서 종로경찰서 이전이 성사되었
다고 한다. 이후 공평동 종로경찰서는 화신백화점 창고로 사용되었
다. 해방 후에 입국한 남감리회 선교사들은 1947년 11월 말에 태화
여자관 건물의 반환을 요구했다. 따라서 종로경찰서는 이전 후 불
과 5년여 만인 1949년 1월 15일에 다시 공평동 구 경성지방법원과
경성복심법원 청사로 이전하여 1월 18일부터 업무를 개시했다.[76]
이곳은 당시 미군이 사용하다가 종로경찰서에 명도했다고 한다.

　1955년에는 화신백화점 맞은편에 있는 종로경찰서 앞에 화신산
업주식회사의 박흥식이 건축주가 되어 신신백화점(新新百貨店) 2층
건물과 백화점 연쇄가(連鎖街)를 건축한다. 7개월의 공사 끝에 동년
11월 15일에 50여 개의 소매장과 60여 개의 연쇄 점포가 있는 신신
백화점이 개점했다.[77] 신신백화점 뒤에 있던 종로경찰서는 1956년

5월 14일에 경운동에서 신축 3층 청사를 기공했고, 1957년 3월 13일에 낙성식 겸 청사 이전식을 거행했다.[78] 신신백화점 바로 뒤에 있던 구 경성지방법원과 경성복심법원 청사는 종로경찰서 이전 후에 화신산업주식회사에 인도되어 1957년 5월경에 철거되었다.[79]

1961년 9월 26일에는 신신백화점 뒤 공터인 구 종로경찰서 자리에서 소화낙원(小花樂園), 일명 해피랜드가 개장했다. 이곳에는 회전목마, 소형 비행기, 소형 보트, 줄그네, 기차, 로켓, 대형 비행기, 유리집, 도깨비집, 문어다리 등의 놀이기구가 있었다.[80] 원래 천주교 사회사업회가 1960년 11월 3일에 장충단공원에서 소화낙원을 정식 개장했지만, 1961년 8월 25일경 임대차 계약이 끝나자 다시 구 종로경찰서 자리로 시설을 이전한 것이었다.[81] 그러나 해피랜드는 5년도 채 안 돼 폐장했고, 박흥식은 1966년에 구 경성지방법원과 경성복심법원 터를 대한석유공사에 매각했다.[82] 1983년 8월에는 제일은행 본점을 짓기 위해 신신백화점이 철거되었다.[83] 그리고 1984년 5월 7일에 지하 4층 지상 22층 규모의 제일은행 본점 신축 공사가 시작되었다.[84] 제일은행(현 SC제일은행) 본점은 1987년 9월에 완공되었고 동년 10월 5일에 제일은행 본점 준공식이 열렸다.[85]

그렇다면 구 한성전기회사 사옥은 어떻게 되었을까? 1929년 9월 초에 종로경찰서가 구 경성지방법원과 경성복심법원 청사로 이전한 후 종로 2정목의 구 한성전기회사 사옥은 잠시 공실로 남아 있었던 것 같다. 그런데 1929년 10월에 업무를 시작한 체신국 간이보험과가 업무가 많아지고 종업원을 모두 수용할 수 없는 상황이 되자 재무국과 교섭하여 구 종로경찰서, 즉 구 한성전기회사 사옥을 대여

총독부 체신국 분관 (체신국 보험과 청사)[86]

하기로 한다. 간이보험과는 1930년 9월 6일에 이전을 시작했다. 당시 수천 원을 들여 간이보험과와는 어울리지 않는 유치장과 심문실 등의 내부를 개조했으므로 구 종로경찰서 건물은 몰라볼 정도로 달라졌다고 한다.[87]

그 후 체신국 보험과는 1932년 12월 10일에 광화문통 체신국 앞 부지에서 지진제를 거행한 후 공비 17만 8천5백 원을 들여 청사 신축을 시작했고, 1934년 6월 12일에 백색 타일이 덮인 지상 3층 지하 1층의 '모던'한 청사를 준공하고 낙성식을 거행했다.[88] 이 청사 안에는 전기시계가 구비되어 있었다. 종로 2정목 구 종로경찰서에 있던 간이보험과는 낙성식 전인 5월 25일부터 체신국 보험과 청사로 이전하기 시작한 것으로 보인다.[89] 이제 또 다시 구 한성전기회사 사옥은 공실로 남겨진다.[90]

화재 이전의 화신백화점 동관과 서관: 중앙의 4층 건물이 동관이고, 멀리 보이는 3층 건물이 서관이다.[91]

화신백화점과 장안빌딩: 백화점의 시간

1935년 1월 27일 오후 7시 30분경에 조선인이 경영하는 유일한 대백화점인 박흥식의 화신백화점(화신상회)에서 화재가 발생한다. 당시 화신백화점은 미쓰코시(三越), 조지야(丁子屋), 미나카이(三中井), 히라타(平田) 등과 함께 경성의 5대 백화점 가운데 하나였다. 화신백화점 구관(서관) 옆 공지에 있던 사과 저장소에서 사과를 운반한 후 촛불을 끄지 않은 것이 화재의 원인이었다. 목조 건물인 사과 저장소를 모두 불태운 뒤 불이 서관으로 옮겨 붙은 후 다시 동관까지 불태운 것이다.[92] 이 화재로 3층 건물인 서관은 전소되었고 4층 건물인 동관도 반소되었다.

서관은 화신상회를 경영하던 신태화(申泰和)가 건축했고, 한학수

1931년 12월에 준공된 동아백화점[93]

(韓學洙)에게 팔린 후 4회의 증축과 개축을 거쳐 화신백화점 서관이 되었다. 1931년에 신축된 동관은 민규식(閔奎植)의 소유로 처음에는 최남(崔楠)이 이곳에서 동아백화점(東亞百貨店)을 경영했다. 그 후 동아백화점은 1932년 7월에 박흥식의 화신백화점에 매수되어 동관이 되었다.[94] 동아백화점은 1931년 12월에 준공된 후 1932년 1월 4일에 개업했다.[95] 개업 후 불과 6개월 만에 화신백화점에 흡수된 것이다.

화재 후에 화신백화점은 1935년 2월 8일부터 바로 옆에 있던 구 종로경찰서, 즉 구 한성전기회사 사옥과 동관 1층을 이용해 부분 개점을 하기로 했다.[96] 구 종로경찰서 건물은 예정대로 2월 8일 오전 11시에 개점했지만, 동관 1층은 준비 불충분으로 2~3일 가량 개점이 늦어졌다.[97] 1935년에 화신백화점은 한동안 구 종로경찰서에서 임시 영업을 계속했고, 동관(구 동아백화점)을 4층에서 5층으로 개축하는 공사가 끝나자 9월 15일부터 정상 개점을 했다.[98] 구 종로경찰서 건물을 7개월이나 사용한 것이다.

또한 화신백화점은 뒤쪽에 있던 대창무역주식회사(大昌貿易株式會社) 터를 구입한 후 전소한 서관 터에 1936년 6월~7월경에 건평 1,900여 평의 건물을 준공할 예정이었다.[99] 화신백화점은 도쿄의 시미즈구미(淸水組)와 계약을 체결한 후 지하 1층 지상 6층으로 건

화재 후 1935년 9월에 5층으로 개축 준공한 화신백화점(동관): 공사 중인 신관의 모습도
보인다.[100]

1936년 12월에 부분 준공한 화신백화점 6층 신관(좌)과 동관(우) (《조선신문》 1936년
12월 5일 자)

1937년 11월에 낙성된 화신백화점 신관: 정문 위에 설치된 대시계를 확인할 수 있다.[101]

축 중이던 르네상스 근대 양식 건물의 일부(1,150평)를 1936년 12월 초 무렵에 먼저 낙성했고, 12월 5일부터 3일간 감사 대매출 행사를 열었다.[102] 1936년 12월에 신관의 일부부터 먼저 문을 연 것이다.

1937년 4월경에 화신백화점은 다시 시미즈구미와 계약을 체결하고 제2기 증축을 추진했다.[103] 1937년 10월에 화신백화점은 제2기와 제3기 증축 공사를 마치고 내부 설비 공사를 했다. 조선에서는 최초로 전광 뉴스 즉 옥상 광고판을 설치했고, 1만 개에 가까운 외등(外燈)으로 탑옥과 벽을 장식했다. 또한 개점 이후에는 경성 최초로 에스컬레이터를 설치할 예정이었고, 신관 정문 위에 대시계도 설치되었다. 신관은 내화 구조 건물로 공사비 93만여 원이 들어갔다.[104] 총연평(總延坪) 3천여 평의 화신백화점은 1937년 11월 10일에 신관 6층 홀에서 낙성식을 거행한 후 11월 11일부터 전관 개점을 했다.[105] 화신백화점은 50년이 지난 1987년 3월 14일에 철거되기 시작했다.[106] 그리고 1990년에 착공하여 1999년 9월에 그 자리에 현 종로타워가 준공되었다.

구 한성전기회사 사옥의 최후는 어떠했을까? 화재 후에 화신백화점이 1935년 2월 8일부터 9월 14일까지 구 종로경찰서 건물, 즉구 한성전기회사 사옥을 이용한 후, 경성세무감독국은 동년 12월 17일에 이 건물의 공매 입찰을 진행했다. 당시 신문기사는 구 종로경찰서가 연와조(煉瓦造) 3층 건평 273평의 건물이라고 적고 있다.[107] 지하실을 포함하여 3층으로 표기한 것으로 보인다. 이보다앞서 경성세무감독국은 1935년 10월경에 구 종로경찰서 기지(基地)

1936년 2월경의 구 종로경찰서 (구 한성전기회사 사옥) (《조선중앙일보》 1936년 2월 22일 자)

약 660평 가운데 200평을 의주통(義州通) 전매지국(專賣支局) 공장에 인접한 이토상회(伊藤商會)의 토지 1천여 평과 교환했다. 이토상회는 주교정(舟橋町)에서 토지중개업을 하고 있었다. 나머지 토지 460평도 1935년 12월 17일의 공매 입찰을 통해 1936년 3월에 이토상회의 이토 마사키(伊藤正喜)에게 불하된 것으로 보인다.[108] 1936년 2월 무렵의 사진을 보면 증축과 개축을 거치면서 3면 대시계가 설치되어 있던 구 종로경찰서 건물의 탑옥이 어느샌가 제거되었다는 것을 알 수 있다.

1936년 9월에 이토 마사키는 경남 창녕읍에 거주하는 경남도회 의원 하준석(河駿錫)에게 평당 천 원에 구 종로경찰서 땅을 팔았다. 처음에는 이곳에 백화점이나 빌딩이 세워진다는 설이 있었고, 1937년 봄에는 최승희(崔承喜)가 이곳에 극장을 짓는다는 소문도 떠돌았다. 1937년 7월에 중일전쟁이 발발한 후 일본의 각 도시에 뉴스 전문관이 생겨 국민에게 시국에 관한 인식을 심어주고 총후의 열성을 촉구하고 있었으므로, 구 종로경찰서 자리에 뉴스 전문관이 들어설 거라는 소문도 있었다. 따라서 1936년 3월 이후 이토 마사키가 구 종로경찰서 건물을 철거한 뒤 하준석에게 땅을 판 것으로 보인다.[109]

하준석은 경북 영주의 부호 김사정(金思定)을 비롯하여 김두영(金斗榮), 김복영(金復榮), 하우석(河羽錫), 김교빈(金敎彬)과 함께 자본금 45만 원의 동방산업주식회사(東方産業株式會社)를 창립한 후, 구 종로경찰서 터에 신축할 웅장한 큰 빌딩을 중심으로 자본금 20만 원의 방계 회사를 설립할 계획을 세웠다고 한다. 1937년 10월 8일에

동방산업주식회사 발기인 총회가 열렸다.[110]

1938년 6월이 되면 하준석이 구 종로경찰서 터에 지하 1층 지상 5층 연건평 1,500평으로 철근 콘크리트 빌딩을 신축한다는 보도가 나온다. 신축할 건물 이름은 '대륙(大陸)빌딩'이었고, 지하와 5층은 식당으로 쓰고 나머지는 사무실로 임대할 예정이었다.[111] 하준석은 종로경찰서에 임대 빌딩 건축 허가원을 제출하고 도경찰부의 허가를 기다렸지만, 전쟁으로 인한 철근 사용 제한 때문에 결국 건평 200평의 연와조 3층 임대 건물을 짓는 것으로 계획이 축소되었다.[112] 결국 1939년 3월경에 건축 허가가 났고, 하준석은 도쿄의 시미즈구미에 의뢰하여 1939년 가을에 공비 10만 원을 들여 3층 벽돌 건물을 신축할 예정이었다.[113]

최종적으로 이 임대 건물은 '대륙빌딩'에서 '장안(長安)빌딩'으로 개칭되었고, 1939년 8월 말에 300평의 땅에 연건평 700평의 3층 건물이 준공될 예정이었다. 임대 건물 경영은 조선공작(朝鮮工作) 사장 하준석이 맡을 예정이었고, 장안빌딩 임시 사무소는 맞은편 영보(永保)빌딩 5층에 있었다.[114] 종로 2정목 82번지 2호에 있었던 5층 건물인 영보빌딩은 1936년에 1년 동안 증축 공사를 하여 1937년 1월경에 준공되었고, YMCA회관 맞은편에 있었다.[115]

1945년 8월 15일에 공산주의자들이 장안빌딩에 조선공산당 본부를 설치하면서 이들을 '장안파(長安派)' 또는 '8월 15일파'라고 부르기도 했다. 1957년 4월 4일 오후 5시 40분경에 장안빌딩 1층 한일모자점에서 인화 물질인 벤졸로 모자를 세탁하다가 난롯불이 옮겨붙어 화재가 발생했다. 이 화재로 1층 일부를 제외하고 건물에 입주한 진보당, 국산장려회, 중앙서적, 장안 캬바레, 백치과, 장안 타이피스트 학원 등 장안빌딩 21개 사무소와 매장이 전소되었다.[116] 지금도 같은 장소에 있는 장안빌딩은 화재 이후 부분 개축한 건물인 것으로 보인다.

대시계
랜드마크의 시대

대한의원 시계탑과 광고 시계탑

1901년에 한성전기회사 탑옥 시계탑이 등장한 이후로 랜드마크 역할을 하는 신축 건물이 옥상에 시계탑을 설치하거나 외벽에 대시계를 장착한 사례가 꽤 있었다. 1907년 3월 10일 자로 〈대한의원 관제〉가 공포된 후, 1907년 9월 7일 자《대한매일신보》에는 대한의원이 삼청동 육군연성학교(陸軍研成學校)로 이전한다는 기사가 보인다. 다시 동년 11월 8일 자《황성신문》에는 1907년 11월 9일~10일에 대한의원이 창경궁 후원(後苑)인 함춘원(含春苑) 옆 마등산(馬登山)에 신축된 건물로 이전한다는 광고가 보인다. 아마도 이때 병실 등 일부 시설만 이전한 것으로 보인다.[1] 1908년 5월 31일에 마등산에 대한의원 본관이 준공되자 6월 18일에는 대한의원 전체가 이곳으로 이전했다.[2] 대한의원 개원식은 1908년 10월 24일에 열렸다.[3]

1908년 5월에 준공된 대한의원 본관의 탑옥에도 기계식 시계가

조선총독부의원(구 대한의원)의 시계탑[4]

장착된 3면 시계탑이 있었다. 한일병합 후 1910년 9월에 대한의원
은 조선총독부의원으로 개칭되었고, 동년 10월 1일부터 〈조선총독
부의원 관제〉가 시행되었다.[5] 1928년 5월 16일에는 조선총독부의
원 폐원식이 거행되었고, 동년 6월 1일 자로 조선총독부의원은 경
성제국대학에 이관되어 경성제대 의학부 부속의원이 되었다.[6] 해
방 후에 구 대한의원은 서울대학교 의과대학 부속병원으로 사용되
었고, 1976년부터는 현 서울대학교병원의 의학박물관으로 사용되
고 있다. 구 대한의원 본관 시계탑의 기계식 대시계는 1981년에 전
자식 시계 장치로 교체되었다. 기계식 대시계는 2014년에 복원되어
현재 시계탑 내부 공간에 전시되어 있다.

　1915년 9월 18일에는 광화문통에 기념 시계탑이 준공된다. 9월

19일부터 오전 7시~오
후 10시에 대인은 5전,
소인은 2전, 신발을 벗고
맡기는 하족료(下足料)는
1전을 내고 시계탑 전망
대에 오를 수 있었다.[7]
이 기념 시계탑은 조선
총독부가 1915년 10월
에 경복궁에서 개최한

모리시타 히로시 약방의 인단(仁丹) 시계탑 (《매일
신보》 1915년 10월 6일 자)

시정(始政) 5년 기념 조선물산공진회(朝鮮物産共進會)를 위해 세워졌
을 것이다. 공진회 개장은 9월 11일이었지만, 경복궁 근정전(勤政殿)
에서 개회식은 10월 1일, 폐회식은 10월 31일에 열렸다.[8] 이 공진
회 준비를 위해 경복궁의 수많은 건물들이 이전되거나 철거되었다.

1915년 10월 6일 자 《매일신보》에는 일본 오사카의 모리시타 히
로시(森下博) 약방에서 제조한 인단(仁丹), 즉 은단(銀丹) 광고가 실려
있다.[9] 〈공진회와 인단〉이라는 표제가 달린 이 전면 광고에는 "경
성공진회 정문 앞의 인단 시계탑"이라는 설명이 붙어 있는 사진이
실려 있다. 시계탑 상단에 4면 대시계가 부착된 것으로 보이고, 대
시계 바로 밑에 전망대가 설치되어 있다. 그렇다면 9월 18일에 광
화문통에 준공한 기념 시계탑은 조산물산공진회 입구에 모리시타
히로시 약방이 설치한 150척 인단 시계탑이었던 것 같다. 당시에
단청을 한 시계탑이 구름을 찌를 듯 높이 용립하여 일대 장관을 현
출했다고 한다.

경성역, 부산역, 대전역의 대시계

1899년 9월 13일에 인천과 노량진을 연결하는 철도가 준공되어 9월 18일부터 가영업을 시작한 것이 한국 철도의 효시였다. 그 후 1900년 7월 5일에 한강철교가 준공되고, 같은 날 노량진역과 남대문역을 연결하는 철도의 개통식이 열렸다. 경인선의 경우 11개 역 가운데 인천역만 벽돌 건물로 건축되고 나머지 역사는 모두 목조 바라크로 지어졌으며, 남대문역 즉 남대문정거장도 처음에는 건평 15평에 불과했다. 남대문정거장에는 한미전기회사 마포발전소의 전력을 이용하는 전등이 가설되어 있었다.[10]

경인선은 인천역에서 남대문역을 지나 서대문 밖에 있는 경성역까지 이어졌다. 용산역과 신의주역을 잇는 경의선은 1905년 4월 28일부터 열차 운전을 개시했지만, 교량 공사가 끝나지 않았고 선로가 불완전해서 1906년 4월 3일에 전 구간이 개통되었다.[11] 1905년 1월 1일부터는 영등포와 부산 초량을 연결하는 경부선 전

1901년경의 남대문역 (남대문정거장)[12]

1906년에 준공한 남대문정거장[13]

구간이 영업을 시작했고, 동년 5월 25일에 남대문정거장에서 경부선 개통식이 열렸다.[14] 새로 건설 중이던 남대문정거장은 1905년 3월에 기공되어 1906년 1월에 준공된 것으로 보인다.[15] 전국에 철도가 부설되면서 각지에 건설된 정거장에는 열차 시각을 알 수 있도록 시계가 설치되었다. 그리고 철도역의 시계는 해당 지역의 표준시계 역할을 하기 시작했다.

1911년까지는 20만 명대였던 남대문정거장의 승객 수는 1912년부터 40만 명대로 증가한다. 1911년까지는 50마일 미만은 원근과 상관없이 1마일에 3전의 요금을 받았으므로 승객이 적었다. 그런데 1912년부터는 장거리 체감법(遞減法)에 의해 멀리 갈수록 요금이 싸졌으므로 승객이 증가했다. 화물의 경우 1907년에 비해 1916년에는 도착화물은 약 2배, 발송화물은 약 4배로 증가했다. 또한 남대문

경성역: 현관 상단에 대시계가 부착되어 있다.[16]

역 플랫폼 입장료는 1915년 9월까지는 다른 역과 마찬가지로 1인
당 2전이었지만, 조선물산공진회를 계기로 동년 9월 11일부터 5전
으로 급등하여 도쿄역과 같아졌다. 이처럼 승객과 화물이 증가하자
1918년에는 중앙정거장인 남대문역을 개축한 후 명칭도 경성역(京
城驛)으로 변경한다는 계획이 본격적으로 추진된다.[17] 이처럼 현 서
울역의 전신인 경성역은 원래 남대문역 또는 남대문정거장이라 불
렸다. 일본에서 남대문역을 경성에 있는 역으로 곧장 이해하는 사
람이 적다는 것이 명칭 변경의 가장 큰 이유였다. 1923년 1월 1일
부터 남대문역은 경성역으로 개칭되었다.[18]

경성부 고시정(古市町)에 건축된 지상 2층 지하 1층의 경성역은
1922년 6월 1일에 기공되고, 1923년 5월 20일에 정초식을 열고,
1925년 9월 30일에 준공되었으며, 동년 10월 12일에 경성역 중

앙 광장에서 불제(祓除)의 의미로 수불식(修祓式)을 거행한 후 10월 15일부터 영업을 시작했다. 공사 기간 중에는 길야정(吉野町) 정류소 앞에 가정거장을 설치했다. 최종적인 총공비는 194만 5946원이었다.[19] 첨언하자면 1923년 관동대지진으로 재정 긴축이 단행되면서 원래는 1924년에 준공될 예정이었던 경성역이 1925년에야 완공되었다.[20]

새로운 경성역의 자랑거리는 바로 고성전화기(高聲電話機)와 전기시계였다. 10개소에 설치된 고성전화기는 대합실과 사무실에 일제히 열차의 발차 시각을 알리고 승객에게 주의사항을 방송하는 장치로 한곳에서 말하는 소리를 증폭시켜 여러 곳으로 전달할 수 있었다. 따라서 이제는 더 이상 사람이 직접 소리를 지를 필요가 없었다.[21] 경성역에는 친시계(親時計)와 자시계(子時計)를 포함해 총 65개의 전기시계가 설치되었다. 정확한 시각이 중요한 경성역에서 모든 시계를 통일하기 위해 전기시계를 사용한 것은 어쩌면 당연한 일이었을 것이다.[22] 또한 1925년 12월 11일부터 철도국은 경성역 2층 식당에 라디오를 설치하여 식사 중에도 조선, 대련(大連), 나고야 등의 방송을 들을 수 있게 했다.[23]

그런데 1925년 10월 15일은 경성역이 영업을 개시한 날이자, 최고의 사격(社格)을 부여받은 관폐대사(官幣大社) 조선신궁(朝鮮神宮)이 창건과 함께 신령을 봉안하는 진좌제(鎭座祭)를 거행한 날이었다.[24] 이틀 전인 10월 13일 오후에는 조선신궁 제신(祭神)인 아마테라스오미카미(天照大御神)와 메이지천황(明治天皇)의 영대(靈代) 즉 위패가 경성역에 도착한 후 자동차로 조선신궁까지 운반되었다. 따라서 신축

조선신궁 전경 (1925)[25]

한 경성역에 열차 편으로 처음 도착한 것은 조선신궁 제신의 영대였고, 경성역은 조선신궁 진좌제에 맞추어 영업을 시작한 것이었다.

1912년도부터 조선총독부는 조선신사(朝鮮神社) 조성 계획을 추진하고 있었다. 조선신사의 위치로는 한양공원, 왜성대, 장충단, 효창원, 사직단, 삼청동, 북악산, 신무문 밖 등이 물망에 올랐지만 최종적으로 남산의 한양공원이 선정되었다. 1918년 12월 16일 자로 조선총독은 조선신사 창립을 내각총리대신에게 요청했고, 1919년 7월 18일 자로 아마테라스오미카미와 메이지천황을 제신으로 하는 관폐대사 조선신사를 경기도 경성부 남산에 창립한다는 내각의 고시가 공표되었다.

1925년에는 조선신사가 조선 전체를 수호하는 최고의 신사라는 점에서 신사(神社)에서 신궁(神宮)으로 명칭을 변경했다. 이세신궁(伊

부산정거장 시계탑[26]

勢神宮)의 내궁(内宮)으로 아마테라스오미카미를 제사하는 고타이신
궁(皇大神宮)이나, 천황을 제사하는 메이지신궁(明治神宮), 요시노신
궁(吉野神宮), 우사신궁(宇佐神宮)처럼 제신의 측면에서 조선신사도
조선신궁으로 개칭해야 한다는 의견이 있었던 것이다. 1925년 4월
2일 자로 조선총독은 내각총리대신에게 조선신사에서 조선신궁으
로 사호(社號)를 변경해 달라는 요청을 했고, 동년 6월 27일 자로 사
호 변경이 공표되었다.

　1910년 10월에 준공된 부산정거장(부산역)의 탑옥에도 시계탑이
설치되어 부산부민과 여행객에게 시간을 알려주고 있었다. 부산정
거장은 1층은 역무 취급실로, 2층은 레스토랑과 여관으로 사용할
수 있는 구조였다. 1910년 10월 31일에 신축 부산정거장의 개장식
이 열렸다.[27] 이 시계탑에도 기계식 대시계가 설치되었던 것으로 보

대전역 대시계[28]

인다. 1934년 무렵 시계탑의 대시계는 종종 고장을 일으켰고 시간도 3~4분씩 어긋났다. 따라서 1934년 10월경에 부산역은 옥상의 대시계와 구내의 15개 시계를 모두 전기시계로 바꾸기 위해 제품을 주문했다. 부산역은 매일 아침 인천관측소의 표준시간을 조회하여 이 전기시계를 부산 유일의 표준시계로 만들 계획이었다.[29] 그런데 전기시계의 단점은 친시계가 고장나면 모든 자시계도 고장난다는 것이었다. 1935년 6월 초에는 친시계가 고장나서 부산역의 부산철도사무소, 부산본역, 제1잔교(棧橋), 역장실, 옥상의 대시계 등 20여 개의 전기시계가 모두 멈춰 버린 일이 있었다.[30]

1918년 6월 15일경에 공비 5만 3천여 원을 들여 준공된 것으로 보이는 대전역의 전면부에도 대시계가 설치되어 있었다.[31] 동년 12월에는 2층 식당도 영업을 하고 있었다.[32] 또한 1919년 1월경에는 대전역의 구름다리를 철거하고 지하도를 뚫는 굴착 공사를 진행했다.[33] 1936년 4월경에는 만철전기구(滿鐵電氣區)가 함북 나진역에 전기 대시계를 설치했다. 시가지를 마주하는 벽돌 벽 상부에 금색 문자가 있는 직경 약 1.5미터의 대시계를 설치한 것이다.[34]

경성우편국, 경성부민관, 경성운동장, 명동성당의 대시계

1925년 당시에 경성우편국(京城郵便局)의 표준시계는 창구 쪽으로 들어가지 않으면 보이지 않아서 별로 유용하지 않았다. 따라서 경성우편국은 체신국에 예산 3천 원을 신청했고, 1925년 10월 15일의 조선신궁 진좌제에 맞추어 직경 3척(1미터)에 달하는 경성부내에서 가장 큰 대형 표준시계를 설치하는 공사를 했다. 이 시계는 외부통행인이 보기 쉽도록 2층과 3층 중간의 눈에 잘 띄는 곳에 설치되었고, 야간에도 멀리서 볼 수 있도록 시계 내부의 50촉광 전구 4개를 점등할 수 있었다.[35]

경성우편국은 공비 30만 원을 들여 조선은행 맞은편 본정 1정목에 지하 1층 지상 3층의 벽돌 건물로 건축되었고, 1913년 10월

경성우편국 대시계: 건물 현관 위쪽 2층과 3층 사이에 대시계가 걸려 있다.[36]

1957년에 복구된 서울중앙우체국 (1957년 2월 8일 촬영): 경성우편국의 골조가 그대로 남아 있음을 알 수 있다.[37]

23일에 기공되어 1915년 9월 15일에 준공되었다.[38] 1939년 10월 1일부터 경성우편국은 경성중앙우편국으로 개칭되었고, 해방 후 다시 서울중앙우편국으로 불리다가, 1949년 7월 29일에 우편국이 우체국으로 개칭되면서 서울중앙우체국이 되었다.[39]

서울중앙우체국은 한국전쟁 때 외벽만 남고 거의 전파되었지만 재정 문제로 재건되지 못했고, 1953년 7월 1일에는 그 자리에 서울충무로우체국이 설치되었으며, 1954년 1월 20일에는 임시로 체신청 구내에 있던 서울중앙우체국이 충무로우체국 청사에서 업무를 재개했다.[40] 1956년 4월 21일에 서울중앙우체국을 개축하여 복구하는 공사가 시작되어, 1957년 1월 31일에 낙성식이 거행되고, 2월 1일부터 복구된 청사에서 업무가 개시되었다.[41] 1968년 12월

31일에는 기존 건물 뒤편에 지하 2층 지상 11층의 신관 청사를 낙성했다. 1977년 7월 말에서 8월 말 사이에는 남대문로 확장 계획에 의해 서울중앙우체국 청사 전면(前面) 404평이 철거되었다.[42] 이때 1957년에 복구한 3층 구관 건물이 철거된 것으로 보이며, 이로써 경성우편국의 흔적은 모두 사라지게 되었다.

1981년 12월 14일에는 1968년에 준공한 11층 청사 앞에 지하 2층 지상 13층의 신관을 신축했다. 그 후 서울중앙우체국은 13층 신관과 11층 구관을 모두 철거한 후 2007년에 지하 7층 지상 21층의 '포스트 타워'를 준공하고 11월 22일에 준공 기념식을 개최했다.

1931년 10월 말에 경성부 시간여행회(時間勵行會)에 소속된 조선로타리구락부는 시간관념의 함양을 위해 직경 2척의 대시계를 경성부에 기증했다. 경성부는 경성부청사(京城府廳舍)의 정면 대현관 최상부에 있는 경성부 문장(紋章)을 제거한 후 그 자리에 대시계를 설치하기로 의견을 모았으며, 전등을 이용해 야간에도 정확히 시보 기능을 수행할 수 있도록 할 예정이었다. 경성우편국 현관의 대시계와 함께 경성부청사의 대시계가 경성의 명물이 될 거라는 기대가 있었다.[43] 그러나 대시계가 설치된 사진이 보이지 않고 경성부 문장도 제거되지 않은 것으로 보아 실제로 당시에 경성부청사 외벽에 대시계가 설치된 것 같지는 않다. 경성

1981년에 신축한 서울중앙우체국 13층 신관: 바로 뒤편에는 1968년에 준공한 11층 구관이 있었다.[44]

경성부청사 (1926년)[45]

부청사에는 준공 당시부터 부윤실(府尹室)에서 소사실(小使室)에 이르기까지 총 20개의 전기시계가 설치되어 있었다.[46]

경성부청사의 신축 과정은 다음과 같다. 1924년 6월 28일부터 기초 공사를 하고 8월 23일에 지진제를 거행한 후, 동년 11월 15일에 죽첨정(竹添町)의 고데라 다다유키(小寺忠行)가 경성부청사 신축공사를 낙찰 받아 11월 17일에 공사에 착수했다.[47] 1925년 9월 9일에는 경성부청사 정초식이, 동년 12월 6일에는 상량식이 거행되었다.[48] 마침내 1926년 9월 20일에 덕수궁 앞 태평통(太平通) 1정목에 경성부청사가 준공되었으며, 10월 30일에 낙성식을 거행한 후 11월 3일부터 사무를 개시할 예정이었다. 경성부청사는 총공비 130만 76원을 들여 벽돌과 석재로 건축한 지하 1층 지상 3층의 철근 콘크리트 4층 건물이지만, 중앙부에 있는 118척(약 40미터)의 2층

탑옥을 더할 경우에는 총 6층이었다.[49]

경성부청사는 해방 후 줄곧 서울시청사로 이용되었다. 그 후 서울시는 2012년 8월 말에 준공된 지하 5층 지상 13층의 서울시 신청사에서 동년 10월 13일에 개청식을 열었다. 경성부청사는 2008년 8월 26일부터 중앙홀과 파사드를 제외한 대부분이 철거되었고, 리모델링 공사를 통해 지하 4층 지상 5층의 서울도서관으로 개축되었다. 서울도서관은 2012년 10월 26일에 개관했다.

1975년에 서울시는 경비 435만 원을 들여 서울시청사, 즉 구 경성부청사 탑옥에 국내 최대의 대형 전광시계를 설치했으며, 2월 21일에 점광식을 열고 2월 25일부터 가동했다. 삼익전자가 설치한 이 시계는 가로 9미터 세로 3미터이며 195개의 전구로 시와 분을 나타냈고, 시계의 가시거리는 1킬로미터였다. 이 시계는 당시에 신세계백화점(구 미쓰코시백화점) 옥상에 설치되어 있던 전광시계보다 2배나 큰 것이었다.[50] 이 전광시계는 1999년 10월 28일에 월드컵 개막일 카운트다운을 위한 새 전광시계가 가동되면서 철거되었다.

다시 2003년 3월에는 시청 건물의 미관을 해친다는 이유로 새 전광시계도 철거되었다.

다시 2003년 10월 21일에는 스위스 스와치사가 기증한 지름 2.7미터 대시계가 원래 경성부 문장이 있

서울시청 전광시계 (1975년 2월 21일 촬영)[51]

던 자리에 설치되었다. 이 시계는 지피에스(GPS) 신호를 수신하여 시간이 조정되었고, 정오마다 보신각 종소리를 12회씩 들려주었다. 2012년 10월 10일부터는 국내 업체인 로만손이 제작하고 중소기업 중앙회가 기증한 지름 2.7미터 대시계가 서울도서관의 같은 위치에 설치되어 가동되었다. 제작비 5천만 원이 들어간 이 대시계는 지피에스(GPS) 신호를 수신하며 엘이디(LED) 조명판을 사용하여 야간에도 볼 수 있다.

1935년 12월 10일에는 40만 경성부민의 교화, 오락, 대중 집합을 위한 '문화의 전당'을 표방하는 경성부민관(京城府民館)의 낙성식과 개관식이 열렸다. 경성부민관은 경성전기주식회사가 기부한 100만 원 가운데 50만 원 남짓을 들여 경성부청사 근처에 있던 일본기독교청년회의 경성YMCA회관 터에 건축되었다. 경성부청사와 마찬가지로 경성부민관은 미키합자회사(三木合資會社)의 고데라 다다유키가 1934년 7월 30일에 공사에 착수하여 완공했다. 경성부민관 바로 옆에는 1935년 7월 6일에 낙성한 조선일보사 사옥이 있었고, 바로 맞은편에는 1924년 6월 15일에 낙성한 경성일보사 사옥이 있었다. 경성부민관은 대강당이 있는 곳은 3층, 탑옥은 9층, 별관은 지하실 포함 4층이었고, 건물 높이는 63척(약 21미터), 탑옥 높이는 144척(약 48미터)이었다. 시설로는 대강당, 중강당, 소강당, 특별실, 사교실, 집회실, 식당, 공중식당, 이발실 등이 있었다.[52]

경성부민관 9층 탑옥의 정면과 좌우 3면에는 조선에서 가장 큰 직경 13척 2촌(약 4.4미터)의 대시계가 설치되어 있었다. 경성부청은 이 시계가 경성의 표준시계 역할을 할 거라고 기대하고 있었다.[53]

경성부민관 시계탑[54]

해방 후 1949년 6월 6일까지 미군은 경성부민관을 주한 미군 라디오 방송국[WVTP] 겸 미군 전용 극장으로 사용했다.[55] 미군 철수 후 1950년 1월 1일부터 경성부민관은 중앙국립극장으로 사용되었고 동년 4월 29일에 개관식이 열렸다. 중앙국립극장으로 개관하면서 당시의 고장난 시계탑도 수리할 예정이었다.[56] 그러나 한국전쟁이 발발하면서 경성부민관은 제대로 중앙국립극장으로 기능하지도 못한 채 전화를 입고 파괴되었고, 1954년 5월 15일 완공을 목표로 1953년 12월 23일부터 복구 공사가 진행되었다.[57] 그리고 1954년 5월 말에 공사를 마친 후 동년 6월 9일부터 경성부민관은 국회의사당으로 사용되었다.[58]

1975년 9월 1일에 지하 2층 지상 6층의 여의도 국회의사당이 준공되었고, 동년 11월 29일에 구 경성부민관은 서울시민회관 별관으로 개관했다.[59] 원래 1961년에 광화문 앞에 준공된 서울시민회관은 1961년 11월 7일에 개관식을 열었고, 1972년 12월 2일 저녁에 MBC 개국 11주년 기념 10대 가수 남녀청백전 공연이 끝날 무렵 발생한 화재로 전소되었다.[60] 그리고 1978년 2월 6일에 서울시는 같은 자리에 새로 건축될 서울시민회관을 '서울시립 세종문화회관'으로 개칭했다. 1978년 4월 14일에 세종문화회관이 개관하면서 자연스럽게 구 경성부민관은 세종문화회관 별관이 되었다.[61] 그 후 세종문화회관 별관은 1991년 7월 8일에 개원한 서울시의회 의사당이 되었고, 구 경성부민관은 현재까지 서울특별시의회 본관으로 사용되고 있다.[62]

1956년, 1958년 10월 29일, 1959년 3월 4일에 찍은 국가기록원의 국회의사당 사진을 보면 시계탑에 문자판만 있고 시곗바늘이 보이지 않지만, 1960년 5월 31일에 찍은 사진에서는 시곗바늘이 선명히 보인다. 따라서 구 경성부민관 시계탑의 복원이 1959년과 1960년 어간에 이루어진 것으로 보인다. 그러나 1980년에 찍은 서울기록원의 세종문화회관 별관 사진을 보면 시계탑의 대시계가 모두 사라지고 없다는 것을 알

서울특별시의회 본관의 복원된 시계탑[63]

수 있다. 2023년에 서울특별시의회는 야간에
도 볼 수 있도록 자체 발광 기능을 갖춘 3면 대
시계를 복원했고, 8월 28일에 본관 시계탑 복
원 기념 제막식을 개최했다.

　1932년 9월에《조선신문》은 창간 45주년 기
념사업으로 경성운동장(경성그라운드)에 3면 시
계탑을 건설하여 경성부에 기증했다. 시계탑은
9월 28일 밤에 완공되어 10월 1일부터 가동
되었고, 9월 29일에는 이노우에 기요시(井上清)
경성부윤 등이 참석한 가운데 낙성식이 거행되
었다. 시계탑은 육상경기장, 야구장, 정구장에
서 볼 수 있도록 육상경기장 주관람석 입구에
있는 선수 대기석 우측에 세워졌다. 이 시계탑
은 높이 30척(약 10미터)으로 3면에 전기시계가
설치되었고, 배선을 통해 운동장 사무실에 설
비된 친시계와 연결되어 있었다.[64] 이 시계탑

공사에는 경성전기의 하라다(原田) 기사, 건축업
체인 미야모토구미(宮本組), 명치당(明治堂) 시계
점 등이 참여했다.[65]

경성운동장의 3면 시
계탑 (1932년) (《조
선신문》1932년 9월
28일 자)

　경성운동장은 1925년 5월 25일에 기공되었고, 총공비 15만 5천
원을 들여 총면적 22,700평으로 건설되었다. 경성운동장 개장식은
조선신궁 진좌제와 같은 날인 1925년 10월 15일에 거행되었다.[66]
경성운동장은 해방 후 '서울운동장'으로 개칭되었다. 1984년에 서

명치정 천주교당의 4면 대시계
(《매일신보》 1936년 4월 1일 자)

울종합운동장이 완공되자, 1985년 1월 16일 자로 서울운동장은 '동대문 운동장'으로 다시 개칭되었다. 동대문 운동장은 2007년 12월 이후 철거되었고, 그 자리에서 2009년 10월 27일에는 동대문역사문화공원이 개장했고, 2014년 3월 21일에는 동대문디자인플라자(DDP)가 개관했다.

1935년에 경성부 관수동에 사는 이상규(李相圭)는 돌아가신 아버지의 유지를 받들어 명치정(明治町) 천주교당, 즉 현 명동성당의 150척(약 50미터) 종탑 4면에 직경 7척(약 2.3미터)의 전기시계를 설치할 계획을 세웠다. 그는 동년 11월경에 도쿄 세이코샤에 의뢰하여 전기시계를 주문 제작했다. 이 전기시계는 1936년 3월 31일에 종탑 130척(약 43미터) 높이에 설치되었고, 사방 약 7정(町), 즉 약 763미터의 거리에서도 시계를 볼 수 있었다고 한다.[67] 지금도 명동성당 종탑에는 대시계가 설치되어 있다.

백화점과 은행의 시간

1930년을 전후하여 외래품의 저장소이자 근대적인 사물의 전달 매체인 백화점이 출현하면서 식민지 조선에는 이전과 다른 '사물의 시간'이 흐르고 있었다. 1939년에 남대문통 2정목에 준공된 조지야백화점(丁子屋百貨店) 신관 건물의 정면 탑옥에도 대시계가 걸려 있었다.

1929년에 조지야양복점은 백화점으로 거듭나기 위해 남대문통 2정목 본점 옆에 3층 신관을 건축한 후 9월 21일에 개관했다.[68] 다시 1930년 봄에 조지야양복점은 신관 뒤편에서 증축 공사에 착수했고, 동년 10월 11일부터 지상 170척 5층 신관을 개관하여 백화점으로서 본격적인 새 출발을 했다.[69] 조지야백화점의 증축과 확장은 1930년 10월에 경성우편국 옆 구 경성부청사 터에 들어선 미쓰코시백화점(三越百貨店)을 의식한 경쟁의 산물이었다.

그 후 조지야백화점은 1937년 7월부터 공사를 시작하여 10월 29일에 지진제를 거행했고, 2년 동안 130만 원의 공비를 들여 지하 1층 지

1929년에 신축한 조지야양복점 3층 신관(좌)과 조지야양복점 구관(우)[70]

1930년 10월에 증축 준공된 조지야백화점 5층 신관 (《경성일보》 1930년 10월 8일 자)

상 5층 총 2천 평으로 기존 신관을 새롭게 증축했다. 조지야백화점 신관은 1939년 8월 말에 준공되어 9월 21일에 낙성식을 연 후 9월 22일에 개관했다.[71] 1939년에 준공된 신관 건물 탑옥에는 대시계가 박혀 있었다. 조지야백화점은 에스컬레이터와 엘리베이터도 설치되어 있었고, 당시 신문기사에서 '거리의 용궁(龍宮)'이라 불렸다.[72]

그런데 해방 후 조지야백화점은 논란과 쟁탈의 초점이 되었다. 1946년 2월 1일에 조지야백화점은 중앙백화점으로 개칭되었다.[73]

1939년에 준공된 조지야백화점 신관의 탑옥 대시계[74]

그러나 불과 석 달 뒤인 5월 14일에 경기도 적산재산관리처(敵産財産管理處)는 중앙백화점에 5일 안에 퇴거할 것을 명한다.[75] 1948년 11월 중순까지 조지야백화점은 미군 피엑스(PX), 수도경찰청(首都警察廳) 청사 등으로 병용되었고, 1949년 7월에는 2층 이상은 상공부의 무역국과 상무국, 상공장려관, 무역협회에서 사용하고, 1층과 지하실은 대한교역회사가 임차하여 외국 무역상에게 대여하기로 결정되었다.[76]

1954년 4월 9일에 대한부동산주식회사는 관재청(管財廳)과 임대차 계약을 체결하고, 전쟁으로 내부가 파괴된 조지야백화점을 수리한 후 8월 1일에 미도파백화점(美都波百貨店)으로 개점하지만, 8월 9일에 돌연 폐쇄령이 내려지기도 했다. 해당 건물을 외래품을 판매하는 백화점이 아니라 국산품을 위한 무역관으로 환원하라는 이승만 대통령의 9월 5일 특별 유시(諭示) 때문이었다. 동년 11월 15일에 관재청은 한국무역협회와 새로 임대차 계약을 체결하여 미도파백화점의 운영권을 넘긴다. 1955년 1월 21일에 한국무역협회가 미도파백화점으로 이전하면서 미도파백화점을 둘러싼 분규는 일단락되었다.[77] 그리고 동년 8월 22일에 연고자 단독 응찰로 미도파백화점의 공매 입찰이 실시되었지만, 이 입찰은 정부 사정가(査定價) 미달로 유찰되었다. 최종적으로 미도파백화점은 수의계약을 통해 정부 사정가로 한국무역협회 회장 최순주(崔淳周)에게 불하되었다.[78] 이후에도 미도파백화점은 무역관이 아닌 백화점으로 계속 존속하였다.

1969년 3월에는 대한농산(大韓農産) 계열 건설업체인 진흥기업(進興企業)이 미도파백화점 주식 40퍼센트를 매수함으로써 백화점을 인수했다.[79] 1973년 7월 1일에 대한농산은 주식회사 대농으로 개칭되고, 이후 대농이 미도파백화점을 운영했다. 1973년 3월 1일에 미도파백화점은 현대식으로 증축하기 위해 장기 휴점을 했다.[80] 또한 동년 5월에 미도파백화점은 바로 옆에 있는 시대백화점(時代百貨店)을 흡수 합병했다. 이때 인접한 두 백화점이 연결되면서 5층이던 미도파백화점은 시대백화점과 같은 높이인 6층으로 증축되어 11월 1일에 신장 개점을 했다.[81] 여러 사진 기록을 종합해 볼 때 조지야백화점의 탑옥에 있던 대시계는 1970년 무렵 철거된 것으로 추정된다.

시대백화점의 전신인 미우만백화점(美郵滿百貨店)은 1929년에 신축된 조지야백화점 3층 신관이 있던 자리에 6층 건물을 신축하여 1959년 12월 20일에 개점했다.[82] 4층과 5층에는 미우만극장이 있었다. 1963년 2월에 미우만백화점은 시대복장주식회사(時代服裝株式會社)에 인수되어 5월 6일에 신장개업을 했다.[83] 1964년 5월경에 미우만백화점은 시대백화점으로 이름을 바꾸었다.

미도파백화점(사진 우측)과 시대백화점(사진 중간) (1970년 12월 28일 촬영): 사진상으로는 미도파백화점 탑옥의 대시계가 이미 제거된 것으로 보인다.[84]

1994년 8월부터 외관과 내부 공사를 시작한 미도파백화점은 9월 27일부터 12월 9일까지 임시 휴업을 한 후 12월 10일에 메트로 미도파라는 새 이름으로 개장했다.[85] 1997년 외환 위기로 미도파백화점은 1998년 3월 18일에 최종 부

1926년 10월 이전의 경성부청사 (구 일본영사관)[86]

도 처리되었고, 2002년 7월에 롯데에 인수되어 롯데미도파가 되었다. 2003년 11월 18일에 미도파백화점은 롯데 영플라자로 이름을 바꾸고 개장했다. 2013년 1월에 롯데쇼핑과 롯데미도파가 합병된 후, 현재 구 조지야백화점은 롯데백화점 본점 영플라자로 이용되고 있다.

경성부청은 1926년 11월에 태평통 1정목 신청사로 이전하기 전까지 원래 일본영사관이었던 본정 1정목 청사를 사용하고 있었다. 일본영사관은 1884년 11월 21일부터 1885년 1월까지는 일본공사관 안에 있었고, 1885년 1월부터 1896년 12월 30일까지는 일제강점기 당시의 수정(壽町) 6번지 쪽에 있었으며, 1896년 12월 30일부터 1906년 1월 31일까지는 본정 1정목 12번지에 신축된 관저를 사용했다. 그리고 1906년 1월 31일에 영사관이 철폐되고 경성이사청(京城理事廳)이 신설되었으며, 1906년 2월 1일부터 1910년 9월 30일까지 경성이사청은 일본영사관 관저를 사용했다. 한일병합 후 구 경성이사청 청사는 경성부청사가 되었고, 1926년 11월에 경성부청이 태평통 1정목으로 이전한 후 1928년에 철거되었다.[87]

1926년에 태평통 1정목에 경성부청사가 한창 건축되고 있을 때, 직물, 양복, 잡화 등을 판매하는 본정 1정목의 미쓰코시오복점(三越吳服店) 경성출장소는 경성우편국 옆 구 경성부청사 터를 불하받아 대형 백화점을 건축할 계획을 세웠다. 당시에 미쓰코시는 도쿄 본점 신축과 함께 나고야, 경성, 중국 대련 등의 각 지점에도 거대 건물을 신축할 계획을 잡고 있었다.[88] 1927년 5월경에 경성부는 미쓰코시오복점과 구 경성부청사 터의 매각 협상을 시작했다.[89]

1927년 10월 1일에는 조선신문사 후원으로 구 경성부청 토목과와 본정 경찰서 자리에서 아동 오락장인 낙천지(樂天地)가 개장하기도 했다.[90] 낙천지에는 다이쇼천황 장례식을 8백 개의 인형들로 재현한 모형관, 어린이 자동차 같은 각종 놀이 시설, 활동사진 여흥관 등이 설치되어 있었다.[91]

1928년에는 경성우편국과 조선은행(현 한국은행 화폐박물관) 앞 광장을 향한 지구(地區) 가운데 욱정(旭町) 2정목에 인접한 730평을 미쓰코시에서 30만 원에 매수하는 것으로 결정되었고, 9월 13일 또는 14일에 가계약이 체결되었다. 경성부청사 터의 1/4이 미쓰코시에 매각되었다고 한다. 미쓰코시는 이곳에 지하 1층 지상 4층 또는 5층의 건물을 지은 후 바로 백화점을 개업할 예정이었다.[92]

당시에 경성부는 광장에 면한 욱정 1정목 인접지 668평의 매각

협상도 진행하고 있었다. 이때 미쓰코시백화점 신축에 자극받은 본정 상점 등 10여 곳은 미쓰코시백화점 옆에 3층의 합동백화점을 짓는다는 계획을 세우게 된다.[93] 1929년 1월 21일에 발기인 대표인 도시마 유지로(戶嶋祐次郞)가 당시에 낙천지가 있던 600평을 21만 원에 매수하고자 한다는 뜻을 경성부 측에 전달했다.[94] 그러나 구 경성부청사 자리에 미쓰코시백화점과 나란히 합동백화점을 건축한다는 계획은 무산되고 만다.

1929년 3월 13일에 구 경성부청사 터 730평의 소유권이 미쓰코시에 넘어갔고, 3월 14일에 미쓰코시는 경성부청에 잔금 27만 원을 모두 지불했다.[95] 1929년 3월 17일부터 지하 공사를 시작한 것으로 보인다. 동년 6월 25일에 건물 신축 공사는 39만 3천2백 원에 다다구미(多田組)에 낙찰되었다.[96] 동년 6월 27일에 미쓰코시 경성출장소는 신축 부지에서 지진제를 거행한 후 본격적인 공사에 착수했다.[97] 1929년 10월 1일 자로 미쓰코시 경성출장소는 주식회사 미쓰코시 경성지점으로 개칭되었다.[98]

1930년 10월이 되면 옥상에 정원과 탑옥이 딸려 있는 지하 1층 지상 4층의 미쓰코시백화점 경성지점이 낙성된다. 토지와 건물을 합해 총 140만 원이 들어간 미쓰코시백화점 경성지점은 10월 21일에 준공되었고, 10월 22일부터 23일까지 낙성식을 거행한 후 10월 24일에 개점했다.[99] 이로써 1930년 10월 11일에 조지야가 남대문통 2정목에서 신관을 개관하고, 같은 달 10월 24일에 미쓰코시가 본정 1정목에서 개점하면서 2대 백화점이 지근거리에서 경쟁하는 구도가 갖추어졌다.[100]

미쓰코시백화점101

　1936년 11월 7일에 미쓰코시는 백화점 뒤쪽에 있는 삼각형 공지 500평에 지하 1층 지상 4층의 신관을 증축하고, 아울러 기존 백화점을 1층 더 올려 지하 1층 지상 5층으로 증축하기 위한 건축허가원을 본정경찰서에 제출했다.[102] 미쓰코시는 1937년 9월 30일에 증축 낙성식을 거행한 후 10월 1일에 신관을 개관했다.[103] 해방 후 적산이었던 미쓰코시백화점은 동화백화점(東和百貨店)으로 변신했고, 한국전쟁 때는 미군 피엑스로 사용되었으며, 여러 논란 끝에 결국 1963년 11월 1일부터 삼성재벌의 신세계백화점이 되었다. 미쓰코시백화점 건물은 지금도 신세계백화점 본점으로 이용되고 있다.

　1932년 9월에는 미쓰코시백화점 뒤쪽 550평이 체신국 경성중앙전화국 신축 부지 용도로 매각된다.[104] 1934년 3월 13일에 경성중앙전화국 공사는 25만 8천3백 원에 다다구미에 낙찰되었다.[105]

1934년 3월 23일에는 미
쓰코시 뒤에 지하 1층 지
상 4층의 경성중앙전화국
을 신축하기 위한 지진제
가 있었고, 동년 10월 22일
에는 상량식이 있었다.[106]
1935년 9월 28일에는 총공
비 136만 9천 원이 들어간

경성중앙전화국 (1945년 10월 촬영)[107]

경성중앙전화국의 낙성식이 거행되었다.[108]

　해방 후 경성중앙전화국은 서울중앙전화국으로 개칭되었다.
1985년에 신세계백화점은 서울중앙전화국을 한국전기통신공사(현
KT)로부터 인수하여 5월에는 2층에 새로 주차장을 설치했고, 3층에
구름다리를 만들어 본관과 신관(별관), 즉 구 경성중앙전화국을 연결
한 후 동년 9월 10일에는 신관을 리빙관이라는 이름으로 신규 개점
했다.[109] 신세계백화점은 2002년 10월 21일부터 구 경성중앙전화
국 건물을 철거했고, 동년 12월에 착공하여 2005년 8월 10일에 지
하 7층 지상 19층의 현 신세계백화점 본점 신관을 개관했다.

　1930년에는 미쓰코시 신관에 인접한 구 경성부청사 터 약 400평
을 놓고 경성부와 조선저축은행 간에 교섭이 진행되었다.[110] 1933년
9월 26일에는 지하 1층 지상 5층의 조선저축은행 공사가 68만 7천
원에 오바야시구미(大林組)에 낙찰되었다.[111] 1934년 10월에 조선
저축은행 철골 골조 공사가 거의 마무리되었고, 1935년 5월 10일
에 조선저축은행 신축 건물 3층에서 정초식이 있었다.[112] 마침내

미쓰코시백화점(좌)과 조선저축은행(우)[113]

1935년 12월 2일에 조선저축은행 낙성식이 거행되었다.[114] 이처럼 1935년 9월 28일에는 경성중앙전화국이 완공되고, 연이어 12월 2일에는 바로 옆에 조선저축은행이 완공된다.

　해방 후 1950년에 조선저축은행은 한국저축은행으로 개칭했고, 1958년 12월 1일 자로 제일은행(第一銀行)으로 상호를 변경했다.[115] 1987년 10월 5일에 종로구 공평동의 구 종로경찰서와 신신백화점 자리에 제일은행(현 SC제일은행) 본점이 준공될 때까지 구 조선저축은행은 제일은행 본점으로 사용되었고, 그 후 제일은행 지점이 되었다. 2015년 3월에 구 조선저축은행은 신세계그룹에 매각되었다. 2023년 현재 해당 건물에 향후 명품관과 고급 레스토랑을 입점시키고, 신세계상업사박물관을 이전하여 종합전시관을 조성하기 위한 공사가 진행 중이다. 또한 지하 1층을 통해 신세계백화점 본점 본관(구 미쓰코시백화점)과 구 조선저축은행을 연결하는 공사도 진행 중이다. 이로써 1930년과 1935년 사이에 구 경성부청사 터에 준공된 미쓰코시백화점, 조선저축은행, 경성중앙전화국이 모두 신세계백화점 수중에 들어갔다.

화신, 미쓰코시, 조지야와 더불어 경성의 5대 백화점으로 군림하던 미나카이백화점(三中井百貨店)과 히라타백화점(平田百貨店)도 비슷한 시기에 팽창하고 있었다. 히라타백화점은 1906년에 개인 경영 상점으로 창립되었고, 본정 1정목 입구의 현 고려 대연각 타워 자리에 있어서 접근성이 좋았으며, 자유롭게 천천히 진열된 상품을 볼 수 있다는 장점이 있었다. 2층 건물의 백화점에 불과했지만 히라타백화점은 1926년 2월에 주식회사로 성장할 정도로 번창했다.

미나카이백화점 사장인 나카에 가쓰지로(中江勝治郎)는 1905년

히라타백화점116

1월에 조선에 건너와 대구에서 조선인에게 잡화를 판매하는 미나카이상점을 창설한 후, 1907년 6월 1일에는 대구 원정(元町) 1정목, 즉 현 북성로 1가에서 미나카이오복점(三中井吳服店)을 개점했다.[117] 1911년 6월 5일에는 경성 본정 1정목에서 미나카이오복점 본점이 개점했다. 미나카이오복점은 1922년 2월에 주식회사로 조직을 변경했다.

미나카이오복점은 양복부(洋服部)를 신설한 후 1928년 봄에 점포 뒤편에 철근 콘크리트로 양복부 5층 신관을 신축하는 공사를 시작했고, 1929년 3월에 준공하여 3월 20일부터 5일간 신관 낙성 기념 대매출 행사를 진행했다. 미나카이는 각 층에 엘리베이터가 설치되어 있었고, 신관 옥상 정원에서 조선은행과 경성부청 등을 볼 수 있어서 일종의 '대경성 전망대' 역할을 했다고 한다.[118]

미나카이는 본격적인 백화점으로 출발하기 위해 1932년 4월에 기공하여 지하 1층 지상 6층의 본점을 신축하는 제1기 공사를 단행했으며, 1933년 9월 17일에 낙성식을 거행하고 9월 20일에 본점 신관을 개관했다.[119] 1935년 10월경에 미나카이는 본점 증축을 위해 바로 옆에 있는 히노마루 소간물점(日ノ丸小間物店)과 야스다은행(安田銀行) 경성지점을 매수했다.[120]

제2기 공사의 정확한 내역은 알 수 없지만, 1933년에 끝난 제1기 공사와 이후의 제2기 공사를 통해 본정통(本町通) 즉 명동을 면한 2층 구관을 3층으로 개축하고, 1929년에 준공한 신관을 5층에서 6층으로 개축한 후, 소화통(昭和通) 즉 퇴계로에 면한 1933년의 신축 6층 신관을 기존 건물과 연결하는 공사를 한 것으로 보인다.

미나카이백화점 (1938년 10월 15일 이후의 사진): 미나카이(三中井)라는 간판이 옥상에 설치된 건물(좌)이 1929년에 준공된 신관이고, 그 앞쪽 건물(우)이 1933년에 준공된 신관이다.[121]

1934년에 미나카이는 부산, 대구, 평양, 원산, 함흥, 군산, 목포, 대전, 광주, 진주, 흥남, 도쿄, 만주국 신경(新京)에 지점이나 출장소를 두고 있었다.

해방 후 적산으로 분류된 미나카이백화점은 미군, 해군본부, 참의원(參議院), 국가재건최고회의, 원호처에 의해 사용되었다. 1970년 2월 10일에 원호처(구 군사원호청)가 안국빌딩으로 이전한 직후 2월 16일부터 3월 무렵까지 구 미나카이백화점이 철거되었다. 군사원호청은 1961년에 설립되어 1962년에는 원호처로, 1985년에는 국가보훈처로 개편되었다. 구 미나카이백화점은 퇴계로 확장을 위해 1962년에 이미 1층과 2층 393평이 뜯겨 나갔고, 1969년 11월에

군사원호청으로 사용된 구 미나카이백화점 (1962년 1월 28일 촬영)[122]

연합물산(유니온물산)에 매각되었다. 도로 쪽으로 튀어나온 688평은 서울시가 철거하고 나머지 부지에는 연합물산이 빌딩을 신축할 예정이었다.[123] 그러나 구 미나카이백화점 부지는 한동안 공지로 남아 있었고, 1980년 1월에 이곳에 간이 철골 조립의 3단식 입체 주차장이 설치된 것으로 보인다.[124]

연합물산은 1977년에 국제그룹에 인수되었고, 1985년에 국제그룹이 해체된 후 1986년에 한일합섬그룹(한일그룹)에 인수되었으며, 다시 1997년 2월경에 성창F&D라는 부동산서비스업체에 매각되었다. 1997년 5월이 되면 연합물산이 구 미나카이백화점 부지 인근에 동년 6월부터 1999년 9월까지 지하 7층 지상 18층으로 '신명례방'이라는 초대형 쇼핑몰 겸 오피스텔을 건축한다는 계획이 발표된다.[125] 1998년 3월이 되면 건물명이 '명동 첸트로 24'로 바뀌고, 1999년 2월이 되면 '밀리오레 명동'으로 개칭된다. 지하 7층 지상 17층의 밀리오레 명동은 2000년에 준공되어 동년 6월에 개관했고, 그 후 1~2층만 상가로 두고 3층부터 17층까지를 호텔로 리모델링한 후 2015년 1월 31일에 일본 호텔 체인 브랜드인 '르와지르 호텔 서울 명동'으로 변신했으며, 2020년 2월 1일부터는 '밀리오레 호텔 서울 명동'으로 개칭되었다.

1935년 10월경에 미나카이가 본점 증축을 위해 매수한 히노마루 소간물점은 1906년에 창업하여 부인용 잡화와 각국의 유명 화장품을 판매하는 가게였다.[126] 마찬가지로 미나카이에 건물을 매각한 야스다은행(현 후지은행) 경성지점은 1931년 12월경에 남대문통 2정목 조선상업은행(朝鮮商業銀行) 본점 옆에 있는 만푸쿠식당(滿富久食堂)과 일본지업(日本紙業) 경성지점 영업소를 매수하여 은행 신축을 준비했다.[127] 1934년 10월에 오쿠라(大倉) 토목회사에 의해 공사가 시작되었고, 1935년 10월에 남대문통 2정목 116번지에 야스다은행 경성지점 2층 신관이 준공된 후 11월 11일부터 은행 영업이 개시되었다.[128] 원래 야스다은행 경성지점은 백삼십은행(百三十銀行) 지점을 계승하여 1923년 5월에 설립되었다.

해방 후 야스다은행 경

야스다은행 경성지점[129]

성지점은 한국상공은행(韓國商工銀行) 소공동지점과 한일은행 소공동지점 등으로 이용되었다. 1969년 9월 5일에 바로 옆에 지하 2층 지상 23층의 KAL빌딩(현 한진빌딩)이 준공되자 1970년부터 한일은행 소공동지점도 KAL빌딩 1층으로 이전했다. 그 후 구 야스다은행 경성지점 건물은 서울시의 소공지구 재개발 사업으로 철거되었고, 그 자리는 2023년 6월까지 한국은행 소공별관 주차장으로 이용되었다.

민병석(閔丙奭), 심상훈(沈相薰), 민영기(閔泳綺) 등이 발기하여 1899년 1월 30일에 창립한 대한천일은행(大韓天一銀行)은 한일병합 이후 1911년 2월 11일에 조선상업은행으로 상호를 변경했다. 1924년 8월 31일에 조선상업은행은 조선실업은행(朝鮮實業銀行)과 합병했다. 합병 후 조선상업은행 본점은 남대문통 2정목 111번지 1호의 조선실업은행 본점으로 이전했고, 광통관(廣通館)이라 불리던 남대문통 1정목 19번지의 옛 본점은 조선상업은행 종로지점이 되었다.[130]

1907년부터 대한천일은행은 종로에 은행 사무소(광통관)를 신축하기 시작하여 1908년 10월 4일에 상량식을 거행했다. 건축비 7만여 원이 들어간 광통관의 낙성식은 1909년 12월 13일에 거행되었다. 광통관은 1914년 2월 9일 오전 11시에 2층에서 시작된 화재로 외벽만 남고 내부가 전소되었으며, 동년 8월 17일부터 중수(重修)에 착수하여 12월에 공사를 마쳤다. 황금정(黃金町) 즉 현 을지로에 임시 영업소를 두었던 조선상업은행은 1914년 12월 27일에 다시 광통관으로 이전하여 영업을 개시했다.[131] 지하 1층 지상 2층의 광통관은 현재 우리은행 종로금융센터로 이용되고 있다.

조선상업은행 본점과 종로지점으로 사용된 광통관: 옥상 좌우에 돔이 있는 사진 우측 첫 번째 건물은 광통관이고, 첨탑이 있는 바로 옆 건물은 대동생명보험주식회사(大同生命保險株式會社) 경성지부이고, 전차 위로 보이는 돔 하나가 있는 세 번째 건물은 한성은행 본점이고, 옥상의 돔 하나가 흐릿하게 보이는 네 번째 건물은 종각 옆에 있던 동일은행(東一銀行) 본점이다.132

    조선실업은행은 경성은행(京城銀行)과 십우합자회사(十友合資會社)를 합병하여 1920년 3월 16일에 설립 허가를 받은 후 7월 15일에 영업을 개시했고, 동년 7월 25일에 경성은행이 해산되자 경성은행 본점과 지점의 권리와 의무를 승계했다. 조선실업은행은 원래 본정 2정목 51번지에 본점을 두고 있었다. 그 후 조선실업은행은 1922년 6월 25일에 남대문통 2정목에서 본점 신축 공사를 위한 정초식을 거행했고, 1922년 안에 본점을 준공하여 가구 설치 등을 마친 후에 1923년 2월이나 3월경에는 본점을 이전할 예정이었다. 조선실업은행은 1923년 4월 10일에 본정 본점을 본정 지점으로 변경하기 위한 허가를 받았고, 동년 5월 27일에 남대문통 2정목에 준공

한국상업은행 (구 조선상업은행, 구 조선실업은행): 1959년 2월 24일 촬영. 한국상업은행 우측으로 구 야스다은행 경성지점의 측면이 보인다.133

1965년에 준공된 한국상업은행 본점 (1965년 12월 22일 촬영): 한국상업은행 본점 우측 으로 한일은행 소공동지점이 보인다.134

된 신축 본점으로 이전했다.[135] 그리고 1924년 8월 31일에 조선실업은행이 조선상업은행과 합병하면서 남대문통 2정목 신축 본점은 조선상업은행 본점이 되었다.

남대문통 2정목의 조선상업은행은 해방 후 한국상업은행으로 상호를 변경했다. 1965년 12월 15일에는 같은 자리에 지하 1층 지상 12층 탑옥 2층으로 신축된 한국상업은행 본점의 낙성식이 거행되었다.[136] 1963년 7월부터 구 조선상업은행 건물을 철거한 후 1964년에 신축 공사를 시작한 것으로 보인다. 1997년 외환 위기로 한국상업은행은 1998년에 한일은행과 합병한 후 1999년부터 한빛은행이 되었고, 2002년에 한빛은행은 상호를 우리은행으로 바꾸었다.

1999년 12월 27일에 한빛은행 본점이 회현동 현 우리은행 본점으로 이전하면서 한국상업은행 본점 건물은 SGS컨테크에 매각되었다. 2003년 8월에는 ㈜해창이 이 건물을 매수하여 지하 1층 지상 13층으로 전면 리모델링을 했다. 다시 2005년 3월에 한국은행이 한국상업은행 본점 건물을 매수하여 한국은행 소공별관으로 이용했고, 2023년 6월 12일에 이 건물은 싱가포르 회사인 케펠자산운용에 매각되었다. 이때 야스다은행 경성지점이 있었던 한국은행 소공별관 주차장도 함께 매각되었다.

1905년 이후 조선에서는 일본의 제일은행이 은행권 발행, 화폐 정리, 국고금 출납 등을 담당하면서 중앙금융기관의 역할을 하고 있었다. 그 후 조선 정부는 중앙은행 설립을 위해 제일은행과 교섭하여 1909년 6월 14일에 제일은행의 권리와 의무를 승계하는 각서를 교환했다. 이후 제일은행은 경성지점과 부산지점만 존치시켰다. 1909년 7월 26일에는 〈한국은행조례〉가 발포되었고 한국은행 설립은 일본 정부에 위임되었다. 1909년 10월 1일에 일본 정부의 설립 인가가 있었고, 10월 29일에 도쿄 상업회의소에서 창립 총회가 열렸으며, 11월 10일에 경성구재판소에서 설립 등기를 마침으로써 중앙은행인 한국은행이 설립되었다. 한일병합 후 1911년 3월 28일에 조선은행법이 공포되었고, 동년 8월 15일에 조선은행법이 실시되면서 한국은행은 조선은행으로 개칭되었다.[137]

1911년 11월이 되면 남대문통 3정목에 신축 중이던 조선은행 본점이 내부 수선만 남겨둔 채 거의 준공되었고, 1912년 1월 20일에 지하 1층 지상 2층의 조선은행 본점 낙성식이 거행되었다. 일본의 공학박사 다쓰노 긴고(辰野金吾)가 설계한 조선은행 본점은 원래 제일은행 경성지점 용도로 1907년 11월에 기공되었다. 다쓰노 긴고는 일본은행 본점과 도쿄역 등을 설계한 인물이다.

해방 후 1950년 6월 11일에 조선은행이 폐업하고, 그 대신 6월 12일에 한국은행이 중앙은행으로 창립되면서 기존 건물은 한국은행 본점으로 이용되었다.[138] 한국전쟁 때 한국은행 본점은 두 차례에 걸쳐 전화를 입고 뼈대만 남은 채 거의 파괴되었다. 1956년에 복구 공사가 시작되었고, 1958년 1월 18일에 한국은행 본점 복구 준공식이 거행되었다.[139] 그러나 설계도가 없는 상태에서 미국 원조 물자 등으로 복구 공사가 진행되었기 때문에 한국은행 본점은 옥상 가건물이 추가되는 등 원형과는 다른 모습으로 복원되었다.

1987년 12월 1일에는 본점 건물 뒤편에 지하 3층 지상 16층의

1912년에 준공된 조선은행[140]

한국은행 신관이 준공되었다.[141] 그 후 한국은행은 석조만 남기고
내부 시설을 모두 철거한 후 구 조선은행 건물을 최초의 원형 그대
로 복원하는 공사를 진행했다. 다쓰노 긴고의 제자가 보관 중이던
조선은행 설계도를 찾아서 복원 공사를 진행했다고 한다. 1989년
6월 5일에는 원형 복원 공사를 마친 한국은행 본관이 준공되었다.
또한 1963년 11월 20일에 준공된 지하 1층 지상 9층의 제1별관과
1933년에 준공된 지하 1층 지상 5층의 제2별관을 증개축하는 공사
도 같은 날 완공되었다.[142] 제2별관은 원래 남대문통 3정목 106번
지의 도쿄화재보험주식회사(東京火災保險株式會社) 경성지점 건물로
1933년 3월 1일부터 동 회사가 사용했다.[143]
　그 후 한국은행은 원형을 복원한 구 조선은행 건물에 '화폐금융
박물관'을 조성하여 2001년 6월에 개관했고, 2012년 2월에는 동
건물을 '한국은행 화폐박물관'으로 개칭했다. 한국은행은 2017년

6월부터 기존의 제1별관을 철거했다. 2019년 12월 24일에는 지하 4층 지상 16층의 통합별관을 신축하고 본관과 제2별관을 리모델링하는 공사의 기공식이 열렸고, 2023년 4월 24일에는 한국은행 통합별관 준공 기념식이 열렸다.

지금까지 살펴본 것처럼 근대적인 시간은 오포, 모터사이렌, 각종 시계와 시계탑 등 서로 다른 형태로 일상 공간을 서서히 잠식하고 있었다. 또한 정시에 운행되는 전차와 기차의 시간표, 시계 없이는 이용할 수 없는 철도 정거장, 정시에 개점하고 폐점하고 정기적으로 휴점하는 은행과 백화점 등은 오직 근대적인 시간만 통용되는 새로운 공간 질서를 형성하고 있었다. 근대적인 시간은 여러 겹으로 이루어진 복합적인 것이었다. 따라서 경성 같은 대도시에서 근대적인 시간은 다중적인 형태로 두껍게 흐르고 있었다. 그러나 도회지가 아닌 대다수 지역에서 근대적인 시간은 여전히 단순하고 얇은 형태로 단속적으로 흐르고 있을 뿐이었다.

전기시계
바야흐로 전기의 시대

4

친시계와 자시계

일본 황실은 규율적인 생활을 위해 1923년 1월 1일부터 황실의 모든 시계를 전기시계(電氣時計)로 바꿀 계획을 세우고 도쿄계기회사(東京計器會社)에 전기시계 200개를 주문했다.[1] 1922년 12월경에 부산우편국은 시간의 정확성을 기하기 위해 1923년도에는 청사 증축과 함께 시계를 36개에서 50여 개로 늘리고 모든 시계를 전기시계로 바꾼다는 계획을 세웠다.[2]

표준시간을 기준으로 모든 시계가 통일되고, 모든 사물이 같은 시간 안에 놓이게 될 때 우리는 비로소 근대적인 시간 안에서 살아가게 된다. 근대적인 세계에서는 어떤 것도 시간 밖에 있지 않다. 오포나 모터사이렌은 매일 정오 시각을 표시하여 해당 지역의 모든 시계를 일치시킨다는 목적을 갖고 있었다. 아무리 정밀한 시계라 하더라도 시간이 맞지 않으면 시간을 발생시키지 못한다. 시계들의

체신국의 전기시계 시험 광경 (《매일신보》 1923년 3월 28일 자)

일치가 시간을 만드는 것이다. 두 사람이 같은 시간에 멈추거나 움직일 때, 같은 시간에 같은 행동을 하거나 같은 장소에서 만날 때, 같은 시간에 비슷한 의미를 부여할 때 시간이라는 것이 생성된다. 따라서 오포나 모터사이렌은 시간을 일치시킬 뿐만 아니라 시간을 발생시키는 장치이기도 했다.

그런데 전기시계의 등장으로 오포나 모터사이렌의 영향력은 서서히 약해지기 시작했다. 전기시계는 오포나 모터사이렌 없이도 저절로 표준시간을 구현하는 표준시계를 지향하고 있었다. 전기시계는 한 번 시간을 맞추기만 하면 전기의 힘으로 계속 표준시간을 나타낼 수 있었다. 불과 10여 년 만에 근대적인 시간의 초점은 이제 시계의 일치에서 시간의 통제와 관리라는 문제로 차츰 이동하고 있었다.

1923년 3월경에 조선총독부 체신국은 스위스에서 제조한 최신식 전기시계를 설치하여 시험하고 있었다.[3] 이 시계는 태엽을 감지 않아도 영구히 정확한 시간을 표시할 뿐만 아니라, 기존의 전기시계와 달리 따로 전기를 공급할 필요도 없었다. 이 전기시계는 '큰 시계'가 회전하면서 자연 발전하여 전류를 흐르게 함으로써 몇십 개 또는 몇백 개의 '작은 시계'를 일제히 정확히 작동시킬 수 있었다. 당시 신문기사에 따르면 큰 시계는 정각이 되면 나팔을 불거나 종을 울렸고 멀리 떨어진 500개의 작은 시계를 작동시킬 수 있었다.

따라서 이 전기시계는 학교, 공장, 극장, 숙사(宿舍) 등에 설치할 경우 따로 손댈 필요 없이 저절로 작동할 수 있었다. 당시 체신국은 가나가와(神奈川) 전기회사에서 큰 시계 1개와 작은 시계 90개를 1만 2천여 원에 구입했으며, 향후 부산, 평양, 원산, 청진 등의 각 우편국에도 시간의 표준이 될 전기시계를 설치할 예정이었다. 일본에서는 1921년부터 스위스 전기시계를 들여와 궁내성(宮內省)과 도쿄 전기국 등 수십 곳에 설치했다고 한다. 전기시계는 자연력으로 작동하는 물시계의 근대적인 형태처럼 보이기도 한다. 전기시계는 관공서나 회사 등에서 하나의 친시계(親時計)로 구내의 모든 자시계(子時計)를 통일할 수 있다는 점에서 유용했다. 1926년 7월에는 체신국 구내의 라디오 방송용 안테나가 낙뢰를 맞아 체신국 현관 앞쪽에 설치된 친시계가 파손되는 바람에 체신국의 모든 자시계를 사용할 수 없었다고 한다.[4]

부산우편국 현관의 전기시계[5]

조선의 우편국 가운데 최초로 부산우편국은 1923년 3월 20일까지 전기시계를 설치할 예정이었다. 부산우편국은 시계 포함 총공비약 4천 원을 들여 친시계 1개와 자시계 44개를 도쿄에 주문했다. 이 전기시계는 친시계로부터 각 실에 배치된 44개의 자시계에 전기장치로 '시간'을 보내는 구조를 갖고 있었다. 따라서 친시계 1개만정확히 맞추면 다른 44개의 자시계도 정확한 시간을 가리켰고, 친시계 하나만 태엽을 감으면 되므로 매우 경제적이었다. 그전에 부산우편국에는 36개의 시계가 설치되어 있었는데, 한 사람이 시계옆에 붙어 온종일 일일이 시간을 정확히 맞추고 태엽을 감아야 할정도였다고 한다.[6]

최초 계획보다 조금 늦은 1923년 3월 21일 아침에 자재가 모두부산우편국에 도착했고, 3월 중에는 전기시계 설치 공사를 마칠 예정이었다.[7] 그런데 어찌된 일인지 이 설치 공사는 제대로 진행되지 못한 것 같다. 1923년 7월 3일에 부산우편국에 높이 7척의 친시계와 45개의 자시계가 도착했다는 신문기사가 보이기 때문이다. 일본 체신성(遞信省)의 전기시계는 1분마다 장침(長針)이 움직였지만, 부산우편국의 전기시계는 30초마다 장침이 움직이는 최신식이었고 하루에 0.5초의 시차밖에 생기지 않았다. 이 전기시계의 설치비와 구입비는 총 3,300원이었다. 하나의 친시계에 연동된 45개의 자시계가 항상 '똑같은 시간'을 가리키는 이 전기시계는 매일 인천관측소의 표준시간에 따라 조정될 예정이었다.[8]

부산우편국의 전기시계는 나고야(名古屋)의 아베식(阿部式) 전기시계로 전신실(電信室)에 설치된 친시계에서 우편국 안의 모든 자시계로 전류를 보내 정확한 시간을 표시했다. 친시계는 인천관측소에서 전기로 정확한 시각을 통지받아 조정되고 있었으므로 목도에 설치된 오포보다 훨씬 정확했다. 부산부에서 오포 대신 모터사이렌을 울린 것은 1932년 9월 1일부터였다. 1923년 무렵 부산부에서 가장 정확한 시계는 부산우편국의 전기시계였으므로 전선을 연장하여 이 전기시계를 다른

부산우편국의 친시계[9]

행사 장소에서 이용하기도 했다. 그런데 불과 6개월 만인 1924년 1월에 전기시계가 고장을 일으켰다. 친시계는 정확했지만 우편과(郵便課) 현업실(現業室), 간부 식당, 전신, 전화 등을 위한 자시계가 빠르거나 늦는 등 제각각이었다. 전기시계를 수리했지만 얼마 지나지 않아 또 자시계의 시간이 어긋났고, 결국 각 자시계와 연결된 전선에 문제가 있다는 것이 밝혀졌다.[10]

우편국처럼 시간이 생명인 관공서의 경우 각 실에 있는 모든 시계가 동일한 시각을 가리키고 있지 않으면 업무에 지장이 생길 수밖에 없었다. 당시 신문기사는 전기시계가 오포보다 정확하다는 점을 자주 강조하고 있다. 그런데 오포가 한 지역의 모든 시계를 통일하기 위한 것이라면, 전기시계는 하나의 건물 안에 있는 모든 시계를 통일하기 위한 것이었다. 따라서 전기시계는 관청, 백화점, 은행, 회사 등에 적합한 것이었다.

신의주우편국도 3천여 원을 투여해 신청사에 전기시계를 신설하여 1924년 1월 20일부터 시간의 정확성을 자랑했다. 우편국 전신과에 친시계를 두고 우편국 각소에 자시계 28개를 배치했다고 한다. 압록강 대안(對岸) 및 안동현(安東縣)에는 남만주철도주식회사의 전기시계가 있었지만, 평양 서쪽의 서선(西鮮) 지방에서는 신의주우편국이 최초로 전기시계를 설치했다. 그전에는 정오에 각 시계를 하나씩 정확히 맞추더라도 시계 간에 1초 내지 2초씩 차이가 발생하여 최초에 맞춘 시계와 최후에 맞춘 시계 사이에 꽤 큰 시차가 발생했다. 또한 당시에 평안북도 일원은 신의주우편국의 전보통보기(電報通報機)에 의거하여 매일 정오 시보를 하고 있었기 때문에 신의주우편국의 전기시계 도입은 그만큼 절실했다.[11] 1936년에는 국경상사주식회사(國境商事株式會社) 사장인 김의명(金義明)이 신의주우편국에 전기 표준시계를 기증했고, 이 시계를 우편국 정면에 설치했다.[12]

경성부는 1924년 6월 21일부터 오포 대신 모터사이렌으로 시보를 하기 시작했다. 그런데 모터사이렌 설치 후부터는 남대문소방서에 전화를 걸어 "지금 몇 시요?"라고 시간을 문의하는 사람이 하루에도 수십 명이나 있었다. 당시에는 표준시계가 있는 인천관측소에서 정오 3분 전에 전령(電鈴)으로 경성우편국에 시간을 알렸고, 다시 경성우편국은 전령으로 동시에 광화문우편국, 남대문소방서, 경성역 등 세 곳에 시간을 알렸다고 한다. 그런데 모터사이렌 소리가 잘 들리지 않자 사람들이 남대문소방서에 표준시계가 있다고 착각하고 전화를 걸어 시간을 문의한 것이다. 남대문소방서에서도 비치된 시계를 보고 시간을 알려주었지만 그 시간이 정확하지 못했다. 따라서 남대문소방서는 경성부에 이 사실을 보고했고, 결국 135원을 들여 전기시계를 설치한 후 경성우편국과 연락하여 정확한 시간을 부민에게 알려주기로 했다.[13] 그렇다면 경성우편국에도 이미 전기시계가 설치되어 있었을 것이다.

1925년 11월 16일에 대구우편국은 일반 공중의 편의를 도모하기 위해 도로에 면해 있는 정면 입구에 직경 2척의 전기 대시계를 설치했다.[14] 그리고 1926년에 조선총독부 체신국은 조선의 주요 우편국에 전기시계를 설치하여 우편국과 일반 공중의 편의를 도모했다. 1926년 2월 4일에는 대전우편국에 전기시계 10개가 신설되었다.[15] 이처럼 체신국은 먼저 각 부청 소재지의 우편국에 전기시계를 설치

함흥우편국(사진 좌측) 외벽의 전기시계: 함흥부 본정에 있는 함흥우편국 지붕 바로 밑에 전기시계가 부착되어 있었다. 맞은편에 있는 3층 건물은 1928년 9월 22일에 개점한 미나카이오복점 함흥지점이다.[16]

한 후, 1928년 12월경에는 도청 소재지의 우편국 가운데 나남(羅南), 광주, 전주의 우편국에 전기시계를 설치할 계획을 세웠다.[17]

　1933년 5월 23일~24일경에는 통영우편국이 신청한 전기시계, 즉 친시계 1개와 자시계 10개가 도착했고, 5월 26일경에는 조선총독부 기술자가 통영에 와서 설치를 할 예정이었다.[18] 1933년 5월경에 함북 웅기우편국도 각 사무실의 시간을 통일하기 위해 모든 시계를 전기시계로 교체하기로 결정했다. 나카무라(中村) 국장은 우편국 입구에 친시계와 연결된 자시계를 걸어 통행인이 시간을 맞출 수 있도록 편의를 제공할 계획이었다.[19]

　1933년 6월경에 목포부민은 1일 1회 울리는 정오 시보 사이렌에 의해서만 정확한 시간을 알 수 있었다. 당시에 목포우편국에는 인천관측소에서 매일 시보를 받아 매우 정확한 시간을 표시할 수 있는 시계가 설치되어 있었다. 따라서 우편국 정면 출입구 상부에 야간에도 통행인이 쉽게 볼 수 있는 대형 전기시계를 설치하여 표준시계 역할을 하게 하자는 주장이 일고 있었다.[20] 이 소식을 듣고 부산부의 어떤 사람이 목포우편국에 금일봉을 송부하기도 했다.[21]

마침내 1935년 2월경에 목포우편국은 일반 시민에게 정확한 시간을 알려주기 위해 목포신문 사장 후쿠다 유조(福田有造)가 기증한 전기시계를 우편국 정면에 설치했다. 이미 목포우편국에는 각 실에 1~3개씩 총 16개의 전기시계가 설치되어 있었으므로 새 시계를 기존 전기시계에 연결하여 설치한 것이다. 당시에 경성우편국과 부산우편국 등을 제외하면 정면에 전기시계가 설치된 우편국은 거의 없었다. 목포우편국은 매일 인천관측소로부터 경성우편국을 거쳐 정오 시보를 받아 시계를 조정하고 있었다.[22]

1930년대 초에 경남도청은 현관 정면에 있는 대시계를 표준시계로 사용했지만 도청 내에 작동하지 않는 시계가 많았다. 자력갱생 운동과 능률 증진을 위해 경남도청은 1933년 4월 1일부터 건물 전체에 전기시계를 설치하여 현관 정면에 친시계 1개를 두고 각 사무실에 자시계 25개를 두었다.[23] 청사를 신축 중인 충북도청은 1936년 12월 18일에 청주전기상회와 전등 및 전기시계 설치를 위한 계약을 맺고 1937년 3월 말일까지 공사를 마치도록 했다.[24] 1937년 가을에 통영제일공립보통학교는 공사비 5만여 원을 들여 교사를 신축했다. 그 후 11월경에 부도정(敷島町) 태양당(太陽堂)시계점 주인 오복환(吳福煥)이 모교의 교사 현관 입구 정면에 걸 수 있는 시가 120원의 20인치 대형 전기시계 1개를 기증했다.[25] 1939년 4월 8일에 대구역은 구내 사무실과 플랫폼 등에 전기시계를 설치하는 공사를 완료했다.[26]

조선총독부와 전기시계

제17회 시정기념일(始政記念日)인 1926년 10월 1일에 낙성된 경복궁 내 근정문(勤政門) 앞 조선총독부 신청사에도 전기시계가 설치되었다. 시정기념일은 1910년 10월 1일에 조선총독부가 설치된 것을 기념하는 날이었다. 《조선총독부청사 신영지》를 보면 친시계는 현관 옆 계단실에 있었고, 각 실에 총 162개의 전기시계가 설치되었다. 또한 돔 모양의 중앙 탑옥에 모터사이렌을 설치하여 직원의 출퇴근 시각과 정오 등을 알릴 수 있는 시보기로 사용했다.[27] 지하 1층 지상 4층의 조선총독부 신청사는 1916년 6월 25일에 지진제, 1920년 7월 10일에 정초식, 1923년 5월 17일에 상량식, 1926년 10월 1일에 낙성식을 거행하는 등 10년 이상의 과정을 거쳐 공비 약 6,751,982원을 들여 완공되었다.[28]

조선총독부 청사는 해방 후 중앙청(中央廳)이라 불렸고, 1970년 12월 23일에 중앙청 앞에 지하 3층 지상 19층 탑옥 3층의 정부종합청사(현 정부서울청사)가 준공될 때까지 대한민국 정부 청사로 사용되었다. 1983년 6월 15일에 구 중앙청을 국립중앙박물관으로 개축하기 위한 기공식이 열렸고, 1986년 8월 21일에 구 중앙청에서 국

1926년에 완공된 조선총독부 신청사[29]

립중앙박물관 이전 개관식이 열렸다. 1995년 8월 15일의 중앙 돔 상부 첨탑 철거를 시작으로, 1996년 8월 20일부터 본격적인 철거 작업에 들어가 동년 11월 13일에 구 조선총독부 청사는 완전히 철거되었다.[30]

1904년 2월 23일에 한일의정서(韓日議定書)가 체결되고, 동년 8월 22일에 제1차 한일협약이 체결된 후, 1905년 11월 17일에 제2차 한일협약 즉 을사조약이 체결되면서, 일본 정부는 경성의 일본공사관을 철폐한 후 통감부(統監部)를 두고 각 영사관을 고쳐 이사청(理事廳)을 두기로 결정했으며, 1905년 12월 20일에 통감부 및 이사청 관제를 발포했다. 다음 날인 12월 21일에는 이토 히로부미(伊藤博文)가 통감에 임명되었다.

1906년 1월 29일에 쓰루하라 사다키치(鶴原定吉) 총무장관이 착

왜성대 조선총독부 구청사 원경31

임했고, 곧바로 기우치 주시로(木內重四郎) 농상공무부총장, 오카 기
시치로(岡喜七郎) 경무총장이 착임하여 통감부 개청을 준비했다. 동
년 1월 31일부로 공사관이 폐쇄되었고, 2월 1일에는 임시 통감대
리 하세가와 요시미치(長谷川好道) 육군대장이 통감부 개청식을 간략
히 연 후 광화문통 동쪽에 있는 대한제국 외부(外部) 건물에서 사무
를 개시했다. 그 후 이토 히로부미가 동년 3월 2일에 경성에 도착
했다. 통감부는 경성부를 조망할 수 있는 남산 왜성대(倭城臺)에 임
시로 2층 목조 청사를 건축하여 1907년 2월에 낙성했고, 2월 28일
에 구 외부에서 남산 청사로 이전했다.[32]

　한일병합 후 1910년 10월 1일에 창립된 조선총독부는 왜성대에
있는 구 통감부(統監府) 청사를 중심으로 대한제국 정부의 각부 청
사 건물을 사용했다. 그런데 각 건물이 떨어져 있고, 특히 목조 건
물의 노후가 심해 조선총독부는 곧바로 청사 신축을 계획했다. 그

리고 왜성대 구 통감부 청사에 접속하여 목조로 임시 청사 3개 동을 증축한 후 외부에 분산된 각 부국(部局)을 수용했다. 1910년 8월 29일에 한일병합조약이 공포되면서 통감부 구내에 조선총독부 청사를 증축하는 공사가 급속히 추진된 것으로 보인다.[33] 남산 조선총독부 전체 청사 가운데 북측 1개 동만 1907년에 신축한 통감부 청사였을 정도로 꽤 많은 증축이 이루어졌다.

1926년 10월 1일에 조선총독부 신청사가 낙성된 후 남산의 구청사는 어떻게 되었을까? 처음에 조선총독부는 다이쇼천황 하사금 15만 원으로 구청사를 과학관으로 변경하고, 나머지 건물은 모두 철거할 계획이었다. 그런데 전매국(專賣局)이 영락정(永樂町)에 있는 상품진열관으로 이전하는 바람에, 조선총독부 상품진열관은 영락정을 떠나 총독부 구청사 일부 건물로 이전하게 된다. 정면 청사를 개조하여 과학관으로 사용하고, 식산국(殖産局) 및 재무국(財務局) 건물을 개조하여 상품진열관으로 사용하는 것으로 결정되었다.[34] 상품진열관의 경우 1926년 3월에 공사를 마친 후 총독부 구청사로 이전했고, 이곳에서 4월 15일~30일에 제6회 전국 과자 엿[菓子飴] 대품평회가 개최되었다.[35]

1928년에는 남대문 바로 옆 남대문소학교 앞에 총 22만 7천여 원을 들여 전면 4층 후면 3층의 철근 콘크리트 건물로 상품진열관을 신축하는 것이 결정되었다.[36] 상품진열관 신축 공사는 동년 11월 5일에 기공되었고, 12월 17일에는 지진제가 거행되었다.[37] 또한 1929년 11월 14일부터 조선총독부 상품진열관은 상공장려관(商工獎勵館)으로 개칭되었다. 그리고 동년 12월 11일에 남대문 옆에 신

중앙상공장려관 (1956년 촬영)[38]

은사기념과학관 (구 왜성대 조선총독부 청사)[39]

축된 상공장려관에서 낙성식 겸 개관식이 거행되었다.[40]

　해방 후 상공장려관 건물은 중앙상공장려관이라는 이름으로 1980년대 초반까지 존속한 것으로 보인다. 1982년 9월 29일에 대한상공회의소는 남대문로 4가 45번지 1호, 구 남대문국민학교 자리에서 지하 3층 지상 12층 옥탑 2층의 신축 회관을 짓기 위한 기공식을 열었다. 1984년 9월 26일에 대한상공회의소 신축 회관 준공식이 거행되었다.[41] 당시의 신축 공사를 위해 상공장려관과 남대문국민학교가 모두 철거된 것이다. 2005년 12월 5일에는 같은 자리에 지하 6층 지상 20층으로 건축된 대한상공회의소 신축 회관의 준공식이 열렸다.

　1925년 5월에 다이쇼천황의 결혼 25주년을 기념하여 사회교육 장려를 위한 기부금으로 내탕금(內帑金)이 하사되자, 조선총독부는 남산 구청사의 일부를 활용하여 과학박물관을 설치한 후 천황의 은사금과 국고 보조금으로 경영할 계획을 세웠다. 조선총독부는 1926년 1월에 준비를 시작하여 남산 구청사의 북쪽 건물에 은사기념과학관(恩賜記念科學館)을 조성하고 1927년 5월 10일부터 일반에 공개했다.[42] 은사기념과학관은 해방 후 국립과학박물관으로 개칭되었고 한국전쟁 때 소실되었다.[43]

전기시계의 장단점

1924년 11월 4일 자 도쿄전기시계주식회사 광고에는 다음과 같이

전기시계의 여섯 가지 장점이 나열되어 있다. ① 전기시계는 태엽을 감을 필요가 없다. ② 낮에도 전기를 공급하는 주간선(晝間線)이 없더라도 전등만 있으면 작동하므로 전국적으로 사용할 수 있다. ③ 정전에도 회전을 멈추지 않는다. ④ 옥외용에는 방수 장치가 되어 있어서 덮개를 닫을 필요가 없다. ⑤ 전력 요금이 1년에 5전 이내이다. ⑥ 자석이나 전지(電池) 없이 친시계를 사용한다.[44] 즉 전기시계는 친시계의 동력으로 모든 자시계를 회전시키는 구조를 가지고 있었다.

1925년 6월 10일 '시의 기념일'을 맞아 경성부는 시간관념 고취를 위해 경성부청 앞, 황금정 입구, 종로 안국동 교차점 등 10개소에 전기시계를 설치하고자 경성전기회사와 교섭을 벌였다. 그러나 경성

마쓰다 전기시계 광고[45]

전기회사는 도쿄나 오사카의 예를 보아도 그런 일은 경성부에서 해야 할 일이지 일개 전기회사에서 할 일은 아니라고 선을 그었다. 다만 친시계와 자시계를 연결하는 전류 장치 정도는 경성전기회사에서 부담할 수 있다는 입장이었다.[46]

태엽을 감는 시계는 너무 많이 감다가 파손되어 수리하는 일이 잦았으므로 전기

시계는 인기가 많았다. 1929년 12월에는 가나에(カナヱ) 상회가 판매하는 '산쿄(三共) 무선식 전기시계' 광고가 등장한다. '무선식'이라는 표현을 통해 전선을 연결하는 유선식 전기시계의 불편함을 강조하고 있지만, 사실 이 시계는 건전지를 사용하는 시계였다. 이 전기시계 광고는 80전짜리 건전지로 1년 정도 쓸 수 있다는 점을 강조하고 있다.[47]

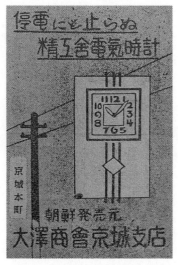

오사와상회 경성지점의 세이코샤 전기시계 광고[48]

1930년대 중반에는 일반 가정에도 대중적인 전기시계가 보급되고 있었다. 가와사키시(川崎市)에 있는 도쿄전기주식회사의 마쓰다(マツダ) 전기시계 광고는 시간을 알려주는 '시타(時打) 시계'라는 점을 강조하고 있다.

경성부 본정 1정목에 있는 오사와상회(大澤商會) 경성지점은 1935년 7월 1일부터 9월 말까지 일반 가정용으로도 사용할 수 있는 세이코샤(精工舍) 'B식 전기시계'의 매출에 집중하고 있었다. 이 시계는 간단히 전기에 접속하기만 하면 시곗바늘이 정확한 시간을 가리켰고, 정전 시에도 보조장치에 의해 5시간 정도 멈추지 않았다. 가격은 15원에서 56원까지 다양했다.[49] 당시 광고를 보면 "정전에도 멈추지 않는 세이코샤 전기시계"라는 문구와 함께 전봇대의 전선과 전기시계가 연결되어 있는 그림이 실려 있다. 1937년 9월경에 오사와상회는 세이코샤의 특별 출품을 포함하여 전기시계 전람회를 개최하기도 했다.[50]

1936년 '시의 기념일'을 맞아 대흥전기(大興電氣) 대구지점도 전기시계를 대대적으로 판매하기 시작했다.[51] 1936년이 되면 6~7원 정도의 저가형을 포함하여 10종 정도의 전기시계가 출시되었고, 결혼 축하 선물로 사용할 정도로 전기시계가 대중화되고 있었다. 전기시계는 태엽을 감을 필요가 없고 기름도 필요 없고 소리도 나지 않고 시간도 정확하다는 장점이 있었으며, 2와트 16촉 전구의 약 10분의 1 전력으로 가동되었다.[52]

1937년 3월의 후지(富士) 전기시계 광고를 보면, 이 시계는 전등선(電燈線)에 연결하여 사용할 수도 있었고, 전기가 들어오지 않는 시골에서는 전지를 넣어 사용할 수도 있었으며, 시계 전기료는 1개월에 5전 정도였다. 또한 전기시계는 봉봉시계(ボンボン時計)보다 가격이 저렴하고 고장도 없다는 점이 강조되고 있다. 봉봉시계는 '봉봉' 하는 소리를 내서 시간을 알려주는 대형 진자시계를 가리킨다.[53]

1937년 5월의 사쿠라(サクラ) 전기시계 광고를 보면, "표준시계의 실용화"라는 문구와 함께 전등선이 필요 없고 자전거 전등용 건전지로 6개월 동안 작동하므로 이동에도 편리하다는 점이 강조되고 있다. 또한 이 시계는 사이렌과 버저가 자동으로 울리는 자동 시보식 전기시계였다.[54]

중일전쟁 직전인 1937년 6월에 무라키시계점(村木時計店) 경성출장소는 'KN 전기 자동시보 시계'를 판매한다. 이 시보 시계는 희망

시각에 사이렌이나 벨을 울릴 수 있고, 비상시에는 버튼을 눌러 경보를 울릴 수도 있었다. 광고 그림을 보면 전등선 소켓에 꽂을 수 있는 플러그, 누름버튼, 사이렌, 벨이 전기시계에 연결되어 있다. 중일전쟁 이후에는 해당 광고에 "공습에!! 대비하세요. 사이렌!! 경보"라는 문구가 추가된다.[55]

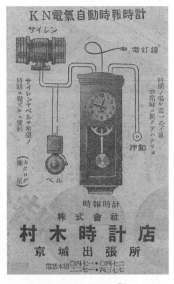

KN 전기 자동시보 시계 광고[56]

1934년 무렵이 되면 가정용 주요 도구가 전기를 동력으로 삼는 소위 '전화(電化)'의 시대에 접어들게 된다. 일찍이 미국의 제너럴 일렉트릭은 시계의 '전화'에 성공하여 전기시계를 판매하고 있었고, 이제는 일본의 도쿄전기주식회사도 전기시계를 판매하고 있었다. 경성전기회사는 제너럴 일렉트릭과 교섭하여 1934년 11월 초순에 2천 원짜리 친시계를 구입한 후 당인리(唐人里) 화력발전소에 설치하여 시험했다. 이것은 발전소의 친시계가 모든 가정의 자시계를 통제하는 형태였다. 경성전기회사는 자시계 역할을 하는 괘시계와 치시계 500개를 매입하여 1934년 12월 1일부터 1935년 2월 말까지 '공사비 무료'를 조건으로 일반 가정에 판매하기 시작했다.[57]

이 전기시계는 전등 소켓에 연결하기만 하면 시곗바늘이 소리 없이 회전하면서 정확한 시간을 가리켰고, 정전이 되면 붉은 글자가 표시되어 이를 알려 주었다. 또한 이 전기시계의 장점은 태엽을 감을 필요도 기름을 부을 필요도 없다는 것 외에 소리가 없어 침실, 서재, 병실에서 사용하기 좋다는 것이었다. 경성전기회사에서 판매하는 괘시계와 치시계는 전선으로 당인리 화력발전소의 친시계에 연결된 채 움직이는 자시계였을 것이다. 가격은 괘시계가 11∼23원, 치시계가 12∼34원이었다. 이처럼 전기시계가 일반 가정에 보급되기 시작하면서 오포나 사이렌의 시보 기능도 차츰 절대적인 힘을 잃어 가고 있었다.

1938년 6월 5일 자 《경성일보》에는 〈언제나 올바른 시각을 가리키는 전기시계 이야기: 어떻게 정확히 움직이는가?〉라는 글이 실려 있다.[58] 이 글을 통해 우리는 전기시계의 작동 원리를 좀 더 잘 이해할 수 있다. 1938년 무렵이 되면 많은 사람들의 삶이 미세한 시간 단위로 분할되고, 시계 없는 일상생활이 온전하지 않은 상황이 도래하게 된다. 이제는 가정의 각 방에 시계가 걸려 있는 집도 적지 않았고, 완시계 즉 손목시계를 차고 있는 사람도 많았다. 전기시계가 등장하기 전까지 가장 널리 사용된 시계는 기계시계인 태엽시계였다. 그러나 태엽시계는 시간을 맞춰도 빠르거나 늦어져서 '라디오 시보'와 비교하면 항상 시간이 어긋나기 일쑤였다. 그런데 '문화의 어머니'라 불리는 전기를 이용하는 전기시계는 태엽시계의 이런 결점을 해소할 수 있었다.

첫째, 전기시계는 언제나 정확한 시각을 가리켰다. 즉 가정, 역, 근무지에 있는 전기시계는 모두 똑같은 속도로 회전하며 똑같은 시각을 가리켰다. 둘째, 전등선을 타고 오는 전기가 바늘을 움직이기 때문에 스위치를 끄지 않는 한 시계가 계속 작동했다. 셋째, 전기시계는 기름통도 필요 없고 조용했다.

전기시계의 대략적인 작동 원리는 다음과 같다. 전기시계를 전등선에 연결한 후 전기발전소에서 보내는 전류의

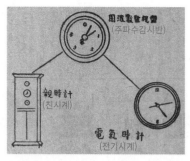

가정용 전기시계의 작동 원리 (《경성일보》 1938년 6월 5일 자)

주파수가 일정하면, 전기시계 내부의 전동기(電動機)가 항상 일정하게 회전하면서 정확한 시간을 가리켰다. 그리고 발전소에 있는 매우 정확한 표준시계가 친시계의 역할을 하면서 각 가정의 전기시계를 정확히 움직일 수 있었다. 또한 발전소에 있는 주파수감시반(周波數監視盤)이라고 하는 기계가 발전소의 친시계와 각 가정의 전기시계 사이의 어긋남을 바로잡을 수 있었다. 우편국에서 하나의 친시계로 수십 개의 자시계를 통제한 것처럼, 발전소의 친시계로 주파수를 통해 모든 가정의 자시계를 통제하는 구조였던 것이다.

그러나 전기는 전기시계의 장점이자 단점이었다. 1938년 여름에는 북선(北鮮) 지방의 수해로 인해 함남 장진강 수력발전소가 고장을 일으켜 정규 주파수를 낼 수 없게 되자 경성부내의 전기시계가 하루에 3분 정도씩 늦어졌다. 당시 신문기사는 9월 상순에나 수력발전소 복구가 완료되기 때문에 당분간은 라디오 시보를 듣고 전기시계를 맞추라고 권고하고 있다. 오포, 사이렌, 전기시계를 거쳐 이제 서서히 라디오가 시보의 중심 매체가 되고 있음을 짐작할 수 있다.[59]

1939년 8월에도 날이 가물어 발전소 전력이 충분하지 않아 전기 시계의 시간이 정확하지 않았으므로 사람들은 라디오 시보에 의존하여 시계를 조정해야 했다.[60] 1939년 여름에는 가뭄으로 특히 일본에서 '시계 이변'이 일어났다.[61] 당시 일본에서는 전력 사용 증가, 화력 발전용 석탄 부족, 관서 지방의 가뭄 등으로 인한 전력 부족 때문에 전력 제한과 절약에 힘쓰고 있었다. 또한 전력 부족으로 인해 도쿄 방면의 전기시계가 늦어지면서 대혼란이 연출되기도 했다.

당시 경성에서도 '시계 이변'이 일어나 상점과 가정의 전기시계가 하루에 3~4분씩 늦어지는 일이 발생했다. 다만 경성우편국과 경성역의 전기시계는 별도의 친시계에 의해 자가 전력으로 움직이기 때문에 별다른 문제가 없었다. 당시 경성부의 송전을 맡고 있던 경성전기회사는 금강산 전기와 장진강 수력전기의 두 곳에서 전력을 공급받고 있었고 아직 전력 제한을 실시하고 있지는 않았다. 그런데 전력 부족으로 일반 가정에서는 장시간 전력을 공급하지 않으면 열도(熱度)가 낮아 전기다리미를 사용하기도 힘들었으므로, 감독 관청은 일반 가정의 조명, 네온, 가로등 사용을 자제해 달라고 요청하고 있었다. 당시에 경성전기회사 측에서는 시계가 늦어지거나 전기다리미의 열도가 낮은 것은 발전소의 조작에 이상이 있기 때문인 것 같다고 답변하고 있었다.

특히 중일전쟁 이후 전시 체제 속에서 절전이 강조되면서 전기시계의 미래도 차츰 어두워지고 있었다. 1940년 4월 16일 자 《매일신보》에는 〈전기시계의 장래〉라는 기사가 실린다.[62] 이 기사는 가정용 전기시계 즉 '주파시계(周波時計)'의 불확실성으로 인해 무선시계(無線時計)나 전시시계(電視時計)의 개발을 시도하고 있다고 소개하고 있다. '무선시계'는 전지를 사용하면서도 시간이 정확한 시계를 가리키는 것 같고, '전시시계'는 '전자시계'를 가리키는 듯하다. 기사는 당장 실현 가능한 시계는 발조(發條) 즉 태엽 장치를 모터에 의해 자동으로 감을 수 있는 '발조전기자동권(發條電氣自動捲)' 형식의 전기시계라고 말하고 있다.

정전 사태에 대비하여 이미 그전에도 전기시계와 태엽시계를 결합한 보조태엽식 전기시계가 존재했다. 이 전기시계는 정전 시에는 임시로 태엽을 감아 사용할 수 있었다. 아마도 '발조전기자동권' 시계는 자동으로 모터가 태엽을 감아 정전 시에도 작동하고, 전기가 들어와 주파수 조정이 이루어지면 다시 전기시계 역할을 할 수 있었던 것 같다. 이처럼 전기의 보급과 시간의 보급은 서로 긴밀히 맞물려 있었다.

시의 기념일
일상의 표준화

5

'시의 기념일'의 유래

1919년 12월경에 일본 내무성 사회과는 전국의 시계를 통일하여
'때의 관념'을 고취하기 위한 방법을 모색하고 있었다. 이를 위해
내무성 사회과는 10만 개 이상의 사원(寺院)과 수천 개의 큰 공장에
서는 종과 기적을 일시에 울려 시간을 알리고, 상점과 회사에서는
시계를 건물 밖에 내걸어 통행인이 시간을 알 수 있도록 하는 방법
을 고려하고 있었다.[1]

　1920~30년대에 일본과 조선에서 시계의 보급과 시간관념의 고
취에 가장 결정적인 역할을 한 것은 '시(時)의 기념일'이라고 하는
독특한 의례일이었다. 일본에서 시의 기념일은 1920년 5월 16일부
터 7월 4일까지 생활개선동맹회와 문부성이 시의 관념을 고취하기
위해 도쿄 오차노미즈(御茶ノ水)의 교육박물관에서 개최했던 '시의
전람회'에서 시작되었다.[2] 처음에는 5월 16일부터 6월 15일까지 한

달 동안 전람회를 개최할 예정이었지만 반응이 좋아서 기간이 연장되었다.

이 전람회에서는 시(時)의 제도, 시의 측정, 시보(時報)와 수시(受時)에 관련한 물품들, 즉 당시 사용되던 관측기기와 천문시계 29품목, 고시계(古時計) 64품목, 고역서(古曆書) 140품목, 기타 14품목을 전시했다. 그리고 집무와 휴양, 사교의 시간, 특별한 시간의 선용(善用), 기억할 만한 시간, 시간과 재해, 시간과 사업, 시간과 자연 등에 대한 각종 통계와 보고서 등도 전시했다.[3] 또한 도쿄천문대는 매일 정오에 유선 전화로 전람회장에 시보 신호를 보냈다. 당시 도쿄 인구 약 370만 명 가운데 총 218,644명, 즉 약 6퍼센트가 이 전람회장을 방문했다. 그 후 8월 1일부터 31일까지 오사카의 상품진열관에서도 '시의 전람회'가 개최되었다.

그런데 1920년에 '시의 전람회'를 개최하는 동안 3회 정도 '시간여행일(時間勵行日)'이나 '시간존중일(時間尊重日)'을 지정해 가두에서 '시의 선전'을 하자는 의견이 제기되었다. 하지만 전람회를 개최하면서 가두 선전을 3회나 하는 것은 일정상 무리였다. 따라서《일본서기(日本書紀)》에 근거하여 671년 6월 10일(음력 4월 25일)에 덴지천황(天智天皇)이 물시계인 누각(漏刻)을 설치하고 종과 북을 울려 시간을 알린 것을 기념하여, 6월 10일에 누각제(漏刻祭)를 실행하고 '시의 선전'을 하기로 결정되었다. 누각제 실행에는 전람회에 출장을 와서 설명과 실험을 하던 도쿄천문대 소속 가와이 쇼지로(河合章二郎)의 역할이 컸다. 곧이어 '누각제'를 '시의 기념일'로 개칭하고 매년 개최하자는 의견이 나왔다. 1920년 6월 10일이 제1회 시의 기념일로 지정된 경위는 이러했다.

시의 기념일은 시의 관념을 고취하고, 시간을 존중하고 질서 있는 문명적인 행동을 하는 국민을 길러내는 것을 목적으로 하고 있었다. 많은 사람이 시계를 가지고 있었지만, 여전히 일본인은 시간관념이 희박한 민족이었다. 그런데 근대화에 발맞추어 관공서, 군대, 학교, 회사, 공장 등에서 단체 행동을 하기 위해서는 시간관념이 필수적이었고, 시간을 허비하지 않고 잘 관리하는 일과 약속을 잘 지키는 것이 무척 중요했다. 즉 시계에 맞추어 행동하는 문명인이 되어 자신의 행동을 잘 규율해야 했다.[4]

1920년 제1회 시의 기념일에는 기념 강연과 기념 진열을 하고, 신사, 사원, 교회에서 근처 우편국과 정거장의 시간에 맞추어 정오에 일제히 종과 북을 치게 하고, 공장에서도 일제히 정오에 기적과 사이렌을 울리도록 의뢰했으며, 평소에도 이러한 정오 시보를 계속하도록 요청했다. 또한 신문 사설을 통해 만남의 시간을 정하고 집회 시각을 지키도록 독려했고, 각 시계점은 가게를 장식하고 신문에 광고를 냈다. 또한 생활개선동맹회는 6월 9일과 10일에 주로 여학생과 소학교 학생을 동원하여 가두에서 비라를 살포했고, 길거리에 정확히 맞춘 시계를 배치하여 통행인이 시계를 조정하게 했다. 또한 가와이 쇼지로는 정확히 맞춘 시계를 가지고 자동차로 시내를 돌면서 전신국과 정거장 등의 시계를 조사한 후 그 결과를 발표했다.

당시 생활개선동맹회가 제작한 비라는 집무의 시간, 집회의 시간, 방문의 시간을 특히 강조하고 있다.[5] 집무의 시간과 관련해서는 출근과 퇴근의 시간을 지키고, 근무와 휴양의 시간을 구별하여 시간을 허비하지 않고, 거래 약속의 기일을 어기지 않아야 한다고 적혀 있다. 집회의 시간과 관련해서는 집회의 시일은 다수의 형편을 고려하여 정하고, 개회의 시각을 제멋대로 해서는 안 되고, 집회의 시각에 늦지 않아야 한다고 강조하고 있다. 방문의 시간과 관련해서는 간단한 용건은 현관이나 가게 앞에서 끝내고, 면담을 할 때는 용건부터 먼저 처리하여 빨리 끝내고, 방문할 때는 사람을 기다리게 하지 말라고 권고하고 있다. 시간여행(時間勵行)을 위해서는 정확한 시계를 확보하는 것이 가장 중요했다. 그러나 당시에 표준시간을 알려주는 매체는 여전히 오포밖에 없었고, 사람들도 전신국이나 정거장에 직접 가서 시계를 맞추는 일이 많았다.

일본의 시보 상황

1920년에 일본에서는 아자부(麻布)에 있는 도쿄천문대가 일요일을 제외하고 매일 정오 무렵에 도쿄 궁성(宮城)의 오포소(午砲所), 도쿄대 지진학 교실, 요코하마·고베·모지(門司)의 보시구(報時球), 에도바시(江戶橋) 중앙전신국에 시보를 했고, 오후 9시에는 중앙전신국을 거쳐 후나바시(船橋) 무전국으로 시보를 했고, 매주 월요일과 목요일에는 중앙기상대로 시보를 했다.

보시구 즉 타임 볼(time ball)은 철주(鐵柱)나 돛대 모양의 기둥 위에서 목제나 금속제의 큰 공을 낙하시켜 항만에 있는 선박이 이것을 보고 정확한 정오 시각을 알 수 있게 한 장치로 표시구(標時球)

요코하마 동쪽 부두의 보시구[6]

또는 시보구(時報球)라고도 불렸다. 일본은 1903년 3월에는 요코하
마와 고베에, 6월에는 모지에 보시구를 설치하여 오보를 시작했고,
그 후 1930년 무렵에는 오사카에도 보시구를 설치했다. 도쿄천문
대에서 도쿄중앙전신국을 거쳐 직통 전신선을 통해 신호 전류를 보
내고 자동단전장치에 의해 보시구의 공을 낙하시켜 시보를 하는 구
조였다. 다만 나가사키항은 나가사키 보시관측소(報時觀測所)를 통해
보시구를 작동시켰다. 일반적으로 적색의 보시구 중앙에 백색 가로
줄을 그렸고 돛대 모양의 기둥에는 백색 도료를 칠했다. 보통은 보
시구를 기둥 하부에 두었고 대략 오전 11시 55분에 상부로 끌어올
린 후 정오에 낙하시켰다. 도쿄천문대에서 전기 신호를 받아 공이
낙하하는 순간이 바로 정오였다.[7]

　1920년대 초에 일본에서는 가까운 우편국이나 정거장에 가서 시

계를 맞추는 것이 일상이었다. 또한 에도바시 중앙전신국을 거쳐 각 전신국에 정오 시간이 통보되었으므로 가까운 전신국에 가면 정확한 시간을 알 수 있었고, 전화로 전신국에 정확한 시간을 문의할 수도 있었다. 그렇더라도 당시 도쿄의 일반 시민에게는 정오의 오포가 표준시를 알 수 있는 거의 유일한 수단이었다. 일요일을 포함하여 매일 오전 11시 30분 직전에 도쿄천

오사카항의 보시구[8]

문대에서 스위치를 넣으면 궁성 안 오포소의 전령(電鈴)이 울렸고, 전령 소리가 그치는 때가 오전 11시 30분이었다. 이에 따라 오포소에서 휴대용 크로노미터를 조정했고, 정오에 발포 명령이 떨어지면 육군 포수가 끈을 당겨 발포했다.

그런데 오포 소리는 표준시와 1~2초 정도 차이가 나는 것이 보통이었고, 1년에 수차례 10초 이상의 오차가 있었으며, 심지어 1년에 한두 번은 1분 이상의 오차가 생기기도 했다. 또한 메이지 초기의 구식 포를 사용하고 예비 오포도 없었기 때문에 오발이나 불발로 인해 오차가 발생하는 일도 있었다. 1920년 7월 4일에 '시의 전람회'가 끝난 후 8월 6일에는 포신이 고장을 일으켜서 8월 7일부터 10일까지 4일간 도쿄 유일의 시보기인 오포의 발사가 중지되기도

했다. 지방에서는 주로 병영 소재지에서 오포를 발사했다. 오포의 또 다른 문제는 소리가 잘 들리지 않는다는 점이었다. 1919년 조사에 따르면 기상, 소음, 불발로 인해, 또는 발사음이 너무 작아서 1년 중 오포 소리가 아예 들리지 않은 날이 56일이나 되었다. 또한 오포는 약 3정(町)마다 1초씩 늦게 들린다는 약점이 있었다.

결국 1871년 9월 9일부터 매일같이 정오를 알리던 도쿄의 시호포(時號砲)는 군비 축소를 이유로 1922년 8월 15일을 끝으로 폐지된다. 하지만 도쿄시청 사회교육과가 오포를 인수한 후 육군에 의뢰하여 똑같은 장소에서 발사를 계속했다. 그 후 1929년 4월을 끝으로 도쿄의 오포는 완전히 폐지되었고, 1929년 5월 1일부터는 도쿄시 3개소의 사이렌 신호로 정오를 알렸다. 도쿄시는 전후(戰後) 시기까지도 오포를 히비야(日比谷) 공원에 두었는데, 야음을 틈타 도둑이 쇠톱으로 후부(後部)의 구체(球體)를 자르려 한 듯한 시도가 있었다. 이로 인해 도쿄 공원과에서 이 포신을 폐기처분했다고 한다.

시의 기념일이 의도하는 목적을 달성하려면, 모든 사람이 표준시를 가리키는 시계를 가지고 있고, 어디서든 정확한 시간을 알 수 있는 것이 가장 중요했다. 당시 도쿄의 일반 가정에는 진자가 달린 주시계(柱時計)가 주로 걸려 있었다. 시민들은 오포 소리를 듣고 시계의 시간을 맞추거나, 시계가 멈추면 정거장, 우편국, 이웃집의 시계를 보고 와서 시간을 맞추었다. 또 철도 근처에서는 열차가 통과하는 소리를 듣고 시계의 시간을 맞추었고, 병영 근처에서는 나팔 소리를 듣고 시간을 맞추기도 했다.

1920년 전후의 휴대용 시계로는 시곗줄이 달린 회중시계와 완시계가 주로 신문 광고에 등장했다. 《도쿄일일신문》에 1920년 1년 동안 회중시계 광고는 매월 1회 정도 등장하지만, 완시계 광고는 1년에 1회밖에 등장하지 않을 정도로 회중시계가 훨씬 많이 보급되었다. 그러나 여전히 회중시계와 완시계는 금시계, 은시계, 백동시계 등으로 분류되어 고가의 장신구로 기능하는 경우가 많았고, 내부 기계 장치보다는 외부 금속에 의해 가격이 결정되었다. 당시의 회중시계 가격을 보면 18k 금시계는 55~150엔, 백금시계는 590~730엔, 22k 금시곗줄은 최저 60엔이었다. 완시계 가격은 18k 금시계는 38~120엔, 은시계는 11~50엔, 백동시계는 9~35엔이었다.

시의 기념일에 의해 '초(秒)'라는 시간 관념이 일반인의 인식을 파고들기 시작했지만, 1920년대 초반까지도 일본의 일반인에게는 '초'라는 시간 관념이 없었다. 여전히 오포가 표준시간을 알리는 시보의 중추였고, 오포로는 '초'라는 관념이 생성되기 힘들었던 것이다. 이런 상황에서 모든 시계의 시간을 통일할 수 있는 수단에 대한 모색이 서서히 이루어지고 있었다. 예컨대 무선전신기로 시보를 하는 '무선 시보'에 대한 관심이 있었다. 각 개인이 수신기만 보유하게 된다면 이로써 시(時)의 통일이라는 이상이 달성될 거라고 기대했던 것이다. 그러나 '무선 시보'는 먼저 라디오의 보급을 기다려야 했다.

도쿄역 등에 설비된 전기시계도 시의 통일을 위한 장치로 주목을 받았다. 즉 각 개인이 설치한 전기 자시계를 천문대의 정확한 전기 친시계와 똑같이 움직이게 함으로써 시의 통일을 달성할 수 있을 거라 생각한 것이다. 그러나 전력의 불안정 등으로 인해 전기시계도 여전히 많은 문제를 안고 있었다. 또한 우체통 상부에 시계를 설치하거나 인단(仁丹) 시계탑 같은 광고용 시계를 이용해 시간의 통일을 도모하는 방편도 거론되었다.

정부가 시계국(時計局)을 설치해야 한다고 주장하는 사람도 있었다. 그러나 정부의 적극적인 지원이 이루어지지 않으면서 향후 시의 기념일 행사는 실제적인 시보 사업보다는 시간과 관련한 도덕 진흥 운동으로 전개되는 경향을 보였다. 특히 산업화가 진행되면서 노동자가 출퇴근 시간을 알 수 있도록 정확한 시계를 보급하는 일은 필수적인 것이었다. 그런데 조선과 달리 일본에서는 오포 폐지 이후에 본격적으로 라디오가 보급되면서 무선 시보 시스템이 정착하기 시작했던 것으로 보인다.

조선의 '시의 기념일'

'시의 기념일'의 가장 큰 목표는 시계의 시간을 통일하고 이에 근거하여 시간관념을 철저히 하는 것이었다. 조선에서도 1921년 시의 기념일부터 일본과 마찬가지로 집무의 시간, 집회의 시간, 방문의 시간과 관련한 시간관념의 함양이 강조되었다. 조선총독부는 각 도로 하여금 일본 생활개선동맹회의 시의 기념일 계획안과 선전지를 면 단위까지 보내게 했다.[9]

1922년이 되면 조선총독부는 시간존중과 정시여행(定時勵行)을 선전하기 위한 시의 기념일 행사를 좀 더 체계적으로 준비한다. 시의 기념일에 신사, 사원, 교회에서는 정오에 일제히 종을 치고 각 공장에서는 기적을 울리게 했으며, 각 학교에서는 시에 관한 강연을 하게 했던 것이다. 또한 인류가 이 세상에서 활동하는 데 가장 필요한 것이 바로 시간이라는 것을 주지시키기 위해 수만 장의 선전지를 뿌리고, 황금정 1정목과 4정목, 종로 4정목, 남대문역, 본정 3정목 등에 경성부 직원을 파견하여 시에 관한 강연을 하게 했다.[10]

1923년에는 대전이나 평양 같은 지방에서도 시의 기념일이 강조된다. 특히 평양부는 시간관념을 고취하고 시간 불이행의 폐습을 교정하기 위해 시의 기념일 선전지 수천 매를 배포했고, 각 학교 및 기타 단체에서는 시에 관한 강연을 하게 하고, 신사, 사원, 교회, 공장에서는 종, 북, 기적을 일제히 울리게 했다.[11] 부산부는 자동차 악대(樂隊)를 조직하여 시내를 돌며 선전 비라 1만 매를 살포했고, 시의 선전을 위해 신문기자 승마대(乘馬隊)를 조직했고, 정오에는 각 사원과 기선 및 공장의 종과 기적을 일제히 울리게 했다. 또한 부산의 와사 전기회사는 오전 11시 57분부터 3분간 점등하여 정오를 알렸고, 각 시계점은 부정확한 시계를 고쳐 주었다.[12]

경기도의 1924년 시의 기념일 포스터: 종 그림 위에 "시(時)는 금"이라는 문구가 적혀 있다. (《경성일보》 1924년 6월 11일 자)

1924년이 되면 시의 기념일과 관련하여 사람들에게 실제로 영향을 미칠 수 있는 좀 더 적극적인 계획이 등장한다. 1924년 6월 10일 시의 기념일에 경성부가 마련한 행사도 정오에 사원과 교회의 종과 북, 그리고 공장의 기적을 울리는 것, 강연과 강화, 선전 비라 배포 등을 포함했다.[13] 부산부의 경우 부청 직원의 출퇴근 시간 엄수나 부협의회의 출석 시간 엄수 등이 특히 강조된다. 당시만 해도 회의가 예정된 시각에 열리는 일은 거의 없었다고 한다. 따라서 부산부는 시의 기념일을 위해 다음과 같은 9가지 계획을 세웠다.

① 선전 비라 1만 매를 제작하고 자동차 악대를 조직하여 배부한다. ② 신문기자나 지역 유지에게 승마대를 조직하여 선전할 것을 의뢰하고, 부산부에서도 출장을 나가 길거리에서 연설을 한다. ③ 시계상(時計商)도 선전 비라를 제작하여 자동차와 자전거로 배부하고 부정확한 시계를 바로잡는다. ④ 각 학교 생도는 포스터 약 500매를 제작하여 각 요소에 부착한다. ⑤ 각 학교에서는 시의 관념, 시간존중, 정시여행에 관한 강화(講話)를 하고, 시의 기념일에 관한 그림이나 작문 과제를 낸다. ⑥ 전기회사와 교섭하여 11시 57분부터 3분간 점등한 후 정오에 소등하게 한다. ⑦ 신사, 사원, 교회는 정오를 기해 일제히 종과 북을 2분간 울린다. ⑧ 중요한 공장과 정박한 기선은 정오를 기해 일제히 2분간 기적을 울린다. ⑨ 신문에 시의 기념에 관한 선전 기사를 게재한다.[14]

1925년에 일본 정부는 덴지천황을 제신으로 하는 시가현(滋賀縣)의 이와이신사(石坐神社)와 스메오즈신사(皇小津神社), 그리고 교토에 있는 덴지천황의 야마시나릉(山科陵) 대전(大前)에서 봉고제(奉告

祭)를 거행하는 등 전국적으로 시의 기념일 행사를 벌였다. 근대화에 따라 생활이 복잡하고 번극해지면서 '시간 경제'가 요청됨에도 불구하고 여전히 사람들은 시간 관념이 희박하고, 이로 인해 국가 산업과 일상생활에 지장이 크다는 것이 그 이유였다. 또한 문명국일수록 '시간 경제'를 존중하고 비문명국일수록 시간관념이 희박하다는 것, '시간 경제'야말로 문명의 정도를 알 수 있는 척

경성부의 1925년 시의 기념일 포스터: 종루 그림에 "시(時), 존중, 여행"이라는 문구가 적혀 있다. (《조선신문》 1925년 6월 10일 자)

도라는 것이 강조되었다.[15] 따라서 1925년에는 조선에서도 전국적으로 시의 기념일 행사가 개최되었다.

1925년 시의 기념일에 경성부는 정오에 종, 북, 기적을 울렸을 뿐만 아니라, 1924년에 남대문 경성소방서에 설치한 전기시보기를 오전 6시, 정오, 오후 6시에 걸쳐 3차례 울렸다. 또한 자동차를 동원한 비라 살포, 길거리 연설, 기념 행렬도 있었다.[16] 1925년 6월 10일 자 《매일신보》는 시의 기념일을 심지어 '시계가 창조된 날'이라고 부르고 있다. 이날 경성 시내 각처의 시계점은 가게를 장식하고 표준시계를 진열하여 시간을 알려주었고, 무라키시계점의 경우

전화로 시간을 문의하면 표준시계의 시간을 알려줄 예정이었다. 경성부가 배포한 선전 비라에는 매일 한 번씩 시보기 소리를 듣고 시계를 맞추자는 내용이 적혀 있었다.[17] 신의주에서는 시의 기념, 시간존중, 정시여행에 관한 표어, 동화, 속요(俗謠), 동요 등을 모집하여 1등 5원, 2등 3원, 3등 2원의 상금을 수여했다.[18] 경상남도 사회과도 시간여행에 관한 표어를 작성하고, 시간존중과 정각여행(定刻勵行)에 힘쓴 공로자에 대한 표창을 준비하고 있었다. 당시에 부산 부민은 시간관념이 무척 희박하여 각종 회합과 연회 등에 정각보다 1시간 이상 늦는 사람이 많아서 '부산 시간'이라는 말까지 있었다고 한다.[19]

경기도의 1925년 시의 기념일 포스터: 괘시계 그림과 함께 "피차 시간을 려행합시다"라는 문구가 적혀 있다. (《경성일보》 1925년 6월 7일 자)

경기도에서도 1925년 시의 기념일에 선전 포스터 1,500매를 인쇄하여 각 부군(府郡)에 배포했다.[20] 대전에서는 소방자동차, 자전거 등을 동원하여 선전물을 배부하고, 정오에는 폭죽을 신호로 각 사원, 공장, 학교의 종과 기적을 일제히 울렸다. 진남포에서는 학생들이 표준시계를 가지고 다니면서 시내 각처의 부정확한 시계를 바로잡았고, 전기회사는 정오부터 5분간 송전을 하여 시내의 모든 전등을 점등했다. 목포에서는 학생들이 깃발을 들고 행진을 하며 선전 비라를 배부했다.[21] 부산부에서는 자동차와 승마대를 동원하여 선전 비라를 배부했고, 부산 시계금공조합(時計金工組合)은 악대를 선두에 세운 채 선전 깃발을 나부끼며 시가를 행진했고 집집마다 선전 비라를 나눠주며 괘시계의 시간도 바로잡아 주었다.[22]

1926년 6월 10일은 순종(純宗)의 국장일이었으므로 하루 앞당겨 6월 9일에 기존과 비슷한 방식으로 시의 기념일 행사가 벌어졌다. 대구부에서는 정오 오포 외에 오전 6시와 오후 6시에도 호포(號砲)를 발사하고, 정오에는 전 시내의 공장에서 일제히 약 3분간 기적을 울리고, 전기회사는 정오부터 3분간 대구부 전체의 전등을 점등할 예정이었다.[23] 경성부도 부민에게 시간관념을 심어 주기 위해 6월 9일 정오, 오전 6시, 오후 6시에 모터사이렌을 울렸고, 국장 전날임을 감안하여 기적과 범종은 울리지 않았다.[24] 또한 마노 세이이치(馬野精一) 경성부윤은 6월 8일 오후 7시 51분에 체신국 방송실에서 라디오로 시의 기념일에 관한 강연을 했다.[25]

사리원에서도 1926년 6월 9일 정오에 시내의 경종, 각 사원의 종, 소주(燒酎) 양조장인 오하마야(大濱屋) 공장의 기적 등을 일제히 울렸다. 대전에서도 오전 11시 55분부터 정오까지 5분간 모터사이렌을 울리고, 각 사원, 교회, 공장의 종과 기적도 모터사이렌과 함께 5분간 울릴 예정이었다. 1927년 5월 무렵 대전소방조가 대전경찰서 구내 경종대에 모터사이렌을 설치하지만, 이보다 앞서 1926년에도 대전에서 모터사이렌이 사용되고 있었던 것 같다. 전남 광주에서도 시의 존중과 생활개선에 관한 선전 비라를 배포하고 정오에 사원, 교회, 회사 등의 종과 기적을 일제히 울렸으며, 각 학교에서

경성 시내에 설치된 시(時)의 관소(關所) (《경성일보》 1927년 6월 11일 자)

는 시에 관한 강화를 했다.[26] 신의주부는 아예 시의 기념일 행사를 6월 15일로 미뤘고, 전기회사에서 정오 5분 전에 일제히 전등을 점등했다가 정오에 소등했다.[27] 평양에서는 6월 9일에 기존 행사 외에 활동사진(活動寫眞)을 영사하여 시간여행을 촉구했다. 함북 성진과 안동현 등에서도 6월 9일에 시의 기념일 행사가 열렸다.[28] 진위군(振威郡) 병남면(丙南面)은 6월 9일을 시간여행 선전일 및 파리 잡기 선전일로 지정한 후, 면 직원이 선전문을 붙인 자동차를 타고 다니며 약 4천~5천 매의 선전 비라를 살포했다.[29]

1927년 시의 기념일에도 이전과 비슷한 방식의 선전이 이루어졌다. 또한 각 가정에서 침식(寢食)의 시간을 일정하게 할 것, 집무 시간을 지킬 것, 집회 시간의 경우 개회와 폐회의 시간을 명기할 것, 방문의 시각을 가릴 것, 시계를 항상 정확히 맞출 것 등이 강조되고 있었다.[30] 대구부에서는 오포 이외에 오전 6시와 오후 6시에도 호포를 발사했고, 2만 매의 선전 비라를 각호에 배포했다.[31] 경성부에서는 시내 요처에 "시간존중, 정시여행"이라고 적힌 팻말을 세웠고, '시계 검문소'라고 할 수 있는 '시의 관소(關所)'도 설치했다. 경성시계상조합은 가게 앞을 장식하고 회중시계의 파손된 유리를 무료로 바꿔 주고 시간이 맞지 않는 시계도 무료로 수선했으며, 본정 입구, 본정 4정목, 황금정 2정목 교차점에 출장소를 두어 행인들이 지닌 회중시계와 완시계의 시간을 올바르게 고쳐주었다.[32] 경기도 진위군 내남면(內南面)에서도 사찰의 종을 치고 자동차로 2천~3천 매의 선전 비라를 살포했다.[33]

1927년 6월 10일에 부산부청은 시계상조합과 연합하여 오전 9시

부산의 시의 기념일 승마대 (《부산일보》 1927년 6월 11일 자)

부터 10기(騎)의 승마대를 선두에 세운 채 시내 각호에 선전 비라를 배포했고, 전단 1만여 장을 학생들에게 배부하여 각 가정에 전달했다. 또한 시계상조합은 장수통(長手通) 사안교(思案橋)와 부산역 앞에 텐트를 치고 고성 축음기로 생활개선 강연을 했고, 항구에 정박한 기선들과 각 회사는 정오 1분 전부터 일제히 기적을 울렸으며, 정오에는 오포가 발사되었고, 와사전기회사는 시내 전등을 1분간 점등했다. 마산부에서도 정오에 오포를 발사하고 각 사원, 포교소, 교회에서 일제히 타종을 했으며, 학교에서는 시에 관한 강화를 하고 '시의 선전' 포스터를 학생들에게 배포하여 각 가정에 전달했고, 각 관공서 등에도 3,500매의 포스터가 배포되었다.[34]

1928년 시의 기념일에 경성부에서는 시계상조합이 본정 1정목 입구에서 천막 안에 표준시계를 두고 행인들의 시계를 정확히 맞춰 주었고, 전차와 버스에도 선전 비라를 게시했다.[35] 또한 경성부, 경성상업회의소, 로타리 구락부가 연합하여 시간여행회(時間勵行會)를 조직하고 1928년 6월 9일에 경성부청 회의실에서 발회식을 거행했다.[36] 소위 '경성 시간'을 타파할 목적으로 경성의 각종 회합과 집회에 출석하는 약 300여 명의 명사가 시간존중과 정시여행의 솔선수범을 보이기 위해 경성 시간여행회를 조직한 것이다. 경성 시간여행회 사무소는 경성부청에 있었다. 동년 6월 26일에 시간여행회 참가를 권유하는 선전 비라 1만 매가 배포되었고, 7월에 시간여행회 회원수는 700명에 달했다.[37]

1928년 7월 30일에 경성 시간여행회는 휘장(徽章) 즉 회원장(會員章)을 완성한 후, 35전의 실비를 납입한 회원에게 배부하여 패용(佩

用)하게 했다. 실비는 경성부청 내무계나 무라키시계점에 납입할 수 있었다.[38] 당시 용산 철도기관고(鐵道機關庫) 직원 전부를 시작으로 단체 참가자도 꽤 많았다.[39] 금색 배지인 휘장의 외연(外緣)은 이세신궁 내궁에 보관된 아마테라스오미카미의 신체(神體)인 야타노카가미(八咫鏡)라는 거울의 중심부 문양을 모방한 것이다.

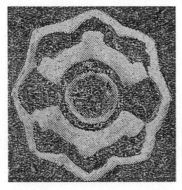

경성 시간여행회 휘장 (《경성일보》 1928년 8월 1일 자)

또한 경성부민을 상징하는 경성부청 마크가 외연 안에 있고, 경성부청 마크 중앙에는 태양을 표현하는 적색 원이 있었다. 이 배지는 "시간=태양=아마테라스오미카미"라는 등식을 표현하고 있었다.[40] 1929년에는 정부의 긴축 절약에 호응하여 원정(元町) 2정목의 모든 주민이 경성 시간여행회원이 되어 회원장을 패용하고 시간 절약을 실행하기로 결의했으며, 동년 8월 8일에 먼저 33명이 입회했다.[41]

부산에서는 이미 1925년 5월경에 후루타 다케오(古田猛夫), 후루타 구마오(古田熊雄), 나리키요 기헤이(成淸儀平), 김소복(金小福) 등 4명이 다이쇼천황 은혼식(銀婚式)을 기념하기 위해 초량역 앞 경남운송점(慶南運送店)에 사무소를 두고 부산 시간여행회를 조직한 후 일반회원을 모집했다. 이 시간여행회는 부산 시내 각호에서 사용하는 주시계(柱時計)를 수선하여 시간의 정확성을 도모할 것을 목적으로 했고, 매주 1회 각호를 순회하며 파손된 시계를 수선하고 시간을 정확히 맞춰 준 대가로 가구당 매월 20전씩 수수료를 징수할 예정이었다. 1인당 1,000호씩 4인이 총 4,000호를 담당하면 매월 800원의 수입을 얻을 수 있을 것으로 예상되었다. 총수입 가운데 3할은 수선에 필요한 기구와 재료 등을 위한 실비로 사용하고, 나머지 7할로 종사자에게 1인당 평균 100원 내외를 지급하며, 회원이 증가하면 종사자의 수도 늘릴 계획이었다.[42]

1925년 6월 10일에 충북 옥천군에서는 군수 이경식(李敬植) 등이 정각 여행을 목적으로 옥천 시간여행회를 조직했다.[43] 1929년 9월경에 대구에서도 시간여행회가 조직되었다.[44] 1930년에 전남 구례군에서도 군수 박용현(朴龍鉉)과 경찰서장이 주도하여 관공서원과 지방 유지 100여 명을 포함한 시간여행회가 조직되었다. 구례 시간여행회는 회원장을 제작하여 무료로 배부했고, 회합과 집회에 지각한 자에게는 과태금 50전을 징수했다.[45] 1932년 6월 7일에 개성에서도 시간여행과 생활개선을 위해 개성부와 개성 이십일회(二十日會)가 발기하여 개성 시간여행회를 조직했다.[46] 1932년 6월 10일에 경남 거창면에서도 소위 '거창 시간'이라는 폐풍을 타파하기 위해 거창면장을 비롯한 관민 유지 200여 명이 거창 시간여행회를 조직했고, 회합에 지각하는 자에게는 50전의 위약금을 징수하기로 했다.[47]

1933년 8월경에 강원도 화천군에서도 시간여행회가 조직되었고, 공회(公會)에 지각한 자에게는 5분 이상은 5전, 30분 이상은 30전, 1시간 이상은 1원의 위약금을 징수하기로 했다.[48] 황해도 해주에서도 1933년 6월 10일에 시간여행회가 조직되었고, 지각자에게는 과료를 물리고 시간여행자에게는 표창을 하기로 했다.[49] 1936년 시의 기념일을 맞아 강원도에서는 관공서 직원과 민간 유지가 정시 여행의 모범을 보일 수 있도록 도내 각 읍면에서 시간여행회를 설립할 것을 종용했다. 회원은 항상 회원장을 패용해야 했고, 회합의 지각자는 성명을 공개적으로 발표하여 반성을 촉구하기로 했다.[50] 1936년 10월경에 강원도 양구에서도 시간여행회가 조직되었다.[51] 전국 각지에서 시간여행회가 조직되면서 이제 시의 기념일 행사도 시간여행회의 주도하에 열리게 된다.

1929년 시의 기념일에 경성 시간여행회는 시간존중과 정시여행을 위해 부내 각 학교에서 시에 관한 강연회를 열고, 정오, 오전 6시, 오후 6시에 모터사이렌을 울리고, 경성 시계귀금속상공조합(時計貴金屬商工組合)에서는 가게 앞에 선전 장식을 하고, 부내 주요 장소에 선전 입간판을 설치하고, 포스터, 비라, 신문지에 의해 시간여행을 선전할 것을 계획했다.[52] 이것이 바로 향후 시의 기념일 행사의 전형적인 모습이었다. 황해도 해주에서는 시의 기념일에 황해도립 해주의원(海州醫

경성 시간여행회의 1929년 시의 기념일 선전 비라: 중앙에 경성 시간여행회 마크가 있고, "시간존중"과 "정시여행" 외에 "한 사람의 지각은 만인의 미혹", "1초 늦어서 2번째 기차"라는 표어도 적혀 있다.[53]

院)에서 사이렌을 울리고, 각 교회와 사원 등에서도 오종(午鐘)을 울렸다.[54]

1930년 시의 기념일에 경성 시계귀금속상공조합은 본정 입구와 보신각 앞에 천막을 치고 '시간 조정소'를 설치한 후 통행인의 시계를 조정해 주고 간단한 시계 수리도 무상으로 해 주었다. 각 상점은 선전대를 조직하여 오후 1시에 조선은행 앞 광장에 집결한 후, 악대를 선두에 세우고 약 100명이 '시의 선전'을 위한 작은 깃발 1만 매를 배포하며 시내를 행진했다. 또한 본정 2정목 다나카시계점(田中時計店)의 점주이자 조합장인 다나카 사부로(田中三郎)는 오후 2시 15분부터 약 30분간 '시계 이야기'라는 제목으로 라디오 강연을 했다.[55] 1930년 시의 기념일을 맞아 당시 경성부 내무과 경성부사편찬계(京城府史編纂係)가 발견한 일영대(日影臺)를 경성부청 앞 삼각지 광장에 진열할 예정이었지만, 그 후 파고다공원에 진열하여 일반에 공개하는 것으로 계획이 변경되었다.[56] 일영대는 앙부일구(仰釜日晷)를 설치하기 위해 화강암으로 만든 25입방척(立方尺) 크기의 3층 석대(石臺)이다.

당시 경성부사편찬계는 《동국여지승람(東國與地勝覽)》 등의 문헌을 통해 세종 16년(1434)에 앙부일구를 만들어 종로 4정목 종묘 앞 부근과 광화문우편국 옆 혜정교(惠政橋) 부근의 2개소에 설치했다는 것을 알고 그 행방을 추적했다.[57] 경성부사 편찬원이었던 안규응(安奎應)은 정동유(鄭東愈)의 《주영편(晝永編)》에 근거하여 조선 전기 상점가인 운종가의 기점이 되는 혜정교 근처의 앙부형(仰釜型) 일시계는 소재 불명이지만, 상인들의 점포가 있던 종묘 남가(南街)의 앙부형 일시계는 찾을 수도 있을 거라고 생각했다. 그는 종묘 부근에 거주하는 노인들에게 수소문한 끝에 약 30년 전에 경성 전철이 부설되면서 종로 4정목 45번지에 있는 면류상(麵類商) 김창근(金昌根)의 집 앞 보도 중앙에 일영대가 매몰되었다는 것을 확인했다. 1930년 6월 7일에 안규응은 오카다 미쓰기(岡田貢) 편찬주임과 함께 지하 3척 정도의 깊이에 묻혀 있는 일영대를 발굴했지만 앙부일구는 발견하지 못했다.[58] 이 일영대는 2015년에 현 탑골공원에서 종묘광장으로 옮겨졌다.

1930년 시의 기념일을 맞아 본정 2정목 무라키시계점은 6월 8일 오후 6시부터 가게 앞에 표준시계를 설치하여 통행인이 올바른 시간을 알고 시계를 맞출 수 있게 했다. 6월 9일과 10일에는 무라키시계점이 고용한 10여 명의 인부가 "시간존중, 정시여행"이라 적힌

시간여행회와 무라키시계점의 '시의 선전' (1930년 6월 10일)[59]

본정 2정목 무라키시계점의 표준시계[60]

행등(行燈)을 짊어지고 표준시계를 든 채 행진하면서 선전 비라와 선전 소기(小旗)를 배포했다.[61] 이날 평양부에서는 정오 이후 30초간 전차와 자동차를 모두 정지시켰고, 오후 10시 5초 전에 일제히 소등한 후에 10시 정각에 모든 전등을 점등하게 했다.[62] 모터사이렌이 아직 설치되지 않은 인천부에서는 종, 북, 기적 외에 정오, 오전 7시, 오후 7시에 호포를 발사하여 표준시를 주지시켰다. 또한 인천부는 오전 5시 30분에 모든 전등을 소등하고 오후 7시에 점등했으며, 정오 이후 1분간 모든 전등을 점등하고, 오후 10시 정각에 일시 소등하여 정확한 시간을 알려 주었다.[63] 이것은 일종의 '전등 시보'였다. 같은 날 함남 단천군 파도면 동현리에 있는 단천공립보통학교의 훈도(訓導) 요코야마 다카시(橫山高)와 함북 청진부 신암동에서 주류 제조업을 하는 우인원(禹麟源)이 일본 문부성 내의 생활개선동맹회로부터 표창을 받았다. 요코야마 다카시는 1927년 4월에 착임한 이래 기상 시각과 취침 시각에 하루도 빠짐없이 나팔을 불어 사람들에게 '시의 관념'을 환기했다. 우인원은 청진부에 시보 설비가 없는 것을 유감으로 여기고 1925년 이래 매일같이 오전 7시와 정오에 자기 집에서 기적을 울렸다.[64]

1930년 6월 10일 자《경성일보》사설에 따르면, 인간은 결코 시간의 지배를 벗어날 수 없고, 인간의 심장은 시계의 초처럼 매 고동마다 생명의 종점을 향해 인간을 운반하기 때문에 시(時)의 가치를 무시하는 것은 자신의 존재 가치를 무시하는 것에 다름 아니었다. 또한 모든 인간은 금과 물품을 소유하는 것처럼 자신의 시간을 소유하고 있으므로, 만약 조선의 2천만 명이 하루에 30분씩 시간을 낭비하면 총계 1천만 시간, 즉 1천 년 이상의 시간을 연기처럼 날리는 셈이었다. 이 사설은 시의 절약과 시간의 경제화를 강조하면서 시간의 가치를 이해하는 사람만이 '문화인'의 자격이 있다고 덧붙이고 있다.[65] 시간관념이 있는 자만이 문화인이라는 주장은 당시의 신문기사 여기저기서 보인다.[66]

1931년 시의 기념일에 평양부는 비행기로 선전 비라 4만 매를 살포했다. 이날 황해도 태탄(苔灘)에도 마침내 철골 망루에 사이렌이 설치되어 매일 정오를 알릴 수 있게 되었다.[67] 강원도 춘천에서는 오전 5시에 나팔을 3회 불고 폭죽 3발을 쏘아올리고 예배당의 종을 울려 전 시민을 춘천신사 앞으로 모이게 했고, 정오에도 같은 방법으로 시각을 알렸으며, 오후 10시에는 나팔을 3회

평안남도의 1931년 '시의 선전' 포스터[68]

경성 시간여행회가 조선은행 앞에 세운 1932년 시의 기념일 선전탑[69]

불고 예배당의 종을 쳐서 휴식과 취침의 시각을 알렸다. 오포나 모터사이렌이 없는 곳이어서 이러한 방식으로 시의 기념일 행사를 치른 것이다.[70] 평택에서는 오전 6시에 평택사(平澤寺), 프랑스교회, 감리교회에서 타종을 했고, 정오에는 평택역 앞 경찰서 등에서 경종을 울렸다.[71]

1932년 시의 기념일에도 경성부는 오전 6시, 정오, 오후 6시에 정각 5분 전부터 사이렌을 울리다가 정각에 멈추었고, 경성 시간여행회는 선전탑을 세웠다.[72] 평북 강계읍에서도 강계신사 근처 각희장(脚戱場) 즉 씨름판 옆에 시의 기념일 선전탑을 세웠다.[73] 해주에서도 탁열정(濯熱亭), 읍영시장(邑營市場), 중앙광장, 구 서문(西門) 자리에 6월 8일부터 10일까지 선전탑을 세웠고, 6월 10일에는 오전 5시, 정오, 오후 8시에 사이렌을 울리고 정오에 각 사원과 교회당 등의 종도 울렸다. 해주에서는 차후로 매월 10일 오후 10시에 사이렌을 울리기로 결정했다.[74]

황해도 사리원에서는 1932년 6월 10일부터 경비용 겸 시보용으로 경찰서 옥상에 설치한 10마력 모터사이렌을 가동했다. 철원에서는 6월 10일 정오에 철원소방조가 사이렌을 울리면 이것을 신호로 사원과 학교에서도 일제히 종을 쳤다. 천안에서는 정오에 경남철도의 각 기관차가 일제히 기적을 울리면 각 사원의 종을 치고 소방 사이렌도 울렸으며, 천안전등회사는 오후 9시에 모든 전등을 일시 소등했다. 개성부에서는 학교와 소방서의 사이렌 및 각 공장의 기적을 울렸고, 개성전기회사는 문산 장단역(長湍驛)에서 신막에 걸쳐 야간 전등을 2분간 소등했다. 이날 진위군 평택면에서는 새로 설치한 사이렌을 정오에 울렸다.[75] 대전에서도 오전 8시, 정오, 오후 4시에 모터사이렌을 울렸다. 1931년 8월에 사이렌 시보를 시작했던 목포에서는 오전 8시에 오랜만에 산에 있는 호포를 발사했고, 정오에는 사원, 기선, 공장의 종과 기적을 일제히 울렸다. 당시 경북지사였던 김서규(金瑞圭)에 의하면 1931년에 경북 주요지에서 시계의 정오(正誤)를 조사했는데, 총 6,836개 가운데 3,167개가 부정확했다고 한다. 또한 농촌에는 여전히 시계가 한 개도 없는 부락이 있었다.[76]

경기도의 1933년 시의 기념일 포스터 (《경성일보》 1933년 6월 10일 자)

1933년 시의 기념일에 무라키시계점은 5척 크기의 대시계 6개를 조선신궁, 경성신사, 부립직업소개소, 부립진료소, 장충단공원, 동부인보관(東部隣保館)에 각각 기부했다.[77] 함흥에서는 1932년에 신설한 모터사이렌을 1933년 6월 10일 오전 7시, 정오, 오후 7시에 울렸고, 정오 1분 전부터 1분간 모든 전등을 일제히 점등했다.[78] 이날 충남 연기군청은 관내

면민 가운데 희망자에게 시계를 파격적인 가격에 공급할 예정이었다. 1930년에 모터사이렌을 설치한 조치원읍에서도 사이렌, 기적,. 범종을 울려 오전 5시, 정오, 오후 7시를 통보했고, 각 시계점은 2할 할인가에 시계를 판매하고 수리비를 3할 할인해 주었다.[79] 전국적으로 시의 기념일에 시계를 할인 판매하는 곳이 많았으므로 시의 기념일은 시계 보급률을 높이는 데 상당한 기여를 했다. 같은 날 황해도 안악읍에서는 오전 6시, 정오, 오후 7시에 사이렌을 울려 시보를 했다. 1932년에 모터사이렌을 설치한 원산부에서도 정오와 오후 7시에 부내의 사이렌, 종, 기적 등을 일제히 울렸다.[80] 경북 영천에서도 선전 포스터와 선전 비라 배포, 신호종 타종, 전등 명멸, 선전탑 설립, 시계의 정오 조사 등의 공식화된 행사를 준비했다.[81] 경상남도는 시간 활용 면에서 우량한 부락 및 단체로 창녕군 창녕면 용석교풍회(龍石矯風會), 의령군 정곡면 중교리 교내부락(橋內部落), 거창군 위천면 대반산교풍회(大半山矯風會)를 선정해 각각 시계 1개를 증정했다.[82]

경성부는 1934년 6월 10일 오후 7시 반부터 장곡천정(長谷川町) 사회관(社會舘)에서 강연과 공연으로 구성된 '시의 저녁(時の夕)' 행사를 무료로 개최했다.[83] 이날 경상북도는 시계 정오 조사, 시계 소유 조사, 시계 설비 조사 등을 벌였다.[84] 경상남도는 시간여행에 공헌한 산청군 산청면 색동(塞洞) 최만봉(崔萬奉), 울산군 상북면 양등리 김석한(金錫漢), 고성군 대가면 송계리 이쾌규(李快奎) 등 3명에게 표창을 했다. 최만봉은 1914년 이래 20년간 하루도 거르지 않고 시종(時鐘)을 울려 부락민에게 시간을 알렸다. 김석한은 1933년에 사

황해도 서흥의 1934년 시의 기념일 행진[85]

재 82원 20전으로 시종 12개를 구입하여 부락에 설치했다. 이쾌규
는 1933년 11월에 자신의 자력갱생저금 37원을 들여 부락 중앙에
시종대(時鐘臺)를 건설한 후 1일 3회 시간을 알렸다.[86]

　1934년 시의 기념일에 함북 성진에서는 1933년에 설치한 사이렌
을 오전 6시와 정오에 울렸고, 정오에는 읍내의 기적과 반종(半鐘)도
일제히 울렸다.[87] 황해도 서흥에서는 1934년에 신설한 모터사이렌
및 기적과 교회 종 등을 오전 6시, 정오, 오후 6시에 울렸고, 오전
9시부터는 각 학교 생도, 관민 유지 등 수백 명이 악대를 선두로 깃
발을 들고 읍내를 일주하면서 포스터를 배포했다.

　1935년 시의 기념일을 맞아 경성부 교화단체연합회는 시간여행
선전을 위해 법랑으로 간판을 제작한 후 각 관청, 은행, 회사, 학

경성 시내의 시계 조사 모습 (1935년 6월 10일)[88]

교, 정동회(町洞會), 가맹단체 등에 배포하여 적당한 장소에 게시하게 할 예정이었다.[89] 1935년 6월 10일에 철도국에서는 열차의 정시 운행을 독려하고 정오에 각 열차가 일제히 기적을 울리게 했다.[90] 함북 무산에서는 정오에 남산 정상에서 수비대가 기관총으로 공포를 발사했고, 제재소, 경찰, 학교에서는 일제히 사이렌과 종을 울렸다. 강릉에서는 당일 오전 7시에 사이렌을 울려 시보를 했다.[91] 대전에서는 오전 9시에 대전신사에서 시의 기념일 집행 보고제(報告祭)를 거행했다.[92] 전남 장흥에서는 중앙기상대와 연락하여 조정하는 우편소 시계에 맞추어 정오에 경종 및 각 사원의 종을 일제히 울릴 예정이었다.[93] 경북 포항에서는 오전 6시, 오전 9시, 정오, 오후 9시 반에 걸쳐 하루 4번 사이렌을 울렸다.[94] 전남 영암에서는 오전 5시에 경찰서의 타종에 맞추어 기상한 후 5시 30분에 영암신사에서 참배했고, 정오에는 경찰서, 사원, 교회에서 일제히 타종을 했다.[95]

1936년 시의 기념일에 춘천에서는 오전 5시, 정오, 오후 6시에 사이렌, 폭죽, 사원의 종으로 시보를 했고, 오후 10시에는 30초간 소등하여 시각을 알렸으며, 우편국은 바로 앞에 표준시계를 설치했다.[96] 춘천에서 오전 5시 폭죽은 기상, 정오 사이렌은 점심 식사, 오후 6시 사이렌은 저녁 식사, 오후 10시 소등은 취침을 지시하는 신호였다.[97] 기상, 식사, 노동, 취침의 전 과정을 '시간화'하고자 한 것이다. 이날 인천에서는 경성전기회사 지점의 원조를 받아 본정 요시다(吉田)양품점 앞 십자로, 궁정(宮町) 긴파(金波)요리점 앞, 외리(外里) 교번소(交番所) 앞, 우각리(牛角里) 교번소 앞, 화정(花町) 가와조에(川添)잡화점 앞, 상인천역 앞, 인천역 앞, 우편국 2층, 상공회의소 앞, 인천부청사 2층 등 10개소에 전기 표준시계를 설치했다.[98] 같은 날 강원도 인제에서는 오전 6시에 인제 신명신사(神明神社)에 모여 공동으로 신사참배를 한 후 보통학교 교정에서 국기게양식을 거행했고, 시의 시념일 창가(唱歌)를 합창한 후 해산했다. 원주에서도 오전 5시부터 약 30분간 원주신사와 읍내의 미화 작업을 했고, 당일 시간여행회를 조직했다.[99] 1937년 시의 기념일에 경북 영덕군 축산면 상원동에 사는 이연평(李蓮坪)은 '시의 공로자'로 선정되어 도쿄 생활개선중앙회의 표창을 받았다. 그녀는 하루도 빠짐없이 3년간 시종(時鐘)을 울려 시보를 했다.[100]

중일전쟁 발발 후에 '생활개선'과 '문명화'뿐만 아니라 '비상시국'이 강조되면서 1938년 시의 기념일은 관례화된 필수적인 행사를 위주로 하는 다소 형해화되고 변질된 모습을 보여 준다. 이날 조선전체에서 일제히 오전 6시 30분과 정오에 황거요배를 하고 황군(皇軍)의 무운장구(武運長久)를 기원하는 1분간의 묵도를 했다. 그런데 전시 상황의 음향관제로 인해 사이렌을 울리지는 않고 사원의 종이나 공장의 기적만으로 시보를 했다. 철도국은 오전 6시 반과 정오에 5초 전부터 5초간 공장과 기관차의 기적을 울려 정확한 시각을 알렸고, 용산역에서도 매일의 정오 시보 외에 오전 6시 27분부터 6시 30분까지 3분간 임시 시보를 했다.[101]

1938년 시의 기념일 정오에 강화군에서는 강화신사에 300여 명이 집결하여 '시의 기념식'을 거행한 후 동방요배를 하고 황군의 무운장구를 기원했다.[102] 충북 영동과 강원도 춘천에서는 오전 6시 30분에 관민이 일제히 거소에서 황거요배를 한 후 1분간 황군의 무운장구를 기원하는 묵도를 했다. 청주에서는 오전 6시 26분에 거소에서 일제히 황거요배를 하고 1분간 황군의 무운장구를 위한 묵도를 했다.[103] 인천에서는 전 부민이 오전 6시에 기상하고 오후 10시에 취침하도록 했다.[104] 함북 경원(慶源)에서는 민중 생활의 합리화와 국민정신총동원을 강조하면서 오전 6시 30분에 경원신사에 집합하여 신사참배를 하고 궁성요배를 하고 황군무운장구를 위한 묵도를 했다. 평북 선천(宣川)에서는 오전 6시 폭죽 소리를 신호로 관민 유지와 각 학교 생도가 선천 신명신사에 모여 신사참배 후 황거요배를 했다.[105] 경기도 장단(長湍)에서도 오전 6시 반에 장단신사에 집합하여 황거요배, 황국신민의 서사 제창, 황군무운장구의 묵도를 했다. 황해도 안악에서는 안악신사 광장에서 '시의 기념식'을 거행했다.[106]

1939년 제20회 시의 기념일에 경성부는 시간존중과 정시여행 외에 양력 실행을 강조하는 운동을 개시했고, 오전 7시와 오후 7시에는 사이렌, 기적, 범종을 일제히 울렸다.[107] 인천부에서는 오전 6시 반과 정오에 사이렌, 범종, 기적을 일제히 울렸고, 오전 6시 반 시보에 맞추어 동방요배를 하고 황군무운장구 기원 및 호국영령을 위한 1분간의 묵도를 했다.[108] 대전부에서는 오전 6시 30분과 정오에 사이렌과 기적 등을 울렸고, 오전 6시 30분에는 궁성요배와 1분간의 황군무운장구 기원 묵도를 했다.[109] 평택에서는 기차와 승합자동차 시간표를 각호에 배포하고 당일 3회 사이렌을 울렸으며, 오전 6시 30분 사이렌 소리를 신호로 궁성요배를 하고 1분간 황군무운장구 기원 및 전몰장병 위령의 묵도를 했다.[110] 개성부에서는 오전 6시 30분과 정오에 기적을 울리고 궁성요배와 1분간의 묵도를 했다. 대구부에서는 오전 6시, 정오, 오후 2시에 사이렌, 기적, 종을 일제히 울렸다. 군산부에서는 오전 5시, 정오, 오후 7시에 사이렌, 사원의 범종, 공장의 기적을 일제히 울렸고, 각 가정에서는 일장기를 게양했으며, 일정 장소에서 궁성요배와 황군무운장구 기원 묵도를 했다.[111]

1940년 시의 기념일에 대전부에서는 오전 6시 30분과 정오에 사이렌을 울렸고, 궁성요배 및 황군무운장구 기원과 전몰용사의 영령에 대한 감사의 묵도 등을 했다.[112] 다른 지역도 사정은 비슷했고 이러한 분위기가 계속 유지되었던 것 같다. 평양부에서는 오전 8시와 정오에 회사, 공장, 사원의 사이렌과 범종을 울렸고, 오전 8시 시보를 신호로 궁성요배 및 황군무운장구 기원과 전몰영령에 대한 감사의 묵도를 했다.[113] 대구부에서는 당일 오전 7시 40분에 경북 도연맹의 전 직원이 도청에 집합하여 라디오 체조를 했다.[114] 전남 광주부에서는 천황의 이세신궁 방문에 맞추어 오전 11시 12분과 오후 1시 54분에 광주부청 사이렌과 각 사원의 종을 울린 후 궁성요배를 했다.[115] 이러한 모습에서 우리는 신사참배, 궁성요배, 묵도, 라디오 체조 등을 통해 '신체의 시간화'가 본격적으로 추진되고 있음을 알 수 있다.

1941년 시의 기념일에 광주부의 국민총력연맹은 오전 9시와 정오에 시보를 했고, 전남도청 직원 400명의 출근 시각을 조사했다. 이재과(理財課)의 경우 19명 가운데 5명이 지각했고, 전체적으로 2할에서 3할의 지각자가 있었다.[116] 강화군청에서는 당일 근무 시간을 연장하여 출근 시간은 오전 8시에서 7시로 앞당기고, 퇴근 시간은 오후 4시에서 5시로 늦추었다.[117] 강원도 양양면에서는 오전 5시에 기상 사이렌을 울렸으며, 오전 7시와 정오에는 사이렌을 울려 평시 시보를 하고 궁성요배 및 황군무운장구 기원과 전몰장병 명복 기원의 묵도를 했다.[118] 춘천에서는 오전 6시 기상 시간과 오후 7시 석식 시간은 사이렌으로 알렸고, 정오묵도 시간은 폭죽으로 알렸으며, 저녁 10시 취침 시간에는 전등을 여러 번 점멸했다.[119] 1942년 이후로는 전국적으로 시계상조합을 중심으로 하는 시의 기념일 행사가 소규모로 열렸다.[120] 특히 전시 체제하에서 1945년에는 시간을 아껴 전력을 강화해야 한다는 '시의 전력화(戰力化)'에 대한 주장이 등장하기도 했다.[121]

시계의 정오 조사

경성일보사는 1924년 6월 10일에 시간과 밀접한 관계가 있는 경성의 주요 관공서, 은행, 회사, 학교 등의 시계가 정확한 시간을 가리키고 있는지 조사한 후 그 결과를 발표했다. 경성일보 외근 기자들은 오사와상회와 무라키시계점에서 표준시와 일치하는 정확한 시계 10여 개를 빌린 후 각처의 시계와 대조했다.[122] 그 결과 경성우편국, 경성측후소, 조선은행, 제일고등여학교 사무실, 법무국장실, 전매국장실, 내무국의 시계가 정확했다. 개인 시계의 경우 2~3개는 정확했지만 대부분은 시간이 어긋났다. 또한 체신국과 경성우편국의 전기시계 백수십 개는 모두 1분 1초의 차이도 없이 정확했지만, 다른 관공서의 많은 시계는 시간이 어긋났다. 보통은 몇십 초에서 1~2분 정도 빠르거나 늦었지만, 5~10분이나 차이가 나는 곳도 있었다.

대체로 전기시계를 설치한 곳에서 시간이 정확했다고 한다. 《경성일보》는 시간을 중시하는 곳에서는 전기시계를 사용하지 않으면 안심할 수 없다고 결론 내리고 있다. 당일 조사에 따르면 남산 왜성대 총독부의 시계 몇 개도 1~2분 빨랐고, 본정 1정목 경성우편국 옆에 있던 경성부청의 시계들도 제각각이었으며, 군사령부와 용산헌병대 구내의 시계들도 어긋나 있었다. 경찰서와 경찰관 파출소의 시계도 20초에서 3분까지 어긋났다. 용산의 남만주철도주식회사 경성관리국 정문의 대시계도 20초 빨랐고 동 회사의 시계들도 제각각이었다. 경성우편국 정면시계, 경성역과 용산역의 시계, 군사령부 수부(受附)의 대시계는 정확했지만, 경성역과 용산역의 대합실이나 역장실에 있는 시계는 어긋나 있기도 했다. 아예 멈춰 서 있는 시계도 있었다. 이 조사를 통해 우리는 경성우편국, 경성역, 남만주철도주식회사 경성관리국, 군사령부 수부의 대시계 등이 당시에 일반인을 위한 표준시계의 역할을 했을 것이라고 짐작할 수 있다.

1931년 6월 10일에 경성일보사는 사람들의 시간관념을 조사하기 위해 경성의 각 관청, 은행, 회사, 학교 등에 사전경고 없이 '관소(關所)'를 설치하고 출근 시간을 조사하여 발표했다.[123] 오전 8시까지 출근해야 하는 경성부청의 경우 다케모리(竹森) 문서계장이 30분 빠른 오전 7시 반에 출근했고, 7시 40분에 마에다(前田) 내무과장, 연이어 마쓰자키(松崎) 직세과(直税課) 제2계장과 가시와기(柏木) 수도과 공무계장(工務係長)이 출근했으며, 8시 6분 전에 나카무라(中村) 회계계장, 5분 전에 마노(眞野) 내무계장과 토목과의 다무라(多村) 경리과장, 2분 전에 나카쓰지(中辻) 권업계장(勧業係長), 8시에 유(柳) 호적계장이 출근했다. 그런데 시간여행회 이사장인 안도 게사이치(安藤袈裟一) 경성부윤은 9시 6분이 지나서 시가[葉卷]를 물고 유유히 출근했고, 고마다(駒田) 영선계장(營繕係長)이 9시 35분에 출근하여 마지막을 장식했다.

《경성일보》는 '오늘의 지각표'라는 이름으로 그 밖의 지각자 명단도 발표했다. 도오야마(遠山) 비서계장은 5분, 다다(多田) 수도과장과 나카무라(中村) 세무과장은 10분, 고노(河野) 관세계장은 40분, 후지키(藤木) 위생과장은 48분, 사카이(酒井) 임시도시계획계장은 1시간을 지각했다. 지각의 변명도 어김없이 등장했다. 이와키(岩木) 토목과장은 치통으로 진료를 받으러 가서 정오까지 모습을 드러내지 않았지만 사고 결근으로 인정되어 지각표에서 제외되었다. 또한 안도 경성부윤은 평소에 빠를 때는 8시, 늦을 때는 낮 무렵에 출근하지만, 출근 전에 관사에서 매일 5~10인의 면회인과 만나기 때문에 출근 시간이 일정하지 않다는 변명도 기사 말미에 적혀 있다.

소학교의 경우 우천에도 불구하고 지각자는 서대문소학교 10명, 동대문소학교 5명, 남대문소학교 12명, 남산소학교 0명, 종로소학교 4명, 삼판소학교(三坂小學敎) 13명, 앵정소학교(櫻井小學敎) 18명, 원정소학교(元町小學敎) 0명, 용산소학교 1명, 일출소학교(日出小學敎) 5명 등으로 비교적 적은 편이었다. 체신국의 경우 신의주로 출장을 간 사토(佐藤) 항공관(航空官)을 제외하고 7분에서 1시간 10분까지 지각한 사람이 15명이었고, 야마모토(山本) 국장이 가장 늦게 출근했다. 체신국 간이보험 감리과와 업무과는 종로경찰서 자리로 이사를 가서 조사 대상에서 제외되었다. 그런데 은행과 큰 회사의 경우에는 지각자가 아무도 없었다고 한다.

함흥상업학교는 1931년 6월 9일 정오에 함흥부의 각 관청, 은행, 회사, 상점, 일반 주택을 다니며 시계를 조사한 후 그 결과를 발표했다. 표준시와 비교할 때 37개의 관청 시계는 최대 30분 평균 3분 24초, 43개의 은행과 회사 시계는 최대 10분 평균 4분 12초, 211개의 상점 시계는 최대 33분 평균 5분 48초, 109개의 일반 주택 시계는 최대 27분 평균 2분 6초의 오차를 보였다. 총 400개의 시계를 조사했고 전체적으로 평균 3분 54초의 오차가 있었다고 한다.[124]

함흥에서는 1934년 6월 8일에도 오후 2시부터 5시까지 관청, 학교, 상점, 은행, 회사, 일반 주택의 시계 1,541개를 조사했는데, 417개는 정확하고 나머지는 30초에서 1시간 5분까지 표준시와 차이가 나서 평균 3분 51초의 오차가 있었다. 신문기사는 1933년 조사에 비해 평균 7초가 단축되었으므로 점차 시계의 정확도가 높아지고 있다고 전하고 있다.[125] 함흥에서는 1936년 시의 기념일에도 시계의 정오를 조사했는데, 평균적으로 은행과 회사는 1분 38초, 관공서와 학교는 1분 50초, 상점은 3분 18초, 일반 주택은 8분 40초의 오차를 보였고, 전체 평균 5분 14초의 오차가 있었다. 그 전보다 시계의 오차가 커진 것을 알 수 있다. 신문기사에 따르면 1935년에는 전체 평균 3분 13초의 오차를 보였지만, 소방 사이렌이 수리 중이라 정오 시보를 할 수 없는 상황이었기 때문에 시계의 정확도가 전년보다 떨어졌다고 한다.[126]

대구에서는 1935년 시의 기념일에 청년단 및 대구부 직원을 동원하여 부내의 관공서, 학교, 은행, 회사, 기타 주요 상점에 있는 시계의 정오를 조사했다. 그 결과 관공서는 58개 가운데 36개, 학교는 46개 가운데 42개, 은행과 회사는 37개 가운데 23개, 민간은 57개 가운데 42개가 정확했다. 신문기사는 학교의 시계가 가장 정확하고 상대적으로 관공서와 민간의 시계는 부정확한 것이 많았다고 평가하고 있다.[127] 같은 날 포항에서도 읍사무소 직원, 재향군인, 청년단 등을 동원하여 42개 단체의 시계와 860개 민간 시계를 대상으로 정오를 조사했다. 그 결과 단체의 경우 35개는 정확하고 7개는 부정확했으며, 민간의 경우 353개는 정확하고 507개는 부정확했다.[128] 1936년 시의 기념일에도 대구부는 141개 시계의 정오를 조사했고, 그 결과 78개는 정확했지만 대체로 은행과 회사의 시계는 오차가 많았다. 관공서는 70개 가운데 40개, 학교는 22개 가운데

15개, 은행과 회사는 26개 가운데 12개, 민간은 23개 가운데 11개만 정확했다.[129]

1937년 6월 9일에 경성일보사는 경성측후소의 중앙표준시계를 가지고 나와 자동차를 타고 다니며 경성부 주요 관서와 학교의 시계탑을 점검했다. 이 점검 기록을 통해 우리는 당시 경성부에 있었던 대시계와 시계탑의 사정을 좀 더 자세히 알 수 있다. 경성측후소의 월섬(Waltham) 표준시계는 매일 오전 6시와 오후 9시에 무선으로 중앙표준시에 맞춰 시간이 조정되는 정확한 시계였다. 경성역 정면 현관 대시계는 1분 1초도 틀리지 않았다고 한다. 경성역의 지하 동력실에는 24볼트 전력으로 움직이는 친시계가 있었고, 이것이 경성역과 용산역 사이에 있는 많은 철도 관련 시계를 작동시키고 있었다. 창립 이래 28년간 사용하던 조선은행의 친시계인 세이코샤 대시계는 14초 빨랐다고 한다.

경성우편국은 시계를 혹사시키지 않기 위해 2개의 친시계, 즉 친시계 갑(甲)과 친시계 을(乙)을 설비하여 주야 교대로 사용하고 있었다. 경성측후소의 표준시계와 비교할 때 친시계 갑은 4초 늦고 친시계 을은 정확했다고 한다. 점검 당시에는 친시계 을이 경성우편국 정면 현관의 대시계를 움직이고 있었다. 창립 이래 사용하던 조선식산은행(朝鮮殖産銀行)의 시계도 39초 늦었다. 1937년 1월경에 5층 건물로 증축된 종로 2정목의 영보빌딩 중앙 높은 곳에 걸려 있는 대시계는 점검 당시에 아예 멈춰 있었다. 담쟁이 덩굴로 덮여 있는 경성제국대학 병원 본관의 시계탑은 6초 늦었고, 경성제국대학 본부의 시계는 1분 28초 빨랐고, 경성부청의 친시계는 30초 늦었다. 경성부민관의 3면 시계탑의 경우 정면 시계는 40초, 총독부 쪽을 향한 우측 대시계는 3분, 남대문 쪽을 향한 좌측 대시계는 1분 늦었다. 그리고 기타 관서, 회사, 상점, 각 가정의 시계도 모두 부정확했다고 한다.[130]

4장

라디오 시대

明 說 大正天皇祭 十二月 二十五日 新嘗祭 十一月

本民曆에 揭載한 時刻은 本邦

中央標準時를 用하고 日月出

入 及 日月食은 朝鮮總督府觀

測所에서 보이는 바를 揭함

月食 七月 五日

食分 二分 七厘

初虧 午前 一時 二十七分 左下之間

食甚 午前 二時 二十五分 左下之間

復圓 午前 三時 二十四分 下偏左

표준시의 역사
하나의 시간을 위하여

1

표준시 제도의 시작

한국에서는 1908년에 처음으로 표준시 제도가 등장했다. 1908년 (융희 2년) 양력 2월 7일에 아래와 같이 〈칙령 제5호: 대한국 표준시에 관흔 건〉이 반포되고 동년 4월 1일부터 표준시 제도가 본격적으로 시행된 것이다.

> 종래 관용(慣用)후든 경성시각(京城時刻) 즉 영국 '구린위취' 관상대(觀象臺) 자오의(子午儀)의 중심을 기본으로 흔 동경 127도 30분의 평시(平時)로뼈 대한국 표준시로 정홈. 부칙: 본령은 융희 2년(1908) 4월 1일로붓터 시행홈.[1]

1908년부터 통감부(統監部)가 조선의 공적 시간을 양력 중심으로 편제하기 시작했으므로 표준시 제도도 조선의 시간을 하나로 통

일하여 시간의 혼란을 제거하려는 의도에서 나온 것이다. "관용ㅎ
든 경성시각"이라는 표현에서 알 수 있듯이 〈대한국 표준시에 관흔
건〉은 이미 조선에서 관용적으로 사용하던 동경 127도 30분을 표
준 자오선으로 삼아 표준시를 정한 것에 불과했다. '경성 시각'은
1896년부터 조선에서 발행하던 양력 역서에서 사용된 표준시였다.

1905년 11월 17일에 을사조약 즉 제2차 한일협약이 체결된 후,
일본 정부는 1905년 11월 22일에 아래와 같이 〈칙령 제240호: 한
국에 통감부 및 이사청(理事廳)을 두는 건〉을 공포했다.

> 메이지 38년(1905) 11월 17일에 제국 정부와 한국 정부 사이에 체결된 협
> 약 제3조에 근거하여 통감부를 경성에, 이사청을 경성, 인천, 부산, 원산,
> 진남포, 목포, 마산 등 기타 수요(須要)의 땅에 두고 해당 협약에 의한 제
> 반 사무를 담당하게 함. 부칙: 본령에 의한 통감부의 직무는 종래의 제국
> 공사관(公使館), 이사청의 직무는 종래의 제국 영사관(領事館)으로 하여금
> 당분간 이를 집행하게 함.[2]

을사조약으로 조선의 외교권을 장악한 일본 정부는 이토 히로부
미(伊藤博文)를 초대 통감으로 임명했고, 1906년 2월 1일에는 한성
에서 통감부 개청식이 열렸다. 그런데 1908년 2월 7일에 〈대한국
표준시에 관흔 건〉이 공포된 직후 동년 2월 14일에 당시에 부통감
이었고 1909년에 2대 통감이 될 소네 아라스케(曾禰荒助)가 아래와
같이 〈통감부령 제5호〉를 공포했다.

통감부 및 소속 관서(官署)에서 사용하는 시(時)는 한국표준시에 의함. 부칙: 본령은 메이지 41년(1908) 4월 1일부터 이를 시행함.[3]

즉 조선에서 표준시 제도가 처음 시행된 1908년 4월 1일부터는 일본인이 근무하는 통감부 및 이사청 등에서도 한국표준시를 사용하게 된 것이다. 이를 통해 역으로 우리는 통감부와 이사청이 1906년 2월 1일부터 1908년 3월까지 조선에서 일본중앙표준시를 사용하고 있었다는 것을 짐작할 수 있다.

일본 영사관은 이미 1904년 11월 28일부터 한국표준시보다 빠른 일본중앙표준시를 사용하기 시작했고, 같은 시기에 대화정 2정목에 있던 한국주차군사령부도 일본군에게 일본중앙표준시를 알리기 위해 오포를 사용했던 것으로 보인다. 경부철도주식회사도 1904년 11월 20일부터 한국표준시가 아닌 일본중앙표준시를 기준으로 열차를 운행했다. 1904년 11월 18일부터 22일까지 《황성신문》에는 경부철도주식회사 명의로 "종래 철도용 시각은 한국표준시를 용(用)ᄒᆞ더니 내(來) 11월 20일붓터 내지(內地) 중앙표준시를 의(依)ᄒᆞ야 열차를 운전홈"이라는 내용의 광고가 실렸다. 같은 시기에 《제국신문》에도 11월 20일부터 일본중앙표준시에 따라 기차를 발착한다는 광고가 실렸다.[4]

1908년 4월에 대한국 표준시 제도가 시행되기 전에 3년 이상 동안 열차의 발착 시각이 일본중앙표준시를 따른 것이다. 일본군이나 일본인이 경부철도를 많이 이용했으므로 이에 맞추어 열차 시각을 변경한 것으로 보인다. 그런데 일본중앙표준시가 한국표준시보다 약 30분 빠르기 때문에 이때부터 계속 시간의 혼란이 발생했을 것이다. 따라서 통감부와 이사청 등의 기관에서 사용하는 표준시를 대한국 표준시로 변경한 1908년 〈통감부령 제5호〉는 이러한 시간의 혼란을 없애기 위해 나온 것으로 보인다.

1908년 4월 1일 자로 인천 이사청 이사관(理事官)인 시노부 준페이(信夫淳平)는 다음과 같이 〈인천 이사청 고시 제5호〉를 공포했다.

> 본일 이후 당지(當地) 인천관측소에서 발사하는 오포(午砲)는 한국표준시의 정오, 즉 일본중앙표준시의 정오에 비해 30분 늦는 시각에 상당한다. 또한 본일 오전 0시에는 시각 변경의 시기를 보지(普知)하기 위해 특별히 호포(號砲) 일성(一聲)을 발사한다는 동소(同所)로부터의 통지가 있었다.[5]

일본중앙표준시에 따라 정오에 발사되던 각 지역의 오포는 1908년 4월 1일을 기점으로 30분 늦게 대한국 표준시에 따라 발사되는 것으로 변경되었다. 통감부와 이사청이 설치된 이후로는 한성뿐만 아니라 인천과 부산 등지에도 오포가 설치되어 표준시간을 알려주고 있었다. 그러나 1906년 2월부터 1908년 3월까지 조선 각지에서 울린 오포는 한국표준시가 아닌 일본중앙표준시에 의해 정오 시각을 알려주었다. 마찬가지로 1904년 11월 20일부터 1908년 3월까지 경부철도의 기차도 일본 시간을 싣고 조선 땅 위를 달리고 있었다. 음양력과는 또 다른 차원에서 일본 시간과 조선 시간이라는 이중적인 시간이 조선 전역에서 충돌하고 있었던 것이다.

표준시의 식민화와 탈식민화

한일병합 직전인 1910년 7월 30일경에 우사미 가쓰오(宇佐美勝夫)
대한제국 내부차관(內部次官)은 내부의 정무를 일신하기 위해 내부
비서과 시계를 표준으로 하여 일반 관리들이 출근[仕進]과 퇴근[仕退]
시간을 준수하게 했다.[6] '시간의 중심' 역할을 할 수 있는 표준시계
의 부재로 인해 출퇴근 시간이 일정하게 관리되지 않고 있었다는
것을 짐작할 수 있다.

한일병합 이후 1912년 1월 1일부터는 동경 135도를 표준자오
선으로 하는 일본중앙표준시가 조선에서도 사용되어 1월 1일 오전
11시 30분이 정오 12시로 변경된다.[7] 오포를 제외하고는 일반 대
중에게 표준시 변경을 알릴 수 있는 방법이 없었기 때문에 오포를
오전 11시 30분에 발사하여 새로운 정오 시각을 알렸던 것 같다.
1911년 9월 24일 자 《매일신보》를 보면 한일병합 후 1년 만에 표
준시 개정이 논의되기 시작했음을 알 수 있다.

> 병합 동시에 개정홀 터이던 일본 내지와 조선의 표준시간은 위도(緯度)
> 의 관계상 동경(東京)으로브터 약 1시간, 규슈(九州)·시코쿠(四國)에서는
> 약 30분이 지완(遲緩)후게 계산후얏스나 여사(如斯)후면 중앙정부와 집무
> 의 관계 및 전보(電報)의 발착신, 기타 불편이 막심홀지라. 고로 금회에 우
> (右)를 개정후기로 결정후고 일본 내지의 표준시간과 동양(同樣)으로 변경
> 흔다는뒤 내(來) 11월경에 발표후리라더라.[8]

한일병합 이후 바로 조선에서 일본중앙표준시를 사용하지는 않았다. 위 신문기사의 오류나 모호성을 감안하더라도 전보의 발착신 시간 차이나 집무상의 불편 등을 이유로 일본과 조선의 표준시를 일치시키려 했다는 것을 알 수 있다. 1911년 9월 26일 자《매일신보》의 기사는 9월 24일 자 기사에 착오가 있었음을 알리면서 새로운 설명을 덧붙이고 있다.

전보(前報)는 사실의 착오. 원래 전 한국정부에셔 제정흔 대한표준시는 영국 구리닛지 천문대에셔 127도 30분에 당(當)흔 경도(經度)의 시각이오. 내지의 것은 이양(二樣)의 표준시가 유(有)흐니 서부표준시는 즉 경도 120도의 시각인딕 관동주, 대만, 팽호도, 야에야마에 한후야 차(此)를 사용후고, 중앙표준시는 즉 경도 135도의 시각인딕 전기(前記) 제지방(諸地方)을 제후고 전국에셔 용(用)흠이라. 연즉(然則) 유래의 한국표준시는 서부·중앙 양 표준시의 중간에 재(在)흐니 서부보다 시(時)의 30분이 조(早)후고, 중앙보다 시의 30분이 지(遲)흔딕, 내년 1월 1일브터 개정홀 표준시는 즉 중앙표준시라. 내지 대부분과 동일후고 만주·대만 등과는 1시간이 상위(相違)홀 자(者)이라더라.[9]

이 기사를 통해 비로소 우리는 1912년 1월 1일 자 표준시 개정의 전모를 알 수 있다. 당시 일본은 1시간의 시차가 있는 서부표준시와 중앙표준시를 사용하고 있었고, 1912년부터 조선의 표준시를 일본의 중앙표준시와 합치시킨 것이다. 1911년 12월 7일 자《매일신보》에는 조선의 표준시 변경을 위한 구체적인 실행 방법이 아래와 같이 실려 있다.

> 조선 표준시간은 명년 1월 1일브터 중앙표준시를 의후야 개정 실행훌 사
> (事)로 총독부 고시 358호로 고시후얏는듸 기(其) 내용은 조선 오전 11시
> 30분에 오정포(午正砲)를 방(放)후기로 정후얏다더라.[10]

1912년 1월 1일 0시가 아니라 오전 11시 30분에 오포를 발사하
여 조선의 모든 시계를 정오 12시로 일순 변경함으로써 표준시를
개정하기로 한 것이다. 이로써 1912년 1월 1일 오전 11시 30분부
터 정오 12시까지 30분의 시간이 조선에서 증발하게 된다. 1911년
12월 14일 자 《매일신보》에는 표준시 변경 방법이 조금 다르게 나
온다.

> 중앙표준시는 현행 조선표준시에 비후면 30분이 조(早)홈으로써 각종 불
> 편이 유(有)후더니 내(來) 45년(1912) 1월 1일브터 내지 중앙표준시를 조
> 선표준시에 적용홀 터임으로 본월 31일 야반(夜半) 12시는 신표준시의 오
> 전 0시 30분으로 이(移)후야 차제(次第) 시행훌 터이라더라.[11]

이 기사는 1911년 12월 31일 밤 24시, 즉 1912년 1월 1일 0시
를 오전 0시 30분으로 변경하여 표준시를 개정한다고 알리고 있
다. 1911년 11월 16일 자 《조선총독부 관보》를 보면 표준시 변경
의 내용을 좀 더 정확히 알 수 있다. 조선총독 데라우치 마사타케
(寺内正毅)는 1911년 11월 16일에 〈조선총독부령 제144호〉를 공포

하여 1908년의 〈통감부령 제5호〉와 〈칙령 제5호〉를 1911년 12월 31일을 끝으로 폐지했다. 그리고 그는 같은 날 〈조선총독부 고시 제338호〉에 의해 "조선의 표준시는 메이지 45년(1912) 1월 1일부터 중앙표준시에 의한다."라고 공포했다.[12]

1911년 12월 13일 자로 조선총독부 정무총감은 1912년 1월 1일부터 사용하는 중앙표준시와 관련하여 각부 및 소속 관서 장관 앞으로 〈표준시 개정에 관한 건〉이라는 통첩을 보낸다. 관청의 경우에는 1월 1일 0시를 오전 0시 30분으로 변경할 것이라고 알리고 있는 것이다.

중앙표준시는 현행 조선표준시에 비하여 30분 빠르므로 오는 31일에 현행 조선표준시에 의한 야반(夜半) 12시를 신표준시의 오전 0시 30분으로 옮기기로 함.[13]

일본중앙표준시는 1912년부터 해방 이후까지 40년 이상 계속 사용된다. 그런데 1954년 2월에 국립중앙관상대장 이원철(李源喆)은 일본중앙표준시를 구 대한국 표준시로 변경하는 것을 골자로 하는 '시간의 탈식민화'를 주장한다. 한국표준시가 여전히 일본 아카시(明石)를 통과하는 동경 135도를 표준자오선으로 삼고 있는 것은 불합리하기 때문에, 이제는 함흥, 원산, 안변, 김화, 가평, 양평, 이천, 청주, 대전, 순천을 통과하는 대한제국 시기의 동경 127도 30분으로 표준자오선을 변경해야 한다고 주장한 것이다.[14] 그리고 한 달 뒤 이원철의 제안대로 표준시 변경이 이루어진다. 비록 연도착오를 범하고는 있지만, 이를 두고 당시의 신문기사는 "오는 21일인 춘분날 상오 0시 30분을 0시로 30분간 늦춤으로써 1910년 일제에 빼앗긴 지 44년 만에 또 다시 우리의 표준시간을 찾게 되었다."라고 평가하고 있다.[15] 1954년 3월 12일에 국무회의에서 표준시 변경이 결정되지만, 당시 유엔군 총사령부가 일본 도쿄에 있었으므로 일본과 한국 사이에 30분의 시차가 생긴다는 것은 또 다른 문젯거리였다.[16] 다음 날인 3월 13일에 주한 유엔군 당국이 새로운 한국표준시 사용을 거부하기도 했다.[17]

마침내 1954년 3월 17일에 "단기(檀紀) 4287년(1954) 3월 21일 오전 0시 30분부터 동경 127도 30분을 표준자오선으로 한다."라고 규정한 〈대통령령 제876호: 표준자오선 변경에 관한 건〉이 공포되었다.[18] 표준시 복구는 시계를 30분 뒤로 돌려 춘분인 3월 21일 0시 30분을 0시 0분으로 변경함으로써 이루어졌다. 이로써 그리니치 천문대를 통과하는 본초자오선(本初子午線)을 기준으로 하는 그리니치 평균시[GMT]와 한국표준시의 시차는 9시간에서 8시간 30분으로 바뀌었다. 1954년 3월 21일 오전 0시 30분에는 일본에 강탈당한 30분의 시간을 되찾았다는 의미에서 보신각종을 타종하고 전국 각 학교, 교회, 사찰의 종과 사이렌을 일제히 울리기로 했다.[19]

1954년 3월 19일에 열린 국무회의에서는 표준시 변경에 따라 공무원 집무 시간이 '오전 9시부터 오후 5시까지'에서 '오전 8시 반부터 오후 4시 반까지'로 변경된다.[20] 그러나 이것은 "일본 시간을 표준으로 하던 과거 시간에 구애 순종하는 결과가 된다."라고 하는 비판이 일자, 며칠 뒤 공무원 집무 시간이 다시 신표준시에 따라

'오전 9시부터 오후 5시까지'로 재변경되는 해프닝이 벌어지기도 했다.[21] 결국 미국 제8군도 모든 군대용 시계와 민간 시계를 한국표준시에 맞게 변경하였다.[22] 당시 신문기사는 일본중앙표준시를 버리고 이제 다시 독자적인 한국표준시를 되찾았다는 의미에서 이 변경 조치를 "표준시의 광복"이자 "시간 광복"이라 불렀다.[23]

다시 7년이 지나 5·16 군사정변이 발생한 후 국가재건최고회의는 1961년 8월 7일에 "단기 4294년(1961) 8월 10일부터 동경 135도의 자오선을 표준자오선으로 하고 동일(同日)의 0시를 0시 30분으로 한다."라고 규정한 〈법률 제676호: 표준자오선 변경에 관한 법률〉을 공포했다.[24] 이리하여 1961년 8월 10일부터 대한민국 표준시는 1912년부터 사용한 일본중앙표준시로 회귀하여 현재에 이르고 있다. 그리니치 평균시와 세계 각국의 표준시는 정수(整數)의 시차를 두는 것이 관례지만 한국은 8.5시간이라는 반정수(半整數)의 시차를 둠으로써 항공, 항해, 기상 관측 등의 시간 환산에서 혼란이 발생하고 있다는 것이 표면적인 이유였다.[25] 1961년 8월 9일 밤 24시에 통금 시간 사이렌이 울린 후 시곗바늘을 자정 12시에서 오전 12시 30분으로 돌리면서 다시 한국표준시는 일본표준시와 같아졌다.[26]

하나의 시간이라는 폭력

1925년 무렵 인천관측소, 즉 조선총독부관측소는 오전 9시에 도쿄 천문대에서 표준시간을 무선전신으로 받았을 뿐만 아니라, 매주 한

번씩 밤에 자오의(子午儀)로 천체를 관측하여 표준시계와 대조하는 작업을 했다. 당시 기준으로 약 16년 전에 인천관측소는 영국제 표준시계를 온도의 영향이 미치지 않도록 지하실에 설치해 두었다. 매일 정오에 인천관측소는 인천우편국으로 시간을 통지했고, 다시 인천우편국에서 경성우편국을 거쳐 전국 우편국으로 시간이 통지되고 있었다.[27]

다른 신문기사를 보면 1930년경의 표준시 시보 상황에 대해 좀 더 자세히 알 수 있다. 1930년에 조선에는 인천의 조선총독부관측소 외에 지방측후소 13개소, 기타 간이 기상관측시설 207개소가 있었다.[28] 인천관측소는 체신국과 협정을 맺고 표준시 제도가 시행된 1908년 4월 1일부터 시보를 담당하고 있었다. 처음에는 자오의로 야간에 항성(恒星)의 자오선 통과를 관측하고 기준 시진의(時辰儀), 즉 표준시계의 시차를 수정했다. 그런데 1924년 10월 1일에 무선전신 수신장치를 설비한 다음부터는, 매일 2회 오전 11시와 오후 9시에 지바현(千葉縣)의 도쿄무선전신국 발신소에서 보내는 도쿄천문대 측정 시각을 수신하여 기준 시진의의 시차를 수정한 후, 전신으로 매일 정오 시각을 조선의 각 전신국에 통보했다.

먼저 정오 3분 전에 인천관측소의 보시용(報時用) 전건(電鍵), 즉 스위치를 누르면 벨이 울리면서 인천우편국과 경성우편국을 거쳐 전국 각 우편국의 전신기에 연결된 전령이 울리기 시작했고 정오가 되면 벨소리가 멈췄다. 바로 이 3분간 전국의 주요 우편국과 철도 전신계는 모든 전신 업무를 중단하고 경성우편국의 시보만을 받았다고 한다. 또한 제주, 부산, 평양, 경성, 대구의 각 측후소에는 무전수신장치가 있어서 도쿄무선전신국의 시보를 직접 받을 수 있었다. 이처럼 인천관측소를 중심으로 조선의 시간이 하나의 표준시간으로 통일되고 있었던 것이다. 1912년 이래 1930년까지도 인천관측소의 보시 업무는 촉탁인 이토 도쿠지로(伊藤德次郎)가 맡고 있었다.

모터사이렌과 대시계의 설치와 보급에도 불구하고 서로 다른 시계와 시보 장치를 하나로 통일하는 일은 1936년까지도 여전히 문제로 남아 있었다. 당시 부산에서는 부산역 옥상의 대시계, 부산우편국 입구의 대시계, 복병산의 정오 사이렌을 '시의 표준'으로 삼고 있었다. 그러나 세 가지 표준시가 서로 합치하지 않아서 어느 것을 표준으로 삼아야 하는지를 두고 시간의 혼란이 발생하고 있었다. 부산역의 경우 옥상의 대시계와 플랫폼의 시계가 서로 어긋나서 승객들이 기차를 놓치기도 했다.[29] 따라서 완전한 표준시간은 여전히 붙들기 힘든 '가상의 시간'으로 존재하고 있었다.

1931년에 일본은 일본 내지와 조선 등지에서 통용되는 중앙표준시와 대만, 관동청(關東廳), 남양청(南洋廳) 일부에서 통용되는 서부표준시를 사용하고 있었다.[30] 중앙표준시는 아카시를 통과하는 동경 135도를 표준자오선으로 하고, 서부표준시는 이시가키지마(石垣島)를 통과하는 동경 120도를 표준자오선으로 했다. 그리니치 천문대를 지나는 자오선을 경도의 기준(경도 0도)이 되는 본초자오선으로 삼고 경도차(經度差) 15도마다 표준자오선을 정한 후, 표준자오선을 중심으로 동서로 7.5도씩 경도차 15도의 폭을 동일 시각대로 하는 표준시를 경대시(經帶時)라고 한다. 경대시에서는 경도차 15도마다

1시간의 시차가 발생한다.[31]

일본에서는 메이지 19년(1886) 7월 12일 자로 도쿄대학 교수인 기쿠치 다이로쿠(菊地大麓)의 건의에 따라 본초자오선을 채용하고, 동경 135도를 표준자오선으로 삼아 일본표준시를 제정했다. 그리고 다음 날인 7월 13일에 공포된 〈칙령 제51호: 본초자오선 경도 계산방(計算方) 및 표준시의 건〉에 의해 메이지 21년(1888) 1월 1일 오전 0시 0분에 전국적으로 호포를 발사하는 것을 신호로 일본표준시가 시행되었다.

1895년에 대만이 일본의 식민지가 된 후 메이지 28년(1895) 12월 28일에 일본 정부는 〈칙령 제167호: 표준시에 관한 건〉을 공포하여 메이지 29년(1896) 1월 1일부터 시행했다. 이때부터 1886년에 제정된 일본표준시를 '중앙표준시'로 개칭했고, 동경 120도를 표준자오선으로 하는 '서부표준시'를 제정하여 대만, 팽호 열도, 야에야마 열도, 미야코 열도의 표준시로 삼았다.[32] 아카시를 기준으로 동쪽으로는 동경 180도 일부변경선(日附變更線)까지, 서쪽으로는 이시가키지마까지 중앙표준시를 적용하고, 이시가키지마의 서쪽 지역에는 서부표준시를 적용했다고 한다. 중앙표준시와 서부표준시 간에는 1시간의 시차가 있었다. 서부표준시는 쇼와 12년(1937) 9월 25일에 공포되어 10월 1일부터 시행된 〈칙령 제529호: 메이지 28년 칙령 제167호(표준시에 관한 건) 중 개정의 건〉에 의해 폐지되었다.[33]

서부표준시가 폐지된 경위는 다음과 같다. 1935년부터 교토제국대학의 야마키(山木) 박사가 일만(日滿) 단일 시간 운동을 벌이면서 만주국의 표준시 개정 문제가 도마 위에 오르기 시작했다.[34]

1936년 7월 27일에 만주국 국무원회의(國務院會議)는 '표준시 변경에 관한 건'을 가결했고, 동년 8월 5일에는 강덕(康德) 4년(1937) 1월 1일부터 동부 푸위안현(撫遠縣)을 통과하는 동경 135도 자오선의 평균태양시를 표준시로 삼는다는 칙령이 발표되었다.[35] 이처럼 일본과 만주의 표준시 통일에 의해 종래 서부표준시를 사용하던 만주국은 1937년 1월 1일부터 군사적 편의를 위해 일본의 중앙표준시를 사용하게 된다.[36] 또한 만주국 표준시가 개정되면서 만주국 열차의 발착 시각도 모두 1시간씩 순연되었다.[37] 대만에서도 1937년 9월 30일 오후 11시를 10월 1일 오전 0시로 고치면서 1937년 10월 1일부터 일본의 중앙표준시를 채용했다.[38]

이처럼 만주와 조선이 똑같이 일본의 중앙표준시를 사용하면서 국경 지대에서 발생하던 시차 문제도 사라지게 된다. 국경을 통과하면서 시계를 조정하던 신의주와 안동(安東, 현 단둥)의 풍경도 변화를 겪었다. 당시 안동역에는 여행자의 눈길을 끄는 명물로 '도깨비 시계[化物時計]'라 불린 그로테스크한 시계가 있었다고 한다. '도깨비 시계'에는 흑색의 장침(長針)과 단침(短針) 외에 적색 단침이 하나 더 있었고, 문자판에도 적색과 흑색 숫자 24개가 기입되어 있었다. '도깨비 시계'는 여행자가 시계를 조정하기 쉽도록 흑색과 적색의 단침으로 신의주와 안동의 시차, 즉 일본의 중앙표준시와 서부표준시의 1시간 시차를 표시하고 있었다.[39]

당시 일본 정부는 만주국 시간이 한 시간 앞당겨지면 국민 생활에서도 매일 한 시간씩 잉여 시간이 생기고, 이것을 산업 개발과 토지 개척 등에 사용하면 국익과 민복이 증진될 거라고 주장했다. 또한 일부 유럽 국가에서는 '써머 타임'을 실시하고 여름에 한 시간씩 시간을 앞당겨 잉여 시간으로 놀라운 결과를 낳고 있다고 강조했다. 그러나 문제는 여름만이 아니라 1년 내내 '써머 타임' 속에서 살아가야 한다는 점이었다. 무리한 표준시 개정은 동절기의 경우 아침이 돼도 해가 뜨지 않는 역효과를 낼 수밖에 없었다. 당시 일본 정부는 동절기에는 관공서 등의 출퇴근 시간을 다소 변경하면 표준시 개정의 역효과를 얼마든지 극복할 수 있다고 주장했다.[40] 이처럼 식민화된다는 것은 고유의 시간을 수탈당하고 자연의 리듬과 맞지 않는 '식민지의 시간'을 살아가야 한다는 것을 의미했다.

북중국 일본 육군부대도 1938년 4월 20일 오전 0시를 오전 1시로 바꾸면서 24시간제의 일본중앙표준시를 사용하기 시작했다.[41] 또한 북경중앙방송국에서 중계하는 도쿄방송국의 라디오 방송과 만주철도 등도 일본중앙표준시를 사용하면서 일본 정부는 조선, 만주, 중국의 시간을 모두 일본의 시간으로 단일화하고 있었다. 일본 정부는 군대를 시작으로 북경 등 북중국의 관청, 일반 회사, 상점으로 중앙표준시 채용을 확대할 예정이었다.[42]

1937년 10월에 일본의 서부표준시가 폐지되긴 했지만, 1939년에도 일본은 식민지를 포함하여 일본중앙표준시, 남양군도 동부표준시, 남양군도 중부표준시, 남양군도 서부표준시라는 총 4개의 표준시를 사용하고 있었다. 일본중앙표준시와 남양군도 서부표준시는 모두 동경 135도를 표준자오선으로 삼았기 때문에 실질적으로는 3개의 표준시가 존재했다고 한다. 일본중앙표준시에 비해 남양군도 중부표준시는 1시간 빠르고, 남양군도 동부표준시는 2시간 빨랐다.

다만 조선, 만주국, 대만, 그리고 관동주 등 중국 지역은 모두 일본 중앙표준시를 사용하고 있었다.[43]

　1942년에 이르면 일본은 '대동아 표준시간'이라는 하나의 시간으로 통일된 대동아공영권의 건설을 이상으로 삼게 된다.[44] 이처럼 일본의 식민지 건설은 그 나라의 공간뿐만 아니라 시간까지도 제거하는 것을 목표로 했다. 그런데 서로 다른 표준시를 사용해야 마땅한 지역들에 무리하게 일본중앙표준시를 적용한 이유는 사실상 시간을 통일하여 전쟁의 편의를 도모하기 위한 것이었다.

경성방송국과 라디오 학교
하늘로부터의 문화

2

라디오 시보

편의상 라디오 시보의 형식을 연속시보(連續時報), 매시시보(每時時報), 정시시보(定時時報)로 나누어 볼 수 있다. 연속시보는 시보용 표준시계의 움직임을 고스란히 연속적으로 전달하는 것이다. 라디오를 통해 현재 우리가 사용하는 스마트폰 시계처럼 표준시간의 흐름을 연속적으로 알려주는 형식을 떠올리면 될 것이다. 매시시보는 원칙상 1시간마다 시보 방송을 하는 형식이지만, 반드시 매시가 시작될 때, 또는 1일 24회 시간을 알려주는 것은 아니다. 정시시보는 하루에 1회 내지 수회 정해진 시각에 시간을 전달하는 것이다. 오포, 모터사이렌, 라디오는 정시시보의 형식을 취한다. 일본의 경우 1925년 3월 22일에 라디오 방송이 개시되면서 정시시보를 시작했고, 시보 방송 시각은 몇 차례 변화가 있었다. 1940년 전후부터 1943년 10월 말일까지는 오전 7시, 정오, 오후 7시, 오후 10시의

4회에 걸쳐 시보 방송을 했다. 1943년 11월부터는 6시, 7시, 9시, 12시, 13시, 15시, 17시, 18시, 19시, 21시의 10회에 걸쳐 시보 방송을 함으로써 매시시보에 가까운 형식의 시보를 했다.[1] 일본방송협회의 《쇼와 6년 라디오 연감》(1931)은 라디오 시보가 범종, 오포, 전기사이렌보다 정확할 뿐만 아니라 전달 속도 면에서도 월등하다고 적고 있다.[2]

《경성일보》와 《조선신문》에 실린 경성방송국의 라디오 프로그램을 조사해 보면 흥미로운 결과가 나타난다. 1927년 2월 16일에 경성방송국이 방송을 개시한 후, 초기에는 라디오 정오 시보는 없었고 정파 직전인 오후 8시, 또는 9시 40분, 또는 9시 45분에 저녁 시보만 있었다. 1929년 3월 1일부터 라디오 정오 시보가 시작되었지만, 저녁 시보는 여전히 오후 9시 20분, 9시 35분, 9시 40분, 9시 45분, 9시 50분 등으로 제각각이었다. 다시 1932년 2월 14일부터는 저녁 시보가 오후 9시 30분으로 고정된다. 이때부터 라디오로 하루 두 번 정오 시보와 9시 30분 저녁 시보가 이루어졌다. 1933년 4월 26일부터 일본어 제1방송과 조선어 제2방송의 이중방송이 시작된 이후로는 제1방송을 통해 정오 시보와 9시 30분 저녁 시보가 방송되었다.

일본의 도쿄방송국은 라디오를 통해 기분 좋은 소리로 정확한 시보를 하는 방법을 계속 고심하고 있었다. 1932년까지는 아나운서가 표준시계를 보고 있다가 30초 전, 20초 전, 10초 전, 5초 전을 알리고 정각에 직접 관상종(管狀鐘) 즉 튜뷸러벨(tubular bells)을 쳐서 시보를 했다. 1933년 1월 1일부터는 라디오 시보가 기계적인 방식으로 변경된다. 도쿄방송국은 피아노와 연결된 채 시보 전에 중앙기상대와 연락하여 자동으로 오차를 수정하는 전기시계를 개발했다. 이 시보 장치는 정각 40초 전부터 재깍재깍하는 초음(秒音)을 내고, 30초 전에는 피아노 소리를 댕댕댕 세 번 울려서 마지막 댕 소리로 30초 전을 알리고, 20초 전에는 다시 댕댕 두 번 소리를 내고, 10초 전에는 댕 하고 한 번 소리를 내고, 초음과 함께 시각 예보를 한 후 정각에 부드러운 피아노 묘음(妙音)으로 정확한 시각을 알렸다.[3] 도쿄방송국은 이 시보 장치에 의해 0.1초 이상의 오차는 전혀 없고 약 0.02초 정도의 오차만 있는 정확한 시보를 할 수 있었다.

경성방송국의 탄생

1926년 초에 경성방송국(JODK)은 이왕직미술품제작소(李王職美術品製作所) 뒤편 고대(高臺)인 정동 1번지 10호 이왕직 소유지 750평을 신축 사옥 부지로 결정했다.[4] 경성방송국 신축 사옥의 북쪽에는 경성여자공립보통학교, 남쪽에는 영국영사관(현 영국대사관), 남서쪽에는 구세군사관학교가 있었다. 정동의 경성여자공립보통학교는 총 건축비 17만 5496원을 들여 1921년 9월에 기공하여 1922년 4월에 교사를 준공했으며, 동년 10월 23일에 신축 낙성식을 거행했다.[5] 현재 이곳에는 덕수초등학교가 있다. 구세군은 정동 1번지 23호에서 1927년 7월 28일에 기공하여 1928년 7월 31일에 건평 170평의 연와조 2층 건물로 구세군사관학교를 낙성했다.[6] 이 건물

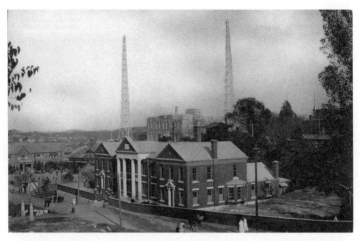

경성중앙방송국: 양옆에 2기의 안테나 철탑이 있는 뒤편 건물이 경성중앙방송국이고, 사진 앞쪽 중앙 건물은 구세군사관학교이며, 앞쪽 좌측 건물은 경성여자공립보통학교이고, 방송국 남쪽에 영국영사관이 있었다.[7]

은 해방 후 구세군중앙회관으로 이용되었고, 2019년 10월 4일에는 복합문화공간 '정동 1928 아트센터'로 정식 개관했다.

　1926년 7월 1일에 경성방송국 신축을 위한 지진제가 있었고, 건물 외관이 완성되자 동년 10월 27일에 상량식이 거행되었다. 경성방송국 본관은 지하실이 있는 건평 253평의 연와조 2층 건물이고, 별관은 지하실이 있는 35평의 연와조 1층 건물이었다.[8] 경사지에 서향으로 지은 이 건물은 정면에서 보면 2층과 지하실로 구성되어 있었고, 후면에서 보면 3층 건물로 보였다. 본관 1층에는 사무실, 2층에는 제1방송실과 제2방송실, 지하실에는 축전지실, 발전실, 송전기실, 기관실이 있었다. 별관의 지하실에는 탕비실, 1층에는 식당과 숙직실이 있었다. 경성방송국을 짓는 데 30만 원이 들었다고 한다.[9] 경성방송국 사옥에 있는 2기의 안테나는 높이 150척, 정확히는 45미터의 자립식(自立式) 삼각형 철탑으로 서로 40미터 떨어져 있었다.

1926년 11월 30일에는 사단법인 경성방송국 창립 총회가 조선식산은행 회의실에서 개최되었다. 최초의 라디오 청취료는 월액 2원으로 결정되었다. 동년 12월 27일에 경성방송국은 체신국 안에 임시 방송소(放送所)를 만들었고, 당시 라디오 청취자는 1,300~1,400명 정도였다. 1927년 10월부터는 청취료가 다시 월액 1원으로 인하된다.[10] 처음에는 1926년 12월 중순까지 경성방송국 내부 설비를 마치고 시험 방송을 시작할 예정이었다.[11] 1926년 12월 5일에는 경성방송국 창립 사무소가 조선식산은행 3층에서 신사옥으로 이전했다.[12]

1926년 12월 9일 자 조선총독부 고시에 따르면, 처음에 경성방송국의 호출 부호는 JODK, 호출 명칭은 경성방송국, 사용 전파장(電波長)은 367미터, 공중선 출력은 1킬로와트, 통상 도달거리는 160킬로미터, 방송 구역은 조선 일원이었다. 방송 시각은 월요일에서 토요일까지는 오전 9시 30분~오후 4시와 오후 6시~오후 9시였고, 일요일과 축제일에는 오후 0시 30분~오후 2시와 오후 6시~오후 9시였다.[13] 개국을 앞둔 1927년 2월 12일에는 경성방송국의 사용 전파장이 345미터로 변경되고, 방송 시각도 월요일에서 토요일까지는 오전 9시~오후 4시와 오후 6시~오후 10시, 일요일과 축제일에는 오후 0시 30분~오후 2시 30분과 오후 4시~오후 10시로 변경되었다.[14] 다시 1929년 2월 26일에는 경성방송국의 방송 시각이 오전 7시에서 오후 11시까지로 변경되었다.[15] 도쿄방송국과 오사카방송국이 10킬로와트 방송 개시를 준비하면서 파장을 변경하자, 1928년 4월 6일에는 경성방송국의 사용 전파장이 주파수 820킬로사이클(366미터)로 변경되었다.[16]

'과학의 전당'이라 불린 경성방송국은 1927년 2월 13일부터 시험 방송을 한 후, 1927년 2월 16일 오후 1시에 방송 개시식(開始式)을 거행하면서 방송을 시작했다. 당시에 라디오 방송은 이미 현대 문화의 진전이나 일상생활의 근대화와 밀접한 관계가 있는 문명의 척도였다. 따라서 방송국을 하나쯤 가지고 있지 않은 도시는 '문화 도시'의 자격이 없다는 말까지 있었다. 1927년 2월 15일 현재 라디오 가입자 수는 1,244명이었고, 각 도별로는 경기도 936명, 경남 58명, 경북 42명, 평남 37명, 전북 33명, 충남 32명, 함남 29명, 함북 22명, 전남 14명, 황해 15명, 충북 12명, 강원 12명, 평북 2명이었다.[17] 경성방송국은 도쿄(JOAK), 오사카(JOBK), 나고야(JOCK)를 잇는 4번째 방송국이었다.

경성방송국은 도쿄, 오사카, 나고야의 방송국을 참고하여 라디오 청취자에게 배부할 문표(門標), 즉 청취장(聽取章)을 만들었다. 라디오 청취장은 직경 2촌(약 6.7센티미터)의 원형으로 하단에는 경성방송국이라 적혀 있고, 상단에는 적색 바탕에 JODK라는 호출 부호를 백색으로 돋을새김했으며, 중앙부에는 청취 허가 번호를 적을 수 있었다.[18] 일본방송협회의 《쇼와 12년 라디오 연감》(1937)을 보면 방송협회에서 우편으로 금속제 청취장을 보내면 문설주나 출입문처럼 외부에서 잘 보이는 곳에 부착하여 무허가 도청의 의심을 피하

경성방송국의 라디오 청취장 도안[19]

도쿄방송국의 라디오 청취장 도안[20]

라고 적혀 있다.

라디오 보급률이 높지 않으면 라디오는 일상생활에 큰 영향을 미치지 못한다. 전지식 라디오는 한물가고 전등선을 이용하는 교류 라디오의 사용이 증가하자 경성전기회사는 1931년 2월부터 교류 라디오용 전기 요금 규정을 시행했다. 라디오 전기 요금은 정액제와 종량제로 나누어졌다. 정액제의 경우 경성과 인천의 전기 요금은 1개월당 10와트 이하는 35전, 20와트 이하는 50전이었다. 종량제의 경우 전등 계량기에 의해 전등 요금을 부과했고, 교류 라디오 전용 수구(受口), 즉 콘센트를 설치하는 경우에는 전등 한 등 설치 요금인 15전을 받았다.[21]

1927년 2월 말 현재 일본 전역의 라디오 청취자 수는 도쿄방송국 284,685명, 오사카방송국 98,807명, 나고야방송국 57,259명이었다. 이에 비해 1927년 2월 16일에 개국한 경성방송국의 청취자는 1,972명뿐이었다. 직전 1년간 신규 청취 신청자는 도쿄 6,249명,

오사카 3,497명, 나고야 1,798명으로 계속 증가 추세였다.[22]

　1928년 8월경에 조선총독부 체신국의 라디오 청취시설허가수는 6천 대를 돌파했다. 하루 평균 10명 내외의 신규 가입을 받고 있었고, 청취시설폐지를 신고하는 자도 하루 평균 2~3명 정도 있었다. 당시 체신국 라디오 감독부는 라디오를 몰래 도청하는 자를 엄중 취체하고 있었다.[23] 라디오 부정 청취자뿐만 아니라 허가를 받은 자 가운데서도 기계 설치 장소나 기계 종류를 변경한 자, 주소를 이전하고도 신고하지 않은 자, 청취시설폐지를 신고하고도 안테나를 철거하지 않은 자 등이 조사 대상이었다.[24] 또한 체신국은 라디오 취체를 위해 전국 라디오 청취자 명부 2,300부를 인쇄하여 각 관청에

경성방송국의 5구식 진공관 라디오 수신기: 경성방송국에서 보급한 초기 형태의 진공관 라디오 수신기로 나팔 모양의 스피커가 상단에 놓여 있다. 'JODK'라는 경성방송국의 호출 부호와 함께 '뉴트로다인 5구(neutrodyne 5 tube)'라는 글자가 전면에 적혀 있다.[25]

배부했다.[26] 당시에는 체신국의 허가서 없이 해안 지방에서 일본 방송을 듣거나 만주 국경에서 만주 방송을 듣는 것도 금지되었다. 조선방송협회는 우편국소(郵便局所) 및 경찰서와 협력하여 도청자 적발을 실시했고, 도청자는 무선전신법(無線電信法)에 의해 1년 이하의 징역 또는 1,000원 이하의 벌금에 처해질 수 있었다.[27]

1929년 8월 1일 현재 조선의 라디오 청취자는 일본인 7,976명, 조선인 1,708명, 외국인 18명, 총 9,702명으로 1년 전 6,303명에 비해 54%의 증가율을 보였다.[28] 1930년 4월 1일 현재 경성방송국의 라디오 청취자는 일본인 8,579명, 조선인 1,573명 등 총 10,170여 명이었고, 1년 전에 비해 1,505명이 증가했다. 경성부 청취자가 4,816명으로 전체 청취자의 절반 정도를 차지하고 있었다.[29] 1930년 8월경에는 라디오 청취자가 1만 1천 명을 돌파했다. 직업별 라디오 청취자는 관공리 2,890명, 상업 2,758명, 은행원·회사원·상점원 1,649명, 농업 501명, 관공서·학교 등 410곳, 무직 377명, 의사·산파 등 308명, 은행·회사 265곳, 여관·요리업 등 289명, 토목건축업 209명, 학생 131명, 공업 110명, 직공 79명, 종교가 45명, 예술가 34명, 변호사 30명, 기타 164명 등이었다.[30] 부산우편국의 경우 1931년에는 불경기로 인해 청취 신청자가 매월 20명 정도에 머물렀다. 1930년부터 1931년 7월까지는 1,500건 정도의 청취 신청이 있었다. 1931년 7월 1일 현재 부산우편국의 라디오 청취자 수는 부산 554명, 부산을 제외한 경남 724명, 대구 218명, 대구를 제외한 경북 423명, 목포 95명, 목포를 제외한 전남 418명으로 총 2,432명이었다.[31]

일본방송협회에 따르면 1931년 10월에 일본의 라디오 청취 가구는 90만 7천 호에 달하여 100만 호를 눈앞에 두고 있었다. 일본 체신성은 1932년 4월부터 청취료를 1원에서 80전으로 인하할 계획이었다.[32] 1932년 5월 말 현재 조선총독부 체신국의 라디오 청취 시설허가수는 일본인 13,568명, 조선인 1,943명, 외국인 67명으로 총 15,578명이었고, 1931년 5월 말에 비해 4,363명이 증가했다. 총호수 대비 라디오 보급률은 일본인은 12호당 1대, 조선인은 약 2,200호당 1대의 비율이었다. 이처럼 일본인과 조선인의 라디오 보급률은 200배 가까운 차이를 보였다.[33] 1932년 6월 말 현재 청취 시설허가수는 일본인 13,826명, 조선인 2,001명, 외국인 66명으로 총 15,893명이었고, 전년 6월 말에 비해 일본인은 4,130명, 조선인은 505명, 외국인 43명이 증가했다.[34] 1932년 9월 말 현재 청취 시설허가수는 일본인 14,721명, 조선인 2,116명, 외국인 75명으로 총 16,912명이었고, 8월 말에 비해 일본인 333명, 조선인 46명, 외국인 7명이 증가했고, 3월 말에 비해 일본인 2,228명, 조선인 362명, 외국인 33명이 증가했다.[35] 이처럼 1927년부터 1932년까지 아직 라디오는 조선에 거주하는 일본인의 전유물이었다.

연희방송소와 이중방송의 시작

1932년 2월경에 라디오 청취자가 1만 3천 명을 돌파했지만, 이 수치는 여전히 총세대수의 0.3퍼센트 정도에 불과했다. 방송 개시

5주년이 되었지만 일본에 비해 조선의 라디오 보급 속도는 너무 느렸고 라디오의 영향력도 미미했다. 이로 인해 경성방송국은 설비 확장과 방송 언어의 이중화를 도모하기로 결정했다. 먼저 경성방송국은 1932년 2월 20일에 이사회를 열고 10킬로와트 이중방송 실시와 관련하여 방송기 구입 계약을 위한 차입금의 인가 신청을 결의했으며, 경성방송국을 '조선방송협회'로 개칭하는 정관 수정을 위해 임시총회를 개최하기로 했다.[36] 종래의 공중선 출력을 1킬로와트에서 10킬로와트로 바꾸고, 일본어와 조선어로 이중방송을 하는 것이 변화의 주요 골자였다.

사단법인 경성방송국은 1932년 3월 8일에 임시총회를 열어 '조선방송협회'로 개칭할 것을 결의했고, 4월 7일부로 인가를 받은 후 4월 11일에 경성지방법원에서 등기를 마쳤으며, 이로써 일본방송협회와 견줄 수 있는 조선방송협회가 탄생했다. 경성방송국이라는 기존 명칭은 시설 명칭과 호출 명칭으로 계속 사용하기로 했다.[37] 10킬로와트 이중방송 실시안은 체신국을 거쳐 재무국의 심사를 받고 1932년 5월 5일 자로 인가되었으며 5월 6일에 인가 공문이 송달되었다.[38]

이중방송은 10킬로와트의 강력한 전파를 전 조선에 보내 종래 라디오 방송이 전혀 들리지 않던 남선(南鮮)과 북선(北鮮) 지방에도 방송이 전달되도록 하는 것, 그리고 일본어와 조선어를 혼용하던 기존 방송을 조선어 방송과 일본어 방송으로 분리하는 것을 지향했다. 이를 위해 경성 근교에 일본어 방송과 조선어 방송을 위한 방송소(放送所)를 설치한 후 정동의 스튜디오에서 보내는 방송을 두 대의 안테나로 전파할 예정이었다. 이중방송을 위해 경성방송국은 조선식산은행으로부터 약 50만 원의 융자를 받았다. 일본어 방송은 '제1방송', 조선어 방송은 '제2방송'이라 칭하기로 결정되었다. 또한 일본어 방송은 일본 방송의 중계를 더하고, 조선어 방송은 교육적인 내용을 주로 하여 문화 혜택을 받지 못하는 지방 주민에게 라디오가 "이학문(耳學問)", 즉 '귀의 학문'으로 기능하게 할 계획이었다. 당시에 일본에서도 10킬로와트 이중방송을 실시하는 곳은 도쿄방송국뿐이었고, 오사카방송국과 나고야방송국은 이중방송을 준비 중이었다.[39] 일본의 이중방송은 일반 방송과는 별도로 교육 및 교양 방송을 송출하는 형태를 취했다.

1932년 6월경에 경성방송국은 조선어 방송을 위해 유명한 문예가인 윤백남(尹白南)을 촉탁으로 초빙했고, 향후 그를 방송부 조선어 주임으로 임명할 예정이었다.[40] 기존의 조선어 방송은 30~40분 정도의 밤 시간대 연예방송뿐이어서 조선인 청취자의 증가를 유도하기 힘들었다. 윤백남은 조선어 방송이 농촌 아동의 교양 교육과 조선 부인의 취미 강좌 등을 위한 '라디오 학교'의 역할을 할 수 있게 하고, 조선화된 강담(講談)이나 만담 등을 이용한 '라디오 예술'도 창작하고 싶다는 포부를 밝혔다.[41]

이중방송이 실시될 경우 일본어 방송은 기존과 별다른 차이가 없지만, 조선어 방송은 사실상 새로운 방송을 개시하는 셈이었다. 먼저 교화 방송으로서 조선어 방송은 의무교육 제도가 실시되지 않고 있는 조선에서 미취학 아동, 특히 농산어촌 아동을 대상으로 하는 보통학교 교육, 보수(補修) 교육, 일본어 훈련 등을 실시할 예정이었다. 이를 위해 각지의 면사무소 등에 공설과 사설의 라디오 수신기를 설치하면 조선어 방송이 아동을 위한 '라디오 학교'의 역할을 할 수 있다는 것이었다. 다음으로 수양과 오락 방송으로서 조선어 방송은 일반 민중을 대상으로 하는 공민 교육, 도덕적인 심학(心學)을 이야기하는 도화(道話) 방송, 위생 지도 강연을 하고, 오락 방송을 통해 밤의 무료함을 달래어 정조(情操) 교화에도 이바지할 예정이었다. 또한 조선 문화의 균등 발달을 위한 뉴스 방송으로서 조선어 방송은 각 행정기관의 공시 사항과 중앙과 지방의 뉴스를 방송하여 중앙과 지방의 원활하고 밀접한 관계 형성에 기여할 예정이었다. 마지막으로 조선방송협회는 방송 시간에 여유가 생기면 광고 방송을 할 계획도 세우고 있었다.[42]

1932년 8월 초에는 10킬로와트 이중방송을 위한 새로운 방송소의 건설 부지가 고양군 연희면(延禧面) 합정리(合井里) 일각으로 결정되어 이미 토지 매수까지 완료되었다. 이곳에 동년 말까지는 연희방송소(延禧放送所)가 건축될 예정이었다.[43] 8월 20일에는 연희방송소 신축을 위한 지진제가 거행되었다.[44] 오쿠라구미(大倉組)에 의해 이곳에 기계실 등이 신축되고, 동시에 일본을 포함해 최대 크기인 3백수십 척의 안테나탑 총 4기가 조선어와 일본어 방송용으로 각각 한 쌍씩 세워질 예정이었다. 10킬로와트 이중방송용 기계는 도쿄 전기회사의 가와사키(川崎) 공장에서 제조 중이었다. 차후 경성방송국의 이중방송은 각각 조선어와 일본어로 거의 끊김 없이 아침부터 저녁까지 방송될 것으로 기대되었다.[45] 당시에 라디오는 "하늘로부터의 문화"라고 불렸다. 1932년 9월경에 라디오 청취자 수는 경성부 6,768명, 기타 지방 9,920명으로 총 16,688명이었지만, 10킬로 와트 이중방송이 실시되면 지방의 청취자가 급증할 것으로 기대되었다.[46]

조선방송협회는 일본어와 조선어의 이중방송을 위해 1932년 11월 말까지 고양군 연희면 서세교리(西細橋里)에 연희방송소를 완공하여 12월 초부터 시험 방송을 시작할 예정이었다. 또한 조선어 방송부는 동년 9월 5일에 법대 출신의 남자 아나운서 2명을 채용하여 이중방송에 대비했고, 경성방송국 서측의 예비실을 개수하여 제3방송실로 사용할 예정이었다.[47] 1932년 10월의 신문기사를 보면, 원래는 연희방송소에 높이 90미터의 안테나 대철탑 4기를 설치할 계획이었지만, 기술상의 문제로 110미터와 75미터 안테나를 한 쌍씩 설치하는 것으로 계획이 변경되었다. 당시에 10킬로와트 방송 안테나 가운데 최대 높이는 타이베이의 70미터였고, 경성방송국과 함께 1933년 봄부터 이중방송을 실시할 계획인 오사카와 나고야의 안테나 철탑도 100미터였으므로, 경성방송국의 안테나 철탑은 일본의 본토와 식민지를 통틀어 최대 높이였다고 한다. 가와사키에 있는 도쿄전기회사가 제조 중인 이 철제 안테나는 무게가 150톤이었다.[48]

연희방송소는 43만 원의 공비를 들여 동세교리, 서세교리, 합정리 등에 걸쳐 있는 1만 2천여 평의 광대한 한강변 부지에 건설되고 있었다. 일본의 본토와 식민지에서 최대 높이였던 110미터와 75미터의 철탑 2쌍이 완공되면 경성 시내에서도 볼 수 있을 것으로 기대되었다. 오쿠라구미는 연와조 본관의 외형과 사택을 준공하고, 1932년 11월 22일에는 75미터 안테나 한 쌍을 완공했다. 본관

연희방송소 전경[49]

에는 방송기실, 전력실, 냉각실, 기타 사무실, 연주실 등이 있었고, 12월 중순에는 본관 등의 내부 공사도 완료될 예정이었다. 그런데 각각 330척(110미터) 안테나 철탑이 세워질 두 개의 언덕 사이에 넓은 공지가 있었으므로 공사비 잔액 2천여 원으로 1932년 말에 이곳에 야구장이 건설되었다.[50] 또한 도쿄전기회사의 가와사키 공장에서 제작 중인 이중방송용 방송기 2기의 완성이 계속 지연되었으므로 1933년 1월 중순에야 시험 방송 후 정식 방송이 시작될 예정이었다.[51] 최종적으로 안테나 철탑의 높이는 110미터 2기, 75미터와 70미터 각 1기였던 것으로 확인된다.[52]

1932년 11월 20일부터 조선방송협회는 10킬로와트 이중방송 기념으로 각종 라디오 수신기를 판매하기 시작했고, DK보급형의 경우 가격은 19원이었다.[53] 12월 13일경까지 경성부에서 370대, 지방에서 170대의 수신기가 판매되었고, 조선방송협회는 DK보급형 수신기 3천 대를 준비해 두고 있었다.[54]

1932년 12월 17일에는 방송기 2기의 설치만 제외하고 연희방송소가 준공되었다. 방송기 설치는 1933년 1월 말에 완료되었다. 또한 동년 2월 7~8일경부터는 전파 시험 방송을 실시하여 매일 일반 방송이 종료된 후 오후 10시 30분부터 30분간 레코드 방송을 하고, 주간에도 수시로 시험 방송을 할 예정이었다.[55]

1933년 2월 7일부로 조선방송협회 10킬로와트 이중방송의 방송 무선전화시설에 대한 허가가 떨어졌다. 공중선 전력은 일본어 제1방송과 조선어 제2방송 모두 10킬로와트였고, 주파수 또는 파장은 제1방송 900킬로사이클(333미터), 제2방송 610킬로사이클(492미터)이었으며, 방송 시각은 오전 6시부터 오후 10시까지였다. 오전 6시로 방송 시각이 앞당겨진 점이 눈에 띈다. 방송 내용은 기상·일기예보·시보·일용품 물가·경제 시황·뉴스·고지 사항 등의 보도, 강연·강좌·요리 메뉴·라디오 체조 등의 교양, 국내 및 국외 음악·연예·연극 등의 위안과 오락으로 구성되었다.[56]

1933년 2월 22일부터 연희방송소는 송신기 파장 시험을 개시했고, 3월 말에는 매일 밤 11시 이후 시험 방송을 실시하고 있었다.[57] 체신국은 동년 4월 18일부로 조선방송협회에 10킬로와트 이중방송 시설의 검정증서를 교부했다.[58] 또한 동년 2월 22일에 조선어 방송부에서는 숙명여자고등보통학교 졸업생 김문향(金文鄕)과 경성여자고등보통학교 졸업생 최아지(崔兒只)를 아나운서로, 도쿄 호리코시 (堀越) 고등여학교 출신 최옥련(崔玉蓮)을 접객원으로 채용했다. 3명의 여성은 모두 21세였다.[59]

마침내 1933년 4월 26일 오전 6시 25분에 연희방송소의 이중방송이 시작되었고, 오후 4시 35분에는 고양군 연희면 서세교리 136번지 연희방송소에서 10킬로와트 이중방송 개시식이 열렸다.[60] 이로써 기존의 조선어와 일본어 혼효 방송이 아닌 일본어 제1방송과 조선어 제2방송이 각각 전파를 탔다. 경성방송국의 라디오를 일본, 대만, 홋카이도에서도 들을 수 있었다고 한다.[61] 10킬로와트 이중방송이 개시되면서 라디오 청취자 수는 급증하기 시작했다. 이제 본격적으로 라디오 시대가 시작되었고, 오전 6시부터 오후 10시까지 청취 가능한 라디오는 기존의 시공간 질서를 차츰 전복하기 시작했다. 정확히 똑같은 시각에 조선 전 지역의 모든 사람이 같은 정보를 듣고, 같은 생각을 하고, 같은 동작을 할 수 있는 길이 열린 것이다. 라디오는 생각의 통일, 행동의 통일, 말의 통일을 달성함으로써 모든 사람을 같은 시간 안에 가둘 수 있는 막강한 근대적인 장치였다.

라디오 청취자 통계
근대화와 식민화의 혼효

3

이중방송 후 라디오 청취자 수

10킬로와트 이중방송이 시작되기 직전인 1933년 3월 말 현재 라디오 청취시설허가수는 일본인 17,622명, 조선인 2,718명, 외국인 62명으로 총계 20,402명이었고, 전년 3월 말에 비해 일본인 5,129명, 조선인 964명, 외국인 36명, 합계 6,129명이 증가했다.[1] 10킬로와트 이중방송이 시작된 1933년 4월에는 일본인 379명, 조선인 140명, 외국인 46명, 합계 565명이 청취시설허가를 받았다. 1933년 4월 말 현재 라디오 청취시설허가수는 일본인 18,000명, 조선인 2,858명, 외국인 46명으로 총계 20,904명이었고, 전년 4월 말과 비교할 때 경성부에서 2,096명, 다른 13개 부에서 1,658명, 기타 지역에서 2,639명이 늘어, 합계 6,393명이 증가했다.[2]

체신국에 따르면 1933년 7월 말 현재 라디오 청취시설허가수는 일본인 20,197명, 조선인 3,812명, 외국인 117명으로 총계

도명	일본인	조선인	외국인	계
경기	9,269	2,124	41	11,434
충북	300	79	0	379
충남	831	160	7	998
전북	888	97	2	987
전남	990	121	5	1,116
경북	1,061	139	8	1,208
경남	2,483	210	4	2,697
강원	526	108	0	634
황해	647	205	3	855
평북	507	150	24	681
평남	978	215	10	1,203
함북	874	102	3	979
함남	843	102	10	955
계	20,197	3,812	117	24,126

표 4-3-1 1933년 7월 말 현재 라디오 청취자의 지방별 분포 상황 (단위: 명)

24,126명이었고, 전년 7월 말과 비교할 때 일본인 6,900명, 조선인 1,764명, 외국인 50명, 합계 8,714명이 증가했다.[3] 1933년 7월에는 893명이 라디오 청취시설허가를 받았다. 1933년 7월 말 현재 라디오 청취자의 지방별 분포 상황은 〈표 4-3-1〉과 같다.[4] 1933년 7월 말에 전체 가구의 라디오 보급률은 0.5~0.6% 정도였고 조선인의 보급률은 그보다 훨씬 낮았다.

일제강점기의 조선국세조사 기록을 보면 조선 인구 및 세대수의 변화 추이는 다음과 같다. 1925년도에 조선의 총인구는 19,522,945명, 총세대수는 3,720,773호였고, 일본인은 443,402명, 조선인 19,020,030명이었다.[5] 1930년도에 조선의 총인구는 21,058,305명, 총세대수는 3,985,953호였고, 일본인은 527,016명, 조선인은 20,438,108명이었다.[6] 1935년도에 조선의 총인구는 22,899,038명, 총세대수는 4,298,353호였고, 일본인은 619,005명, 조선인은 22,208,102명이었다.[7] 1940년도에 조선의 총인구는 24,326,327명, 총세대수는 4,586,565호였고, 일본인은 707,337명, 167,142호였고, 조선인은 23,547,465명, 4,406,206호였다.[8]

라디오 청취자는 1933년 8월에 일본인 687명, 조선인 306명, 외국인 7명, 합계 1천 명이 증가했다. 1933년 8월 말 현재 청취시설허가수는 일본인 20,884명, 조선인 4,118명, 외국인 124명으로 총계 25,126명이었고, 전년 8월 말에 비해 8,600명이 증가했다.[9] 이처럼 이중방송 실시 후 시간이 지날수록 라디오 청취자는 계속 증가하는 형세였다. 1933년 9월 말 현재 라디오 청취시설허가수는 일본인 21,692명, 조선인 4,517명, 외국인 131명으로 총계 26,340명이었다. 직업별로는 관공리가 7,718명으로 가장 많았고 상업인, 은행원, 회사원, 상점원이 그 뒤를 이었다.[10] 8월 말에 비해 한 달 새 일본인 808명, 조선인 399명, 외국인 7명, 합계 1,214명이 증가한 수치였다.[11] 1933년 10월 말 현재 라디오 청취시설허가수는 일본인 22,362명, 조선인 4,845명, 외국인 137명, 총계 27,344명으로 9월 말에 비해 1,004명이 증가했다.[12]

도명	청취자 수	1932년 12월 말 대비 증가 수
경성	10,743	3,260
인천	844	365
개성	255	191
군산	285	102
부산	1,487	401
마산	284	84
대구	735	321
목포	241	65
평양	795	324
진남포	253	119
신의주	290	135
원산	350	171
함흥	231	89
청진	281	52
합계	17,074	5,679

표 4-3-2　1933년 11월 말 현재 부별(府別) 라디오 청취자 분포 상황 (단위: 명)

　1933년 11월 말 현재 라디오 청취자는 28,021명으로 10월 말에 비해 677명이 증가했고, 1932년 12월 말에 비해 9,600명이 증가했다. 1년 새에 1만 명 가량 청취자가 늘어난 것이다. 1933년 11월 말 현재 부별(府別) 라디오 청취자 분포 상황은 〈표 4-3-2〉와 같고, 지방별 라디오 청취자 분포 상황은 〈표 4-3-3〉과 같다.[13]
　체신국 조사에 의하면 1934년 1월 말 현재 라디오 청취자는 일본

도명	청취자 수
경기	13,479
충북	448
충남	1,148
전북	1,086
전남	1,256
경북	1,499
경남	2,954
강원	719
황해	962
평북	805
평남	1,395
함북	1,089
함남	1,181
계	28,021

표 4-3-3 1933년 11월 말 현재 지방별 라디오 청취자 분포 상황 (단위: 명)

인 24,416명, 조선인 5,854명, 외국인 155명으로 총계 30,425명
이었다. 1934년 1월 말 현재 지방별 라디오 청취자 분포 상황은
〈표 4-3-4〉와 같다.[14] 이중방송 개시 후 서선 지방, 즉 평안도와 황
해도에서도 라디오 청취자가 증가하여 1934년 2월경에 4천5백 명
을 돌파했다. 경성방송국은 평양주재원과 기술원 1명, 집금원 2명
으로는 수요를 감당할 수 없게 되자, 평양 번화가에 출장소를 두고
계원을 증원하여 라디오 수신기 세트의 진열 판매와 무료 수리를

도명	일본인	조선인	외국인	계
경기	11,088	3,239	56	14,383
충북	355	107	1	463
충남	979	225	8	1,212
전북	995	154	6	1,155
전남	1,156	175	7	1,338
경북	1,392	288	9	1,689
경남	2,917	305	10	3,232
강원	604	150	0	754
황해	717	275	4	996
평북	1,145	326	13	1,484
평남	691	239	26	956
함북	1,140	200	12	1,352
함남	1,237	171	3	1,411
계	24,416	5,854	155	30,425

표 4-3-4 1934년 1월 말 현재 지방별 라디오 청취자 분포 상황 (단위: 명)

하기로 결정했다. 이로 인해 사람들은 앞으로 평양방송분국이 설치
될 거라고 기대했다.[15]

　1934년 3월 말 현재 라디오 청취시설허가수는 일본인 25,444명,
조선인 6,401명, 외국인 169명으로 총계 32,014명이었으며, 2월
말에 비해 1,082명이 증가하고, 전년 3월 말에 비해 11,612명
이 증가했다.[16] 1934년 6월에 라디오 청취자는 33,554명이었다.[17]
1934년 7월 말 현재 라디오 청취자는 일본인 27,143명, 조선인

7,734명, 외국인 193명, 총계 35,070명으로 전월에 비해 661명이 증가했다.[18] 1934년 9월 말 현재 라디오 청취시설허가수는 일본인 27,645명, 조선인 8,048명, 외국인 212명, 총계 35,905명으로 전월 말에 비해 일본인 343명, 조선인 196명, 외국인 11명, 합계 550명이 증가했다.[19] 1934년 12월 말 현재 라디오 청취시설허가수는 일본인 28,503명, 조선인 8,775명, 외국인 222명으로 총계 37,500명이었고, 1년 전에 비해 일본인 5,007명, 조선인 3,315명, 외국인 76명, 합계 8,398명이 증가했다.[20] 이중방송 실시 후 조선인 청취자가 급증하고 있음을 알 수 있다.

1935년 1월 말 현재 라디오 청취시설허가수는 38,330명이었고, 1년 전에 비해 일본인 4,643명, 조선인 3,183명, 외국인 79명, 합계 7,905명이 증가했다.[21] 1935년 8월 말 현재 라디오 청취시설허가수는 일본인 33,073명, 조선인 11,502명, 외국인 269명으로 총계 44,844명이었고, 1년 전에 비해 9,489명이 증가했다.[22] 1935년에 드디어 조선인 청취자가 1만 명을 돌파한 점이 눈에 띈다. 1935년 9월 말 현재 라디오 청취시설허가수는 일본인 33,383명, 조선인 11,758명, 외국인 269명으로 총계 45,410명이었고, 1년 전에 비해 일본인 5,737명, 조선인 3,711명, 외국인 57명, 합계 9,505명이 증가했다.[23] 1935년 10월 말 현재 라디오 청취시설허가수는 46,969명이었고, 1년 전에 비해 일본인 6,407명, 조선인 4,115명, 외국인 71명, 합계 10,593명이 증가했다.[24] 드디어 라디오 청취자가 1년에 1만 명 이상의 증가세를 보이기 시작했다.

1935년 11월 말 현재 라디오 청취시설허가수는 일본인

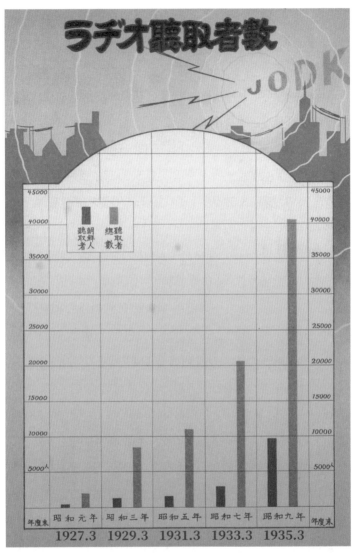

1927년 3월~1935년 3월 사이 라디오 청취자 수 변화. 녹색 그래프는 청취자 총수, 적색 그래프는 조선인 청취자 수를 가리킨다. (하단의 각 연도는 연도 말을 지칭한다. 예컨대 쇼와 9년은 쇼와 9년도 말, 즉 1935년 3월을 가리킨다.)[25]

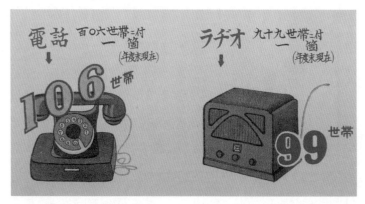

쇼와 9년도 말(1935년 3월)의 전화와 라디오 보급률: 전화는 106세대당 1대, 라디오는 99세대당 1대가 보급되어 있었다.[26]

34,726명, 조선인 12,853명, 외국인 299명으로 총계 47,878명이었고, 1년 전에 비해 일본인 6,672명, 조선인 4,422명, 외국인 84명, 합계 11,178명이 증가했다.[27]

10킬로와트 이중방송이 시작되기 바로 직전인 1933년 3월 말에 라디오 청취자는 약 2만 명이었지만, 불과 2년 뒤인 1935년 3월에 라디오 청취자는 4만 명을 넘어섰다. 조선인 청취자는 1933년 3월 말에 2,718명에 불과했지만, 1935년 3월에는 1만 명에 육박하여 3.5배 정도 급증했다.

1935년 3월에 라디오 보급률은 99세대당 1대꼴이었고, 전화 보급률은 106세대당 1대꼴이었다. 1935년 3월의 전화 가입자 총수는 37,694명이었다.[28] 라디오 보급률은 1933년 3월에 약 0.5%였지만, 불과 2년 만에 1%대를 넘어서면서 전화 보급률인 0.94%를 추월했다.

지방방송국의 등장

지방방송국 신설을 앞두고 1935년 9월 19일에 경성방송국의 시설 명칭과 호출 명칭이 '경성중앙방송국'으로 개정되었다.[29] 1935년 이후 1938년까지 부산, 평양, 청진, 이리, 함흥 등 5개 지방방송국이 개국하여 전국 곳곳에 라디오 전파가 닿기 시작하면서 라디오 청취자는 또 다시 급증했다. 1935년 9월 21일에는 복병산이 자리한 경남 부산부 대청정(大廳町) 1정목 7번지 2호에 건축된 부산방송국(JBAK)이 개국식을 거행한 후 공중선 전력 150와트로 방송을 개시했다.[30] 1936년 2월에 부산방송국은 공중선 전력을 150와트에서 250와트로 강화하여 시험 방송을 했고, 동년 12월경에 전력 증대에 관한 정식 인가를 받았다.[31] 평남 대동군 대동강면 오야리(梧野里) 130번지에 건축된 평양방송국(JBBK)은 1936년 11월 15일에 공중선 전력 500와트로 이중방송을 개시한 후 11월 22일에 개국식을 거행했다.[32]

1936년 7월 1일부터 경성중앙방송국은 제1방송은 970킬로사이클(309미터), 제2방송은 710킬로사이클(423미터)로 파장을 변경했다.[33] 또한 1937년 4월 17일부터 경성중앙방송국은 조선어 제2방송의 공중선 전력을 10킬로와트에서 50킬로와트로 증강했다. 같은 날 조선의 방송사업 개시 10주년 기념을 겸해 경성부민관에서 성대한 축하연이 열렸다. 당시 일본에서도 10킬로와트 이상의 강전력으로 방송하는 곳은 없었다. 다만 도쿄방송국은 150킬로와트 이중방송을 준비하고 있었고, 오사카와 규슈 등에서도 100킬로와트 방송을 계획하고 있었다. 그렇다면 일본어 제1방송이 아닌 조선어 제2방송만 50킬로와트로 증력한 이유는 무엇일까? 당시에 예산 부족으로 이중방송을 하지 못했던 지방방송국은 일본어 제1방송만 할 수 있었다. 따라서 경성중앙방송국은 조선어 제2방송을 50킬로와트로 증력하여 이중방송을 하지 못하고 있는 지방방송국들의 한계를 보완하고자 했던 것이다. 따라서 많은 지역의 지방 청취자들이 경성중앙방송국의 조선어 제2방송을 직접 수신할 수 있게 되었고, 이로 인해 라디오 보급률도 급증할 수 있었다.[34]

1937년 6월 5일에는 청진등대가 있는 고말반도(高抹半島) 끝자락, 즉 함북 청진부 목하전정(目賀田町) 산8번지 3호에 건설된 청진방송국(JBCK)이 공중선 전력 10킬로와트로 개국식을 거행했다.[35] 국방을 위한 군사적인 중요성을 감안하여 다른 지방방송국과 달리 청진방송국은 10킬로와트의 강전력을 사용했다. 1938년 10월 1일에는 전북 익산군 이리읍 남중정(南中町) 읍유림(邑有林)에 건설된 이리방송국(JBFK)이 공중선 전력 500와트로 개국했다.[36] 1938년 10월 30일에는 반룡산(盤龍山) 부영주택(府營住宅) 부지, 즉 함남 함흥부 산수정(山手町) 1정목 산79번지에 건설된 함흥방송국(JBDK)이 개국식을 거행했다. 함흥방송국은 당시의 부산방송국과 마찬가지로 공중선 전력 250와트로 방송을 개시했다.[37]

대구부 원대동(院垈洞) 1169번지 구 농사시험장(農事試驗場) 자리 4,165평에 건설된 대구방송국(JBGK)은 1940년 10월 6일부터 공중선 전력 10와트로 임시 방송을 하다가 1941년 4월 19일에 본방송 개시식을 열고 공중선 전력 50와트로 이중방송을 개시했다.[38] 광주부 사정(社町) 177번지, 즉 양파정(楊波亭)과 현 사직공원(社稷公園) 전망타워 사이의 3천 평에 건설된 광주방송국(JBHK)은 1942년 3월 21일에 개국식을 거행하고 공중선 전력 50와트로 이중방송을 개시했다. 광주방송국은 1941년 3월 21일에 지진제를 지내고, 동년 6월 19일에 상량식을 거행했다.[39]

또한 1943년에는 대전부 북정(北町) 산14번지 2호에 건설된 대전방송국(JBIK), 원산부 영정(榮町) 산5번지 3호에 건설된 원산방송국(JBJK), 해주부 동영정(東榮町) 산4번지에 건설된 해주방송국(JBKK)도 이중방송을 개시했다.[40] 대전방송국은 1943년 7월 15일, 원산방송국은 1943년 7월 17일, 해주방송국은 1944년 3월 21일에 각각 개국식을 열고 방송을 개시했다.[41] 1944년 9월 5일에는 신의주부 본정 1번지에 건설된 신의주방송국(JBLK)이 개국식을 열고 조선어와 일본어의 단일 혼효 방송을 개시했다. 1944년 12월 20일에는 춘천 대화정(大和町) 1정목 5번지에 건설된 춘천방송국(JBMK)이 개국했다.[42]

이처럼 전시 상황 속에서 전 국민의 생각, 행동, 시간을 통일할 수 있는 장치로서, 그리고 방공, 치안, 긴급 정보 전달을 위해 라디오의 중요성이 부각되면서 경성중앙방송국을 포함해 전국적으로 총 13개의 라디오방송국이 건설되었다. 1945년 1월 20일에는 마산방송국, 동년 1월 23일에는 목포방송국이 보조방송소의 역할을 넘어 정식 방송국으로 개국했다.[43] 1945년 3월 15일에는 성진방송소가 성진방송국으로 개국했고, 1945년 6월 26일에는 청주방송국이 개국했다.[44] 이로써 조선에서 총 17개 방송국이 개국했다. 공중선 전

력 10킬로와트의 청진방송국을 제외하면 대부분의 지방방송국은
50~500와트의 소전력으로 방송을 했다.

라디오 청취자의 급증

지방방송국이 증설되고 전국 방방곡곡에 라디오 전파가 도달하
게 되면서 라디오 청취자는 더욱 증가했다. 1935년 12월에 조선
방송협회는 연내에 라디오 청취자가 5만 명을 돌파할 것으로 예상
하고 5만 명 돌파 기념 방송을 준비하고 있었다.[45] 마침내 1935년
12월 21일에 라디오 청취자가 5만 명을 돌파했다. 조선방송협회는
1936년 1월 11일~12일에 경성부민관 대강당에서 청취자 위안 축
하회를 개최할 예정이었다.[46] 1935년 12월 말 현재 라디오 청취시
설허가수는 일본인 36,081명, 조선인 13,650명, 외국인 316명으로
총계 50,047명이었다.[47]

   1936년 1월에 조선방송협회는 1936년부터 4개년 내에 청취자
10만 명을 확보한다는 계획을 세운다.[48] 1936년 1월 말 현재 라
디오 청취시설허가수는 일본인 36,699명, 조선인 13,888명, 외
국인 326명으로 총계 50,913명이었고, 전년 1월 말에 비해 일본
인 7,639명, 조선인 4,852명, 외국인 92명, 합계 12,583명이 증
가했다.[49] 1936년 3월 말 현재 라디오 청취시설허가수는 일본인
37,158명, 조선인 14,537명, 외국인 358명으로 총계 52,053명
이었고, 1년 전에 비해 일본인 7,298명, 조선인 4,953명, 외국인

109명, 합계 12,360명이 증가했다.[50] 1936년 5월 말 현재 라디오 청취시설허가수는 일본인 40,889명, 조선인 16,324명, 외국인 408명으로 총계 57,621명이었고, 1년 전에 비해 일본인 9,440명, 조선인 6,140명, 외국인 149명, 합계 15,729명이 증가했다.[51] 1936년 7월 말 현재 라디오 청취시설허가수는 일본인 41,687명, 조선인 17,127명, 외국인 429명으로 총계 59,243명이었고, 1년 전에 비해 15,343명이 증가했다.[52]

1936년 8월에 라디오 청취자는 연말까지의 목표였던 6만 명을 돌파했다. 또한 청취자가 증가하면서 라디오 청취 요금 인하가 주 관심사로 떠올랐다. 조선방송협회는 청취자가 12만 명을 돌파하면 꼭 요금을 인하할 거라고 공표하고 있었다. 이 무렵부터는 최저 17원 50전의 저렴한 라디오 수신기로도 청취가 가능해졌고, 지방 방송국 설치에 따라 그전에는 도회 중심이던 '전파 문화'도 점차 농산어촌으로 확장되고 있었다. 또한 경성중앙방송국은 경성과 지방 11개소에 기술원을 보내 도회지의 경우 월 1회, 벽지의 경우 2개월 1회의 무료 순회를 통해 라디오 고장 등을 처리하고 있었다.[53]

1936년 9월 말 현재 라디오 청취시설허가수는 일본인 43,913명, 조선인 18,415명, 외국인 450명으로 총계 62,778명이었고, 1년 전에 비해 17,411명이 증가했다. 직업별로는 관공리 17,711명, 은행원·회사원·상점원 11,121명, 상업 15,814명, 공업·광업 1,617명, 농업 2,634명, 수산업 316명, 관공서·학교 1,247곳, 은행·회사 1,070곳 등이었다.[54] 1936년 10월 말 현재 라디오 청취시설허가수는 일본인 44,833명, 조선인 19,021명, 외국인 454명으로 총계 64,308명이었고, 1년 전에 비해 일본인 10,557명, 조선인 6,615명, 외국인 167명, 합계 17,339명이 증가했다.[55] 1936년 11월 말 현재 라디오 청취시설허가수는 일본인 45,337명, 조선인 19,490명, 외국인 461명으로 총계 65,288명이었고, 1년 전에 비해 일본인 10,611명, 조선인 6,637명, 외국인 162명, 합계 17,410명이 증가했다.[56] 1936년 말 현재 라디오 청취시설허가수는 일본인 46,205명, 조선인 20,281명, 외국인 470명으로 총계 66,956명이었고, 1년 전에 비해 16,909명이 증가했다.[57] 이로써 조선인 청취자가 2만 명을 돌파했다.

1937년 1월 말 현재 라디오 청취시설허가수는 일본인 47,496명, 조선인 21,132명, 외국인 505명으로 총계 69,133명이었고, 1년 전에 비해 18,220명이 증가했다.[58] 1937년 3월 말 현재 라디오 청취시설허가수는 일본인 49,349명, 조선인 22,777명, 외국인 556명으로 총계 72,682명이었고, 1년 전에 비해 19,829명이 증가했다.[59] 이미 2월 말에 7만 명을 돌파했을 것으로 추정된다.

1937년 3월에 조선방송협회는 조선을 5개 구역으로 나누고 5명의 이사가 보급위원장을 맡아 청취자 배가 운동을 벌이고 있었다. 당시 라디오 보급률은 일본인의 경우 100호당 33대, 조선인의 경우 100호당 0.5대였고, 전체 보급률은 1.7퍼센트에 불과했다. 이것은 일본과 외국에 비해 현저히 낮은 비율이었다. 이제 라디오는 국민 지도, 복지 증진, 문화 향상에서 중요한 역할을 하고 특히 유사시에 꼭 필요한 매체라는 인식이 퍼지고 있었다. 그래서 조선방송협회도 한 집마다 라디오 한 대를 두는 것을 이상으로 삼고 있었던 것이다.

특히 식민지 조선에서 사회 교육, 사상 선도, 일본어 보급 등을 위해서는 라디오의 역할이 중요했다. 따라서 조선방송협회는 지방 요지에 소전력 방송국을 설치하고, 염가의 수신기로 라디오를 청취할 수 있도록 하고, 신규 가입자에게 수신기 비용 20퍼센트를 보조했으며, 가입자가 일정한 수에 도달하면 청취료를 약 30퍼센트 인하하는 방안도 고려하고 있었다.[60]

1937년 3월경에 충청북도의 라디오 보급률은 169,712호 가운데 1,101대로 약 0.6퍼센트에 불과했다. 따라서 충청북도 당국은 라디오 2,528대를 더 보급하여 라디오 보급률을 2.1퍼센트까지 끌어올리기 위해 노력하고 있었다.[61] 1937년 6월경에 강원도의 라디오 보급률은 284,620호 가운데 1,923대로 약 0.67%에 불과했다. 강원도 당국은 라디오 4,648대를 더 보급하여 라디오 보급률을 2% 이상으로 끌어올리기 위한 운동을 벌이고 있었다.[62]

1937년 5월 말 현재 라디오 청취시설허가수는 일본인 53,389명, 조선인 26,698명, 외국인 615명으로 총계 80,702명이었고, 1년 전에 비해 일본인 10,496명, 조선인 10,378명, 외국인 207명, 합계 21,081명이 증가했다.[63] 이제 일본인과 조선인의 증가 수가 거의 비슷해진 점이 인상적이다. 1937년 6월에 신규 청취시설허가수는 일본인 1,813명, 조선인 2,007명, 외국인 16명으로 합계 3,836명이었다. 이제는 일본인보다 조선인 신규 가입자가 더 많아졌음을 알 수 있다. 이로써 1937년 6월 말 현재 라디오 청취시설허가수는 일본인 55,202명, 조선인 28,705명, 외국인 631명으로 총계 84,538명이었고, 1년 전 58,941명에 비해 25,597명이 증가했다.

이처럼 각지에서 전개된 라디오 청취자 배가 운동의 실적이 직접적으로 나타나고 있었다.[64]

1937년 7월 7일에 중일전쟁이 발발한 후에 라디오 청취자는 급증하기 시작했다. 중일전쟁과 관련한 뉴스를 신속히 청취하기 위해 라디오를 사는 사람이 많아진 것이다. 이삼일 사이에 3백 명 이상이 갑자기 수신기 세트의 고장 수리를 방송국에 의뢰하는 일도 벌어졌다.[65] 경기도 연천군의 경우 중일전쟁 전에는 라디오 청취자가 열 손가락으로 꼽을 정도로 적었지만, 전쟁이 터지자마자 92명이 라디오 청취 허가를 받았다.[66] 중일전쟁 후 경남 진주군의 라디오 청취자는 50명이 증가하여 330명에서 380명이 되었다. 또한 동시에 라디오 도청자도 급증하고 있었다.[67]

1937년 7월 말 현재 라디오 청취시설허가수는 86,891명이었고, 1년 전에 비해 27,648명이 증가했다.[68] 1937년 8월 말 현재 청취시설허가수는 일본인 59,558명, 조선인 31,916명, 외국인 643명으로 총계 92,117명이었고, 7월 말에 비해 일본인 2,990명, 조선인 2,231명, 외국인 5명, 합계 5,226명이 증가했다.[69] 중일전쟁으로 라디오의 중요성이 부각되면서 청취자가 한 달 동안 5천 명 이상 증가한 것이다. 1937년 8월에 라디오 청취자는 9만 명을 돌파했다.

1937년 10월에는 라디오 청취자가 마침내 10만 명을 돌파했다. 전체 가구를 기준으로 할 때 라디오 보급률이 2%를 넘어섰을 것으로 추정된다. 1933년 4월 26일에 10킬로와트 이중방송이 시작된 후 라디오 프로그램이 충실해지고, 1935년 이후 각지에 지방방송국이 신설되면서 청취자는 매월 1천~2천 명씩 늘어났다. 특히

1937년 4월 17일부터 경성중앙방송국이 조선어 제2방송의 공중선 전력을 50킬로와트로 증강하고, 조선방송협회가 청취자 배가 운동을 벌이면서 청취자는 급증하기 시작했다. 10만 명 돌파를 기념하기 위해 조선방송협회는 청취료 면제 범위를 확대하여 맹아원(盲啞院), 양로원(養老院), 빈곤한 맹아자 세대, 고아원, 행로병자(行路病者) 구호소 등에 무료 서비스를 할 계획을 세웠다.[70]

1937년 10월 말 현재 라디오 청취시설허가수는 일본인 64,464명, 조선인 35,658명, 외국인 607명으로 총계 100,729명이었고, 1년 전에 비해 일본인 19,631명, 조선인 16,637명, 외국인 153명, 합계 36,421명이 증가했다.[71] 1937년 말 현재 라디오 청취자는 일본인 67,402명, 조선인 37,228명, 외국인 557명으로 총계 105,187명이 었고, 1년 전에 비해 38,231명이 증가했다.[72]

1938년 1월 말 현재 라디오 청취자는 일본인 68,423명, 조선인 37,783명, 외국인 562명으로 총계 106,768명이었고, 1년 전에 비해 37,635명이 증가했다.[73] 1938년 2월 말 현재 라디오 청취자는 일본인 69,885명, 조선인 38,892명, 외국인 561명으로 총계 109,338명이었다.[74] 1938년 3월 말 현재 라디오 청취자는 일본인 71,168명, 조선인 40,107명, 외국인 563명으로 총계 111,838명이 었고, 1년 전에 비해 일본인 19,704명, 조선인 15,467명이 증가하고, 외국인 26명이 감소하여 합계 35,145명이 증가했다.[75]

1938년이 되면 이제는 "라디오도 듣지 않는 비문화인이라는 오명"을 씻을 수 있을 거라는 기대감이 생긴다. 1935년 9월에는 부산방송국, 1936년 11월에는 평양방송국이 개국하고, 1937년

4월에는 경성방송국이 조선어 제2방송을 50킬로와트로 강화하고, 1937년 6월에는 청진방송국이 개국하면서, 라디오 청취자는 1935년에 1만 2천 명, 1936년에 2만 명, 1937년에 3만 5천 명이 증가했다. 1937년 7월에 중일전쟁이 발발한 후에는 전쟁 뉴스의 인기로 월별 신규 가입자가 3배 가까이 증가했다. 특히 지방방송국의 개국으로 라디오 수신 설비비가 낮아지면서 조선인 청취자가 크게 증가했고, 1938년 3월에는 일본인 약 7만 1천 명, 조선인 약 4만 명으로 이미 조선인 청취자가 일본인의 1/2을 넘어섰다. 1937년도 청취자 증가율은 일본인이 20퍼센트 이상, 조선인이 40퍼센트 이하였다. 1938년 4월 1일부터 청취료가 인하되면서 조선인 청취자는 더 늘어날 것으로 전망되었지만, 조선인의 경우 청취료보다는 수신기 구입비가 더 문젯거리였다.[76] 값비싼 라디오 수신기는 여전히 부유층의 전유물이었던 것이다.

1938년 4월 말 현재 라디오 청취시설허가수는 113,675명이었고, 1년 전에 비해 일본인은 20,733명, 조선인은 16,268명이 증가하고, 외국인은 11명이 감소하여 합계 36,990명이 증가했다.[77] 1938년 5월 말 현재 청취시설허가수는 일본인 73,353명, 조선인 42,498명, 외국인 601명으로 총계 116,452명이었고, 1년 전에 비해 일본인 19,964명 증가, 조선인 15,800명 증가, 외국인 14명 감소로 합계 35,750명이 증가했다.[78] 1938년 6월 말 현재 청취시설허가수는 일본인 73,905명, 조선인 43,428명, 외국인 620명으로 총계 117,953명이었고, 1년 전에 비해 일본인 18,707명 증가, 조선인 14,719명 증가, 외국인 22명 감소로 합계 33,404명이 증가했다.[79] 1938년 7월 말 현재 청취시설허가수는 일본인 74,283명, 조선인 44,434명, 외국인 609명으로 총계 119,326명이었고, 1년 전에 비해 일본인 17,713명 증가, 조선인 14,451명 증가, 외국인 29명 감소로 합계 32,135명이 증가했다.[80]

1938년 8월 말 현재 청취시설허가수는 일본인 74,611명, 조선인 45,002명, 외국인 619명으로 총계 120,232명이었고, 1년 전에 비해 일본인 15,053명 증가, 조선인 13,086명 증가, 외국인 24명 감소로 합계 28,115명이 증가했다.[81] 이로써 라디오 청취자는 12만 명에 도달했다. 1938년 9월 말 현재 청취시설허가수는 일본인 74,790명, 조선인 45,498명, 외국인 630명으로 총계 120,918명이었고, 1년 전에 비해 일본인 12,967명, 조선인 11,861명, 외국인 8명, 합계 24,836명이 증가했다.[82] 1938년 11월 말 현재 청취시설허가수는 124,460명으로 1년 전에 비해 21,546명이 증가했다.[83]

당시에 라디오 청취는 '문화의 첨단'으로 묘사되고 있었다. 체신국 조사에 의하면 1938년 12월 말 현재 라디오 청취시설허가수는 일본인 76,398명, 조선인 47,350명, 외국인 655명으로 총계 124,403명이었고, 1년 전에 비해 일본인 8,996명, 조선인 10,122명, 외국인 98명, 합계 19,216명이 증가했다. 1년간 청취자 증가분의 경우 조선인이 일본인을 추월하고 있음을 확인할 수 있다. 1938년 12월 말 현재 지방별 라디오 청취자 수는 〈표 4-3-5〉와 같다.[84] 경성중앙방송국이 있는 경기도, 부산방송국이 있는 경남, 평양방송국이 있는 평남, 청진방송국이 있는 함북, 함흥방송국이 있는 함남의 보급률이 타 지역에 비해 높다는 것을 알 수 있다.

도명	청취자 수
경기	49,997
충북	1,777
충남	4,357
전북	5,328
전남	4,973
경북	4,844
경남	12,998
강원	3,749
황해	4,502
평북	5,704
평남	10,616
함북	7,606
함남	7,952
계	124,403

표 4-3-5　1938년 12월 말 현재 지방별 라디오 청취자 수 (단위: 명)

1939년 2월 말 현재 라디오 청취시설허가수는 일본인 77,905명, 조선인 48,663명, 외국인 667명으로 총계 127,235명이었고, 1년 전에 비해 일본인 8,020명, 조선인 9,771명, 외국인 106명, 합계 17,897명이 증가했다.[85] 1939년 3월 말 현재 청취시설허가수는 일본인 78,433명, 조선인 48,966명, 외국인 674명으로 총계 128,073명이었고, 1년 전에 비해 일본인 7,265명, 조선인 8,859명, 외국인 111명, 합계 16,235명이 증가했다.[86] 이처럼 이제

직업별	청취자 수	비율 (%)
관공리	37,923	29.3
상공업	34,776	27.1
은행원, 회사원	27,288	21.4
농업	5,371	4.2
무직	4,346	3.4
교육가, 종교가, 법률가	4,281	3.3
의사, 간호부	3,902	3
요리점, 여관	3,818	2.9
관공서, 학교	2,800	2.2
은행, 회사	1,593	1.2
학생	881	0.7
수산업	576	0.4
조합, 클럽	437	0.3
기타	852	0.6
합계	128,844	100

표 4-3-6 1939년 3월 말 현재 직업별 라디오 청취자 수 (단위: 명)

는 계속 조선인의 증가율이 일본인의 증가율을 넘어서고 있다.

1939년 3월 말에 조선방송협회가 조사한 바에 의하면 〈표 4-3-6〉처럼 직업별 라디오 청취자 수는 관공리, 상공업자, 은행원·회사원이 압도적으로 많았다.[87] 1939년 4월 말 현재 라디오 청취시설허가수는 일본인 79,817명, 조선인 50,240명, 외국인 560명으로 총계 130,617명이었고, 1년 전에 비해 일본인 7,620명 증가, 조선인

9,340명 증가, 외국인 14명 감소로 합계 16,946명이 증가했다.[88] 이로써 라디오 청취자 수는 13만 명을 돌파했다.

전쟁과 라디오

1939년 4월 3일 자 《국민신보》는 1939년 2월 말 현재 라디오 청취자를 127,074명으로 기록하고 있다.[89] 그런데 1939년 1월 말 현재 일본의 라디오 청취자가 404만 6470명이었다는 점을 고려할 때, 여전히 조선의 라디오 보급률은 현저히 낮은 상태였다. 100세대당 보급률을 보면 조선은 3호, 일본은 29.3호로 약 10배의 격차를 보였다. 1939년 2월 말 현재 조선의 100세대당 보급률은 3호였고, 일본인은 48.3호, 조선인은 1.2호의 100세대당 보급률을 보였다. 이처럼 일본인과 조선인의 라디오 보급률은 비교할 수 없을 정도로 큰 차이를 보였다. 경기도 지역의 100세대당 보급률은 10.6호였고, 일본인은 74호, 조선인은 5호의 100세대당 보급률을 보였다. 그런데 충북, 전남, 경북의 100세대당 보급률은 1호에 불과했으므로 도농 간의 격차도 꽤 컸음을 알 수 있다.[90]

1939년경에 독일의 라디오 보급률은 농촌 42.2%, 지방 도읍 44.8%, 소도시 54.1%, 중도시 64.5%, 대도시 65%였고 평균 보급률은 55%였다.[91] 1939년 6월 말 현재 영국의 라디오 청취자는 9백만 명을 돌파했고, 100세대당 72호의 보급률을 보였다. 영국의 라디오 보급률은 유럽에서 덴마크와 스웨덴 다음으로 높았다.[92] 이

국가	청취자 수	인구 천 명당 보급률
미국	26,428,000	206.5
독일	9,600,000	183.7
영국	8,632,000	143.1
프랑스	4,447,000	106.1
일본	4,020,000	57.4
소련	4,000,000	24.1

표 4-3-7 1939년 초 세계 열강의 라디오 청취자 수 및 보급률 (단위: 명)

처럼 전시 상황 속에서 일본과 세계 열강의 라디오 보급률이 계속 대조되고 있었다.

당시 라디오는 "사상전(思想戰)의 첨병"이라 불렸다. 1939년 초 세계 열강의 라디오 보급률은 〈표 4-3-7〉과 같다.[93] 세대가 아닌 인구당 라디오 보급률은 미국 20.6%, 독일 18.3%, 영국 14.3%, 프랑스 10.6%, 일본 5.7%, 소련 2.4%였다. 미국과 유럽에 비하면 일본의 라디오 보급률도 아직은 낮은 상태였다.

1939년 4월에 라디오 청취자 수가 13만 명을 넘어섰지만 조선의 라디오 보급은 여러 문제를 안고 있었다. 〈표 4-3-8〉을 보면, 도시 지역인 19부(府)의 1939년 2월 말 현재 라디오 청취자 수는 총 77,981명으로 전체 라디오 청취자 127,074명의 약 61퍼센트를 점하고 있었다. 또한 경성의 청취자는 40,664명으로 19부 전체의 약 52퍼센트를 점하고 있었다.[94] 라디오는 오락기관, 보도기관, 교양기관의 사명을 다해야 했지만, 여전히 전등선이 들어가지 않은 지

부별	청취자 수
경성	40,664
부산	7,730
평양	6,837
인천	3,438
청진	2,326
함흥	2,102
대구	1,868
신의주	1,421
원산	1,789
군산	1,377
진남포	1,243
해주	1,100
전주	986
대전	967
개성	962
광주	909
마산	857
나진	719
목포	686
계	77,981

표 4-3-8　1939년 2월 말 현재 19부(府)의 라디오 청취자 수 (단위: 명)

역이나 방송국과 거리가 먼 지역이 많아서 라디오 보급이 대도시에 편중되었던 것이다.

1939년이 되면 전시통제경제로 수신기와 부품의 가격이 올라 라디오 보급에 지장이 생기지만, 국민정신총동원을 위해 라디오 보급은 매우 중요한 문제였다.[95] 1939년 4월 말 현재 경성부의 라디오 청취자 수는 41,863명으로 전체 청취자의 32퍼센트를 점유하고 있었다.[96] 1939년 5월 말 현재 라디오 청취자는 일본인 81,175명, 조선인 52,191명, 외국인 542명으로 총계 133,908명이었다. 1년 전에 비해 일본인 7,822명, 조선인 9,693명이 증가하고, 중일전쟁으로 중국인이 철수하면서 외국인 청취자 59명이 감소하여 합계 17,456명이 증가했다.[97]

〈표 4-3-9〉에서 보듯 1939년 9월 말 현재 라디오 청취자 수는 일본인 82,203명, 조선인 57,583명, 외국인 743명으로 총계 140,529명이었고, 1939년 들어서만 16,200여 명이 증가했다.[98] 1927년에 라디오 방송이 시작된 이후로 12년 만에 14만 명을 돌파한 것이다. 그런데 1939년 8월 말 현재 일본의 라디오 청취자가 4,436,000여 명이었으므로 조선의 라디오 청취자는 일본 청취자의 3퍼센트에 불과했다.[99] 443만과 14만이라는 압도적인 격차 앞에서 우리는 식민화와 근대화가 동시에 진행되던 당대의 현실적 한계와 마주하게 된다. 이처럼 식민지 조선의 근대화는 제한적으로 매우 느리게 이루어지고 있었다.

〈표 4-3-9〉를 보면 1939년 9월 말 현재 100세대당 라디오 보급률은 전체 3.3호였고, 일본인 51.9호, 조선인 1.4호, 외국인 7.5호

도명	총계			일본인		조선인		외국인	
	세대수	청취자 수	백 세대당	청취자 수	백 세대당	청취자 수	백 세대당	청취자 수	백 세대당
경기	471,985	55,970	11.8	29,331	77.6	26,474	6.1	165	17.2
충북	168,997	1,888	1.1	1,032	42.8	842	0.5	14	12.3
충남	276,314	4,737	1.7	2,752	40.7	1,929	0.7	56	20.3
전북	298,035	5,830	1.9	3,640	43.5	2,116	0.7	74	32.0
전남	483,234	5,063	1.0	3,155	29.2	1,882	0.3	26	16.7
경북	462,983	5,256	1.1	3,544	28.4	1,685	0.3	27	23.8
경남	427,736	14,367	3.3	11,282	47.7	3,053	0.7	32	25.1
황해	325,045	5,143	1.5	2,606	40.7	2,480	0.7	57	15.2
평남	277,805	12,222	4.3	6,466	66.2	5,683	2.1	73	13.6
평북	299,684	6,279	2.0	3,149	41.9	3,068	1.0	62	1.3
강원	286,996	3,999	1.3	2,058	41.7	1,910	0.6	31	35.2
함남	289,503	10,957	3.8	6,540	45.5	4,355	1.5	62	6.5
함북	158,800	8,818	5.5	6,648	49.7	2,106	1.4	64	4.4
계	4,227,117	140,529	3.3	82,203	51.9	57,583	1.4	743	7.5

표 4-3-9   1939년 9월 말 현재 도별 라디오 청취자 수 (단위: 명)

였다. 일본인의 경우에는 2가구 중 1가구에 라디오가 있었지만, 조선인의 경우에는 100가구당 1.4대의 라디오가 있었다. 방송국이 있는 경기, 경남, 평남, 함북, 함남 지역의 보급률은 타 지역에 비해 월등히 높았다. 그러나 충청, 전라, 경상, 황해, 강원 지역 조선인의 경우에는 100가구당 0.3~0.7대의 라디오가 보급되는 수준에 머무

르고 있었다.

　1939년 11월 말 현재 라디오 청취자는 일본인 85,720명, 조선인 60,917명, 외국인 552명으로 총계 147,189명이었고, 1년 전에 비해 일본인 9,259명, 조선인 13,568명이 증가하고, 외국인 95명이 감소하여 합계 22,732명이 증가했다.[100] 1939년 12월 말 현재 라디오 청취자는 일본인 86,799명, 조선인 64,465명, 외국인 573명으로 총계 151,837명이었고, 1년 전에 비해 일본인 14,001명 증가, 조선인 16,115명 증가, 외국인 82명 감소로 합계 30,034명이 증가했다.[101] 이로써 1939년 12월에 라디오 청취자는 15만 명을 돌파했다.

　1940년 1월 말 현재 라디오 청취자는 일본인 88,795명, 조선인 69,285명, 외국인 643명으로 총계 158,723명이었고, 1년 전에 비해 33,239명이 증가했다.[102] 다른 기록을 보면 1940년 1월 말 현재 라디오 청취자는 일본인 86,770명, 조선인 70,393명, 외국인 778명으로 총계 157,941명이었다. 해당 시기에 100세대당 라디오 보급률은 전체 3.7호, 일본인 54.7호, 조선인 1.7호, 외국인 7.8호였다. 경기도의 경우 100세대당 라디오 보급률은 전체 13.3호, 일본인 80.2호, 조선인 7.4호, 외국인 17.5호였다. 다른 지방의 경우 조선인의 100세대당 라디오 보급률은 여전히 0.4~2.6호에 불과했다.[103]

　1940년 2월 말 현재 라디오 청취자는 일본인 89,753명, 조선인 72,757명, 외국인 672명으로 총계 163,182명이었고, 1년 전에 비해 일본인 11,848명, 조선인 24,094명, 외국인 5명, 합계 35,947명이 증가했다.[104] 이로써 불과 2개월 만에 청취자는 다시

16만 명을 돌파했다. 직전 1년 동안 조선인 신규 가입자가 일본인보다 2배 이상 많았다는 점이 인상적이다. 1940년 4월 말 현재 라디오 청취자는 일본인 92,138명, 조선인 81,543명, 외국인 750명으로 총계 174,431명이었고, 1년 전에 비해 일본인 12,321명, 조선인 31,303명, 외국인 186명, 합계 43,810명이 증가했다.[105] 또다시 2개월 만에 청취자는 17만 명을 돌파했다. 직전 1년 동안 조선인 신규 가입자는 3만 명 이상으로 일본인보다 약 2.5배 많았다. 1940년에는 라디오의 국가적 중요성이 커지고 지방의 방송 시설이 확충되면서 라디오 청취자가 급증하고 있었다. 일본방송협회의 조사에 의하면 1940년 5월 25일 현재 일본의 라디오 청취자는 4,995,290명이었으므로 5백만 명이 되는 것은 시간 문제였다. 일본의 라디오 청취자는 매일 2,500~3,000명씩 증가하고 있었으므로 5월 26일 일요일을 지나 5월 27일~28일 사이에 5백만 명을 돌파할 것으로 예상되었다.[106]

1940년 5월 말 현재 조선의 라디오 청취자는 일본인 93,172명, 조선인 86,201명, 외국인 783명으로 총계 180,156명이었으며, 1년 전에 비해 일본인 11,997명, 조선인 34,010명, 외국인 241명, 합계 46,248명이 증가했고, 한 달 전에 비하면 5,725명이 증가했다.[107] 이로써 라디오 청취자는 18만 명을 돌파했다. 1940년 6월 말 현재 라디오 청취자는 일본인 95,039명, 조선인 91,226명, 외국인 807명으로 총계 187,072명이었으며, 1년 전에 비해 일본인 13,351명, 조선인 38,295명, 외국인 271명, 합계 51,917명이 증가했고, 한 달 전에 비하면 6,916명이 증가했다.[108] 이제 일본인과 조선인 청취자는 9만 명대로 거의 비슷했다. 1940년 7월 말 현재 라디오 청취자는 일본인 96,027명, 조선인 95,153명, 외국인 832명으로 총계 192,012명이었고, 1년 전에 비해 일본인 14,062명, 조선인 41,647명, 외국인 296명, 합계 56,005명이 증가했다.[109] 이로써 라디오 청취자는 19만 명을 돌파했고, 이제는 조선인 신규 가입자가 일본인보다 3배 정도 많았다. 당시 전쟁의 장기화와 확대에 의해 라디오는 교화와 위안을 넘어 시시각각 변화하는 국제정세를 알려주는 보도기관의 역할을 하고 있었다.

1940년 8월 말 현재 라디오 청취자는 일본인 96,803명, 조선인 97,614명, 외국인 851명으로 총계 195,268명이었다.[110] 이때 처음으로 청취자 수에서 조선인이 일본인을 넘어섰다. 보도, 교화, 위안을 주 기능으로 삼는 라디오의 청취자는 1940년 10월 14일 현재 일본인 98,380명, 조선인 101,286명, 외국인 862명으로 총계 200,528명이었고, 드디어 20만 명을 넘어섰다.[111]

1940년도 말 현재 라디오 청취자는 일본인 109,694명, 조선인 116,935명, 외국인 944명으로 총계 227,573명이었고, 100세대당 라디오 보급률은 전체 5호, 일본인 68호, 조선인 3호, 외국인 8호였다. 이로써 라디오 청취자는 22만 명을 돌파했다. 1940년 1월 말과 비교할 때 한 해 동안 조선인의 100세대당 라디오 보급률은 1.7호에서 3호로 급증했다. 1940년도 말 현재 도별 라디오 청취자는 〈표 4-3-10〉과 같다.[112] 일본에서는 1941년 4월 말에 라디오 청취자가 6백만 명을 돌파했다. 1925년에 도쿄방송국이 개국할 당시 3만 명이던 라디오 청취자가 16년 만에 200배 증가한 것이다.

도명	청취자 수
경기	92,274
충북	2,624
충남	6,521
전북	7,926
전남	7,735
경북	8,930
경남	19,972
강원	7,523
황해	8,871
평북	10,161
평남	20,021
함북	15,449
함남	19,566
계	227,573

표 4-3-10 1940년도 말 현재 도별 라디오 청취자 수

일본의 경우 라디오 청취자는 방송국 개국 이후 3년 5개월 만에 100만 명, 다시 3년 6개월 후에 200만 명이 되었고, 500만 명에서 600만 명이 되는 데 불과 1년 2개월밖에 걸리지 않았다.[113] 일본에서는 조선과 비슷한 시기에 라디오 방송국이 개국했지만 청취자 증가 속도는 비교할 수 없는 차이를 보였다.

1941년 10월 말 현재 라디오 청취자는 일본인 116,705명, 조선인 135,163명, 외국인 1,016명으로 총계 252,884명이었고, 1년

전에 비해 50,035명이나 격증했다.[114] 1941년 12월 8일에 대동아전쟁이 발발하자 12월 말까지 라디오 청취자가 6,178명 증가했고, 이로써 총청취자는 262,162명이 되었다. 이처럼 1941년 12월에 라디오 청취자는 26만 명을 돌파했다.[115] 1942년 2월 5일에는 27만 명을 돌파했다.[116] 1942년 3월 말 현재 라디오 청취자는 일본인 125,882명, 조선인 144,912명, 외국인 1,200명으로 총계 271,994명이었고, 1년 전에 비해 44,421명이 증가했다.[117]

그런데 대동아전쟁 발발 후 1941년 12월 17일부터 방송전파관제가 실시되었다. 즉 주간의 이중방송은 폐지되고 제1방송으로 일본어 방송에 이어 조선어로 전황 뉴스 등을 보도했고, 야간에만 이중방송을 실시했다. 또한 제1방송과 제2방송의 주파수도 모두 변경되었다.[118] 1942년 4월 27일부터는 본격적인 방송전파관제가 실시되면서 제1방송과 제2방송이 아예 통합되어 일본어와 조선어 혼효의 단일 방송이 실시되었으며, 낮과 밤의 주파수도 달라지고 공중선 전력도 약해지고 조선어 방송도 모두 뉴스 위주로 변경되었다.[119] 방송전파관제는 등화관제처럼 전시 상황하에서 적기(敵機)의 유도를 방지하기 위한 것이었지만, 수신 감도 저하와 이중방송 폐지로 라디오 청취를 취소하는 사람이 생겼고 라디오 청취자 증가세도 약화되었다.[120] 전쟁으로 인해 1933년 이중방송 실시 이전의 상황으로 되돌아간 것이다. 그러나 1941년 이후 대구, 광주, 대전, 원산, 해주, 신의주, 춘천 등에서 지방방송국이 개국하면서 방송전파관제의 약점을 조금은 보완할 수 있었다.

1943년 2월 말 현재 라디오 청취자는 일본인 126,072명, 조선인

147,962명, 외국인 1,542명으로 총계 275,576명이었고, 본격적인 방송전파관제를 실시하기 전인 1942년 4월에 비해 고작 1,274명이 증가했다.[121] 1943년 3월 말 현재 라디오 청취자는 277,281명으로 한 달 전에 비해 1,705명이 격증했고, 신규 가입자 가운데 조선인이 1,691명으로 대다수를 차지했다. 예전에 비해 일본어를 아는 조선인이 많았으므로 이중방송 폐지 후에도 조선인 라디오 청취자가 증가할 수 있었던 것이다.[122] 1943년 5월 말 현재 라디오 청취자는 6,372명 가입, 4,976명 취소로 1,396명이 증가하여 총계 279,854명이었다.[123]

1943년 11월 11일부터 다시 야간의 이중방송이 부활했다. 그런데 일본어 제1방송은 주간과 야간의 주파수를 달리했고, 조선어 제2방송은 제1방송의 주간 주파수를 사용하여 야간에 방송을 했다.[124] 징병 제도, 해군특별지원병 제도, 황민연성운동(皇民鍊成運動)이 실시되는 상황에서 조선어 방송은 일본어를 알지 못하는 조선인에게 일본어, 일본문화, 일본정신을 천천히 깊게 보급하는 것을 목적으로 했다. 조선어 방송은 전황과 국책을 보도하고, 초보 일본어 강좌와 일본어 회화를 방송하고, 일본 연예를 조선에 이식하는 것에 주안점을 두었다.[125]

1943년 6월경에 조선총독부 체신국은 전시 상황의 배급 제한을 이유로 한 집에 라디오 수신기를 한 대씩만 둘 수 있도록 했다. 수신기를 이미 가지고 있는 자가 추가로 구매하거나 더 좋은 제품으로 교체하는 것도 제한되었고, 청취 환경이 좋은 도회지나 방송국과 가까운 곳에서는 값비싼 고급 수신기를 살 수 없게 했다.[126]

시기	청취자 수	소요 월수
1927년 2월	방송 개시	–
1929년 11월	1만 명 돌파	33개월
1933년 3월	2만 명 돌파	40개월
1934년 1월	3만 명 돌파	10개월
1935년 3월	4만 명 돌파	15개월
1935년 12월	5만 명 돌파	9개월
1936년 7월	6만 명 돌파	7개월
1937년 2월	7만 명 돌파	7개월
1937년 5월	8만 명 돌파	3개월
1937년 8월	9만 명 돌파	3개월
1937년 10월	10만 명 돌파	2개월
1938년 3월	11만 명 돌파	5개월
1938년 8월	12만 명 돌파	5개월
1939년 4월	13만 명 돌파	8개월
1939년 9월	14만 명 돌파	5개월
1939년 12월	15만 명 돌파	3개월
1940년 2월	16만 명 돌파	2개월
1940년 4월	17만 명 돌파	2개월
1940년 5월	18만 명 돌파	1개월
1940년 7월	19만 명 돌파	2개월
1940년 10월	20만 명 돌파	3개월
1940년 12월	22만 명 돌파	2개월
1941년 12월	26만 명 돌파	12개월
1942년 2월	27만 명 돌파	2개월
1943년 12월	288,240명	22개월

표 4-3-11 라디오 청취자 증가표[127]

1943년 12월 말 현재 라디오 청취자는 288,240명으로 1942년 말의 274,591명에 비해 13,649명이 증가했다. 1927년부터 1943년까지 라디오 청취자의 증가 상황은 〈표 4-3-11〉과 같다. 당시 신문기사는 가정, 관청, 은행, 회사, 공장, 학교 등의 라디오를 고려하면 조선인 2천5백만 명 가운데 9할 이상이 라디오와 접촉하고 있다고 평가하고 있다.[128]

1940년을 전후하여 라디오는 뉴스뿐만 아니라 방공경보의 전달기관으로서 중요해졌다.[129] 1944년에는 방공경보를 위해 아침 7시의 궁성요배와 정오묵도의 시각을 알리던 사이렌이 중지되는 바람에 사람들이 정확한 시각을 알기 힘들었다. 사이렌이 시보가 아닌 경보를 위한 용도로 전용된 것이다. 따라서 1944년 7월 24일에 국민총력조선연맹은 사이렌 대신 라디오를 이용하는 방식으로 〈아침의 궁성요배와 정오의 묵도 여행〉에 관한 지도 방침을 결정하여 각 도 연맹회장에게 통보했다. 먼저 기차, 전차, 자동차 등에서는 승무원이나 시간을 아는 승객이 일반 승객들에게 궁성요배와 묵도의 시각을 알려 주게 했고, 확성기가 설치된 경찰관서, 회사, 상점 등에서는 라디오를 듣고 거리의 통행인에게 궁성요배와 묵도 시각을 알리게 했다. 또한 직장과 각종 회합에서는 정해진 사람의 신호에 따라 궁성요배와 묵도를 하게 했고, 농촌 부락에서는 북 등을 울려 시각을 알리게 했다. 조선방송협회는 궁성요배 시각에는 나팔 소리 1회, 정오묵도 시각에는 제2의 국가라 불리던 우미유카바(海行かば) 즉 '바다에 가면'을 1회 방송하기로 했다.[130]

라디오 수신기

일제강점기에 사용된 라디오 수신기는 크게 광석(鑛石) 수신기와 진공관(眞空管) 수신기로 나뉘고, 다시 진공관 수신기는 전지식(電池式) 수신기, 전등식(電燈式) 수신기, 교직양용식(交直兩用式) 수신기로 나뉜다.[131]

　광석 수신기는 정전 시에도 사용할 수 있으므로 교류 수신기를 보조하는 장치로 기능할 수 있었다. 광석 검파기(檢波機)로 고주파 전류를 가청주파전류로 바꾸는 광석 수신기는 진공관 수신기에 비해 조립 비용이 매우 적게 들지만, 증폭 작용이 없고 소리가 작기 때문에 방송국 소재지 부근에서 수화기를 양쪽 귀에 걸고 조용히 듣는 경우에만 사용할 수 있었다. 경성방송국은 광석 수신기 조립법을 지도하는 강습회를 열기도 했다. 광석 수신기는 1926년에 2원 60전으로 조립할 수 있었다.[132] 광석 수신기는 라디오 수신기를 연구하기 위한 초보적인 실험용 도구에 불과했다.

　전지식 수신기, 즉 직류 수신기는 전등선이 들어오지 않는 산간이나 농어촌에서 주로 사용했고, 주간선(晝間線)이 들어오지 않는 곳에서도 낮에 사용할 수 있었고, 전기 설비가 없는 선박이나 자동차에서도 이동 중에 사용할 수 있었다. 전지식 수신기는 정전 시에도 사용할 수 있어서 비상용으로 적당했지만, 전지 구입 비용이 비쌌고, 전지 구입이 쉽지 않은 곳에서는 사용하기 힘들었다.

　전등식 수신기, 즉 교류 수신기는 전등선을 전원으로 사용하므로 전등선의 전압을 올리고 교류를 직류로 정류(整流)하는 일리미네

전등식 라디오 수신기: 하단에 일본방송협회 인정(認定) 표지가 붙어 있고, 최하단에는 '청년단: 대일본연합청년단 지정 수신기'라고 적힌 철패가 부착되어 있다. 스피커가 내장된 것으로 보이고 뒤에 전선이 노출돼 있는 것으로 보아 전등식 수신기일 것이다.[133]

이터(eliminator)라고 하는 교류전원장치가 달려 있었다. 교류 수신기는 전등선에 연결하면 작동하고 가격도 싸고 취급도 간편했지만, 주간선이 없는 장소에서는 낮에 사용할 수 없었고, 정전 시나 이동 중에도 사용할 수 없었다.[134]

중일전쟁 전후에는 국방수신기(國防受信機)라는 교직양용식 수신기가 비상용 수신기로 판매되었다. 국방수신기는 평소에는 전등선에 연결하여 사용하고, 라디오를 수신하지 않을 때는 스위치를 '충전'으로 돌려 축전지를 충전할 수 있었다. 따라서 국방수신기는 정전 시에도 사용할 수 있었고, 주간선이 없는 곳에서는 밤에 충전하여 낮에 사용할 수 있었다.[135]

라디오 체조회
몸으로 스며드는 시간

4

라디오 체조의 기원

라디오의 보급과 함께 "집단적 활동 형태"이자 "전 국민적이고 단체적인 체육보건운동"으로 라디오 체조가 등장했다.[1] 일본에서 1928년 가을에 쇼와천황 즉위식을 기념하기 위해 간이보험국(簡易保險局) 등은 체육 관계 권위자에게 위탁하여 국민 대중의 보건 운동으로서 각 가정에서 남녀노소 누구나 실시할 수 있는 가장 이상적인 체조 형태를 창안했다. 그 결과물이 바로 라디오 체조였다. 도쿄에서는 1928년 11월에, 전국적으로는 초대 천황인 진무천황의 즉위를 기념하는 1929년 2월 11일 기원절(紀元節)에 라디오 체조 방송이 시작되었다.

1930년 여름에는 도쿄의 간다(神田) 지역에서 라디오 체조를 위한 소규모 단체가 조직되었고, 이것이 '라디오 체조회'로 발전했다. 1931년 여름에는 간토(關東) 지부가 도쿄 시내와 시외의 300여 소학교를 회장(會場)으로 7월 21일부터 8월 말일까지 라디오 체조를 실시하여 연인원 350만 명 이상이 참가했다. 그 후 라디오 체조를 전국적으로 확대하여 국민의 체육보건에 이바지하고 단체 행동의 훈련과 국민 정신의 통일과 융합을 도모할 목적으로, 내무성과 문부성, 제국재향군인회, 대일본연합청년단, 대일본여자청년단, 소년단일본연맹 등의 후원하에, 간이보험국과 방송협회가 라디오 체조의 전국적인 주최자가 되었다. 또한 체신국, 우편국, 도부현시정촌(道府縣市町村), 지방재향군인회, 청년단, 여자청년단, 소년단, 라디오상조합 등이 지방 주최자나 후원자가 되고, 지사, 시정촌장, 소학교장 등을 지방회장으로 추대하여 라디오 체조를 전국적으로 보급시켰다. 1932년 여름에는 총 31일의 기간 동안 1,933개 회장에서 연인원 25,932,078명이 하기(夏期) 라디오 체조회에 참가했다.

라디오 체조회는 가정 중심적인 라디오 체조를 탈피하여 여름 같은 일정 기간에 광장에 모여 이른 아침의 맑은 대기 속에서 떠오르는 태양의 빛을 받으면서 집단적인 자극과 감흥, 노래, 반주음, 매스게임 리듬에 따라 정신의 상쾌와 육체의 약동을 꾀하는 단체 훈련이었다. 선전 포스터의 제작과 부착, 체조회장(體操會場)의 연락 및 조사 통계 등은 주로 체신국과 우편국이 맡았고, 체조회장의 준비와 수신기 설치 등은 주로 라디오 판매상이 맡았고, 체조회장을 관리하고 체조를 지도하는 일은 소학교 교직원이 담당했다. 《쇼와 8년 라디오 연감》에서는 라디오 체조회를 다음과 같이 평가했다.

이처럼 대중이 전국에서 일제히 일어나 찰나적 동시성으로 일거수일투족을 하나의 호령에 따라 움직이는 장관은 동서고금을 통해 어떠한 수단, 어떠한 형태로도 여태 아직 비견할 만한 것이 없었고, 또 상상도 할 수 없는 일이었다.[2]

라디오에 의해 비로소 전 국민의 행동에 동시성을 부여하는 일이 가능해졌고, 라디오 체조회는 같은 시간에 같은 행동을 하는 무수한 인간을 탄생시켰다. 의례 즉 리추얼(ritual)의 가장 기초적인 특징은 같은 시간에 같은 행동을 반복함으로써 서로 다른 인간이 '하나의 인간'으로 잠시 변신하는 것이다. 라디오는 일정한 공간 안에 거주하는 모든 사람이 참여할 수 있는 동시적인 리추얼을 가능하게 했다. 모든 종교가 그토록 염원하던 완전한 리추얼, 절대적인 리추얼이 탄생한 것이다.

1933년 하기 라디오 체조회는 체조 도해, 라디오, 포스터, 각종 보고서 등과 관련하여 더욱 체계적으로 전개되었다. 금품 기부나 라디오 수신기와 전력의 기부 및 무상 대여 등도 이루어졌다. 간토 지부와 홋카이도 지부는 7월 21일부터 8월 20일까지, 규슈 지부 일부는 7월 20일부터 7월 30일까지, 다른 모든 곳은 8월 1일부터 8월 20일까지 라디오 체조회를 개최했고, 체조회장은 주로 소학교, 공원, 광장, 신사와 사원의 경내, 해변 등이었다. 1933년 7월 21일 오전 6시에 야스쿠니신사(靖國神社)의 배전(拜殿) 앞에서 육군 군악대의 연주와 함께 전국 하기 라디오 체조회가 개시되었다. 8월 1일부터는 전국에서 일제히 라디오 체조회가 개시되었다. 또한 매주 월요일에는 국가인 기미가요(君が代)를 창화(唱和)하고, 반주가(伴

奏歌)의 리듬과 체조 호령에 맞추어 제1체조 연속 2회, 제1체조 연속 3회, 이어서 제2체조 연속 2회로 총 7회를 30분 동안 실시했다. 전국적으로 20일 동안 3,337개 회장에서 연인원 44,073,872명이 참가했다.

1933년에는 아동 외에 일반인, 유식자, 유명인, 고령자, 부녀자 등의 참가도 현저히 증가했고, 공장, 병원, 지방에서도 라디오 체조회가 만들어졌다. 라디오 체조가 체육, 보건, 규율, 수양, 친목, 단결 등에 효과적이라는 이유로 하기 라디오 체조회가 종료된 후에도 라디오 체조를 계속하는 곳도 있었고, 라디오 체조회의 상시 존속을 요청하는 사람들도 있었다. 그 전에는 일요일과 제일(祭日)에는 라디오 체조 방송을 하지 않았지만, 일본방송협회는 1933년 11월 5일부터 일요일과 제일을 포함해 연중무휴로 라디오 체조 방송을 하기로 결정했다. 또한 메이지천황의 탄생일인 11월 3일 메이지절(明治節)에는 전일본체조연맹이 주최하고 문부성 사회국, 체신국, 간이보험국, 보험회사협회, 방송협회가 후원하여 라디오 체조회의 발전과 융창을 위해 메이지신궁 외원(外苑)에서 '전일본 라디오 체조제(體操祭)'가 개최되었다.

1934년에는 라디오 체조회가 일본의 농산어촌, 공장, 광산, 병원, 상점, 회사, 은행 등뿐만 아니라 사할린, 대만, 조선, 만주국으로 확산되었다. 여름 라디오 체조회가 끝난 후에도 연중무휴로 체조회를 지속하는 회장이 꽤 있었다. 특히 1934년 4월부터 전국의 소학교를 대상으로 하는 학교방송이 시작되면서 라디오 체조를 정규 방송 시간에 편입시켰고, 《국정소학독본(國定小學讀本)》 제5권에 라디오 체조회에 참가해야 한다는 내용이 기재되었다. 1934년에는 '라디오 보국(報國)'이라는 표현까지 자연스럽게 등장했다. 라디오 전파는 전 일본 국민을 지도하여 '건강 일본'과 '약진 일본'을 구현하기 위한 진군의 나팔이었다. 이처럼 어느덧 라디오 체조는 황국 일본을 만들기 위한 강력한 도구로 전락하고 있었다.[3]

특히 중일전쟁을 전후하여 국민 건강이 국력의 척도라는 인식이 퍼지면서 라디오 체조야말로 라디오의 극히 중요한 사회적 공헌이라는 평가까지 나왔다.[4] 이처럼 원래 라디오 체조는 가정적이고 개인적인 실행을 위해 방송되기 시작했지만, 결국에는 집단적인 라디오 체조회로 발전하게 되었다. 1936년에 라디오 체조회는 농산어촌, 공장, 광산 등으로 확산되었고, 사할린, 대만, 조선, 만주국에서도 널리 개최되고 있었다. 1936년에 일본에서는 공장과 광산 등의 회장 1,696개를 포함하여 총 9,655개 회장에서 약 3주 동안 연인원 90,238,833명이 라디오 체조회에 참가했다. 이 가운데 일반 남자는 9,652,820명, 일반 여자는 7,059,010명, 학동(學童)은 70,535,489명이었다. 이처럼 라디오 체조회는 주로 여름 방학을 맞은 어린 학생들을 대상으로 하고 있었다. 여기에 공장과 광산, 사할린, 대만, 조선, 만주국의 참가자를 합하면 1억 명 이상이 라디오 체조회에 참가한 것으로 추정된다. 라디오 체조의 발전 과정은 다음과 같다.

① 1928년 11월 1일: 라디오 체조가 도쿄에서 처음으로 방송됨.
② 1929년 2월 11일: 라디오 체조가 전국에 방송됨.

③ 1930년 여름: 도쿄 간다에서 라디오 체조회가 탄생함.

④ 1931년 여름: 도쿄 지역 300여 개 소학교에서 라디오 체조회가 실시되고 연인원 약 350만 명이 참가함.

⑤ 1932년 여름: 처음으로 전국적으로 라디오 체조회가 실시되고 1,933개 회장에서 연인원 25,932,078명이 참가함.

⑥ 1933년 여름: 3주 동안 전국 3,337개 회장에서 연인원 44,073,872명이 참가함.

⑦ 1934년 여름: 3주 동안 전국 5,149개 회장에서 연인원 62,471,616명이 참가함.

⑧ 1935년 여름: 3주 동안 전국 7,690개 회장에서 연인원 75,352,900명이 참가함.

⑨ 1936년 여름: 전국 9,655개 회장에서 연인원 90,238,833명이 참가함.

1936년의 사례를 보면, 체조 개시 직전에 국기게양, 궁성요배, 기미가요 창화를 먼저 하고 나서 제1체조와 제2체조를 총 7회 30분 동안 실시했다. 또한 1936년에는 매일 아침 2회씩 연중무휴로 라디오 체조가 방송되었고, 일요일을 제외하고 소학교 조례 시간에 약 15분간 학교용 라디오 체조를 전국적으로 중계방송하고 있었다.

1937년 7월 7일에 중일전쟁이 발발하자 거국일치 체제를 구축하기 위한 국민정신총동원운동(정동 운동)이 전개되었다. 일본 정부는 조기주간(早起週間), 국체현양주간, 위생주간, 체육단련주간 등제 운동을 라디오 체조회로 통합했다. 그리고 국민정신작흥과 체위(體位) 향상을 목표로 체조 실시 기간인 8월 1일부터 8월 20일까지를 '국민심신단련주간'으로 정하고, 이 기간 중에는 낮에도 라디오 체조 방송을 했다. 또한 라디오 체조회에 전국의 관공서·은행·회사 등의 직원, 공장·광산·병원·백화점 등의 종업원을 참가시켰고, 여름 방학을 맞은 대학·고등학교·전문학교·중등학교의 남녀 생도도 자발적으로 참가하게 했다. 각 부현(府縣)에서도 관내의 재향군인, 청년단, 소학교장, 신문사, 잡지사 등을 총동원했고, 한 가구당 1인 이상 라디오 체조회에 참가시키는 것을 목표로 삼았다. 이리하여 1937년 여름에는 3주 동안 총 16,200개 회장에서 연인원 122,107,688명이 라디오 체조회에 참가했다. 도시 지역에서 1세대당 참가자 수는 평균 최고 4.5명에 달했고, 1인당 평균 체조 실행 횟수는 최고 5.9회에 달했으며, 전국 도시 생활자의 대부분이 라디오 체조회에 참가하여 국민체조로서 손색 없는 모습을 보였다고 한다.[5]

1938년에도 일본 후생성은 국민심신단련 운동으로 라디오 체조를 강조했다. 1938년에는 17,155개 회장에서 연인원 132,925,336명이 라디오 체조회에 참가했다. 1938년 11월 1일에는 라디오 체조 개시 10주년을 맞아 체조회의 발상지인 도쿄의 간다묘진(神田明神) 신사 경내에서 열린 기념 체조회가 전국에 중계방송되었다. 연이어 11월 3일 메이지절에는 일본체조연맹 주최로 야스쿠니신사 경내에서 제7회 일본체조제(日本體操祭)가 개최되었고, 1만 6천 명의 생도가 참가한 전 일본 라디오 체조회가 전국에 방송되었다. 그리고 1939년 2월에는 '전국 라디오 체조회'가 설치되었다.[6] 이처럼 중일전쟁 이후 일본 정부는 총력전을 위해 국민의 정신력과 체력을 단련하는 방법으로 전 국민이 1일 1회 라디오 체조를 반드시 실행하도록 하면서 '건강 보국'을 강조했다. 라디오 체조의 목표는 건강, 쾌활, 근로, 단결이었다.[7]

경성 라디오 체조회의 시작

1928년 11월 1일에 도쿄방송국이 라디오 체조를 방송하고 나서 경성방송국도 매주 화·목·토요일의 3일간 오후 9시 반부터 쇼와천황 즉위식 기념 라디오 체조를 방송하고 있었다. 당시 신문기사는 라디오 체조를 "전신과 내장까지 강건하게 하는 신묘한 것"이라고 격찬하고 있다.[8] 1932년 6월까지 경성방송국은 매일 오후 5시 45분부터 라디오 체조를 방송하고 있었지만, 하계 라디오 체조를 위해 7월 1일부터는 매일 아침 6시부터 30분간 일본의 라디오 체조 방송을 중계하기로 결정했다. 그런데 조선은 일본보다 새벽이 30분 정도 늦기 때문에 6시는 너무 빠르다는 의견도 있었다. 따라서 7월 1일부터 시험 방송을 한 뒤 평가가 나쁘면 6시 반이나 7시에 경성방송국에서 독자적으로 라디오 체조를 방송할 계획을 세웠다.[9]

조선방송협회는 절차상 군부(軍部) 등과의 협의를 통해 1932년 7월 21일부터 오전 6시에 라디오 체조를 방송하게 된다.[10] 그런데 일본의 라디오 체조 방송을 그대로 중계하지는 않았다. 라디오 체조 기간 동안 조선총독부 사회과의 다케우치 하지메(竹內一) 등이 직

조선은행 앞(미쓰코시백화점 앞) 광장의 라디오 체조 광경(《경성일보》 1932년 7월 23일 자): 맨 앞에 있는 지도원, 라디오 체조를 하는 어린 학생과 성인 남녀, 주변의 구경꾼 등의 무질서한 모습이 인상적이다.

접 경성방송국으로 출장을 갔고, 경성부 15개 체조장에 중등학교 선생이 각각 한 명씩 파견되어 체조를 지도했으며, 매일 아침 6시 부터 약 40분간 경쾌한 멜로디 반주에 맞추어 리드미컬하게 라디오 체조를 실시했다.[11]

국민보건운동을 장려한다는 명분으로 1932년 여름에는 학무국, 경무국, 체신국, 경성부, 경성우편국, 경성방송국 등의 주최로 학생 들의 여름 방학 기간인 7월 21일부터 8월 20일까지 경성부 15개 회장에서 하계 조조 라디오 체조가 실시되었다. 라디오 체조는 운 동량이 적당한 이상적인 건강법으로 음악에 맞추어 신체 각 부분을 고르게 운동시킬 수 있고, 어떤 설비나 특수한 기술도 필요 없이 업 무의 여가를 활용하여 라디오에 맞추어 누구나 쉽게 할 수 있는 것이라고 홍보되었다. 체조회장은 조선신궁, 미쓰코시백화점 앞, 장충단공원, 파고다공원, 철도국 앞, 일출소학교, 남대문소학교, 서대문소학교, 남산정 3정목에 있는 경성 가노에네(庚子) 기념 유치원, 동대문소학교, 종로소학교, 앵정소학교, 용산소학교, 경성제2고등여학교, 원정소학교 등 15곳이었다.[12] 라디오 체조를 원하는 사람은 가장 가까운 장소로 가서 체조회장에 설치된 라디오에 맞추어 지도원의 지도에 따라 라디오 체조를 할 수 있었다.[13]

1932년 7월 21일에는 618명, 22일에는 2,186명, 23일에는 2,505명이 라디오 체조에 참가했고, 7월 26일까지 누계 8,946명이 참가했다. 7월 28일 참가 인원은 2,122명이었고 누계 13,167명이 참가했다.[14] 경성부 15개 회장에 매일 아침 각각 200~500명쯤 참가하고 있었고, 8월 2일까지 누계 16,000명이 참가했다.[15] 8월 7일 일요일 오전 6시 반부터는 경성부청 앞에서 15개소 지도원과 참가자가 모두 출전하는 '연합 라디오 체조대회'가 개최되었다.[16] 1932년 8월 11일에는 용산소학교 81명, 원정소학교 260명, 경성제2고등여학교 78명, 남대문소학교 40명, 서대문소학교 120명, 종로소학교 70명, 경성사범학교 43명, 앵정소학교 305명, 일출소학교 320명, 남산유치원(가노에네 기념 유치원) 65명, 미쓰코시백화점 앞 130명, 장충단공원 320명, 파고다공원 115명, 조선신궁 앞 55명, 철도국 앞 60명 등 총 2,062명이 라디오 체조에 참가했고 누계는 31,115명이었다.[17] 8월 15일까지 총 참가자는 누계 37,831명이었다.[18] 조선에서 1932년도 라디오 체조회 참가자는 총 5만 6천여 명이었다. 경성방송국은 10월 1일부터는 일출 시각을 고려하여 오전

7시에 라디오 체조를 중계방송하기로 결정했다.[19]

1933년에 부산형무소는 죄수들의 운동 부족을 해결하기 위해 매일 오전 10시부터 15분간 축음기 레코드에 녹음된 라디오 체조를 구내에서 확성기로 방송했다.[20] 하계 조조 라디오 체조회와는 별도로 1933년 6월경에 신의주 우편국은 직원들의 건강 증진을 위해 라디오 체조를 실시하고 있었다.[21]

1933년에는 체신국, 학무국, 경무국, 경기도, 경성부, 경성우편국, 경성방송국 등이 주최하여 7월 21일부터 8월 20일까지 일요일을 포함해 1개월간 라디오 체조회가 개최되었다. 경성부내 17개 회장에 라디오 수신기를 설치하고, 매일 아침 5시 50분에 집합한 후 먼저 3분 동안 음악 방송이 있고 나서 오전 6시부터 라디오 반주에 맞춰 30분간 체조를 실시할 예정이었다. 또한 체육계의 권위자가 각 회장에 출장을 가서 라디오 체조 도해를 배포하며 직접 지도하고, 방송국에서는 각 회장에 기술원을 2명씩 파견하기로 했다. 체조회장은 남대문소학교, 서대문소학교, 일출소학교, 용산소학교, 종로소학교, 앵정소학교, 원정소학교, 남산소학교, 조선신궁, 조선은행(미쓰코시백화점) 앞, 신무문(神武門) 앞, 파고다공원, 장충단공원, 철도국 앞, 경성제2고등여학교, 경성의학전문학교, 경성사범학교 등 17개소로 1932년과 조금 달라졌다.[22]

1933년에는 선전 비라, 체조 도해, 포스터 등을 배포하고 입간판과 체조대(體操臺)도 설치했다.[23] 조선총독부는 라디오 체조회 사무소를 체신국 보험감리과 안에 두었고, 1933년에 경성부에서 시범적으로 실시한 후 1934년부터는 라디오 체조회를 전국적으로 확대할

남대문소학교의 라디오 체조 광경 (《경성일보》 1933년 7월 22일 자)[24]

계획이었다.[25] 라디오 체조 방송의 주제곡인 '라디오 체조의 노래' 가사는 다음과 같다.[26]

1. 솟아오르는 욱일(旭日)의 빛을 받으며

   굽히고 펴요 우리들의 팔

   라디오는 호령한다 하나 둘 셋

2. 향기로운 검은 흙과 구슬 같은 이슬을 밟으며

   뛰고 뛰어요 우리들의 맨발

   라디오는 호령한다 하나 둘 셋

3. 맑은 아침 안개와 시원한 바람을 맞으며

   마시고 내뱉어요 우리들의 대기

라디오는 호령한다 하나 둘 셋

4. 우리들의 손발이 뻗치고 춤출 때

힘차고 밝게 하늘과 땅도 뛴다

라디오는 호령한다 하나 둘 셋

함흥소학교는 여름 방학을 맞아 독자적으로 7월 24일부터 한 달 간 오전 6시 반부터 라디오 체조를 실시하고 있었고 일반인도 참가 할 수 있었다. 함흥소학교는 8월 1일에는 국기게양식을 하고 함흥 신사에도 참배할 예정이었다.[27] 라디오 체조, 신사참배, 국기게양식 이 연계되기 시작하고 있음을 알 수 있다. 수원심상고등소학교에서 도 1933년 8월 5일 오전 6시부터 라디오 체조를 시작했다. 이날 직 원과 아동 200여 명, 청년훈련소 생도 및 지방 유지 여러 명이 체 조에 참가했다.[28]

1933년 8월 4일에는 일본 귀족원 의원이자 일본 라디오 체조회 회장인 나가타 히데지로(永田秀次郎)가 아침 5시 50분경부터 일출소 학교, 앵정소학교, 미쓰코시백화점 앞, 장충단공원의 라디오 체조 회장을 시찰했다. 비가 오는 날인데도 많은 사람들이 체조에 참가 하고 있었다.[29] 라디오 체조회가 종료되는 8월 20일 오전 6시에는 17개 회장의 참가자 약 5천 명이 경성부청 앞 광장에 모였다. 먼저 기미가요를 합창하고, 이노우에 기요시(井上清) 경성부윤의 인사가 끝난 후, 제1체조 1회, 제1체조 연속 2회, 제2체조 연속 2회를 하 고, '라디오 체조의 노래'를 합창한 후 해산했다. 또한 경성방송국 은 이곳에 마이크로폰을 설치하고 체조회 실황을 전국에 중계방송했다.[30] 8월 20일 자로 라디오 체조회가 해산된 후에도 경성부, 체신국, 방송국의 후원하에 수양단(修養團) 경성지부는 조기회(早起會)를 꾸려 9월 7일부터 11월 30일까지 경성부청 앞 광장에서 매일 아침 6시에 라디오 체조를 계속했고, 약 200명의 남녀노소가 참가하여 성황을 이루었다.[31] 10월 1일 오전 6시 20분에는 경성부청 앞에서 라디오 체조대회가 열렸고, 기미가요 2회 합창, 경성부윤의 인사, 라디오 체조, '라디오 체조의 노래' 합창, 만세삼창 순으로 진행되었다.[32]

춘천에서는 1933년 9월 9일부터 약 1주일간 춘천보통학교에서 라디오 체조 강습회가 열렸다. 처음에는 춘천읍민 남자에게 라디오 체조를 보급하기 위해 춘천고등보통학교 선생이 강사로 나서서 아침에는 6시 반부터, 저녁에는 5시 반부터 강습회를 열었고, 추후 여자를 대상으로 하는 강습회도 개최할 예정이었다.[33] 황해도 사리원 우편국에서도 매일 오전 7시와 정오 12시의 2회에 걸쳐 약 30분씩 전 직원이 라디오 체조를 했고, 일반인도 참가할 수 있었다.[34] 1933년 10월 5일부터 평양형무소는 수형자 1,500명의 정조(情操)를 함양하기 위해 석식 후 휴게 시간 30분간과 일요일 교회(敎誨) 후 15분간 레코드로 동화, 국가, 성악 등을 들려주기로 했고, 머지않아 교관을 초빙하여 낮 휴게 시간 30분간 라디오 체조를 실시할 예정이었다.[35] 실제로 1934년 5월 1일부터 평양형무소는 수형자를 4~5개 조로 나눈 뒤 형무소 광장에 확성기를 설치하고 전임 교사의 호령에 따라 오전 중에 라디오 체조를 실시했다.[36]

1934년 초에는 초등학교와 중등학교의 과반수가 매일 조회 때 라디오 체조를 실시하고 있었다. 당시 조선총독부 학무국의 조사에 따르면 조선의 초등학교는 총 2,929개교로 아동 수는 727,472명이었고, 이 가운데 1,557개교의 아동 333,924명이 라디오 체조를 실시하고 있었다. 중등학교는 총 230개교로 생도는 59,672명이었고, 이 가운데 110개교의 생도 30,747명이 라디오 체조를 실시하고 있었다.[37] 청진보통학교는 후원회가 30원을 기부하자 신속히 라디오를 구입하여 라디오 체조를 실시하기 시작했다.[38]

전선 라디오 체조회

1934년에는 제1회 전선(全鮮) 라디오 체조회가 개최된다. 조선체육협회와 조선방송협회는 1934년 7월 21일부터 8월 20일까지 일요일을 포함하여 1개월간 매일 아침 6시부터 전국적으로 '국민보건체조'인 라디오 체조를 실시하기로 했다. 경성부도 장충단공원, 동대문소학교, 앵정소학교, 경성부청 앞, 경성의학전문학교, 수송보통학교, 신무문 밖, 남대문소학교, 서대문소학교, 원정소학교, 죽첨보통학교, 파고다공원, 경성제2고등여학교 등 13개소에 라디오를 설치하여 체조 교사의 지도로 라디오 체조를 실시하기로 했다.[39] 1934년 8월 12일 일요일에 체신국은 경신(敬神) 사상 고취, 건강 증진, 정신작흥을 위해 조선신궁 광장에서 오전 7시부터 8시 30분까지 '봉납(奉納) 라디오 체조대회'를 개최했고, 체신국원, 우편국원, 전화국원 1,600명이 참가했다고 한다.[40]

신의주우편국과 평북체육
협회의 공동 주최로 신의주
소학교에서도 7월 21일부
터 8월 20일까지 매일 오전
6시부터 30분간 라디오 체
조가 실시되었다.[41] 같은 기
간 전주에서도 제1소학교

황해도 서흥의 1934년 하계 라디오 체조 (《조선
신문》 1934년 7월 24일 자)

와 수비대 자리의 2개소에서 라디오 체조가 실시되었다.[42] 정읍에
서도 라디오 체조가 실시되었다.[43] 황해도 서흥에서도 서흥체육협
회와 서흥우편소가 공동 주최하고 각 관공서와 민간 유지, 학교 생
도 수백 명이 참여한 가운데 7월 21일부터 8월 20일까지 보통학교
교정에서 하계 라디오 체조가 실시되었다.[44] 개성에서는 일자가 조
금 지연되어 개성부 주최로 7월 28일부터 8월 20일까지 개성우편
국 구내 광장에서 라디오 체조가 실시되었다. 우천으로 3일간 체조
가 중지되었지만, 최종적으로 대인 1,311명, 소인 2,916명, 연인원
4,227명, 1일 평균 201명 이상이 참가했고, 최고 272명이 참가한
날도 있었다.[45]

전남 광주읍에서는 라디오 체조가 7월 26일부터 1주일간 광주공
립소학교에서 실시되었고, 8월 1일부터 20일까지는 광주헌병분견
대 광장에서 실시되었다.[46] 청주읍과 청주체육협회도 7월 21일부터
8월 20일까지 청주심상고등소학교에서 라디오 체조를 실시할 예정
이었다. 또한 부산부와 경남도는 용두산신사(龍頭山神社)와 남빈매축
(南濱埋築)의 2개소에서 라디오 체조를 실시할 예정이었다.[47] 해주읍

각 단체도 7월 21일부터 8월 20일까지 매일 오전 6시 25분에 소학교 교정에 집합하여 6시 반부터 약 30분간 회장에 설치된 라디오에 맞추어 체조를 실시하기로 했다.[48] 대구에서는 대구우편국과 전기회사의 후원하에 대구부 주최로 8월 1일부터 공설 그라운드에서 라디오 체조가 실시되었다. 연일 1천 명 이상이 참가했고, 8월 3일부터는 '묘령의 아가씨'와 유명 인사의 부인 등도 참가했다고 한다.[49] 마산부는 수해로 인해 7월 24일부터 4개소에서 라디오 체조를 실시했고, 8월 15일까지 연인원 11,959명이 참가했다.[50] 목포부도 7월 21일부터 8월 20일까지 라디오 체조를 실시했고, 우천으로 중지된 날은 총 9일이었다. 대인 4,104명, 소인 10,254명, 연인원 14,358명, 1일 평균 654명이 참가했다고 한다.[51]

1934년 10월 1일부터 춘천우편국에서는 정신작흥을 위한 조기(早起) 장려, 신사참배, 보건 위생, 심신 단련을 목적으로 매일 아침 10시에 전 직원이 뒤뜰에서 라디오 체조를 실시했다.[52] 1934년 11월 20일부터 여수경찰서는 서원의 건강 증진을 위해 출근 시간을 20분 앞당겨 라디오 체조를 실시했다. 여수에서는 하계 라디오 체조 기간 이후에도 학교와 일반 가정 등에서 매일 아침 라디오 체조를 하는 사례가 점점 늘고 있었다.[53] 1934년에 조선에서 총 35만 명이 하계 라디오 체조회에 참가했다.[54]

1935년에는 제2회 전선 라디오 체조회가 개최되었고, 참가자의 격증, 라디오 체조와 신사참배의 연결 등이 두드러졌다. 아직까지는 지방방송국 신설 등의 라디오 방송 체계가 완비되지 않았기 때문에 라디오 체조의 기간과 방식 등에서 지방별로 차이가 나타났다. 조선총독부 전매국은 이미 6월 27일부터 체신국의 사카모토(阪本)를 초빙하여 정오 사이렌을 신호로 구내 테니스 코트에서 라디오 체조를 실시했다.[55] 조선체육협회 영등포 분구는 7월 21일부터 8월 20일까지 오전 6시부터 영등포대신궁(永登浦大神宮) 앞 광장에 설치된 라디오에 맞추어 라디오 체조회를 개최하기로 했다.[56] 인천에서는 7월 21일부터 8월 20일까지 인천고등여학교, 사정(寺町)소학교, 축현(杻峴)소학교, 제1·제2공립보통학교, 박문학교(博文學校), 우편국, 경찰서, 유마정미소(有馬精米所), 인천부청 등 10개소에서 라디오 체조회를 개최했다.[57]

1935년 6월 초에 대전군은 7월 21일부터 8월 20일까지 공립대전소학교에서 오전 7시부터 라디오 체조를 실시하기로 했다. 참가 예정 인원은 일반 군민 약 100명, 대전중학교 40명, 대전여학교 80명, 대전소학교 80명, 제1보통학교 30명, 제2보통학교 30명, 상업보습교 20명 등 약 380명이었다. 대전군수가 구장(區長)을 맡고, 대전소학교 교장과 대전읍 서기가 상임간사를 맡고, 대전소학교 교원이 체조 지도자로 선정되었다. 당초 계획 이상으로 대전에서는 각 학교 남녀 생도 1천여 명을 포함해 관공서 및 일반 참가자 등 총 2천여 명이 참가하는 대규모의 라디오 체조회가 개최되었다.[58] 조치원에서는 조치원여학교와 조치원소학교가 공동 주최하여 조치원소학교에서 하계 라디오 체조를 1개월간 실시했고 매일 1천 명 이상이 참가했다.[59] 괴산군 체육협회도 7월 21일부터 매일 아침 5시 반에 사이렌을 울려 6시부터 30분간 괴산공립소학교에서 라디오 체조를 실시했다.[60] 청주에서도 청주소학교 교정에서 하계 라디오 체

조를 실시할 예정이었다.[61] 진위군에서는 7월 21일에 라디오 체조
회 발회식을 개최하고, 10일 내지 1개월간 평택공립보통학교, 진위
공립보통학교, 안중공립보통학교, 청북공립보통학교에서 라디오 체
조를 실시하기로 했다.[62]

해주에서도 해주체육협회장인 사사키 시즈오(佐々木靜雄)를 구장으
로 하는 라디오 체조회가 결성되었고, 7월 21일부터 8월 20일까지
매일 아침 6시에 해주소학교와 제2보통학교에서 라디오 체조를 실
시하기로 했다. 하루 늦은 7월 22일부터 라디오 체조회가 개최되어
7월 22일에는 해주소학교에 2,859명, 제2보통학교에 631명이 참
가했고, 7월 23일에는 우천으로 중지되었으며, 7월 24일에는 해주
소학교에 3,049명, 제2보통학교에 3,001명이 참가했다.[63] 원산에서
는 7월 21일부터 27일까지를 제1기, 7월 28일부터 8월 10일까지
를 제2기로 정하고 매일 오전 6시부터 방송에 따라 30분간 라디오
체조를 실시할 예정이었다. 원산의 체조회장은 원산신사와 제1보통
학교였고, 7월 26일에는 두 곳 모두 400명 이상의 남녀노소가 참가
했다.[64] 원산에서는 8월 9일까지 매일 아침 평균 약 765명이 참가
하여 17일 동안 총 1만 3천 명이 라디오 체조에 참가했다.[65] 체조회
가 종료된 후 체조를 계속하고 싶다는 희망자가 속출하자, 원산체
육협회는 매월 1일과 15일 오전 6시에 대신궁(大神宮) 경내에서 라
디오 체조를 실시하기로 했다.[66]

평남 숙천에서는 일본인들이 매일 아침 6시 반까지 숙천우편소 뜰
에 집합한 후 7시부터 약 30분간 라디오 체조를 실시했다.[67] 평양
에서는 7월 21일부터 8월 20일까지 평양의학전문학교와 종로보통

학교의 2개소에서 라디오 체조를 실시할 예정이었다. 평양우편국은 2만 매의 선전 비라와 다수의 포스터를 제작했고, 희망자의 신청을 받아 '라디오 체조 도해'를 배포했다.[68] 평양의 라디오 체조는 하루 늦은 7월 22일에 시작되었고, 첫날 평양의전에 약 500여 명, 종로보통학교에 약 250여 명이 참가했다.[69] 평북 희천(熙川)에서도 희천우편국과 희천군교육회가 주최하여 매일 70여 명이 참가한 가운데 라디오 체조가 실시되었다. 라디오 체조가 종료되는 8월 21일에는 동방요배와 국가합창을 마치고 산회했다.[70] 개성부는 7월 21일부터 8월 10일까지 매일 아침 6시에 우편국 광장과 관덕정(觀德亭) 광장의 2개소에서 라디오 체조 강습회를 개최하기로 했다.[71] 사리원에서도 동 기간에 사리원소학교 교정에서 라디오 체조를 실시하기로 했다.[72]

군산에서는 7월 21일부터 군산소학교에서 개최된 라디오 체조회에 1,500명 이상이 참가하고 있었다.[73] 이리체육협회는 7월 21일부터 8월 20일까지 매일 아침 6시에 이리소학교에 모여 라디오 체조를 실시했다.[74] 목포에서는 소학교를 제1회장, 목포역전을 제2회장으로 하여 하계 라디오 체조회를 개최했다. 7월 21일에는 제1회장 200명, 제2회장 415명, 총 615명이 참가하고, 7월 22일에는 제1회장 150명, 제2회장 351명, 총 501명이 참가하여 이틀 동안 누계 1,116명이 참가했으며, 그 후 참가자가 급증하여 매일 아침 1천여 명이 참가하면서 8월 5일까지 누계 16,304명이 참

군산소학교의 라디오 체조 광경 (《조선신문》 1935년 8월 2일 자)

가했다.[75] 광주군 송정리(松汀里)에서는 8월 1일부터 10일까지 매일 아침 6시에 주재소 사이렌이 울리면 생도, 학부형, 여자청년단원 등이 송정리소학교에 집합하여 라디오 체조를 실시했다.[76] 라디오 체조에 대한 반응이 좋았으므로 다시 8월 12일부터 8월 31일까지 송정리소학교에서 라디오 체조가 재개되었다.[77]

부산에서도 초등학교 13개소에서 하계 라디오 체조회가 개최되었다. 7월 22일에는 우천으로 1천여 명만 참가했지만, 다른 날은 매일 7천 명 이상이 참가하여 7월 21일부터 29일까지 9일간 연인원 58,146명이 참가했다.[78] 거창군에서도 8월 10일부터 1주일간 보통학교에서 매일 아침 6시부터 30분간 라디오 체조회를 개최했다.[79] 대구체육협회는 8월 1일부터 6일까지 1주일간 대구소학교, 본정소학교, 봉산소학교, 대구공립보통학교, 수창공립보통학교 등 5개소에서 매일 아침 6시부터 1시간씩 라디오 체조를 실시했고, 8월 1일에는 대인 395명, 소인 2,385명, 합계 2,780명이 참가했다.[80] 경북영덕에서는 7월 30일부터 1주일간 매일 오전 6시부터 영덕신사 경내에서 라디오 체조회를 개최했다.[81] 춘천에서도 7월 21일부터 오전 5시 30분 사이렌을 신호로 공립보통학교에 모여 라디오 체조를 실시했다.[82] 철원군에서도 7월 21일부터 8월 20일까지 철원신사 경내 및 철원역 앞 광장에서 라디오 체조회를 개최했고, 철원신사는 약 300명, 철원역 앞은 약 200명이 참가했다.[83] 화천군체육협회도 하계 라디오 체조를 실시했고, 다시 9월 1일부터는 보통학교 교정에서 연중무휴로 라디오 체조회를 재개했다.[84]

하계 라디오 체조회가 끝나는 8월 20일에는 경성부청 앞 광장에

경성중앙전화국 옥상에서 라디오 체조를 하는 전화사무원들 (《조선신문》 1936년 3월 20일 자)

서 성대한 납회(納會)가 거행될 예정이었다.[85] 조선체육협회, 체신
국, 조선방송협회가 7월 21일부터 8월 20일까지 개최한 1935년 하
계 라디오 체조회는 172개 회장에 총연인원 1,150,847명이 참가했
고, 1일 평균 참가자는 47,366명이었다.[86]

　1936년에 미쓰코시백화점 뒤편에 있는 경성중앙전화국 교환과에
근무하는 110명 이상의 '직업 부인' 전화사무원들은 매일 오전과
오후 두 차례 옥상에서 전기축음기 레코드 소리에 맞추어 라디오
체조를 실시하고 있었다.[87] 1936년 여름에 미쓰코시백화점 점원들
도 오전 8시 반부터 백화점 옥상에서 라디오 체조를 실시하고 있었
다.[88] 1936년에 함안보통학교의 고마키(小巻) 신임 교장은 사비 수
백 원을 들여 축음기 겸 라디오를 설치한 후 매일 아침 라디오 체조
를 실시했고 교육 레코드 강연 등도 행하고 있었다.[89]

　1936년 제3회 전선 라디오 체조회도 7월 21일부터 8월 20일까

미쓰코시백화점 옥상에서 라디오 체조를 하는 점원들 (《조선신문》 1936년 6월 30일 자)

지 개최되었고, 매일 아침 6시 또는 7시 20분부터 약 30분간 지도
자의 지휘에 따라 각 회장에 설치된 라디오에 맞추어 회원들이 일
제히 체조를 실시할 예정이었다.[90] 1936년에는 회장이 200여 개로
증가했고 참가 인원도 2백만 명에 이를 것으로 예상되었다. 경성
부의 경우 조선신궁 외 7개 회장을 비롯해 학생 생도가 주축이 된
11개 회장이 더 있었고, 회장마다 1~3인의 지도자가 배치되었다.[91]
　인천에서는 인천고등여학교, 축현소학교, 제1·제2공립보통학교,
박문학교, 인천우편국 앞, 인천역 앞, 인천부청, 인천신사 등 9개소
에서 하계 라디오 체조회를 개최했다. 1935년도 라디오 체조회에
11만 명이 참가했던 경남도에서는 1936년 7월 21일부터 8월 말일

까지 부산 14개소, 마산 3개소, 진주 1개소, 울산 3개소, 동래 1개소, 진해 1개소, 김해 1개소, 통영 8개소, 밀양 2개소 등 총 34개 회장에서 라디오 체조를 실시했다.[92] 평택에서는 오전 5시 30분에 경찰서 구내의 사이렌을 울려 매일 오전 6시부터 평택 그라운드에서 하계 라디오 체조를 실시하기로 했다.[93] 수원읍에서도 소학교와 보통학교에서 1개월간 라디오 체조를 실시했다.[94] 여주군은 직원의 건강과 능률 증진을 위해 7월 21일부터 1개월간 오전 6시부터 20분씩 소학교에서 라디오 체조를 실시했다.[95] 경기도 광주에서도 라디오 체조를 실시했다.[96]

대전에서는 노구치 사부로(野口三朗) 대전부윤을 구장으로 하여 대전공립소학교에서 하계 라디오 체조회를 개최했다.[97] 강경에서는 오전 6시부터 약 15분간 보통학교 교정에서 하계 라디오 체조회를 개최했다.[98] 충남 서천군에서는 8월 1일부터 10일까지 서천공립보통학교와 서천소학교에서 아동, 직원, 지방 관민 등을 대상으로 라디오 체조를 실시했다.[99] 충남 대천에서는 대천공립보통학교에서 8월 1일부터 라디오 체조를 실시했다.[100] 천안군에서는 교화단체연합회와 교육회의 주최로 8월 1일부터 7일간 제1회 라디오 체조를 실시하고, 제1일은 천안신사, 제2일~4일은 천안소학교, 제5일~7일은 천안보통학교에서 집합했다.[101] 또한 8월 14일부터 7일간은 제2회 라디오 체조를 실시하고, 제1일~4일은 천안소학교, 제5일~7일은 천안보통학교에서 집합했다.[102] 8월 20일에는 천안 라디오 체조 납회가 개최되었다.[103] 충북 영동에서는 1936년 7월 21일부터 8월 20일까지 영동신사에서 라디오 체조를 실시했다.[104] 옥천군에서는 읍내 물산회사(物産會社) 광장에서 1개월간 라디오 체조가 실시되었다.[105] 조치원에서는 조치원소학교에서 라디오 체조를 실시했다.[106] 청주에서는 7월 21일부터 8월 30일까지 40일간 청주심상고등소학교에서 매일 아침 라디오 체조를 실시했다.[107]

대구에서는 8월 1일부터 일주일간 매일 오전 6시에 각 소학교와 보통학교에서 라디오 체조를 실시했다.[108] 김천읍에서는 8월 1일부터 7일간 오전 6시부터 약 20분 동안 공립보통학교에서 라디오 체조를 실시했다.[109] 울산에서는 7월 23일부터 8월 20일까지 보통학교 교정에서 라디오 체조를 실시했다.[110] 강원도 평창면은 7월 21일부터 8월까지 매일 아침 5시에 평창공립보통학교에서 하계 라디오 체조회를 개최했다.[111] 화천에서는 이미 6월 10일 시의 기념일부터 화천공립보통학교에서 라디오 체조를 실시하고 있었다. 춘천읍에서는 7월 21일부터 8월 20일까지 춘천공립고등보통학교에서 오전 5시 30분에 학교 사이렌으로 집합 신호를 울린 후 오전 6시부터 라디오 체조회를 개최했다.[112] 이리읍에서는 7월 21일부터 8월까지 라디오 체조가 실시되었으며, 개근자는 78명이었고 1일 평균 836명이 참가했다.[113]

해주에서는 해주체육협회장을 구장으로 하여 해주소학교, 해주제1보통학교, 해주제2보통학교에서 오전 5시 30분 사이렌을 신호로 오전 6시부터 하계 라디오 체조회를 개최할 예정이었다.[114] 함북 나남에서는 소학교 교정에서 먼저 기미가요를 봉창한 후 매일 아침 6시에 하계 라디오 체조를 실시하기로 했다.[115] 원산에서는 7월 21일부터 8월 10일까지 원산신사 경내와 제1공립보통학교에서 라디오 체조를 실시하기로 했다.[116] 함흥의 라디오 체조는 부청 앞에서 실시되었고, 1개월간 1일 평균 700명 이상, 연인원 22,168명이 참가했다.[117] 개성에서는 개성우편국 구내의 경우 7월 21일부터 8월 20일까지, 만월(滿月)공립보통학교와 궁정(宮町)공립보통학교의 경우 7월 21일부터 7월 31일까지 라디오 체조를 실시하기로 했다.[118] 황해도 남천(南川)에서는 오전 6시 사이렌을 신호로 기상하여 매일 아침 6시 20분부터 남천소학교에서 하계 라디오 체조를 실시했다.[119] 청진부에서는 역전 광장, 소학교, 세관 앞 광장, 청진신사 등 4개소에서 라디오 체조를 실시했지만, 학생과 아동만 참가하고 어른은 전혀 참가하지 않았다고 한다.[120] 함남 혜산에서는 7월 21일부터 1개월간 보통학교에서 라디오 체조를 실시했지만, 초등학교 5~6학년 생도를 제외하면 일반인은 11~12명 정도 참가했고, 각 관청 직원은 전혀 참여하지 않았다고 한다.[121] 지역에 따라 라디오 체조의 참여 열기가 사뭇 달랐던 것으로 보인다.

1936년 전선 라디오 체조회는 404개 회장에서 연인원 2,027,180명이 참가했다.[122] 1936년 8월에 전매국은 이미 1년 전부터 매일 정오 사이렌을 신호로 일제히 구내에 집합하여 라디오 체조를 실시하고 있었다.[123] 1936년 11월 17일부터 통영세무서는 사무 능률 증진을 위해 휴게 시간을 이용해 라디오 체조를 실시하기 시작했다.[124] 겨울철에도 인천우편국 직원 250명은 오후 1시 반경에 실내에서 상의를 벗고 셔츠만 입은 채 축음기 레코드 소리에 맞추어 라디오 체조를 실시했다.[125] 1936년 12월경의 체신국 조사에 따르면 학교를 제외하고 하계 라디오 체조회가 끝난 후에도 라디오 체조를 계속하고 있는 단체는 체신국 및 우편국 관련 단체 52개, 기타 관청 24개, 민간 단체 31개 등 총 107개로 참가 인원은 14,900명이었다.[126]

1937년 1월 8일부터 경성부청 조기회(早起會)는 매일 아침 7시에 경성부청 앞 광장에서 라디오 체조를 개시했다.[127] 1937년에도 예년처럼 제4회 하계 전선 라디오 체조회가 개최되었다.[128] 경성의 경우 조선신궁 앞 광장, 부청 앞 광장, 장충단공원, 용산 가토신사(加藤神社) 광장, 전기학교, 금정(錦町) 철도국 관사촌을 비롯해 소학교와 보통학교 등 43개소에서 라디오 체조가 실시되었다.[129] 금정 철도국 관사촌에서는 이미 5월 2일부터 철도 구락부 앞 광장에서 라디오 체조를 실시하고 있었고, 7월 21일부터는 1937년에 신설한 철도운동장으로 회장을 옮겼다.[130]

평양부는 남산공립보통학교, 경림(敬臨)공립보통학교, 약송(若松)소학교, 기림(箕林)공립보통학교, 상수(上需)공립보통학교 등 5개소에서 라디오 체조를 실시하기로 했다.[131] 함남 북청군에서는 7월 21일 오전 5시 45분에 북청제1공립보통학교에서 3천 명이 집합하여 라디오 체조회 개회식을 거행했다.[132] 황해도 서흥에서도 서흥공립보통학교에서 1개월간 라디오 체조를 실시했고, 매주 월요일에는 오전 5시 50분까지 집합하여 국기게양, 궁성요배, 기미가요 제창 후에 체조를 실시했다.[133] 평북 정주에서도 7월 25일부터 8월 20일까지 정주보통학교에서 라디오 체조를 실시했다.[134]

부천군은 소사공립보통학교에서 하계 라디오 체조를 실시했다.[135] 경기도 광주군은 광주공립보통학교에서 하계 라디오 체조회를 개최했다.[136] 평택면은 매일 오전 5시 30분에 사이렌을 울린 후 평택면 사무소 뒤 철도 용지에서 하계 라디오 체조회를 개최했다.[137] 진천 체육협회도 1개월간 하계 라디오 체조를 실시했다.[138] 청주읍은 7월 21일부터 8월 말까지 청주심상소학교에서 라디오 체조를 실시했고, 영동군은 영동공립보통학교에서 하계 라디오 체조를 실시했다.[139] 옥천군은 소학교에서 하계 라디오 체조회를 개최했다.[140] 보은군은 공립보통학교에서 하계 라디오 체조를 실시했다.[141] 천안체육협회는 3회로 나누어 제1회는 7월 21일~28일에 천안신사, 제2회는 8월 1일~7일에 천안공립보통학교, 제3회는 8월 14일~20일에 천안소학교에서 라디오 체조를 실시하기로 했다.[142]

통영읍은 읍사무소 구내에서 하계 라디오 체조회를 개최했다.[143] 전남 장흥군은 7월 21일부터 8월 10일까지 장흥경찰서 상무관 앞에서, 울산읍은 7월 21일부터 8월 20일까지 울산공립보통학교에서 라디오 체조를 실시했다.[144] 이리읍은 이리소학교 및 이리보통학교에서 하계 라디오 체조회를 개최했다.[145] 춘천읍은 춘천공립보통학교에서 하계 라디오 체조를 실시했다.[146] 홍천군은 매일 아침 5시 반에 홍천공립보통학교에서 하계 라디오 체조회를 개최했고, 첫날 약 150명이 참가했다.[147] 철원체육협회는 오전 5시 반부터 철원신사 앞 광장에서 하계 라디오 체조회를 개최했다.[148] 양구군은 양구 공립보통학교에서 하계 라디오 체조를 실시했다.[149]

인천신사 경내와 하인천역 앞 등 10개소에서 개최된 인천의 라디오 체조회는 대인 1만 6천여 명, 소인 8만 4천여 명이 참가하여 전년보다 약 2배의 증가세를 보였다.[150] 군산부는 제1회장과 제2회장에서 하계 라디오 체조회를 개최했고, 1개월간 연인원 8만 명이 참가하여 전년에 비해 2만 명이 증가했다.[151] 1937년 11월 13일은 국민정신작흥주간 제7일인 보은감사와 국민친화의 날이었다. 부산부는 오전 8시 40분부터 전 직원이 부청 옥상에 집합하여 동방요배 후에 황국신민의 서사를 제창하고 라디오 체조를 실시했다. 이처럼 중일전쟁 발발 후 라디오 체조도 본격적으로 '국민 제작 프로젝트'에 동원되기 시작했다.[152]

황국신민체조와 건국체조

1938년이 되면 국민정신총동원의 전시 체제하에서 국민 정신의 고도화(高度化)와 체위(體位) 향상이 강조되고, "건전한 정신은 건전한 신체에 깃든다."를 모토로 하는 라디오 체조의 중요성도 부각되었다. 경성 헌병대사령부에서는 1938년 2월 12일부터 약 30명의 헌병이 매일 정오 전 약 10분간 레코드 반주에 맞추어 라디오 체조를 실시했다.[153] 1938년 3월경에 평북도청에서는 지사 이하 전 직원이 정오 시보를 신호로 현관 광장에 정렬하여 약 30분간 확성기의 레코드 소리에 맞추어 '애국행진곡'을 합창한 후 라디오 체조를 실시했다.[154]

평북도청의 라디오 체조 광경 (《조선신문》 1938년 4월 17일 자)

1938년 5월경에 경성부민병
원에서도 매일 아침 8시 반에
원장 이하 의사, 사무원, 간호
부 등 90명이 옥상에 모여 포
터블 레코드 소리에 맞추어 약
10분간 라디오 체조를 실시하
고 있었다.[155] 5월 17일 건강일

경성부민병원 옥상의 라디오 체조 광경 (《경
성일보》 1938년 5월 13일 자)

(健康日)을 맞아 경북도청에서는 오후 1시에 도청 앞뜰에 전원이 집
합하여 라디오 체조를 실시했고, 같은 날 정오에 위생과 직원들은
대구신사에 집합하여 건강기원제를 올렸다.[156]

1938년 제5회 전선 라디오 체조회는 7월 21일부터 8월 20일까
지 우천일은 제외하고 일요일은 포함하여 매일 아침 6시 또는 7시
20분부터 약 30분간 전국에서 일제히 개최되었다. 전년인 1937년
체조회는 642개 회장에서 연인원 3,517,982명이 참가했다. 특히
1938년 라디오 체조회에서는 매주 월요일 체조 개시 전에 기미가
요 및 우미유카바의 연주 음악을 들었고, 매일 아침 6시 전에는 국
기게양, 궁성요배, 황국신민의 서사 제창 등을 하고 약 3분간 웅장
한 음악 연주를 들었다. 또한 라디오 체조가 끝난 후에는 각 회장
지도자의 지휘하에 황국신민체조(皇國臣民體操)와 건국체조(建國體操)
를 실시했다.[157]

1937년 10월에 보급되기 시작한 황국신민체조는 조선총독부 학
무국이 일본 무도에 근거하여 창안한 목검 체조로 신체 단련과 정
신 통일에 주안점을 둔 일본식 체조였다. 특히 각 학교에 보급된 이

황국신민체조 강습회 광경158

경성제2고등여학교의 황국신민체조 광경 (《경성일보》 1937년 11월 12일 자)

건국체조 강습회 장면 (《조선신문》 1937년 7월 28일 자)

체조는 일본 정신의 뿌리인 무사도(武士道)와 친숙한 황국신민을 양성하는 것을 목적으로 했다. 목검은 각 학교에서 실습 시간에 제작하거나, 조선체육협회를 통해 초등학교 아동용은 50전, 중등학교 생도용은 80전에 구매할 수 있었다. 각 학교는 체조 시간에 반드시 1회 이상 황국신민체조를 실시해야 했다.[159] 그 후 황국신민체조는 대학, 전문학교, 일반 관공서에까지 보급되었다. 1938년 7월이 되면 조선총독부는 검도를 기본으로 하는 강화된 제2황국신민체조와 유도를 기본으로 하는 제3황국신민체조까지 제정하고 있었다.[160]

건국체조는 일본국민체육보건협회에서 창안한 것으로 라디오 체조와 함께 보급되었고, 조선에서도 1937년부터 보급되기 시작했다.

1937년 봄에 일본 문부성이 체조요목(體操要目)을 개정하자 조선총독부 학무국도 동년 5월 29일부로 학교체조교수요목의 개정안을 발표했다. 또한 경성사범학교와 조선초등교육연구회는 7월 26일부터 3일간 전국 초등학교 체조 담임자 520여 명이 참여하는 학교체조 강습회를 개최했다. 건국체조도 일본 무도에 근거하여 일본 건국 정신을 체득시키는 것을 목적으로 했다.[161]

1938년 라디오 체조회 포스터 (《경성일보》 1938년 6월 30일 자): 한반도의 조선인이 라디오 체조를 통해 욱일(旭日) 밑에서 하나가 되는 장면을 표현하고 있다.

1938년 여름에 체신국은 라디오 체조를 이제 막 시작된 국민정신총동원운동에 이용하기 위해 국민보건체조 도해, 선전 포스터, 선전 책갈피, 체조지도해설서 등을 제작하여 우편국소를 통해 전국에 배부했다.[162] 경성 금정의 철도국 관사촌은 이미 6월 20일부터 철도운동장에서 라디오 체조를 시작했다.[163]

경성부에서는 7월 21일부터 8월 20일까지 일요일을 제외한 매일 오전 6시에 경성부청 앞, 조선신궁 광장, 박문사 경내, 금정 철도국 관사촌, 원정(元町) 가토신사, 전기학교, 사직단공원, 파고다공원 등 8개소에서 일반 부민을 위한 라디오 체조회를 개최했다. 또한 부내 공립소학교

41개교에서는 매일 오전 7시 20분부터 라디오 체조를 실시했다. 7월 31일 일요일부터 경성부는 체조회장에 경성의학전문학교를 추가했다.[164]

경성부청체육회는 체조회 기간 동안 매일 정오부터 10분간 부청 옥상에서 전 직원이 참여하는 라디오 체조를 실시했다.[165] 경성 영락정(永樂町) 천리교(天理敎) 경성지교회(京城支敎會) 앞에서도 7월 21일부터 라디오 체조가 실시되고 있었다.[166] 광주부

경성부청 앞의 라디오 체조 광경 (《조선신문》 1938년 7월 22일 자)

경성부 영락정 천리교 경성지교회 앞의 라디오 체조 광경 (《조선신문》 1938년 8월 16일 자)

에서도 국민 체위 향상과 단체 훈련을 위해 1개월간 서석(瑞石)소학교, 중앙소학교, 북정(北町)소학교 등 3개소에서 라디오 체조회를 개최했다. 오전 5시 55분에 집합하여 체조 실시 전에 황거요배를 하고 3분간 음악 방송을 청취했으며, 매주 월요일에는 체조 전에 기미가요 음악 방송을 들었다.[167] 여수읍도 7월 21일부터 라디오 체조회를 개최했다.[168] 군산에서는 군산소학교, 소화소학교, 군산고등여학교, 군산중학교 등 4개소에서 라디오 체조회를 개최했다. 군산소학교의 경우 참가자가 2천 명 이상이었고, 군산 지역에서 약 7천 명이 체조회에 참가했다.[169]

천안군은 7월 21일~8월 4일은 영정(榮町)소학교, 8월 5일~20일은 욱정(旭町)소학교에서 라디오 체조회를 개최했다.[170] 공주읍도 1개월간 본정소학교에서 라디오 체조회를 개최했으며, 기미가요와 우미유카바의 연주 방송이 나올 때는 자세를 바르게 하고 경건한 태도를 유지해야 했고, 라디오 체조 후에는 목검으로 황국신민체조를 실시했다.[171] 청주읍은 동정(東町)소학교에서 1개월간 라디오 체조회를 개최했고, 매일 아침 국기게양, 동방요배, 황국신민의 서사 제창을 했다. 또한 매주 월요일에는 체조 개시 전에 기미가요와 우미유카바의 연주 음악을 들었고, 매일 라디오 체조 종료 후에는 추가로 건국체조와 황국신민체조를 실시했다. 그리고 동정소학교의 교장, 직원, 4학년생 이상은 오전 6시에 기상하여 신사참배를 하고 황군무운장구를 기원했다.[172] 보은군은 보은제2소학교에서 라디오 체조와 목검체조 즉 황국신민체조를 실시했다.[173] 홍천군도 화산(花山)소학교에서 1개월간 라디오 체조를 실시했다.[174] 금성군은 7월 21일부터 금성(金城)소학교에서 일반인 및 교육회·관공서 직원 100여 명과 소학교 생도 500명이 참가하는 라디오 체조회를 개최했다.[175] 양구군은 7월 28일부터 8월 20일까지 오전 5시 반 사이렌을 신호로 집합하여 오전 6시부터 양구공립심상소학교에서 라디오 체조회를 개최했다.[176]

개성에서는 만월(滿月)소학교와 원정(元町)소학교에서 1개월간 매일 오전 6시에 국기게양, 황거요배, 황국신민의 서사 제창을 한 후 라디오 체조회를 개최했다.[177] 고성군 장전읍은 장전 남(南)공립심상소학교 운동장에서 1개월간 라디오 체조회를 개최했다.[178] 함북

도청에서는 7월 28일부터 8월 20일까지 매일 아침 7시 40분에 지사 이하 전 직원이 도청 뒤뜰에 집합하여 국기게양, 기미가요 합창, 궁성요배를 한 후 라디오 체조와 황국신민체조를 실시했다.[179] 함북 무산에서는 7월 21일부터 오전 6시에 소학교 아동 전원, 관공서원 12명, 일반인 14명 등이 남소학교(南小學校)에 집합하여 국가합창, 황국신민의 서사 제창, 황거요배를 한 후 약 20분간 라디오 체조를 실시했다.[180] 황해도 재령군에서는 오전 5시 30분 사이렌을 신호로 재령 국화(菊花)공립심상소학교에 집합하여 오전 6시부터 라디오 체조를 실시했다.[181]

장기전에 대비한 국민 체위 향상을 위해 인천부는 각 소학교와 공원 등에서 라디오 체조회를 개최했고, 욱정(旭町)소학교의 경우 사람이 너무 많아서 일반 부민은 오전 6시, 아이들은 오전 7시 반에 따로 체조를 실시했다.[182] 수원에서는 신풍(新豊)소학교와 수원심상고등소학교에서 1개월간 라디오 체조회를 개최했다.[183] 경성부는 8월 20일 오전 5시 40분부터 경성그라운드에서 6천여 명이 참가한 가운데 1938년 라디오 체조회 폐회식을 거행했다.[184]

국민체조의 타락

1939년 제6회 전선 라디오 체조회는 전시하 국민 체력을 강조하며 조선체육협회, 체신국, 조선방송협회, 국민정신총동원(정동)조선연맹이 공동 주최했고, 부읍면(府邑面) 연맹 간부 및 애국반장을 지도

자로 하여 매일 아침 궁성요배 후에 라디오 체조가 실시되었다.[185] 1934년 제1회 라디오 체조회는 41개 회장에서 연인원 33만 8천여 명이 참가했고, 1938년 제5회 라디오 체조회는 1,543개 회장에서 연인원 7,385,466명이 참가했다고 한다. 1939년에는 애국반의 참가로 인해 연인원 1천만 명 이상이 참가할 것으로 예상되었다.[186]

1939년이 되면 라디오 체조에 일본 정신을 주입해야 한다거나, 직업과 연령에 따라 체조 양식을 변경해야 한다는 의견이 등장한다. 1939년 6월 23일에 일본 후생성은 일반인을 위한 국민체조, 청년체조, 여자청년체조 등 대일본체조 3종을 제정했다. 전쟁으로 인해 바야흐로 '체조의 시대'가 도래한 것이다. 이 국민체조는 옥외 집단체조에 적합한 것으로 일본정신을 연성하고 국민 체력을 향상시키기 위한 것이었다.[187] 이제 라디오 체조도 체위 향상을 위한 국민보건운동을 넘어 정신 수양과 집단의식 강화를 위한 수단으로 정착하고 있었다.

일본 후생성의 대일본체조 장면 (《조선신문》 1939년 9월 5일 자)

1939년 8월 11일에 일본 정부는 황군 장병의 노고를 생각하자는 취지로 매월 1일을 흥아봉공일(興亞奉公日)로 지정했다.[188] 일본 후생성에서는 제1회 흥아봉공일인 1939년 9월 1일 오후 12시 10분에 전

직원이 본관 옥상에 모여 대일
본체조 레코드 반주에 맞추어
일반국민, 청년, 여자청년 체
조를 각각 실시했다.[189] 동년
10월에 문부성은 각 지방 장관
에게 통첩을 보내 각 소·중학
교 아동과 생도로 대일본체조
를 실시하게 했다.[190] 그 후 조

경성부 영락정 2정목 영락빌딩 앞의 라디오
체조 광경 (《조선신문》 1939년 7월 24일 자)

선에서도 라디오 체조와 함께 대일본체조가 '국민체조'라는 이름으
로 보급되었고, 1940년 1월 27일에는 남대문소학교에서 대일본체
조 지도자 강습회가 개최되었다.[191]

　1939년 7월에 경성부는 부내 각 정(町)에서 3명씩 체육지도위원
을 선정하여 75만 경성부민 모두가 라디오 체조회에 참가하게 한다
는 계획을 추진하고 있었다.[192] 1939년에는 라디오 체조도 내선일
체, 전력 증강, 견인지구(堅忍持久)의 기치 아래 놓이게 된다. 경성
부청 직원들은 아침 라디오 체조 외에도 매일 정오에 15분간 청사
4층 옥상에서 라디오 체조를 실시했다.[193]

　경성부 영락정 2정목 정회(町會)는 매일 아침 5시 55분에 영락빌
딩 앞에서 정청년단(町靑年團) 역원(役員)의 지도하에 1개월간 라디오
체조회를 개최했다. 신문기사는 예쁜 아가씨, 도회관(都會舘)이라는
살롱의 여급, 동네 아저씨가 뒤섞인 가족적인 라디오 체조에 매일
아침 약 200명이 참가하고 있다고 전하고 있다.[194]

　7월 29일 오전 8시 반부터 정오까지 경성부는 라디오 체조 창시

자 가운데 한 명인 일본 후생성의 나카타니 시게하루(中谷重治)를 강사로 초빙하여 남대문소학교 강당에서 라디오 체조, 흥아체조(興亞體操), 대일본체조 등을 과목으로 하는 라디오 체조 지도자 강습회를 개최했다. 정(町)의 지도원, 학교 직원, 체신국과 철도국 관계자 등 약 400명이 이 강습회에 참가했다.[195] 평남도는 흥아체조와 라디오 체조를 널리 보급하기 위해 나카타니 시게하루를 초빙하여 7월 31일 오전 8시부터 평양 약송(若松)소학교에서 각 학교 라디오 체조 담임자와 관공서 및 각종 단체의 지도자 등 약 200명을 대상으로 라디오 체조 지도자 강습회를 개최했다. 평북도체육협회와 정동도연맹은 8월 1일 오전 8시 반부터 정오까지 소학교 강당에서 학교 체육 주임자, 정동(町洞)연맹 체육 지도자, 장래의 지도자 등을 대상으로 라디오 체조 강습회를 개최했다.[196] 함흥부도 8월 5일 오전 9시부터 함흥소학교에서 나카타니 시게하루를 초빙하여 라디오 체조 지도자 강습회를 개최했다.[197]

인천부는 국민총력전을 위한 총후(銃後)의 체위 향상을 위해 인천신사, 인천역 광장, 인천고등여학교, 각 소학교, 우편국 등 14개소에서 7월 21일부터 8월 20일까지 매일 오전 6시와 7시 20분에 궁성요배 후 라디오 체조회를 개최했고, 회장에 가기 어려운 경우에는 라디오점 앞에서 체조를 실시하도록 했다.[198] 경기도 장단군은 장단동소학교에서 라디오 체조회를 개최했다.[199] 대전부는 본정소학교, 영정(榮町)소학교, 욱정(旭町)소학교에서 각 학교 아동, 각종 연맹, 정(町)연맹, 애국반 등이 참가하는 라디오 체조회를 개최했고, 7월 21일에 본정소학교에서 열린 개회식에 3천 명의 부민과 아동이 참여했다.[200] 논산읍은 체육 운동의 생활화와 체력 향상으로 정동 운동을 철저히 하기 위해 욱정소학교와 대화(大和)소학교에서 라디오 체조회를 개최했다.[201] 청주에서는 동정(東町)소학교, 영정소학교, 수정(壽町)소학교, 석교정(石橋町)소학교, 본정 2정목 청주극장 앞뜰에서 라디오 체조회를 개최했다.[202] 또한 청주읍 본정 2정목 제2애국반 50여 명은 7월 1일부터 청주금융조합 옆 공지에 모여 오전 7시에 라디오 체조를 실시했다.[203] 정동 연기군연맹도 식산은행 경기장에서 대촌동경당점(大村東京堂店)이 제공한 라디오에 맞추어 라디오 체조를 개최했다.[204]

마산부는 3만 5천 부민이 모두 참여할 수 있도록 각 소학교 및 적당한 장소에서 황거요배와 황국신민의 서사 제창 후에 라디오 체조회를 개최했다.[205] 포항읍, 포항체육협회, 정동 포항연맹은 매일 오전 5시 30분에 사이렌을 울려 포항소학교와 영일소학교에 집합한 후 라디오 체조회를 개최했다.[206] 통영읍에서는 통영고등소학교 전원과 일부 읍민은 재향군인회관 앞에서, 제1소학교와 제2소학교 전원은 해당 학교에서, 제3소학교 전원과 부근 읍민은 제3소학교에서 각각 라디오 체조회를 개최했다.[207] 부산에서는 정애국반(町愛國班)을 중심으로 거리, 공지, 교정 등에서 라디오 체조를 실시했다.[208] 1939년에 부산의 하계 라디오 체조회는 정동연맹의 주도하에 1일 평균 16,906명, 연인원 505,599명이 참가했다.[209]

전남 광주의 상점가인 본정 1정목의 정우회(町友會) 1개 중대는 7월 21일부터 오전 6시에 광주우편국 앞에서 시호야백화점(鹽屋百貨店) 앞까지 운집한 후 라디오를 가두에 내놓고 라디오 체조를 실

광주우편국 앞의 라디오 체조 광경 (《경성일
보》1939년 7월 24일 자)

시했다.[210] 목포부에서는 오전
5시 30분 사이렌 소리를 신호
로 산수(山手)소학교, 북교(北
橋)소학교, 산정(山亭)소학교,
모리모토(森本) 악기점 앞, 마
쓰다 분키치(松田文吉) 집 앞,
군청 아래 광장, 마치다 아사
타로(町田淺太郞) 집 앞에서 매

일 아침 6시에, 그리고 미야미치(宮道) 오복점 앞에서는 오전 7시에
라디오 체조를 실시했다.[211] 이리체육협회와 정동 이리읍연맹은 이
리소학교와 일출소학교에서 라디오 체조회를 개최했고, 부인 참가
자는 앞치마를 걸치게 했다.[212] 순천읍은 동소학교, 남소학교, 법원
앞 광장 등 3개소에서 라디오 체조회를 개최했다.[213] 남원읍은 남원
용성(龍城)소학교에서 라디오 체조회를 개최했다.[214]

원산부는 원산신사 경내, 철도관사 광장, 해성(海星)소학교, 조선
석유회사 등 4개소에서 라디오 체조회를 개최했다.[215] 황해도 겸이
포읍은 겸이포경찰서 구내, 죽원(竹園)소학교, 월봉(月峰)소학교 등
3개소에서 라디오 체조회를 개최했고, 7월 21일에만 대인 400명,
소인 2,200명이 참가했다.[216] 함북 온성에서는 온성중앙광장에서
라디오 체조회가 개최되었다.[217] 함북 웅기에서는 매일 오전 5시 반
부터 소학교에서 2천 명이 참가하는 라디오 체조회를 개최했다.[218]
황해도 신천의 농업학교에서도 매일 아침 6시부터 라디오 체조를
실시했다.[219]

1940년 4월경에 경남 양산경찰서에서는 정오 사이렌이 울리면 전 서원이 집합하여 라디오 체조와 목검 체조를 실시했다.[220] 1940년 6월에 전남도는 약질자를 구축하는 보건 운동을 전개하기 위해 보건 촉탁 이병위(李丙緯)를 보성, 장흥, 강진, 영암, 해남, 완도, 담양, 장성, 영광, 함평, 나주, 화순, 곡성, 구례, 순천, 광양, 여수, 고흥에 파견하여 라디오 체조 강습회를 개최했다.[221] 1940년부터 전남도는 도내 50만 호가 빠짐없이 매일 아침 궁성요배 후 라디오 체조를 실시하도록 했다. 전남의 1939년 라디오 체조회 참가자는 연인원 282만 7천 명으로 전국 1위였다고 한다.[222] 군산부는 전 지역을 15개 구(區)로 나누고, 다시 각 구를 정우회(町友會) 단위로 나눈 후, 각 정우회장에게 학교 교사의 일을 분임하면서 6월 1일부터 10월 31일까지 5개월간 매일 아침 6시부터 라디오 체조를 지도하게 했다.[223] 이리읍은 이리소학교와 일출소학교에서 하계 라디오 체조회를 개최했다.[224]

정동 부산연맹과 부산체육협회는 민중의 체위 향상과 단체 훈련을 통해 정동 운동을 강화하고자 6월 10일 시의 기념일부터 7월 20일까지 약 40일간 공원, 학교, 사원, 교회, 유치원, 기타 광장이나 공지, 교통에 지장 없는 도로 등을 이용하여 각 애국반을 중심으로 매일 아침 6시부터 전 부민이 참가하는 라디오 체조를 실시하기로 했다. 매일 아침 6시에 궁성요배, 아침 인사, 체조, 애국행진곡 합창을 했고, 축제일, 기념일, 애국일 및 매주 월요일에는 국가합창을 했다.[225] 경남도의 1939년 라디오 체조회는 356개 회장에서 연인원 1,701,028명, 1일 평균 61,055명이 참가했다.[226] 1940년 8월

14일부터 20일까지 부산부는 부산부청 앞, 부산역 앞, 초량역 앞, 부산진역 앞, 고등소학교 앞, 제4소학교 앞, 남빈매립지 등 7개소에서 모든 부민이 참가하는 연합 라디오 체조를 실시했다.[227]

1940년에 라디오 체조는 궁성요배 등과 연결되면서 모든 사람의 신체를 '국민화'하는 국가의례로 변질되고 있었다. 국가에 도움이 되는 신체를 유지하는 것은 이제 국민의 의무였다. 1940년에도 조선체육협회, 체신국, 조선방송협회, 정동 조선연맹이 주최하여 체육운동의 생활화와 국민 체력 향상을 위해 7월 21일부터 8월 20일까지 제7회 전선 라디오 체조회가 개최되었다.[228] 경성부는 지금까지와 달리 각 정(町)을 단위로 하여 라디오 체조회를 93만 경성부민 전체가 모이는 대체육운동으로 전개하고자 했다. 즉 모든 부민이 정해진 장소에 모여 궁성요배와 묵도를 한 후 라디오 체조를 실시하게 했고, 집단 체조가 불가능한 곳에서는 집 앞, 가게 앞, 도로 등에서 체조를 하도록 했다.[229] 충북에서도 궁성요배에 이어 라디오 체조회를 개최했다.[230]

함흥부는 황금정(黃金町), 금정(錦町), 영정(榮町), 치마대(馳馬臺) 등의 각 소학교에서 라디오 체조회를 개최하기로 했다.[231] 원산부는 원산신사 경내, 철도관사 광장, 해성소학교, 조선석유회사 광장 등 4개소뿐만 아니라 각 정의 적당한 장소에서 매일 아침 6시 반부터 7만 부민이 참여하는 라디오 체조회를 개최했고, 7월 21일 오전 5시 반에는 원산신사에서 진무천황 즉위기원 2,600년 기념 봉축식을 거행했다.[232] 개성부는 7월 24일부터 7월 31일까지는 만월소학교, 7월 21일부터 7월 31일까지는 개성·원정·궁정(宮町)·고려소학교에서 제7회 라디오 체조회를 개최했고, 각종 연맹은 자체적으로 라디오 체조를 실시했다.[233] 개성부는 다시 8월 1일부터 31일까지 11개 초등학교에서 오전 6시부터 7시까지 한 시간 동안 라디오 체조를 실시했고, 관공서·회사·공장에서는 점심시간에 라디오 체조를 실시했다.[234] 해주부는 7월 21일부터 8월 30일까지 5개소에서 라디오 체조회를 개최했다.[235] 평북 선천읍은 소화정, 욱정, 남산정의 소학교에서 라디오 체조회를 개최했다.[236] 평남 양덕군은 매일 오전 6시부터 7시까지 각 학교 운동장에서 라디오 체조로 체육 훈련회를 열었다.[237] 함남 함주군 퇴조면에서는 수백 명이 소학교에 모여 라디오 체조를 실시했다.[238] 함북 온성군 남양면에서는 정동연맹과 남양소학교가 주최하여 철도 광장에서 라디오 체조회를 개최했다.[239]

인천부는 인천신사, 인천역 광장, 공사립초등학교에서 라디오 체조회를 개최했고, 관공서, 은행, 회사, 공장 등에서는 각각 적당한 방법으로 체조를 실시했다.[240] 진주부는 진주신사 앞, 학교, 거리 등 적당한 장소에서 라디오 체조회를 개최했고, 체조 실시 10분 전에 집합하여 궁성요배를 했다.[241] 경남 남해면 정동연맹도 남해 읍내 심상소학교에서 1개월간 라디오 체조회를 개최했다.[242] 함양군 위성(渭城)소학교에서도 라디오 체조회가 개최되었다.[243] 경기도 광주군은 소학교에서 오전 6시 반부터 약 30분간 라디오 체조회를 개최했다.[244] 경기도 장단군은 장단동소학교에서 매일 아침 6시에 라디오 체조회를 개최했다.[245] 평택읍은 평택군청 앞 광장에서 라디오 체조회를 개최했다.[246] 천안읍도 국민 체위 향상과 정동 운동의 철저를 기하기 위해 라디오 체조회를 개최했다.[247] 청주읍과 정동 청주읍연맹은 4개 공립소학교 및 청주극장 앞에서 라디오 체조를 실시했다.[248] 금산군은 금산고등소학교에서 라디오 체조회를 개최했다.[249]

종래의 라디오 체조 참가자는 학교 생도와 아동이 대부분이었고 일반인의 관심은 크지 않았다. 따라서 1940년부터 정동 전북도연맹은 관공서, 은행, 회사, 일반인 등이 모두 빠짐없이 라디오 체조에 참가하게 할 예정이었다.[250] 전주부체육협회와 정동연맹은 매일 아침 5시 30분에 경찰서 사이렌을 울려 오전 6시부터 궁성요배 후 약 20분간 라디오 체조회를 개최했고, 그동안 생도를 제외한 일반인의 참가가 없었던 라디오 체조회에 관공리 및 가정 부인 등이 참여할 것을 독려했다. 매주 월요일에는 체조 개시 전에 국가합창을 했고, 우천 시에는 각호의 라디오를 켜고 옥외로 나와 각호 단위로 체조를 실시했다. 체조회장은 풍남(豊南)소학교, 상생(相生)소학교, 완산소학교, 부청 앞, 3층 요정(料亭)인 박다옥(博多屋) 길모퉁이 등 5개소였다.[251] 남원읍은 남원 용성소학교에서 매일 아침 5시 50분부터

광주부의 길거리 라디오 체조 광경 (《조선신문》 1940년 7월 30일 자)

라디오 체조를 실시했다.[252]

광주부에서는 각 학교가 아닌 41개 정 단위로 일정 장소에 모여 생도, 선생, 일반 시민이 함께 1940년 라디오 체조회를 개최했다.[253] 목포부는 부내 8개소에서 매일 아침 5시 50분부터 라디

오 체조회를 개최했다.[254]
대구부에서는 7월 21일부
터 10일간 애국반을 중심으
로 개최한 제1기 라디오 체
조회에 무려 10만 명이 참
가했다.[255] 통영읍과 정동
읍연맹은 재향군인회관과

삼각정 애국반의 라디오 체조 광경 (《매일신보》 1940년 8월 31일 자)

각 소학교에서 라디오 체조회를 개최했다.[256]

철원에서도 철원심상소학교와 철원역 앞에서 궁성요배와 묵도를
한 후 라디오 체조를 실시했다.[257] 정동 춘천읍연맹도 식산은행 앞,
본정통, 홍천가두 등 길거리에서 라디오 체조회를 개최했다.[258] 홍
천군은 장맛비로 인해 7월 28일부터 화산소학교에서 라디오 체조
회를 시작했다.[259] 강원도 회양군은 군청 뜰 앞에서 라디오 체조회
를 개최했다.[260] 양양면은 양양동소학교 운동장에서 라디오 체조회
를 개최했다.[261] 영월군은 장맛비로 7월 28일부터 약 500명이 참가
하는 라디오 체조회를 개최했다.[262] 정선면은 정선소학교에서 라디
오 체조를 실시했다.[263] 인제면은 8월 5일부터 20일까지 인제남소
학교에서 라디오 체조회를 개최했다.[264]

하계 라디오 체조회가 종료된 후에도 1940년 9월 1일부터 정동
경성연맹은 각 애국반을 총동원하여 아침 라디오 체조를 실시했다.
삼각정(三角町) 애국반은 이미 1939년부터 평상시에도 아침 라디오
체조를 실시하고 있었다.[265] 1940년 9월 6일부터 조선총독부 전 직
원은 매일 오후 12시 5분에 경복궁 근정전 앞뜰에 모여 라디오 체

조를 실시했다.[266] 10월 2일부터 경기도청 전 직원 500여 명도 정오묵도 후 라디오 체조를 실시했다.[267] 1940년 10월에는 도쿄방송국의 라디오 체조 담당 초대 아나운서인 에기 리이치(江木理一)가 총독부 학무국 촉탁으로 초빙되어 조선에 왔다. 그는 10월 10일부터 30일까지 21일간 조선 각지를 순회하며 라디오 체조 지도 강연회를 열었다.[268]

1941년에는 체신국, 조선체육협회, 조선방송협회, 국민총력조선연맹 주최로 7월 21일부터 8월 20일까지 제8회 전선 라디오 체조회가 개최되었다. 체신국은 라디오 체조 도해 20만 매와 포스터 수만 매를 인쇄하여 배포했다.[269] 평남도의 경우 라디오가 있는 곳은 애국반장을 중심으로 각호를 단위로 라디오 체조를 실시하고, 라디오가 없는 곳은 국민학교 교정에서 라디오 체조를 실시하게 했다.[270] 양구군연맹은 체위 향상과 집단 훈련을 통한 국민총력운동(국총운동)의 강화를 위해 8월 1일부터 20일까지 양구국민학교 운동장에서 라디오 체조를 실시했다.[271]

1941년이 되면 소학교가 아닌 국민학교라는 명칭이 사용되기 시작한다. 일본 정부는 1941년 3월 1일에 〈칙령 제148호: 국민학교령〉를 공포하여 초등과 6년과 고등과 2년의 국민학교제를 동년 4월 1일부터 시행했다. 상황에 따라서 초등과나 고등과만을 둘 수도 있었다.[272] 조선총독부는 조선에서도 국민학교제를 실시하여 1941년 4월 1일부터 전국의 소학교를 국민학교로 개칭했다.[273] 또한 일본의 8년제 국민학교처럼 조선에서도 6년제 소학교는 8년제로 고치고, 4년제 소학교는 6년제로 고치기로 했다. 따라서 1941년

4월부터 우선 부읍(府邑)의 6년제 심상소학교 2,658개교를 국민학교로 개칭하고, 면(面)의 소학교와 4년제 심상소학교는 1942년부터 국민학교로 개칭하기로 결정되었다. 당시 조선에 4년제 소학교는 445개교가 있었다.[274]

1941년에 전남 화순군 능주(綾州)에서도 라디오 체조회가 개최되었다.[275] 춘천읍에서는 국총 읍연맹 주최로 매일 오전 6시 10분부터 단양대(丹陽臺) 광장에서 라디오 체조회를 개최했고, 애국반이 중심이 되어 애국부인회, 국방부인회, 애국자녀단 등도 모두 참여하게 했다.[276] 국민총력 이천연맹도 라디오 체조회를 개최했다.[277] 평남 순천군 사인(舍人)에서는 매일 오전 6시 사이렌을 신호로 500여 명이 사인국민학교에 집합하여 라디오 체조회를 개최했다.[278] 함흥부는 보건과 집단 훈련을 위해 정연맹 단위로 오전 5시 50분부터 라디오 체조회를 개최했다.[279] 강원도 속초면에서도 매일 아침 5시 30분에 집합하여 라디오 체조를 실시했다.[280]

강화읍에서도 성내(城內)와 합일(合一) 국민학교에서 라디오 체조회를 개최했다.[281] 울산 방어진에서는 8월 1일부터 15일까지 체육협회 회장인 하시즈메 에이타(橋詰永太)의 집 앞에서 매일 오전 6시에 라디오 체조를 실시했다.[282] 1941년에 진주부연맹은 각 초등학교 및 정리(町里)에서 라디오 체조회를 개최했지만 애국반원의 참가는 매우 저조했다고 한다.[283] 1941년 12월 8일에 대동아전쟁이 시작되자, 조선총독부 직원 3천 명은 12월 15일부터 매일 정오에 동쪽 운동장에 모여 10분 동안 라디오 체조를 실시했다.[284] 일본 후생성의 조사에 따르면 1937년에 1억 명을 돌파한

경성아현국민학교의 라디오 체조 광경285

후 1941년 라디오 체조회에는 연인원 279,035,999명이 참가했다. 참가 내역은 일반인이 219,143,540명, 광산과 공장이 5,926,326명, 조선이 19,043,578명, 대만이 4,922,455명이었다.[286]

1942년 3월부터 북아현정(北阿峴町) 제2구에서는 구장(區長)의 지도하에 매일 아침 6시부터 라디오 체조를 실시했고, 4월에는 참가자가 50명에 이르렀다.[287] 결전 체제하에서 국민 체위의 향상과 공동 동작의 훈련을 위해 1942년 4월에 충북도는 라디오 체조 도해 약 4만 매를 부락연맹과 각종 연맹에 배부했다.[288]

체력 향상, 국민 총훈련, 황국신민 연성을 위해 1942년 7월 21일부터 8월 20일까지 제9회 전선 라디오 체조회가 개최되었다. 특히 단체 행동을 강조하여 궁성요배와 묵도 같은 국민의례, 라디오 체조, 만세삼창의 순으로 체조회가 진행되었다.[289] 경성부 체육진흥회 체조단은 라디오 체조, 국민체조, 후생체조 등 보건체조과목을 수강하고 검정하는 라디오 체조 지도자 강습회를 7월 29일부터 31일까지 남대문국민학교 강당에서 개최했다. 은행, 회사, 상점, 공장, 정회 등에서 약 200여 명이 참석했고, 검정 시험을 통해 50명이 합격하여 적임증(適任證)과 지도장(指導章)을 수여받았다.[290]

1941년 2월 17일에 일본 후생성 체력국(體力局)은 '대일본후생체조(大日本厚生體操)'라는 신형 체조를 발표했다. 후생체조는 직립한 채 실시할 수 있는 9개 동작으로 구성되므로 특별한 장소가 필요 없고, 피로 회복과 자세 교정에 좋고, 단체 정신과 단체 훈련에 도움이 된다고 선전되었다.[291] 1941년 7월 7일부터 9일까지 조선총독부 체신국은 체신사업회관에서 대일본국민체조와 후생체조 강습회를 개최했다.[292]

1942년에 춘천읍은 매일 아침 단양대에서 라디오 체조회를 개최했다.[293] 속초면은 한 달 동안 속초 국기게양대 광장에서 매일 2시간씩 라디오 체조회를 개최하기로 했다.[294] 황해도 연백군 연안읍에서는 수백 명이 연백국민학교에서 라디오 체조회를 개최했다.[295] 안양에서는 안양국민학교에서 라디오 체조회를 개최했다.[296] 강화군은 16개 국민학교에서 라디오 체조회를 개최했다.[297] 황해도 금천읍에서는 매일 아침 5시에 기상하여 애국반을 중심으로 라디오 체조를 실시했다.[298]

황해도 평산군의 경우 1942년 라디오 체조회에 남천읍 17,047명, 평산면 7,037명, 금암면 16,887명, 서봉면 17,437명, 세곡면 7,750명, 고지면 10,416명, 적암면 7,712명, 마산면 1,302명, 용산면 1,600명, 신암면 5,700명, 인산면 1,128명, 상월면 5,200명, 문무면 6,000명, 안성면 3,342명 등 연인원 108,558명이 참가했다.[299] 특히 남천읍은 애국반을 총동원하여 신남천(新南川)국민학교에서 라디오 체조회를 개최했다.[300] 황해도 황주군 겸이포읍은 7월 17일부터 8월 20일까지 각 정 단위로 라디오 체조회를 개최했고, 애국반원에게는 정렬, 정돈, 경례 등 단체 훈련도 실시했다.[301]

1943년에도 예년처럼 제10회 전선 라디오 체조회가 개최되었다.[302] 경성부는 7월 5일부터 8월 21일까지 각 정회 체육지도원의 지도하에 120만 부민의 라디오 체조회를 앞당겨 개최했고, 하기 체조회 후에도 라디오 체조회를 지속시키고자 했다.[303] 이천군은 이천 제1국민학교에서 남녀학생과 애국반원이 참여하는 라디오 체조회를 개최했다.[304] 연천군체육회도 라디오 체조회를 개최했다.[305] 강화군은 국민의 심신을 단련시키고 청소년을 미래 전투 자원으로 육성하기 위해 성내와 합일 국민학교에서 라디오 체조회를 개최했고, 미국과 영국이라는 귀축(鬼畜)을 격멸할 수 있는 쇠몸뚱이를 만들기 위해 노력했다. 또한 각 직역과 단체를 중심으로 10만 군민으로 하여금 조기 신사참배, 냉수마찰, 무도, 등산, 수영, 근로 작업 등도 병행하게 했다. 황해도 연백군 연안읍은 오전 5시 50분에 연백과 연안 국민학교에서 라디오 체조회를 개최했다. 황해도 서흥군은 귀축 미영(美英)을 격멸할 수 있는 투혼을 육성하기 위해 애국반을 중심으로 라디오 체조회를 개최했다. 해주군도 각 정의 애국반을 중심으로 라디오 체조회를 개최했다.[306]

원산부도 각 정 단위로 15만 부민의 라디오 체조회를 개최했다.[307] 개성위생조합연합회는 각 정의 구(區)를 단위로 매일 아침 6시에 넓은 뜰이나 교통에 방해되지 않는 장소에서 라디오 체조회를 개최했다.[308] 국총 해주부연맹은 각 정마다 3~4명씩 라디오 체조 선생을 급속히 양성하기 위해 6월 24일부터 말일까지 부내 각 학교에서 오전이나 오후에 1시간씩 라디오 체조 강습회를 열었다.[309] 황해도 평산군 남천읍에서는 각 구별로 40세 이하 남녀와 일반 학도는 라디오 체조회에 의무적으로 참여하게 했고, 40세 이상은 자유롭게 참여하게 했다.[310] 황해도 황주읍은 귀축 미영 격멸을 위해 아동, 학생, 청년, 애국반을 중심으로 명덕(明德)국민학교, 황주역 앞 광장 등 3개소에서 라디오 체조회를 개최했다.[311] 사리원읍 연맹은 매일 오전 5시 50분에 구연맹별로 대화(大和)국민학교, 부도(敷島)국민학교, 욱(旭)국민학교, 사리원상업학교에서 라디오 체조회를 개최했다.[312]

대동아전쟁이 발발한 후 국방의 기본이 되는 강건한 인적 요소의 확보가 강조된다. 특히 군사 자원이 될 청소년의 건강 증진과 체력 강화를 위해 하계 전선 라디오 체조회의 중요성이 부각된다. 그리고 특별한 장소나 시설이 필요 없는 라디오 체조는 "일거수일투족 성실한 노력과 정확한 동작에 의해 집단적으로 일사불란하게 호령과 선율에 맞추어 행동"함으로써 장쾌(壯快)한 아름다움을 맛보게 하는 것이라고 주장된다.[313] 1944년에는 날짜가 변경되어 8월 1일부터 동월 31일까지 신사와 불각(佛閣)의 경내, 공원, 학교, 회사, 은행, 공장 등에서 아침 6시부터 약 20분간 제11회 전선 라디오 체조회가 개최되었다. 1944년에는 국기게양, 궁성요배, 국가제창, 황국신민의 서사 제창 후에 라디오 체조와 후생체조를 실시했고, 엄격한 통제 아래 방공에 필요한 기초 훈련도 함께 실시했다.[314]

明 說 大正天皇祭 新嘗祭

新嘗祭 十一月

大正天皇祭 十二月 二十五日

說

本民曆에揭載한時刻은本邦
中央標準時를用하고日月出
入及日月食은朝鮮總督府觀

明

測所에서보이는바를揭함

月食 七月五日

食分 二分七厘

初虧 午前一時二十七分 左下之間
食甚 午前二時二十五分 左下之間
復圓 午前三時二十四分 下偏左

九月 十月 十一月 十二月

九日 十七日 二十五日 三十日

九月 一日 十三日 二十四日 二十六日

十月 四日 十三日 十六日 二十四日

十一月 二日 八日 十四日 二十二日 二十八日

十二月 一日 十三日 二十二日 二十三日

자동 점술의 시간
시헌력의 구조

1

얇은 시간과 두꺼운 시간

이제 우리는 조선 정부가 1896년부터 태양력을 채택한 이후 일제 강점기가 끝나는 1945년까지 50년 동안 이 땅에서 공식적으로 어떤 달력이 발행되었는지 살펴볼 것이다. 반세기에 걸친 달력의 연대기를 재구성하면서 여기서는 달력이라는 근대적인 용어보다 역서(曆書)라는 전통적인 용어를 훨씬 더 많이 사용할 것이다. 비록 달력의 연대기를 표방하고 있더라도 이 연대기는 달력을 통해서만 포착할 수 있는 달력 밖의 '숨은 역사'를 다시 들추는 것을 목표로 한다. 모든 이야기를 끝까지 읽고 나면 독자는 달력의 연대기가 그저 달력의 소사(小史)에 그치지 않는다는 것을 알게 될 것이다.

현재 우리는 양력일, 7요일, 공휴일을 근간으로 하는 매우 간명하고 소략한 달력을 사용하고 있다. 현재의 달력은 매우 얇고 빠른 시간의 모습을 보여준다. 우리는 쉽게 박리되는 이 시간을 얼른 붙

잡아야 하고, 텅 빈 이 시간을 가득 채워야 하고, 금방 사라지는 이
시간을 신속히 박제해야 한다. 반면에 조선시대의 달력은 매우 두
껍고 무거운 시간의 모습을 보여준다. 이 달력은 시간의 감추어진
힘, 비밀스러운 힘을 드러내기 위해 제작된 것처럼 보인다. 이 달력
은 시간의 힘을 묘사하고 강조하는 다양한 언어로 가득 차 있다.

  태양력으로 개력한 후에도 조선시대의 달력은 약 40년 동안 공식
적으로 존속하면서 계속 영향력을 행사했다. 따라서 조선시대의 달
력에 대한 사전 지식이 전혀 없다면, 태양력의 등장 이후에 펼쳐지
는 달력의 연대기를 제대로 이해하기 어렵다. 먼저 우리는 조선시대
달력인 시헌력(時憲曆)의 체재를 간략히 살펴보는 일부터 시작할 것
이다. 시헌력이라는 역서를 완전히 해부하여 제시하기보다는 독자
가 시헌력과 친숙해질 수 있는 입문적인 설명을 제공하고자 한다.[1]

역주: 시간을 해석하는 달력

천문학적 지식의 발전은 역서와 천문의 불일치를 줄임으로써 인간
이 하늘의 움직임을 더 완벽하게 모사하고 예측하게 한다. 그런데
더 정확한 역서를 제작한다는 것은 인간이 더 나은 미래를 만들 수
있다는 것을 의미할 것이다. 역서 제작은 과거보다는 미래를 위한
것이기 때문이다. 이처럼 인간은 역서를 통해 아직 오지 않은 미래
의 시간을 미리 제작함으로써 시간의 힘에 재갈을 물렸다. 미래에
대한 조금 더 정확한 그림을 가질 때 인간은 시간의 불확실성을 통

제하고 삶의 질을 비약적으로 향상시킬 수 있는 것이다.

조선시대에는 해마다 역서를 제작하여 반포함으로써 왕이 백성에게 다음 해의 시간, 즉 미래를 미리 선물했다. 그런데 조선시대 역서를 들여다보는 순간 우리는 두 가지 의문에 사로잡힐 것이다.

첫째, 조선시대의 역서는 현재 우리의 달력보다 훨씬 복잡했다. 우리의 상식적인 직관과 달리 역서는 복잡한 것에서 단순한 것으로 퇴행한 것처럼 보인다. 조선시대 사람들은 지금 우리보다 훨씬 복잡한 미래를 구성했고 훨씬 복잡한 시간 안에서 살았다. 조선시대의 시헌력을 직접 보기 전에 우리는 과거의 사람들이 우리보다 단순한 시간 안에서 살았을 거라고 추측할지도 모른다. 그러나 실제는 이와 전혀 달랐다. 그렇다면 조선시대 사람들은 왜 우리보다 더 복잡한 미래를 필요로 했던 것일까? 우리보다 시간에 대한 공포가 컸던 것일까?

둘째, 우리는 조선시대의 시헌력에서 어떤 내용이 사라지면서 역서가 단순한 것으로 변화했는지 살필 필요가 있다. 시헌력에서 무엇이 왜 어떻게 사라졌는가? 시헌력에는 천문학적 지식보다 점성학적 설명이 훨씬 많이 기재되어 있었다. 역(曆)에 대한 주석이라는 의미에서 이러한 점성학적이고 점술적인 내용을 보통 '역주(曆註)'라고 부른다. 이처럼 시헌력은 천문학적 시간의 길흉(吉凶)을 예측하는 점성학적 역주의 체계였다. 역주는 길흉을 도출하기 위한 시간 해석의 체계라고 할 수 있다. 결국 시헌력에서 시간의 의미는 '길흉'이었다.

그런데 태양력으로 개력한 후, 특히 일제강점기를 거치면서 역주는 '미신의 온상'으로 지목되었다. 온갖 미신의 뿌리인 '시간의 미신'을 제거하려면 먼저 역주를 제거해야 했다. 그리고 역주를 완전히 지우려면 시간에 대한 해석을 자극하는 음력 자체를 제거하는 것이 가장 중요했다. 따라서 우리가 재구성하는 달력의 연대기는 역서에서 역주와 음력을 제거하는 아주 느린 과정을 담고 있다.

시헌력에서 천문학은 시간의 형식이고 점성학은 시간의 내용이었다. 천문학적 지식만으로 구성되는 단순한 미래는 조선시대 사람들에게 안정감을 주지 못한 것 같다. 미래에 대한 점성학적 해석 없이는 '시간의 공포'를 견디기 힘들었던 것이다. 역주는 가벼운 시간을 무겁게 만들었고, 시간의 양에 질을 부여했고, 밋밋한 시간에 요철을 주었다. 역주는 인간과 사물이 시간에 쉽게 들러붙을 수 있도록 시간을 끈끈하게 만들었다. 어쩌면 시헌력은 시간으로부터 소외되지 않은 인간을 지향했다.

천문학적 지식의 진보에도 불구하고 조선 전기의 역서인 대통력(大統曆)과 1653년 이후에 사용한 조선 후기의 시헌력은 그 내용이나 구조에서 큰 차이를 보이지 않는다. 여기서 우리는 시헌력의 전체 구성을 간략히 살펴봄으로써 조선시대 사람들이 실제로 어떤 시간을 살았는지 상상할 수 있는 발판을 마련할 것이다.

시헌력의 권두: 월표와 절후표

우리는 태양력으로 개력하기 바로 직전의 해인 1895년도 《대조선개국504년세차을미시헌서(大朝鮮開國五百四年歲次乙未時憲書)》의 체재

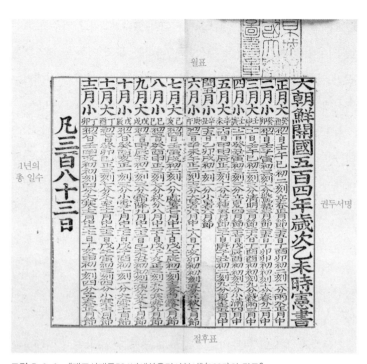

그림 5-1-1 《대조선개국504년세차을미시헌서》(1895)의 권두[2]

를 간략히 살펴볼 것이다. 먼저 역서의 권두를 살펴보면 역면(曆面)의 우단에 "대조선개국504년세차을미시헌서"라고 권두서명(卷頭書名)이 적혀 있다[그림 5-1-1]. 세차(歲次)는 해마다 할당되는 간지(干支)를 가리킨다. 1895년의 세차는 '을미'였다. 또한 원래는 '시헌력(時憲曆)'이 올바른 명칭이지만 피휘(避諱)의 관행 때문에 1736년 이후로는 '시헌서(時憲書)'라 표기했다. 즉 청나라 고종 건륭제의 이름이 '홍력(弘曆)'이기 때문에 '력(曆)'자를 피하고 그 대신 '서(書)'자를 사용한 것이다.[3]

역면 중앙부 상단의 월표(月表)에는 각 월의 대소, 그리고 삭일(朔日)의 일진(日辰)이 기재되어 있다. 매일의 날짜인 역일(曆日)에 할당된 간지를 '일진'이라 부른다. 그리고 중앙부 중하단의 절후표(節候表)에는 12절기(節氣)와 12중기(中氣), 즉 24기(氣)의 입기일(入氣日), 일진, 입기시각(入氣時刻)이 기재되어 있다. 역면 좌단에는 "범 383일"이라고 1년의 총 일수가 적혀 있다. 1895년에는 윤5월이 있어서 1년이 13개월이자 총 383일이었다. 시헌력에서 권두는 별다른 역주가 없는 유일한 역면이다. 권두는 1년 전체의 시간 구조를 보여주는 역할을 한다.

연신방위지도: 시간과 방위의 신

시헌력의 두 번째 역면에는 1년 동안의 공간적인 길흉 구조를 보여주는 연신방위지도(年神方位之圖)가 실려 있다[그림 5-1-2]. 연신방위지도는 24방위로 분할된 공간에 한 해 동안 해당 방위의 길흉을 관장하는 총 32위의 연신(年神)을 배치한 그림이다. 일반적으로 연신은 일정한 규칙에 따라 24방위를 순환하며, 연신에 따라 24방위를 일주하는 주기가 4년, 5년, 10년, 12년으로 달라진다. 금신(金神)처럼 동시에 여러 방위를 점유하는 연신도 있고, 세형(歲刑)이나 비렴(飛廉)처럼 불규칙한 운동을 하는 연신도 있고, 오귀(五鬼)처럼 반시계 방향으로 순환하는 연신도 있다. 이처럼 서로 다른 주기로 이동하면서 점유 방위를 달리하는 연신들로 인해 해마다 전체적인 공간

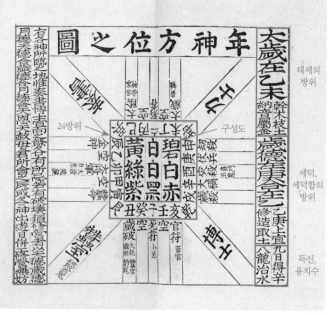

그림 5-1-2 《대조선개국504년세차을미시헌서》(1895)의 연신방위지도

의 길흉 구조가 계속 바뀌는 것이다.

대체로 연신은 점유 방위를 향하는 특정 행위의 길흉을 관장하기 때문에 연신에는 길신(吉神)과 흉신(凶神)이 있다. 특히 흉신이 있는 방위를 범하면 재앙, 질병, 상해, 손실, 싸움, 구설, 죽음, 사고 등이 생긴다고 일컬어진다. 원래 연신은 총 35위이지만 길신인 세덕(歲德), 세덕합(歲德合), 세지덕(歲枝德)은 연신방위지도의 그림에는 나타나지 않는다. 언제나 그런 것처럼 '좋은 신'은 인간이 신경 써야 할 신이 아니다. 연신방위지도에 등장하는 32위의 연신 가운데 주서(奏

書)와 박사(博士)만 길신이고, 나머지 30위의 연신은 모두 흉신이다.

연신방위지도에서 어떤 흉신도 없는 방위는 '공(空)'이라고 표기되어 있다. 《대조선개국504년세차을미시헌서》의 연신방위지도에서는 6개의 방위에 '공'이라는 글자가 보인다. 나머지 18개 방위 가운데 길신인 주서와 박사가 있는 2개 방위를 제외하면 총 16개의 방위에 흉신이 자리잡고 있는 셈이다.

연신방위지도의 좌단에는 "오른쪽의 각 신이 지키는 땅은 오직 주서와 박사가 있는 방위만 향하면 좋고, 나머지 각 방위는 꺼릴 바가 있다. 만약 파괴하여 고치고 짓는 자가 있다면 천덕(天德), 세덕, 월덕(月德), 천덕합(天德合), 세덕합, 월덕합(月德合), 천은(天恩), 천사(天赦), 모창(母倉)이 모이는 날이나 각 신의 출유일(出遊日)을 이용해 만들고 고치고 짓는 일을 하면 해가 없다."라는 설명이 적혀 있다.

24방위 가운데 길신인 주서와 박사가 있는 쪽이 가장 좋은 방위이고, 흉신이 있는 다른 방위는 기본적으로 피해야 할 방위가 된다. 그러나 좌단에 열거된 길신들이 해당 일에 해당 방위에 있을 경우 그 방위는 만들고 고치고 짓는 일을 해도 좋은 방위로 변화한다. 세덕과 세덕합은 연신이자 길신이지만, 천덕, 월덕, 월덕합, 천은, 천사, 모창, 천덕합은 월신(月神)이자 길신이다. 따라서 길(吉)로 흉(凶)을 중화하여 해당 방위에서 일을 도모한 것이다. 천은, 천사, 모창, 천덕합과 관련한 길일(吉日)과 길방(吉方)에 대한 설명은 시헌력의 권말에 나온다.

출유일은 각 방위를 지키는 연신, 특히 흉신이 잠시 점유 방위를 비우고 다른 곳으로 놀러가는 날이다. 이처럼 흉신도 자주 휴식을 취해야만 제 기능을 발휘할 수 있다. 각 흉신은 육십갑자(六十甲子)의 60일 가운데 25일 동안 점유 방위를 떠난다. 따라서 흉신이 자리를 비운 틈을 타서 해당 방위에서 일을 도모할 수 있는 것이다. 출유일의 목록은 시헌력의 권말에 제시되어 있다.

연신방위지도의 우측 상단에는 먼저 "태세재을미(太歲在乙未)"라고 적혀 있다. 이것은 "연신인 태세가 을미(乙未)의 방위에 있다."라는 것을 의미한다. 태세는 천간(天干)이 아니라 지지(地支)를 따라 배치되므로 연신방위지도에서 미(未)의 방위에 위치한다. 태세는 연신방위지도에 나타나지만, 그 해의 시간을 지배하는 신이므로 별도로 방위를 기재하고 있다.

바로 그 아래에는 "간목지토(幹木枝土) 납음속금(納音屬金)"이라고 적혀 있다. '간목지토'는 1895년의 세차인 을미에서 천간인 '을'의 오행(五行)이 목이고, 지지인 '미'의 오행이 토라는 것을 가리킨다. 간지에서 '간(干)'을 '간(幹)'으로, '지(支)'를 '지(枝)'로 표기하고 있다. '납음속금'은 을미의 납음오행(納音五行)이 금이라는 것을 가리킨다. 납음오행은 육십갑자 각각에 오행인 목, 화, 토, 금, 수 가운데 하나를 배당한 것이다.

우측 중단에는 "세덕재경(歲德在庚) 합재을(合在乙)"이라고 적혀 있다. 이 말은 "연신인 세덕은 경(庚)의 방위, 세덕합은 을(乙)의 방위에 있다."라는 것을 의미한다. 그 아래에는 "을경상의(乙庚上宜) 수조취토(修造取土)"라고 적혀 있다. 이 말은 "세덕합과 세덕이 위치한 을과 경이 수조(修造)와 취토(取土)에 가장 좋은 방위다."라는 것을 의미한다. 길신인 세덕과 세덕합은 연신방위지도에 나타나지 않으므로 별도로 기재하고 있다. 따라서 1895년도 연신방위지도에서 을의 방위는 아예 '공'의 상태로 표시되어 있다. 그러나 길신인 세덕합이 을의 방위에 있으므로 이 방위는 적어도 수조와 취토에 좋은 방위가 된다. 연신방위지도에서 경의 방위에는 흉신인 복병(伏兵)이 위치하고 있다. 그러나 동시에 길신인 세덕이 경의 방위에 위치하고 있으므로 이 방위도 수조와 취토에는 좋은 방위가 된다.

연신방위지도의 우측 하단에는 "구일득신(九日得辛) 팔룡치수(八龍治水)"라고 적혀 있다. '구일득신'에서 득신(得辛)은 정월의 첫 번째 신일(辛日)이 어느 일자에 배당되어 있는지를 표시한다. 1895년에는 첫 번째 신일이 정월 초9일 신사일(辛巳日)이므로 '구일득신'이라고 기재하고 있다. 득신은 벼꽃이 벌어져 있는 기간을 가리키며, 이로써 그 해의 풍흉을 예측했다. '팔룡치수'에서 '용치수(龍治水)는 정월의 첫번째 진일(辰日)이 어느 일자에 배당되어 있는지를 표시한다. 1895년에는 첫 번째 진일이 정월 초8일 경진일(庚辰日)이므로 '팔룡치수'라고 기재하고 있다. 용치수로는 용의 다소에 따라 수재나 한재를 예측했다.

연신방위지도의 정중앙에는 당해년도의 길흉을 판별하기 위한 구성도(九星圖)가 그려져 있다. 구성도에는 일백(一白), 이흑(二黑), 삼벽(三碧), 사록(四綠), 오황(五黃), 육백(六白), 칠적(七赤), 팔백(八白), 구자(九紫)의 구성(九星)이 숫자가 생략된 채 배치되어 있다. 구성도는 가로, 세로, 대각선의 총합이 모두 15로 일정한 마방진(魔方陣)의 형태를 취한다. "오황→사록→삼벽→이흑→일백→구자→팔백→칠적→육백"의 순서로 해마다 구성도의 중앙에 들어오는 숫자와 구성의 전체 배치가 달라진다. 따라서 구성도는 9년 주기를 갖는다. 이처럼 연에 배당된 구성도를 '연백(年白)'이라 부른다. 시헌력에는 각 월의 역면에도 '월백(月白)'이라 부르는 구성도가 그려져 있다.

시헌력의 정월 역면: 시간주기와 역주

정월에서 12월까지 시헌력의 각 월 역면에는 대월(大月)은 초1일~30일까지, 소월(小月)은 초1일~29일까지 역일이 기재되어 있다. 1일부터 10일까지는 "초1일, 초2일 … 초10일" 등의 형태로 초(初)라는 말이 붙어 있다. 시헌력은 길과 흉, 의(宜)와 불의(不宜)라는 두 가지 대립항을 이용해 시공간의 성격을 판별한다. 길과 흉은 한 해의 시공간이 지닌 기본적인 질적 구조라 할 수 있다. '의'와 '불의'의 역주는 길흉의 질적 구조를 통해 특정 일자나 방위에서 특정 행위를 금지하거나 권장하는 내용을 기재한다.

이처럼 연월일시의 시간 단위에 첨부되는 길흉화복이나 금기와 관련한 주석을 '역주(曆註)'라 부른다. 또한 바로 뒤에 살펴볼 것처럼 역일 밑에 붙는 일진, 납음오행, 이십팔수, 십이직 같은 시간주기도 모두 '역주'라 부를 수 있다. 그리고 시헌력처럼 역주가 달린 역서를 '구주력(具註曆)'이라 부른다. 여기서 우리는 《대조선개국504년세차을미시헌서》의 정월 역면을 기준으로 시헌력의 각 월 역면이 취하는 일반적인 구조를 이야기할 것이다[그림 5-1-3].

숫자로 표시되는 역일만으로는 길과 흉의 시간 구조가 만들어지

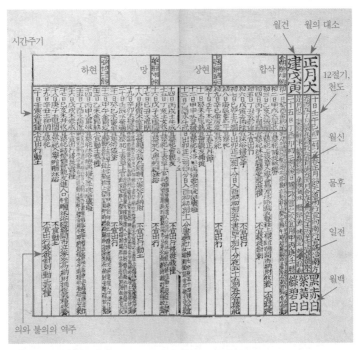

그림 5-1-3 《대조선개국504년세차을미시헌서》(1895)의 정월

지 않는다. 시헌력의 경우 숫자로 된 역일에 질적 가치를 부여하기 위해 역일 바로 아래 총 4개의 시간주기가 추가되어 있다. 먼저 육십갑자로 표기되는 '역일의 간지', 즉 일진이 60일 주기로 반복된다. 다음으로 일진의 육십갑자에 오행의 음(音)을 배당한 납음오행 (納音五行) 또는 육십화갑자(六十花甲子)가 30일 주기로 반복된다. 그 다음에는 28개의 별자리인 이십팔수(二十八宿)가 28일 주기로 반복된다. 마지막으로 그 달의 간지인 월건(月建)에 의해 결정되는 십이직(十二直)이 12일 주기로 반복된다. 엄밀히 말해 12직은 12절기를

기준으로 절기와 절기 사이에서만 12일 주기로 반복된다. 이처럼 시헌력은 역일, 일진, 납음오행, 이십팔수, 십이직이라는 총 5개의 시간주기를 내장하고 있다.

역일은 지금이 언제인지를 말하는 시간주기다. 그러나 일진, 납음오행, 이십팔수, 십이직은 지금이 어떤 종류의 시간인지를 말하는 시간주기다. 일진과 납음오행은 사람의 운명을 판단하고 예측하기 위한 기초 원리였다. 그리고 이십팔수와 십이직은 시간주기 밑에 기입되는 '의'와 '불의'의 역주를 산출하는 기초 원리였다. 따라서 역면 중하단에 배치되어 전체 역면의 3분의 2를 차지하고 있는 '의'와 '불의'의 역주는 주로 이십팔수와 십이직에 근거하여 기재된다.

예컨대 《대조선개국504년세차을미시헌서》의 정월 14일에는 "의제사회친우(宜祭祀會親友)"라는 '의'의 역주와 "불의출행이사재종(不宜出行移徙栽種)"이라는 '불의'의 역주가 달려 있다. 즉 정월 14일은 "제사를 지내고 벗을 만나기에 좋은 날"이고, "먼길을 떠나거나 이사를 하거나 씨앗을 심기에는 좋지 않은 날"인 것이다. 정월 역면을 보면 '의'보다는 '불의'의 역주가 눈에 잘 띄게 인쇄되어 있음을 알 수 있다. 길보다는 흉이, '의'보다는 '불의'가 더 강하게 인간의 심리를 자극하는 것이다.

이처럼 시헌력의 시간주기 하단에는 '의'와 '불의'의 역주가 촘촘히 기재되어 있다. 5개의 시간주기에 근거한 길흉의 논리에 따라 하기 좋은 행위와 하면 안 되는 행위를 보여주고 있는 것이다. 시헌력은 인간이 안전하게 시간의 길을 걸을 수 있도록 시간의 비밀을 알려주고 있는 '시간의 지도'였다. 어떤 지도도 없이 시간을 걷는 것은 매우 위험한 일이다.

　정월 역면의 우측 상단에는 "정월대(正月大)"라고 적혀 있다. 이것은 정월이 소월 29일이 아니라 대월 30일이라는 것을 가리킨다. 바로 옆에 적힌 "건무인(建戊寅)"은 월의 간지 즉 '월건(月建)'이 무인(戊寅)이라는 것을 가리킨다.

　우측 중단의 첫째 열에는 "십일임오 사초이각 입춘 정월절 천도남행 의향남행 의수조남방(十日壬午 巳初二刻 立春 正月節 天道南行 宜向南行 宜修造南方)"이라고 적혀 있다. 이것은 "10일 임오일 사초이각(오전 9시 30분)에 정월절인 입춘이 있다. 천도가 남행하니 남쪽으로 가는 것이 좋고, 남쪽을 향해 고치고 만드는 것이 좋다."라는 것을 뜻한다. 이처럼 각 월의 역면에는 12절기의 입기일과 입기시각, 천도의 운행 방향, 여행과 공사의 길방이 명시되어 있다.

　우측 중단의 둘째 열에는 "천덕재정 월염재술 월살재축 월덕재병월합재신 월공재임 병신임 상의수조취토(天德在丁 月厭在戌 月殺在丑 月德在丙 月合在辛 月空在壬 丙辛壬 上宜修造取土)"라고 적혀 있다. 이것은 "천덕(天德)은 정(丁)에 있고, 월염(月厭)은 술(戌)에 있고, 월살(月殺)은 축(丑)에 있고, 월덕(月德)은 병(丙)에 있고, 월덕합(月德合)은 신(辛)에 있고, 월공(月空)은 임(壬)에 있으니, 병신임(丙辛壬)의 방위가 수조하고 취토하는 데 가장 좋다."라고 풀이할 수 있다. 천덕, 월염, 월살, 월덕, 월덕합, 월공은 각 월의 방위를 관장하는 여섯 월신이다. 한 해 동안 공간의 길흉을 관장하는 연신이 있는 것처럼, 한 달 동안 공간의 길흉을 관장하는 월신이 있는 것이다. 월염과 월살은 흉신이지만 나머지 월신은 길신이다. 그래서 월덕, 월덕합, 월공의 방위인 '병신임'이 수조와 취토의 길방인 것이다.

우측 중단의 셋째 열에는 "시월야 동풍해동 칩충시진 어척부빙 달제어 후안북 초목맹동(是月也 東風解凍 蟄蟲始振 魚陟負氷 獺祭魚 候鴈 北 草木萌動)"이라고 적혀 있다. 이것은 "이 달에는 동풍이 불어 얼음을 녹인다. 숨어 있던 벌레가 움직이기 시작한다. 물고기가 위로 올라 얼음을 진다. 수달이 물고기를 잡아 제사 지낸다. 기러기가 북쪽으로 간다. 초목이 싹을 틔운다."라고 풀이할 수 있다. 시헌력에는 달마다 6개씩 총 72개의 계절 현상이 묘사되어 있다. 자연물을 통해 계절을 묘사한다는 의미에서 이것을 물후(物候)라고 부른다.

우측 중단의 넷째 열에는 "이십오일 정유 묘초이각후 일전 추자 지차 의용갑병경임시(二十五日 丁酉 卯初二刻後 日躔 娵訾之次 宜用甲 丙庚壬時)"라고 적혀 있다. 이것은 "25일 정유일 묘초이각(오전 5시 30분) 이후에 태양이 궤도상 추자(娵訾)의 위치에 있다. 갑병경임의 때를 이용하는 것이 좋다."라고 풀이할 수 있다. 천구의 적도를 약 30도씩 12개 부분으로 나눈 것을 '적도 12차'라고 한다. 일전(日躔)은 태양이 해당 월에 적도 12차의 어떤 위치에 있는지를 나타낸다.

우측 하단에는 각 월에 할당된 구성도인 '월백(月白)'이 그려져 있다. 연신방위지도의 연백이 9년 주기를 갖는 것처럼 월백은 9개월 주기를 갖는다. 즉 1895년 정월과 10월의 월백은 똑같은 배치를 하고 있다. 또한 정월 역일의 상단에는 달의 합삭(合朔), 상현(上弦), 망(望), 하현(下弦)의 시각이 표시되어 있다. 그리고 1895년 정월 역면의 경우엔 6일 간격으로 초1일, 초7일, 13일, 19일, 25일에 일출(日出) 시각, 일입(日入) 시각, 그리고 낮과 밤의 길이인 주야각수(晝夜刻

數)가 기재되어 있다.

시헌력의 윤월: 길흉이 없는 달

《대조선개국504년세차을미시헌서》에 따르면 1895년에는 윤5월이
있었다[그림 5-1-4]. 정월의 역면과 비교해 보면, 윤5월 역면의 우단
에는 월건, 천도, 월신, 물후, 일전, 월백이 모두 삭제되어 있다. 월

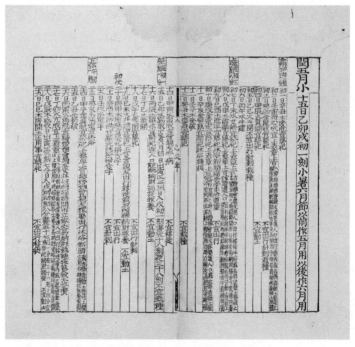

그림 5-1-4 《대조선개국504년세차을미시헌서》(1895)의 윤5월

건, 천도, 월신, 일전, 월백 같은 길흉의 '역주'가 없으므로 윤월은 월 단위의 길흉이 없는 달이다. 세속에서 윤달을 결혼하기 좋은 달, 수의를 만들기 좋은 달, 모든 일에 거리낄 바가 없는 달이라고 말하는 것도 이 때문일 것이다.

다만 윤월에도 달의 합삭, 상현, 망, 하현의 시각, 절일, 일진, 납음오행, 이십팔수, 십이직, '의'와 '불의'의 역주는 기입되어 있다. 1895년 윤5월 역면의 우단에는 "십오일 을묘 술초일각 소서 유월절 이전 작오월용 이후 작유월용(十五日 乙卯 戌初一刻 小暑 六月節 以前 作五月用 以後 作六月用)"이라고만 적혀 있다. 이 말은 "15일 을묘일 술초일각(오후 7시 15분)은 유월절인 소서이다. 소서 이전의 날은 오월처럼 이용하고, 소서 이후의 날은 유월처럼 이용한다."라고 풀이할 수 있다. 윤5월은 절기를 기준으로 앞부분은 5월이고 뒷부분은 6월인 셈이다.

24기는 12절기와 12중기로 나뉜다. 그리고 각 월에 절기와 중기가 하나씩 배치된다[그림 5-1-1]. 그런데 가끔씩 절기만 있고 중기는 없는 달, 즉 무중월(無中月)이 생긴다. 시헌력에서는 무중월을 윤월로 삼았고, 이것을 '무중치윤법(無中置閏法)'이라 부른다. 윤월은 그 전월의 명칭에 '윤' 자를 붙여 "윤○월"이라 불렸다.

시헌력의 권말: 불변하는 역주

시헌력의 권말에는 대체로 연월이나 역일의 변화와는 무관한 역주가 매년 거의 똑같은 내용으로 실려 있다[그림 5-1-5]. 여기서는 권말에 실린 역주의 내용을 우단부터 차례대로 소략히 소개할 것이다.

권말 역면에는 먼저 월신과 관련한 길일과 길방이 기재되어 있다. 즉 천은상길일(天恩上吉日)의 일진, 천사상길일(天赦上吉日)의 춘하추동의 일진, 모창상길일(母倉上吉日)의 춘하추동의 일진, 천덕합(天德合)의 월별 방위가 기재되어 있다. 천은은 덕을 베푸는 관대한 신이고, 천사는 과실과 죄를 용서하는 신이다. 모창상길일은 씨 뿌리기, 가축 기르기, 재물 들이기 등에 매우 좋은 날이다. 천덕합은

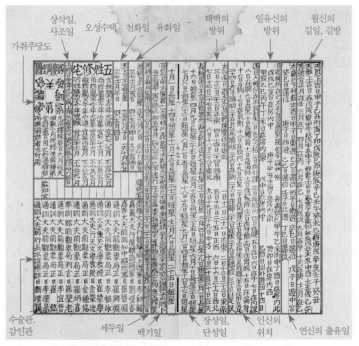

그림 5-1-5 《대조선개국504년세차을미시헌서》(1895)의 권말

덕(德)을 모으는 신이다. 따라서 천은, 천사, 모창, 천덕합은 모두 월
신이면서 길신이다.

태세이하신살출유일(太歲已下神殺出遊日)은 연신인 태세 이하의 흉
신들이 자신이 점유하는 방위를 떠나서 일하지 않고 노는 날과 다
시 그 방위로 되돌아오는 환위(還位)의 날을 기재한다. 출유일에는
각 방위를 지키는 신들이 그 방위를 떠나 있기 때문에 해당 방위에
대한 모든 금기가 일시적으로 해제된다.

일유신소재지방(日遊神所在之方)은 흉신인 일유신(日遊神)이 있는
방위를 기재한다. 일유신은 사람이 사는 방 안에 거주하면서 각 방
위를 순환하는 신이다. 일유신은 육십갑자의 일진 가운데 16일 동
안은 방 안의 동서남북과 중앙을 옮겨다니고, 나머지 44일 동안은
방 밖으로 외출한다. 일유신이 있는 방위로는 아이를 낳는 산실을
두거나 집안을 청소하거나 침상을 두는 것이 좋지 않다.

축일인신소재(逐日人神所在)는 역일에 따른 인신(人神)의 위치를 기
재한다. 인신은 사람의 몸속에 거주하는 신으로 역일에 따라 사람
의 몸 안에서 이리저리 이동한다. 해당일에 인신이 위치하는 신체
부위에 침을 놓거나 뜸을 뜨지 않아야 한다.

태백축일유방(太白逐日遊方)은 태백이 역일에 따라 위치하는 방위
를 기재한다. 태백은 연신인 금신(金神)의 기(氣)로서 팔방을 돌면서
사람의 선악을 살핀다. 태백이 있는 방위를 범하면 재앙이 생긴다
고 한다.

장단성일(長短星日), 즉 장성일(長星日)과 단성일(短星日)은 넘치거나
부족한 날로 중용을 지키기 힘든 날이다. 장성일과 단성일은 각각

매월 하루씩 있지만, 8월과 9월에는 이틀씩 있다. 이날은 매매, 교역, 옷 만드는 일, 재물을 들이는 일에 좋지 않다.

백기일(百忌日)은 일진의 천간과 지지를 기준으로 하여 설정된 금기 행위를 기재한다. 세두일(洗頭日)은 머리 감기에 좋은 날과 좋지 않은 날을 기재한다. 유화일(遊禍日)은 월의 악신인 유화가 지키는 날로 약을 복용하거나 신에게 제사 지내기에 좋지 않은 날이다.

천화일(天火日)은 월의 흉신인 천화가 지키는 날로 지붕을 덮고, 성채와 담을 쌓는 일 등에 좋지 않은 날이다. 상삭일(上朔日)은 월의 흉신인 상삭이 지키는 날로 해의 간지인 세차의 천간에 의해 결정되는 날이다. 따라서 상삭일은 10년 주기로 반복된다. 상삭일은 손님을 만나거나 음악을 울리기에 좋지 않은 날이다. 사조일(祀竈日)은 부엌의 조왕신에게 제사를 올리는 날이다. 일진에 계(癸)가 들어가는 날이 사조일이다.

오성수택(五姓修宅)은 주택에 사는 주인의 성(姓)을 그 음에 따라 궁(宮), 상(商), 각(角), 치(徵), 우(羽)의 오음(五音)으로 분류한 후, 주택 주인의 성과 그 해의 상생상극 관계에 의해 주택 수리의 길흉을 8단계로 나누어 제시한다. 오성수택의 길흉은 세차의 지지에 의해 결정된다. 따라서 오성수택은 12년 주기로 반복된다. 가취주당도(嫁娶周堂圖)는 결혼일의 길흉을 판단하는 도식이다. 가취주당도는 결혼일을 통해 신부가 시집간 후의 사태를 점치는 데 사용했던 것 같다. 마지막으로 시헌력의 권말에는 시헌력의 제작과 인쇄에 참여한 수술관(修述官)과 감인관(監印官)의 명단이 실려 있다.

시헌력의 특징

조선시대에 사용한 시헌력의 체재는 매우 복잡하다. 조선시대 사람들은 매우 복잡한 미래를 구성했고 매우 복잡한 시간 안에서 살았다. 그렇다면 조선시대 사람들에게 왜 이렇게 복잡한 미래가 필요했던 것일까?

모든 달력이 그런 것처럼 시헌력도 아직 오지 않은 1년, 즉 미래의 시간을 미리 구성한다. 현재의 달력처럼 시헌력에서도 1년은 월, 일, 절후로 구성된다. 그런데 시헌력에는 시간을 수식하는 무수한 역주가 붙어 있다. 바로 이 역주가 시헌력을 복잡하게 만든 주요인이다. 연신방위지도라는 '공간의 역주'는 1년의 시간을 토대로 1년의 공간 전체에 내장된 길흉의 구조를 도식화한다. 시헌력의 공간은 24방위별 길흉 관념에 의해 인간의 행위를 제어하고 있다. 시헌력에서 시간과 공간의 질적 성격은 밀접히 맞물려 있다. 공간을 지배하는 신도 '시간의 신'인 연신이나 월신이다.

각 월의 역일에도 일진, 납음오행, 이십팔수, 십이직 같은 '시간의 역주'가 붙어 있다. 이로써 시간은 '운(運)'을 이해하고 해석하고 예측하는 도구가 된다. 또한 역일의 길흉 구조는 사회적으로 중요한 인간 행위를 '의'와 '불의'의 도식에 의해 질서화한다. 이처럼 시헌력은 불투명한 시간의 땅을 측정함으로써 인간이 걸을 수 있는 시간의 지도를 그린다.

시헌력에서 역주는 시간과 행위를 매개한다. 즉 역주는 천문학적 시간을 재구성하고 재해석하여 인간 행위에 적합한 실용적인 시간을 창조한다. 역주는 시간의 안내판이다. 따라서 시헌력의 인간은 텅 빈 시간 안에서 무질서하게 행동하지 않는다. 역주에 의해 인간 행위의 질서와 통일성이 확보되는 것이다.

텅 빈 시간이 주는 원초적인 공포, 미래의 불확실성, 매 순간 적절한 행위를 선택해야 한다는 압박감 등이 자연스럽게 길흉의 시간을 요청했을 것이다. 그러나 시헌력은 상황에 따라 임의적으로 점을 쳐서 적합한 행위를 선택하는 인간의 모습을 보여주지 않는다. 시헌력은 역주에 의해 '점술의 자동화'를 성취한다. 천문학적 시간을 토대로 역주에 의해 산출되는 자동적인 점술의 시간 안에서 인간 행위의 적합성을 확보하는 것이 사회적으로 더 큰 안정감을 주었던 것이다.

그러나 근대 과학이 도입되면서 조선 사회는 차츰 텅 빈 시간이 주는 불확실성에서 벗어날 수 있었다. 시간의 길흉 구조에 의해 인간 행위의 '의'와 '불의'가 미리 정해지는 것은 아니라는 인식이 태동하기 시작한 것이다. 이러한 인식은 사유의 역전을 초래했다. 인간의 선택이 낳은 자유로운 행위가 시간의 길흉을 낳는다는 인식이 사회를 지배하기 시작한 것이다. 이성적인 사유와 합리적인 실천이 더 좋은 시간, 더 길한 미래를 만든다는 인식이 점점 널리 퍼지고 있었던 것이다.

근대적인 시간 관념이 확산하면서 달력은 이제 더 이상 시간의 비밀을 알려주는 자동적인 점술일 수 없었다. 인간의 선택과 결단이 시간의 길흉, 즉 미래를 창조하기 때문이다. 따라서 역서의 역주는 자유로운 인간, 합리적인 인간, 이성적인 인간이라는 근대적인 가치를 부정하는 '미신'으로 폄하되었다. 역주의 소멸은 이러한 인식의 전환이 낳은 어찌 보면 자연스러운 결과물이었을 것이다. 우리는 이제 1896년부터 1945년까지 50년 동안 시헌력의 체재와 내용이 어떠한 변화를 겪으면서 차츰 소멸의 길에 접어들었는지 자세히 살펴볼 것이다.

사라진 43일
태양력의 등장

2

시간을 파는 사람들

'달력'이라는 말은 언제부터 쓰였을까? 파리외방전교회 소속 천주
교 선교사들이 1880년에 요코하마에서 발간한 《한불자전》을 보면
'돌력(月曆)'이라는 표제어를 "사계절, 달, 보름 등을 표시하는 소형
캘린더, 또는 민간 캘린더"라고 설명하고 있다. 그리고 '칙력(冊曆)'
은 "민간 캘린더 또는 역서"라고 설명하고 있다.[1] 책력은 책자 형태
로 된 30쪽 내외의 달력을 가리키는 말이다.

개신교 선교사인 언더우드가 헐버트와 게일의 도움을 받아
1890년에 요코하마에서 발간한 《한영자전》에서도 'calendar(캘린
더)'와 'almanac(올머낵)'에 대응하는 한국어 단어로 '돌력'과 '칙
력'을 들고 있고, '돌력[月曆]'과 '칙력[曆]' 모두에 대응하는 영어 단
어로 'calendar(캘린더)'와 'almanac(올머낵)'을 들고 있다.[2] 《한불
자전》과 《한영자전》에서 달력과 책력이라는 말은 거의 구분되지

않은 채 혼용되고 있다. 이처럼 월력을 가리키는 달력이라는 말은 1880년 이전에도 일반적으로 사용되던 말이었다.

19세기 말에는 외국인 선교사와 매서인(賣書人)을 통해 전국적으로 서양식 달력이 보급되기도 했다. 한국 개신교 장로교회의 초창기 인물인 서경조(徐景祚)는 "한국 교인의 자금으로 신축한 첫 개신교 예배당"인 황해도 장연의 송천교회(松川敎會), 즉 소래교회의 장로였다.[3] 그는 19세기 말에 전국을 돌며 성경을 파는 매서인으로 일했다. 또한 그는 1893년에 새뮤얼 모펫(Samuel A. Moffett)과 윌리엄 레이놀즈(William D. Reynolds) 선교사와 함께 전도차 공주에 갔다가 책을 팔지는 못하고 달력만 많이 팔았다는 사실을 글로 남긴 바 있다.[4]

이렇듯 조선에서 공식적으로 태양력을 채용한 1896년 이전부터 이미 서양식 양력 달력이 매서인에 의해 전국 각지에서 판매되고 있었다. 7요일을 기준으로 성수주일(聖守主日)을 하려면 성경과 함께 서양식 달력을 보급하는 것이 필요했을 것이다. 따라서 개신교 선교는 새로운 시간의 유포와 함께 이루어졌다. 아마도 누구보다도 천주교인과 개신교인은 1896년의 태양력 채용을 본격적인 선교의 신호탄으로 받아들였을 것이다.

1896년 12월 22일 자 《독립신문》에는 영문과 한글로 된 흥미로운 광고 하나가 실려 있다[그림 5-2-1]. 광고문에는 "건양 이년 언문 달녁 날마다 흔 쟝식 니러 집고 외국 명일들 다 붉게 말흔 거시니 갑슨 십오젼 대졍동 빈튼 의원 집에 와서 사 가시오."라고 적혀 있다. 광고를 낸 빈턴(Vinton)은 미국 북장로회 소속 의료 선교사로

1891년에 입국하여 제3대 제
중원(濟衆院) 원장을 역임한 인
물이다. 영문 광고문에 따르면
조선성교서회(朝鮮聖敎書會)가
발행한 이 달력은 매일 날짜에
성서 구절을 기록한 것으로 한
국 친구에게 줄 크리스마스 선
물로 추천되었다. 이 광고에
의해 우리는 선교사들이 한글
로 된 '언문 달력'을 제작하여
판매하고 있었다는 사실을 알

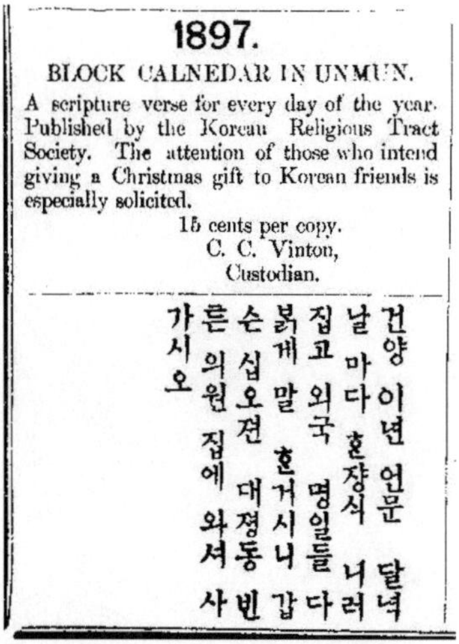

1897.

BLOCK CALNEDAR IN UNMUN.

A scripture verse for every day of the year.
Published by the Korean Religious Tract
Society. The attention of those who intend
giving a Christmas gift to Korean friends is
especially solicited.

15 cents per copy.
C. C. Vinton,
Custodian.

가른손봉집날건
시의개십고마양
오원오말외다이
　견 혼국혼년
집에 대거 장언
와 정시명식문
셔 동니일너달
사 빈갑들려녁
　　다러다

그림 5-2-1 《독립신문》의 달력 광고[5]

수 있다. 또한 이 달력은 "날마다 혼 쟝식 니러" 집는 달력, 즉 매
일 한 장씩 떼는 일력(日曆)이었다.

1898년 1월 11일 자 《독립신문》에는 "광무 이년 음양력셔를 벽
에 걸어 두고 보게 몬드럿\는딕 보기가 미우 경편호고 긴요혼지라.
혼 권 갑이 십륙 젼식이니 누구던지 이 음양력을 사셔 보시리들은
독립신문샤로 오시요."라는 광고가 실려 있다.[6] 이 역서는 1898년
《대한광무2년력》을 마치 서양 달력처럼 벽에 걸어 두고 볼 수 있게
만든 것으로 보이지만 '음양력셔'라는 표현을 보면 쉬 짐작하기 어
렵다[그림 5-2-2].

1898년 12월 8일 자 《독립신문》에도 "광무 3년 음양력 새 칙력을
독립신문에셔 파니 만히 사 가시요. 갑은 미 벌에 25젼이오."라는
광고가 실려 있다.[7] 간편하게 벽에 걸어두고 본다는 표현이 없으므로

(大韓帝國元紀五百十年)

辛丑十二月小廿三日乙卯

一日

曜土

光武六年二月卒日出前六時五十六分 卒日入後五時〇四分

그림 5-2-2 음양력서: 광무 6년(1902) 일력 (양력 2월 1일, 음력 1901년 신축년 12월 23일).[8]

《대한광무3년력》을 그대로 판매한 것으로 볼 수도 있다. 그러나 "광무 이년 음양력서"와 "광무 3년 음양력"처럼 '음양력'이라는 표현을 사용하고 있으므로 간단히 결론지을 수 없다. 또한 "혼 권 갑"이나 "칙력" 같은 표현을 고려하면 한 장짜리 월력(月曆) 형태로 벽에 붙여 두던 주력(柱曆)도 아닌 것 같다. 그렇다면 이 달력은 독립신문사에서 새로 제작한 역서일지도 모른다.

조선시대의 시헌력은 1791년 무렵에는 15,300축(軸), 1867년에는 17,694축이 인쇄되었다. 1축은 역서 수량의 단위로 역서 20건(件)을 가리킨다. 따라서 1791년 무렵에는 306,000건, 1867년에는 353,880건이 인쇄되었다. 1789년에 조선의 총 호수(戶數)는 1,752,837호, 총 인구는 7,403,606명이었으므로 1791년에는 전체 가구의 약 17퍼센트 정도만 역서를 소유할 수 있었을 것이다. 1864년에 조선의 총 호수는 1,703,450호, 총 인구는 6,828,521명이었으므로 1867년에는 전체 가구의 약 20퍼센트 정도만 역서를 소유할 수 있었을 것이다.[9]

조선시대의 공식 역서인 시헌력은 30쪽으로 구성되었지만 많은 사람들에게 책자 형태로 된 책력은 필요 없었다. 일반 사람들은 종이 한 장에 인쇄된 시헌력의 첫째 장, 즉 소위 월력장(月曆張) 또는 단력장(單曆張)으로 충분했기 때문이다. 월력장에는 일 년의 총 일수, 월의 대소, 매월 초1일의 일진, 24기의 월일과 입기시각이 기입되어 있다[그림 5-1-1].

　사람들은 바로 이 월력(월력장)을 '달력'이라 불렀을 것이다. 조선시대에 대부분의 사람들은 30쪽짜리 시간을 산 것이 아니라 한 쪽짜리 시간을 살았다. 물론 사적으로 몰래 간행한 역서도 있었고 간략히 베껴 파는 역서도 있었을 것이다. 또한 많은 사람들은 상대적으로 길흉 선택에 구애받지 않는 느슨한 시간을 살았다. 시간과 공간의 길흉을 따지는 일은 시간과 공간의 여유를 지닌 자들의 관심사였다. 길흉은 단순한 미신이 아니라 복잡한 추산의 산물이다. 주술이든 종교든 길흉이든 이런 것들은 사실상 관념적이고 실천적인 사치품이다. 여유 있는 자들만이 길흉을 따져 가며 시간의 질을 측정하는 것이다.

태양력 채택과 시간의 혼란

제1차 갑오개혁이 진행되던 1894년 6월 28일에 군국기무처(軍國機務處)는 청국 연호를 폐지하고 모든 공문서와 사문서에 '개국기년(開國紀年)'을 사용한다는 의안(議案)에 대해 고종의 윤허를 받는다.[10] 조선이 더 이상 청나라에 종속된 나라가 아니라는 상징적 의미를 담고 있는 사건이라 할 수 있다. 당시 《관보》에 실린 〈초기(草記)〉를 보면 1894년 6월 28일은 '갑오(甲午) 6월 28일'로 표기되어 있지만 6월 29일부터는 '개국 503년 6월 29일'로 기년법을 바꾸고 있다.[11]

이로 인해 1895년도 역서도 《대조선개국504년세차을미시헌서》라는 제호로 발행된다[그림 5-1-1]. 1894년도 역서의 제호는 《대청광서20년세차갑오시헌서(大淸光緖二十年歲次甲午時憲書)》였다. 그런데 1895년도 역서는 청나라 황제인 덕종(德宗) 광서제(光緖帝)의 연호인 '광서'를 버리고 '개국 504년'이라는 '개국기년'을 사용한 것이다.

1894년 11월 20일경에 1895년도 《대조선개국504년세차을미시헌서》가 '개국기년'으로 간행된다. 그리고 1894년 동지(冬至)부터는 종묘(宗廟), 사직(社稷), 전(殿)과 궁(宮), 각릉(各陵)과 각원(各園)에서 지내는 제향(祭享)의 축식(祝式)에서도 '개국기년'을 사용하기 시작한다.[12] 개국 503년(1894) 12월 13일 자 《관보》를 보면 고종은 조선의 자주독립을 선언하면서 새로운 "칙녁 년호"를 사용할 거라는 사실을 알리고 있다.[13] 따라서 '개국기년'이 일종의 '새로운 연호'로 인식되고 있었음을 알 수 있다.

자주독립을 선언한 후에도 피휘의 관행을 지켜 1895년도 역서에 '시헌력'이 아니라 여전히 '시헌서'라는 이름을 사용한 것은 다분히 시대착오적이다. 그리고 '개국기년'을 사용한 것은 1895년도 《대조선개국504년세차을미시헌서》와 1896년도 음력 역서인 《대조선개국505년세차병신시헌력(大朝鮮開國五百五年歲次丙申時憲曆)》과 양력 역서인 《대조선개국505년력(大朝鮮開國五百五年曆)》뿐이다. 1896년도 음력 역서부터는 더 이상 피휘를 하지 않고 '시헌서'가 아닌 '시헌력'이라는 명칭을 사용한다. 한 걸음 더 나아가 1898년 음력 역서부터는 '시헌력'이 아니라 '명시력(明時曆)'이라는 이름을 사용하게 된다. 따라서 1896년과 1897년 음력 역서에만 '시헌력'이라는 명칭이 사용된다.

1895년 8월 20일(음력)에 명성황후가 시해되는 을미사변이 일어난다. 그 후 제3차 갑오개혁, 즉 을미개혁을 추진하면서 김홍집 내각은 1895년 개국 504년 음력 9월 9일 자《관보》호외를 통해 태양력을 사용할 것을 선포한다.

> 삼통(三統)의 호용(互用)후미 시(時)를 인(因)후야 의(宜)를 제(制)후미니 정삭(正朔)을 개(改)후야 태양력(太陽曆)을 용(用)호디 개국(開國) 504년 11월 17일로써 505년 1월 1일을 삼으라.[14]

즉 개국 504년(1895) 11월 17일을 개국 505년(1896) 1월 1일로 삼아 정삭을 고친다는 것을 알리고 있다. 1895년도《대조선개국 504년세차을미시헌서》에 따르면 11월은 대월(大月)로 30일까지 있고, 12월은 소월(小月)로 29일까지 있었다. 따라서 태양력으로 개력하면서 공식적으로 1895년 11월 17일에서 12월 29일까지 총 43일의 '음력 시간'이 증발해 버린 것이다.

국가 재무를 담당하는 탁지부(度支部)는 내각총리대신 김홍집에게 보내는 공문에서 11월 17일 이후의 예산은 1896년 개국 505년도 예산으로 편성하므로 1895년 예산 월별표에서 11월 17일부터 12월 말일까지의 예산액은 지급이 정지된다고 알리고 있다.[15] 이처럼 9월 9일부터 11월 16일까지 두 달여의 준비 끝에 음력에서 양력으로 건너가는 작업이 졸속으로 이루어지게 된다.

1896년이 시작되기 이틀 전인 1895년 12월 30일(양력), 즉 음력으로는 개국 504년 11월 15일에는 《관보》 호외를 통해 태양력과 함께 일세일원(一世一元)으로 '건양(健陽)' 연호를 사용한다는 결정이 공포된다.[16]

> 정삭을 기개(旣改)ᄒ야 태양력을 용(用)홀지라. 개국 505년으로 시(始)ᄒ야 연호(年號)를 건(建)호딕 일세일원(一世一元)으로 제정(制定)ᄒ야 만세자손(萬世子孫)이 각수(恪守)케 ᄒ라.

> 연호(年號)를 건양(建陽)으로 건(建)ᄒᄂᆞᆫ 건(件)을 상주(上奏)ᄒ야 재가(裁可)ᄒ시믈 경(經)홈.

또한 같은 날인 11월 15일에 고종은 정치 개혁과 민국 부강을 도모한다는 이유로 솔선하여 단발(斷髮)을 하고, 세계 만국과 병립하기 위한 경장(更張)의 일환으로 단발령(斷髮令)을 선포한다.

> 짐(朕)이 발(髮)을 단(斷)ᄒ야 신민(臣民)에게 선(先)ᄒ노니 이(爾) 유중(有衆)은 짐의 의(意)를 극체(克體)ᄒ야 만국(萬國)으로 병립(並立)ᄒᄂᆞᆫ 대업(大業)을 성(成)케 ᄒ라.[17]

단발의 이유는 위생에 이롭다는 것, 그리고 일을 할 때 편하다는

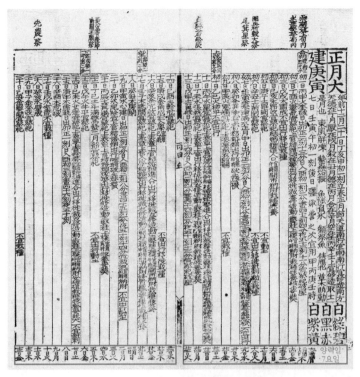

그림 5-2-3 《대조선개국505년세차병신시헌력》(1896)의 정월[18]

것이었다. 아울러 망건(網巾)은 폐지하고, 의복은 종전대로 백색 옷을 입어도 되고 외국 옷을 입어도 무방하다고 선포했다.[19] 상투를 잘라 더 이상 갓을 쓰지 않고 백의를 입지 않아도 되는 신체를 만들고, 이 신체를 다른 나라와 같은 시간 속에 집어넣는 작업이 이루어진 것이다.

1896년은 '건양 원년'이지만 1896년 음력 역서는 여전히 '개국 기년'을 사용한 《대조선개국505년세차병신시헌력》이라는 제호를 달고 있다. 1896년이 되기 이틀 전에야 건양 연호 사용을 공포했고, 이미 그 전에 역서 제작이 완료되었기 때문에 역서명을 바꾸지 못한 것이다. 다만 그 전의 시헌력과 달리 각 월 역면의 하단 난외에 음력일에 해당하는 양력일과 7요일을 기입하고 있다는 점에서 1895년 음력 9월 9일의 태양력 채용을 반영하여 음력 역서를 제작했다는 것을 알 수 있다[그림 5-2-3]. '건양 원년'으로 기년을 한 시헌력은 존재하지 않았고, 그나마 건양이라는 연호가 붙은 시헌력은 1897년도《대조선건양2년세차정유시헌력(大朝鮮建陽二年歲次丁酉時憲曆)》한 권뿐이었다.

1896년도 시헌력과 함께 발행된 최초의 양력 역서인《대조선개국505년력》도 권두서명에 '개국기년'을 사용하고 있다[그림 5-2-4]. 다만 1896년도 태양력서(太陽曆書)는 '건양원년력(建陽元年曆)'이라는

그림 5-2-4 《대조선개국505년력》(1896)의 속표지[20]

표제를 나중에 겉표지에 덧붙임으로써 '건양' 연호와 '개국기년'이 같은 역서에서 이중적으로 사용되는 기이한 형태를 취하고 있다. 1896년도 《대조선개국505년력》은 급조된 역서인 탓에 축일(祝日)은 양력으로, 제일(祭日)은 음력으로 기재하고 있는 부조리한 모습을 보여준다.《대조선개국505년력》에 대해서는 뒤에

서 다시 자세히 살펴볼 것이다.

1896년 1월 11일 자 학부(學部) 공문을 보면, 관상소(觀象所)에서 인출(印出)한 양력 3건을 외부(外部)로 보내면서 2건은 주일공관(駐日公館), 1건은 주미공관(駐美公館)에 송부할 것을 요청하고 있다.[21] 따라서 1896년 양력 1월 초에 이미 '건양원년력'이라는 표제를 덧붙인 양력 역서가 국내에 배포되고 있었음을 짐작할 수 있다.

1895년은 1년 가운데 43일이 사라진 매우 혼란스러운 해였다. 보통은 11월에는 역서가 간행되어 12월에 배포된다. 1894년의 경우에도 음력 11월 20일에 역서가 간행되었다. 1895년은 음력 11월 16일에 끝나 버렸으므로 그만큼 역서 발간이 매우 긴박하게 이루어졌을 것이다. 게다가 1895년은 12월이 없었으므로 역서를 전국적으로 배포할 만한 시간적 여유마저 없었다. 따라서 음력으로는 여전히 1895년 11월이었던 1896년 1월 초에 역서가 배포되기 시작했을 것이라고 짐작할 수 있다. 물론 양력 역서의 단순 배포만으로 갑자기 사람들이 음력을 버리고 양력을 사용하지는 않았다. 양력 채용 후에도 사람들은 제사일처럼 양력으로 치환하기 어려운 기념일을 음력으로 쇠었고, 길흉 같은 '시간의 의미'에 대한 관념도 버리지 못했다. 그래서 대다수 사람들은 1896년 이후에도 오랫동안 음력 역서를 고집했다.

그런데 '건양' 연호는 불과 1년 7개월여밖에 사용되지 못한다. 1896년 2월 11일에 아관파천(俄館播遷)을 시작한 고종은 1897년 2월 20일에 경운궁(慶運宮)으로 돌아온다. 그리고 1897년 8월 12일에는 1895년 11월 15일에 내린 '건원(建元)'과 '단발'의 두 조칙을 아예 없었던 일로 만든다. 《고종실록》은 흔적을 하나도 남기지 않고 지운다는 의미에서 두 조칙을 "작소(繳消)한다"는 강한 표현을 사용하고 있다.[22] 이로써 '건양'은 마치 존재한 적 없는 연호처럼 간주된다.

1896년 12월 17일 자 《독립신문》을 보면, 을미사변, 단발령, 아관파천을 통과하는 긴박한 정국 속에서 1년 후에도 을미개혁의 일환으로 선포된 '건양' 연호에 대한 적대감이 여전했다는 것을 짐작할 수 있다. 이 기사는 '역서'가 아니라 '달력'이라는 단어를 쓰고 있다. 1896년 즈음에 이미 '달력'이라는 표현이 꽤 대중적으로 사용되고 있었음을 알 수 있다.

> 근일에 인심이 현혹ᄒ야 건양 년호를 피ᄒ여 새해 달력 첫 줄에다 긔국 년호롤 박아 각 젼에셔 파는 쟈 만흔 고로 경무쳥에서 십이월 십이일 각셔에 신칙ᄒ야 시샹(市上)에 미매ᄒ는 즁에 긔국 년호 빅힌 거슨 일변 금단ᄒ고 건양 년호 빅힌 것만 팔게 허락ᄒ더라.[23]

1896년 12월이면 1897년도 역서가 판매되고 있는 시점이었다. 1896년 말에는 1897년도 음력 역서인 《대조선건양2년세차정유시헌력》과 양력 역서인 《대조선건양2년력(大朝鮮建陽二年曆)》이 발행된다. 이 두 역서의 제호에는 모두 '건양 2년'이라는 연호가 기재되어 있다. 그런데 《독립신문》에 의하면 '건양 2년'를 지우고 '개국 506년'이라고 기입한 역서를 시장에서 판매하고 있었던 것이다.

이러한 분위기 속에서 고종은 1897년 8월 14일에 '건양'을 대신하여 '광무(光武)'를 건원(建元) 연호로 채택하고, 8월 16일 자로 고유제(告由祭)를 거행하여 1897년을 '광무 원년'으로 삼는다는 조서를 반포한다.[24] 따라서 8월 17일 자 《관보》부터는 발행일에 광무 연호를 사용하고 있지만, 《관보》의 내용을 보면 8월 16일 자 사건부터 광무 연호를 사용하여 기록하고 있다.[25] 그런데 8월 14일 자 《관보》 호외를 보면 흥미로운 사실을 알 수 있다. 8월 12일에 건양 연호가 폐기되었으므로 8월 12일까지는 건양 연호(건양 2년)로 사건이 기록되고, 8월 16일부터 광무 연호(광무 원년)로 사건이 기록된다. 따라서 1897년 8월 13일부터 8월 15일까지 3일간은 '연호 없는 시간'이 된다. 《관보》의 내용을 보면 이 3일 동안의 사건 기록은 개국기년(개국 506년)을 사용하고 있다.[26]

다만 《관보》 발행 일자의 경우에는 8월 14일 자 《관보》까지는 건양 연호를 사용하고 있고, 8월 14일 자 호외, 8월 15일 자 호외, 8월 16일 자 《관보》는 '개국 506년'이라는 개국기년을 사용하고 있다.[27] 또한 정교(鄭喬)는 《대한계년사》에서 "1897년 8월 14일에 개국 506년을 사용하고, 8월 17일은 광무(光武) 원년 8월 17일이 되었다."라고 적고 있다.[28] 이처럼 기록마다 광무 연호를 처음 사용한 일자가 조금씩 다를 정도로 1897년 8월은 건양, 광무, 개국기년이 공존하는 매우 혼란스러운 달이었다.[29] 그런데 1897년 8월 15일 자 정부 문서를 보면, 8월 14일부터 '광무 원년 8월 14일'로 칭하기로 했다는 기록이 있다.[30]

황제 취임에 앞서 1897년 10월 11일에 고종은 조선이라는 이름이 기자(箕子)와 관련되므로 제국(帝國)에 걸맞지 않다는 점, 그리고 세계 각국이 이미 조선을 '한(韓)'이라 부르고 있다는 점에서 조선의 국호를 '대한(大韓)'으로 변경할 것을 결정한다.[31] 그리고 고종은 10월 12일(음력 9월 17일) 인정이각(寅正二刻)에 환구단(圜丘壇)에서 고유제를 지내고 황제의 자리에 오른다. 환구단은 10월 2일(음력 9월 7일)부터 남서(南署) 회현방(會賢坊) 소공동계(小公洞契) 해좌사향(亥坐巳向)의 땅을 길지로 선택한 후 공사를 시작하여 완성한 것이다.[32]

1897년 10월 13일에 고종은 이제부터 임금을 '황제'라고 칭하고, 국호를 '대한'으로 변경하고, 1897년을 '광무 원년'으로 삼는다고 선포한다. 이때부터 조선은 '대한국' 또는 '대한제국'이라는 국명을 사용하게 된다. 다만 앞서 본 것처럼 광무 연호는 이미 1897년 8월 14일부터 사용되었다. 1897년 10월 21일에 전(前) 도정(都正) 원세순(元世洵)은 대한이라는 국호를 다시 세우고 광무 연호를 선포하여 고종이 황제가 되었으므로 인민에게 다음 해의 시간, 즉 달력을 하사하는 반삭(頒朔)을 황제가 직접 해야 한다고 상소를 올린다.[33] 그 전에는 공식적으로 중국 황제에게 시간을 받아 왔지만, 이제는 조선 황제가 직접 시간을 하사해야 한다는 의미일 것이다.

1897년 11월 29일에는 황제가 경천(敬天)하여 수시(授時)를 하려면 역서의 이름이 있어야 하므로 그 이름을 의정(議定)하라는 고종의 명령이 내려진다. 그리고 다음 날인 11월 30일에 역서의 이름이 '명시(明時)'로 결정된다.[34] 그리고 연호와 역서명이 결정된 후 1897년 역서, 즉《광무원년정유력서(光武元年丁酉曆書)》의 단력(單曆)을 새로 간행하여 반포하라는 왕의 명령에 따라 12월 15일에 학부대신(學部大臣) 조병직(趙秉稷)이 외부대신(外部大臣) 조병식(趙秉式)에게 단력을 보낸 기록이 있다.

1897년 12월 15일에는 학부에서 외부 소속 칙임관(勅任官) 2명에게 단력 총 2건, 주임관(奏任官) 7명에게 단력 총 7건을 배포한다.[35] 또한 12월 17일에 농상공부(農商工部)가 칙주임관에게 반사(頒賜)할《광무원년정유력서》의 단력 18건을 수령했다는 회답을 학부대신 조병직 앞으로 보낸 기록이 있다.[36] 그로부터 11일 후인 12월 28일에 다시 농상공부는 조병직에게 1898년도 광무 2년 역서 36건을 수령했다고 회신하고 있다.[37] 1897년도 단력은 총 18건을 받았고, 1898년도 역서는 총 36건을 받았으므로 1898년도 음력 역서 18건, 1898년도 양력 역서 18건이 농상공부 칙임관과 주임관에게 배포되었다는 것을 알 수 있다.

학부에서 외부 소속 칙임관과 주임관에게 광무 2년 역서를 보낸 1897년 12월 27일 자 기록도 있다. 1898년도 음력 역서인《대한광무2년세차무술명시력(大韓光武二年歲次戊戌明時曆)》과 양력 역서인《대한광무2년력(大韓光武二年曆)》을 보낸 것이다. 칙임관 2명에게 음력 총 2건과 양력 총 2건, 주임관 7명에게 음력 총 7건과 양력 총 7건을 보냈으며, 외국에 주재하는 칙임관과 주임관 14명에게 양력 총 14건을 보냈다.[38] 외부에 한 장짜리 광무 원년 역서를 보낸 지 12일 만에 1898년도 광무 2년 역서를 보내고 있는 것이다. 이 기록을 통해 조선에 있는 칙임관과 주임관에게는 양력 역서와 음력 역서를 각 1건씩 배포했고, 외국에 있는 칙임관과 주임관에게는 양력 역서 1건만 배포한 것을 알 수 있다.

1897년 음력 역서는《대조선건양2년세차정유시헌력》이다. 그러

나 중간에 연호가 변경되었으므로 '건양 2년'은 곧 '광무 원년'이
되었고, 그 후 역서명도 '시헌력'에서 '명시력(明時曆)'으로 바뀌었
다. 따라서 1897년이 불과 보름 정도밖에 남지 않은 시점에서 연호
와 역서명만 바꾸어 《광무원년정유력서》라고 적힌 월력, 즉 단력을
발행한 것이다. 역서의 내용이 아니라 표제만 바꾼 것이다. 이것은
이미 지나간 시간에 '광무' 연호와 '명시력'이라는 역서명을 소급
적용한 지극히 상징적인 사건이었다.

  1896년도부터 음력 역서와 양력 역서가 같이 발행되고 있었다.
따라서 1897년에 이루어진 연호와 역서명 변경은 1895년에 건양
연호를 세우고 태양력을 채택할 때 제대로 하지 못했던 일을 복기
하듯 다시 처리한 상징적인 작업이었다. 1898년에도 음력 역서인
명시력과 태양력이 동시에 발행된다. 명시력은 1898년도 《대한광
무2년세차무술명시력》부터 1908년도 《대한융희2년세차무신명시
력(大韓隆熙二年歲次戊申明時曆)》까지 총 11년 동안 기존 시헌력 체재
를 유지하면서 태양력서와 함께 발행된다. 1896년부터 태양력으로
개력했지만 1898년도 명시력부터는 다시 매년 음력의 시간을 왕이
직접 백성에게 하사하고 있다. 따라서 명시력이 발행되는 11년간은
양력보다는 음력이 대한제국의 공식 시간이었다고 할 수 있다.

  광무 연호는 1897년 8월 14일부터 1907년 8월 2일까지 11년 동
안 사용되었다. 1907년 7월 19일에는 고종을 대신하여 순종이 대
리청정(代理聽政)을 하게 되고, 8월 2일에는 연호를 '융희(隆熙)'로
고친다.[39] 따라서 1907년 8월 2일 자 《관보》와 《관보》 호외까지는
광무 연호(광무 11년)가 사용되고, 8월 3일 자 《관보》와 《관보》 호외

부터는 융희 연호(융희 원년)가 사용되었다. 그런데 8월 3일 자《관보》에는 연호를 광무로 썼다가 융희로 고친 흔적이 고스란히 남아 있다. 《관보》에 실린 사건 기록도 8월 2일 자까지는 광무 연호를 사용하고, 8월 3일 자부터는 융희 연호를 사용하고 있다.[40]

1907년 8월 7일에 탁지부에서 작성한 문서에 따르면, 융희 연호의 반포와 함께 모든 공문서에서 광무 11년 8월 3일을 융희 원년 8월 3일로 고치고, 각 항목 회계장부와 명령서에서도 연호를 고쳐 썼다. 따라서 광무 11년도 예산 가운데 8월 2일 이전 발행 건은 장부에 광무 연호를 쓰고, 8월 3일 이후부터는 융희 연호를 썼다.[41]

1909년부터는 음력 역서인 명시력이 폐지되고 양력 역서만 발행된다. 그런데 1909년도 《대한융희3년력(大韓隆熙三年曆)》과 1910년도 《대한융희4년력(大韓隆熙四年曆)》은 이전의 태양력서와 달리 양력과 음력이 동등하게 결합한 기묘한 음양합병역서였다. 이 기묘한 양력 역서는 한일병합 후 체재를 거의 그대로 유지하면서 '조선민력(朝鮮民曆)'이 된다. 음양합병역서에 대해서는 뒤에서 자세히 살펴볼 것이다.

20세기 초에 발간된 몇몇 신문들의 제호 밑에 기록된 연호와 기년은 당시 조선을 잠식

그림 5-2-5 《제국신문》의 8개 기년법 (1904년 11월 19일 자).

하던 시간의 혼란을 잘 보여준다. 1904년 9월 7일 자부터 1906년 6월 7일 자까지 《제국신문(帝國新聞)》은 총 8가지 방식으로 기년을 하고 있다[그림 5-2-5]. 1904년 11월 19일 자 신문의 경우, 신문 제호 밑에 단군원년(檀君元年) 3247년, 기자원년(箕子元年) 3026년, 개국(開國) 513년, 공자탄강(孔子誕降) 2455년, 서력기원(西曆紀元) 1904년, 일본 명치(明治) 37년, 청력(淸曆) 광서(光緒) 30년, 음력(陰曆) 갑진(甲辰) 10월 대(大) 13일 정사(丁巳)의 형식으로 그 해를 서로 다른 8개 기년법에 의해 표현하고 있다. 《제국신문》은 최상단 난외에 "대한 광무 8년 11월 19일(토요)"이라고 발행 연월일을 기재하고 있으므로 사실상 총 9개의 기년법을 사용하고 있는 셈이다.

그림 5-2-6 《만세보》의 8개 기년법 (1906년 6월 17일 자)

《황성신문(皇城新聞)》도 1905년 4월 1일 자부터 1910년 8월 27일 자까지 신문 제호 밑에 단군개국(檀君開國), 기자원년, 대한개국(大韓開國), 광무 또는 융희 연호, 구력(舊曆) 세차(歲次), 일본 명치, 청국 광서 또는 선통(宣統), 서력(西曆) 등 총 8개의 연호와 기년을 기재하고 있다. 《황성신문》은 《제국신문》과 달리 '공자탄강'을 빼고 최상단 난외에 기입한 '광무 또는 융희 연호'를 중복하여 기입하고 있다. 한일병합이 공포된 다음 날인 8월 30일부터 《황성신문》은 《한성신문(漢城新聞)》으로 제호를 변경당하고 연

그림 5-2-7 《경남일보》의 15개 기년법 (1909년 11월 5일 자)

호도 명치 연호와 음력 세차만 표기하지만, 결국 9월 14일 자 마지막 호를 끝으로 폐간된다.

천도교에서 1906년에 창간한 《만세보(萬歲報)》도 똑같이 8개의 기년법을 사용하고 있다[그림 5-2-6]. 《만세보》도 신문 제호 밑에 단군개국, 대한개국, 광무, 일본 명치, 청국 광서, 음력 세차를 기재하고 있고, 여기에 천도교포덕(天道敎布德), 야소강생(耶蘇降生)의 기년법이 추가되어 있다.

1909년에 창간한 《경남일보(慶南日報)》는 '연호의 박물관' 같은 모습을 보여준다[그림 5-2-7]. 《경남일보》는 신문 제호 좌우로 대한개국기원, 단군개국기원, 기자기원, 신라시조왕원년(新羅始祖王元年), 가락국수로왕원년(駕洛國首露王元年), 고구려동명왕원년(高句麗東明王元年), 백제온조왕원년(百濟溫祚王元年), 융희 연호, 음력 세차, 신라문무왕통일원년(新羅文武王統一元年), 고려태조왕원년(高麗太祖王元年), 공자탄강, 일본 명치, 청국 선통, 서력기원 등 총 15개의 연호와 기년을 기재하고 있다. 1909년을 15개의 기년법으로 달리 표기하면서 마치 '시간의 놀이'를 하고 있는 듯한 인상마저 준다.

번역되지 않는 시간
양력 축일과 음력 제일

조선은 1895년 음력 11월 17일을 1896년 양력 1월 1일로 선포했고, 이때부터 우리의 공적 생활은 태양력의 지배를 받기 시작했다. 그리고 태양력의 등장을 전후하여 국가적으로 기념할 만한 국중명절(國中名節), 경절(慶節), 경축일(慶祝日) 등을 선정하고, 이것을 관청과 학교의 공휴일로 삼는 결정이 내려지기 시작했다. 이로써 왕실의 탄일(誕日)과 국왕과 국가의 시작점 등의 축일(祝日)이 의미 있는 날로 부각된다. 축제일(祝祭日) 가운데 그나마 축일은 양력일로 전환하기 쉬운 편이었다. 그런데 시공간 선택 등의 길흉 관념과 강력하게 맞물려 있는 제일(祭日)은 음력일, 간지, 음양오행 등과의 강력한 친연성으로 인해 양력일로 쉽게 전환되지 못한다. 여러 가지 시행착오 끝에 축일이라는 '시작의 날'은 결국 양력화되지만, 제일이라는 '끝의 날'은 결국 양력화되는 데 실패한다.

여기서 우리는 축일과 제일을 두고 벌어지는 시간 번역의 문제를 살펴볼 것이다. 태양력으로 전환되기 바로 몇 달 전인 1895년 음력

4월 1일에 내각기록국 관보과에서 발행한 《관보》 제1호에 처음으로 "개국 504년 4월 1일 목요(木曜)"라는 형식으로 7요일이 공식적으로 등장한다[그림 5-3-1]. 또한 1895년 음력 윤5월 10일에 내각총리대신 박정양(朴定陽)은 〈각령 제7호〉로 관청의 집무 시간을 다음과 같이 공포한다.[1]

그림 5-3-1   1895년 4월 1일 목요일 《관보》: 7요일의 등장[2]

■제1조. 각 관청 집무시한(執務時限)은 좌(左)와 갓티 정(定)홈

곡우(穀雨)로 소서(小暑) 전일(前日)까지: 오전 9시로 오후 3시까지

소서로 백로(白露) 전일까지: 오전 8시로 정오 12시까지

백로로 곡우 전일까지: 오전 10시로 오후 4시까지

■제2조. 좌개(左開)혼 일(日)은 휴가로 홈

개국기원절(開國紀元節): 7월 16일

대군주탄신(大君主誕辰): 7월 25일

서고일(誓告日): 12월 12일

제석(除夕) 전일로 정조(正朝) 3일까지

■제3조. 소서로 백로까지는 직무상에 무방흔즉 본속(本屬) 장관은 기(其) 요속(僚屬)에 휴가를 여(與)후믈 득(得)홈

■제4조. 일요일은 전일휴가(全日休暇)를 작(作)후고 토요일은 정오 12시

로붓터 휴가를 작(作)홈

■ 제5조. 지방의 경상(景狀)과 우(又) 관아사무(官衙事務)의 정형(情形)으로

이(已)ᄒ기 득(得)지 못ᄒᄂᆫ 경우가 유(有)ᄒᆫ즉 주부대신(主部大臣)은 각의

(閣議)를 경(經)ᄒ야 우(右) 시한을 개정(改定)ᄒᄂᆫ 사(事)를 득(得)홈

■ 제6조. 사무번극(事務繁劇)ᄒᆫ 경우에는 상관의 지휘를 준(遵)ᄒ야 휴가

일 혹 야중(夜中)을 구(拘)치 물(勿)ᄒ고 직무(職務)를 집(執)ᄒ미 가(可)홈

이 관청 집무 시간은 계절에 따른 출퇴근 시간 조정, 일요일 전일
휴가와 토요일 반일휴가, 연말연시의 휴가, 하계휴가, 축일(祝日) 휴
가를 최초로 체계적으로 규정하고 있다는 점에서 주목할 만하다.
제일(祭日)은 휴가일에서 빠져 있다. 그런데 이것은 대체로 일본 메
이지(明治) 정부의 집무 시간, 휴가 규정, 축일 편성을 복사한 것이
었다. 아래의 네 가지 사항을 기준으로 일본의 경우와 비교해 보자.

① 계절에 따른 출퇴근 시간 조정: 일본 정부는 메이지 25년(1892)
11월 22일의 〈각령 제6호〉에 의해 각 관청의 집무 시간을 다음과
같이 개정한다.[3]

4월 20일부터 7월 10일까지: 오전 8시부터 오후 4시까지

7월 11일부터 9월 10일까지: 오전 8시부터 정오 12시까지

9월 11일부터 4월 19일까지: 오전 9시부터 오후 5시까지

단 토요일 일요일은 종전대로

사무번극의 경우에는 상관의 지휘에 의해 주야에 관계없이 집무해야 함

[1893년 1월 6일 추가] 지방의 상황 또는 청무(廳務)의 성질상 멈출 수 없는

일에 한하여 주무대신(主務大臣)은 각의를 거쳐 위 시간을 변경할 수 있음

절기상으로 보면 4월 20일은 곡우, 7월 10일은 소서, 9월 10일은 백로에 근사하다. 따라서 우리는 박정양의 1895년 〈각령 제7호〉의 집무 시간이 일본의 1892년 〈각령 제6호〉와 거의 같다는 것을 확인할 수 있다. 일본의 경우에는 메이지 28년(1895) 11월 29일의 〈각령 제6호〉에 의해 평일의 집무 시간이 다시 다음과 같이 변경된다.[4]

9월 11일부터 10월 31일까지: 오전 8시부터 오후 4시까지

11월 1일부터 익년 2월 말일까지: 오전 9시부터 오후 4시까지

3월 1일부터 7월 10일까지: 오전 8시부터 오후 4시까지

7월 11일부터 9월 10일까지: 오전 8시부터 정오 12시까지

단 토요일과 일요일은 종전대로 함

일본 정부는 1922년 7월 3일까지 위와 같은 관청 집무 시간을 유지한다. 1892년과 다른 점은 가을과 겨울의 집무 시간을 구분하고 있다는 점뿐이다.

② 일요일 전일휴가와 토요일 반일휴가: 1868년 음력 1월 21일자로 일본 정부는 매월 6개 일자, 즉 1일, 6일, 11일, 16일, 21일, 26일을 휴가일로 하는 '일육일(一六日) 휴가제'를 공포한다. 다만 태양력 채용 이후에 새로 생긴 31일은 휴가일에 포함되지 않았다.[5] 그 후 일본 정부는 메이지 9년(1876) 3월 12일에 발령한 〈태정관달(太政官達) 제27호〉에 의해 종전의 '일육일 휴가제'를 없애고,

1876년 4월부터 일요일은 휴가, 토요일은 정오 12시 이후부터 휴가로 할 것을 규정한다. 이때부터 일본의 관청 및 관립과 사립 학교는 일요 휴일제와 토요 반일(半日)휴가제를 채택한다.

③ 연말연시의 휴가: 일본 정부는 메이지 원년(1868) 12월 22일에 12월 26일부터 1월 3일까지를 휴가일로 규정한 이후 메이지 4년(1871)까지는 12월 27일 또는 29일부터 1월 3일까지를 휴가일로 규정한다. 그리고 태양력 채용 직후 1873년 1월의 〈태정관포고(太正官布告) 제2호〉에 의해 1월 1일부터 3일까지, 12월 29일부터 31일까지를 휴가일로 규정하면서 연말연시 휴가의 기본 형태가 갖추어진다. 따라서 제석 전일부터 정조 3일까지를 휴가일로 규정한 조선의 1895년 〈각령 제7호〉도 메이지 정부의 연말연시 휴가 규정을 거의 그대로 복사한 것이다.

④ 축일 휴가: 메이지 원년(1868) 8월 26일에 메이지천황 탄생일인 음력 9월 22일을 천장절(天長節)로 선포하면서 일본 최초의 축일이 시작된다. 그리고 메이지 3년(1870)까지 예전부터의 절일(節日) 즉 셋쿠(節句) 등을 축일에 편입시킨다. 메이지 5년(1872) 11월 15일에는 진무천황즉위일(神武天皇卽位日)이 축일로 지정된다. 메이지 6년(1873) 〈태정관포고 제91호〉에 의해 진무천황즉위일은 기원절(紀元節)로 명칭이 변경된다. 기원절은 진무천황이 즉위한 기원전 660년 1월 1일을 기념하는 날이고, 메이지 7년부터는 양력으로 환산하여 2월 11일이 기원절이 된다. 다시 태양력으로 개력한 메이지 6년 1월에는 〈태정관포고 제1호〉에 의해 인일(人日), 상사(上巳), 단오(端午), 칠석(七夕), 중양(重陽)의 고셋쿠(五節句)가 폐지되고 진무천황즉

위일과 천장절만 축일로 지정된다. 음력일에 할당되는 고셋쿠를 더이상 공식 축일로 삼지 않은 것이다.

그 후 메이지 6년 10월 14일의 〈태정관포고 제344호〉에 의해 원시제(元始祭) 1월 3일, 신년연회(新年宴會) 1월 5일, 고메이천황제(孝明天皇祭) 1월 30일, 기원절 2월 11일, 진무천황제(神武天皇祭) 4월 3일, 신상제(神嘗祭) 9월 17일, 천장절(天長節) 11월 3일, 신상제(新嘗祭) 11월 23일 등 연중 8회의 제일과 축일이 휴가일로 결정된다. 원시제는 황위의 시작을 축하하는 의식으로 천황이 궁중삼전(宮中三殿)인 현소(賢所), 황령전(皇靈殿), 신전(神殿)에서 주재하는 제사였다. 고메이천황제는 메이지천황의 아버지이자 선대 천황인 고메이천황의 제일이다. 신상제(神嘗祭)는 그 해 수확한 새로운 곡물을 아마테라스오미카미에게 바치는 감사제다. 신상제(新嘗祭)는 천황이 그 해 수확한 새로운 곡물을 천신지기(天神地祇)에게 바치고 감사의 말을 올린 후 이것을 직접 먹는 의식이다. 메이지 11년(1878) 6월 5일에는 〈태정관달 제23호〉에 의해 춘분일의 춘계황령제(春季皇靈祭)와 추분일의 추계황령제(秋季皇靈祭)가 휴가일에 추가되어 총 10회의 축일과 제일 형식이 결정된다. 황령제는 역대 천황과 황족(皇族)에게 한꺼번에 제사를 지내는 날이다. 그리고 메이지 12년(1879) 7월 5일에는 〈태정관포고 제27호〉에 의해 신상제(神嘗祭)의 날짜가 9월 17일에서 10월 17일로 개정된다.

조선의 경우 1895년 〈각령 제7호〉는 최초로 휴가일로서의 축일을 규정하고 있다. 개국기원절은 일본의 기원절, 대군주탄신은 일본의 천장절에 대응한다. 개국기원절은 조선의 시작, 대군주탄신은 왕의 시작. 서고일은 독립국가로서 조선의 시작을 기념하는 날이라고 할 수 있다. 서고일은 1894년 개국 503년 12월 12일에 고종이 종묘에 가서 홍범(洪範) 14조를 고하여 청나라의 간섭을 끊고 자주독립을 선포한 날이다. 1894년 7월 25일에 시작된 청일전쟁이 일본의 승리로 끝나고, 1895년 4월 17일에 시모노세키 조약이 체결되어 청나라는 조선이 자주독립 국가라는 것을 인정한다. 그리고 1895년 음력 5월 10일에 고종은 서고일을 대조선국(大朝鮮國)이 청나라에서 독립한 사실을 기념하는 연례적인 독립경일(獨立慶日)로 정한다. 따라서 서고일은 청나라로부터 독립한 사실을 기념하는 독립기념일의 의미를 갖는다.[6]

그러나 아관파천 후 친일 내각이 붕괴되면서 서고일은 더 이상 기념할 만한 축일이 아니게 된다. 서고일은 1896년도 역서에만 기재되고 1897년도 음력 역서와 양력 역서 모두에서 삭제된다. 1897년 양력 1월 11일에는 1863년에 고종이 즉위한 음력 12월 13일이 흥경절(興慶節)로 지정된다.[7] 1898년~1908년까지 음력 역서와 양력 역서의 음력 12월 13일 상단 난외에는 모두 흥경절이 기재되어 있다.

1895년의 〈각령 제7호〉는 제일이 아니라 축일만을 휴가일로 규정하고 있다. 그런데 태양력으로의 개력을 준비하던 1895년 음력 10월 28일에 궁내부(宮內府) 대신은 양력 반포 후에 대소사전(大小祀典)의 날짜를 고쳐야 한다고 고종에게 건의한다.[8] 그리고 동년 음력 11월 3일에는 우선 왕의 탄일, 각 전(殿)과 궁(宮)의 탄일, 서고일을 아래와 같이 양력일로 고친 후 이것을 태양력서에 반영하기로 결정한다.[9] 만수성절(萬壽聖節)은 고종의 탄일이고, 천추경절(千秋慶節)은 왕태자(순종)의 탄일이다.

만수성절(대군주탄신): 임자년(1852) 음력 7월 25일 → 양력 9월 8일

왕태후의 경절: 신묘년(1831) 음력 1월 22일 → 양력 3월 6일

왕태자의 경절(천추경절): 갑술년(1874) 음력 2월 8일 → 양력 3월 25일

왕태자비의 탄일: 임신년(1872) 음력 10월 20일 → 양력 11월 20일

서고일: 음력 12월 12일 → 양력 1월 7일

다시 동년 음력 11월 13일에는 1896년부터 종묘, 영희전(永禧殿), 경모궁(景慕宮), 각릉(各陵), 현륭원(顯隆園), 각묘(各廟), 각궁(各宮), 각원(各園), 각묘(各墓)의 분향(焚香)을 매월 양력 1일에 하고, 빈전(殯殿)의 삭전(朔奠)도 매월 양력 1일에 설행하도록 고친다.[10] 그러나 이미 음력 역서 간행을 마친 상황이었으므로 음력 역서에는 음력 축일과 음력 제일이 기입되고, 양력 역서에는 양력 축일과 음력 제일이 기입되는 매우 혼란스러운 일이 벌어지고 만다. 1896년도 음력 역서인 《대조선개국505년세차병신시헌력》과 양력 역서인 《대조선개국505년력》의 역면을 간단히 비교해 보자.

음력 역서인 1896년도 《대조선개국505년세차병신시헌력》의 2월 역면을 보면 음력 2월 초8일 상단 난외에 '천추경절'이라고 표기되어 있다[그림 5-3-2]. 역면 하단을 보면 이날은 양력으로 3월 21일 토요일이다. 따라서 음력 역서에서는 천추경절이 양력으로 환산한 3월 25일이 아니라 음력 2월 8일에 기재되어 있음을 알 수 있다.

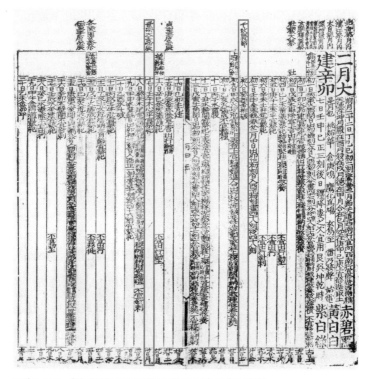

그림 5-3-2　《대조선개국505년세차병신시헌력》(1896)의 2월[11]

1896년도 음력 역서에는 만수성절, 천추경절, 서고일, 왕태후폐하
경절, 왕태자비전하탄신 등 축일이 모두 음력일을 기준으로 표기되
어 있다.

　반면에 최초의 양력 역서인 1896년도《대조선개국505년력》의
3월 역면을 보면 '왕태후탄신'은 양력 3월 6일(음력 1월 23일), '천추
경절'은 양력 3월 25일(음력 2월 12일)에 기입되어 있다[그림 5-3-3].
따라서 양력 역서에는 축일이 양력일을 기준으로 표기되어 있음을

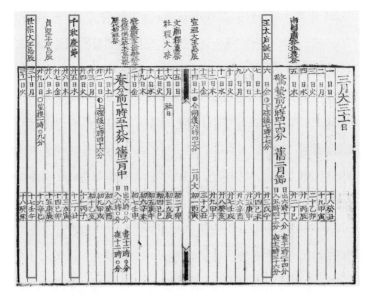

그림 5-3-3 《대조선개국505년력》(1896)의 3월

알 수 있다. 1895년 음력 11월 3일 이전에 이미 판각이 끝난 음력 역서에는 축일이 음력으로 표기되고, 1896년 1월 1일(음력 1895년 11월 17일) 직전에 판각이 끝났을 양력 역서에는 급히 축일을 양력으로 환산하여 표기하였던 것이다.

　그렇다면 제일(祭日)의 표기에서도 이러한 혼란이 거듭되고 있을까? 1896년도 음력 역서의 음력 2월 17일(양력 3월 30일 월요일) 상단 난외에는 '세종대왕기신(世宗大王忌辰)'이라고 표기되어 있다[그림 5-3-2]. 1896년도 양력 역서의 경우에도 양력 3월 30일(음력 2월 17일) 상단 난외에 '세종대왕기신'이 기재되어 있다[그림 5-3-3]. 세종대왕기신은 음력 2월 17일이므로 양력 역서든 음력 역서든 모두 음력일에 맞추어 제사일을 표기하고 있다는 것을 알 수 있다. 따라서 1896년도 음력 역서는 축일과 제일을 모두 음력일을 기준으로 표기하고 있지만, 1896년도 양력 역서는 축일은 양력일, 제일은 음력일을 기준으로 표기하는 매우 무질서한 모습을 보여주고 있다.

그런데 1896년 양력 2월 1일에 고종이 빈전에서 삭전과 주다례(晝茶禮)를 행했다는 기록이 있는 것으로 보아 태양력 채용 이후 1896년 2월 11일의 아관파천 직전까지는 양력을 기준으로 각종 의례를 실행했던 것으로 보인다.[12] 그 후 아관파천 시기인 1896년 건양 원년 7월 24일이 되면, 고종은 역신(逆臣)의 자의적인 변경을 비난하면서 다시 종묘, 전, 궁, 능, 원의 제향뿐만 아니라 대중소사도 모두 음력일을 사용하도록 결정한다. 따라서 1896년 음력 6월 15일부터는 각종 분향도 삭망일에 행해지고, 빈전의 삭망전(朔望奠)과 속절(俗節)의 제전(祭奠)도 음력일을 기준으로 설행된다.[13] 그리고 동년 8월 21일에 고종은 각 전과 궁의 탄일을 다시 음력으로 환원하고 1897년도 역서부터 이를 반영하게 했다.[14] 이로써 불과 1년도 지나지 않아 제일과 축일은 모두 다시 음력일로 복원된다.

따라서 1897년도 음력 역서인 《대조선건양2년세차정유시헌력》은 제일과 축일을 모두 음력일을 기준으로 표기하고 있다.[15] 또한 1897년도 양력 역서인 《대조선건양2년력》도 모든 축일과 제일을 음력일을 기준으로 표기하고 있다. 《대조선건양2년력》의 8월 역면을 보면 음력 7월 16일(양력 8월 13일)에 개국기원절, 음력 7월 25일(양력 8월 22일)에 만수성절이 표기되어 있다[그림 5-3-4]. 축일과 제일을 음력으로 표기하는 이러한 체재는 1908년도 음력 역서와 양력

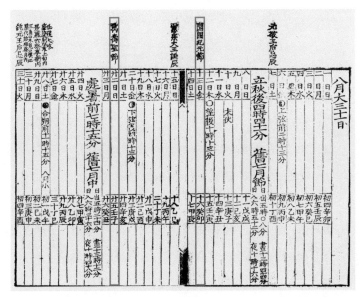

그림 5-3-4 《대조선건양2년력》(1897)의 8월[16]

역서까지 지속된다. 그 후 1909년과 1910년에는 양력 역서만 발행되고, 이때부터 모든 축일은 양력으로 표기되고 제일은 역서에 아예 표기되지 않는다.

1908년 양력 7월 1일부터는 〈각령 제6호: 관청 집무시한 개정건〉에 의해 1895년의 관청 집무 시간이 다음과 같이 개정된다.[17]

■제1조. 각 관청 집무시한은 좌(左) 갓치 정(定)홈

4월 1일로붓터 6월 30일까지: 오전 9시로붓터 오후 4시까지

7월 1일로붓터 8월 31일까지: 오전 9시로붓터 오후 1시까지

9월 1일로붓터 11월 30일까지: 오전 9시로붓터 오후 4시까지

12월 1일로붓터 익년 3월 31일까지: 오전 10시로붓터 오후 4시까지

단 토요일은 정오 12시까지

■ 제2조. 지방의 경황(景況) 우(又)는 관청사무의 정형에 대후야 부득이흔

경우가 유(有)후면 주부대신은 각의를 경(經)후야 전조(前條)의 시한을 개

정흠을 득(得)홈

■ 제3조. 좌개일(左開日)은 휴가로 홈

건원절(乾元節), 개국기원절, 즉위예식일(卽位禮式日), 계천기원절(繼天紀元

節), 묘사서고일(廟社誓告日), 12월 29일로붓터 익년 1월 3일까지, 일요일

■ 제4조. 7월 1일로붓터 8월 31일까지는 사무의 방애(妨碍)가 무(無)흔 한

도에 대후야 본속 장관은 그 요속에 휴가를 여(與)홈을 득(得)홈

■ 제5조. 사무번극흔 경우에는 전(前) 수조(數條)의 규정에 불구후고 상관

의 지휘에 의후야 집무흠이 가(可)홈

1895년과 달리 1908년 관청 집무 시간은 1년을 4등분 하여 출
퇴근 시간을 설정하고 있고, 즉위예식일과 계천기원절 같은 축일을
휴가일에 추가하고 있다. 그러나 일본과 달리 조선의 휴가일은 제
일이 아니라 축일을 골자로 하여 구성된다. 1908년 3월 10일(음력
2월 초8일)은 순종의 탄일인 건원절이었다. 그런데 이날이 일본육군
기념제일과 겹치자 건원절을 양력으로 옮기는 방안이 한때 논의되
기도 했다.[18]

1908년 7월 초에는 앞으로 음력을 영구히 폐지하고 양력을 실시
하기 때문에 기신, 제향, 탄신도 모두 양력월일에 설행할 거라는 소
문이 돈다.[19] 1908년 양력 7월 22일에는 〈포달 제178호〉에 의해

그동안 제정된 모든 축일이 양력으로 개정된다.[20] 그리고 동년 8월 이후 축일 행사는 모두 양력일을 기준으로 개최된다.

> 대황제(大皇帝) 폐하, 태황제(太皇帝) 폐하, 황후 폐하, 황태자 전하 탄신 및 기념경절 월일을 양력으로 좌(左)와 여(如)히 정(定)홈
>
> 건원절: 3월 25일
>
> 만수성절: 9월 8일
>
> 곤원절: 9월 19일
>
> 천추경절: 10월 20일
>
> 개국기원절: 8월 14일
>
> 계천기원절: 10월 12일
>
> 즉위예식일: 8월 27일
>
> 묘사서고일: 11월 18일

순종이 즉위하자마자 1907년 8월 7일에 순종의 탄일인 음력 2월 8일이 건원절로 명명되고, 순정효황후(純貞孝皇后) 윤씨(尹氏)의 탄일인 음력 8월 20일이 황후의 탄일경절로 지정된다.[21] 또한 1908년 7월 15일에는 황후의 탄일이 곤원절(坤元節)로 명명된다.[22] 천추경절은 고종의 7남인 영친왕(英親王) 이은(李垠)의 탄일이다. 계천기원절은 1897년 광무 원년 10월 12일(음력 9월 17일)에 고종이 환구단에서 고유제를 지내고 황제의 자리에 오른 것을 기념하는 날이다. 1897년 11월 30일에 음력 역서 이름을 시헌력에서 명시력으로 바꾼 후 동년 12월 2일에 계천기원절이 지정된다. 그리고 1898년 명

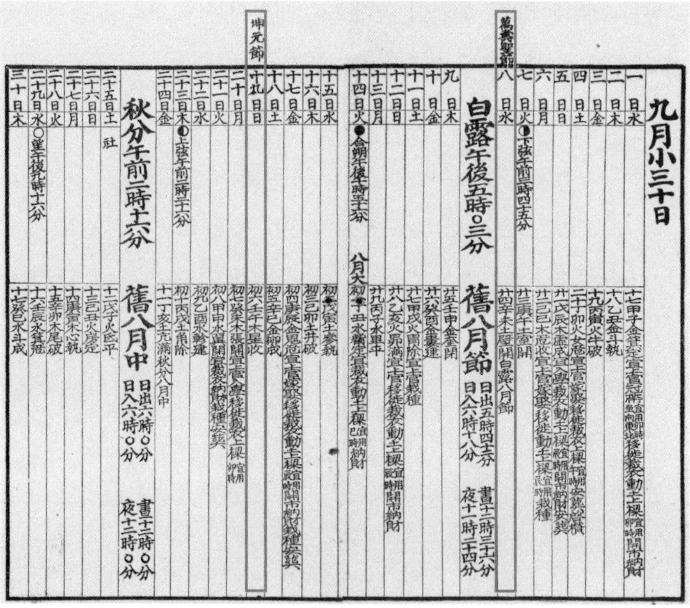

그림 5-3-5 《대한융희3년력》(1909)의 9월[23]

시력부터는 매년 음력 9월 17일 상단 난외에 계천기원절이 표기되었다.[24] 즉위예식일은 1907년 8월 27일에 순종이 황제 즉위식을 거행한 것을 기념하는 날이다. 묘사서고일은 1907년 11월 18일에 순종이 종묘와 사직에 서고문(誓告文)을 올린 것을 기념하는 날이다.[25] 1908년 관청 집무시한을 보면 만수성절, 곤원절, 천추경절은 관청의 휴일이 아니었다.

양력 역서인 1909년도 《대한융희3년력》과 1910년도 《대한융희4년력》은 축일을 모두 양력일을 기준으로 표기하고 있다. 《대한융희3년력》의 9월 역면을 보면 양력일을 기준으로 만수성절은 9월

8일, 곤원절은 9월 19일에 표기되어 있음을 확인할 수 있다[그림 5-3-5]. 그런데 1908년 양력 9월 15일(음력 8월 20일)에 순종은 명성황후의 기일을 맞아 편전(便殿)에서 망곡례(望哭禮)를 행한다.[26] 명성황후의 기일은 음력 8월 20일이므로, 축일을 양력으로 개정한 후에도 제일은 여전히 음력일을 기준으로 하고 있음을 알 수 있다. 1909년의 추향대제(秋享大祭) 설행도 이전처럼 음력 7월 1일(양력 8월 16일)에 논의되고 있다.[27] 따라서 한일병합 이전까지도 제일은 여전히 음력일을 기준으로 하고 있었음을 알 수 있다. 아마도 이러한 혼란으로 인해 1909년도와 1910년도 역서는 양력으로 번역 가능한 축일만 표기하고 번역 불가능한 제일은 아예 역면에서 삭제해 버렸을 것이다.

1910년 3월 18일은 음력 2월 8로 순종 황제의 음력 탄일이었다. 이날 황족, 대신, 황태자 등은 '구력 탄신'을 기념하여 비공식적으로 순종 황제에게 문안 인사를 한다.[28] 양력 3월 25일이 공식적인 순종의 탄일인 건원절이었지만, 일주일 전에 비공식적인 생일 축하가 있었던 셈이다. 음력과 양력의 공존이 이중과세(二重過歲)의 문제만을 야기한 것은 아니다. 음력과 양력의 두 가지 시간이 공존하면서 조선 사회는 한동안 이전과는 다른 느슨하고 유연한 시간 관념을 가지게 된다. 음력은 질적인 시간이고, 양력은 양적인 시간이었다.

음양력 대조 역서
조선과 일본의 양력화 과정

4

한국 최초의 양력 역서

1896년은 음력 역서와 양력 역서가 함께 발간되어 하나의 국가에 두 개의 시간 체제가 병존하게 된 최초의 해였다. 양력이 음력을 단박에 대체한 것이 아니라, 아직은 텅 빈 양력이 장기 공존을 통해 음력의 충만한 시간 내용을 서서히 흡수할 과도기가 필요했던 것이다. 한동안 양력은 일차 시간으로서 공적 영역과 새로운 문물의 시간을 장악하기 시작했고, 음력은 이차 시간으로서 사적 영역과 전통의 영역을 지배하게 되었다.

을미사변 직후 1895년 음력 9월 9일에 태양력 사용이 결정되었고, 동년 음력 11월 17일을 1896년 양력 1월 1일로 바꾸었기 때문에 양력 역서 발행은 1895년 11월 중순경에 마무리되었을 것이다. 건양 연호는 1896년이 시작되기 이틀 전인 음력 11월 15일에 공포되었으므로 양력 역서인 《대조선개국505년력》(1896)은 '건양' 연호를 사용하지 못하고 여전히 '개국기년'을 사용했다. 다만 역서 제작 후에 새로 '건양원년력'이라는 표제를 겉표지에 덧붙인 것으로 보인다.

태양력서를 제작한 경험이 전무한 상황에서 두 달 안에 새로운 역서를 제작한다는 것은 거의 불가능한 일이었다. 따라서 조선의 1896년도 태양력서는 당시의 일본 태

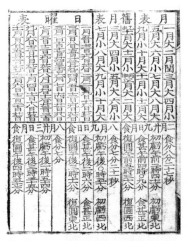

그림 5-4-1 《대조선개국505년력》(1896)의 권두

양력서를 참고하여 만들어진 것으로 보인다. 먼저 최초의 양력 역서인《대조선개국505년력》에 대해 간단히 살펴보고 이것을 당시의 일본 역서와 비교해 보자.

《대조선개국505년력》의 권두에는 양력월의 대소를 보여주는 월표(月表), 음력월의 대소를 보여주는 구월표(舊月表), 각 월의 일요일을 보여주는 일요표(日曜表), 일월식의 일자와 식의 진행 상황을 보여주는 일월식표(日月食表)가 실려 있다[그림 5-4-1]. 나중에 윤년을 설명하는 윤표(閏表)가 추가되고, 1909년 이후로는 구월표가 삭제되지만, 대체로 이러한 권두 형식은 한일병합 후 1936년도 조선민력까지 근 40년간 유지된다.

일월식표는 일식과 월식의 진행 과정을 예측하고 있다. 먼저 태양이나 달이 가려지는 정도를 가리키는 식분(食分)이 기재되어 있다.

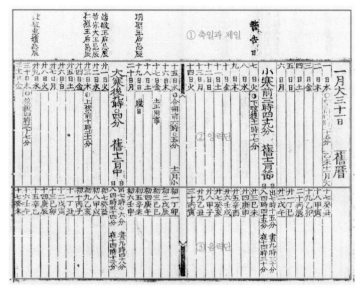

그림 5-4-2 《대조선개국505년력》(1896)의 1월

또한 식(食)이 시작되는 시각인 초휴(初虧), 식이 진행되는 중심 시각인 식심(食甚), 식이 완전히 끝나는 시각인 복원(復圓)의 3단계로 시각과 방위가 기재되어 있다. 개기월식이 있는 해에는 달이 지구 그림자 안으로 완전히 들어가 개기식(皆旣食)이 시작되는 식기(食旣), 달이 지구 그림자에서 벗어나기 시작하는 생광(生光)의 시각도 기재된다. 낮에 일어나는 월식은 방위가 표시되어 있지 않다. 또한 일월식표는 '오전(午前)'과 '오후(午後)'라는 표현을 사용하면서 12시간제에 따른 시각을 기재하고 있다.

《대조선개국505년력》의 1월 역면을 기준으로 살펴보면, 각 월역면은 ① 축일과 제일, ② 양력단, ③ 음력단으로 구분된다. 상단 난외에 표기된 축일과 제일에는 탄신, 기신, 기념일이 기재된다. 양력단에는 양력 일자, 7요일, 합삭·상현·망·하현의 시각이 표기되고, 음력단에는 음력 일자와 일진만 표기된다[그림 5-4-2].

또한 1896년 양력 1월 6일(1895년 을미년 음력 11월 22일)은 12월의 절기인 소한(小寒)이고, 양력 1월 20일(1895년 을미년 음력 12월 초6일)은 12월의 중기인 대한(大寒)이었다. 따라서 절기와 중기 다음 칸에 절기와 중기의 입기시각이 기재되어 있다. 음력 역서는 96각법에 의해 시각을 표시하지만, 양력 역서의 각 월 역면은 12시간제에 따라 오전을 '전(前)', 오후를 '후(後)'라고 약칭하여 모든 시각을 표기하고 있다. 또한 절기와 중기 칸에는 일출과 일입의 시각과 주야의 길이가 기재되어 있다. 《대조선개국505년력》의 각 월 역면 구조는 1908년까지 변함없이 유지된다.

조선의 태양력서는 양력 역서이면서도 역면 하단에 음력과 일진을 기록하여 양력일과 음력일의 대응 관계에 무척 신경쓰고 있다. 상단 난외에 기입된 음력일 기준의 제향(祭享)과 기신(忌辰)만으로도 우리는 여전히 태양력서가 음력일을 양력일로 번역하는 장치였다는 것을 짐작할 수 있다.

그렇다면 조선 최초의 태양력서는 과연 같은 시기에 발행된 일본의 태양력서와 얼마나 같을까? 이미 태양력으로 개력한 지 24년째인 1896년도의 일본 역서는 본력(本曆)인 《메이지29년력》과 약본력(略本曆)인 《메이지29년약본력》의 두 종류로 발행된다. 약본력은 본력의 내용 가운데 필요한 부분만 초출한 소형 역서다.

《메이지29년력》 1월 역면의 상단 난외에는 축제일이 표기되고,

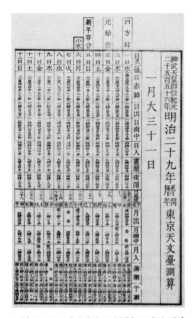

상단에는 양력일인 일차(日次), 칠치(七値), 일적위(日赤緯), 일출·일남중(日南中)·일입의 시각, 주간과 야간의 길이가 기재되어 있다. 칠치는 7요일을 뜻하고, 일적위는 천구 적도와 태양이 이루는 각도다. 역면 하단에는 월영허(月盈虛), 간지, 월출(月出)·월남중(月南中)·월입(月入)의 시각, 만조(滿潮)와 간조(干潮)의 시각이 기재되어 있다. '달의 참과 이지러짐'을 뜻하는 월영허는 음력일

그림 5-4-3 《메이지29년력》(1896)의 1월[1]

의 다른 표현이다. 의도적으로 음력이라는 표현을 쓰지 않고 있음을 알 수 있다[그림 5-4-3].

《메이지29년약본력》 1월 역면의 상단에는 양력 일자, 칠치, 신월·상현·만월·하현의 시각이 기재되어 있다. 본력과 달리 사방배(四方拜), 원시제, 신년연회 같은 축제일은 상단 난외가 아니라 역면의 중단인 양력일과 7요일 아래 기재되어 있다. 역면 하단에는 음력일, 간지(일진), 월출과 월입의 시각이 기재되어 있다. 간지는 미즈노토우시(みずのとうし, 계축), 기노에토라(きのえとら, 갑인), 기노토우(きのとう, 을묘), 히노에타쓰(ひのえたつ, 병진), 히노토미(ひのとみ, 정사) 순으로 한자가 아니라 히라가나로 적혀 있다. 본력이 아닌 약력(略曆)이나 약본력

에서는 일진이 항상 히라가
나로 기입된다. 예외적으로
최초의 태양력서인《메이지
6년태양력》은 본력이면서
도 일진이 히라가나로 적혀
있다.《메이지29년약본력》
도 입기시각을 "소한 전(前)
3시 55분"의 형식으로 표기
한다는 점에서《대조선개국
505년력》과 똑같은 시각 표
시 방식을 사용하고 있음을
알 수 있다[그림 5-4-4].

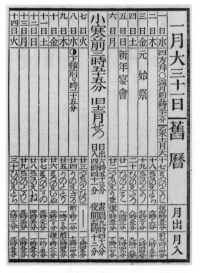

그림 5-4-4 《메이지29년약본력》(1896)의 1월

기존 본력의 체재가 근본적으로 바뀐《메이지13년력》부터 본력
의 각 월 역면은 앞서 말한 것과 같은 구조를 보여준다. 다만《메
이지13년력》의 역면에는 주간과 야간의 길이가 없고, 월영허가 아
니라 '태음영허(太陰盈虛)'라는 표현이 등장한다. 약본력의 경우에도
《메이지13년약본력》부터 각 월 역면에 월출과 월입의 시각이 추가
된다. 메이지 13년(1880)은 역서 변화의 기준점 역할을 하고 있다.

《메이지29년약본력》의 권두에서도《대조선개국505년력》과 비슷
한 점을 발견할 수 있다.《메이지29년약본력》의 권두에는 축제일
표, 양력월의 대소표(大小表), 음력월의 구대소표(舊大小表), 도쿄 일
월식 시각표, 일요표, 그리고 칠치, 갑자(甲子), 기사(己巳), 경신(庚
申)의 표가 있다. 갑자, 기사, 경신의 표는 일본에서 중시하던 그 해

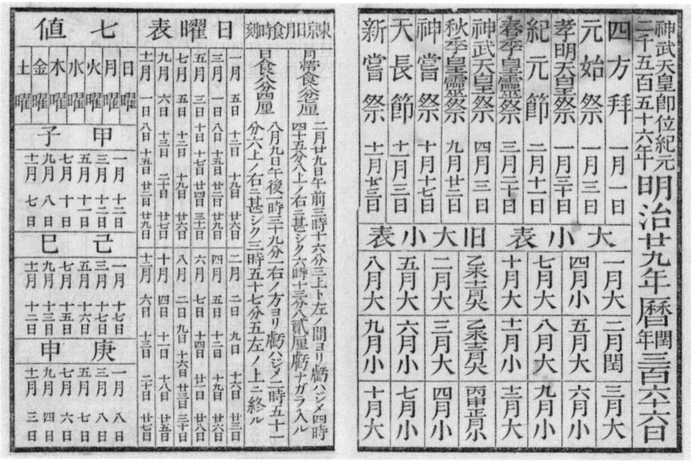

그림 5-4-5 《메이지29년약본력》(1896)의 권두

의 갑자일, 기사일, 경신일의 월일을 정리한 것이다. 따라서 《대조
선개국505년력》에 있는 월표, 구월표, 일요일, 일월식표가 모두
《메이지29년약본력》에도 있는 것을 확인할 수 있다. 일본의 본력에
는 약본력의 권두에 실린 이러한 표들이 없다[그림 5-4-5].

  일본 본력의 경우 《메이지6년태양력》(1873)부터 《메이지12년태양
력》(1879)까지는 뒤에 '태양력'이라는 글자가 붙지만, 《메이지13년
력》(1880)부터는 '력'이라는 한 글자만 붙는다. 약본력의 경우 《메이
지6년태양약력》부터 《메이지10년태양약력》까지는 뒤에 '태양약력'
이라는 글자가 붙고, 《메이지11년태양약본력》과 《메이지12년태양
약본력》에는 '태양약본력'이라는 글자가 붙지만, 《메이지13년약본
력》부터는 '약본력'이라는 글자만 붙는다. 따라서 역서의 제호에서
든 내용에서든 본력과 약본력의 체재는 메이지 13년(1880)부터 어느

정도 안정성을 보이고 있음을 알 수 있다. 1880년부터 일본의 본력과 약본력이 어느 정도 완성된 형태를 취한 것이다.

그런데 1896년 역서임에도 《대조선개국505년력》의 각 월 역면은 일본의 메이지 13년(1880) 이전의 본력이나 약본력과 더 비슷하다. 예컨대 《메이지6년태양력》의 1월 역면을 살펴보면 ① 축일과 제일, ② 양력단(양력일과 7요일), ③ 음력단(음력일과 일진)의 구조가 《대조선개국505년력》과 매우 흡사하다는 것을 알 수 있다[그림 5-4-6]. 차이점이 있다면 《대조선개국505년력》의 경우 음력단이 훨씬 크다는 것, 그리고 음력일과 일진 밑에 마치 지워진 음력 역주(曆註)의 존재감을 환기하는 듯한 빈칸이 덩그러니 남아 있다는 것이다. 마치 미래를 기다리는 듯한 이 빈칸은 13년 후 1909년에 음양합병역서가 등장하면서 다시 길(吉)의 역주로 채워진다[그림 5-4-2].

《메이지12년태양약본력》의 1월 역면을 보면 상단에 양력일과 7요일, 하단에 음력일과 간지가 기재되어 있다. 그리고 사방배, 원시제, 신년연회 같은 축일과 제일은 상단 난외가 아니라 양력일과 7요일 밑 중단에 기입되어 있다[그림 5-4-7]. 따라서 약본력보다는 일본의 초

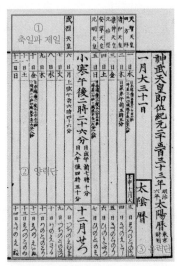

그림 5-4-6 《메이지6년태양력》(1873)의 1월[2]

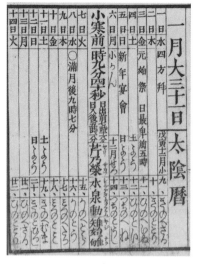

기 태양력서가 《대조선개국 505년력》과 조금 더 비슷하다는 것을 알 수 있다.

1896년부터 1936년까지 41년 동안 조선의 양력 역서는 양력과 음력의 조응 체계를 끌어안는다. 다만 처음에는 음력일을 양력일로 변환하는 용도로 사용된 태양력서가 나중에는 양력일을 음력일로 변환하는 용도로 사용된다. 음력과 양력의 병

그림 5-4-7 《메이지12년태양약본력》(1879)의 1월[3]

존 구조 속에서 일차 시간과 이차 시간이 서서히 지위를 교대하고 있었던 것이다.

일본 양력 역서의 변화

조선 정부는 1896년도부터 1908년도까지 양력 역서와 음력 역서를 동시에 발행하면서 양력과 음력의 팽팽한 이중적인 시간 구조를 지속시켰다. 1909년부터는 음력 역서의 발행이 중단되고 양력 역서만 발행되었지만, 이때 발행된 양력 역서는 그 안으로 음력 역서를 더 깊이 빨아들인 음양합병역서에 가까웠다. 그리고 이러한 음양합병

역서는 한일병합 이후 1936년도 조선민력까지 유지되었다. 태양력 채용 후에도 제일만은 계속 음력을 고수한 점, 심지어 축일조차도 1909년이 되어서야 겨우 본격적으로 양력으로 전환된 점을 고려하면 양력의 정착이 얼마나 더뎠는지 짐작할 수 있다.

조선보다 23년 빨리 태양력을 공식적으로 시행한 일본의 경우에도 개력 이후의 상황이 순조롭지 않았다. 조선과 달리 메이지 정부는 1873년도 역서부터 음력 역서 발행을 중단하고 양력 역서만을 발행한다. 그리고 양력 역서 안에서 음력은 음력일과 일진의 형태로 1873년부터 1909년까지 37년 동안 지속한다. 따라서 조선과 달리 일본에서는 공식적인 차원에서는 음양합병역서나 이중적인 시간 구조의 문제가 발생하지 않았다.

그러나 자세히 살펴보면 태양력 채용 이후 일본에서도 상당 기간 시간의 혼란이 지속된다. 일본 정부는 1872년 메이지 5년 11월 9일에 조서(詔書)를 반포하여 동년 12월 3일을 1873년 메이지 6년 1월 1일로 변경하면서 태양력을 공식적으로 시행했다.[4] 1872년 12월은 30일의 대월이므로 일본도 1872년 12월 3일~30일까지 총 28일의 시간을 지우면서 음력에서 양력으로 건너간 것이다.

당시 메이지 6년 태음태양력(음력) 역서가 이미 발행된 후였으므로 일본 정부는 급히 양력 역서를 만들어 일반 대중에게 보급하고자 했다. 일본 정부는 우선 영국 항해력(航海曆)을 토대로 《메이지6년태양력》을 만들었다. 또한 역면 최하단에 음력일과 일진을 배치하여 음력일과 양력일을 대조할 수 있도록 했고, 12절기와 12중기도 종전대로 입기일 다음에 칸을 만들어 기재했다[그림 5-4-6]. 양력 3월에도 여전히 매우 춥다는 사실이나 달의 첫날과 보름이 음력과 다르다는 사실로 인해 민간에서 소란이 일 수 있다는 것, 그리고 농민이 경작 시기를 잘못 알 수 있다는 것 등을 염려하여 음력일을 하단에 기재한 것이다.

역면 하단에 음력일을 기재한 것은 일본 정부의 임시적인 조치였다. 즉 양력일 밑에 음력일을 두어 서로 비교할 수 있게 하고 최상단에는 축제일을 기입하였지만, 이러한 음양력 병용 체제를 2~3년 정도 시행한 후 양력 사용의 관습이 정착하면 그때 하단의 음력일을 제거하면 된다고 생각한 것이다. 조선 정부가 1896년도부터 양력 역서에 기입한 음력일과 일진, 그리고 1896년도부터 시헌력과 명시력에 기입한 양력일과 7요일, 그리고 역면 상단 난외에 기입한 축제일도 모두 시간의 혼란을 방지하기 위한 잠정적인 조치였다. 그러나 조선이든 일본이든 처음에는 몇 년 정도일 거라고 추정한 잠정적인 기간은 결국 근 40년으로 늘어나고 만다. 형식적으로라도 음력에서 양력으로 건너가는 데 한 세대 이상의 시간이 필요했던 셈이다.

그런데 《메이지6년태양력》은 미신적이라 판단된 음력 역주를 모두 제거하고, 일반 서민에게는 필요도 없는 태양과 달에 관한 천문학적 사항을 기재하고 있을 뿐이어서 별 인기가 없었다. 사실 일반 사람들에게 일적위, 상현이나 하현 같은 월상의 정확한 시각, 일식과 월식의 시각 등은 불필요한 것이었다. 메이지 6년에는 본력인 《메이지6년태양력》과 약본력인 《메이지6년태양약력》, 그리고 벽이나 기둥에 붙이는 주력(柱曆) 형태의 1장짜리 약력이 간행되었다. 나라현청에서 발행한《메이지6년태양약력》을 보면 권두에 매월의 일요일과 월의 대소를 기록한 일요표가 실려 있을 뿐 나머지는《메이지6년태양력》과 거의 차이가 없다.[5] 제대로 된 약본력은 메이지 7년(1874)부터 본격적으로 발행된다.

《메이지6년태양력》의 권두에 있는 전문(前文)은 태양력법(太陽曆法)의 개요를 싣고 있다. 이를 보면 메이지 6년부터 시각법(時刻法)을 변경하여 1주야를 24시로 하고, 1시를 60분으로 하고, 오전과 오후에 각각 12시간을 두었으며, 역서에 기재된 시각은 모두 도쿄 시각을 기준으로 표기했다. 또한 "역대 제전(祭典) 및 사시(四時)의 제사 등은 당일 모두 그 날의 상단 칸에 기록한다."라고 적혀 있다. 역면의 상단 난외에 축일과 제일을 기록하는 관습이 바로 여기에서 시작되었음을 알 수 있다.

그런데《메이지6년태양력》의 제일과 축일은 여전히 음력일을 기준으로 기재된다. 즉 1868년에 축일로 지정된 메이지천황의 탄일 즉 천장절(天長節)은 양력 11월 11일(음력 9월 22일)에 표기되어 있고, 1872년에 축일로 지정된 진무천황즉위일(1873년에 기원절로 명칭 변경)은 양력 1월 29일(음력 1월 1일)에 표기되어 있다. 다만 천황이 천지 사방의 천신(天神)과 지기(地祇)에게 절을 하는 궁중제사인 사방배(四方拜)는 양력 1월 1일, 황위의 시작을 기념하는 원시제(元始祭)는 양력 1월 3일에 표기되어 있으므로, 이 둘은 양력일을 기준으로 하고 있음을 알 수 있다. 축일은 양력일, 제일은 음력일을 기준으로 한 조선 최초의 태양력서만큼이나 일본 최초의 태양력서도 축제일의 표기에서 혼란스러운 모습을 보여주고 있다.

그러나 1년 뒤 1874년《메이지7년태양력》의 전문은 "역대의 제일과 축일 및 신궁(神宮) 이하 모든 신사(神社)의 제사 등의 본일(本日)은 확실히 조사를 마쳐 이제 이것을 그 날의 상단 칸에 기록한다."라고 적고 있다. 역대 황실의 축일과 제일, 그리고 신사의 제사일 등에 해당하는 양력 일자에 대한 조사가 미처 끝나지 않은 상태에서 급히 태양력을 채용했기 때문에 1873년도 태양력서는 다소 불완전한 것이었다. 따라서 1873년도《메이지6년태양력》에서는 축일과 제일이 음력일을 기준으로 표기되었지만, 1874년도《메이지7년태양력》부터는 축일과 제일이 모두 양력일을 기준으로 기재되기 시작한다. 실제로《메이지7년태양력》은 고메이천황제 1월 30일, 기원절 2월 11일, 진무천황제 4월 3일, 천장절 11월 3일 등 축일과 제일을 모두 양력일을 기준으로 표기하고 있다. 그런데《메이지7년태양력》은 다른 면에서 꽤 흥미로운 변이를 보여주고 있다.

최초의 양력 역서가 간행된 직후인 메이지 6년(1873) 3월 12일에 일본 정부는 〈반력규칙(頒曆規則)〉을 통해《메이지7년태양력》부터는 태음력을 역서에 합각(合刻)하는 것을 중지할 것이라고 예고한다. 다시 동년 10월 5일의 문서는《메이지6년태양력》의 체재와 똑같이《메이지7년태양력》역면의 하층에 태음력의 월일과 기타 사항을 게재하기로 했다고 기록하고 있다. 역서에 양력만 기재하면 인민이 혼란스러워할 것이므로 아직 음력을 삭제하는 것은 시기상조라고 판단하고 1874년도 역서에서도 태음력을 합각하기로 한 것이다.

그런데 1873년 3월의 태음력 합각 폐지 결정으로 인해 동년 10월에 이미 일진만 남기고 음력일은 삭제한 역서 초안이 만들어

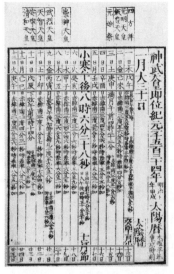

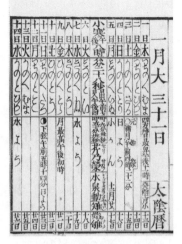

그림 5-4-8 《메이지7년태양력》(1874)
의 1월6

그림 5-4-9 《메이지7년태양약력》(1874)
의 1월7

진 상태였다. 따라서 역서를 발간할 시기가 다가와 시간이 촉박했
기 때문에 급히 역서 초안의 최하단에 음력일만 추가하여 1874년
도《메이지7년태양력》을 완성하게 된다. 이로 인해 그 당시 시간의
혼란을 반영하는 매우 독특한 역서가 탄생한다.

　본력인《메이지7년태양력》과 약본력인《메이지7년태양약력》을
보면,《메이지6년태양력》에서는 역면의 최하단에 기재된 일진이 상
단으로 옮겨져 양력일과 7요일 바로 밑에 기재되어 있고, 급히 추
가된 음력일만 최하단에 기재되어 있는 것을 확인할 수 있다[그림 5-
4-8] [그림 5-4-9].

　또한《메이지6년태양력》에서는 일진이 히라가나로 기입되었지

만, 1874년부터는 본력인 《메이지7년태양력》에는 일진이 한자로 기입되고, 약본력인 《메이지7년태양약력》에는 일진이 히라가나로 기입된다. 《메이지7년태양력》부터는 모든 양력일 밑에 매일의 일적위와 시차율(時差率)을 기록하여 보다 완전한 천체력의 모습을 갖추게 된다. 그리고 본력에서 축제일은 망각을 방지하는 기억 장치처럼 상단 난외에 매달려 있고, 약본력에서 축제일은 역면 중단에 기입되어 어엿한 역면의 구성 요소처럼 녹아들어 있다.

본력인 《메이지7년태양력》은 태양 관련 자료를 매일의 양력일에 기입하고 있지만, 약본력인 《메이지7년태양약력》은 신월, 상현, 만월, 하현 등 달의 위상 변화뿐만 아니라 지구와 달의 거리를 가리키는 월최고(月最高)와 월최비(月最卑), 즉 원지점(遠地點)과 근지점(近地點)을 기재하고 있다. 본력이 태양의 운동에 초점을 맞추고 있다면, 약본력은 달의 운동에 초점을 맞추고 있는 것처럼 보인다.

이처럼 역서에서 음력일을 삭제하려던 1차 시도는 실패로 돌아갔다. 1875년도 《메이지8년태양력》과 《메이지8년태양약력》의 1월 역면을 보면 다시 음력일과 함께 일진이 역면의 최하단에 배치된다[그림 5-4-10] [그림 5-4-11]. 그런데 양력 역서에 음력을 기입하기는 했지만 일반 서민들은 태양력과 쉽게 친숙해지지 않았다.

그리하여 1875년 2월 10일에 문부성(文部省)은 언제까지고 기다릴 수 없으므로 조금 불편이 따르더라도 메이지 9년력(1876)부터는 태음력 합각을 폐지하여 일반 사람들이 태양력과 친숙해지도록 강제하자는 의견을 제시한다. 이렇게 1~2년이 지나면 민간에서도 저절로 태양력의 편의성을 깨달을 것이라고 생각한 것이다. 특히 문

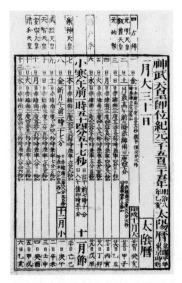

그림 5-4-10 《메이지8년태양력》(1875)
의 1월[8]

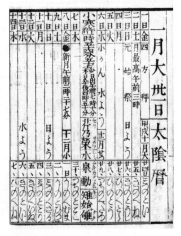

그림 5-4-11 《메이지8년태양약력》
(1875)의 1월[9]

부성은 개력 이후에 사계절 구분에 혼란이 생겨 어떤 이는 1월을
봄으로 삼고, 어떤 이는 입춘을 봄으로 삼고, 어떤 이는 백양궁(白羊
宮)의 전도(躔度)에 의해 춘분이 있는 3월을 봄으로 삼고 있다고 문
제를 제기한다. 따라서 문부성은 양력법에 의해 1876년부터는 서
력(西曆)의 12궁(十二宮)에 따라 태양의 전도를 역서에 싣고, 백양궁
(춘분), 거해궁(巨蟹宮, 하지), 천칭궁(天秤宮, 추분), 마갈궁(磨羯宮, 동지)
을 사계의 시작으로 삼자고 주장한다. 그리고 갑자기 태음력 합각
이 폐지되고 계절의 시작이 바뀌면 농민들이 혼란스러워할 것이므
로 계절, 히간(彼岸), 이분이지(二分二至) 등 관습적인 호칭의 비교표
를 역서 끝에 부록으로 실어 계절의 착오를 방지하자고 건의한다.

결국 메이지 9년력의 초고본을 본 후 태음력 합각 폐지 여부를 결정하기로 논의가 진행된다. 그리고 1875년 3월 9일에 문부성은 메이지 9년력의 초고본을 따로 인쇄하여 제출한다. 그런데 3월 25일에 내무성은 무지하여 문자를 모르는 빈민은 천체 관측의 정확성 여부가 무엇인지도 모르고, 글자를 해독하는 자는 천 명 백 명 중에 몇 명밖에 되지 않는다고 염려를 표한다. 벽지에 사는 농민과 어부 가운데 현재의 음양력 합각 역서조차도 불편하다고 호소하는 자가 있고, 이로 인해 지방에서는 따로 약력을 만들어 파종과 경작, 조수 간만의 때를 알려주고 있는 형편이라는 것이다. 따라서 내무성은 당시 일본 인민의 상태가 이러한 처지에 있으므로 아직은 문명 각국의 인민과 날을 같이하는 문제가 중요한 것은 아니라고 주장한다. 당장 음양력 합각을 폐지하고 비교표를 부록으로 넣는다고 하더라도 조수와 절기를 탐지하는 데 불편을 호소하는 자가 많을 것이고 생업에 장애가 심하다는 것이다. 이처럼 내무성은 아직은 역서에 음력일을 기입하여 인민에게 시간을 알려주는 수단으로 삼을 수밖에 없는 형편이라는 의견을 피력하고 있다. 식자층은 역일에 급급하지 않지만 서민에게는 하루도 빠뜨릴 수 없을 정도로 역일이 중요하다는 것이다.

이러한 이유로 내무성은 문부성의 건의를 잠시 유예하고 인지(人智)의 개명(開明) 정도를 헤아려 시행해도 늦지 않을 것이라는 의견을 낸다. 이리하여 결국 문부성 안은 기각되고 메이지 9년력은 종전대로 발행된다. 음력일을 삭제하려던 2차 시도도 이렇게 무산된다.

그런데 1876년 10월 20일에는 문부성 안에 반대했던 내무성이 오히려 메이지 11년력(1878)부터 태음력을 삭제하자는 의견을 낸다. 이미 역서에 음력을 함께 기재한 지 4년이 지났지만 여전히 민간에서는 음력을 고수하여 구력을 따를 뿐 태양력을 사용하는 자가 매우 적다는 것이다. 또한 내무성은 칠절일(七節日), 우라본에(盂蘭盆会), 간게쓰(觀月) 등 옛날 의식을 폐지하지 않은 곳이 많고, 심지어 음력과 양력에 걸쳐 2~3회씩 축제일을 지내거나 음력만을 고수하는 자도 있으므로 많은 비용이 낭비되고 있어 음력 사용의 폐해가 심각하다고 주장한다. 칠절일은 1월 7일 인일(人日), 1월 15일 상원(上元), 3월 3일 상사(上巳), 5월 5일 단오(端午), 7월 7일 칠석(七夕), 7월 15일 중원(中元), 9월 9일 중양(重陽)을 가리킨다. 우라본에는 우란분절, 간게쓰는 8월 15일의 달맞이를 가리킨다.

내무성은 이 모든 것이 역서에 음력을 기재하고 있기 때문에 생긴 일이며, 여러 해가 지나도 구습에서 탈피하기 어려워 백성을 다스리는 데 어려움이 있다고 덧붙인다. 내무성은 메이지 11년력부터는 하단에 기재한 태음력을 삭제한 후, 농사를 위한 24기, 사계절의 도요(土用), 춘추의 샤지쓰(社日), 히간(彼岸), 하치주하치야(八十八夜), 뉴바이(入梅), 한게쇼(半夏生), 니햐쿠토카(二百十日)를 게재하고, 음양력 대조표는 별책으로 따로 발행해도 큰 지장이 없을 거라고 주장한다.

그러나 1876년 11월 13일에 법제국(法制局)이 내무성의 주장에 반대 의견을 낸다. 법제국은 음력을 금하는 일은 하층민의 실생활에 다소간의 불편을 주고 음양력 합각의 취지에도 어긋나며, 칠절 등 인민의 유희일(遊戯日)에 관한 문제도 음력 기재의 탓만은 아니라

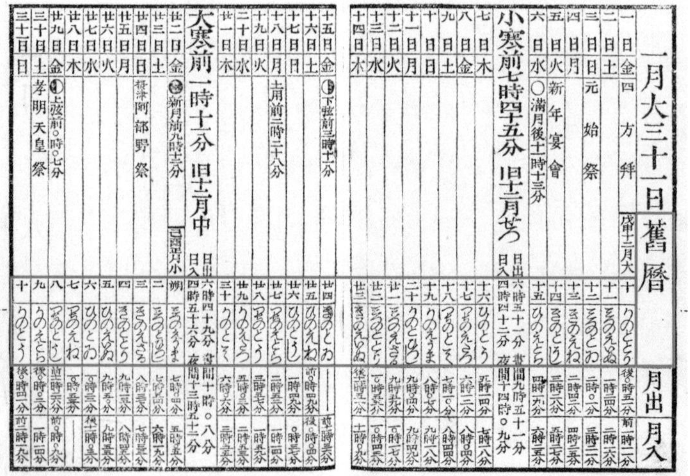

그림 5-4-12 《메이지42년약본력》(1909)의 1월[10]

고 판단한다. 결국 내무성 안은 채택되지 못한다. 음력일을 삭제하려던 3차 시도는 이렇게 끝이 난다. 그 후에는 별문제 없이 메이지 42년력(1909)까지 그대로 음양력 합각이 계속된다.

마침내 메이지 41년(1908) 9월 30일에 "메이지 43년력부터 음력의 월일을 기재하지 않는다."라는 〈문부성 고시 제235호〉가 공포된다. 결국 메이지 43년력(1910)부터는 음양력 합각을 폐지하고 음력일 대신 월령(月齡)을 기재한다. 월령은 신월을 0으로 놓고 달의 위상 변화를 숫자로 표시한 것이다. 7 전후가 상현, 15 전후가 만월, 22 전후가 하현이다. 메이지 42년력까지는 음력일 밑에 일진을 기입했지만, 메이지 43년력부터는 일진 밑에 월령을 기입한다. 월령에는 매일의 날짜에 0~29, 또는 1~29, 또는 1~30까지의 숫자

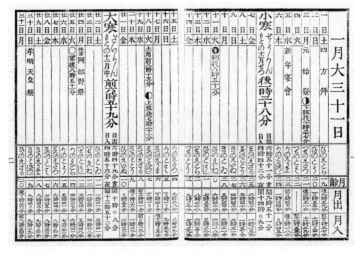

그림 5-4-13　《메이지43년약본력》(1910)의 1월[11]

가 기입되고, 이것은 음력일과는 다르다.

　이세신궁(伊勢神宮) 신부서(神部署)에서 발행한 《메이지42년약본력》(1909)과 《메이지43년약본력》(1910)을 비교하면 1910년도부터는 음력일이 사라지고 그 대신 월령이 기재되고 있음을 확인할 수 있다. 《메이지42년약본력》 1월 역면의 중단을 보면 음력일 아래 가노토토리(かのととり, 신유), 미즈노에이누(みずのえいぬ, 임술), 미즈노토이(みずのとい, 계해) 등의 일진이 기재되어 있다. 그러나 《메이지43년약본력》 1월 역면의 중단을 보면 음력일은 사라지고 없고 히노에토라(ひのえとら, 병인), 히노토(ひのとう, 정묘), 쓰치노에타쓰(つちのえたつ, 무진) 등의 일진 밑에 월령만 기재되어 있는 것을 확인할 수 있다[그림 5-4-12] [그림 5-4-13].

일본에서는 태양력 채용 이후 37년 동안 음양력이 합각된 역서
가 발행되었다. 1910년도의 음양력 합각 폐지 후에도 이세신궁 신
부서에서 간행된 본력과 약본력 같은 국력(國曆)에서만 음력이 사라
졌을 뿐이었다. 또한 일의 간지인 일진은 계속 국력 안에 잔존했다.
메이지 말기부터 다이쇼 시대에 걸쳐 발행된 주력 등의 약력에서
도 음력이 양력과 함께 인쇄되었다. 또한 구력이나 태음력이라 지
칭하지 않고 중국의 이름을 빌려 대청력(大淸曆), 중화민국약력(中華
民國略曆), 지나공화국음력(支那共和國陰曆) 같은 이름을 붙여 음력을
기재하기도 했다. 즉 중국력(中國曆)이라는 명목하에 음력을 기재했
고, 여기에 중국력에는 없는 하치주하치야(八十八夜)나 니햐쿠토카
(二百十日) 같은 일본 절일을 추가했던 것이다. 이처럼 일본 역서에
서도 음력은 쉽게 사라지지 않았다.

사라진 달력
음양합병역서와 《대한융희5년력》

1896년도 태양력 시행 이후 조선에서는 사적으로는 음력 정삭으로 새해를 시작하고, 공적으로는 양력 정삭으로 새해를 시작하는 이중과세(二重過歲)의 혼란이 빚어진다. 조선 정부는 1896년도에서 1908년도까지 13년 동안 양력 역서와 음력 역서를 동시에 발행했고, 양력 역서에는 하단에 음력을 기입하고 음력 역서에는 하단에 양력을 기입했다. 또한 1897년도에서 1908년도까지 12년 동안은 아예 양력 역서에 음력 축제일을 기입했다. 그리고 이러한 사태는 음양력이 혼재하는 삶을 과도적인 문화가 아니라 정상적인 문화로 정착시키는 계기로 작용했다. 따라서 20세기 한국에서는 음력과 양력이라는 두 개의 시간이 삶의 영역을 분할하며 공존하는 독특한 문화가 형성된다.[1]

융희 원년(1907) 12월 28일 자로 내각 비서과장 고원식(高源植)이 기안한 문서를 보면 흥미로운 사실이 드러난다. 태양력 채용으로 1907년까지는 국가의 정삭인 양력 1월 1일에 조하(朝賀) 의례를 하고, 음력 1월 1일 즉 정조(正朝)에도 조하 의례를 했다. 그러나 1908년부터는 양력 조하 의례만 시행하게 된다. 1907년까지는 음력 제석(除夕) 전일, 즉 12월 말일 전날부터 정조 3일까지 5일간의 휴가가 있었다. 그러나 1908년부터는 양력 1월 1일을 전후하여 전년 12월 29일부터 융희 2년(1908) 1월 3일까지 6일간의 휴가만 규정되고, 음력 정조 전후 5일간의 휴가는 폐지된다.[2] 1910년에도 음력 연종(年終)과 세수(歲首)에는 휴가가 없었던 것으로 보아 1908년부터 이러한 기조가 유지되었을 것이다.[3] 이처럼 1907년에 순종이 즉위한 후부터 음력을 양력으로 번역하는 본격적인 시도가 이루어진다.

따라서 1908년부터 공적 시간은 양력 중심으로 전환되기 시작한다. 물론 여기에는 일본과 조선의 시간을 일치시키려는 통감부의 힘이 작용했을 것이다. 그렇지만 1909년에도 조선인은 여전히 양력 1월 1일을 평일처럼 보내고 있었다.[4] 이러한 상황에서 양력을 위주로 하여 음력과 양력을 결합한 최초의 음양합병역서인 1909년도 《대한융희3년력》이 발간된다.[5] 물론 1908년도까지 발행된 양력 역서와 음력 역서도 각 월 역면에서 음력과 양력을 대조할 수 있었다. 그러나 기본적으로 양력 역서임에도 불구하고 《대한융희3년력》은 음력일과 일진뿐만 아니라 시헌력과 명시력에 기재된 여러 가지 길흉의 역주를 부분적으로 흡수한다. 따라서 《대한융희3년력》은 1909년도부터 더 이상 발행되지 않은 음력 역서의 중요 요소를 선택적으로 보존한 독특한 양력 역서였다.

1902년도 《대한광무6년력》의 경우 역면에서 음력단보다는 양력단이 차지하는 면적이 조금 더 컸지만[그림 5-5-1], 1909년도 《대한

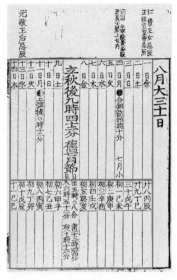

그림 5-5-1 《대한광무6년력》(1902)의
8월6

그림 5-5-2 《대한융희3년력》(1909)의
8월

융희3년력》부터는 양력단보다 음력단의 면적이 조금 더 커 보인다
[그림 5-5-2]. 그리고 1908년도까지는 양력 역서의 음력단에 음력일
과 일진(간지)의 두 가지 시간주기만 기입되었지만, 1909년도부터는
음력 역서인 시헌력이나 명시력과 똑같이 음력단에 납음오행, 이십
팔수, 십이직의 시간주기가 추가되고, 다시 그 하단에 길일(吉日)을
나타내는 '의(宜)'의 시간 역주가 등장한다.

　다만 시헌력이나 명시력과 달리 흉일(凶日)을 나타내는 '불의(不
宜)'의 역주는 1909년도 《대한융희3년력》부터 1936년도 조선민력
(朝鮮民曆)까지 역면에 등장하지 않는다. 특정한 행위를 금지하여 사

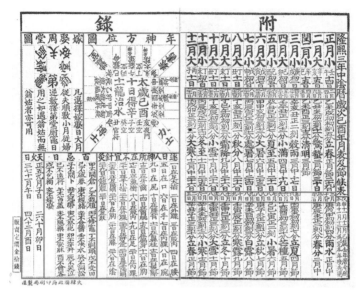

그림 5-5-3 《대한융희3년력》(1909)의 권말 부록

회 생활을 마비시키고 제약하는 흉일이 가장 먼저 역서에서 추방
된 것이다. 상대적으로 인간의 기본적인 시간 선택 욕구를 반영하
는 길일은 흉일보다는 크게 문제시되지 않았다.《대한융희3년력》에
서는 양력 역서 안에서 음력의 시간 질서가 온전히 부활하고 있으
므로, 오히려 윗쪽의 양력단이 음력을 수식하는 부수적인 장치처럼
보일 정도다. 이러한 음양합병역서의 체재는 1937년부터 약력(略曆)
이 사용되면서 비로소 중단된다.

《대한융희3년력》에는 이전의 양력 역서에는 없는 권말 부록이 추
가된다[그림 5-5-3]. 권말 부록에는 먼저 〈융희 3년중 음력 세차 기
유년 월표 및 절후표〉라는 이름으로 원래 시헌력의 권두에 있던 음

력 월표와 절후표가 실린다. 시헌력이나 명시력과 달리 24기의 양력 일자가 부기되어 있다. 권말 부록 가운데 〈연신방위도(年神方位圖)〉는 시헌력의 권두에 실려 있던 〈연신방위지도〉가 변형된 것으로 중앙의 구성도 또는 구궁도(九宮圖)가 삭제되고, 그 빈자리에 그 해의 간지인 태세, 그리고 풍흉과 수재를 점치는 득신과 용치수를 기입하고 있다. 시헌력에서 득신과 용치수는 연신방위지도의 우측 하단에 있었다. 일제강점기에 발행된 1932년도 조선민력까지는 이렇게 변형된 〈연신방위도〉가 역서 권말에 실리지만, 1933년~1936년에 발행된 조선민력의 〈연신방위도〉 중앙에서는 다시 구성도가 부활한다. 《대한융희3년력》의 권말 부록에 있는 〈가취주당도〉, 〈축일인신소재불의침자〉, 〈백기일〉, 〈천화일〉은 원래 시헌력의 권말에 실려 있던 것이다. 특히 〈축일인신소재불의침자〉, 〈백기일〉, 〈천화일〉은 흉일이므로 각 월의 역면에서 추방된 흉일이 권말 부록의 형태로 잔존하고 있는 것이라고 할 수 있다.

조선에서 역서를 간행하던 관상감(觀象監)은 군국기무처가 갑오개혁을 추진하던 1894년 7월 11일에 관상국(觀象局)으로 개칭되어 학무아문(學務衙門)에 소속된다.[7] 그리고 1895년 3월 25일에 〈칙령 제47호: 관상소(觀象所) 관제〉가 반포되면서 관상국은 관상소로 개칭되고, 학부에 소속되어 관상 및 측후와 역서 조제(調製)의 업무를 맡게 된다.[8] 다시 1905년 2월 26일에는 관상소에서 관상, 측후, 역서조제, 명과(命課), 지리와 관련한 사무를 맡는 것으로 〈관상소 관제〉가 개정된다.[9] 그 후 1907년 양력 12월 13일에 〈관상소 관제〉가 폐지되고 〈학부 관제〉가 개정되면서 융희 2년(1908) 1월 1일부터 역

서에 관한 사항은 학부 편집국에서 담당하게 된다.[10] 1909년도부터
는 음력 역서 제작을 중단하고 양력 역서만 발행했으므로 관상소를
폐지하고 학부 편집국으로 하여금 이를 전담하게 한 것이다.

관상감에서 발행하는 역서는 대궐, 종친, 고위 문무관, 관서에 배
포하는 공건(公件)과 일반인에게 종이와 면포 등을 받고 판매하는 사
건(私件)으로 나뉘었다. 1791년에는 15,300축(軸) 가운데 12,650축
이 사건이었으므로 전체 역서 가운데 약 82.7%가 일반인에게 판매
되었던 셈이다.[11] 관상감 직원들은 일반인에게 종이를 받고 역서를
판매하거나, 직원들이 서로 합자하여 역서를 인쇄한 후 그것을 판
매하여 해당 수익으로 생계를 유지하는 경우가 많았다.

따라서 1907년 말에 관상소가 폐지되자 실업자가 된 관상소 직원
들은 더 이상 생계를 유지하기 어려워진다. 이로 인해 1908년 6월
에는 역서를 만들던 전(前) 관상소 직원 수십 명이 1909년도 역서
를 본인들이 간출(刊出)하게 해 달라고 학부에 연명 청원을 한다. 그
후 학부는 용산인쇄국에서 발간한 역서를 전 관상소 직원에게 권당
6전(錢)에 넘긴 후 이것을 정가 10전에 판매하게 하는 방안을 마련
한다. 그런데 여러 가지 이권이 개입된 탓인지 결국 충남 면천에 사
는 이 모 씨와 전 관상소 직원들이 절반씩 나누어 판매하기로 결정
된다. 이상욱(李相旭)이란 사람이 1909년도 역서의 정가를 10전에서
12전으로 올려 달라고 학부에 청원한 것을 보면 이 사람이 바로 충
남 면천의 이 모 씨일 가능성이 높다.[12] 정확한 경위는 알 수 없지만
최종적으로 총 20만 부 가운데 15만 부는 전 관상소 직원이 판매하
고, 나머지 5만 부는 학부 소관 관청에서 배포하기로 결정이 난다.[13]

1908년도 역서까지는 목판 인쇄를 했다. 그러나 1909년도《대한
융희3년력》은 용산인쇄국, 즉 탁지부 인쇄국에 위임하여 국고금으
로 활판(活版)을 사용하여 간출할 계획을 세운다.[14] 1908년도까지는
총 30만 부의 역서를 인쇄했지만, 1909년도 역서는 경비 부족으로
총 7천 원을 들여 20만 부만 인쇄할 예정이었다.[15] 1908년 8월 6일
에 학부에서 역서 견본을 용산인쇄국으로 보낸다. 그러나 용산인쇄
국에는 역서를 찍을 수 있는 활자가 없고, 일본에 주문하여 활자를
구입해야 하는 상황이 발생한다. 결국 비용 부족으로 1909년도《대
한융희3년력》은 동판(銅版)으로 찍기로 결정된 것 같다.[16] 그리고 예
년보다 꽤 늦은 11월 초에《대한융희3년력》의 제책(製冊)이 마무리
되어 역서를 반포한다.[17] 활자 문제와 인쇄소 준비 등의 문제로 역
서 인쇄가 다소 늦어진 것이다.

《대한융희3년력》이 발간된 후 1909년 6월이 되면, 1909년도까
지만 양력과 음력을 병기한 역서를 발간하고, 1910년도《대한융희
4년력》부터는 학부 편집국에서 더 이상 음력을 역서에 첨부하지 않
을 계획이라는 이야기가 흘러나온다.[18] 일본 정부는 1910년도 메이
지 43년력부터 음양력 합각을 폐지하고 음력일 대신 월령을 기재했
다. 따라서 한일병합 전년도인 1909년에 이미 일본과 조선의 역서
를 일치시키려는 시도가 있었다는 것을 알 수 있다. 정말 이렇게 되
었다면《대한융희3년력》은 조선에서 발행한 유일한 음양합병역서
로 남았을 것이다.

일본에서는 1910년의 음력 폐지와 관련하여 1909년 10월에 제
국교육회에서 위원 3명을 선정하여 음력 폐지의 이해 관계를 조사

한다.[19] 결국 일본은 1873년 1월 1일부터 태양력을 채택하여 37년 동안 역서에 음양력을 합각하다가 1910년도 메이지 43년력부터 역서의 음력 합각을 폐지한다.[20] 따라서 통감부는 조선 역서에서도 1910년도부터 음력 합각을 폐지하려고 시도한 것이다. 그러나 조선은 태양력을 사용한 지 겨우 14년밖에 되지 않았으므로 음력 폐지는 아직 시기상조였다. 결국 1910년도 역서도 음양합병역서로 발간하기로 결정된다.[21]

1909년도와 1910년도의 음양합병역서는 일반인에게 별로 인기가 없었던 것 같다. 1909년도 《대한융희3년력》의 경우 1909년 5월에 역서 2만 부가 여전히 적치되어 있자 결국 때늦게 각 도의 부군(府郡)이나 향곡(鄕曲)의 농민에게 나누어 주게 한다. 조진태(趙鎭泰)와 김영기(金永基) 등은 팔지 못한 역서 4만 부를 내부(內部)에 보내 향곡의 농민에게 나누어 주도록 요청하기도 한다. 따라서 당시에 역서 재고가 매우 많았던 것으로 보인다.[22] 1909년 9월이 되면 재고 역서를 각도 서기관 회의 때 각 5백 부씩 배포하고, 한성부에도 3만여 부를 보내 일반인에게 나누어 주게 한다.[23]

이러한 상황에서 학부에서는 1909년 6월 5일에 〈융희4년력 발매인 모집 공고〉를 낸다. 역서의 인쇄와 제책은 1909년 9월 30일에 완료할 예정이었다. 발매인의 1인당 소요 부수는 최소 1천 부 이상으로 전체 금액의 10분의 1을 보증금으로 먼저 납부해야 했다. 발매인은 역서 1부를 6전에 사서 10전에 판매할 수 있었다.[24] 당시 학부에서 6월 30일까지 발매인 청원서를 접수했다. 충청남북도에서는 신청자가 한 명도 없었다고 한다.[25]

1909년 10월 초에 용산인쇄국에서 1910년도 《대한융희4년력》이 인쇄된다.[26] 그런데 그 후 황후의 탄신일인 곤원절 일자에 오류가 있어서 역서를 다시 인쇄한다.[27] 그리고 10월 18일에 학부에서는 한성의 발매인에게 역서를 발송하고, 이후 지방 발매인에게도 발송할 예정이었다.[28] 또한 1908년도 역서까지는 관리 1인당 1부씩 배포했지만, 1909년도 역서부터는 배포 부수에 차등을 두어 현직 대신(大臣) 10부, 기타 친임관(親任官) 5부, 황족(皇族)과 봉군(封君) 1부, 지방 관리 1부를 배포했다.[29] 1909년 12월경에는 《대한융희4년력》을 각 관청, 관찰사, 군수, 관공립보통학교에 몇 부씩을 발송했다.[30] 1909년 12월 22일 동지에 순종 황제가 상급 관리인 친임관과 칙임관에게 전년도의 두 배인 역서 10건씩을 하사했다는 기록이 있다.[31] 하급 관리인 주임관에게는 《대한융희4년력》을 1건씩만 배포했다.[32]

1910년 1월 말에 여전히 학부 회계과에 1910년도 역서 2천5백 부가 쌓여 있었고, 승녕부(承寧府) 이사(理事) 오일영(吳一泳)이 이것을 매각하라는 지시를 내린다.[33] 함남 영흥군에 사는 백인환(白仁煥)은 1910년도 역서 3천 부를 매입했지만, 1910년 3월까지 1천 부만 팔고 2천 부의 재고가 남아 있었다고 한다. 그는 시장에 청국(淸國) 역서가 들어와 있어서 역서를 제대로 판매할 수 없다고 학부에 청원을 넣었다.[34] 음력 역서가 더 이상 발행되지 않은 상황에서 통감부 주도로 제작된 1909년도와 1910년도의 음양합병역서에 대한 거부감 때문에 사람들이 중국 역서를 구입한 것으로 보인다. 여전히 대부분의 사람들은 음력의 시간을 살고 있었다.

1910년 6월 17일에 학부는 융희5년력을 각 지역에서 판매할 발매인을 모집하는 광고를 낸다. 경성은 20인, 인천, 대구, 부산, 해주, 평양, 의주, 원산, 함흥, 경성(鏡城)은 각 2인, 그 외의 부군(府郡)은 각 1인을 모집했다. 1인당 소요 부수는 최소 2천 부 이상으로 전체 금액의 10분의 1을 보증금으로 납부해야 했다. 역서의 인쇄와 제책은 1910년 8월 31일에 완료할 예정이었다. 발매인은 역서 1부를 3전 2리(厘)에 사서 5전에 판매할 수 있었다.[35] 그 전까지는 역서 가격이 10전이었으므로 역서의 재고 증가와 활판 인쇄술의 도입 등으로 판매 가격이 낮아졌을 것이라고 추측된다.

이처럼 1910년 6월에 대한제국의 학부는 1911년도 《대한융희 5년력》의 편집을 진행하고 있었다. 그리고 1910년 8월 24일에는 역서를 이미 인쇄하여 8월 말에 배포할 계획을 세운다. 1909년에 비하면 한 달 이상 빠른 편이다. 1910년 8월 24일 자 신문기사에 따르면 학부에서 용산인쇄국에 위탁한 1911년도 《대한융희5년력》이 이미 간출되어 8월 말경에 반포될 예정이었다.[36] 그러나 1910년 8월 22일에 한일병합조약이 체결되어 8월 29일에 공표되면서 1911년도 《대한융희5년력》은 세상에 나오지 못한 채 폐기되고 만다. 이렇게 《대한융희5년력》은 인쇄되자마자 폐기되어 결코 시간이 되지 못한 달력으로 남게 된다.

1910년 9월 초가 되면 조선의 축일만 삭제하고 일본의 축일과 제일을 상단 난외에 기재할 뿐 나머지는 1910년도 《대한융희4년력》과 똑같은 조선민력(朝鮮民曆)을 간행하기로 결정된다.[37] 1910년 9월 9일에 학부는 1911년도 조선민력 24만 부를 간행하기로 용산인쇄국과 계약한다.[38] 1910년 11월 중순이 되면 역서의 표지에 《메이지44년조선민력》이라는 제호를 붙인 역서가 출간된다.[39] 최종적으로 1911년도 조선민력은 신설된 조선총독부 학무국(學務局)에서 편집하여 발행한다.[40] 일본에서는 1910년도 메이지43년력부터 음력일이 역서에서 삭제되지만, 식민지 조선에서는 다시 30년이 지나 1940년도 역서부터 음력일이 삭제된다.

1921년 12월에 편찬된 《조선총독부 인쇄소 요람》의 〈각년도 주요 인쇄물 제조고 일람〉이라는 기록을 보면 한일병합 전후의 역서 발간 부수를 구체적으로 알 수 있다.[41] 1909년도 《대한융희3년력》은 최종적으로 21만 부를 인쇄했고 금액은 7,350원이 들었다. 1만 부를 추가로 인쇄한 듯하다. 1910년도 《대한융희4년력》도 처음에는 20만 부를 인쇄할 계획이었던 것 같다. 그런데 1909년 10월에 지방 구매자가 다수 생기면서 추가로 2만 부를 더 간출하기로 결정된다.[42] 1910년도 융희4년력은 최종적으로 22만 5천 부가 인쇄되었다. 한일병합 후 조선민력의 발행 부수는 1911년도 역서 24만 부, 1912년도 역서 35만 부, 1913년도 역서 40만 부, 1914년도 역서 45만 부, 1915년도 역서 500,201부, 1916년도 역서 500,007부, 1917년도 역서 501,508부, 1918년도 역서 551,508부, 1919년도 역서 600,608부, 1920년도 역서 733,200부로 증가하고, 1921년도 역서 601,300부, 1922년도 역서 345,100부로 다시 감소했다.

1909년 당시 조선인 총 호수가 2,742,263호, 총 인구가 12,934,282명이라는 통계에 근거할 경우, 1909년에 21만 부가 모두 판매되었다고 가정하더라도 전체 가구의 역서 보급률은 7.7%

정도였을 것이다. 1920년 말 조선인 총 호수는 3,191,153호, 총 인구는 16,916,078명이었으므로 모든 역서가 판매되었다고 가정할 경우, 전체 가구의 1920년도 역서 보급률은 약 23%로 상승한다.[43]

1937년도 약력(略曆)이 발간되면서 음력과 관련한 역주가 모두 사라질 때까지 조선민력은 26년 동안 발행된다. 조선에서는 1896년도부터 태양력이 채용된 이래 41년 동안 어떤 형태로든 양력과 음력이 병존했고, 음력에 들러붙는 역주도 부분적으로나마 계속 잔존하고 있었다. 일본에서 37년 동안 음양력 합각 체재가 유지된 것처럼 조선에서도 41년 동안 음양력이 병존하면서 매우 독특한 시간 문화를 형성하게 된다. 조선총독부는 일본처럼 조선에서도 음력을 제거하는 데 근 40년 정도의 시간이 필요하다고 생각한 것처럼 보인다. 그렇다면 어찌 보면 식민지 시기 내내 조선과 일본 사이에서 근 30년이라는 시간 격차가 계속 유지되고 있었던 셈이다.

파괴되지 않는 시간
조선민력의 구조와 역사

6

조선민력의 권두: 일본 축제일의 추가

조선에서는 1896년부터 태양력을 채용하지만 왕실과 민간에서는
계속 음력을 선호했다. 1896년도부터 1908년도까지 조선에서 발
행된 양력 역서도 '음양력 대조 역서'에 가까웠다. 양력 역서만 발
행된 《대한융희3년력》(1909)부터는 '음양력 대조 역서'를 넘어 음력
의 주요 요소를 양력 역서로 흡수한 '음양합병역서'가 만들어진다.
이 독특한 '음양합병역서'는 한일병합 이후 발행된 조선민력을 통해
1936년도까지 존속한다.

한일병합 이후 최초로 발행된 역서는 《메이지44년조선민력》
(1911)이다. 1911년도 조선민력은 일본의 축제일이 기입된 것을 제
외하면 《대한융희4년력》(1910)과 거의 비슷하다. 그러나 시간이 흐
르면서 조선민력도 조금씩 변화하기 시작한다. 여기서는 먼저 조선
민력의 구조를 간략히 살펴볼 것이다. 조선민력 권말 부록의 변화

 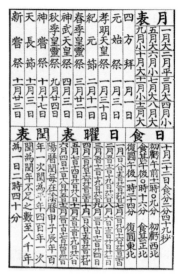

그림 5-6-1 《대한융희4년력》(1910)의
권두[1]

그림 5-6-2 《메이지44년조선민력》
(1911)의 권두[2]

에 대해서는 1937년 이후 약력의 변화와 함께 다시 상세히 논의할
것이다.

《대한융희4년력》의 권두 상단에는 양력월의 대소와 윤년 여부를
보여주는 월표, 각 월의 일요일을 표시하는 일요표, 윤년 산정 방
식을 설명하는 윤표가 있다[그림 5-6-1]. 윤표에는 "양력 윤(閏)은 매
번 음력 신년(申年), 자년(子年), 진년(辰年)에 있고, 100년에 한 번 윤
은 평년이 되고, 400년에 한 번 윤은 윤년이 되고, 8천 년이 되면
부족한 수가 1일 2시 40분이 된다 [개국 209년 경자년(庚子年)의 윤은 윤
년이고, 광무 4년 경자년의 윤은 평년이다]."라고 적혀 있다. 권두 하단에
는 5월 24일과 11월 17일에 일어날 월식의 식분, 초휴·식기·식심·

생광·복원의 시각이 기재되어 있다. 《메이지44년조선민력》의 권두에도 배치는 다르지만 같은 내용이 실려 있다. 다만 윤표에서 '개국 209년 경자년 윤년'과 '광무 4년 경자년 평년'이라는 예시가 삭제되어 있을 뿐이다.

그런데 《대한융희4년력》과 달리 《메이지44년조선민력》의 권두 상단에는 사방배 1월 1일, 원시제 1월 3일, 고메이천황제 1월 30일, 기원절 2월 11일, 춘계황령제 3월 22일, 진무천황제 4월 3일, 추계황령제 9월 24일, 신상제(神嘗祭) 10월 17일, 천장절 11월 3일, 신상제(新嘗祭) 11월 23일 등 일본의 10개 축제일이 기재되어 있다[그림 5-6-2].

천장절은 천황의 탄생일이므로 재위하는 천황에 따라 역서의 날짜가 바뀐다. 1912년 7월 30일에 메이지천황이 사망한 후 발행된 《다이쇼2년조선민력》(1913)에서는 천장절이 메이지천황의 탄일인 11월 3일에서 다이쇼천황의 탄일인 8월 31일로 바뀐다. 그리고 메이지천황의 선대 천황 제일인 고메이천황제가 삭제되고, 그 대신에 메이지천황의 사망일인 7월 30일이 메이지천황제(明治天皇祭)로 기재된다. 《다이쇼2년조선민력》의 축제일은 사방배, 원시제, 기원절, 춘계황령제, 진무천황제, 메이지천황제, 천장절, 추계황령제, 신상제(A), 신상제(B)로 총 10일이었다.[3]

메이지천황 사후인 1912년 9월 3일에 다이쇼천황은 〈칙령 제19호〉를 공포하여 원시제, 신년연회, 기원절, 진무천황제, 메이지천황제, 천장절, 신상제(A), 신상제(B), 춘계황령제, 추계황령제 등 총 10일의 축일과 제일을 휴일로 지정한다. 특이한 점은 《다이쇼

2년조선민력》의 10개 축제일 가운데 사방배는 빠지고 그 대신 신년연회(1월 5일)가 휴일로 지정되었다는 것이다.[4] 1910년대 초반에 축제일은 관청, 학교, 은행, 회사 등의 휴일일 뿐 아직 전 국민의 휴일로 향유되지 않았다. 그러나 조선민력 권두에 기재된 축제일은 공휴일 또는 휴일 개념을 확산시키는 데 주도적인 역할을 하고 있었다.

이미 1910년 10월 1일에 조선총독부는 〈조선총독부령 제20호〉를 공포하여 각 학교의 휴업일을 개정했다. 이 휴업일에는 《메이지 44년조선민력》의 축제일 10개가 모두 포함되어 있다. 그 밖의 휴업일로는 일요일, 춘계휴업(4월 1일~4월 10일), 하계휴업(7월 21일~8월 31일), 동계휴업(12월 29일~익년 1월 7일)이 있었다.[5]

〈조선총독부령 제20호〉는 융희 3년(1909) 7월 5일 자 학부령 제1호에서 제6호까지의 휴업일을 개정한 것이었다. 융희 3년 학부령은 건원절, 개국기원절, 즉위예식일, 계천기원절, 묘사서고일, 일요일, 춘계휴업(4월 1일~4월 10일), 하계휴업(7월 21일~8월 31일), 동계휴업(12월 29일~익년 1월 7일)을 휴업일로 정하고 있었다. 다만 〈학부령 제2호: 고등여학교령 시행규칙〉에는 황후의 탄생일인 곤원절이 휴업일에 추가되어 있다. 그리고 〈학부령 제6호: 보통학교령 시행규칙〉에는 춘계휴업이 4월 1일~4월 5일로 되어 있다.[6]

1914년도 《다이쇼3년조선민력》에는 천장절 외에 '천장절축일(天長節祝日) 10월 31일'이 추가되어 총 11개의 축제일이 기재된다. 다이쇼천황의 천장절인 8월 31일은 무더운 여름이어서 축하 행사와 연회를 열기에 적합하지 않았기 때문에 별도로 '천장절축일'을 만들어 휴일로 지정한 것이다. 따라서 8월 31일 천장절에는 황실제사령 (皇室祭祀令)에 의해 현소, 황령전, 신전에서 천장절제만 지내고, 축하와 연회는 10월 31일 천장절축일로 옮긴 것이다.[7] 이로써 천장절은 일반 휴일로 남고, 의례식전(儀禮式典)은 모두 천장절축일에 거행하게 된다. 또한 보통학교와 사립 각종 학교의 휴업일에도 천장절축일이 추가된다.[8] 일본 궁내(宮內) 직원의 1913년도 휴일 목록을 보면 〈칙령 제19호〉의 10개의 휴일과 천장절축일 등 총 11개의 휴일, 일요일, 1월 1일~2일, 12월 29일~31일이 포함되어 있다.[9] 따라서 〈칙령 제19호〉가 조선민력의 축제일인 사방배를 포함하고 있지 않더라도 1월 1일은 이미 관행적인 휴일이었을 것이다.

1926년 12월 25일에 다이쇼천황이 사망했고, 1927년도 《다이쇼16년조선민력》은 표제나 축제일을 변경하지 못한 채 그대로 배포되었다. 1927년 3월 3일에 일본 정부는 메이지천황의 유덕(遺德)을 기리고 메이지의 소대(昭代)를 추억한다는 명분으로 메이지천황의 탄생일인 11월 3일을 '메이지절(明治節)'로 지정한다. 그리고 원시제, 신년연회, 기원절, 진무천황제, 천장절, 신상제(A), 메이지절, 신상제(B), 다이쇼천황제, 춘계황령제, 추계황령제 등 총 11일의 제일과 축일을 휴일로 공포한다. 궁내 직원의 휴일에는 총 11일의 축제일, 일요일, 1월 1일~2일, 12월 29일~31일 외에도 쇼와천황의 황후인 고준황후(香淳皇后)의 탄생일인 3월 6일이 황후폐하어탄신 (皇后陛下御誕辰)이라는 이름으로 추가되어 있다.[10] 이미 1926년 6월 16일에 다이쇼천황의 황후인 데이메이황후(貞明皇后)의 탄생일인 6월 25일이 황후폐하어탄신이라는 이름으로 궁내 직원 휴일에 추

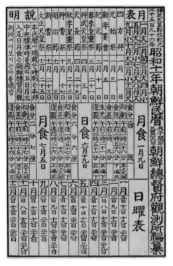

그림 5-6-3 《쇼와11년조선민력》
(1936)의 권두[11]

가된 바 있었다.[12]

1927년 3월 3일에 천장절은 쇼와천황의 탄생일인 4월 29일로 바뀌고, 선대 천황인 다이쇼천황의 사망일인 12월 25일의 다이쇼천황제가 새로 축제일에 포함되지만, 다이쇼천황을 위한 천장절축일은 삭제되었다. 그리고 7월 30일의 메이지천황제는 삭제되지만, 11월 3일 메이지절이 새로 설정되었다.

따라서 1928년도《쇼와3년조선민력》의 축제일은 사방배, 원시제, 기원절, 춘계황령제, 진무천황제, 천장절, 추계황령제, 신상제(A), 메이지절, 신상제(B), 다이쇼천황제 등 총 11일로 바뀐다. 이전처럼 역서에서 신년연회가 빠지고 사방배가 기재되어 있다. 그런데 1936년도《쇼와11년조선민력》부터는 처음으로 1월 5일 신년연회를 추가하여 총 12개의 축제일을 기재하기 시작한다. 양력과세(陽曆過歲)를 강조하기 위해 의도적으로 1월 5일에 열리는 일본 궁중의 신년연회를 기재한 것으로 추측된다.

《메이지44년조선민력》(1911)과《쇼와11년조선민력》(1936)의 권두를 비교해 보면, 순서만 다를 뿐 월표, 축제일표, 일월식표, 일요표가 배치되어 있다[그림 5-6-3].《다이쇼2년조선민력》(1913)부터는 권두에서 윤표가 사라지고, 그 대신 "본 민력에 게재훈 시각은 본방

중앙표준시를 용(用)ᄒ고 일출몰 및 일월식은 조선총독부관측소에셔 보이는 시각을 게(揭)홈"이라고 적힌 역서의 표준시에 대한 '설명'이 삽입된다. 1912년 1월 1일부터 일본중앙표준시를 사용하게 되면서 1913년도 조선민력부터 이를 반영한 것이다. 1913년도부터는 조선과 일본의 역서에 표기되는 24기의 입기 시각도 똑같아진다. 또한 《다이쇼2년조선민력》부터는 역서 권두 좌단에 "진무천황 즉위기원 2573년 다이쇼 2년 조선민력 계축 평년 365일 조선총독부관측소 추산"이라는 식으로 역서의 표제에 일본 기원과 일본 연호가 추가된다.

《메이지44년조선민력》권두의 둘째 쪽에는 "메이지 44년 가운데

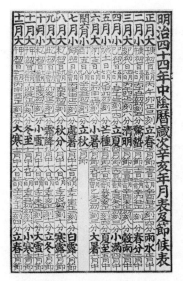

그림 5-6-4 《메이지44년조선민력》
(1911)의 월표와 절후표[13]

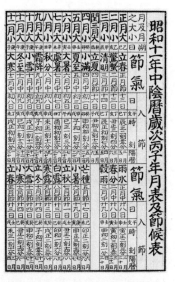

그림 5-6-5 《쇼와11년조선민력》(1936)
의 월표와 절후표

음력 세차 신해년(辛亥年) 월표 및 절후표"가 실려 있다[그림 5-6-4]. 《대한융희3년력》(1909)과 《대한융희4년력》(1910)에서는 음력 월표와 절후표가 권말 부록으로 실려 있지만 조선민력에서는 권두에 배치된다. 음력 월표는 월의 대소와 삭일(朔日)의 일진을 기록하고 있다. 절후표는 12절기와 12중기를 구분하면서 24기 전체의 음력 일자, 일진, 입절(入節) 시각, 양력 일자를 기재하고 있다. 《다이쇼3년조선민력》(1914)부터는 각 절기의 입절 시각과 음양력 일자를 쉽게 파악할 수 있는 형태로 음력 월표와 절후표가 바뀐다[그림 5-6-5]. 음력 월표와 절후표는 《쇼와12년약력》(1937)부터 삭제되고 약력 권말에 실린 24기표로 대치된다.

조선민력 각 월 역면의 변화

《메이지44년조선민력》(1911)의 1월 역면을 보면 1월 1일 사방배, 1월 3일 원시제, 1월 5일 신년연회가 역면 상단 난외에 기입되어 있다[그림 5-6-6]. 권두의 축제일표에 있든 없든 1월 5일 신년연회는 1911년도 조선민력부터 1945년도 약력까지 계속 1월 역면에 기입된다. 《대한융희4년력》(1910)의 역면 상단 난외에는 3월 25일 건원절, 8월 14일 개국기원절, 8월 27일 즉위예식일, 9월 8일 만수성절, 9월 19일 곤원절, 10월 12일 계천기원절, 10월 20일 천추경절, 11월 18일 묘사서고일이 기입되어 있었다. 따라서 각 월 역면에서도 조선의 축제일은 일본의 축제일로 교체된다. 그리고 1911년도

그림 5-6-6 《메이지44년조선민력》
(1911)의 1월

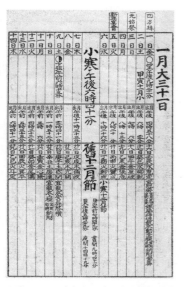

그림 5-6-7 《다이쇼4년조선민력》(1915)
의 1월[14]

그림 5-6-8 《다이쇼9년조선민력》(1920)
의 1월[15]

《메이지44년조선민력》의 각 월 역면은 합삭, 상현, 망, 하현의 시각 만을 기재하고 있지만, 1915년도 《다이쇼4년조선민력》부터는 역면의 양력단에 매일의 월출이나 월입의 시각이 기재된다[그림 5-6-7].

1920년도 《다이쇼9년조선민력》부터는 각 월 역면의 우단에 해당 월에 적합한 농사 월령(月令)이 기입된다[그림 5-6-8]. 1월에는 "새끼 줄[繩], 가마니[叺], 양잠 도구[蠶具], 누에섶[蔟] 등의 제조, 볍씨[種稻]의 적미(赤米) 제거[除却], 대두(大豆)의 낟알 고르기[選粒]"가 기입되어 있다. 조선민력의 출간 시기에 따라 농사 월령에 기재되는 내용에 약간의 편차가 있었다.

조선민력의 권말 부록

조선시대 시헌력의 둘째 장에 있는 〈연신방위지도〉, 〈득신〉, 〈용치수〉, 그리고 시헌력의 마지막 장에 있는 〈가취주당도〉와 〈천화일〉은 조선민력의 권말 부록에 실려 있다. 이것들은 시헌력의 수많은 역주 가운데 일제강점기까지 살아남은 몇 안 되는 항목들이다. 그러나 1937년도 《쇼와12년약력》부터는 미신타파의 기치하에 조선민력의 권말 부록이 모두 제거된다.

《대한융희3년력》이나 《대한융희4년력》과 마찬가지로 원래 《메이지44년조선민력》의 권말 부록에는 〈연신방위도〉, 〈가취주당도〉, 〈축일인신소재불의침자〉, 〈백기일〉, 〈천화일〉이 실려 있었고, 〈연신방위도〉 중앙에는 태세의 간지, 〈득신〉, 〈용치수〉가 기재되어 있

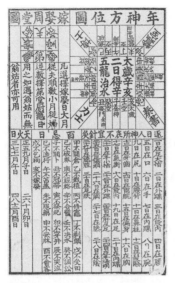

그림 5-6-9 《메이지44년조선민력》
(1911)의 권말 부록

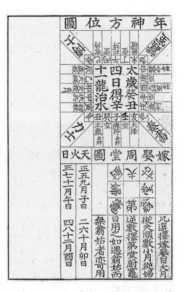

그림 5-6-10 《다이쇼2년조선민력》
(1913)의 권말 부록[16]

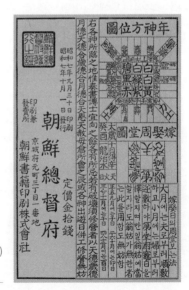

그림 5-6-11 《쇼와8년조선민력》(1933)
의 권말 부록[17]

었다[그림 5-6-9]. 이 체재는 1910년도 《대한융희4년력》과 전혀 달라진 바 없다. 그런데 1913년도 《다이쇼2년조선민력》부터는 흉일을 표시하는 〈축일인신소재불의침자〉와 〈백기일〉이 권말 부록에서 삭제된다[그림 5-6-10].

미신타파의 사회적인 분위기와 다르게 1933년도~1936년도 조선민력의 〈연신방위도〉 좌측에는 연신(年神)과 관련한 방위 길흉에 대한 설명이 추가된다. 그리고 1932년도~1936년도 조선민력에서는 〈가취주당도〉 밑에 순한문이 아니라 국한문 병용으로 '가취일(嫁娶日)의 주당(周堂) 보는 법'이 기재된다[그림 5-6-11].

이상의 몇 가지 사항을 제외하면 1936년도까지 조선민력은 《대한융희4년력》(1910)과 큰 차이를 보이지 않는다. 일제강점기 역서의 근본적인 개정이 이루어진 것은 1937년도 《쇼와12년약력》부터였다. 다만 차후에 설명할 것처럼 조선민력의 권말 부록은 26년 동안 여러 가지 변화를 겪는다.

조선민력, 만세력, 절후표

조선민력의 판매 방식은 한일병합 이전과 비슷했다. 《메이지45년 조선민력》(1912)의 경우에도 발매인이 권당 3전 2리에 구입하여 정가 5전에 판매하는 방식을 취하고 있었다.[18] 역서의 정가는 1911~1912년도 5전, 1914~1918년도 4전, 1919년도 5전, 1920~1921년도 7전, 1922년도 10전, 1923년도 9전, 1924~1936년도

10전이었다. 1937년도부터 발행한 약력의 경우에도 1937~1942년
도 10전, 1943~1944년도 8전, 1945년도 11전이었다. 1914~
1918년도 조선민력은 발매인이 권당 2전 5리에 사서 4전에 판매
했고, 1919년도 조선민력은 4전에 사서 5전에 판매했다. 이처럼
1919년도 조선민력까지는 발매인을 모집하여 역서를 판매하는 한
일병합 이전의 방식을 지속한다. 1917년도 조선민력의 발행 부수는
50만 부였다.[19]

그런데 1919년 4월 5일에 조선총독부는 〈조선민력 발매 규정〉
을 발포하여 각 도마다 한 명씩 원매팔인(元賣捌人), 즉 일종의 도매
업자를 두고 그 밑에 약간의 소매인을 두어 역서를 판매하는 방식
을 취하게 된다. 그리고 이제는 조선민력을 정가 이상으로 판매하
는 자는 과료(科料)에 처한다는 규정이 신설된다.[20] 조선민력의 수요
가 계속 증가하자 원매팔인이 파악한 역서 수요에 맞추어 적정량의
역서를 공급하는 방식을 취한 것이다.[21]

조선민력은 1919년도까지 한일병합 이전의 체재를 거의 그대로
유지한다. 그런데 1919년에 〈조선민력 발매 규정〉을 발포한 후,
《다이쇼9년조선민력》(1920)부터는 각 월의 역면에 농가에 필요한 사
항을 월령처럼 기재하고, 권말에 본방행정구획도(本邦行政區劃圖), 연
세대조표(年歲對照表), 본방면적인구표(本邦面積人口表), 본방육해군비
표(本邦陸海軍備表), 주요도시인구표(主要都市人口表) 등을 새로 게재
한다.[22]

그러나 1923년 4월 12일에 〈조선민력 발매 규정〉이 폐지되면서
《다이쇼13년조선민력》(1924)부터는 박영효(朴泳孝)가 대표로 있던 민

간업체인 조선서적인쇄주식회사가 역서를 제작하여 판매하게 된
다.[23] 따라서 종전의 원매팔제(元賣捌制)가 폐지되고, 이때부터 조선
서적인쇄주식회사가 직접 판매인을 각지에 두고 역서를 팔기 시작
한다.[24] 조선서적인쇄주식회사는 1923년 3월 28일에 창립되었고,
용산구 원효로 3가 근처인 원정(元町) 3정목 1번지에 있다가 나중에
는 뒤편 대도정(大島町)으로 옮겨갔다.[25]

조선민력의 발행자는 계속 조선총독부였고, 1911~1912년도는
조선총독부 인쇄국, 1913~1919년도는 조선총독 관방(官房) 총무국
인쇄소, 1920~1923년도는 조선총독 관방 서무부 인쇄소가 인쇄를
맡았다. 그리고 1924~1945년도에는 조선서적인쇄주식회사가 역서
의 인쇄와 발매를 담당했다.

조선서적인쇄주식회사가 1924년도 《다이쇼13년조선민력》의 제
조를 맡게 되자 조선총독부는 먼저 아무런 문양도 없던 민짜 역
서 표지를 바꾼다. 따라서 1924~1930년도 조선민력에는 용과 봉
황의 문양이 들어간 붉은색 표지가 사용된다. 1931년도 조선민
력부터는 용과 봉황이 빠지고 문양이 있는 붉은색 표지만 사용된
다. 1937~1941년도 약력에는 문양 없는 민짜 표지가 사용되고,
1942~1944년도에는 1931년도 이후의 조선민력 표지가 사용되고,
1945년도에는 다시 민짜 표지가 사용된다. 그리고 1924년도 《다이
쇼13년조선민력》부터는 권말 부록에 각지의 기후표, 우설량표, 도
량형표가 추가된다.[26] 1924년도 조선민력은 이러한 개정 작업을 거
친 후 1923년 11월부터 일반에 판매되기 시작한 것으로 보인다.[27]

그런데 식민지 조선에는 여전히 음력 위주의 중국 달력이 빈번히

밀수입되고 있었고, 총독부는 이를 금제품(禁制品)으로 지정해 엄중히 취체하고 있었다. 1927년 12월 6일에 중국 산동성 출신 조학우(趙學盂)는 포단(蒲團) 사이에 중국 역서 200부를 은닉한 채 인천 세관 감세과(監稅課)를 통과하려다 적발된다. 그는 역서를 모두 몰수당하고 인천경찰서에 인도되었다. 이처럼 조선 각지의 항구에서는 중국 역서의 밀수입이 행해지고 있었다.[28] 1929년에 조선총독부가 발행한 《조선의 시설 일부》를 보면 조선의 음력 사용에 대한 조선총독부의 고심을 엿볼 수 있다.

> 조선에서는 오랫동안 중국의 정삭(正朔)을 받들었던 관계로 역서의 반포가 매우 중요한 의미를 갖는다. 특히 습관상 지금도 여전히 태음력을 사용하기 때문에 태음력을 섞지 않은 일본[內地] 출판의 역(曆)을 사용하게 하는 것은 불편이 적지 않은 상황이므로, 본부(조선총독부)는 특히 조선인에게 적당한 조선민력을 출판하여 그것을 반포하고, 중국력[支那曆]의 유입에 대해서는 상응하는 취체를 계속하고 있다.[29]

조선의 일본중앙표준시가 중국보다 한 시간 빨랐기 때문에, 조선민력과 중국 역서의 음력일이 어긋나면서 시간의 혼란이 일기도 했다. 조선에서는 1924년 음력 2월의 합삭(合朔) 시각이 양력 3월 6일 오전 0시 58분이었지만, 중국에서는 3월 5일 오후 11시대였다. 따라서 음력 2월 초1일이 조선에서는 양력 3월 6일이고 중국에서는 양력 3월 5일이었으므로, 조선의 음력일이 중국보다 하루씩 늦어지게 된 것이다. 다만 조선의 음력 3월 합삭 시각은 양력 4월 4일 오후 4시 17분이고 중국도 같은 날 오후였으므로 조선과 중국의 음력 3월 초1일은 다시 똑같이 양력 4월 4일이 되었다. 결국 음력 2월만 조선에서는 소월(총 29일)이고 중국에서는 대월(총 30일)이었던 것이다.

결국 중국에서 수입된 만세력(萬歲曆)과 《다이쇼13년조선민력》의 1924년 음력 2월 날짜가 달라지면서 여전히 음력을 사용하고 있던 많은 사람들이 혼란을 겪었다. 예컨대 장날을 잘못 알아 허탕을 치거나, 이틀 연속으로 생일을 맞거나, 이미 잔치가 끝난 하루 뒤에 방문을 하거나, 상갓집에서 삭망제(朔望祭)를 지내는 날이 서로 달라지는 일이 발생한 것이다.[30] 음력을 고수하는 많은 조선인이 중국 역서를 수입해 사용하고 있었으므로 이런 일은 주기적으로 되풀이될 수밖에 없었다.

똑같은 문제가 《다이쇼14년조선민력》(1925)에서도 반복된다. 1925년 윤4월 초1일은 양력 5월 23일이고 합삭 시각은 오전 0시 48분이었다. 그런데 중국은 조선보다 합삭 시각이 빨라 양력 5월 22일이 윤4월 초1일이었다. 다만 중국의 만세력과 조선민력 모두에서 양력 6월 21일은 음력 5월 초1일이었다. 즉 윤4월의 대소만 달랐던 것이다. 《다이쇼14년조선민력》이 아직 인쇄 중이던 1924년 9월 5일에 《매일신보》 기사는 이 사실을 지적하면서 앞으로는 음력일도 조선민력을 따라야 한다고 강조하고 있다.[31] 1925년도 《다이쇼14년조선민력》은 1924년도보다 4만 부가 많은 63만 부가 인쇄되었지만, 중국 만세력과의 불일치 문제 때문인지 63만 부가 모두 매진되었다.[32] 1926년도에는 조선민력과 중국 만세력 사이에 합삭 시각의 차이가 없었다.[33]

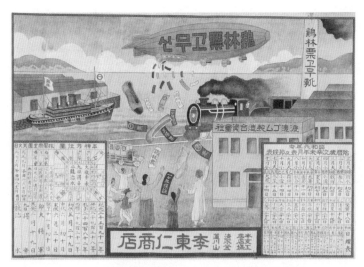

그림 5-6-12　계림표 고무신 광고지의 〈쇼와 6년(1931) 월표 및 절후표〉[34]

　당시 조선에는 일본 역서도 들어오고 있었다. 1925년 8월 18일은 음력 6월 29일 그믐날이고, 8월 19일은 음력 7월 초1일이었다. 그런데 민간에서 사용하는 달력에서는 8월 19일이 음력 6월 30일로 그믐날이었다. 이때도 생일과 제삿날을 잘못 아는 바람에 일대 혼란이 일었다. 민간에 유포된 이 달력은 일본 효고현(兵庫縣)의 단바(丹波) 지방에서 만든 것이었다고 한다.[35] 1928년에도 《쇼와3년조선민력》에서는 음력 8월이 대월이고 9월이 소월이었지만, 만세력 같은 재래력(在來曆)에서는 음력 8월이 소월이고 9월이 대월이었으므로 9월의 모든 음력일이 서로 어긋났다.

　특히 일반 가정의 벽에 걸려 있는 일력(日曆) 또는 일조력(日繰曆)의 음력일, 그리고 광고지에 인쇄된 월표와 절후표의 음력일은 만세력과 천세력(千歲曆) 등의 재래력에서 그대로 베낀 것이 많았다[그림 5-6-12]. 재래력은 중국 북경을 통과하는 동경 116도 28분의 자오선을 표준으로 하여 작성된 것이고, 중국의 표준시는 조선의 일본중앙표준시인 동경 135도와 1시간 14분의 차이가 있었다. 따라서 조선민력과 만세력은 합삭 시각의 차이로 인해 종종 달의 대소와 음력일의 차이를 드러냈다. 음력일의 차이는 관혼상제와 상거래에 영향을 주었고, 시장이 제대로 서지 않는 큰 문제를 낳았다.[36] 이처럼 조선민력과 재래력의 불일치 문제로 인해 음력을 폐지하여 양력으로 '역(曆)의 통일'을 이루어야 한다는 압력이 계속 증가하고 있었다.

조선총독부는 조선민력의 발행 부수가 60만 부에 이르자 조선민력을 효과적인 선전 수단으로 사용할 방안을 강구하기 시작한다. 먼저 각 월별로 각종 세금의 납세 기한을 명시할 방법을 모색한다. 또한 1930년도 조선민력부터는 본방행정구획도 즉 일본 지도에 남양(南洋) 위임통치구역을 추가하기로 결정한다.[37] 〈국세 및 지방세 납기일람〉의 표는 1931년도 조선민력부터 권말 부록에 추가된다. 또한 1930년도 조선민력부터는 지역별 벼농사 일정을 알려주는 〈수도편람(水稻便覽)〉이 권말에 추가된다.

한일병합 후 1911년도 조선민력은 조선총독부 내무부 학무국이 편찬하여 반포했고, 1912년도 조선민력부터는 인천관측소가 편찬을 맡고 내무부 학무국은 출판과 반포만 맡고 있었다. 1912년 4월 1일부터 조선총독부는 관제를 개편하여 경기도 인천에 조선총독부 관측소를 두고 경성, 목포, 대구, 부산, 강릉, 평양, 용암포, 원산,

성진에 부속 측후소를 둔다.[38] 따라서 이때부터 인천관측소가 역서 편찬을 담당하지만, 실질적으로는 도쿄천문대가 조선민력 편찬 업무를 대행하고 있었던 것으로 보인다.

1912년 1월 1일 자로 조선의 표준시를 개정했으므로《메이지 45년조선민력》(1912)은 일본중앙표준시에 의거하여 역면의 시각을 표시해야 했다. 그러나《메이지45년조선민력》은 1911년 9월 1일에 앞서 발행되었으므로 표준시 변경을 역면에 반영하지 못했다. 조선민력과 일본의 약본력을 비교하면 이 사실을 정확히 알 수 있다. 예컨대《메이지45년조선민력》에서는 음력 2월 초1일이 시작되는 합삭 시각이 3월 19일 오전 5시 56분이지만,《메이지45년약본력》에서는 합삭 시각이 3월 19일 오전 7시 9분이다. 둘 사이에 약 1시간 13분의 시차가 있음을 알 수 있다. 즉 1912년도《메이지45년조선민력》은 여전히 한국표준시를 사용하고 있었다. 그러나《다이쇼2년조선민력》(1913)과《다이쇼2년약본력》(1913)은 달의 합삭, 상현, 망, 하현의 시각, 24기의 입기 시각이 모두 동일하다. 이처럼 표준시 개정 후 1년이 지난 1913년도부터는 조선민력과 일본 역서에 표기되는 시각이 모두 일본중앙표준시로 통일된다.

인천관측소장 구니토미 신이치(國富信一)는 1933년 12월 1일에 도쿄에 가서 도쿄천문대를 방문한 후 12월 11일에 인천으로 돌아온다. 그때까지 조선민력은 조선총독부 학무국에서 매년 4천 원의 보조금을 받아 도쿄천문대가 편찬하고 있었다. 그런데 구니토미 신이치는 도쿄천문대와 논의한 후 1935년도부터는 인천에 있는 조선총독부관측소에서 조선민력을 직접 편찬하기로 한다. 시기상

1935년도 조선민력부터는 도쿄천문대에 의뢰하지 않고 조선총독부 관측소가 직접 편찬하기로 한 것 같다. 심지어 구니토미 신이치는 일본에서 도쿄천문대가 역서를 편찬하여 이세신궁 신부서에서 발매하는 것처럼, 조선에서도 조선총독부관측소가 편찬하여 조선신궁에서 발매하면 좋겠다는 뜻을 피력한다.[39]

이러한 분위기 속에서 조선총독부는 결국 조선민력을 폐지하고 1937년도 《쇼와12년약력》을 발간하여 음력 폐지를 위한 첫걸음을 뗀 후, 1940년도 《쇼와15년약력》부터는 아예 역면에서 음력일을 제거해 버린다.

음력 폐지와 시간의 통일
약력과 양력의 시대

1936년에도 여전히 사람들은 사적 생활은 음력에 의거하고 공적 생활은 양력에 의거하는 이중적인 시간 리듬 속에 살고 있었다. 따라서 공적 과세(過歲)는 양력 연말로 하고 사적 과세는 음력 연말로 하면서 의례와 행사의 중복, 상거래 및 금융 거래의 결산 중복, 정신과 물질의 소모 등의 폐해가 드러나고 있었다. 시계, 라디오, 사이렌 등을 통해 근대적인 시간이 아무리 널리 보급되더라도, 시간 리듬이 음력과 양력으로 이원화된 상태에서 근원적인 시간 통일은 불가능했다.[1]

1936년 1월에《매일신보》는 양력 과세와 음력 과세 가운데 어느 것이 더 우세한지를 알기 위해 흥미로운 비교 작업을 한다. 즉 양력 1월 1일과 음력 1월 1일(양력 1월 24일)에 경성전기회사의 전차와 버스 수입을 조사하여 세배꾼의 규모를 짐작해 본 것이다. 양력 1월 1일의 전차 수입은 7,053원 37전, 버스 수입은 1,429원 13전, 합계 8,482원 50전이었고, 음력 1월 1일의 전차 수입은 9,090원

89전, 버스 수입은 1,675원 70전, 합계 10,766원 59전이었으므로, 음력 수입이 2,284원 9전 많았다고 한다. 《매일신보》는 이를 근거로 음력 설날을 지내는 자가 양력 설날을 지내는 자보다 훨씬 많다는 결론을 내리고 있다.[2]

1936년 1월 29일에 열린 조선총독부 정례 국장회의에서 우가키 가즈시게(宇垣一成) 총독은 농가에서 양력 정월과 음력 정월 사이의 1개월을 헛되이 보내는 이중정월(二重正月)의 폐단을 지적하면서 1937년부터는 양력에 따른 정월만을 맞게 하자는 의견을 제시한다.[3] 즉 그는 여전히 음력을 기재하고 있는 조선민력을 개정하여 농촌진흥운동, 심전개발운동, 의례준칙(儀禮準則) 실시를 강화할 수 있는 기반을 조성해야 한다고 주장한 것이다.[4]

이처럼 역서 개정의 가장 큰 이유는 이중과세로 인해 발생하는 인력과 시간의 낭비였다.[5] 그 후 학무국은 음양력의 공존이 낳은 이중 생활을 타파한다는 명분으로 1937년도 조선민력을 양력 중심으로 대폭 개정할 계획을 세운다. 2월 14일에 학무국에서는 구니토미 신이치 인천관측소장을 중심으로 회의가 열린다.[6] 그리고 이후 조선민력 개정은 구니토미 신이치를 중심으로 하여 이루어진다.

생활의 간소화와 민심작흥을 위해 '신구력의 일원화'를 단행한다는 목적하에 인천의 조선총독부관측소는 2월 20일에 조선민력 개정안을 완성하여 총독부 학무국으로 보낸다. 이 개정안은 일차적으로 미신타파를 위해 납세의 악일(惡日) 등을 모두 삭제하고, 장례와 혼례의 악일 정도만 남겨둔다. 다음으로 이전에는 기입하지 않던 일출, 일입, 조시(潮時), 일반 기상 지식을 추가한다. 그리고 조선민

력과 달리 개정안에서는 축제일에 적색 국기를 기입하여 국민적 축
제일과 국기에 대한 인식을 강화하는 방향을 취하기로 한다.[7]

1936년 4월까지 학무국 편집과는 역서의 세 가지 개정안을 만들
어 중추원(中樞院)의 의견을 청취한다. 이때 개정의 주 목표는 양력
본위의 역서로 전환하여 이중과세의 폐단 등을 일소하는 것이었다.[8]
이처럼 역서 개정의 기본 방향은 양력과 음력의 병용이 낳은 폐단
을 제거하는 것이었다. 1936년 4월에 알려진 개정의 골자는 다음과
같았다.[9]

(1) 축제일과 국기게양에 관한 사항, 그리고 국체명징(國體明徵)을 위해 육
해군기념일과 시정기념일(始政記念日)도 명시.

(2) 일출입(日出入)과 일남중(日南中)을 기록할 것. 인천을 표준으로 경성,
대구, 부산, 목포, 평양, 신의주, 원산, 웅기 등 8개소의 매 순일(旬日)
에 일출입을 기입할 것.

(3) 구력(舊曆)의 일차(日次)를 월령(月齡)으로 고치고, 월출입(月出入)과 월
남중(月南中)을 기입할 것. 음력을 폐지하고 농어민의 일반 생활에 상
당히 관계가 있는 월출입, 월남중, 월령, 삭현망(朔弦望) 등 월의 운행
을 상세히 부가할 것.

(4) 만조의 때를 기입할 것.

(5) 어업 및 임업에 관계되는 사항을 추가할 것.

(6) 오행, 이십팔수, 십이직, 월의 구궁(九宮) 등을 제거할 것.

(7) 평균기온(최고, 최저), 강수량, 평균풍속, 평균온도, 평균습도 등을 새로
추가할 것.

(8) 납재(納財), 계찬(啓欑), 상량(上梁)의 시각, 그리고 관대(冠帶)의 시각 및 좌향(坐向)을 없앨 것. 이러한 미신의 사항과 납재 등은 징세(徵稅)에 극히 악영향이 있으므로 삭제할 것.

위의 (3)에서 알 수 있는 것처럼 처음에는 일본 역서처럼 구력의 일차, 즉 음력일을 없애고 그 대신 월령만 기입하려 했던 것 같다. 그러나 최종안에서 음력일과 일진은 없어지지 않고 살아남는다. 그렇지만 음력 역서의 기본 시간주기인 납음오행, 이십팔수, 십이직뿐만 아니라 공간 길흉의 판별을 위한 구궁도(九宮圖)도 역서에서 제거된다. 또한 조선민력에서 음력 역일에 첨부되어 있던 납재, 계찬, 상량 등의 역주도 삭제된다. 납재는 빚이나 세금 같은 재화를 거둬들이는 것이고, 계찬은 발인 전에 빈소를 열어 관을 꺼내는 것이다. 따라서 음력일과 일진을 제외하고 점복과 길흉에 관련된 기본 체계가 모두 역면에서 사라지게 된다.

1936년 6월 23일부터 27일까지 5일간 도지사회의가 열리고 6월 27일에 '민력 개정에 관한 건'이 논의된다. 민력 개정을 단행하여 비약하는 조선에 상응하는 신가정을 건설해야 한다는 지사도 있었고, 아직 시기상조라서 개정 후 역서 통제가 곤란하다는 이유로 반대하는 지사도 있었다. 특히 일반 농민과 어민은 음력에 따라 일을 하기 때문에 갑자기 음력을 폐지해서는 안 된다는 일부 지사들의 의견이 있었으므로 최종 결론을 내지 못했다.[10] 결국 이러한 반대 의견의 존재로 인해 최종안에서 음력일을 없애지 못한 것으로 보인다.

1936년 7월 2일에 이와시타 유조(岩下雄三) 학무국 편집과장은 구니토미 신이치 인천관측소장을 만나 도지사회의의 의견을 반영한 최종안을 결정할 예정이었다. 당시 조선에서 관혼상제 등 중요 의례는 여전히 음력을 기준으로 실행되고 있었다. 따라서 총독부는 음력 폐지가 미신적인 연중행사를 없애는 것으로 직결될 거라고 기대하고 있었다.

최종안에는 경북도회(慶北道會)의 의결 사항과 이범익(李範益) 충남지사의 의견이 반영되었다고 한다. 결국 최종안은 구력의 대부분을 없애고 새로운 조선에 어울리는 이해하기 쉽고 실용적인 역서를 만드는 것을 목표로 삼았다. 즉 농촌과 어촌에 도움이 되는 편리한 역서를 만들고, 시계와 온도계만 있으면 쉽게 이해할 수 있도록 일기도(日氣圖) 보는 방법과 천체관측법을 넣을 계획이었다. 또한 20쪽의 조선민력을 40쪽으로 늘리더라도 역서는 종전처럼 정가 10전에 판매될 예정이었다.[11] 당시 민간에 배포되던 조선민력은 50만~60만 부 정도였다고 한다.[12]

그런데 일본이 발행하는 관제력(官制曆)의 명칭이 일본과 조선에서 다른 것은 국체명징에 맞지 않다는 이유로 처음에는 조선민력이라는 명칭을 '조선약력(朝鮮略曆)'으로 변경할 예정이었다. 당시 일본에서 본력과 약본력이 동시에 발행되고 있었으므로 '약력'이라는 이름을 통해 본력을 축약한 하위 역서임을 분명히 한 것이라고 볼 수 있다. 또한 조선총독부 학무국은 조선약력을 발행함과 동시에 조선에서 '역(曆)의 통제'를 실시할 계획도 갖고 있었다. 개력 작업은 자력갱생, 농산어촌진흥운동, 미신타파 등과 궤를 같이하는 '적폐 청산'의 일종이었던 것이다.

조선총독부는 개력이 1934년 11월 10일에 공포한 〈의례준칙〉의 시행에도 도움이 될 거라고 판단하고 있었다. 왜냐하면 조선민력은 여전히 시간과 공간의 길흉을 따지고 시간의 질을 측정할 수 있는 장치를 내장하고 있었기 때문이다. 〈의례준칙〉은 혼례, 상례, 제례가 복잡하고 번쇄하여 실생활에 적합하지 않고 많은 폐해를 낳기 때문에 의례를 간소화하고 규칙화하기 위해 제정되었다. 다만 〈의례준칙〉은 강제적인 시행 사항이 아니라 지방 사정에 따라 적절히 변경할 수 있는 준칙이었다.[13] 조선총독부도 의례의 개혁이 단시간에 강제적으로 이루어질 수 없다는 것을 잘 알고 있었던 것이다.

앞서 살펴본 것처럼 조선민력은 한일병합 이후 1911년도부터 사용되었다. 1910년도부터 일본은 이세신궁 신부서에서 발행하는 본력과 약본력에서 음력일을 완전히 지우면서 역서의 과학화를 시도했다. 그러나 조선은 아직 음력을 폐지할 만한 상황이 아니라는 인식하에 조선총독부는 옛날 형식 그대로 조선민력을 발행했던 것이다. 그런데 1936년이 되자 교통, 산업, 교육 등에 걸쳐 조선의 문화가 예전과 다르게 발전했으므로 이제는 새로운 역서를 통해 일상생활을 합리적이고 실제적인 방향으로 이끌어야 한다는 주장이 본격적으로 등장한 것이다.

개력의 최종안에서 역서의 명칭은 '조선약력'이 아니라 '약력'으로 바뀐다. 1936년 7월 28일에 도미나가 후미카즈(富永文一) 학무국장이 발표한 최종안의 주요 내용은 다음과 같다.[14]

⑴ '쇼와12년조선민력'을 '쇼와12년약력'으로 개칭할 것.

⑵ 국기게양에 관한 사항을 추가할 것.

⑶ 축제일을 적색 국기로 나타낼 것.

⑷ 조선신궁제(朝鮮神宮祭)와 야스쿠니신사제(靖國神社祭)를 기입할 것.

⑸ 다음과 같은 기념일을 추가할 것: 육군기념일(陸軍記念日), 식수기념일(植樹記念日), 해군기념일(海軍記念日), 시의 기념일(時の記念日), 농민일(農民日), 진재기념일(震災記念日), 국민정신작흥기념일(國民精神作興記念日).

⑹ 일출입과 일남중을 기록할 것.

⑺ 월출입과 간만조(干滿潮)의 시(時)를 기록할 것.

⑻ 어업 및 임업에 관한 사항을 추가할 것.

⑼ 월령(月齡)을 추가할 것: 구력 월(月)의 일차를 종전대로 그 하부에 병기할 것.

⑽ 오행, 이십팔수, 십이직, 월의 구궁 등을 제거할 것.

⑾ 평균기온(최고·최저), 강수량, 평균풍속, 평균습도 등을 추가할 것.

⑿ 종래의 민력에서 최하단에 게재한 사항, 즉 길흉의 역주(曆註)를 삭제할 것.

⒀ 9개 주요 도시의 식표(食表)[일월식표]를 넣을 것.

⒁ 음양력 대조표를 증가시킬 것.

⒂ 지큐세쓰(地久節), 세쓰분(節分), 히간(彼岸), 하치주하치야(八十八夜), 니햐쿠토카(二百十日)를 부가할 것.

결국 오행, 이십팔수, 십이직, 구궁, 길흉의 역주 등은 폐지되고,

일출입, 일남중, 월령, 간조와 만조, 어업과 임업 편람, 각종 기념일, 국기게양 준수 사항, 천체와 기상 관측에 관계하는 표들 및 음양력 대조표 등이 추가된다. 그러나 도미나가 후미카즈 학무국장은 역서에 개폐(改廢)할 부분이 여전히 남아 있으므로 당시의 민력 개정은 완전한 것이 아니라 잠정적인 것이라는 단서를 달고 있다. 처음 의도대로 음력일을 완전히 삭제하지는 못한 것을 의식한 발언일 것이다.

1936년 7월 31일 자《조선신문》은 역(曆)이란 일상생활의 기록이고 지침이며, 나라의 역사에서 기념할 만한 날을 지정하고 제사를 경건히 함으로써 정신적, 육체적 생활 향상을 기하기 위한 것이라고 말하고 있다. 그리고 당시의 개력을 조선의 실정, 문화의 진전, 민중의 일상생활에 근거한 '시간의 합리화'라고 평가하고 있다. 또한 각종 기념일을 추가로 명기한 것은 경신(敬神)의 생각을 두텁게 하는 것이고, 산업상의 편람은 산업계의 진전에 직간접적인 영향을 줄 것이라고 말하고 있다. 따라서 민력 개정은 비합리적인 요소를 제거하고 정치, 사회, 문화, 산업 등 실생활에 도움이 되는 역서를 제작하는 것을 목표로 하고 있다는 것이다.[15]

1936년 10월 9일과 10일에 열린 중추원회의에서 약력의 최종안에 대한 자문이 있었다. 그리고 10월중에 약력의 견본이 학무국에 제출된다. 조선민력은 20쪽이었고, 최종적으로 약력은 50쪽으로 늘어났지만 정가는 그대로 10전이었다. 그리고 1936년 10월 16일에 조선총독부는 조선민력을 약력으로 고친다는 고시를 한다.[16] 우가키 가즈시게 총독의 주장에서 시작된 역서 개정의 주요 목적은 이중과

세의 폐단을 없애는 것이었다. 그러나 결국 음력일을 역면에서 삭제하지 못함으로써 최초의 주요 목적을 달성하지는 못한다. 따라서 1936년에 진행된 역서 개정은 미신타파, 국체 관념 강조, 실용적인 지식의 보강을 골자로 하여 이루어지게 된다.

1937년도부터 사용된 약력은 여전히 과도기적인 역서였다. 따라서 조선총독부는 약 3년 정도 양력과 음력을 병용하다가 양력이 친숙해지면 음력을 역면에서 삭제할 계획을 갖고 있었다.[17] 실제로 이 계획은 1940년도부터 실현된다. 1936년 11월 말에 항례에 따라 조선총독부는 새로 개정된 약력을 궁내성(宮內省)을 통해 궁중에 헌상하는 절차를 진행한다.[18] 따라서 이 무렵에 1937년도《쇼와12년약력》이 완성되었음을 알 수 있다.《쇼와12년약력》의 간기(刊記)를 보면, 인쇄일은 쇼와 11년(1936) 11월 15일, 발행일은 쇼와 11년 11월 20일, 정가는 10전, 발매소는 조선서적인쇄주식회사였다. 이 약력은 표지나 기타 부록을 제외하고 총 48쪽이었다.

마침내 1940년도《쇼와15년약력》부터는 월령 밑에 기입돼 있던 음력일이 삭제된다. 그렇다면 1940년은 한국 역사상 처음으로 공식 역서에서 음력이 사라진 해라고 할 수 있다. 따라서 음력일 삭제를 지향한 1937년도 약력은 3년 후인 1940년도에 비로소 완성된 모습에 도달한다. 당시 역서 개정의 가장 큰 목적은 음력을 완전히 폐지하여 양력의 시간에 의해 전 조선인의 시간을 하나로 통일하는 것이었다. 이것을 가늠하는 시금석은 모든 사람이 같은 날 새로운 해를 시작하는 것이었다.

1937년 직전에는 '음력 폐지 운동'이 전국 각지에서 벌어진다.

1936년 12월 말에 청주에서는 지역 유지를 중심으로 '양력 과세'를 하기로 결의한다.[19] 1936년 12월에 충남 연기군은 1937년부터 음력을 폐지하기 위해 관공서에 있는 자는 양력으로 신년행사를 실시하여 타의 모범이 될 것, 1월 1일에는 시장을 열지 않고 다음 날 개시(開市)를 할 것, 음력 정월 행사인 농악과 윷놀이 등 향토 오락을 양력 연시(年始)에 실행하고 음력 정월 휴일에는 폐지할 것, 음력 정월에는 보통학교 수업을 정상적으로 진행할 것 등을 결의한다.[20] 충남 대덕군도 12월 14일에서 17일까지 각종 단체를 대상으로 하는 좌담회를 개최하여 1937년 양력 1월 1일에 차례를 지내고 새 옷을 입을 것, 신년 배하식(拜賀式)에 참여할 것, 연시의 휴업은 3일간으로 하고 양력 1월에 향토 오락을 행할 것 등을 결의한다.[21]

1936년 12월 22일에 평남 중화군 중화면 면장인 송준섭(宋晙燮)은 음양 이중과세의 폐습을 타파하기 위해 음력을 전폐하고 양력을 준봉하자는 통첩을 이장(里長)과 구장(區長)에게 보냈다.[22] 12월 26일에 평북 신의주에서 조선인 유지 조직인 자성회(自成會)는 국경 노동조합회관에서 고일청(高一淸), 이희적(李熙廸), 김영걸(金永杰)을 연사로 구력 폐지와 양력 일제 단행을 위한 강연회를 열었으며, 시내 요소에 포스터를 붙이고 비라 수천 매를 뿌렸다.[23]

1936년 12월 2일에 충북 옥천군은 각 면장과 보통학교 교장 앞으로 양력 보급과 실시에 만전을 기하라는 취지의 통첩을 보냈다. 그리고 시내 조선인 상점에서는 양력 정월을 실행하자는 입간판을 걸어 선전 활동을 했다. 옥천군의 통첩은 음력 정조(正朝)에 행하던 차례를 양력 원단(元旦)에 행할 것, 음력 연시 방문은 폐하고 원단에 각자 가묘(家廟) 제사를 마친 후 부락 집합소나 기타 적당한 장소에 집합하여 교례(交禮)를 행할 것, 연시 휴일은 원단부터 3일 정도로 할 것, 음력 정월의 향토 오락은 휴일에 하고 구력 연초에는 휴가와 오락과 일반 행사를 허용하지 않을 것, 의복 제조와 장부(帳簿) 청산은 양력 연내에 마치고 피륙과 잡화 상품의 대매출도 양력 연말에 할 것 등을 담고 있었다.[24]

1936년 12월에 충북 영동군도 연말연시 허례와 음력의 폐지를 강조하는 통첩을 각 면에 보냈다.[25] 12월에 전남 순천에서도 군수, 읍장, 판사, 은행지배인, 우편국장, 도회의원, 금융조합이사, 각 학교장 등 지역 유지가 모여 1936년 섣달그믐날부터 양력으로 고칠 것, 연말연시의 제례와 기타 행사는 양력에 따라 집행할 것, 음력 섣달그믐날의 제례와 행사는 모두 폐지할 것 등을 담은 음력 폐지 취의서를 발표했다.[26]

1937년에도 음력 폐지 운동은 계속된다. 경남 창녕군은 1937년 12월 6일에 관계 관헌과 지방 유지를 도회의실에 불러 양력 실시 타합회(打合會)를 개최하고, 1938년부터 군내에서 일제히 양력을 실시하기로 했다.[27] 이에 호응하여 12월 12일에는 경남 창녕군 영산면 향로당(鄕老堂)의 구가서(具家書) 외 노인 일동이 1938년부터 양력을 실시하기로 결의했다.[28]

특히 조선총독부는 음력일을 버리지 못하게 하는 의례적, 사회적, 경제적 관습을 개혁하는 데 주력한다. 당시에 시장(市場)은 일반 대중의 상거래 공간이자 사교 공간이기도 했다. 따라서 조상의 기일(忌日)은 잊어도 시일(市日)은 잊을 수가 없다는 말이 있을 정도였다.

또한 날을 셀 때도 전장일(前場日), 후장일(後場日), 전장익일(前場翌日), 후장전일(後場前日) 등의 표현을 사용하는 일이 많았다.[29]

따라서 역서 개정과 함께 양력 실시의 가장 큰 장애물로 인식된 것은 재래시장의 장날, 즉 음력 시일이었다. 제일과 의식일도 양력 사용을 방해했지만, 관청에서 이것을 일률적으로 변경할 수는 없었다. 그러나 각 가정과 밀접한 관계가 있고 지방 금융과 상업의 중심인 재래시장의 장날, 즉 음력 시일은 관청에서 통제할 수 있는 것이었다. 따라서 조선총독부는 이중력(二重曆)의 상황을 일소하기 위해 약력 시행 후 곧바로 '시일의 양력화'를 추진한다.

당시 조선의 농촌 지방과 소도시는 1914년 9월 12일에 공포된 〈시장규칙〉에 의해 시일을 정하고 있었다.[30] 각 시장은 대체로 5일장으로 1개월에 6회 개시하고 있었고, 상인과 고객의 편의를 고려하여 인접 시장끼리는 서로 다른 시일을 채택하고 있었다. 당시 전국 시장 수는 1,195개였고 1년 거래액은 2억 3천만 원이었다. 생활개선운동을 명목으로 조선민력을 약력으로 개정한 후 1937년 3월경부터 조선총독부 내무국은 식산국과 상의하여 시일의 양력화를 추진한다.[31]

1936년 4월에 충청북도는 음력에 의한 현재의 개시일(開市日)을 양력으로 개정하는 것에 대한 가부를 묻고, 개시일을 양력으로 개정하는 것이 미치는 영향을 알기 위해 각 군수의 의견을 청취한다.[32] 충북 옥천군은 솔선하여 1937년 1월에 충청북도에 시일의 양력 변경을 신청한다.[33] 1937년 3월경에 대구에서도 음양력 병용에 따른 이중력의 폐단을 일소하기 위해 시일 변경의 방식을 연구한다.[34]

조선총독부 식산국에서도 조선민력의 개정과 함께 조선 재래시장의 시일을 양력으로 개정하는 문제를 검토하고 있었다. 다만 시장 상인에게 미칠 영향을 고려해야 한다는 문제가 남아 있었다.[35] 1937년 9월에 조선총독부 식산국 상공과는 시일의 양력화를 위해 경무국 등과 협의를 진행한다.[36] 그리고 조선총독부는 1938년 1월 1일부터 전국 약 1천4백 개 시장의 시일을 양력으로 개정하기 위해 1937년 10월 13일에 각 도지사에게 통첩을 보내 〈시장규칙〉에 따른 시일 변경 수속을 명령한다.[37]

그런데 시일의 양력화는 기존의 5일장 형식을 유지하면서 음력 시일을 그대로 양력 시일로 사용하는 형태로 개정되었다.[38] 경기도 개풍군에서는 음력 끝자리 1일과 6일이던 시일을 양력 끝자리 1일과 6일로 고쳤다. 경기도 강화군은 강화 읍내 시장의 시일은 양력 끝자리 2일과 7일, 온수(溫水) 시장의 시일은 양력 끝자리 4일과 9일로 정했다.[39] 전라북도도 음력 시일과 같은 날짜로 양력 시일을 정했다.[40] 군산부는 군산 동영정(東榮町) 시장의 시일은 끝자리 1일과 5일, 산상정(山上町) 시장의 시일은 끝자리 3일과 8일로 양력 시일을 결정했다.[41] 통영군은 통영 시장은 끝자리 2일과 7일, 거제 시장은 4일과 9일, 하아(下我) 시장은 3일과 8일, 하청(河淸) 시장은 2일과 7일, 욕지(欲知) 시장은 4일과 9일로 양력 시일을 정했다.[42] 그 결과 1938년 4월이 되면 불과 3개월 만에 전국 1,450여 개의 재래시장 가운데 음력으로 개시하는 시장은 한 군데도 없다는 조사 결과가 나오게 된다.[43]

시간의 식민화
약력의 구조와 역사

8

약력의 권두

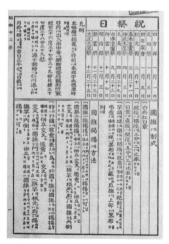

그림 5-8-1 《쇼와12년약력》(1937)의 권두1

《쇼와12년약력》(1937) 1쪽 권두의 상단 우측에는 사방배, 원시제, 신년연회, 기원절, 춘계황령제, 진무천황제, 천장절, 추계황령제, 신상제(A), 메이지절, 신상제(B), 다이쇼천황제 등 12개의 축제일이 기재되어 있다[그림 5-8-1]. 축제일은 메이지천황의 탄생일인 메이지절과 쇼와천황의 탄생일인 천장절을 비롯해 모두 일본 황실과 관련된 궁중제사일, 연회일, 기념일, 축일로 구성되어 있다.

상단 좌측의 〈범례〉에는 약력

에 기입한 시각이 일본중앙표준시라는 것, 일월의 출입과 남중은 인천 소재 조선총독부관측소를 기준으로 한 시각이라는 것, 만조와 간조는 인천항을 기준으로 한 시각이라는 것, 월령(月齡)은 "삭(朔)으로부터 당일 오전까지의 일수(日數)"라는 것이 적시되어 있다. 그리고 약력 1쪽 하단에는 국기를 제작하는 방법인 〈국기의 제식(制式)〉과 〈국기게양의 방법〉이 적혀 있다. 이처럼 철저하게 약력은 일본의 축제일, 일본의 시간, 일본의 국기를 강조하고 있다.

약력 각 월 역면의 변화

《쇼와12년약력》(1937)부터 조선의 역서는 일본 본력의 하위에 있는 약력으로 전락한다. 따라서 1937년부터는 약력에 의해 '역서의 식민화'가 본격적으로 시작된다. 여기서는 약력의 주요 내용에 근거하여 실제로 1937년도 《쇼와12년약력》과 1940년도 《쇼와15년약력》에서 역서 개정이 어떻게 이루어졌는지 살펴볼 것이다. 먼저 《쇼와12년약력》 1월 역면의 구조를 살펴보고, 이를 《쇼와15년약력》 1월 역면과 비교해보자.

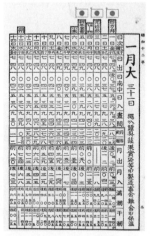

그림 5-8-2 《쇼와12년약력》(1937)의 1월

《쇼와12년약력》(1937) 1월 역면에서 우측 상단의 "1월대 31일"은
양력 1월이 31일로 대월이라는 것을 나타낸다[그림 5-8-2]. 조선민
력과 마찬가지로 우측 하단에는 "새끼줄, 가마니, 양잠 도구, 누에
섶, 과실 포대[果實袋] 등의 제조, 축사(畜舍)와 계사(鷄舍)의 보온"이
라는 농사 월령(月令)이 기재되어 있다. 그리고 역면의 상단 난외에
사방배, 원시제, 신년연회의 축제일이 표시되고 있지만, 조선민력과
달리 약력에서는 축제일 위에 적색 일장기가 붙어 있다.

또한 조선민력은 역서 상단 난외에 축제일 정도만 기입하고 있지
만, 약력은 24기, 절일, 삭·상현·망·하현, 일월식, 육군기념일, 식
수기념일, 해군기념일, 시의 기념일, 농민일, 진재기념일, 국민정신
작흥기념일, 시정기념일(始政記念日), 조선신궁제, 야스쿠니신사제를
기재하고 있다. 다만 시정기념일은 1936년도 조선민력부터 이미 표
기되고 있었다. 또한 약력에서는 황후의 탄생일인 치큐세쓰(地久節)
와 일본의 잡절인 도요(土用), 세쓰분(節分), 히간(彼岸), 샤지쓰(社日),
하치주하치야(八十八夜), 뉴바이(入梅), 한게쇼(半夏生), 니햐쿠토카
(二百十日)가 처음으로 역서에 기재된다. 축제일뿐만 아니라 일본의
잡절까지 역서에 표기하고 있다는 점에서 약력은 조선인을 위한 일
본 역서였다고 말할 수 있다.

그리고 약력의 역면에는 위에서 아래로 양력일의 일차, 칠요, 간
지(일진), 일출, 일남중, 일입, 주간(낮의 길이), 월령, 음력, 월출, 월
입, 만조, 간조의 시각이 기입되어 있다. 《쇼와12년약력》은 각 월
역면에 월령(月齡)과 함께 여전히 음력일을 기재하고 있다는 점이 가
장 인상적이다.

조선민력 역면과 비교해 보면 약
력이 얼마나 변화가 많은 역서인지
를 실감할 수 있다. 예컨대《쇼와
11년조선민력》(1936)의 1월 역면을
보면 상단은 양력부, 하단은 음력
부로 구성된다[그림 5-8-3]. 양력부
에는 양력 일자, 7요일, 월의 합삭·
상현·망·하현의 시각과 달의 모양,
월입과 월출의 시각이 기재되어 있
다. 음력부에는 음력일, 일진, 납음
오행, 이십팔수, 십이직의 5가지 시
간 주기가 기재되어 있다. 그리고

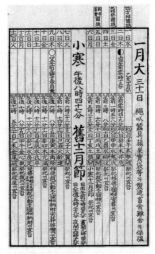

그림 5-8-3 《쇼와11년조선민력》
(1936)의 1월[2]

양력 1월 9일(음력 12월 15일)의 하단을 보면 "이사(移徙), 재의(裁衣),
동토(動土), 상량(上樑)[진시(辰時)], 납재(納財), 안장(安葬), 계찬(啓欑)에
의(宜)함"이라고 해당 음력일에 대한 역주가 붙어 있다. 일반적으
로 역주는 일정한 행위의 길흉, 즉 의(宜)와 불의(不宜)를 표시한다.
1932년도《쇼와7년조선민력》부터는 길흉의 역주에 한글 토씨를 사
용하고 있다. 그런데 앞서 본 것처럼《쇼와12년약력》(1937)에서는
일진과 음력일을 제외하고 조선민력의 음력부 전체가 제거된다[그림
5-8-2].

마침내《쇼와15년약력》(1940)부터는 월령 밑에 기재되어 있던 음
력일이 제거된다[그림 5-8-4]. 조선 정부는 1896년도부터 태양력으
로 개력하지만 1908년도까지는 음력 역서(시헌력, 명시력)와 양력 역

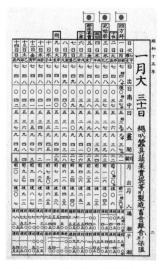

그림 5-8-4 《쇼와15년약력》(1940)
의 1월[3]

서를 같이 발행했고, 1909년도부
터는 음력 역서를 합병한 양력 역
서를 발행했다. 한일병합 후에도
조선민력은 종전대로 음양합병역
서의 성격을 계속 유지했다. 그리
고 조선총독부는 1937년도부터 약
력이라는 일본식 역서로 개력하
지만, 다시 3년의 유예 기간을 두
어 1939년도까지는 음력일을 역서
에 기재한다. 그리고 최종적으로
1940년도《쇼와15년약력》에서는
과감하게 역서에서 음력일을 삭제

한다. 결국 관력(官曆)에서 44년 동안이나 음력과 양력이 병존한 것
이다. 공적인 차원에서 양력이 음력을 대체하는 데 무려 반세기에
가까운 시간이 필요했던 셈이다.

그런데《쇼와15년약력》(1940)에서 음력일은 제거되지만, 당시 일
본의 본력이나 약본력과 마찬가지로 일의 간지(干支), 즉 일진은 음
력부의 삭제와 무관하게 계속 존속했다. 삼복, 샤지쓰(社日) 등의 잡
절이나 제일을 결정하는 데 일진이 필요했기 때문이다.

1941년도《쇼와16년약력》부터는 축제일 상단에 표기되던 적색
일장기가 사라지고, 그 대신 역면 좌우측 난외에 국가총동원과 관
련한 정치적이고 사회적인 표어가 기재된다[그림 5-8-5]. 1월 역면
의 우측에는 "1년의 계획은 원단에 있고, 하루의 계획은 새벽에 있

연도	역서명	음력의 제거 과정
1895년 이전	시헌력	음력 역서
1896~1908년	음력 역서(시헌력, 명시력), 양력 역서(대조선개국력, 대조선건양력, 대한광무력, 대한융희력)	음력 역서(양력일과 7요일 병기), 양력 역서(음력일과 일진 병기)
1909~1910년	대한융희3년력, 대한융희4년력	음양합병역서(양력 역서+음력 역서)
1911~1936년	조선민력(메이지, 다이쇼, 쇼와)	음양합병역서(양력 역서+음력 역서)
1937~1939년	약력(쇼와12년약력~쇼와14년약력)	음력일이 있는 일본식 역서
1940~1945년	약력(쇼와15년약력~쇼와20년약력)	음력일이 없는 일본식 역서

표 5-8-1 역서의 음력 제거 과정

다", 좌측에는 "금년부터 국어생활을!"이라는 표어가 적혀 있다. 또한 2월 역면의 우측에는 "조국(肇國)의 정신, 팔굉일우(八紘一宇)의 대이상", 좌측에는 "애국일(愛國日) 일가(一家) 모두 신사참배", 7월 역면의 우측에는 "지나사변(支那事變), 전몰 호국의 영령에게 감사하라"라는 표어가 적혀 있다. 역면 좌우에 기재된 표어는 1941년도와 1942년도 약력에만 등장한다.

그런데 1943년도부터는 약력의 크기도 작아지고 내용도 간소해진다. 1938년도 《쇼와13년약력》의 크기는 23.4×15.7센티미터인 데

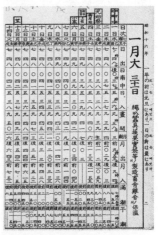

그림 5-8-5 《쇼와16년약력》(1941)의 1월[4]

그림 5-8-6 《쇼와18년약력》(1943)
의 1월[5]

비해 1943년도 《쇼와18년약력》
의 크기는 18.0×12.5센티미터였
다.[6] 전년도 약력과 비교할 때《쇼
와18년약력》의 각 월 역면에서는
중단에 있던 일출, 일남중, 일입,
주간이 모두 사라지고 없다. 그리
고 원래 역면 상단 난외에 기재되
던 축제일과 절일 등이 그 빈자리
에 들어온다[그림 5-8-6]. 1937년
도부터 1942년도까지 조선에
서 발행된 약력의 각 월 역면은
일본의 약본력이 아니라 본력의 체재를 차용하고 있었다. 그러나
1943년도부터 조선의 약력은 일본의 본력이 아니라 약본력의 체재
를 차용한다. 이로 인해 크기가 축소되고 내용이 간략해진 것이다.
이에 대해서는 '약력의 정체'를 다루는 다음 절에서 자세히 다룰 것
이다.

1943년도 약력부터는 매월 8일에 '대조봉대일(大詔奉戴日)'이 기
재되어 있다. 대조봉대일은 대동아전쟁 개전일인 1941년 12월 8일
에 〈선전(宣戰)의 조칙〉을 공포한 것을 기념하는 날로 1942년부터
종전(終戰)까지 시행되었다. 1942년도 약력은 1941년에 이미 인쇄
되었으므로 대조봉대일을 기재하고 있지 않았다.

약력 권말 부록의 변화

① 일출입 시각

《쇼와12년약력》(1937)의 26~27쪽에는 1년간 일출입 시각을 10일 단위로 기록한 〈각지 매순(每旬) 일출입 시각〉 표가 있다[그림 5-8-7]. 1월부터 12월까지 각 월 역면은 인천의 조선총독부관측소를 기준으로 한 일출입 시각을 기재하고 있다. 따라서 〈각지 매순 일출입 시각〉 표에는 인천을 제외한 8개 주요 도시(웅기, 신의주, 원산, 평양, 경성, 대구, 부산, 목포)의 일출입 시각이 기재되어 있다. 이 표는 1937년도부터 1945년도까지 모든 약력에 실려 있다. 그런데

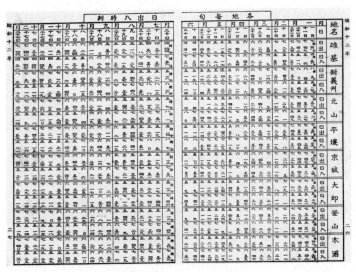

그림 5-8-7 《쇼와12년약력》(1937)의 〈각지 매순 일출입 시각〉

1943년도 약력부터는 웅기, 중강진, 성진, 신의주, 원산, 평양, 진남포, 해주, 강릉, 경성, 인천, 대구, 전주, 부산, 목포, 제주 등 16개 지역의 일출입 시각이 총 4쪽에 걸쳐 실려 있다. 1943년도부터 조선의 약력은 일본 약본력의 체재를 차용하면서 간소해지지만, 조선 각 지역의 일출입 시각은 오히려 더 자세히 세분되어 기재되고 있는 것을 알 수 있다. 전시 상황 속에서 방공(防空) 등의 문제와 관련하여 일출과 일몰의 시각은 중요했을 것이고, 전 조선인의 시간 리듬을 더 효과적으로 편제하고 하나로 일치시킬 필요성도 증가하고 있었을 것이다.

② 간만의 시각과 삭·상현·망·하현

《쇼와12년약력》의 28쪽 좌측에는 〈각지 조시(潮時)의 평균 개정수〉 표가 있다[그림 5-8-8]. 약력의 1월부터 12월까지 각 월 역면에는 인천항을 기준으로 한 간조와 만조의 시각이 기재되어 있다. 〈각지 조시의 평균 개정수〉 표는 다사도, 진남포, 몽금포, 군산, 목포, 여수, 부산, 제주(화북리), 영일만, 원산, 성진, 웅기 등 12개 지역에서 간만의 시각을 계산하려면 인천항의 시각에서 몇 시간 몇 분을 가감해야 하는지를 기재하고 있다. 28쪽 우측의 〈삭·상현·망·하현〉 표는 1월부터 12월까지 각 월별 삭·상현·망·하현의 정확한 일자와 시각을 기재하고 있다[그림 5-8-8]. 〈삭·상현·망·하현〉 표는 1942년도 약력까지만 역서에 실린다.

1943~1945년도의 약력에서는 〈각지 조시의 평균 개정수〉 표

그림 5-8-8 《쇼와12년약력》(1937)의
〈삭·상현·망·하현〉과 〈각지 조시의 평균
개정수〉

그림 5-8-9 《쇼와19년약력》(1944)의
권두[7]

가 역서 권두의 범례에 추가된다. 그리고 1943년도 약력부터는 권
두 사항에 변화가 생긴다. 먼저 축제일표가 권두 상단 전체를 차지
하고, 시각, 월출입의 기준, 월령, 간만의 조시에 대한 설명을 담은
〈범례〉가 하단으로 내려오며, 〈국기의 제식〉과 〈국기게양의 방법〉
은 모두 삭제된다[그림 5-8-9].

③ 24기와 일월식

《쇼와12년약력》의 29쪽 우단에는 절기와 중기의 구분 없이 24기
의 양력 날짜가 기록된 〈24기〉 표가 있다[그림 5-8-10]. 여기에는 춘

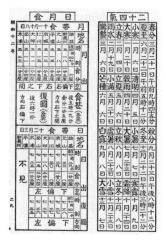

분, 추분, 하지, 동지의 경우에만
날짜와 함께 절기가 시작되는 정
확한 입절 시각이 기재되어 있다.
조선민력의 권두에 있던 음력 월
표와 절후표가 삭제되고 간략한
〈24기〉 표로 대체된 것이다. 또한
조선민력의 월표와 절후표는 음력
중심이지만, 약력의 〈24기〉 표는
완전히 양력화되어 있음을 알 수
있다. 1942년도 《쇼와17년약력》
부터 〈24기〉 표는 약력에서 사라

그림 5-8-10 《쇼와12년약력》(1937)
의 〈일월식〉과 〈24기〉

진다. 그리고 24기는 축제일처럼 각 월 역면의 상단 난외나 중단에
기재된다.

《쇼와12년약력》의 29쪽 좌단에는 9개 주요 도시(웅기, 신의주, 원
산, 평양, 경성, 인천, 대구, 부산, 목포)의 〈일월식〉 표가 있다[그림 5-8-
10]. 〈일월식〉 표에는 9개 도시별로 식이 시작되는 초휴(初虧), 식
의 정점인 식심(食甚), 식이 끝나는 복원(復圓)의 시각과 방향뿐만 아
니라 식의 정도를 표시하는 식분(食分)이 기록되어 있다. 또한 개기
월식의 경우에는 달이 지구 그림자 안으로 완전히 들어가는 순간인
식기(食旣)와 달이 지구 그림자에서 벗어나기 시작하는 순간인 생광
(生光)의 시각 및 방향이 기재되었다. 조선민력에서는 조선총독부관
측소를 기준으로 한 식분, 초휴, 식기, 식심, 생광, 복원의 시각만
적혀 있었다.

1937년 11월 18일에는 이미 월식이 시작된 채로 달이 뜨는 월대식(月帶食)이 있었기 때문에 초휴 대신 월출의 시각·식분·방향, 식심의 시각·식분·방향, 그리고 복원의 시각과 방향만 기록되어 있다. 12월 3일에도 이미 일식의 정점을 지난 후에 해가 뜨는 일대식(日帶食)이 있었으므로 초휴와 식심은 기록되어 있지 않고, 그 대신 일출의 시각·식분·방향, 그리고 복원의 시각과 방향만 기록되어 있다.

일월식이 없는 해에는 다른 천문학적 지식으로 그 빈자리를 채우기도 했다. 1940년도 《쇼와15년약력》에는 〈일월식〉 표가 아니라 〈수성 일면 경과(水星日面經過)〉표가 실려 있다. 이것은 지구를 기준으로 수성이 태양면을 통과하는 일자, 방향, 추이 등을 표시한 것이다. 1936년도 조선민력까지는 일월식표가 역서의 권두에 실렸지만, 1937년도부터 1945년도까지의 약력에는 권말에 실린다.

양력월의 대소를 나타내는 양력 〈월표〉와 매월 일요일의 날짜를 정리한 〈일요표〉는 약력에서 사라진다. 이제 양력월의 대소나 일요일이라는 관념은 익숙한 것이어서 더 이상 따로 표로 정리할 필요를 느끼지 못했을 것이다.

④ 연대표 및 음양력 대조표

《쇼와11년조선민력》(1936)에는 한 쪽짜리 〈연세대조(年歲對照)〉 표가 실려 있다[그림 5-8-11]. 〈연세대조〉 표는 덴포(天保), 고카(弘化), 가에이(嘉永), 안세이(安政), 만엔(萬延), 분큐(文久), 겐지(元治), 게이오(慶應), 메이지(明治), 다이쇼(大正), 쇼와(昭和)에 이르기까지 일본 연

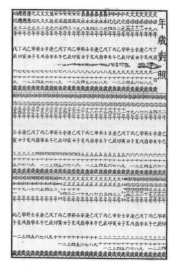

그림 5-8-11 《쇼와11년조선민력》
(1936)의 〈연세대조〉

호를 기준으로 덴포 8년에서 쇼와 11년까지 해의 간지인 세차 (歲次)를 기재하고 있다. 이 표를 통해 쇼와 11년부터 소급하여 자신의 나이에 맞는 세차와 연호를 쉽게 확인할 수 있다. 이 표는 자신의 출생년도를 일본 연호로 표기할 수 있게 만든 대조표라고 할 수 있다. 〈연세대조〉 표는 1920년도 《다이쇼9년조선민력》부터 역서에 실리기 시작했다.

《쇼와12년약력》에는 〈연세대조〉 표를 확장한 〈연대표 및 음양력 대조표(年代表竝陰陽曆對照表)〉가 30~36쪽에 걸쳐 실려 있다[그림 5-8-12]. 이 표는 일본 연호와 조선 연호, 서력기원과 일본 기원, 해의 간지인 세차 등 총 5개의 기년법을 사용하고 있으며, 나이를 기준으로 다양한 방식으로 연대를 확인하거나 대조할 수 있다. 또한 이 표는 덴포 5년(1834)에서 쇼와 11년(1936)에 걸쳐 각 해마다 정월에서 12월까지 각 월의 대소, 초1일에 해당하는 양력 월일, 초1일의 간지를 기록하고 있다. 이 표를 활용하면 자신의 생년월일을 쉽게 서력기원과 일본 연호 및 양력 월일로 환산할 수 있다.

1942년도 《쇼와17년약력》부터는 〈연대표 및 음양력 대조표〉가 역서에서 사라지고, 그 대신 1쪽짜리 〈연대표(年代表)〉만 실린다[그

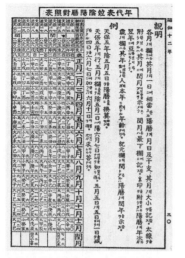

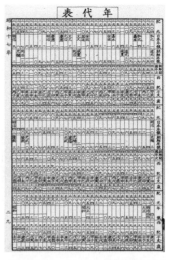

그림 5-8-12 《쇼와12년약력》(1937)의 〈연대표 및 음양력 대조표〉

그림 5-8-13 《쇼와17년약력》(1942)의 〈연대표〉[8]

림 5-8-13]. 《쇼와17년약력》의 〈연대표〉는 고카 1년(1844)부터 쇼와 17년(1942)까지 각 해의 일본 기원, 일본 연호, 조선개국연차, 서기, 세차를 표기하고 있으며, 나아가 그 해 출생자의 나이를 기재하고 있다. 음력과 양력의 월일을 대조할 수 있게 한 '음양력 대조표'는 사라지고 〈연대표〉만 남은 것이다.

⑤ 기온, 강수량, 풍속, 습도

《쇼와12년약력》의 37~42쪽에는 웅기, 중강진, 성진, 신의주, 원산, 평양, 강릉, 경성, 인천, 대구, 전주, 부산, 목포, 제주, 타이

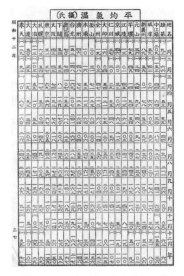

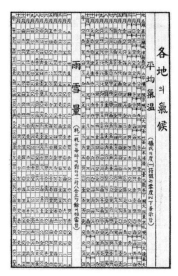

그림 5-8-14 《쇼와12년약력》(1937)의
〈평균기온〉

그림 5-8-15 《쇼와11년조선민력》
(1936)의 〈평균기온〉과 〈우설량〉

베이, 가고시마, 시모노세키, 오사카, 도쿄, 삿포로, 오도마리, 대
련, 봉천 등 23개 지역의 〈평균기온〉, 〈평균최고기온〉, 〈평균최저
기온〉, 〈강수량〉, 〈평균풍속도〉, 〈평균습도〉가 월 단위와 연 단위
로 기재되어 있다[그림 5-8-14]. 〈평균최고기온〉과 〈평균최저기온〉
은 1942년도까지만 약력에 실리고 나머지는 1945년도까지 실린다.
다만 1943~1945년도의 약력에서 날씨와 관련한 모든 사항은 중
강진, 신의주, 원산, 강릉, 경성, 인천, 전주, 부산, 목포, 타이베이,
가고시마, 시모노세키, 오사카, 도쿄, 삿포로, 오도마리, 대련 등
17개 지역의 측정치만 기재된다.

조선민력에서는 1924년도부터 '각지의 기후'라는 표제 아래 〈평

균기온〉과 〈우설량〉 표를 싣는다[그림 5-8-15]. 조선민력에서는 '강수량'이 아니라 '우설량'이라는 용어를 쓰고 있다. 약력과 달리 조선민력에는 〈평균최고기온〉, 〈평균최저기온〉, 〈평균풍속도〉, 〈평균습도〉의 표가 없다. 1924년도부터 조선민력은 목포, 부산, 대구, 인천, 경성, 평양, 원산, 중강진, 웅기, 타이베이, 구마모토, 시모노세키, 오사카, 나고야, 도쿄, 삿포로, 오도마리, 대련 등 18개 지역의 평균기온과 우설량 등을 기재한다. 1928년도부터는 나고야가 빠지고 봉천의 측정치가 기재된다. 1933년도부터는 성진, 용암포, 강릉, 전주, 제주 등 5개 지역이 추가되어 총 23개 지역의 기후가 기재된다. 1935년도에는 용암포 대신 신의주의 기후가 기재된다. 그리고 1937년도 약력부터는 구마모토가 빠지고 가고시마의 기후가 기재된다.

《쇼와12년약력》의 43쪽에 있는 〈기온, 풍속, 강수량의 극수〉 표는 23개 지역별로 최고기온, 최저기온, 최대풍속도, 최대강수일량의 측정치와 연월일, 그리고 최대강수년량의 측정치와 연도를 기재하고 있다[그림 5-8-16]. 1943년도 약력부터는 〈기온, 풍속, 강수량의 극수〉가 아니라 최대풍

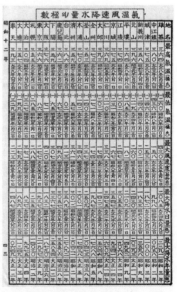

그림 5-8-16 《쇼와12년약력》(1937)의 〈기온, 풍속, 강수량의 극수〉

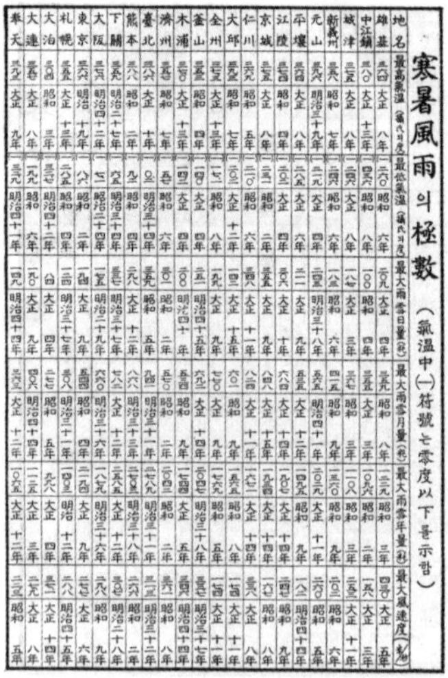

寒暑風雨의極數（氣溫中(一)符號는零度以下를示함）

그림 5-8-17 《쇼와11년조선민력》(1936)의 〈한서, 풍우의 극수〉

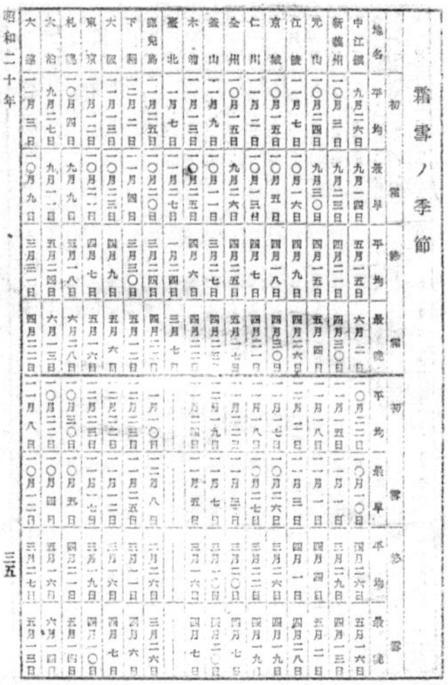

霜雪ノ季節

그림 5-8-18 《쇼와20년약력》(1945)의 〈상설의 계절〉[9]

속도가 빠진 〈기온, 강수량의 극수〉 표가 실린다. 1924~1929년도의 조선민력에는 〈기온의 최고, 최저 및 우설량의 최대일량〉 표가 실려 있었다. 여기에는 18개 지역의 최고기온, 최저기온, 최대우설일량을 기록한 연도만 기재되어 있었다. 이 표는 1930~1936년도의 조선민력에서 〈한서, 풍우의 극수〉 표로 교체된다[그림 5-8-17]. 〈한서, 풍우의 극수〉는 기후의 최고, 최저, 최대의 측정치와 연도를 기재하고 있고, 약력의 〈기온, 풍속, 강수량의 극수〉와 달리 '최대우설월량'을 추가하고 있다.

특이하게도 1943~1945년도의 약력에는 〈상설(霜雪)의 계절〉이라는 표가 실린다[그림 5-8-18]. 이것은 첫서리의 평균 일자와 가장 빠른 일자, 마지막 서리의 평균 일자와 가장 늦은 일자, 첫눈의 평균 일자와 가장 빠른 일자, 마지막 눈의 평균 일자와 가장 늦은 일자를 17개 지역별로 기록하고 있다.

⑥ 농업, 어업, 임업 관련 사항

1930년도 조선민력부터는 역서에 〈수도편람(水稻便覽)〉이 실린다. 〈수도편람〉은 북부, 중부, 남부 지방으로 나누어 1년 동안의 논농사 일정을 도표화한 것이다[그림 5-8-19]. 1935년도《쇼와10년조선민력》부터 〈수도편람〉에는 녹비(綠肥) 즉 풋거름 작물의 수확과 파종, 이작대맥(裏作大麥) 즉 보리의 수확과 파종 등의 일정이 추가로 기재된다. 그 후 세부 항목의 추가나 용어 변경이 있었고, 1945년도 약력에서 〈수도편람〉은 〈수도경종요람(水稻耕種要覽)〉으로 이름이 바뀐다.

1943~1944년도 약력에는 〈식량전작물경종개요(食糧畑作物耕種槪要)〉라는 표가 새로 실린다[그림 5-8-20]. 이 표는 북부, 중부, 남부 지방으로 나누어 맥류, 감자, 고구마, 조,

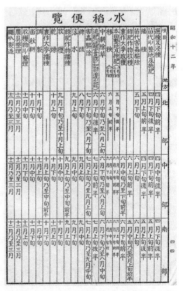

그림 5-8-19 《쇼와12년약력》(1937)의 〈수도편람〉

食糧畑作物耕種概要

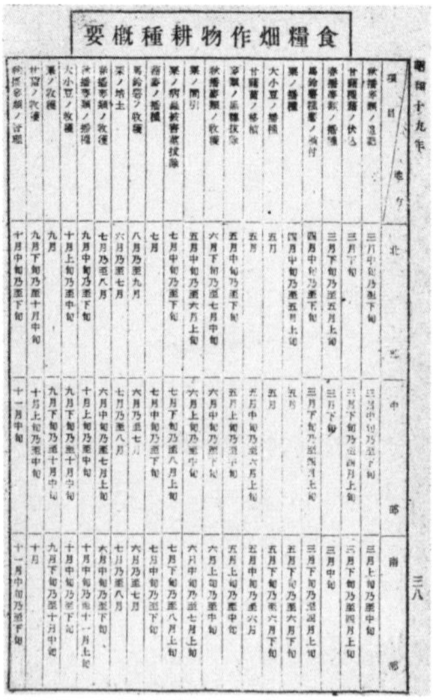

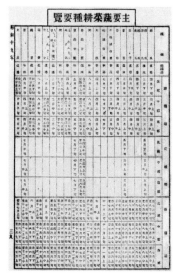

그림 5-8-20 《쇼와19년약력》(1944)의 〈식량전작물경종개요〉

主要蔬菜耕種要覽

그림 5-8-21 《쇼와19년약력》(1944)의 〈주요소채경종요람〉

밤, 콩, 팥, 메밀 등 밭작물의 파종과 수확의 일정 등을 기록한 것이다. 이 표는 1945년도 약력에서 〈전작물경종요람(畑作物耕種要覽)〉으로 바뀌고 대마, 피마자, 면화의 파종과 수확 일정이 추가된다.

또한 1943~1945년도 약력에는 〈주요소채경종요람(主要蔬菜耕種要覽)〉이라는 표가 새로 실린다[그림 5-8-21]. 이 표는 오이[胡瓜], 수박[西瓜], 월과(越瓜), 호박[南瓜], 가지[茄子], 토마토[蕃茄], 고추[蕃椒], 배추[白菜], 무[大根], 양배추[甘藍], 시금치, 상추, 쑥갓, 순무[蕪菁], 완두(豌豆), 파[葱], 마늘[大蒜] 등의 파종기, 정식기(定植期), 수확기를 북부, 중부, 남부로 나누어 기재하고 있다. 1945년도 약력에서는 채소의 종류에 변동이 있다.

《쇼와12년약력》의 45쪽에는 '조선어업 번식보호 취체규칙'에 의한 〈수산동식물의 채포(採捕) 금지 일람〉이라는 표가 실려 있다[그림 5-8-22]. 이 표는 각 도별로 연어, 송어, 은어, 청어, 대구, 전복, 미역 등 수산물을 잡거나 딸 수 없는 기간을 명시하고 있고, 잡아서는 안 되는 체장(體長)까지도 기재하고 있다.

《쇼와12년약력》의 46~47쪽에는 〈어업편람〉과 〈임업편람〉이 실려 있다[그림 5-8-23]. 〈어

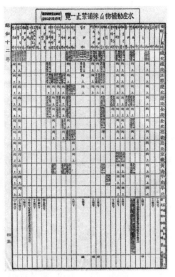

그림 5-8-22 《쇼와12년약력》(1937)의 〈수산동식물의 채포 금지 일람〉

업편람〉에는 정어리, 고등어, 멸치, 명태, 조기, 청어, 갈치, 새우 등 중요 수산물의 주요 어장, 북부·중부·남부의 어기(漁期), 주요 어구(漁具)가 정리되어 있다. 〈임업편람〉은 북부, 중부, 남부를 기준으로 기념 식수, 산채(山菜) 채취, 칠액(漆液) 채취, 표고와 송이 등 버섯 채취, 야생 약초 채취, 제탄(製炭) 등의 시기를 명시하고 있다. 〈어업편람〉은 1937~1942년도 약력에만 실린다. 〈임업편람〉은 조금씩 항목이 증가하고 1945년도 약력에서는 〈임업요람(林業要覽)〉으로 이름이 바뀐다.

이처럼 약력부터는 역서의 시간을 토대로 산업, 특히 농림어업과 관련한 노동의 시간이 긴밀히 직조되기 시작하고 있는 것을 알 수

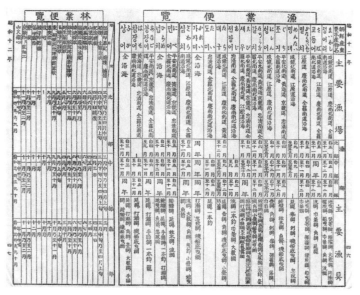

그림 5-8-23 《쇼와12년약력》(1937)의 〈어업편람〉과 〈임업편람〉

있다. 공장과 회사와 학교와 상점의 시간, 노동과 휴식과 체육의 시간, 축제와 의례의 시간뿐만 아니라 농업과 임업과 어업의 시간까지도 국가 단위 안에서 하나로 일치시키고 있는 것이다. 근대적인 시간의 가장 큰 특징은 모든 개인적이고 공동체적인 시간이 허물어지고 파괴되면서 하나의 집합적이고 총체적인 시간으로 수렴하는 양상을 보인다는 것이다.

⑦ 생활 편의 사항

《쇼와12년약력》의 48쪽에는 〈도량형표〉가 실려 있고, 한글 표기

옆에 가타카나 표기가 부기되어 있다는 점이 조선민력과 다르다[그림 5-8-24]. 〈도량형표〉는 미터법, 척관법, 야드파운드법에 따른 길이, 면적, 양, 무게의 환산표다. 〈도량형표〉는 1924년도 《다이쇼13년조선민력》부터 1941년도 《쇼와16년약력》까지 역서에 실린 것으로 보인다.

《쇼와12년약력》의 권말에는 〈조선 내에 재(在)한 철도 및 자동차 선로도〉, 〈내국 통신요금표〉, 〈국세 및 도세 납기일람〉이 실려 있다. 〈내국 통신요금표〉는 우편료, 소포우편료, 전보료의 요금을 명시하고 있고, 〈국세 및 도세 납기일람〉은 정기 수입과 수시 수입에

그림 5-8-24 《쇼와12년약력》(1937)의 〈도량형표〉

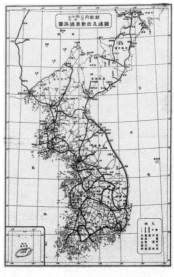

그림 5-8-25 《쇼와13년약력》(1938)의 〈조선 내에 재(在)한 철도 및 자동차 선로도〉[10]

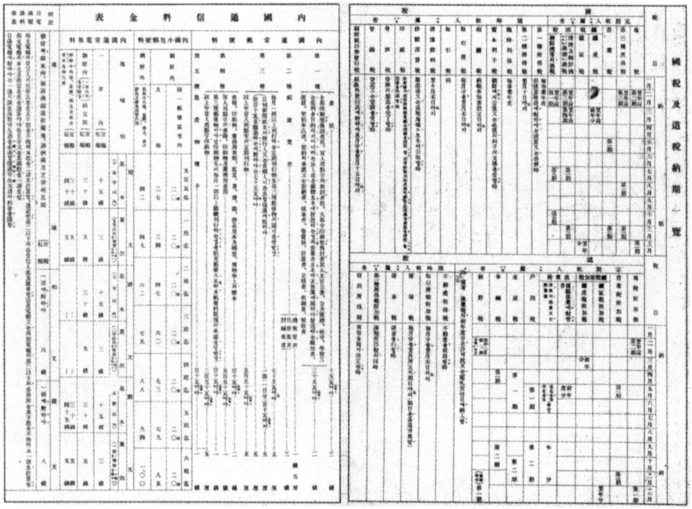

그림 5-8-26 《쇼와12년약력》(1937)의 〈내국 통신요금표〉와 〈국세 및 도세 납기일람〉

따른 각종 세금의 납기일을 알려주고 있다. 〈조선 내에 재한 철도 및 자동차 선로도〉는 1931년도 《쇼와6년조선민력》부터 역서에 등장하고 1941년도 약력까지만 역서에 실린다[그림 5-8-25]. 마찬가지로 1931년도 조선민력에 〈국세 및 지방세 납기일람〉 표가 처음 등장하고, 1934년도 조선민력부터는 〈국세 및 도세 납기일람〉으로이름이 바뀐 채 1944년도 약력까지 역서에 실리며, 1945년도 약력에서는 〈국세 납기일람〉으로 다시 이름만 바뀐다. 〈내국 통신요금표〉는 1931년도 조선민력부터 1941년도 약력까지 역서에 실린 것으로 보인다. 역서의 부록을 통해 우리는 1931년도부터 교통, 통신, 납세의 관념이 중요하게 부각되고 있음을 알 수 있다[그림 5-8-26].

⑧ 국가의 규모와 국력: 1920~1930년도 조선민력의 경우

1920~1930년도의 조선민력에는 〈본방(本邦) 행정구획도〉, 〈본방 주요 시가지 인구〉, 〈본방의 면적, 인구〉, 〈본방 행정구획 및 청(廳) 소재지〉, 〈본방 육군 상비단대(常備團隊) 배비(配備)〉, 〈본방 해군 진수부(鎭守府) 소재지〉 표가 실린다. 〈본방 행정구획도〉는 조선, 일본, 홋카이도, 사할린, 대만, 오키나와, 가고시마뿐만 아니라 총독부와 청(廳) 소재지, 부현(府縣)과 도청 소재지, 사단 사령부 소재지, 군항 등을 표시하고 있다[그림 5-8-27]. 다만 1930년도 조선민력에서는 남양(南洋) 위임통치구역도 지도에 등장한다. 〈본방 주요 시가

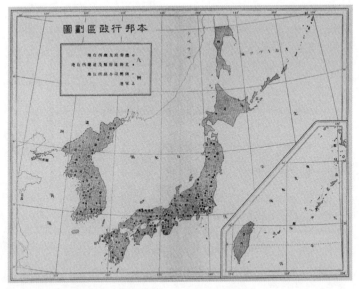

그림 5-8-27 《다이쇼16년조선민력》(1927)의 〈본방 행정구획도〉[11]

지 인구〉는 1925년도부터 〈본방 주요 도시 및 시가지 인구〉로 이름이 바뀐다. 이 표는 혼슈, 시코쿠, 규슈, 홋카이도, 사할린, 조선, 대만의 주요 도시 인구를 도표화하고 있다[그림 5-8-28].

〈본방의 면적, 인구〉는 혼슈, 시코쿠, 규슈, 홋카이도, 사할린, 조선, 대만의 면적과 총 인구를 보여준다. 〈본방 행정구획 및 청 소재지〉는 조선총독부, 대만총독부, 관동청, 사할린청, 남양청, 홋카이도청, 그리고 각 부현의 청의 소재지를 보여준다. 〈본방 육군 상비단대 배비〉는 근위사단, 제1~제20사단 등 단대(團隊)의 사령부 소재지를 보여준다. 〈본방 해군 진수부 소재지〉는 요코스카(橫須賀),

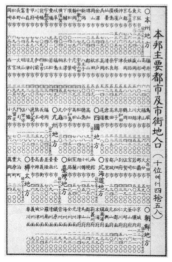

그림 5-8-28 《쇼와5년조선민력》(1930)의 〈본방 주요 도시 및 시가지 인구〉[12]

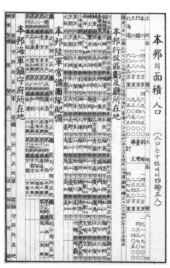

그림 5-8-29 《쇼와5년조선민력》(1930)의 〈본방의 면적, 인구〉, 〈본방 행정구획 및 청 소재지〉, 〈본방 육군 상비단대 배비〉, 〈본방 해군 진수부 소재지〉

구레(吳), 사세보(佐世保) 등의 군항을 보여준다[그림 5-8-29].

　이처럼 1920년대 역서에는 일본의 행정구역, 인구수, 군대의 배치 등 국가의 규모와 힘을 강조하는 내용이 역서 권말에 실려 있었다.

⑨ 약력의 속표지

1938년도 《쇼와13년약력》의 권두 속표지에는 조선신궁의 제2·제3도리이(鳥居) 및 배전(拜殿)을 찍은 사진과 일본 국가인 〈기미가요(君が代)〉가 실려 있다[그림 5-8-30] [그림 5-8-31]. 이것은 신사참배와 내선일체를 강조하는 당시의 분위기가 고스란히 반영된 것으로 의

그림 5-8-30 《쇼와13년약력》(1938)의 조선신궁 사진

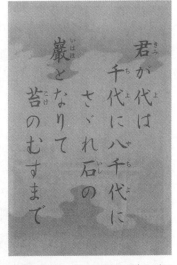

그림 5-8-31 《쇼와13년약력》(1938)에 실린 〈기미가요〉

례와 노래의 시간을 통해 '정신의 일치'를 도모하기 위한 것이라고 할 수 있다.

1939년도 《쇼와14년약력》의 두 번째 속표지는 일본어로 상단에는 〈기미가요〉, 하단에는 〈황국신민의 서사〉 1과 2를 싣고 있다[그림 5-8-32]. 중일전쟁이 발발한 후 미나미 지로 조선총독은 1937년 10월 2일에 〈황국신민의 서사〉를 재가하고, 10월 4일에 각 도지사 앞으로 통첩을 보내 앞으로는 집회가 있을 때마다 이 서사를 낭송하여 뇌리에 각인하도록 한다. 이것은 황국신민의 신념 및 내선일체와 동포단결의 사상을 강조하고, 근로와 인고단련에 의해 국민으로서 적극적으로 활동하게 하기 위한 것이었다. 〈황국신민의 서사 1〉은 초등학교와 소년단에서 사용하기 위한 것이고, 〈황국신민의 서사 2〉는 중등학교와 청년단 등 각 단체에서 사용하기 위한 것이었다.[13]

1940년도 《쇼와15년약력》의 첫 번째 속표지에는 한글과 일본어로 적힌 "아침마다 궁성을 요배합시다"라는 문구와 함께 일본 천황의 거소인 궁성(宮城)의 정문석교(正門石橋) 사진이 실려 있다[그림 5-8-33]. 국민정신총동원조선연맹은 1938년 11월 3일 메이지절부터 매일 아침 황거요배(皇居遙拜)를 하는 운동을 벌인다. 특별한 날과 행사에 하던 황거요배를 일상으로 확대하기 시작한 것이다. 황거요배는 매일 아침 동쪽에서 떠오르는 태양을 보고 절을 하는 '일출 예배'의 형식을 띠고 있었다.[14] 이때부터 매일 아침 7시 50분에 "지금부터 황거요배를 합니다, 기립, 차려, 황거를 향해 받들어 경례, 바로"라는 경성방송국 제1방송의 안내 방송에 맞추어 전 조선인이 동방을 향해 일제히 최경례(最敬禮)를 하는 운동이 벌어진다.[15] 허리를

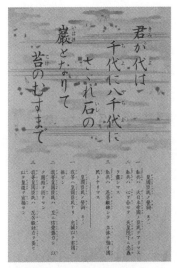

그림 5-8-32 《쇼와14년약력》(1939)의 〈기미가요〉와 〈황국신민의 서사〉[16]

그림 5-8-33 《쇼와15년약력》(1940)의 궁성 사진

90도로 굽히는 최경례는 천황에게만 하는 의례 행위였다. 황거요 배는 일어나자마자 요배를 하여 마음을 다잡고, 일본제국에서 생을 누리는 기쁨과 긍지를 맛보게 한다는 취지에서 시작되었다.

그런데 조선총독부는 메이지 21년(1888) 10월 27일의 〈궁내성 고 시 제6호〉에 근거하여 1939년 2월 1일부터는 황거요배가 아니라 '궁성요배(宮城遙拜)'라는 용어를 사용하도록 관공서와 각 학교 등에 통첩을 보낸다.[17] 일반적으로 궁성요배 시각은 11월에서 3월까지 는 오전 7시 50분, 4월부터 10월까지는 오전 7시였다. 1942년 1월 21일부터는 경성부를 필두로 동절기 궁성요배 시각이 오전 8시로 변경된다.[18]

그림 5-8-34 《쇼와15년약력》(1940)의
진무천황 조각상과 가시하라신궁 사진

그림 5-8-35 《쇼와15년약력》(1940)의
조선신궁 사진과 〈국민정신총동원조선연
맹 실천요목〉

  《쇼와15년약력》(1940)의 두 번째 속표지에도 1939년도 약력처럼
〈기미가요〉와 〈황국신민의 서사〉가 실린다. 세 번째 속표지는 초대
천황인 진무천황(神武天皇)의 조각상 사진과 진무천황의 궁이 있었다
고 하는 가시하라신궁(橿原神宮)의 경내를 담은 사진을 싣고 있다[그
림 5-8-34]. 네 번째 속표지 상단에는 조선신궁 사진이 있고, 하단에
는 한글과 일본어로 〈국민정신총동원조선연맹 실천요목〉이 실려 있
다[그림 5-8-35]. 이 실천요목은 1938년 9월 22일에 열린 국민정신
총동원조선연맹 제1회 타합회(打合會)에서 결정된 것이다. 연맹원이
매일 아침 황거요배를 하는 것도 이때 결정된 사항이다.[19]

1941년도 《쇼와16년약력》의 속표지 4장도 전년도 약력과 똑같은 내용을 담고 있다. 다만 첫 번째 속표지 하단에 "아침마다 규쇼요하이(궁성요배, 宮城遙拜)를 합시다"라는 문구 외에 "우리들은 아이고구한인(애국반원, 愛國班員)이라, 국민총훈련 아이고구한기(애국반기, 愛國班旗)의 아래로"라는 문구가 한글과 일본어로 추가되어 있다. 한글 표기에도 일본어 발음이 사용되고 있는 점이 눈에 띈다.

1942년도 《쇼와17년약력》에는 궁성 정문석교 사진, 궁성요배 독려 문구, 〈기미가요〉, 〈황국신민의 서사〉를 실은 첫 번째와 두 번째 속표지만 실린다. 그리고 궁성 정문석교 사진 밑에도 "아침마다 규쇼 요하이를 합시다"라는 문구만 기재한다. 《쇼와17년약력》은 권두 표제지 하단에 "우리들은 아이고구한인이라, 국민총훈련 아이고구한기의 아래로"라는 문구와 함께 1940년 2월 11일에 결정된 〈국민총력조선연맹 실천사항〉을 싣고 있다[그림 5-8-36]. 이 실천사항은 일본정신의 앙양, 내선일체의 완성, 직역봉공(職域奉公)의 철저, 생활 신체제의 확립, 전시경제의 추진, 증산(增産)의 수행을 골자로 한 것이다.[20] 1943~1945년도의 약력에서는 이러한 정치적인 사항을 담은

그림 5-8-36 《쇼와17년약력》(1942)의 표제지

표제지나 속표지가 사라진다. 즉 1943년도부터는 권말 부록을 제외하면 조선의 약력과 일본의 약본력이 거의 비슷한 형태를 취하고 있다.

⑩ 일용편람

앞서 살펴본 것처럼 1943년도 《쇼와18년약력》부터는 전체적으로 약력의 내용이 간소화된다. 이때부터 역서의 권두 〈범례〉에 "본 약력은 간단히 기재하고 있으므로 상세는 조선총독부기상대 편찬의 《일용편람(日用便覽)》을 보면 된다."라는 문장이 추가된다. 조선총독부관측소는 1939년 7월 1일부터 조선총독부기상대로 개칭된다.[21]

인천의 조선총독부관측소는 매년 《일용편람》을 발행했다. 쇼와 12년(1937) 《일용편람》을 예로 들어 보자.[22] 쇼와 12년 《일용편람》은 역부(曆部), 기상부(氣象部), 지리부(地理部), 잡부(雜部)의 4부로 구성되어 있다. 역부에는 태양과 달, 24절기, 조시(潮時) 등에 관한 표, 연세대조, 음양력 대조표, 연대표 등이 있다. 기상부에는 기압, 기온, 풍속, 습도, 강수량 등의 사항이 실려 있다. 지리부에는 영토, 경도와 위도, 조선 지방행정청 위치, 면적과 인구, 재판소, 경찰서, 우편국과 우편소, 등대, 중등학교, 전문학교, 대학, 철도 등에 관한 정보가 실려 있다. 잡부에는 도량형, 각국 표준시, 지진, 방송국, 우편요금, 활자 등에 대한 정보가 실려 있다. 따라서 조선민력이나 약력의 권말 부록에 실린 내용은 대부분 《일용편람》을 기반으로 한 것이라는 사실을 알 수 있다.

항목\연도	1911~1912	1913~1919	1920~1923	1924~1929	1930	1931~1936
연신방위도	O	O	O	O	O	O
가취주당도	O	O	O	O	O	O
천화일	O	O	O	O	O	O
득신	O	O	O	O	O	O
용치수	O	O	O	O	O	O
축일인신소재불의침자	O	×	×	×	×	×
백기일	O	×	×	×	×	×
연세대조	×	×	O	O	O	O
본방 행정구획도	×	×	O	O	O	×
본방의 면적, 인구	×	×	O	O	O	×
본방 행정구획 및 청(廳) 소재지	×	×	O	O	O	×
본방 육군 상비단대 배비	×	×	O	O	O	×
본방 해군 진수부 소재지	×	×	O	O	O	×
본방 주요 (도시 및) 시가지 인구(1925년 명칭 변경)	×	×	O	O	O	×
각지의 기후 (평균기온, 우설량)	×	×	×	O	O	O
기온의 최고, 최저 및 우설량의 최대일량	×	×	×	O	×	×
한서 풍우의 극수	×	×	×	×	O	O
도량형표	×	×	×	O	O	O
수도편람	×	×	×	×	O	O
국세 및 지방세(도세) 납기일람: 1934년 명칭 변경	×	×	×	×	×	O
내국 통신요금표	×	×	×	×	×	O
조선 내에 재한 철도 및 자동차 선로도	×	×	×	×	×	O

표 5-8-2 조선민력 권말 부록의 변화 (1911년~1936년) [O: 게재, ×: 미게재]

항목\연도	1937~1940	1941	1942	1943-1944	1945
역서의 총 쪽수	52	52	40	42	42
각지 매순 일출입 시각	○	○	○	○	○
각지 조시의 평균 개정수	○	○	○	×	×
삭, 상현, 망, 하현	○	○	○	×	×
일월식 (1940년: 수성 일면 경과)	○	○	○	○	○
24기	○	○	×	×	×
연대표와 음양력 대조표	○	○	×	×	×
연대표	×	×	○	○	○
평균기온	○	○	○	○	○
평균최고기온	○	○	○	×	×
평균최저기온	○	○	○	×	×
강수량	○	○	△	○	○
평균풍속도	○	○	△	○	○
평균습도	○	○	△	○	○
상설의 계절	×	×	×	○	○
기온, 풍속, 강수량의 극수	○	○	△	×	×
기온, 강수량의 극수	×	×	×	○	○
수도편람	○	○	△	○	×
수도경종요람	×	×	×	×	○
식량전작물경종개요	×	×	×	○	×
전작물경종요람	×	×	×	×	○
주요소채경종요람	×	×	×	○	○
수산동식물의 채포 금지 일람	○	○	○	○	○
어업편람	○	○	○	×	×

임업편람	○	△	○	○	×
임업요람	×	×	×	×	○
도량형표	○	△	×	×	×
조선 내에 재한 철도 및 자동차 선로도	○	△	×	×	×
국세 및 도세 납기일람	○	△	○	○	×
국세 납기일람	×	×	×	×	○
내국 통신요금표	○	△	×	×	×

표 5-8-3 약력 권말 부록의 변화 (1937년~1945년) [○: 게재, ×: 미게재, △: 확인 불가]

식민지 조선의 마지막 시간
약력, 본력, 약본력

9

일본 역서의 제작과 반포 과정

일본 역서는 본력(本曆)과 약본력(略本曆)으로 나뉘어 발행되었다. 약본력은 본력의 내용을 초출(抄出)한 것으로 크기는 본력보다 작았고 분량도 훨씬 적었다. 예컨대 본력인《쇼와20년력》은 총 99쪽에 달하지만,《쇼와20년약본력》은 25쪽에 불과하다. 본력인《쇼와17년력》은 심지어 총 135쪽으로 발행되었다. 1장짜리 역서를 약력(略曆)이라 부르기도 했고, 메이지 10년(1877)까지는 약본력을 약력이라 칭하기도 했으므로 이러한 용어들이 처음부터 엄격히 적용된 것은 아니다.[1] 그런데 축제일표나 일요표처럼 본력에는 없는 내용이 약본력에 실리기도 했다. 약본력은 일반인이 손쉽게 이용할 수 있는 대중적인 역서로 발행된 것이었다.

　태양력으로 개력한 후 시간의 혼란을 우려한 일본 정부는 1873년도《메이지6년태양력》에 한하여 누구든 일정한 허가를 받은 후 태양력을 표준으로 하는 1장짜리 약력을 발매할 수 있도록 허용한다. 이러한 1장짜리 약력은 '기둥에 붙이는 역'이라는 의미에서 흔히 주력(柱曆)이라 불렸다. 《메이지16년력》(1883)부터는 누구든 허가 없이 1장짜리 약력을 출판할 수 있었다.

역서를 제작하는 편력(編曆)의 직무는 메이지 7년(1874) 2월 4일에 천문국(天文局)이 폐지되면서 문부성 편서과(編書課)로 이관된다. 그 후 판각(版刻)과 반력 사무는 내무성, 편력은 문부성이 전담하다가 메이지 9년(1876) 2월 24일에는 역에 관한 모든 사무가 내무성으로 이관된다.

메이지 5년(1872)에는 문부성의 주도로 이전에 역서 발매를 담당하던 홍력자(弘曆者)들이 도쿄와 오사카에 반력상사(頒曆商社)를 설립한다. 따라서 초기 태양력의 권말에는 도쿄나 오사카의 반력상사가 발행자로 기재되어 있다. 그러나 태양력 채용으로 인해 허가를 받은 누구든 1873년도 약력을 발행하자 홍력자들이 많은 손해를 입는다. 그리하여 손실을 보전한다는 취지에서 반력상사는 메이지 15년(1882)까지 역서를 전매하는 권한을 부여받는다.

그런데 메이지 13년(1880) 8월 17일에 이세신궁사청(伊勢神宮司廳)은 메이지 15년도부터 본력 반포를 신궁사청에 위임해 달라고 요청한다. 그 이유가 흥미롭다. 이세신궁의 내궁(內宮)인 황대신궁(皇大神宮)은 일본의 황조신(皇祖神)이자 태양신인 아마테라스오미카미(天照大御神)를 주요 제신(祭神)으로 삼는 신사이므로 이곳에서 태양력을 반포하는 것이 합당하다는 것이다.

원래 이세신궁의 내궁인 황대신궁의 사직(師職)은 매년 신궁대마

(神宮大麻), 즉 '진구타이마'와 함께 이세력(伊勢曆)을 반포했다. 그러나 1871년에 사직이 폐지되면서 이세력의 반포를 중단했다가 메이지 11년(1878)부터 진구타이마에 다시 역(曆)을 첨부하여 배포하고 있었다. 진구타이마는 길이 20센티미터, 두께 1밀리미터의 가는 목재를 신체(神體)로 간주하여 화지(和紙)로 감싼 것이며, 이 화지에는 '천조황대신궁(天照皇大神宮)'이라 적혀 있고 '황대신궁어새(皇大神宮御璽)'라는 인장이 찍혀 있다. 이세신궁에서는 매년 11월부터 12월 말까지 이 신찰(神札)을 배포했고, 각 가정에서는 이것을 가미다나(神棚)에 넣고 제사를 지냈다.

결국 메이지 15년(1882) 4월 26일에 본력과 약본력은 이세신궁에서 반포하는 것으로 결정되고, 1장짜리 약력은 출판 조례에 근거하여 누구나 출판할 수 있게 된다. 이때부터 이세신궁의 신궁사청은 반력국(頒曆局)을 두어 《메이지16년력》(1883)부터 역의 출판을 담당하게 된다. 따라서 《메이지16년력》부터는 역서 권말에 발행과 인쇄를 맡은 '신궁사청' 또는 '신궁사청 반력국'의 명칭이 기재된다.

《메이지18년력》(1885)부터는 신궁대마에 첨부하여 역서를 반포하는 일을 이세신궁의 신궁교(神宮敎)가 맡게 된다. 신궁교의 유래는 다음과 같다. 메이지 5년(1872) 3월에 메이지 정부가 국민교화를 위해 교부성(敎部省)을 설치하고, 동년 4월에 신관(神官)이나 신직(神職) 등을 교도직(敎導職)에 임명하여 포교를 담당하게 하면서 이세신궁의 신궁사청에도 신궁교원(神宮敎院)이 설치된다. 메이지 8년(1875) 3월에 신도사무국(神道事務局)이 창설되고 신궁교원도 이곳에 소속된다. 그 후 메이지 15년(1882)에 신관의 교도직 겸무가 폐지되

자 이세신궁의 신궁교원은 신도사무국에서 독립하여 신도신궁파(神
道神宮派), 즉 신궁교가 된다. 메이지 32년(1899)에 신궁교가 해산되
고 재단법인 신궁봉재회(神宮奉齋會)가 조직되면서 신궁대마 배포와
역서 반포의 업무도 신궁봉재회에 위탁된다.

1년 뒤 메이지 33년(1900)에는 신궁신부서(神宮神部署)가 설치되어
대마(大麻)와 역(曆)의 제조와 반포를 관장하게 된다. 따라서 《메이지
35년력》(1902)부터 역서의 인쇄처와 발행자는 '신궁사청'이 아니라
'신궁신부서' 또는 '신부서'로 표기된다. 그리고 메이지 45년(1912)
4월에 신궁신부서의 관제가 개정되어 전국 주요지에 신궁신부서의
지서(支署)를 둘 수 있게 되면서부터 더 이상 신궁봉재회에 역서 반
포를 위탁하지 않고 신궁신부서가 직접 역서를 반포하게 된다. 이
후로 역서의 인쇄 및 발행과 반포는 1945년도까지 이세신궁의 신
궁신부서가 맡게 된다.

《메이지16년력》(1883)부터 이세신궁사청에서 역서를 발행했지만,
역서 원안을 만드는 작력(作曆)의 업무는 여전히 내무성 지리국 관측
과가 맡고 있었다. 마침내 메이지 21년(1888)에 천문대가 건설되고,
동년 12월의 〈칙령 81호〉에 의해 천상관측(天象觀測)과 역서조정(曆
書調整)은 문부대신(文部大臣)이 관리하게 된다. 작력의 업무도 내무
성에서 문부성으로 넘어가고, 도쿄대학 소속 도쿄천문대가 작력의
일을 맡게 된다. 그리하여 《메이지23년력》(1890)부터는 도쿄천문대
가 역서를 편찬한다. 종전 후 1945년 12월 15일에 연합국군 최고
사령관 총사령부가 일본 정부에 대해 '신도지령(神道指令)' 또는 '국
교분리지령'이라 불리는 〈국가신도, 신사신도에 대한 정부의 보증,

지원, 보전, 감독 및 홍포(弘布)의 폐지에 관한 건〉을 발하면서 도쿄
천문대는 이세신궁의 역서를 편찬하는 업무를 중지하게 된다.

약력, 본력, 약본력

조선민력은 한일병합 전에 조선에서 사용되던 양력 역서의 연장선
상에 놓여 있었지만, 1937년도 이후의 약력은 조선 역서와 완전히
단절한 일본식 역서였다. 식민지 조선의 약력을 일본의 신궁신부서
에서 발행한 본력이나 약본력과 비교해 보면 이 사실이 명확해질
것이다. 그러나 식민지 조선의 약력을 일본의 본력 및 약본력과 비

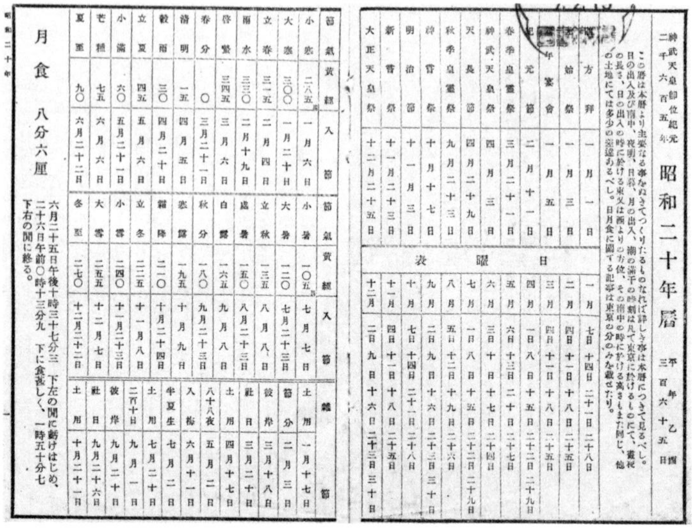

그림 5-9-1 《쇼와20년약본력》(1945)의 권두²

교하는 일은 조금 복잡하다.

1945년도 《쇼와20년약본력》의 권두 우단에는 "이 역(曆)은 본력에서 주요한 것을 뽑아 만든 것이므로 자세한 것은 본력을 참고하라."라고 적혀 있다[그림 5-9-1]. 식민지 조선의 약력처럼 일본 약본력의 권두에도 축제일표가 있다. 약본력의 권두에는 약력에서는 사라진 일요표(권두 하단)와 일월식표(1쪽 좌단)가 있고, 24절기의 태양황경(黃經)과 입절일을 기재한 24기표(1쪽)도 있다. 또한 1쪽 하단에는 도요(土用), 세쓰분(節分), 히간(彼岸), 샤지쓰(社日), 하치주하치야(八十八夜), 뉴바이(入梅), 한게쇼(半夏生), 니햐쿠토카(二百十日)의 날짜를 명시한 〈잡절(雜節)〉 표가 있다.

세쓰분은 입춘 전야를 지칭한다. 하치주하치야는 입춘부터 계산하여 88일째 되는 날로 5월 2일경이다. 니햐쿠토카는 입춘부터 계산하여 210일째 되는 날로 9월 2일경이다. 뉴바이는 태양이 황도상에서 하지점보다 10도 전에 도달한 때로 장마가 시작되는 6월 10일경이다. 한게쇼는 반하(半夏)라는 약초가 돋아나는 때로 하지후 10일이 지난 날, 즉 하지 후 태양이 황도상에서 10도를 이동한 날을 가리키며 7월 2일경이다. 도요는 입춘, 입하, 입추, 입동 전 18일간으로 사계절마다 18일씩 있다. 《쇼와20년약본력》에는 사계절의 도요 시작일이 표기되어 있다. 히간은 춘분과 추분을 중일(中日)로 하여 전후 각 3일을 포함하므로 봄의 7일과 가을의 7일이 있으며, 《쇼와20년약본력》에는 히간이 시작되는 날이 표기되어 있다. 샤지쓰는 춘분이나 추분에 가장 가까운 무일(戊日)로 봄과 가을에 있다.[3]

잡절에 대한 이러한 계산법 때문에 일본 역서에는 각 월의 역면에서 1월 1일부터 12월 31일까지 매일의 양력일에 1부터 365 또는 366까지 숫자를 매기는 '통일(通日)'이라는 항목이 추가되었던 것 같다.

몇 가지 차이에도 불구하고 우리는 조선민력과 약력의 축제일표가 약본력에서 유래한다는 것을 쉽게 알 수 있다. 적어도 본력과는 달리 《메이지7년태양약력》(1874)부터 계속 일본의 약력과 약본력의 권두에는 축제일표가 실리기 때문이다[그림 5-9-2]. 이처럼 본력에는 축제일표가 없지만 약력과 약본력에는 축제일표가 실려 있었다.

《쇼와20년약본력》(1945)의 1월 역면을 보면 상단부터 양력일, 7요일, 일진, 통일(通日), 월령(月齡), 월출과 월입의 시각, 만조와 간조의 시각이 기재되어 있고, 중단에는 축제일, 절기, 잡절, 달의 삭·상현·망·하현의 시각 등이 기재되어 있다[그림 5-9-3]. 또한 1월 역면의 좌단에는 매월 1일과 16일의 일출, 일남중, 일입, 주간(낮의 길이), 야간(밤의 길이), 야명(夜明, 새벽), 일모(日暮, 저녁), 일출입 방위, 일남중 고도가 기재되어 있다.

일본의 《쇼와20년약본력》

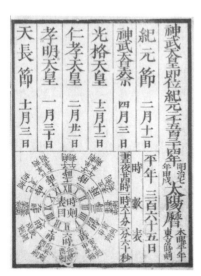

그림 5-9-2　《메이지7년태양약력》(1874)의 축제일표[4]

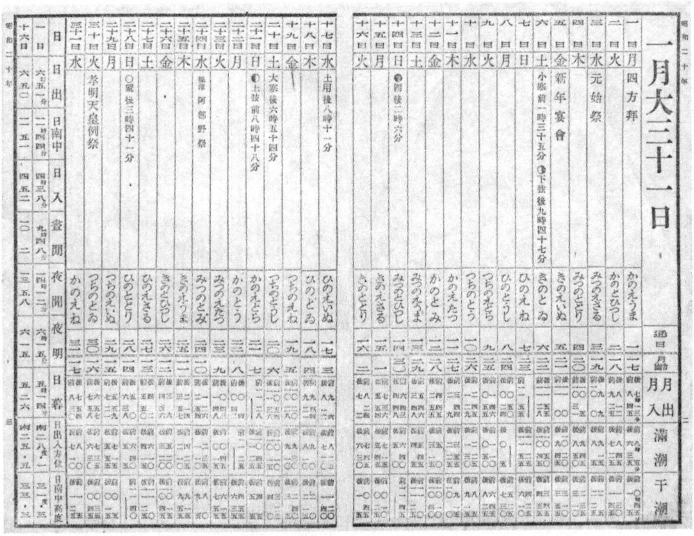

그림 5-9-3 《쇼와20년약본력》(1945)의 1월

(1945)은 1943년도 이후 식민지 조선의 약력과 매우 비슷하다. 《쇼와20년약본력》과 《쇼와20년약력》의 1월 역면을 비교해 보면, 약력에는 '통일(通日)'이 없다는 점, 일진의 위치가 약력에서는 7요일의 하단이지만 약본력에서는 '통일'의 상단이라는 점, 약본력의 좌단에 있는 태양 관련 사항이 약력에는 없다는 점은 서로 다르다[그림 5-9-3] [그림 5-9-4]. 그러나 일본의 잡절이 식민지 조선의 약력에 기입되는 등 약력과 약본력의 체재는 매우 비슷해진다. 따라서 우리는 1943~1945년도의 3년간은 일본의 약본력과 조선의 약력이 거의 똑같다는 것을 확인할 수 있다. 일본과 조선이 거의 똑같은 역서를 사용하게 된 것이다. 역서는 질적으로 다른 매일의 시간을 표시한

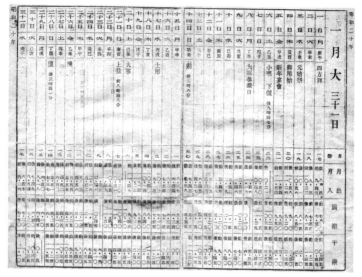

그림 5-9-4 《쇼와20년약력》(1945)의 1월

다. 그런데 일본과 식민지 조선에서 이 독특한 매일의 리듬이 거의 동일해진 것이다. 같은 시간을 산다는 것은 그만큼 식민화의 강도가 높아졌다는 것을 의미한다. 따라서 역서의 변화를 세밀히 추적함으로써 우리는 식민화의 정도와 강도를 추정할 수 있을 것이다.

그런데 1937년도부터 1942년도까지 식민지 조선에서 발행된 약력의 각 월 역면 체재는 일본의 약본력과 다르다. 그렇다면 1937년도에 처음 등장한 《쇼와12년약력》은 어떤 역서에 근거를 둔 것인가?

본력인 1941년도 《쇼와16년력》의 1월 역면 구성을 보면, 위에서부터 일차, 칠요, 간지, 통일, 일적위, 일출, 일남중, 일입, 주간, 야

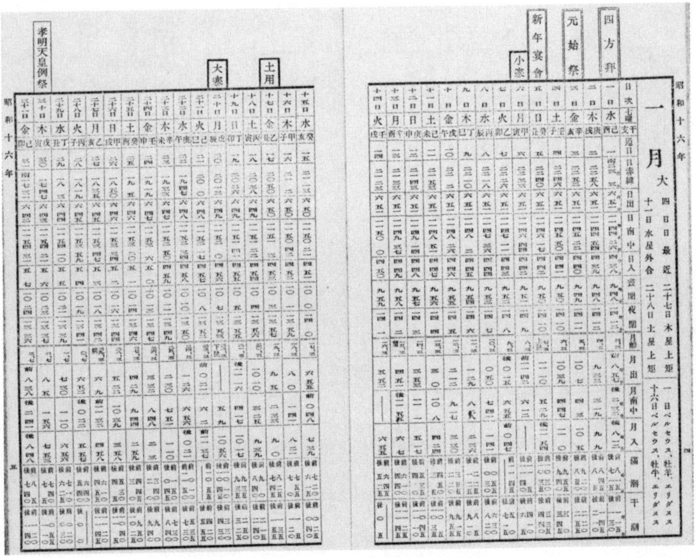

그림 5-9-5 《쇼와16년력》(1941)의 1월[5]

간, 월령, 월출, 월남중, 월입, 만조, 간조의 사항이 빼곡히 기입되어 있다[그림 5-9-5]. 식민지 조선의 《쇼와16년약력》(1941)에는 통일, 일적위, 야간, 월남중을 제외한 모든 항목이 기입되어 있다[그림 5-9-6]. 따라서 우리는 1937년도부터 1942년도까지 6년 동안 식민지 조선에서 발행된 약력의 각 월 역면은 일본의 약본력이 아니라 본력과 훨씬 비슷하다는 것을 알 수 있다. 당시 식민지 조선의 약력을 보면 권두는 일본의 약본력을 축약하고 있고, 각 월 역면은 일본의 본력을 축약하고 있다. 따라서 1937~1942년도 약력은 본력과 약본력을 절충하고 혼합한 역서였다.

이처럼 식민지 조선의 1937~1942년도 약력에서 권두는 본력이

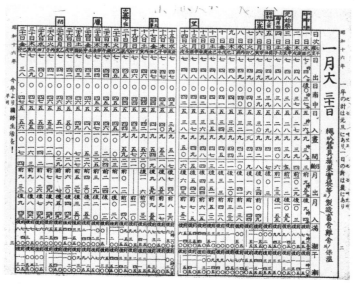

그림 5-9-6 《쇼와16년약력》(1941)의 1월

아니라 약본력에 근거하고 있고, 각 월 역면은 약본력이 아니라 본
력에 근거하고 있다. 그렇다면 약력의 권말 부록은 어떠할까? 일본
약본력의 권말 부록은 시기에 따라 편차를 보이고 내용도 그리 풍
부하지 않다. 여기서는 총 37쪽의 《쇼와6년약본력》(1931)에 실린 권
말 부록만을 간단히 살펴보자.

《쇼와6년약본력》의 권말 부록에는 먼저 〈관국폐사예제일(官國幣社
例祭日)〉 표가 실려 있다[그림 5-9-7]. 이것은 관폐사(官幣社)와 국폐사
(國幣社)의 사격(社格)이 부여된 전국 신사의 1월부터 12월까지 정기
제사일을 기록하고 있다. 그러나 식민지 조선의 약력에는 〈관국폐
사예제일〉 표가 없다.

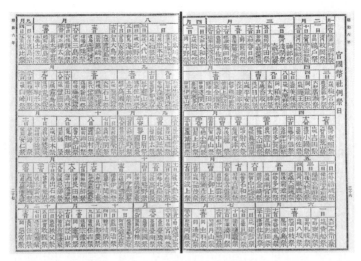

그림 5-9-7 《쇼와6년약본력》(1931)의 〈관국폐사예제일〉[6]

또한 《쇼와6년약본력》의 권말 부록에는 '각지의 기후'라는 표제 하에 〈평균기온〉과 〈우설량〉 표가 있고, 〈기온의 최고, 최저 및 강수의 최대일량〉, 〈상설의 계절〉, 〈최근 백년 연대표〉, 〈대조연호표(對照年號表)〉, 〈도량형표〉도 실려 있다. 《다이쇼12년약본력》(1923)이나 《다이쇼14년약본력》(1925)의 권말 부록도 동일하다. 《메이지35년약본력》(1902)의 권말 부록에는 정확한 나이를 알 수 있는 〈구연령월수표(求年齡月數表)〉만 있고, 《다이쇼2년약본력》(1913)의 권말 부록에는 음양력 대조를 위한 〈신구력대조표(新舊曆對照表)〉만 있었으므로 약본력의 권말 부록에 꽤 큰 변화가 있었음을 알 수 있다. 《쇼와6년약본력》을 기준으로 할 때, 〈관국폐사예제일〉을 제외하면 약본력의 권말 부록은 1924년도 이후 조선민력의 권말 부록과 매우 비슷하다.

다만 1939년도 《쇼와14년략본력》을 보면, 남양(南洋), 관동주(關東州), 대만, 조선을 포함하여 일본 각 지역을 기준으로 수도(水稻), 육도(陸稻), 대맥(大麥), 과맥(稞麥), 소맥(小麥), 조[粟], 대두(大豆), 소두(小豆)의 파종일을 기록한 〈파종계절표(たねまき季節表)〉가 실려 있다.

그렇다면 약본력이 아닌 본력의 권말 부록은 어떻게 구성되었을까? 총 141쪽인 《쇼와16년력》(1941)의 권말 부록은 〈각지의 일출입 시각〉, 〈삭·상현·망·하현의 일(日) 및 시각〉, 〈각지 조시의 평균 개정수〉, 〈야명(夜明), 일모(日暮)의 시각, 일(日)의 출입 방위, 일남중 고도 및 일(日)의 시반경(視半徑)〉, 〈춘분, 하지, 추분, 동지의 일(日)과 시각 및 절기와 잡절〉, 〈월식〉, 〈일식〉, 〈세계 각지의 표준시〉, 〈각지의 실측 경위도〉, 〈각지의 추산 경위도〉, 〈관국폐사예제일〉, 〈관측소 해면상(海面上)의 높이 및 통계에 이용한 연수〉, 〈평균기압〉, 〈평균기온〉, 〈기온 매일 최고의 평균〉, 〈기온 매일 최저의 평균〉, 〈기온의 월중 최고 및 연중 최고의 평균〉, 〈기온의 월중 최저 및 연중 최저의 평균〉, 〈평균습도〉, 〈강수일수〉, 〈강수총량〉, 〈기온, 풍속도, 강수량, 습도의 극수〉, 〈상설의 계절〉로 구성된다. 《쇼와16년력》의 권말 부록은 28~141쪽에 걸쳐 실려 있다.

식민지 조선의 약력은 일본 본력이나 약본력의 권두나 권말 부록을 선별적으로 축약하고 있었다. 특히 1937~1942년도 약력의 경우 권두는 약본력, 각 월 역면은 본력, 권말 부록은 약본력과 본력 모두에서 취사선택하고 있음을 알 수 있다. 그러나 조선민력에 있는 행정 구역 및 군대 관련 정보, 국토와 인구 정보, 통신요금표,

세금 납기일람표, 지도, 철도 및 자동차 노선도, 그리고 약력에 있
는 농업, 어업, 임업 등 산업 관련 각종 정보는 일본의 본력과 약본
력에 없는 내용이다. 마찬가지로 약력의 권두에 실린 기미가요, 황
국신민의 서사, 신사참배, 궁성요배 등의 정치적인 내용도 일본 역
서에는 없는 것들이다.

특히 권두와 권말 부록의 차이를 통해 우리는 조선민력과 약력이
역서의 본래 목적이 아닌 다른 목적, 즉 국가의식(國家意識)의 고양,
경제적인 운동, 정치적인 선전과 동원 등을 위해 이용되고 있었음
을 알 수 있다.

관청의 집무 시간
절기의 시간에서 전쟁의 시간으로

10

한일병합 후 1910년 12월 12일부터 조선총독부는 〈조선총독부령 제59호〉에 의해 조선총독부 및 소속 관서(官署)의 집무 시간을 다음 과 같이 규정한다.[1]

1. 3월 11일부터 4월 30일까지: 오전 9시부터 오후 4시까지. 단 토요일은 오후 1시까지로 함.

   5월 1일부터 6월 30일까지: 오전 8시부터 오후 4시까지. 단 토요일은 오후 1시까지로 함.

   7월 1일부터 9월 20일까지: 오전 8시부터 정오 12시까지.

   9월 21일부터 10월 31일까지: 오전 9시부터 오후 4시까지. 단 토요일 은 오후 1시까지로 함.

   11월 1일부터 익년 3월 10일까지: 오전 10시부터 오후 4시까지. 단 토 요일은 오후 1시까지로 함.

2. 조선총독부 소속 관서의 직원으로 현업(現業)에 종사하는 자의 집무 시

간은 당해 관서의 장관(長官)이 이를 정함.

3. 사무번극의 경우에는 전기의 시간에 구애받지 않고 집무함.

　조선총독부의 집무 시간은 계절에 따른 유연하고 탄력적인 근무를 규정하고 있었다. 퇴근 시각은 오후 4시가 원칙이지만, 토요일은 오후 1시이고 여름철은 정오 12시였다. 또한 출근 시각은 한 해를 5개 시기로 구분한 후 오전 9시를 기준으로 1시간 앞당겨지거나 늦춰지는 것을 알 수 있다. 그런데 불과 1년 정도 지난 1912년 1월 1일부터는 〈조선총독부령 154호〉에 의해 집무 시간이 다음과 같이 변경된다.[2] 1912년부터 한국표준시가 아니라 일본중앙표준시를 사용하면서 자연스럽게 관청 근무 시간도 개정한 것이다.

1. 9월 11일부터 10월 31일까지: 오전 8시부터 오후 4시까지.

　11월 1일부터 익년 2월 말일까지: 오전 9시 30분부터 오후 4시 30분까지.

　3월 1일부터 7월 10일까지: 오전 8시부터 오후 4시까지.

　7월 11일부터 9월 10일까지: 오전 8시부터 정오 12시까지.

　단 토요일은 정오 12시까지로 함.

2. 조선총독부 소속 관서의 직원으로 현업에 종사하는 자의 집무 시간은 당해 관서의 장관이 이를 정함.

3. 사무번극의 경우에는 전기의 시간에 구애받지 않고 집무함.

1910년과 달라진 것은 한 해를 4개 시기로 구분하여 집무 시간을 정하고 있다는 점, 퇴근 시간은 거의 그대로지만 겨울을 제외하면 출근 시간이 모두 8시로 고정되어 많게는 근무 시간이 1시간 정도 늘어나고 있다는 점이다. 이 집무 시간은 일본 정부가 1895년 11월 29일에 〈각령 제6호〉로 규정한 것과 거의 일치한다. 단지 일본 정부는 11월 1일부터 익년 2월 말일까지의 집무 시간을 "오전 9시부터 오후 4시까지"로 규정하고 있을 뿐이다. 또한 일본 정부는 1876년 3월 12일에 발령한 〈태정관달 제27호〉에 의해 이미 일요 휴일제와 정오 12시 이후의 토요 반일휴가제를 실시하고 있었다. 따라서 이때부터 조선총독부와 일본 정부 관청의 집무 시간이 거의 똑같아진다.

1922년 7월 4일부터 일본 정부는 〈각령 제6호〉에 의해 관청 집무 시간을 휴일과 휴가일을 제외하고 평일은 오전 9시부터 오후 4시까지, 토요일은 오후 3시까지로 변경한다. 다만 여름철인 7월 11일부터 9월 10일까지는 평일은 오전 8시부터 오후 3시까지, 토요일은 정오 12시까지였다.[3] 이에 근거하여 〈조선총독부령 제103호〉에 의해 1922년 7월 11일부터 조선 관청의 집무 시간도 다음과 같이 변경된다.[4]

1. 9월 11일부터 10월 31일까지: 오전 9시부터 오후 4시까지.

11월 1일부터 익년 3월 31일까지: 오전 10시부터 오후 4시까지.

4월 1일부터 7월 10일까지: 오전 9시부터 오후 4시까지.

7월 11일부터 9월 10일까지: 오전 8시부터 오후 3시까지.

단 토요일은 오후 3시까지로 하고, 7월 11일부터 9월 10일까지의 토요일은 정오 12시까지로 함.

2. 토지의 상황에 의해, 또는 사무의 성질상 필요한 경우에 당해 관서의 장관은 조선총독의 허가를 얻어 전항의 집무 시간의 변경, 교체, 또는 연장을 할 수 있음.

3. 사무 상황에 의해 필요한 때는 집무 시간 외라도 집무해야 하는 것으로 함.

4. 본속(本屬) 장관은 소속 직원에 대해 사무의 번한(繁閑)을 헤아려 1년 중에 20일 이내의 휴가를 줄 수 있음.

5. 현업에 종사하는 자의 집무 시간은 당해 관서의 장관이 이를 정함.

1922년에 변경된 집무 시간에서 가장 먼저 눈에 띄는 것은 여름철 평일 집무 시간이 정오 12시까지에서 오후 3시까지로 연장되고 다른 계절의 집무 시간은 1시간씩 줄어들고 있다는 점, 그리고 여름철을 제외하고 토요일 집무 시간이 오후 3시까지로 연장되었다는 점이다. 또한 1년에 20일 이내의 휴가를 줄 수 있다는 새로운 규정이 추가되고 있다. 일본 정부와 달리 조선총독부는 동절기인 11월 1일부터 익년 3월 31일까지의 집무 시간을 "오전 10시부터 오후 4시까지"로 규정하여 일본 정부보다 출근 시간을 한 시간 늦추고 있다. 이것은 일본보다 조선의 일출 시간이 늦은 것을 고려한 것으로 보인다.

1911년 7월 12일 자 〈관통첩 제215호: 서중휴가(暑中休暇)의 건〉은 7월 11일부터 9월 10일까지 관원에게 3주 이내의 휴가를 줄 수 있다고 알리고 있다.[5] 또한 1914년부터는 관청의 임시 고원(雇員)이나 용인(傭人)에게도 1주 이내의 서중휴가 즉 하계휴가를 줄 수 있었다.[6] 1921년까지 서중휴가는 매년 여름 관통첩의 형태로 실시되었다. 그러나 1922년 7월 11일부터는 〈조선총독부령 제103호〉의 집무 시간 규정에 별도의 휴가 관련 사항이 삽입된다. 이로써 서중휴가는 사라진다.

일본에서는 메이지 3년(1870) 2월에 작성된 '대학남교(大學南校)의 휴가표'에서 6월 21일부터 7월 20일까지를 휴가로 규정한 것이 서중휴가의 시작이었다. 대학남교는 대학동교(大學東校)와 함께 도쿄대학의 전신이었다. 그리고 태양력이 처음 시행된 해인 1873년 8월 1일부터 31일 사이에 주임관(奏任官) 이상은 15일 이내, 판임관(判任官) 이하는 5일 이내의 서중휴가를 주기 시작했다. 그 후 1874년(메이지 7년)부터는 7월 11일부터 9월 10일 사이에 서중휴가를 주기 시작하여 이 체제가 1921년까지 계속 유지된 것이다.[7]

그런데 다시 〈조선총독부령 제37호〉에 의해 1924년 7월 1일부터 관청의 집무 시간이 개정된다.[8]

1. 9월 1일부터 9월 30일까지: 오전 8시부터 오후 4시까지. 단 토요일은 정오 12시까지로 함.

10월 1일부터 11월 30일까지: 오전 9시부터 오후 4시까지. 단 토요일은 정오 12시까지로 함.

12월 1일부터 익년 3월 20일까지: 오전 10시부터 오후 4시까지. 단 토요일은 정오 12시까지로 함.

3월 21일부터 4월 30일까지: 오전 9시부터 오후 4시까지. 단 토요일은 정오 12시까지로 함.

5월 1일부터 7월 20일까지: 오전 8시부터 오후 4시까지. 단 토요일은 정오 12시까지로 함.

7월 21일부터 8월 31일까지: 오전 8시부터 정오 12시까지.

2. 토지의 상황에 의해, 또는 사무의 성질상 필요한 경우에 당해 관서의 장관은 조선총독의 허가를 얻어 전항의 집무 시간의 변경, 교체, 또는 연장을 할 수 있음.

3. 사무 상황에 의해 필요한 때는 집무 시간 외라도 집무해야 하는 것으로 함.

4. 본속(本屬) 장관은 소속 직원에 대해 7월 21일부터 8월 31일까지 사이에 사무의 번한을 헤아려 20일 이내의 휴가를 줄 수 있음. 단 사무의 형편에 의해 당해 기간 내에 휴가를 줄 수 없는 경우에는 다른 기간에 이를 주어도 무방함.

5. 현업에 종사하는 자의 집무 시간은 당해 관서의 장관이 이를 정함.

다시 1924년에는 한 해를 6개의 영역으로 분할하여 집무 시간을 설정하고 있다. 다시 출근 시각이 조정되었고, 예전처럼 토요일은 정오 12시까지만 근무하게 되었고, 기간은 짧아졌지만 한여름에는 정오 12시까지만 근무하는 것으로 바뀌었다. 또한 20일 이내의 휴가 규정은 하계휴가를 염두에 둔 것이라는 점이 명시되면서 잠시 사라진 서중휴가 개념이 다시 부활하고 있다. 그 후 한동안 조선총독부의 관청 집무 시간에 특별한 변동은 없었다.

그런데 태평양전쟁 중인 1942년 11월 1일부터는 전시 상황을 감안하여 1924년 〈조선총독부령 제37호〉 가운데 퇴근 시각을 정오 12시는 오후 1시로, 오후 4시는 오후 5시로 개정한다.[9] 즉 평일에는 오후 5시 퇴근, 한여름과 토요일에는 오후 1시 퇴근으로 바뀐 것이다. 또한 1942년 11월 28일부터는 1924년 〈조선총독부령 제37호〉 가운데 제4호를 제5호로, 제5호를 제6호로 바꾸고, "4. 본속 장관은 요양의 필요나 기타 특별한 사정이 있는 소속 직원으로 하여금 지참(遲參) 또는 조퇴(早退)를 시킬 수 있음."이라는 제4호 규정이 신설된다. 즉 사정상 늦게 출근하거나 빨리 퇴근하는 일이 가능해진 것이다.[10]

그 후 1943년 7월 21일부터는 다시 〈조선총독부령 제210호〉에 의해 전시 중 관청 집무 시간이 다음과 같이 개정된다.[11]

> 5월 1일부터 9월 30일까지: 오전 8시부터 오후 5시까지. 단 토요일은 오후 1시까지로 함.
>
> 10월 1일부터 익년 4월 30일까지: 오전 9시부터 오후 5시까지. 단 토요일은 오후 1시까지로 함.

전시 중이라는 이유로 계절에 따른 유연하고 탄력적인 출퇴근 시간제를 없애고 1년 가운데 5개월은 오전 8시부터 오후 5시까지, 7개월은 오전 9시부터 오후 5시까지 근무하는 것이 원칙이 된 것이다. 평일 퇴근 시각은 오후 5시, 토요일 퇴근 시각은 오후 1시로 변경된 점이 눈에 띈다. 1943년 10월 2일부터는 심지어 "단 토요일은 오후 1시까지로 함."이라는 단서 조항이 삭제되어 토요일에도

오후 5시까지 근무하는 것으로 바뀐다.[12] 또한 1944년 3월 1일부터
는 1924년 〈조선총독부령 제37호〉의 제5호, 즉 휴가 규정을 '정지'
시킨다.[13] 그리고 1944년 3월 18일부터는 1943년의 〈조선총독부령
제210호〉에 다음과 같은 항목이 추가된다.[14]

> 전시 중 조선총독부 및 소속 관서는 메이지 9년(1876) 〈태정관달 제27호〉
> 의 규정에 관계없이 일요일이라도 개청(開廳)한다. 이 경우에 집무 시간
> 은 평일의 예에 의거하고, 직원은 본속 장관이 정한 바에 의해 교대로 근
> 무하는 것으로 한다. 부득이한 특별한 사정이 있는 경우에는 본속 장관은
> 전항의 규정에 관계없이 별도의 결정을 할 수 있음.

1943년 10월 2일부터 토요 반일휴가제가 폐지된 데 이어,
1944년 3월 18일에는 비록 교대 근무이기는 하지만 일요 휴일제마
저 폐지된 것이다. 1924년 7월 1일부터 〈조선총독부령 제37호〉에
의해 조선총독부 및 소속 관청의 집무 시간이 정착하지만, 1942년
말부터는 전시 상황을 이유로 임시적인 집무 시간이 일상화되기 시
작한다. 1942년 10월까지 관청의 집무 시간은 평일은 4시 퇴근,
토요일과 한여름은 정오 12시 퇴근을 원칙으로 하고, 출근 시각도
계절에 따라 8시에서 10시 사이에서 유동시키고 있었다. 그러나
1942년 11월부터는 퇴근 시각이 1시간씩 늦춰지고, 1943년 7월
21일부터는 평일의 경우 오전 8시 또는 9시 출근, 오후 5시 퇴근
으로 집무 시간이 고착된다. 심지어 1943년 10월 2일부터는 토요
일이 사라지고, 1944년 3월 1일부터는 휴가가 사라지고, 1944년

3월 18일부터는 일요일마저 사라진다.

　기묘하게도 현재 우리의 일반적인 집무 시간은 일제강점기 전시 상황의 집무 시간과 매우 닮아 있다. 집무 시간은 계절의 리듬에서 분리되어 전시의 리듬에 놓이자마자 다시는 원래의 자리로 복귀하지 못했다. 전시의 리듬이야말로 노동 생산성을 극대화하는 가장 효율적인 방식이라는 것을 발견한 이상 예전의 비효율적 시간 리듬으로 돌아가는 것은 쉽지 않았을 것이다. 그 결과 우리의 노동 시간은 계절의 리듬에서 완전히 분리된 채 전시의 리듬에 계속 머물러 있었던 것이다.

공휴일의 탄생
몸과 정신의 시간 통일

11

조선시대 관리의 집무 시간과 휴일 개념

조선은 1895년 을미년 음력 11월 17일을 1896년 양력 1월 1일로 선포했고, 이때부터 조선의 공적 생활은 태양력의 지배를 받기 시작했다. 태양력으로 전환되기 바로 몇 달 전인 1895년 음력 4월 1일 자 내각기록국 《관보》에 처음으로 요일이 표기되었고, 같은 해 음력 윤5월 10일에 〈각령 제7호〉로 관청의 집무 시간이 공포되면서 일요일 전휴와 토요일 반휴, 축일 휴가, 연말연시 휴가가 도입되었다. 이때부터 관청의 시간주기는 학교와 회사를 거쳐 서서히 일반인의 시간 리듬 속으로 파고들기 시작했다. 1883년에 조선이 영국이나 독일과 맺은 수호조약(修好條約)을 보면 일요일을 '예배일(禮拜日)', 공휴일을 '정공일(停公日)'로 표기하고 있으므로 1880년대에 이미 서양식 휴일 관념이 조금씩 조선 사회 안으로 스며들고 있었던 것은 분명하다.

처음부터 일거에 모든 사람이 축일, 일요일, 연말연시의 휴식을 누린 것은 아니었다. 공휴일 개념을 어느 정도 당연한 것으로 받아들이려면 적어도 30~40년 이상의 꽤 오랜 세월이 필요했다. 여기서 우리는 휴일과 공휴일이라는 개념이 사회적으로 정착하는 데 얼마나 지난한 과정을 거쳐야 했는지 살펴볼 것이다. 근대적인 휴일 개념과의 대조를 위해 먼저 조선시대의 휴일 개념을 간략히 살펴보자.

조선시대의 휴일 개념은 지금과 전혀 달랐다. 공휴일이라는 개념이 근대적인 산물인 만큼 현재의 개념을 그대로 조선 사회에 적용하기는 힘들다. 다만 몇 가지 자료를 통해 조선시대 사람들의 삶에 산재되어 있는 휴식 관념을 추정해 볼 수는 있을 것이다.

먼저 고려시대의 경우를 살펴보자.[1] 고려시대 관리는 사시(巳時) 초에 출근하여 유시(酉時) 초에 퇴근했다. 즉 오전 9시에 출근하고 오후 5시에 퇴근했다. 그런데 고려 문종 2년, 즉 1048년이 되면 해가 길 때는 진시(辰時) 초, 해가 짧을 때는 사시 초에 출근하는 것으로 출근 시간이 조정된다. 해가 길 때는 오전 7시에 출근해야 했던 것이다. 또한 정월 초1일부터 12월 그믐날까지 모든 관리의 실제 출근 일수와 휴가 일수를 기록하여 고과에 반영했다.

조선시대의 경우도 비슷했다. 조선 초의 《경국대전》을 보면 모든 관원은 '묘사유파(卯仕酉罷)'라 하여 묘시(卯時)에 일을 시작하고 유시(酉時)에 일을 끝냈으며, 이것을 '묘유사(卯酉仕)' 또는 '묘유법(卯酉法)'이라고 불렀다. 고려시대처럼 묘시가 끝나는 오전 7시 전에 출근하고, 유시가 시작되는 오후 5시에 퇴근하는 방식이었을 것이다. 다만 해가 짧을 때는 '진사신파(辰仕申罷)'라 하여 진시(辰時)에 출근하고 신시(申時)에 퇴근했다. 즉 진시가 끝나는 오전 9시까지 출근하고 신시가 시작되는 오후 3시에 퇴근하는 방식이었을 것으로 추정된다.[2] 따라서 관청의 집무 시간은 해가 길 때는 10시간, 해가 짧을 때는 6시간 정도였던 것 같다. '묘사유파'와 '진사신파'의 이러한 집무 시간은 조선 말까지 유지된다.

고려와 조선 시대에 관원은 '삼가일(三暇日)'이라 하여 열흘에 한 번, 즉 한 달에 세 번 휴일을 취할 수 있었던 것으로 보인다.[3] 그러나 이러한 휴일이 모든 사람이 같은 날 쉬는 공휴일이었던 것 같지는 않다. 조선시대의 속절(俗節)에는 정조(正朝), 상원(上元), 한식(寒食), 단오(端午), 칠석(七夕), 중원(中元), 중추(中秋), 중양(重陽), 동지(冬至), 납일(臘日) 등이 있었다. 속절에는 성묘도 가야 하고 제사도 지내야 했을 것이다. 그러나 속절도 모든 사람이 쉬는 공휴일은 아니었던 것 같다.

조선시대에는 출근부를 만들어 근무의 태만을 감독했고 관원은 일정한 출근 일수를 채워야 했다. 그렇지만 관원들이 늦게 출근하는 '만사(晩仕)'와 일찍 퇴근하는 '조파(早罷)'가 항상 문제시되고 있었다. 초기에는 '묘사유파'의 법에 의해 출퇴근 시간을 어긴 자를 태형 50대에 처한다는 규정까지 있었다. 그리고 정당한 사유 없이 관청에 출근하지 않거나 휴가가 끝났는데도 복귀하지 않는 자는 《대명률》의 '무고부조참공좌(無故不朝參公座)' 조에 근거하여 1일당 태형 10대를 부과했다.[4] 그러나 무단 결근한 자는 태형 10대, 지각하거나 땡땡이를 친 자는 태형 50대라는 것이 이치에 맞지 않는다고 하여 세종 때 모두 태형 10대로 통일된 듯하다.[5]

조선시대에도 매년 말에 관원의 실제 출근 일수를 계산하여 평가했고, 질병으로 30일 이상 결근한 자는 파직했기 때문에 각 개인이 적당한 선에서 휴가를 얻는 것이 중요했다. 즉 조선시대 관원에게는 일정한 출근 일수를 채우면서도 적절한 사유로 휴가를 받는 것이 중요했다.

《경국대전》에 나오는 조선시대 관리의 급가(給暇) 규정을 간략히 살펴보면 다음과 같다. 시제(時祭)의 경우에는 주제자(主祭者)와 아들에게 2일, 장손에게 1일의 휴가를 주었고, 기일에는 모두 2일의 휴가를 주었다. 제사일은 당연한 휴가일이었던 것이다.[6] 관리가 상(喪)을 당했을 때는 망자와의 친소에 따라 기년(期年) 1년복은 30일, 대공(大功) 9개월복은 20일, 소공(小功) 5개월복은 15일, 시마(緦麻) 3개월복은 7일의 휴가를 주었다. 그런데 부친상을 당하여 참최(斬縗) 3년복을 입거나 모친상을 당해 재최(齋縗) 3년복을 입는 경우 관리는 벼슬을 그만두고 3년간 거상하는 것이 원칙이었다.[7] 다만 군인이나 일반인은 부모상에 100일복을 입는 것이 관례였다.[8]

또한 유고(有故)가 있는 자에게는 임금에게 보고하고 휴가를 주었다.[9] 예컨대 귀성하여 부모를 뵙는 근친(覲親)은 3년에 1회씩, 조상의 묘소에 가서 제사 지내는 소분(掃墳)은 5년에 1회씩 체류 7일의 휴가를 주었다. 또한 과거에 급제하거나 관직에 올라 부모나 부모의 묘소를 찾는 영친(榮親)이나 영분(榮墳), 죽은 선조에게 벼슬이 추증되는 분황(焚黃), 그리고 혼인의 경우에도 체류 7일의 휴가를 주었다. 그리고 아내 또는 아내 부모의 장례에는 체류 15일의 휴가를 주었다. 또한 부모가 병환이 있을 때는 먼 지방은 70일, 가까운 지방은 50일, 경기도는 30일의 휴가를 주었고, 지방의 관원에게는 관찰사가 거리를 헤아려 휴가를 주었다. 다만 기한이 지나도 돌아오지 않거나, 휴가 중에 본인에게 병이 생겼을 때는 바로 관원을 교체했다. 정조 때의 《대전통편》에서는 근친은 매년 1회, 소분은 격년 1회로 휴가일이 늘어나 있다.[10]

조선시대에는 주로 예법과 의례에 근거하여 휴가를 주었던 것 같다. 속절이나 명절의 경우처럼 원칙상 모두가 함께하는 공동의 의례일도 있었다. 그러나 실제로 관원에게 주어진 가장 큰 휴가는 제사, 거상, 성묘 같은 사적인 의례일에 근거하고 있었다. 부모를 찾아뵙는 근친도 마찬가지다. 근대적인 공휴일이 국가적이고 공적인 차원의 의례일을 강조하고 있다면, 조선시대 관리의 휴일 규정은 지극히 사적인 차원의 의례일을 훨씬 더 중시하고 있는 것이다.

공휴일의 등장과 확산

공휴일은 국가, 사회, 기관, 업체 등에 소속된 모든 사람이 휴업하는 공식적인 휴일이다. 공휴일 개념이 확대되어 같은 날 쉬는 사람이 많아지면, 그만큼 사회는 시간의 통일성을 확보할 수 있을 것이다. 그렇다면 상점과 음식점 등을 중심으로 하여 식민지 조선에서 공휴일이라는 개념이 처음 등장하고 확산해 가는 모습은 어떠했을까?

조선에서든 일본에서든 1910년대 후반에도 학교나 관공서를 제외하면 휴일, 공휴일, 휴업일 같은 개념은 그다지 일반적이지 않았다. 당시 일요일은 '공일(空日)'이라 불렸다. 경성 일본인 이발조합은 매월 17일에 정기휴업을 했고, 1918년 6월 23일부터는 일요일 오후 8시부터(겨울에는 오후 6시부터) 휴업을 했다.[11] 1920년 12월경에 일본 우편국은 일요일 오후에는 휴업하는 방안을 검토한다. 당시 일본에서는 일요일을 휴일로 삼자는 분위기가 서서히 확산되고 있었던 것 같다. 따라서 일본 정부는 유럽 각국을 모방하여 전 국민이 일요일에 '공휴(公休)' 하는 방안을 모색한다.[12]

1920년 무렵 경성의 공휴일은 제각각으로 일정치 않아 상공업 발전에 지장이 많았다. 따라서 1920년 2월 24일에 경성상업회의소는 시내 각 조합의 총대(總代)를 불러 공휴일을 통일하는 방안을 모색한다. 그리고 매월 1일과 15일이나 특정 요일을 공휴일로 통일하거나 아니면 업체의 자율에 맡기는 방안 등이 거론된다.[13] 결국 3월 초에 경성상업회의소는 매월 제1일요일에는 모든 상점이 휴업하고 제3일요일에는 자율적으로 휴업하도록 결정한다. 따라서 일본인 상인은 3월 제1일요일부터 휴업을 시작했다. 조선인 상인은 3월 28일에 각 조합과 상업단체 대표자가 협의하여 4월 제1일요일부터 휴업을 시작했다.[14]

함흥에서는 청년 상업가인 주종로(朱鍾魯), 장승하(張昇河), 김석현(金錫炫), 신현길(申鉉吉) 등이 발기하여 1920년 5월 9일부터 함흥 지역에서 공휴일을 실시하기로 하고 취지서를 발표한다. 이 취지서는 당시의 휴일 상황을 다음과 같이 적나라하게 보여주고 있다.

사람의 힘은 유한한 것이니 유한한 것을 무한히 사용할 수 없는 것이라,

만약 사용이 한도에 초과되면 고장이 생길 우려가 없지 않도다. 동서양을 불문하고 관아, 학교, 은행, 회사 등 어느 곳이든지 사람이 집합한 곳이면 1년 중에는 정기 또는 임시 휴업이 있고, 1개월 중에는 일요일, 축일, 기타의 휴일이 있고, 1일 중에는 일정한 근무 시간이 있으니 여유의 시일(時日)을 이용하여 노심(勞心)과 고신(苦身)을 휴양하고 위로하는도다. 문화는 일(日)로 진보하고 사업은 월(月)로 발달하는 이 20세기는 불완(不完)한 구각(舊殼)의 인순(因循)을 허용치 않으니 어찌 관아, 학교, 은행, 회사 등이 독점한 일요일이며 축일이리오? 우리 상업계에도 경향(京鄕)을 물론하고 공휴일이 생기었도다. 우리는 우리의 사랑하는 함흥을 관찰할 것이외다. 그 상업계는 어떠한 상태에 있는가? 고주(雇主)나 피고자(被雇者)를 물론하고 별을 머리에 이고 일어나서 영영(營營) 근무하기를 을야(乙夜) 삼경(三更)에 이르며 1개월 30일에 반일(半日)의 휴업도 없으니 어느 겨를에 심신수양을 도모하리오. 오호라! 이것은 도리어 오인(吾人)의 정성(情性)을 인치(引致)하여 천부(天賦)의 능률을 멸살함이 아닌가? 구각을 탈파(脫破)하고 분기할지어다. 함흥 상업계에 계신 여러분이여, 우리는 실로 근(近)보다 원(遠)을, 조진(躁進)보다 만성(晩成)을 기할지니 사업계의 장래와 청년 점원의 전도(前途)를 위하여 목전의 소리(小利)는 단폐(斷廢)하고 1개월 4일요는 일요일을 이분하여 그 하나를 공휴일로 오인(吾人) 심신휴양에 제공함이 가(可)하다 선언하고, 이에 대한 시행 방법은 선각제위(先覺諸位)에 일임하여 하루라도 빨리 단행하심을 절망(切望)하여 일반 상업가의 동정(同情) 찬성(贊成)을 감히 비나이다. 단 제1, 제3일요일로 하되 시일(市日)인 경우에는 그다음의 날짜로 연기할 것.[15]

그러나 1921년이 되어도 경성에는 제1공휴일만 쉬고 제3공휴일은 휴업하지 않는 상점이나 아예 공휴일이 전혀 없는 상점이 있었다. 특히 조선인 상점은 공휴일을 지키지 않는 곳이 많았다고 한다.[16] 1921년 8월에 용산미생유곽(龍山彌生遊廓)은 격월로 공휴일을 정해 휴업하기로 결정하고 9월 20일을 제1회 공휴일로 지정한다.[17] 1922년 5월 22일에는 대구경찰서와 대구 지역 유곽 주인들이 협의하여 창기(娼妓)를 위한 제1회 공휴일을 실시하기 시작한다.[18]

그런데 1920년에 점원의 월 1회 공휴일을 지정한 부산 도매상조합의 평의원회는 불과 1년 만에 공휴일 폐지를 결의한다. 그 이유는 점원이 공휴일의 의의를 이해하지 못한 채 유곽에 가서 저축한 돈을 탕진하거나 이도 부족하면 주인의 상품을 반출하기도 하는 등 악습에 물들거나 화류병(花柳病)에 걸려 일에 지장을 준다는 것, 그리고 일요일에 멀리서 물건 사러 오는 사람이 허탕을 치고 돌아간다는 것이었다.[19] 그러나 곧이어 부산상업회의소의 하나와 구마지로(花輪熊次郎) 서기장은 점원의 풍기문란을 이유로 공휴일을 전폐하는 것은 시대착오적이라는 입장을 밝힌다.[20] 심신수양과 수면을 위해 필요한 공휴일을 의미 있게 보낼 수 있는 방법을 고민해야지 대뜸 공휴일 폐지를 주장해서는 안 된다는 것이었다.[21] 결국 여러 논란 끝에 부산 지역 점원의 공휴일은 그대로 존속한다.[22]

1923년에 대구상업회의소는 월 1회 정도의 공휴일을 실시해 '위안 휴양'을 하게 하여 작업 능률을 증진시키는 방안에 대해 설문 조사를 실시한다. 설문 내용을 보면, "① 공휴일을 실시하는 일의 가부 ② 실시하는 것이 좋다고 생각할 경우 월 몇 회가 적당한가 ③

각호가 자유롭게 공휴일을 정하는 것과 동업조합마다 정하는 것 가운데 어느 것이 좋다고 생각하는가"를 묻고 있다. 1923년 기록을 보면, 관청, 학교, 은행, 회사처럼 일요일 주휴 제도를 실시하는 곳을 제외할 경우, 정휴일(定休日)을 채택한 조선의 상업 시설 가운데 월 1일 이하는 7,010곳, 월 2일 이하는 3,660곳, 월 3일 이하는 406곳이었다.[23]

1923년 5월부터 부산이발업조합은 제1·제3일요일로 공휴일을 변경하기로 결정한다.[24] 1925년 10월에 창설된 청진상업회의소는 1926년 7월에 제1·제3일요일을 점원의 위안일(慰安日) 즉 공휴일로 지정하기로 하고 각 상점의 의향을 타진할 계획을 세운다.[25] 1926년 5월 9일에 함흥상업회는 매월 제1일요일을 공휴일로 지정해 부민 일반이 휴식할 수 있도록 했으며, 제1일요일이 시일(市日)이면 제2일요일을 공휴일로 삼았다.[26]

이처럼 1920년대 중반이 되면 매월 제1일요일이 차츰 '상계(商界)의 공휴일'로 정착되고 있었다. 1924년에 경성의 포목상조합은 매월 두 번 공휴일을 두기로 하고 이를 어기면 50원의 위칙금(違則金)을 물게 했다. 그러나 이를 무시하고 공휴일에도 영업하는 상점이 있었고, 문을 조금만 열어둔 채 영업하며 공휴를 위장하는 상점도 있었다. 당시 《매일신보》는 공휴일에도 영업한 종로 2정목의 김순제(金舜濟) 포목상, 종로 1정목의 조효순(趙孝淳) 포목상, 남대문 1정목의 유재명(柳在明) 포목상, 광창상회(廣昌商會), 광택상회(廣澤商會)의 명단을 공개하기도 했다.[27] 조선인 상업 중심지인 종로 일대에는 여전히 제1일요일의 공휴일을 지키지 않는 곳이 많았다고 한다. 그 후《매일신보》는 1925년 7월 5일 일요일에도 종로네거리와 탑골공원 사이의 주요 상점을 조사한 후 개점한 곳과 폐점한 곳의 명단을 공개했다.[28]

1920년대 중반에 경성의 화류계는 춘계공휴일과 추계공휴일이라는 이름으로 1년에 두 번 휴업을 하고 위안회를 열었다. 경성요리옥조합(京城料理屋組合), 경성권번(京城券番), 중권번(中券番), 신검번(新檢番)은 1925년 4월 28일과 1926년 4월 16일이 춘계공휴일, 1925년 9월 28일이 추계공휴일이라는 신문 광고를 내고 있다.[29] 1926년 가을부터는 경성요리옥조합과 본권번(本券番)의 이름으로 춘계와 추계 공휴일 광고를 냈고, 1929년부터는 7월의 하계공휴일이 추가되어 연 3회의 공휴일이 있었다.[30] 이 공휴일 광고는 1940년 가을까지도 계속된다. 경성요리옥조합은 1928년 4월부터 1월과 12월을 제외하고 매월 5일을 휴업일로 정했다. 이로 인해 연 2회의 공휴일만 있던 권번의 예기(藝妓)들이 요리점에서 영업을 할 수 없어 강제적으로 휴업을 할 수밖에 없었다고 한다.[31]

1927년경에 함남 단천군 상우회(商友會)는 1년에 2회, 즉 음력 4월 8일과 8월 20일을 정기공휴일로 지정해 휴업을 하고, 이날은 점원을 위한 원유회(園遊會)를 개최했다. 그런데 제1차 공휴일인 1927년 5월 8일에 이금양행(二金洋行)이 규정을 어기고 영업을 하자 단천군 상우회는 이금양행과의 모든 거래를 중단하는 강력한 조치를 취했다.[32] 용산 요리점조합도 논란 끝에 1928년 7월부터 점원에게 월 1회 휴일을 주기로 결정한다.[33] 조치원 상업조합은 점원 위로를 위해 1928년 11월부터 매월 1일을 공휴일로 지정한다.[34]

1928년 2월부터 평양경찰서는 유곽조합장 및 조선과 일본의 권번과 협의하여 예기(藝妓)는 격월 1회, 창기(娼妓)는 매월 1회의 휴업일을 실시한다. 예기는 갑과 을의 2조로 나뉘고 갑은 홀수 달, 을은 짝수 달의 제3월요일을 휴업일로 정했다. 그리고 강변 동쪽 유곽의 창기는 매월 제2목요일, 서쪽 유곽의 창기는 매월 제2금요일을 휴업일로 정했다.[35]

1929년에 138명의 예기가 있던 부산 남빈권번(南濱券番)에서는 "첩들에게도 월 1일의 위안 휴식일을 주세요."라는 요청이 일면서 예기를 위한 월 1회 공휴일 제정 문제가 대두된다.[36] 그러나 권번 측에서는 예기들이 얼마든지 낮에 외출하여 활동사진을 관람하거나 예도(藝道)를 배울 수도 있으므로 1929년부터 춘추 2회의 위안회를 개최하는 것으로 대신할 거라고 답변한다. 그리고 예기에게 월 1회 휴가를 주면 요리점까지 휴업해야 하는 사태가 발생하므로 공휴일 제정은 곤란하다는 입장을 밝힌다.[37] 1929년 12월에 원산경찰서는 요리점 주인들과 협의한 후 매월 12일을 예기와 창기의 공휴일로 지정한다.[38] 여수요리옥조합도 1930년 12월부터 67명의 예기와 창기에게 월 1일의 공휴일을 주기로 결정한다.[39]

부산의 공설 전당포는 숫자 3이 들어가는 날을 공휴일로 정했지만, 일요일을 전당포 공휴일로 오인하는 사람이 많았기 때문에 결국 1931년 10월부터는 일요일을 공휴일로 삼는다.[40] 1930년대가 되면 일요일을 공휴일로 인식하는 경향이 현저해진 것으로 보인다. 1932년 6월에 대구상공회의소는 여전히 공휴일이 없는 상점이 많았기 때문에 각 상조합(商組合) 대표자를 초치하여 협의를 할 계획을 세운다. 당시 대구에서는 문방구상조합, 이발업조합, 시계금공상(時計金工商)조합, 선어상(鮮魚商)조합, 탕옥업(湯屋業)조합 등 5개 조합만 공휴일을 지정하고 있었다.[41]

1935년 9월과 10월에 개성부 문방구상과 포목상은 개성상공회의소에서 회합을 갖고 매월 제1일요일을 공휴일로 지정한다.[42] 경성곡물상조합은 1935년 10월에야 매월 제1일요일을 공휴일로 지정한다.[43] 1936년에 함흥상공회의소는 점원의 보건, 위생, 능률을 증진하기 위해 매월 24일을 공휴일로 지정한다.[44] 1938년 10월 3일에 군산상공회의소는 부내 상점의 폐점 시각을 오후 10시로 하고 매월 1회 휴일을 지정하는 건을 의결한다.[45] 1938년 5월 17일부터 이천읍 이발업자는 매월 3일과 17일을 정기 휴업일로 정한다.[46] 1939년에 평택 포목상조합은 매월 19일을 정기 공휴일로 지정한다.[47] 평강 지역 상공업자는 1940년 11월부터 매월 2일을 공휴일로 지정한다.[48] 1940년 5월에 인천 고물상조합은 매월 제1일요일을 공휴일로 지정한다.[49]

1940년 8월에 함북 남양(南陽)의 면포상조합은 이미 매월 15일을 공휴일로 정하고 점원에게 원유회 비용이나 극장 입장료를 지급하고 있었다. 그러나 남양 지역 양품점에 근무하는 100여 명의 종업원에게는 여전히 공휴일이 없었다.[50] 1940년 4월경에 인천의 상점가는 제1일요일이나 제3일요일을 공휴일로 지정했지만 여전히 조합별로 공휴일이 달랐다.[51]

경성포목상조합은 경성직물소매상조합으로 개칭한 후 1940년 7월 17일에 종업원의 공휴일을 1회에서 2회로 늘리고 매월 제1·제

3일요일을 공휴일로 지정한다.[52] 1941년 6월에 양양상공회는 이발소는 매월 17일, 요리옥과 음식점은 매월 1일, 다른 일반 상공업은 매월 15일로 공휴일을 지정한다.[53]

일본에서는 1938년 10월 1일부터 상점의 영업시간 단축과 점원 휴양에 초점을 맞춘 상점법(商店法)이 시행된다. 조선에서는 시기상 조라는 판단하에 상점법이 실시되지 않지만, 경성상공조합연합회는 영업시간 통일, 지불일 통일, 상점원의 휴양일 통일 등을 실행하기 위한 준비 작업을 한다.[54] 당시에도 여전히 경성의 상점 가운데 공휴일이 없는 상점이 있었다. 경기도 개성에서 발행한 1938년 7월 1일 자 《고려시보》에는 여전히 개성 남대문 상인 가운데 일부가 매월 1일의 공휴일에도 개점하여 조합 규정을 어기고 있다고 개탄하는 투고가 실려 있다.[55]

1939년 8월에 부산의 화류계는 전쟁 시국의 인식을 강조하는 부산경찰서의 종용을 받고 월 1회 공휴일 실시에 합의한다. 여기서 우리는 중일전쟁 이후 전 조선인의 노동과 휴식의 시간을 통일하고자 했던 조선총독부의 의지를 읽을 수 있다. 공휴일은 요리좌(料理座) 예기와 권번 예기의 경우 매월 7일(단 1월은 1일, 8월은 16일), 카페의 경우 매월 19일이었다. 그리고 유곽의 경우에는 녹정(綠町) 즉 미도리마치 1정목의 유곽은 매월 제2화요일, 미도리마치 2정목의 유곽은 매월 제2수요일, 목도의 주갑(洲岬) 유곽은 매월 18일을 공휴일로 지정했다.[56]

1939년 11월부터 춘천의 화류계, 즉 요리점과 카페는 매월 16일과 17일이던 공휴일을 흥아봉공일(興亞奉公日)인 매월 1일로 변경한다. 1939년 8월 11일에 일본 정부는 전장에서 싸우는 황군 장병의 노고를 생각하며 자숙하고 자성한다는 취지로 매월 1일을 흥아봉공일로 지정한다.[57] 그리고 1939년 8월 15일에 미나미 지로 조선 총독은 중일전쟁 이후 조선에서 실시하고 있던 종래의 매월 1일 애국일을 흥아봉공일로 할당한다.[58] 장성 포목상조합도 1939년 12월 1일부터 애국일인 매월 1일을 공휴일로 지정해 휴업을 실시한다.[59] 1940년 3월부터 부산의 구포 주재소는 흥아봉공일인 매월 1일을 요리옥과 음식점의 공휴일로 지정한다.[60] 1940년에 만주 용정(龍井) 경찰서는 요리점과 음식점에서 실시하던 흥아봉공일 휴업을 상업계와 기타 일반으로 확대할 계획을 세운다. 따라서 상점의 공휴일인 제3일요일이나 이발소 공휴일인 매월 17일이 모두 매월 1일로 통일될 예정이었다.[61]

일제강점기 말기가 되면 공휴일은 단순한 휴일이 아니라 사람들을 같은 시간 리듬 안에 포섭하여 몸과 마음을 일치시키는 수단이 된다. 공휴일은 몸의 통일, 휴식의 통일, 정신의 통일을 달성하기 위한 매우 효과적인 장치였다. 특히 중일전쟁 이후 애국일 같은 공휴일은 신사참배, 황거요배, 국기게양, 황국신민의 서사 제창, 천황폐하 만세 봉창 등을 하는 정치적인 선전과 집회의 날이자 오로지 일본 국가를 생각하는 신성한 날로 변질되고 있었다.[62] 공휴일이 종교적인 주일(主日), 즉 '신(神)의 날'에 버금가는 정치적인 성일(聖日)로 타락하고 있었던 것이다. 그러나 일제강점기가 끝날 무렵에도 일요일이나 축제일은 여전히 사회 전반의 공휴일로 인식되고 있지 않았다. 7요일이 사회적이고 국가적인 휴식의 리듬으로 정착하려면 여전히 더 많은 시간이 필요했다. 조선민력이나 약력에 기입된 일본의 축제일도 전 조선인의 공휴일로 정착하는 데 성공하지 못했다.

카렌다 연대기
절후표, 월력, 칠요표

12

조선민력이나 약력 같은 책자 형태의 역서와는 별도로 일제강점기에는 벽이나 기둥에 붙여 두고 볼 수 있는 주력(柱曆) 형태의 한 장짜리 월력(月曆)이 많이 유통되고 있었다. 특히 1년 12개월의 모든 양력일과 음력일을 한눈에 볼 수 있는 음양력 대조표 형태의 월력이 유행하고 있었다. 처음에는 한 달의 모든 양력일과 음력일이 7요일로 분류되지 않은 채 가로나 세로의 한 줄로 길게 이어진 형태의 월력이 많았다.

그러나 1920년대를 거쳐 점차 공휴일이라는 관념이 확산되기 시작하면서 노동과 휴식의 날을 쉽게 인식할 수 있는 월력이 필요해졌다. 그래서 한 달의 모든 일자를 7요일로 분류한 칠요표(七曜表)가 월력을 장악하기 시작했다. 특히 1930년대가 되면 많은 월력이 칠요표를 채택하기 시작한다. 그 후 점차 각 월의 칠요표 12장을 묶어 한 권의 달력을 구성하는 형식으로 월력이 제작되기 시작한다. 이것이 오늘날 우리가 알고 있는 달력이다.

그림 5-12-1 《매일신보》 부록 〈다이쇼 7년 음양력 대조 및 절후표〉(1918)[1]

그림 5-12-2 충주군 농회의 1931년도 월력[2]

　1918년에 《매일신보》 1월 1일 자 부록으로 배포된 월력인 〈다이쇼 7년 음양력 대조 및 절후표〉의 중앙에는 각 월의 양력일과 음력일이 병기된 채 세로로 길게 배치되어 있다[그림 5-12-1]. 양력일이 7요일에 의해 분류되지 않고 한 줄로 이어져 있으므로, 각 월의 일요일을 명시한 일요표를 따로 참고하지 않으면 양력일의 요일을 알 수 없다. 또한 이 월력의 우단에는 축제일, 절일, 각종 기원, 일요표, 가취이사동토(嫁娶移徙動土)의 길일, 천화일, 좌단에는 조선총독부 관료 명단, 우편전신요금표, 가취주당도, 하단에는 음력 월표와 절후표, 연신방위도가 있다. 특이하게도 이 월력의 좌단에는 음력월의 간지를 구할 수 있는 '연두(年頭)'와 음력일의 간지에 따라 자시(子時)부터 해시(亥時)까지 각 시각의 간지를 구할 수 있는 '시두(時

頭)'가 실려 있다. 연두와 시두는 사주를 볼 때 필요한 것이다.

충주군 농회(農會)가 발행한 1931년도 월력을 보면 좌단과 우단에 각 월별로 양력일, 7요일, 음력일, 일진, 납음오행, 이십팔수, 십이 직이 병기된 채 가로로 배치되어 있다[그림 5-12-2]. 따라서 이 월력 은 마치 조선민력의 축소판과도 같은 형태를 취하고 있다. 이 월력 에는 중앙에 1931년도부터 조선민력의 권말에 추가된 〈조선 철도 및 자동차 선로도〉가 있고, 좌우단과 하단에 음력 월표와 절후표, 절일표, 가취주당도, 연신방위도, 천화일, 토왕일, 축제일표, 동서 양의 기원, 일요표, 일월식표 등 조선민력의 주요 사항이 모두 축약 되어 있다. 또한 인지세(印紙稅), 그리고 우편환(郵便換) 요금표인 우 편위체(郵便爲替)의 항목도 추가되어 있다.

《매일신보》의 1918년도 월력이나 충주군 농회의 1931년도 월력 은 모두 조선민력의 축소판이라 할 수 있다. 그런데 충주군 농회의 월력은 우단에 1월~6월, 좌단에 7월~12월을 배치하고 각 월을 독 립적으로 구성함으로써 곧이어 살펴볼 월력으로 이어지는 과도기적 양식을 나타내고 있다.

《조선일보》 부록으로 발행된 1930년도 〈경오월력〉을 보면 우단 에 1월~6월, 좌단에 7월~12월이 배치되어 있고, 각 월에는 역일 이 7요일로 분류되어 있는 칠요표가 있다[그림 5-12-3]. 칠요표에는 아라비아 숫자로 표기한 양력일의 우측에 한자로 음력일이 병기되 어 있으며, 일요일만 붉은 숫자로 표기되고, 축제일은 각 월 아래에 따로 명시되어 있다. 또한 월력의 중앙에는 철도, 도로, 항로가 표 시된 전국 지도가 있고, 하단에는 음력 월표와 절후표 등이 있다.

그림 5-12-3 《조선일보》부록 1930년
도 〈경오월력〉3

그림 5-12-4 《중앙일보》부록 1933년
도 〈중앙월력〉4

《중앙일보》부록으로 발행된 1933년도 〈중앙월력〉의 경우에도
우단에 1월~6월, 좌단에 7월~12월이 배치되어 있고, 각 월은 영
문 요일명에 의한 칠요표로 구성되어 있다[그림 5-12-4]. 다만 양력
일에 음력일이 병기되어 있지 않으며, 일요일과 축제일이 모두 붉
은 숫자로 표기되어 있다. 또한 월력 중앙에는 조선민력에 있는 '조
선 내에 재(在)한 철도 및 자동차 선로도'가 있고, 상단에는 음력 월
표와 절후표가 있다. 또한 좌우단에 소포우편료, 우편위체료(우편환),
도량형표가 있고, 하단에는 연신방위도, 절일, 천화일, 가취주당도,
득신, 용치수, 일월식, 축제일표가 있다. 그 밖에도 세계 각국의 축
제일을 명시한 각국 축제일표가 있고, 조선민력과 달리 세차, 조선
연호, 일본 연호, 서력기원, 연령이 병기된 '최근 백년간 연대 및 연

그림 5-12-5　1948년도 〈무자년일력〉[5]

그림 5-12-6　《동아일보》부록 1962년
도 〈임인년력〉[6]

령대조표'가 추가되어 있다.

〈경오월력〉과 〈중앙월력〉에서 가장 인상적인 점은 이제 월력이
우리에게 익숙한 형태인 칠요표를 중심으로 구성되고 있다는 점이
다. 벽에 붙일 수 있는 칠요표 형식의 월력은 비용이 저렴했기 때문
에 광고물이나 선전물의 형태로 광복 이후에도 한국에 널리 배포되
었다. 그리고 월력은 한 해의 모든 일자를 보여준다는 점에서 '일력
(日曆)'이라 불리기도 했다[그림 5-12-5]. 또한 월력은 1년 전체의 시
간을 보여준다는 의미에서 '연력(年曆)'이라고도 불렸다[그림 5-12-6].
달마다 한 장씩 넘기는 칠요표 형식의 표준적인 캘린더를 월력이라
부르고, 날마다 한 장씩 넘기는 캘린더를 일력이라 부르면서, 일력,
월력, 연력을 구분하게 된 것으로 보이지만, 캘린더 관련 명칭은 한

동안 매우 혼란스럽고 자의적인 상태에 머물러 있었다. 벽에 붙이는 주력 형태의 월력만 해도 칠요표, 음양력 대조표, 월력표, 일력, 연력, 일표(日表) 등 다양한 이름을 거치고 있었던 것이다. 이러한 과정 속에서 최종적으로 달력이라는 말이 연력, 월력, 일력 등을 모두 포괄하는 단어로 차츰 정착하고 있었다.

1933년 1월에 조선총독부관측소는 중국의 표준시에 근거한 괘력(掛曆)의 음력부에 착오가 있다고 발표한다. 벽에 거는 괘력은 주로 각 회사와 상점 등에서 별도로 제작하여 배포하던 달력이었다[그림 5-12-7]. 그런데 1933년도 조선민력에서 음력 윤5월은 대월이고 음력 6월은 소월이지만, 괘력에서는 음력 윤5월이 소월이고 음력 6월이 대월이었던 것이다. 일본중앙표준시 기준으로 음력 6월의 합삭은 양력 7월 23일 오전 1시 3분이었지만, 중국 표준시로는 합삭 시각이 양력 7월 22일에 있었기 때문에 이러한 일이 벌어졌다.[7]

조선총독부관측소는 1934년 괘력에서도 같은 문제를 발견한다. 괘력에서는 양력 10월 8일이 음력 9월 1일로 표기되어 있지만, 일본중앙표준시에 의하면 합삭 시각이 양력 10월 9일 오전 0시 5분이므로 음력

그림 5-12-7 후지사와 도모키치 상점의 쇼와 14년(1939) 카렌다[8]

9월 1일은 양력 10월 9일이었다.[9] 즉 괘력은 대월인 음력 8월을 소월로, 소월인 9월을 대월로 잘못 표기하고 있었던 것이다.[10]

1920년대 중반 이후, 특히 1930년대가 되면 조선민력, 월력, 절후표 외에도 괘력 즉 '카렌다(カレンダー)'가 본격적으로 배포되기 시작한다. 특히 각 월의 칠요표만으로 구성된 카렌다는 여백이 많아서 정치적인 홍보나 상업적인 광고를 하기에 적합했다.

1925년 12월 말에 신의주부에서는 상단에 납세 고지서를 넣는 봉투가 달려 있는 납세 장려 카렌다를 제작하여 납세자에게 배포했다.[12] 1932년 12월에 경성부 세무과는 납세자에게 조세와 공과금의 납기를 주지시키기 위한 새로운 시도로 '쇼와 8년(1933) 납세 카렌다'를 제작하여 5만 가구에 배포한다. 이 카렌다는 각 월의 우측에는 그 달에 납세할 세목(稅目), 좌측에는 납세 표어, 하단에는 축제일, 절기, 광고 등을 기재한 것으로 '모던한' 디자인을 갖춘 오프셋 인쇄 제품이었다.[13] 경성부는 1933년에

그림 5-12-8 경성부 발행 쇼와 9년 (1934) 납세 카렌다[11]

도 '쇼와 9년(1934) 납세 카렌다'를 제작하여 납세자 5만 가구에 배부한다. 오프셋 인쇄 제품인 이 카렌다는 상단에는 그 달의 납세 세목, 일부란(日付欄) 여백에는 축제일과 절기, 하단에는 광고를 실었다[그림 5-12-8].[14]

1932년 말에 평양우편국은 조선간이생명보험국(朝鮮簡易生命保險局)으로부터 '자력갱생 카렌다' 2천5백~2천6백 부를 수령한 후 1933년 1월 초에 서선(西鮮) 3도, 즉 평안남북도와 황해도의 우편국소에 배포했고, 다시 우편국소는 관할 관공서, 학교, 회사에 배포했다. 이 카렌다는 상당한 경비를 들여 제작한 것으로 각 장마다 그림과 표어가 들어 있었다.[15] 아마도 전국적으로 이 카렌다가 배포되었을 것이다. 1930년대에 원산부에서도 매년 카렌다를 제작하여 배포했다. 1934년 12월 중순에 원산부는 도안광고업자를 물색해 미려한 카렌다 제작을 추진했다.[16]

1935년 12월 25일에 600명의 애독자에게 선물로 증정하기 위해 《조선중앙일보》 개성지국은 개성부 대화정에 있는 미술공예품전문상 건미사(建美社)에 의뢰하여 미려하고 선명한 카렌다를 제작했다.[17] 각 신문사는 매년 월력이나 카렌다를 제작해 독자들에게 유포하고 있었다[그림 5-12-9].

1936년 말에 철도국은 조선 관광의 선전을 위해 신문지 크기의 1937년도 카렌다를 그라비어 인쇄로 1만 부나 제작한다. 12장으로 구성된 카렌다 상부에는 명승지와 풍속 사진을 넣었고, 하부에는 칠요표 외에 매월의 온천지와 하이킹 등 행락 안내를 삽입했다. 철도국은 이 카렌다를 일본과 만주의 철도 관계 시설, 선박 회사,

그림 5-12-9 《경성일보》부록 쇼와
11년(1936) 〈경일회력(京日繪曆)〉[18]

호텔 등에 배포할 예정이었다.[19] 당시에 철도국은 조선의 풍속화나 풍경화를 담은 6매짜리 카렌다를 매년 제작하고 있었다. 1938년 12월에 철도국은 조선 여인과 금강산 삼선암 등을 그린 서양화 6매를 담은 '쇼와 14년도(1939) 카렌다' 1만 부를 제작하여 배포한다. 특히 이 카렌다는 대륙 일본의 전진 기지인 조선을 널리 선전한다는 목적하에 제작되었다.[20]

1937년 1월에 창원군과 함안군의 주류밀조교정회(酒類密造矯正會)에서는 주류 밀조를 박멸하자는 내용을 담은 음력 월표 카렌다를 제작하여 군내 각 부락민에게 배포했다.[21] 1930년대에 경성 식료품점에서는 매년 중원(中元)이나 세말(歲末)이 되면 고객에게 타월이나 카렌다를 선물했다. 그런데 1939년 말에는 전쟁의 영향으로 카렌다를 제작하는 대신 그 비용을 조선방공기재비기금(朝鮮防空器材費基金)과 남선(南鮮) 지방의 한해(旱害) 의연금으로 기부했다.[22] 1941년 1월 17일에 용산경찰서는 방범 사상의 철저를 기하기 위해 "집집마다 방범에 밝은 사회" 등의 표어를 넣은 '방범 카렌다' 5천 부를 제작하여 경성부와 경기도 전역에 배포했다.[23]

그림 5-12-10 상점에 진열된 1929년 카렌다(일력)[24]

그림 5-12-11 상점에 진열된 1937년 카렌다[25]

　이처럼 1930년대가 되면 카렌다는 매우 효과적인 사회적, 정치적, 상업적 홍보 수단이 되었다. 특히 1920년대 이후 공휴일 관념이 확산되면서 칠요표로 된 카렌다가 대중적인 인기를 끌었던 것 같다. 조선민력 같은 관력(官曆)을 제치고 '카렌다'라고 불린 서양식 달력이 차츰 우위를 점하기 시작한 것이다[그림 5-12-10] [그림 5-12-11]. 1930년대 이후 카렌다가 대중적으로 보급되면서 일주일 단위로 소멸과 재생을 반복하는 시간 리듬, 즉 노동과 휴식의 근대적인 시간 리듬이 서서히 유포되고 있었던 것이다. 물론 이와는 별도로 조선민력이 음양력 대조, 즉 음력과 양력 사이의 시간 번역을 위한 용도로 여전히 사용되고 있었다.

파고든 시간의 연대기

지금까지 나는 종, 오포, 사이렌, 시계, 라디오, 달력의 연대기를 각각 독립적으로 서술했다. 이 책은 근대적인 시간의 연대기를 하나의 단일한 플롯에 담고 있지 않다. 결국 독자는 여섯 가지 연대기의 교차, 접속, 비교, 대조, 종합을 통해 각자의 머릿속에서 근대적인 시간의 연대기를 새로이 재구성해야 할 것이다. 본문을 완주한 지금도 독자는 근대적인 시간의 정체에 관한 질문을 계속 입속에 머금고 있을 것이다. 그러나 근대적인 시간 형태와 관련하여 많은 자료를 검토한 지금 독자는 책을 읽기 전과는 조금 다른 방식으로 질문을 던질 수 있을 것이다.

  서두에서 말한 것처럼 이 책은 원래 달력의 연대기로 구상되었다. 나는 1896년부터 1945년까지 50년 동안 달력의 변천 과정을 세밀히 추적한 후, 근대적인 시간의 정체에 관해 우회적인 질문을 던지는 것으로 만족하고 싶었다. 처음에는 과연 달력의 연대기를 흥미롭게 구성할 수 있을 만큼 풍부한 자료를 모을 수 있을까 의심했다. 그런데 특히 신문기사와 일본어 자료를 통해 사용할 수 있는 자료의 양이 비약적으로 늘어났다. 나는 기존 연구에서 여러 오류를 발견했고, 그전에는 선명히 드러나지 않았던 새로운 사실도 여럿 발견할 수 있었다.

사실 이 책은 '역사 쓰기'보다는 '역사 만들기'를 지향하고 있다. 그전에는 자체적인 역사가 거의 서술되지 않은 종, 오포, 사이렌, 시계, 라디오, 달력을 대상으로 소박한 연대기를 작성하는 것이 이 책의 주요 목적이었다. 나는 역사 밖에 있는 사물들, 또는 파편적으로 역사에 잠시 참여하는 사물들의 온전한 역사적인 차원을 드러내고 싶었다. 처음에 나는 역사가 없는 원시 부족의 역사를 쓰는 인류학자의 작업 방식을 염두에 두면서 이 책을 쓰기 시작했다. 역사를 서술한다기보다 역사를 창작한다고 말하는 편이 더 적합한 그런 일을 하고자 했다. 아마도 이것은 이 책의 장점일 수도 있고 단점일 수도 있다.

지금까지 역사 서술의 중심에 들어오지 못한 사물들의 연대기를 작성하는 것은 전에 없던 새로운 시도가 아니다. 단지 나는 시간이라는 감각할 수 없는 추상적인 대상을 포착하기 위해 아예 정반대로 구체적인 사물의 역사로 시선을 돌렸을 뿐이다. 종, 오포, 사이렌, 시계, 라디오, 달력 같은 사물들의 행로를 추적함으로써 각 사물들의 배치와 전위(轉位)가 어떤 시간 형태를 구성하고 있었는지, 어떤 목적의 시간에 동원되고 있었는지 살펴보고 싶었던 것이다. 결국 이 책은 근대적인 시간의 형성 과정에 참여한 사물들의 잊힌 과거를 복원하고 기록하는 작업이었다. 따라서 이 책은 내가

2021년에 출간한 《미신의 연대기》와 매우 비슷한 성격을 띠고 있다. 당시에 나는 '미신'이라는 변덕스러운 범주의 정치적이고 사회적인 구성 과정을 추적하고자 했다.

이 책의 제목을 '시간의 연대기'로 정한 것은 내 작업이 사실의 해석보다는 정확한 기록을 지향하고 있기 때문이다. 나는 이 책을 통해 종, 오포, 사이렌, 시계, 라디오, 달력이 주인공으로 등장하는 근대적인 시간의 연대기를 작성하고자 했다. 이를 위해 나는 자료에 대한 과도한 해석 작업을 자제하고, 그 대신 자료가 제시하는 현상을 좀 더 생생히 부조(浮彫)하는 데 온 힘을 모았다. 새로운 자료의 발견이나 의도치 않은 오류의 교정에 의해 이 책의 내용은 얼마든지 변경될 수 있다. 그렇더라도 이 책이 보여주고자 한 '시간의 그림'은 그다지 변경되지 않을 것 같다. 나는 이 책을 통해 '시간의 정치학'이나 '시간의 사회학'을 넘어 근대적인 시간을 다룰 수 있는 좀 더 종합적인 작업의 틀을 확보할 수 있으리라 기대했다.

이 책의 내용은 주로 일제강점기의 신문기사에 의존하고 있고, 가능한 곳에서는 조선총독부 자료나 여러 일본 문헌을 참고하고 있다. 신문기사는 내용에서 차이나 오류가 있는 경우가 많기 때문에, 동일한 내용을 보도하는 서로 다른 신문기사를 대조하고, 서로 다른 시기의 신문기사를 비교하는 작업을 자주 해야 했다. 또한 자료가 제시하는 정보의 정확도에 대해 내가 일정한 판단을 하지 않으면 더 이상 이야기를 진전시킬 수 없는 지점들도 있었다. 그리고 〈대경성정도(大京城精圖)〉 같은 지도를 펼쳐 놓고 각 사건이 발생한 지리학적 위치를 확인하는 작업도 늘 해야 했다. 나는 이 책에 등장하는 각 사물의 의미가 별도의 해석 작업 없이도 저절로 우러날 수 있는 서술 방식을 취하고 싶었다. 각 사물을 최대한 깊숙이 역사에 안치하고자 하는 나의 욕심 때문에 독자는 시간이라는 주제와는 무관한 내용으로 가끔씩 일탈했을 것이다. 그러나 세심한 독자라면 결국 그 '일탈의 길'이 바로 '시간의 길'이었다는 것도 짐작했을 것이다.

종교학자라는 학문적인 정체성을 지닌 내가 왜 시간에 대한 책을 썼는지 궁금해할 독자가 있을지도 모르겠다. 원래 나는 음력의 시간 질서가 내포하는 주술적인 사유와 종교적인 실천에 관심을 갖고 있었고, 2013년에 이러한 연구 결과를 《조선시대 달력의 변천과 세시의례》라는 책으로 출간했다. 당시에는 조선시대 달력의 구조와 음력에서 양력으로 개력하는 시기에 초점을 맞추었기 때문에 일제강점기의 상황은 거의 다루지 못했다. 따라서 나는 이번 책에서 일제강점기를 관통하는 달력의 연대기를 새로이 작성함으로써 10여 년 전에 하지 못한 일을 완결 짓고자 했다. 사실 종, 오포, 사이렌, 시계, 라디오에 관한 장은 달력의 연대기를 작성하면서 만난 여러 문제를 해결하는 과정에서 나온 '스핀오프'라고 할 수 있다. 결국 달력의 연대기는 애초의 기획보다 두 배 이상 분량이 늘어난 '시간의 연대기'로 팽창하고 말았다.

최근에 나는 근대 시기의 종교를 집중적으로 연구하고 있다. 그런데 종교가 누비던 생활 세계에 대해 어느 정도 선명한 지식이 없으면 종교의 움직임을 정확히 묘사하거나 해석할 수 없는 경우가 많다. 따라서 근대 종교가 발생하고 전개되고 소멸하던 그 자리, 즉 근대적인 시공간에 대한 관심이 이 책을 쓰게 한 또 다른 동력이었다. 나는 이 책을 쓰면서 '시간의 연대기'는 결국 '공간의 연대기'와 만나야 풍부한 의미를 드러낸다는 것을 깨닫곤 했다. 따라서 독자는 이 책 도처에서 근대적인 시간이 스며들고 있는 도시, 마을, 건물, 신체에 관한 이야기와 계속 조우할 수밖에 없었다. 시간은 공간의 숨이자 공간의 맥박이다.

한 권의 책이 나오려면 해당 주제로 글을 쓸 수 있는 작가가 있어야 하고, 그러한 책을 출간할 의지가 있는 출판사도 있어야 한다. 그런데 책을 쓰기 전에, 그리고 책을 쓰는 동안 나는 계속해서 다른 사람이 아닌 바로 내가 다른 때가 아닌 바로 지금 이 책을 써야 하는가를 스스로에게 묻곤 했다. 어쩌면 나에게 '시간의 연대기'는 가능하다면 계속 먼 훗날로 출판을 지연시키고 싶은 책이었다. 나는 어떤 과대망상증이 있어야만 작가의 손과 눈이 책이라는 성배를 찾기 시작하는 것 아닐까 하는 생각을 하곤 했다. 내가 아니면 아무도 이 책을 쓰지 못할 것 같다는 착각, 내가 이 책을 쓰도록 바로 지금 이 시간이 주어졌다는 허구적인 소명 의식, 책의 완성을 통해 병든 세상이 조금이나마 치유될 거라는 환상 같은 것들이 있어야만 한 권의 책을 쓰는 데 이처럼 과도한 시간을 소모할 수 있는 것 아닐까?

거의 2년 동안 한 가지 생각이나 주제를 물고 늘어진다는 것은 쉬운 일이 아니었다. 우리의 인생은 그러한 여유를 그냥 내버려두지 않는다. 내 시간을 약탈하는 수많은 방해물과 싸우거나 타협해야 하고, 중요한 일도 일부 포기해야 한다. 또한 글을 쓰기 위해 확보해야 할 고립의 시간이 지나치게 길어지면 정신의 힘도 약해질 수밖에 없다. 이 책을 쓰는 동안 나는 두 살이 더 많아졌고, 이제 더 이상 내 주변에 존재하지 않는 사람들의 수도 증가했다. 게다가 내가 다루는 자료는 약 백 년 전의 기록이었다. 나는 2년 동안 늘 백 년 전의 시간 안에서 살았고, 이제는 희미하게 이름만 남아 있는 백 년 전의 공간을 찾아다녔다. 내가 자료 안에서 만난 사람들은 대부분 오래전에 사라진 사람들이었다. 그런데 나는 황변되고 탈색된 사진들, 잉크가 휘발된 문서들을 다시 복원하여 이 책에 담는 작업을 하고 있었다. 나에게 이 책은 '시간의 힘'이 밀봉된 작은 유리병 같은 것이다.

독자는 이 책 전반부를 통해 모든 사람이 같은 시간을 갖는다는 것이 과거에는 얼마나 불가능한 일이었는지 깨달았을 것이다. 사실 지금처럼 모든 사람이 같은 시간 안에서 살게 된 것은 그리 오래되지 않았다. 이 책에서 다루지 않았지만 텔레비전, 컴퓨터, 인터넷, 스마트폰으로 인해 백 년 전에는 꿈꿀 수 없었던 세계가 지금 우리 눈앞에서 펼쳐지고 있다. 이 책에서 줄곧 이야기한 것처럼 근대적인 시간의 지향점은 모든 사람이 똑같은 시간 안에서 자신의 삶을 철두철미 '시간화'하는 세상이었다. 모든 사람이 같은 시간을 공유한다는 것은 그만큼 공간의 장벽도 무너졌다는 것을 방증한다. 전자 지도와 내비게이션은 '공간의 시간화'가 집약된 결정체 같은 것이다.

국가를 형성하고 국민을 제작하는 일, 일제강점기의 경우 식민지를 국가 질서에 편입시키는 일에서 시간의 통일은 그만큼 중요했

다. 이 책에서 나는 경도 차를 무시하고 조선, 중국, 대만, 만주 등
에 일본의 중앙표준시를 강제하면서 발생한 시간의 폭력, 즉 시간
의 식민화에 대해 이야기했다. 하나의 시간으로 제국이라는 하나의
균질적인 공간을 창조하고자 했던 것이다. 그런데 시간의 식민화와
시간의 근대화가 가리키는 방향은 사실 비슷하다. 근대적인 시간이
란 하나의 국가를 하나의 시간으로 균질하게 관리하는 것을 지향
하기 때문이다. 다만 식민화와 근대화는 그 과도함이나 폭력성에서
큰 차이를 보인다.

  근대적인 시간의 또 다른 특징은 일상과 비상을 나누는 경계선이
불분명하다는 점이다. 이 책에서 독자는 아침과 정오를 알리는 사
이렌의 시보 기능이 점차 경보 기능으로 전환되고 있는 장면과 마
주할 수 있었다. 경보는 기상과 취침의 시각을 알리는 신호일 수도
있고, 궁성요배나 정오묵도의 시각을 알리는 국민의례의 신호일 수
도 있고, 적기의 내습을 알리는 방공경보일 수도 있고, 화재나 수
재를 알리는 비상경보일 수도 있다. 한편으로 황국신민을 양성하기
위한 사회적이고 정치적인 여러 경보가 '시간의 소리'로 존재하고
있었다. 이것은 개인의 시간에서 국가의 시간으로 이동할 것을 재
촉하는 경보였다. 다른 한편으로 방공경보는 언제든 일상의 시간이
전쟁의 시간으로 추락할 수 있다는 경고를 담고 있었다.

  나는 사이렌의 연대기를 통해 시보 안으로 파고든 경보의 의미에
주목하고자 했다. 일상의 시간이 언제든 비상의 시간으로 추락할
수 있는 가능성, 즉 모든 시보가 경보로 전환될 수 있는 가능성, 이
것이 바로 근대적인 시간의 핵심이다. 예컨대 궁성요배와 정오묵도

를 위한 사이렌은 시보가 곧 경보로 기능하는 장면을 보여주었다. 이제 사이렌은 순수하게 시각을 알리는 것이 아니라 무언가를 해야 하는 시각을 알려주고 있었다. 시보가 경보가 된다는 것은 시간이 곧 메시지라는 것을 의미한다. 근대적인 시간은 계속 알람을 울리면서 메시지를 송출하는 자명종과도 같다. 근대인은 사회적인 시간이나 개인적인 시간 안에 설정된 여러 겹의 주기적인 알람을 품고 살아간다. 따라서 근대인은 메시지가 삭제된 시간이나 메시지가 되지 못한 시간을 견디지 못하는 것 같다.

　라디오를 켜야만 시보를 들을 수 있다는 점에서 라디오 시보는 다른 시보와 달리 강제적이지 않았다. 라디오는 방송 프로그램으로 하루의 시간을 직조함으로써, 그리고 일정한 시간에 뉴스를 내보냄으로써 하루의 텅 빈 시간을 수식하는 배경 음악처럼 기능했다. 그런데 우리는 라디오 체조에서 시보가 경보가 되는 가장 극적인 예를 만날 수 있었다. 라디오 체조는 사이렌 소리를 듣고 매일 아침 학교, 공원, 신사 등에 모여 서로의 몸을 하나로 조율하는 모습, 즉 동시적인 무수한 신체의 가능성을 보여주었다. 라디오 체조는 신체의 소집, 일치, 접속을 통해 '집합 의식'을 비등시키는 용광로였다. 라디오 체조를 통해 사람들은 매일 같은 공간에서 만나 신체의 속도와 동작을 하나로 통일하는 연습을 계속하고 있었다. 결국 이러한 신체의 통일은 궁극적으로 정신의 통일을 겨냥하고 있었다. 또한 라디오 체조는 사회적으로 쓸모 있는 건강한 신체, 나아가 전장의 제물로 바칠 수 있는 미래의 신체를 준비하는 국민의례이기도 했다.

조선시대에 물시계는 표준시계였고 종각이나 종루의 종은 일종의 '소리 시계'였다. 종의 대체물인 오포, 사이렌, 라디오도 '소리 시계'의 계보에 속한다. 종소리는 낮과 밤의 경계, 노동과 휴식의 경계, 운동과 정지의 경계를 알려 주는 신호였다. 오포와 사이렌은 시계의 조정과 일치를 위해 표준시를 알려 주는 역할을 했다. 처음에 오포와 사이렌의 오보(午報)는 점심시간을 가리키는 신호 정도의 의미를 띠고 있었다. 그런데 일제강점기 후반에 사이렌과 라디오는 궁성요배, 정오묵도, 라디오 체조 등의 시간을 알리는 경보 장치로 굴절하고 있었다. 이러한 '시간의 타락'이 근대적인 시간의 뿌리에 놓여 있다.

근대적인 시간이 작동하려면 사람들의 팔목에 완시계가 감겨 있고, 모든 가정의 벽에 괘시계가 걸려 있고, 근대적인 건축물의 외벽이나 내벽에 전기시계가 설치되어야 했다. 이로써 사람들은 어디서든 정확한 시계를 보고 자신과 타인을 '시간화'할 수 있었다. 기상, 취침, 식사, 만남, 노동 등으로 구성된 하루의 일과를 시간의 질서 안에 배치하는 것도 중요했다. 또한 하나의 시간 리듬으로 작동하는 사회를 구성하기 위해서는 하루나 한 달이나 일주일의 시간 리듬 안에서 모든 사람의 노동 시간과 휴식 시간을 통일할 필요가 있었다.

이 책에서 우리는 일제강점기에 관청의 집무 시간이 계절의 리듬에서 분리되어 전시 체제 안에 놓이게 되는 과정을 살펴보았다. 또한 해방 후에도 출퇴근 시간이 계절과 무관하게 전시 체제의 형태로 유지되었다는 사실도 발견할 수 있었다. 해방 후에도 우리는 전쟁의 시간에서 벗어나지 못했고, 근대화를 위해 전시 체제의 비상 근무 시간에서 계속 살고 있었던 것이다. 따라서 근대적인 시간의 종착점에서 우리는 전쟁의 시간을 만날 수 있었다. 또한 일제강점기에는 축제일과 일요일 같은 공휴일이 여전히 일반 사회에 정착하지 못했다는 것도 알 수 있었다.

근대적인 시간의 전파 과정을 살펴보면서 우리는 전등, 전차, 철도역, 라디오 방송국의 탄생 과정도 간략히 살펴보았다. 전기, 철도, 전파는 근대성의 가장 중요한 전달 매체였다. 전봇대가 세워지면서 전기가 전선을 타고 전국으로 뻗어나갔다. 전기가 닿는 곳에 전등이라는 '인공 태양'이 무수히 설치되면서 낮과 밤의 경계에도 균열이 생기고 있었다. 또한 이른 아침부터 자정까지 전차가 경성 도심을 누비면서 노동과 휴식의 시간 개념도 전혀 다른 형태로 바뀌고 있었다. 또한 전선에 연결된 전기시계와 라디오도 근대적인 시간을 전달하는 강력한 수단이었다. 전기시계는 전선에 연결된 세상의 모든 시계를 중앙의 표준시계와 일치시킬 수 있는 가능성, 즉 오포나 사이렌의 시보가 필요 없는 세상을 제시하고 있었다. 또한 철길을 따라 전국에 설치된 철도역과 정시에 발착하는 기차는 근대적인 시간의 병참 기지였다. 라디오 방송국은 시간의 통일을 넘어 신체의 통일과 정신의 통일까지도 지향하고 있었다.

가정, 도심, 상업 지구를 환히 밝히고 있는 전등, 야간 통행을 자유롭게 하는 가로등, 이른 아침부터 자정 무렵까지 사람들을 집과 일터로 실어 나르는 전차, 공간적인 거리를 초월하여 모든 사람을 하나로 연결하는 라디오는 근대적인 시공간의 전형적인 모습을 구축했다. 이처럼 전기, 철도, 전파를 타고 모든 공간에 근대적인 시간이 이식된 것이다. 이런 이유로 나는 이 책에서 전등, 전차, 철도, 라디오가 근대적인 시간의 형성에 어떤 관계가 있는지 주목하고자 했다.

이 책의 끝에 배치된 달력의 연대기는 원래 본문의 첫 장으로 구상되었다. 달력에 관한 장은 다른 장들보다 상대적으로 내용이 복잡하고 난해한 측면이 있다. 나는 책을 쓰면서 전반적인 가독성을 향상시키기 위해 달력에 관한 장을 본문의 마지막으로 옮겼다. 독자가 종, 오포, 사이렌, 시계, 라디오에 관한 장을 통과하면서 근대적인 시간의 형성 과정에 좀 더 익숙해진다면 달력의 연대기가 좀 더 수월하게 읽힐 거라고 생각한 것이다.

달력에 관한 장에서 나는 음력이라는 주술, 점복, 예언의 시간이 붕괴되는 과정을 세밀히 추적하고자 했다. 이 과정은 양력의 최초 채용, 음력 역서와 양력 역서의 병존 및 합체, 음양합병역서라는 이중적인 시간 구조의 지속, 순수한 양력 역서의 등장으로 이어진다. 그러나 양력 역서의 발행 시점부터 조선의 달력은 일본의 근대적인 달력을 모방하고 있었다. 따라서 나는 조선의 달력과 일본의 달력을 계속 비교하고 대조하면서 그 유사점과 차이점에 주목했다.

조선 최초의 양력 역서뿐만 아니라 한일병합 직전부터 발행된 음양합병역서는 음력과 양력을 상호 번역할 수 있도록 만든 임시적이고 과도기적인 달력이었다. 그리고 양력 역서든 음양합병역서든 궁극적인 지향점은 음력을 양력으로 완전히 대체하는 것이었다. 그러나 애초의 의도와 달리 음력과 양력의 공존을 허용하는 과도기가

40년 이상 지속되었고, 이로 인해 예외가 규칙이 되는 기이한 현상이 발생하고 말았다.

조선총독부는 1937년도부터 조선 달력의 폐기와 일본 달력의 사용을 통해 전면적인 양력화를 시도했고, 1940년도부터는 달력에서 아예 음력일을 삭제했다. 그러나 이미 44년 동안 지속된 음양력 공존 현상을 뒤늦게 타파하기는 힘들었다. 그리하여 음양력 공존 현상은 해방 후에도 지속되었고, 지금까지도 그 힘을 완전히 상실하지 않고 있다. 식민화로 인해 문명과 문화의 지연이 곳곳에서 발생하면서 식민지 조선은 개력의 타이밍을 놓쳤고, 이로 인해 결국 음양력 공존의 온갖 부정적인 혼란이 야기된 것이다.

오늘날 음력은 전통, 제사, 미신, 운명론 등을 상징한다. 반면에 양력은 사회와 국가의 시간, 노동과 휴식의 시간, 즉 세속적인 시간을 상징한다. 나는 음력 타파를 주장하고 싶은 것이 아니라, 식민화로 인해 음력을 양력으로 적절히 번역할 수 있는 절충과 타협의 시간이 주어지지 않았다는 사실을 강조하고 싶다. 우리에게는 전통을 근대로 번역할 수 있는 시간, 음력을 양력으로 번역할 수 있는 시간이 충분히 주어지지 않았다. 비록 음력과 양력이 공존하고 있었지만, 이 공존은 단순한 환산의 차원에 머물렀다. 즉 우리에게는 음력의 시간 질서가 내포하는 가치와 의미에 대해 충분히 숙고하고, 이것을 서서히 양력의 시간 질서로 흡수할 수 있는 '번역의 시간'이 없었다. 그 결과 이제 우리는 양력의 시간에 마치 첨자(添字)처럼 음력의 시간을 기입한 채, 전통, 제사, 미신, 운명론 등을 위해서만 음력의 시간을 사용하고 있다.

현재 우리의 양력은 거의 토착화 과정을 거치지 못한 채, 과거의 축일과 제일을 충분히 번역하여 흡수하지 못한 채, 시간의 깊이가 없는 무미하고 얇은 시간으로만 사용되고 있다. 우리의 양력은 과거와 단절된 텅 빈 시간, 언제든 정치적인 힘에 의해 조작될 수 있는 힘 없는 시간, 우리에게 어떤 시간적 정체성도 부여하지 못하는 무의미한 시간으로 남아 있다. 결국 식민지 시기는 우리에게 시간의 공동화(空洞化)를 남겨 주었다. 이 파괴된 시간 앞에서 우리가 이제 무엇을 해야 할 것인지 다시 고민할 필요가 있다.

음양력 공존은 근대화 과정에서 흔히 발생하는 것처럼 문화가 문명의 속도를 따라가지 못하면서 발생한 '문화 지연'의 현상이 아니었다. 즉 근대 문명에 적응하지 못한 인간들이 여전히 전근대적인 시간 형태를 고수하면서 발생한 '문화 지연'의 산물이 아니었다. 오히려 식민지 조선에서는 문명이 문화의 속도를 따라잡지 못하는 경우가 많았다. 사람들은 근대 문화와 친숙해지고 있었지만, 제도적, 사회적, 경제적, 정치적, 물질적으로 조선 사회는 근대 문화를 흡수할 수 있을 정도로 충분히 근대화되지 못한 것이다. 즉 제한적이고 선택적인 근대화로 인해 문명이 문화의 속도를 따라잡지 못하는 '문명 지연' 현상이 발생한 것이다.

조선보다 먼저 근대화의 길에 들어선 일본 정부는 일본의 문화 발달을 기준으로 조선의 문화 개혁을 시도했지만, 여전히 식민지 조선의 물질적 근대화는 그러한 수준에 미치지 못했다. 예컨대 시간관념이나 시계의 정확성을 강조했지만, 여전히 오포와 사이렌은 부족했고, 시계의 보급 속도는 너무 느렸고, 라디오 보급률은 단지

간에 높아지지 않았다. 라디오 체조의 이념은 널리 전파되었지만 일본과 조선의 라디오 보급률은 도저히 비교할 수 없는 차이를 보였다. 또한 식민지 조선으로 한정할 경우, 일본인과 조선인의 물질적 조건은 더 큰 차이를 보였다. 따라서 일본과 식민지 조선이, 또는 조선인과 일본인이 똑같은 근대 문화를 공유하거나 향유하는 것은 거의 불가능했다.

'문명 지연'으로 인해 꽤 오랫동안 조선 전역에서 근대적인 시간은 그리 쓸모 있는 것이 아니었다. 근대적인 시간은 근대적인 공간에 깊이 스며들지 못한 채 '근대의 표면'에서 계속 표류하고 있었다. 이처럼 착근하지 못한 채 겉돌던 근대적인 시간은 정치적이고 군사적인 목적에 의해 언제든 너무 쉽게 왜곡되고 굴절되었다. 우리는 종, 오포, 사이렌, 시계, 라디오, 달력에 관한 장에서 근대적인 시간이 정치적으로 남용되거나 오용되는 모습을 자주 목격할 수 있었다.

이 책은 근대적인 시간의 형성 과정을 면밀히 추적하고, 지금 우리의 시간이 어디에서 왔고 어디에 있는지를 확인하기 위해 기획되었다. 나는 각 장에서 매번 '파괴된 시간'의 연대기를 작성하지 않을 수 없었다. 이것은 지금 우리의 시간이 '파괴된 시간'의 유물이라는 것을 알려준다. 나는 시간에 대한 연구가 우리에게 다른 삶의 가능성을 이야기해 줄 수 있을 거라고 믿고 있다. 한편으로 우리는 얼마든지 '시간 없는 세상'으로 탈출할 수도 있다. 그러나 다른 한편으로 우리는 파괴된 시간을 치유하여 새로운 '공동의 시간'을 창조할 수 있는 길을 모색할 수도 있다.

나는 '시간의 연대기'를 통해 근대적인 시간이 인위적으로 제작되고 유포되고 강제된 것이라는 점, 시간의 의미조차도 정치적이고 사회적인 선택에 의해 결정되었다는 점을 강조했다. 지금 우리의 시간은 절대적인 것도 성스러운 것도 아니다. 우리는 시간의 의미를 얼마든지 수정할 수 있고, 심지어는 시간의 틀 자체도 얼마든지 변경할 수 있다. 우리는 절대적인 시간을 잠시 꺼 두는 '시간 소거'의 기술을 얼마든지 사용할 수도 있다. 책, 음악, 영화, 명상 등을 통해 시간에서 잠깐 탈출하는 것이 그러하다. 그러나 내가 말하고 싶은 것은 그 이상의 것이다. 이제 우리는 '시간 소거'를 넘어 새로운 시간 질서의 가능성을 탐색하는 조금 더 구체적인 실험을 전개할 필요가 있다. 과연 우리는 잃어버린 시간을 얼마나 되찾을 수 있을까?

주

1장 종의 연대기

1 시간의 중심: 종의 역사

1 《태조실록》14권, 태조 7년(1398) 윤5월 10일 을유.

2 남문현, 《장영실과 자격루: 조선시대 시간측정 역사 복원》, 서울대학교출판부, 2002, 27, 149쪽.

3 《銀臺便攷》卷之五, 〈禮房攷〉, 觀象監(禁漏·憲書法附).

4 李重華, 〈鐘樓と普信閣鐘に就て (二)〉, 《朝鮮》第200號, 朝鮮印刷株式會社, 昭和 7年(1932) 1月 1日, 168쪽.

5 李圭景, 《五洲衍文長箋散稿》, 〈鍾閣興天大鍾辨證說〉.

6 金載久, 《朝野會通》卷之七, 世祖紀; 《東國輿地備攷》卷之二, 漢城府/宮室.

7 染崎延房 編, 《朝鮮事情》第1輯 卷之上, 東京: 三書房, 明治 7年(1874), 15-16쪽.

8 清水橘郎, 《朝鮮事情 鶏の腸》, 東京: 梅原出張店, 明治 27年(1894), 23-24쪽.

9 《萬機要覽》, 〈軍政編〉1, 巡邏.

10 《大典通編》,〈兵典〉, 行巡.

11 《세조실록》4권, 세조 2년(1456) 5월 4일 임신.

12 《세조실록》37권, 세조 11년(1465) 12월 2일 을해.

13 《태조실록》8권, 태조 4년(1395) 9월 29일 경신.

14 《세종실록》148권,〈지리지〉, 경도 한성부.

15 《태조실록》9권, 태조 5년(1396) 5월 12일 무진;《태조실록》9권, 태조 5년 (1396) 6월 2일 무자.

16 《태조실록》10권, 태조 5년(1396) 12월 7일 신묘.

17 《태조실록》13권, 태조 7년(1398) 2월 11일 무자.

18 《태조실록》13권, 태조 7년(1398) 4월 15일 신묘;《태조실록》14권, 태조 7년 (1398) 윤5월 10일 을유.

19 《태조실록》13권, 태조 7년(1398) 4월 4일 경진.

20 《태종실록》1권, 태종 1년(1401) 5월 20일 무신.

21 《經國大典註解》後集,〈兵典 夏官 司馬〉, 門開閉條/人定, 罷漏.

22 《태종실록》25권, 태종 13년(1413) 1월 27일 정미.

23 《태종실록》24권, 태종 12년(1412) 9월 15일 정유.

24 《태종실록》25권, 태종 13년(1413) 4월 11일 기미.

25 《세종실록》148권,〈지리지〉, 경도 한성부.

26 《태종실록》25권, 태종 13년(1413) 2월 6일 을묘.

27 《태종실록》27권, 태종 14년(1414) 6월 20일 신유.

28 《세종실록》19권, 세종 5년(1423) 1월 18일 경자.

29 《세종실록》28권, 세종 7년(1425) 4월 19일 무오.

30 《태종실록》17권, 태종 9년(1409) 2월 23일 병신.

31 《세종실록》28권, 세종 7년(1425) 6월 23일 신유.

32 《세종실록》36권, 세종 9년(1427) 5월 25일 임자.

33 《세종실록》36권, 세종 9년(1427) 6월 23일 경진.

34 《세종실록》37권, 세종 9년(1427) 7월 4일 경인.

35 《세종실록》28권, 세종 7년(1425) 6월 20일 무오.

36 《성종실록》2권, 성종 1년(1470) 1월 11일 경인.

37 《세종실록》63권, 세종 16년(1434) 3월 26일 계묘.

38 《세종실록》89권, 세종 22년(1440) 5월 13일 갑인.

39 李裕元, 《林下筆記》卷之十三, 文獻指掌編/各司;《국역 증보문헌비고》제
38권, 〈여지고〉26, 궁실 2, 조선조 궁실/관부 및 기타, 세종대왕기념사업회,
2000;《新增東國輿地勝覽》卷之三, 〈漢城府〉, 宮室.

40 《세종실록》12권, 세종 3년(1421) 5월 5일 병인.

41 《세종실록》36권, 세종 9년(1427) 5월 3일 경인;《세종실록》36권, 세종 9년
(1427) 5월 4일 신묘.

42 《세종실록》44권, 세종 11년(1429) 6월 3일 무인.

43 《세종실록》31권, 세종 8년(1426) 3월 3일 정유.

44 《광해군일기》(중초본) 111권, 광해 9년(1617) 1월 24일 경인.

45 《세종실록》67권, 세종 17년(1435) 1월 14일 병술.

46 《세조실록》9권, 세조 3년(1457) 9월 6일 정묘;《東國輿地志》卷之一, 〈京
都〉, 漢城府.

47 李裕元, 《林下筆記》卷之十三, 文獻指掌編/大鍾.

48 《세조실록》23권, 세조 7년(1461) 2월 4일 을해.

49 《東國文獻備考》卷之二, 〈象緯考〉二, 附: 晨昏大鐘; 李重華, 《京城記略》,
京城: 新文館, 大正 7年(1918), 40쪽;《예종실록》6권, 예종 1년(1469) 7월
8일 기축.

50 《영조실록》67권, 영조 24년(1748) 5월 8일 신묘.

51 李裕元, 《林下筆記》卷之十三, 文獻指掌編/各司, 大鍾.

52 李重華, 《京城記略》, 京城: 新文館, 大正 7年(1918), 41–42쪽.

53 李裕元, 《林下筆記》卷之十三, 文獻指掌編/大鍾; 李重華, 《京城記略》, 京
城: 新文館, 大正 7年(1918), 42쪽.

54 창경궁 이왕가박물관 사진엽서, 국립고궁박물관 소장, 유물번호: 고궁 814.

55 〈興天寺의 鐘을 德壽宮鐘閣으로〉,《光州民報》2면 1단, 1946년 5월 25일.

56 〈帝室博物館〉,《皇城新聞》2면 3단, 1908년 2월 12일;〈純宗殿下台覽爲한
朝鮮最初博物館〉,《조선일보》2면 1단, 1938년 3월 26일.

57 《순종실록부록》2권, 순종 4년(1911) 4월 26일.

58 《순종실록부록》2권, 순종 4년(1911) 11월 30일; 〈博物館落成宴〉, 《每日申報》2면 3단, 1912년 3월 16일.

59 석조유물 촬영 유리건판 사진, 국립고궁박물관 소장, 유물번호: 유리건판 5738.

60 국립중앙박물관 소장 조선총독부박물관 유리건판, 소장품 번호: 건판 028686.

61 〈李王家美術館〉, 《朝鮮新聞》7면 7단, 1938년 3월 25일; 〈李王家美術館, 五日から公開〉, 《京城日報》7면 3단, 1938년 5월 31일.

62 〈新名所, 德壽宮美術館〉, 《京城日報》3면 1단, 1938년 5월 1일.

63 〈興天寺 鐘, 德壽宮으로〉, 《自由新聞》2면 8단, 1946년 5월 22일.

64 朝鮮總督府, 〈興天寺鍾銘〉, 《朝鮮金石總覽》下, 日韓印刷所, 大正 8年(1919), 739-740쪽.

65 《東國文獻備考》卷之二, 〈象緯考〉二, 附: 晨昏大鐘.

66 《국역 증보문헌비고》제3권, 〈상위고〉3, 의상 2, 부록: 신혼대종/조선, 조선, 세종대왕기념사업회, 2000.

67 李重華, 《京城記略》, 京城: 新文館, 大正 7年(1918), 45쪽.

68 《세조실록》33권, 세조 10년(1464) 5월 2일 갑인; 《세조실록》35권, 세조 11년(1465) 4월 7일 계미.

69 《세조실록》42권, 세조 13년(1467) 4월 8일 계묘; 李重華, 《京城記略》, 京城: 新文館, 大正 7年(1918), 52쪽.

70 《세조실록》34권, 세조 10년(1464) 12월 12일 신묘; 《세조실록》35권, 세조 11년(1465) 1월 16일 갑자.

71 朝鮮總督府, 〈京城 圓覺寺鐘銘〉, 《朝鮮金石總覽》下, 日韓印刷所, 大正 8年(1919), 1365쪽.

72 《세조실록》11권, 세조 4년(1458) 2월 11일 경자.

73 朝鮮總督府, 〈京城 普信閣鐘記〉, 《朝鮮金石總覽》下, 日韓印刷所, 大正 8年(1919), 742-744쪽. 원문에는 "세조 13년 무자년"이라고 적혀 있지만, 무자년은 세조 14년이므로 "세조 14년 무자년"으로 고쳤다.

74 《銀臺便攷》卷5, 〈禮房攷〉, 觀象監(禁漏·憲書法附).

75 金載久, 《朝野會通》卷之七, 世祖紀.

76 《東國輿地備攷》卷之二, 漢城府/宮室.

77 《東國輿地備攷》卷之二, 漢城府/佛宇(圓覺寺).

78 李重華, 《京城記略》, 京城: 新文館, 大正 7年(1918), 58-60쪽. 이중화는 1468년을 세조 13년으로 표기하고 있지만, 보신각 종명에 중국 명나라 연호로 "성화(成化) 4년(1468) 2월"이라 적혀 있으므로, 여기서는 세조 14년(1468)으로 바로잡는다. 이중화는 원각사종이 세조 11년 1월 16일에 완성되었으므로 세조 14년 2월에 주조한 보신각종은 원각사종이 아니라고 단정한다.

79 《국역 증보문헌비고》 제38권, 〈여지고〉 26, 궁실 2, 관부 및 기타/종루, 세종대왕기념사업회, 2000.

80 이긍익, 《연려실기술》 별집 제16권, 〈지리전고〉, 도성궁궐, 이민수·남만성 옮김, 한국고전번역원, 1967.

81 《중종실록》 81권, 중종 31년(1536) 4월 9일 계사; 《중종실록》 95권, 중종 36년(1541) 6월 1일 병진. 《중종실록》에는 정릉의 종을 남대문으로 옮기고 원각사의 종을 동대문으로 옮겼다고 적혀 있는데, 이것은 종의 행방에 대한 혼동의 소치로 보인다.

82 《명종실록》 18권, 명종 10년(1555) 5월 23일 병진.

83 《명종실록》 29권, 명종 18년(1563) 11월 16일 신묘.

84 《선조실록》 64권, 선조 28년(1595) 6월 4일 을사.

85 《선조실록》 64권, 선조 28년(1595) 6월 5일 병오.

86 《선조실록》 71권, 선조 29년(1596) 1월 28일 을미.

87 《선조실록》 188권, 선조 38년(1605) 6월 11일 갑인.

88 《선조실록》 55권, 선조 27년(1594) 9월 18일 계사.

89 《선조실록》 57권, 선조 27년(1594) 11월 4일 무인.

90 《선조실록》 97권, 선조 31년(1598) 2월 19일 갑술.

91 《광해군일기》(중초본) 139권, 광해 11년(1619) 4월 14일 정묘.

92 국립중앙박물관 소장 조선총독부박물관 유리건판, 소장품 번호: 건판 028450.

93 《광해군일기》(중초본) 139권, 광해 11년(1619) 4월 21일 갑술; 《광해군일기》(중초본) 139권, 광해 11년(1619) 4월 25일 무인.

94 《인조실록》 35권, 인조 15년(1637) 7월 2일 무진.

95 《숙종실록》 16권, 숙종 11년(1685) 1월 9일 기사; 《숙종실록》 16권, 숙종 11년

(1685) 1월 11일 신미.

96 《고종실록》1권, 고종 1년(1864) 4월 20일 경인; 《고종실록》1권, 고종 1년
    (1864) 5월 24일 계해; 《고종실록》1권, 고종 1년(1864) 5월 28일 정묘.

97 《고종실록》6권, 고종 6년(1869) 9월 4일 임신.

98 〈새옷 입게 된 普信閣 懷古談 (三): 兵燹과 災禍가 重疊, 滄桑轉變의 崎嶇한
    八字, 조선에서 둘재로 가는 굉장히 큰 종〉, 《每日申報》2면 1단, 1928년 3월
    1일.

99 〈鐘閣의 上樑文, 총독부에서 보관〉, 《每日申報》3면 5단, 1915년 8월 31일.

100 京城府, 《京城府史》第一卷, 朝鮮印刷株式會社, 昭和 9年(1934), 204쪽;
     〈丹裝하는 普信閣〉, 《中央新聞》2면 3단, 1946년 2월 26일.

101 朝鮮總督府, 《古蹟及遺物登錄臺帳抄錄》, 京城: 近澤印刷部, 大正 13年
     (1924), 2-3, 69쪽. 원문에는 "세조 13년 무자년 6월"이라고 적혀 있지만, 무
     자년은 세조 14년이므로 "세조 14년 무자년 6월"로 고쳤다.

102 《정조실록》24권, 정조 11년(1787) 8월 26일 신유.

103 《세종실록》24권, 세종 6년(1424) 5월 6일 경진.

104 《세종실록》65권, 세종 16년(1434) 7월 1일 병자.

105 〈宮內府 布達 第4號: 人定罷漏及時報更鼓 폐지하는 件〉, 《官報》號外, 內
     閣記錄局官報課, 개국 504년(1895년) 9월 29일; 《고종실록》33권, 고종 32년
     (1895) 9월 29일 병인.

106 《고종실록》21권, 고종 21년(1884) 윤5월 20일 계해.

2 식민의 종소리: 일본 불교의 범종

1 국립중앙박물관 소장 조선총독부박물관 유리건판, 소장품 번호: 건판 002515.

2 〈海州面의 梵鐘〉, 《每日申報》4면 5단, 1915년 8월 8일.

3 〈일선병합긔념의 되범종: 향일 죠계사에서 만들던〉, 《每日申報》3면 1단,
   1919년 7월 26일.

4 〈併合記念의 大梵鐘 鑄造式〉, 《每日申報》3면 4단, 1919년 7월 22일; 〈日鮮
   併合의 記念梵鐘〉, 《每日申報》3면 3단, 1919년 7월 20일.

5 青柳南冥,《朝鮮宗教史》, 京城: 朝鮮研究会, 明治 44年(1911), 147쪽; 〈曹溪
   寺의 一日 (二)〉,《每日申報》3면 4단, 1916년 11월 5일.

6 京畿道 編纂,《京畿地方の名勝史蹟》, 朝鮮地方行政學會, 昭和 12年(1937),
   41쪽 옆 사진.

7 〈大和町の新名所, 由緒深い皇建門が甦る, 一萬圓を投じて平壤から引越して
   立直し〉,《京城日報》3면 1단, 1925년 12월 6일.

8 京畿道 編纂,《京畿地方の名勝史蹟》, 朝鮮地方行政學會, 昭和 12年(1937),
   27쪽.

9 朝鮮總督府藏版,《朝鮮古蹟圖譜》10, 東京: 審美書院, 昭和 5年(1930),
   1468쪽, 도판번호 4810.

10 〈京城の新名所, 京中の崇政殿が曹谿寺の本堂に, 移轉工事が完成すれば新
   樓門と共に一大法城〉,《京城日報》2면 6단, 1926년 4월 11일.

11 〈鐘のローマンス (四): 曉の鐘を名殘りに死出の旅路を急ぐ相愛の男女, 大
   和町曹谿寺, その一〉,《京城日報》3면 2단, 1924년 11월 9일.

12 〈鐘のローマンス (四): 曉の鐘を名殘りに死出の旅路を急ぐ相愛の男女, 大
   和町曹谿寺, その一〉,《京城日報》3면 2단, 1924년 11월 9일.

13 국립중앙박물관 소장 조선총독부박물관 유리건판, 소장품 번호: 건판 028441.

14 〈陽性の匙と陰性の皿で梵鐘を作ると云ふ笑話其儘の普天敎〉,《朝鮮新聞》
   3면 6단, 1924년 12월 3일.

15 〈東本願寺別院梵鍾撞初式, 搬入の際は稚子行列〉,《朝鮮時報》3면 1단,
   1921년 3월 25일.

16 〈南山の梵鐘, 新羅代の遺物と判明〉,《朝鮮新聞》3면 8단, 1924년 10월
   17일.

17 京畿道 編纂,《京畿地方の名勝史蹟》, 朝鮮地方行政學會, 昭和 12年
   (1937), 43-44쪽.

18 朝鮮總督府,《朝鮮古蹟圖譜》7, 朝鮮總督官房庶務部印刷所, 大正 9年
   (1920), 853쪽, 도판번호 3130.

19 趣向を凝らした除夜の鐘, DKも參加して全國リレー放送決定す,《朝鮮新
   聞》3면 1단, 1932년 12월 25일.

20 〈鐘のローマンス (六): 博士も珍重がった國寶だと激賞された珍梵鐘, 南山の
本願寺〉,《京城日報》3면 2단, 1924년 11월 12일.

21 〈女の力だけで大梵鐘を勸進〉,《京城日報》7면 9단, 1937년 3월 19일; 〈南山
本願寺梵鐘, 婦人會の手で勸進中〉,《朝鮮新聞》3면 3단, 1937년 3월 21일.

22 서울역사아카이브 근현대서울사진 아카이브 번호: 103530.

23 京畿道 編纂,《京畿地方の名勝史蹟》, 朝鮮地方行政學會, 昭和 12年
(1937), 42-43쪽.

24 〈國立圖書館 設置, 총독부의 계획으로 장차 광션문 안에 국립도서관을 설치
히〉,《每日申報》3면 4단, 1922년 6월 25일.

25 〈四月三日から開館する總督府の圖書館, 百廿人を收容出來る舘內に食堂も
設備〉,《京城日報》2면 7단, 1925년 4월 1일.

26 국립중앙박물관 소장 조선총독부박물관 유리건판, 소장품 번호: 건판 017797.

27 京畿道 編纂,《京畿地方の名勝史蹟》, 朝鮮地方行政學會, 昭和 12年
(1937), 44쪽.

28 〈石鼓殿は博文寺へ, 由緒ある建物を殘す〉,《京城日報》2면 7단, 1935년
3월 21일.

29 〈博文寺の新鍾樓〉,《朝鮮新聞》2면 1단, 1935년 7월 21일.

30 京畿道 編纂,《京畿地方の名勝史蹟》, 朝鮮地方行政學會, 昭和 12年
(1937), 57쪽; 〈博文寺鐘樓落成〉,《京城日報》2면 1단, 1935년 7월 21일;
〈博文寺の新鍾樓〉,《朝鮮新聞》2면 1단, 1935년 7월 21일.

31 문화재관리국,《창경궁 발굴조사보고서》, 1985, 37쪽; 허유진·전봉희,〈석고전
(石鼓殿)의 마지막 이건과 소멸〉,《대한건축학회논문집(계획계)》제31권 제4호,
2015년 4월, 158-160쪽.

32 국립중앙박물관 소장 조선총독부박물관 유리건판, 소장품 번호: 건판 017238.

33 〈博文寺鐘樓落成〉,《京城日報》2면 1단, 1935년 7월 21일.

34 문화재관리국,《창경궁 중건보고서: 도판》, 문화공보부 문화재관리국, 1987, 사
진 273: 야외무대 철거 전.

35 문화재관리국,《창경궁 중건보고서》, 문화공보부 문화재관리국, 1989, 276쪽.

36 〈春畝山博文寺建立さる (上): 半島の大恩人伊藤公を追憶兒玉伯の主唱で實

現〉, 《京城日報》2면 1단, 1932년 10월 24일.

37 〈博文寺 本堂〉 사진엽서. 출처: e뮤지엄 전국박물관 소장품 검색(https://www.emuseum.go.kr), 부산광역시립박물관 소장품 번호: 구입 3021.

38 〈博文寺上棟式, 宇垣總督ら參列, 廿三日盛大に擧行〉, 《朝鮮時報》 3면 6단, 1932년 4월 25일.

39 〈十月廿六日に落成入佛式, 獎忠壇の博文寺〉, 《京城日報》 2면 5단, 1932년 9월 4일; 〈名士の歡迎會, 廿七日正午半〉, 《京城日報》 2면 11단, 1932년 10월 9일.

40 〈春畝山博文寺建立さる (下): 鐵筋二階建のモダン大伽藍, 因緣深き天山老師〉, 《京城日報》 2면 1단, 1932년 10월 25일.

41 〈市內三處에 大火〉, 《조선일보》 2면 12단, 1945년 11월 25일.

42 〈博文寺 庫裡〉 사진엽서. 출처: e뮤지엄 전국박물관 소장품 검색(https://www.emuseum.go.kr), 부산광역시립박물관 소장품 번호: 구입 4199.

43 〈博文寺 總門〉 사진엽서. 출처: e뮤지엄 전국박물관 소장품 검색(https://www.emuseum.go.kr), 부산광역시립박물관 소장품 번호: 구입 4194.

44 京畿道 編纂, 《京畿地方の名勝史蹟》, 朝鮮地方行政學會, 昭和 12年(1937), 56-57쪽; 〈伊藤公の菩提寺にゆかりの興化門, 京中の通用門から浮んで獎忠壇へ引越す〉, 《京城日報》 2면 1단, 1931년 10월 14일; 〈藤公菩提寺正門に興化門を移轉する〉, 《朝鮮新聞》 2면 1단, 1931년 10월 14일.

45 〈오늘 開館하는 迎賓館〉, 《조선일보》 7면 4단, 1967년 2월 28일; 〈迎賓館, 8年만에 開館〉, 《매일경제》 5면 4단, 1967년 2월 28일.

46 〈영빈館 拂下, 公賣公告〉, 《동아일보》 7면 7단, 1973년 6월 26일; 〈영빈館 拂下, 삼성계에 28億 낙찰〉, 《동아일보》 2면 5단, 1973년 7월 6일.

47 〈迎賓舘을 호텔로〉, 《경향신문》 4면 9단, 1973년 7월 13일; 〈호텔신라 全館개관, 慰樂시설 年內마련〉, 《매일경제》 7면 7단, 1979년 3월 8일.

48 〈興化門 이전공사, 중순께 착수키로〉, 《경향신문》 9면 4단, 1987년 10월 10일; 〈제모습 드러낸 興化門〉, 《동아일보》 9면 4단, 1988년 4월 30일; 〈興化門 이전〉, 《조선일보》 13면 5단, 1988년 6월 25일.

49 〈彼岸の梵鐘〉, 《京城日報》 5면 2단, 1933년 3월 19일.

50 〈間島大梵鐘, 十六日撞初式〉,《京城日報》2면 3단, 1924년 11월 18일.

51 〈梵鐘の寄進〉,《朝鮮新聞》4면 7단, 1925년 8월 26일.

52 〈妙覺寺の新鑄梵鐘始撞式〉,《朝鮮時報》3면 6단, 1925년 9월 22일.

53 〈光州の永源寺梵鍾樓上棟式, 今二十八日擧行〉,《釜山日報》5면 1단,
    1928년 10월 28일.

54 〈寺院創立許可〉,《朝鮮總督府官報》第1540號, 朝鮮總督官房總務局印刷所,
    大正 6年(1917) 9月 20日, 267쪽.《관보》에는 '咏源寺'라고 기재되어 있다.

55 〈寺院鐘樓堂築建許可〉,《朝鮮總督府官報》第602號, 朝鮮書籍印刷株式會
    社, 昭和 4年(1929) 1月 7日, 14쪽. 여기에는 '永源寺'라고 기재되어 있다.

56 〈大梵鍾の引入れ行列〉,《京城日報》4면 6단, 1932년 2월 23일.

57 〈大梵鍾撞始慶讚, 大田の盛儀〉,《京城日報》4면 9단, 1932년 3월 11일.

58 〈信川에 暴風, 鍾閣이 破損〉,《中央日報》3면 6단, 1933년 4월 21일.

59 〈黃山敎會에 鍾閣을 寄贈〉,《朝鮮中央日報》3면 2단, 1935년 12월 22일.

3 시간 지우기: 제야의 종소리와 종의 침묵

1 〈ならずの梵鐘を南門に移して鳴らす, 無常を知る上內內務部長, 巨鐘を擔ぎ
   出す〉,《京城日報》4면 8단, 1933년 4월 13일.

2 〈全州南門の梵鐘撞初め式, 修理完全に成り賑かに擧行さる〉,《京城日報》
   7면 7단, 1933년 4월 17일.

3 〈全州 南門〉사진 엽서. 출처: e뮤지엄 전국박물관 소장품 검색(https://www.
   emuseum.go.kr), 일제강점기 군산역사관 소장품 번호: 일제강점기 군산역사관
   742.

4 〈除夜の鐘から初鶏の聲まで, 趣向を凝らして春を迎へるDK〉,《京城日報》
   2면 1단, 1928년 12월 15일; 〈鶯鳴かせる, JODKの新年放送番組に大苦心の
   傑作〉,《朝鮮新聞》2면 7단, 1928년 12월 15일.

5 〈JODK, プログラム, 十二月三十一日(月曜日)〉,《京城日報》3면 3단, 1928년
   12월 31일.

6 〈JODK(京城放送局), 松の內三日のプログラム〉,《京城日報》12면 3단,

1929년 1월 1일.

7 〈JODK(京城), 一月一日(日曜日)〉, 《京城日報》 15면 1단, 1928년 1월 1일.

8 〈淺草觀音堂の除夜の鐘を放送, DKのプロ決定〉, 《朝鮮新聞》 5면 7단, 1929년 12월 28일; 〈除夜の鐘を中繼放送, DKの大晦日〉, 《京城日報》 3면 2단, 1929년 12월 29일.

9 〈智恩院の除夜の鐘, 大阪の初放送〉, 《朝鮮新聞》 2면 4단, 1930년 12월 20일.

10 〈除夜の鐘, 曉鷄聲, 盛澤山に, 京城放送局のプログラム編成〉, 《京城日報》 7면 3단, 1931년 12월 27일.

11 〈煩惱よ去れ, 除夜の鐘に南山の名鐘出陣, 朝鮮三大名鐘中の隨一, DKの肝煎りで乘出す〉, 《京城日報》 7면 3단, 1932년 12월 24일; 〈趣向を凝らした除夜の鐘, DKも參加して全國リレー放送決定す〉, 《朝鮮新聞》 3면 1단, 1932년 12월 25일.

12 국립중앙박물관 소장 조선총독부박물관 유리건판, 소장품 번호: 건판 029535.

13 〈慶尙南道: 除夜の梵鐘, 鎭海の大光寺へ〉, 《朝鮮新聞》 4면 1단, 1932년 11월 2일.

14 국립중앙박물관 소장 조선총독부박물관 유리건판, 소장품 번호: 건판 029906.

15 〈電波に乘る東洋一の大梵鍾, 妙なる音律を放送, 紹介される新羅藝術の精華〉, 《釜山日報》 2면 2단, 1935년 3월 6일.

16 〈慶州の梵鐘, 除夜の放送, 釜山放送局より〉, 《朝鮮時報》 3면 8단, 1935년 12월 5일.

17 〈床しき除夜の鐘, 世に出た新羅の至寶, 聽き遁すな名鐘の餘韻, 由緒は深く由來は永し〉, 《京城日報》 4면 2단, 1935년 11월 29일; 〈奉德寺の鐘を北中支まで放送, DKの除夜の鐘中繼〉, 《朝鮮新聞》 2면 5단, 1938년 12월 15일.

18 〈時局下の除夜の鐘, 音響管制解除〉, 《京城日報》 7면 5단, 1937년 12월 18일.

19 〈除夜の鐘と元旦の時報, 音響管制解除〉, 《京城日報》 2면 4단, 1937년 12월 25일; 〈除夜の鐘, 正式に解除〉, 《朝鮮新聞》 2면 9단, 1937년 12월 25일.

20 〈大同門 鐘閣〉 사진 엽서. 출처: e뮤지엄 전국박물관 소장품 검색(https://

www.emuseum.go.kr), 부산광역시립박물관 소장품 번호: 구입 5635.

21 〈平壤鐘閣의 移轉竣功, 撞始式擧行〉, 《每日申報》 4면 5단, 1927년 6월 21일; 〈鍾閣始撞式, 大同門公園에서〉, 《中外日報》 4면 10단, 1927년 6월 22일; 〈歷史깁흔 平壤鐘閣, 公園으로 移轉〉, 《每日申報》 6면 4단, 1927년 6월 26일.

22 〈平壤鍾閣의 鍾聲, 除夜에 全國中繼放送〉, 《每日申報》 4면 3단, 1937년 12월 21일.

23 〈練光亭の梵鐘を全國に放送!, 卅一日JB·DKから〉, 《朝鮮新聞》 4면 5단, 1937년 12월 22일.

24 〈練光亭과 鐘閣〉 사진 엽서. 출처: e뮤지엄 전국박물관 소장품 검색(https:// www.emuseum.go.kr), 동학농민혁명기념관 소장품 번호: 구입 2595.

25 〈BKの除夜の鐘, 練光亭の鐘, 遂に不許可〉, 《京城日報》 5면 8단, 1937년 12월 28일.

26 〈電波로 全國에 퍼질 開城南門樓鍾聲: DK除夜特別프로〉, 《每日申報》 3면 1단, 1937년 12월 25일.

27 국립중앙박물관 소장 조선총독부박물관 유리건판, 소장품 번호: 건판 031251 [1918년 야쓰이 세이이치(谷井濟一) 촬영].

28 〈何十年振りで聽く"鳴らずの梵鐘"の妙音, 舊都開城の南大門から除夜の鐘を全國に中繼〉, 《京城日報》 5면 6단, 1937년 12월 11일; 〈南大門の梵鐘試撞, 昔に變らぬ妙音を發す〉, 《京城日報》 5면 1단, 1937년 12월 25일.

29 국립중앙박물관 소장 조선총독부박물관 유리건판, 소장품 번호: 건판 029244.

30 〈古都開城의 자랑, 大梵鍾을 博物館으로 移轉, 朝鮮四名鍾의 하나〉, 《朝鮮中央日報》 3면 5단, 1936년 5월 7일.

31 〈高麗朝と語る園福寺の梵鐘, 二千六百年を迎ふ歷史的の鐘聲, DKから放送〉, 《朝鮮新聞》 7면 1단, 1939년 12월 6일. 신문기사는 연복사를 '園福寺(원복사)'로 잘못 표기하고 있다.

32 〈(名鐘) 母を呼ぶ鐘, 除夜の音, 北支に放送〉, 《京城日報》 2면 1단, 1938년 12월 15일.

33 〈高麗朝と語る園福寺の梵鐘, 二千六百年を迎ふ歷史的の鐘聲, DKから放

送〉,《朝鮮新聞》7면 1단, 1939년 12월 6일.

34 〈浮び上る廢品梵鐘, 防護團の警鐘に二度のお勤め, 廢物獻納報國後日譚〉,
《京城日報》5면 6단, 1938년 7월 15일.

35 〈元山 各寺院 梵鐘도 應召〉,《每日新報》4면 1단, 1943년 3월 22일.

36 〈大刹의 梵鍾들 出征, 佛門에 米榮擊滅의 熱火, 昨日獻納仰告法要〉,《每日
新報》3면 7단, 1943년 5월 25일.

37 〈梵鐘全部獻納〉,《每日新報》4면 4단, 1943년 7월 17일.

38 〈安和寺서 梵鍾獻納〉,《每日新報》2면 6단, 1943년 9월 24일.

39 〈九月二十八日朝鮮でも航空日〉,《朝鮮新聞》2면 8단, 1940년 7월 10일.

40 〈梵鐘も警鐘に, 西本願寺から要塞へ行く〉,《釜山日報》2면 6단, 1944년
2월 6일.

41 〈死藏品一物殘さず捧げよう, 由緣の梵鍾も征く, 屑も活用一つ, 豊かな戰
力米鬼が悲鳴〉,《釜山日報》2면 2단, 1944년 3월 9일.

42 〈制令 第6號: 朝鮮寶物古蹟名勝天然記念物保存令〉,《朝鮮總督府官報》號
外, 朝鮮書籍印刷株式會社, 昭和 8年(1933) 8月 9日, 1-2쪽.

43 〈朝鮮寶物古蹟名勝天然記念物保存令の發布に就て〉,《朝鮮總督府官報》第
1977號 附錄, 朝鮮書籍印刷株式會社, 昭和 8年(1933) 8月 11日, 1-2쪽.

44 국립중앙박물관 소장 조선총독부박물관 유리건판, 소장품 번호: 건판 011445
(1934년 촬영).

45 국립중앙박물관 소장 조선총독부박물관 유리건판, 소장품 번호: 건판 012431
(1935년 촬영).

46 〈朝鮮總督府告示 第430號〉,《朝鮮總督府官報》第2290號, 朝鮮書籍印刷株
式會社, 昭和 9年(1934) 8月 27日, 201-204쪽.

47 〈朝鮮總督府告示 第808號〉,《朝鮮總督府官報》第4058號, 朝鮮書籍印刷株
式會社, 昭和 15年(1940) 7月 31日, 317-321쪽.

48 국립중앙박물관 소장 조선총독부박물관 유리건판, 소장품 번호: 건판 000127
(1909년 촬영).

49 국립중앙박물관 소장 조선총독부박물관 유리건판, 소장품 번호: 건판 006261.

50 〈江華名物の"鐘閣", 春風秋雨二百餘年, 由緖ある鐘樓が傾斜〉,《朝鮮新聞》

4면 5단, 1939년 9월 10일; 〈江華名物鍾閣, 倒壞危機에 直面, 時急한 修繕
을 苦待〉,《每日新報》3면 8단, 1938년 10월 13일.

4 종각: 중지된 시간의 역사

1   東京朝日新聞會社,《ろせった丸満韓巡遊紀念寫眞帖》, 東京: 東京朝日新聞
    會社, 明治 39年(1906), 京城鍾路普信閣/大廟門外の群兒童.

2   〈시구의 기정으로 인ᄒᆞ야 엽흐로 이샤ᄒᆞ랴는 종로 인뎡 달린 보신각〉,《每日申
    報》3면 1단, 1915년 6월 15일.

3   〈鍾閣改建〉,《皇城新聞》2면 4단, 1908년 12월 12일; 〈보신각 기건츅〉,《共
    立新報》3면 8단, 1909년 1월 27일.

4   〈鍾閣改축說〉,《大韓每日申報》2면 5단, 1909년 11월 18일.

5   〈鍾閣移轉, 시구기명으로 인ᄒᆞ야 종로 종각의 이전공ᄉᆞ〉,《每日申報》3면
    2단, 1915년 6월 13일; 〈鍾路 八千貫大鍾의 移轉, 鍾閣 溫突下에서 發掘ᄒᆞᆫ
    大院王의 紀念石碑〉,《每日申報》2면 5단, 1915년 8월 12일.

6   〈鍾路 八千貫大鍾의 移轉, 鍾閣 溫突下에서 發掘ᄒᆞᆫ 大院王의 紀念石碑〉,
    《每日申報》2면 5단, 1915년 8월 12일.

7   〈鍾路大路에 不時의 古式大列, 종각뒤 관뎨묘의 관뎨봉안식〉,《每日申報》
    3면 1단, 1916년 3월 21일.

8   〈鍾路 八千貫大鍾의 移轉, 鍾閣 溫突下에서 發掘ᄒᆞᆫ 大院王의 紀念石碑〉,
    《每日申報》2면 5단, 1915년 8월 12일.

9   〈鍾閣의 上樑文, 총독부에서 보관〉,《每日申報》3면 5단, 1915년 8월 31일.

10 〈移轉中의 鍾閣, 샷닥업시 이스가는 종로의 종과 인뎡〉,《每日申報》3면 5단,
    1915년 9월 8일.

11 〈鍾閣의 일기네손〉,《每日申報》2면 5단, 1915년 9월 24일.

12 〈먼지에 싸인 鍾路 普信閣, 고적보존상 중대한 문뎨〉,《每日申報》3면 8단,
    1924년 7월 30일.

13 〈새옷 입게 된 普信閣 懷古談 (三): 兵燹과 災禍가 重疊, 滄桑轉變의 崎嶇한
    八字, 조선에서 둘재로 가는 굉장히 큰 종〉,《每日申報》2면 1단, 1928년 3월

1일.

14 국립중앙박물관 소장 조선총독부박물관 유리건판, 소장품 번호: 건판 028104

15 〈普信閣の修理出願, 半分寄附で〉,《朝鮮新聞》2면 2단, 1928년 2월 26일; 〈風磨雨洗數十年, 普信閣新粧運動: 낡고 쇠퇴한 모양을 보고 朴承稷氏 率先 出金〉,《中外日報》2면 9단, 1928년 2월 26일; 〈普信閣修理, 채식을 다시 하기로, 中央繁榮會〉,《每日申報》2면 4단, 1928년 2월 26일.

16 〈普信閣のお化粧, 近く鍾路の春を飾る〉,《京城日報》7면 8단, 1928년 4월 17일; 〈青丹美くしく普信閣の春, 有志の奉仕で〉,《朝鮮新聞》5면 1단, 1928년 4월 17일.

17 〈普信閣の修理〉,《京城日報》7면 1단, 1928년 4월 18일. 사진 촬영일은《경성일보》에 따르면 4월 17일이고,《매일신보》에 따르면 4월 16일이다. (〈丹青을 곱게 하는 普信閣, 십륙일 낮에 박은 것〉,《每日申報》2면 1단, 1928년 4월 18일.)

18 〈이약이거리: 普信閣의 苦憫, 인경이 우럿섯나, 인경이 우럿다는 것은 거짓말, 當局에 申請中!〉,《每日申報》2면 1단, 1928년 7월 18일.

19 〈새옷 입게 된 普信閣 懷古談 (二): 不時에 報하는 鐘聲, 國家의 事變을 急報, 루대에 물을 흘녀서 시간을 보든 시대〉,《每日申報》2면 1단, 1928년 2월 29일.

20 〈新舊對照 一回: 時代의 變遷을 싸러 緘口한 普信閣鐘, 意氣揚揚 하늘 놉히 時代兒「싸이렌」의 善鳴〉,《每日申報》2면 3단, 1932년 1월 3일.

21 〈鍾路의 鍾閣이 헐린다는 이야기, 鍾路和信百貨店에서 사서 支店建築한단 巷說〉,《朝鮮中央日報》2면 8단, 1933년 5월 30일.

22 〈새옷 입게 된 普信閣 懷古談 (솟): 神話갓흔 傳說 가즌 中央關帝廟의 由來, 종각모통이에 부터 잇는 관공의 사당〉,《每日申報》2면 1단, 1928년 3월 2일.

23 〈새옷 입게 된 普信閣 懷古談 (솟): 神話갓흔 傳說 가즌 中央關帝廟의 由來, 종각모통이에 부터 잇는 관공의 사당〉,《每日申報》2면 1단, 1928년 3월 2일.

24 〈丹裝하는 普信閣〉,《中央新聞》2면 3단, 1946년 2월 26일.

25 〈解放朝鮮을 讚美할 우리 自由의 鐘이 운다, 除夜나 元旦에 鍾路 인경 친다〉,《自由新聞》2면 2단, 1945년 12월 27일.

26 〈除夜에 獨立 傳하는 鍾, 「라디오」속의 奉德寺鍾 운다〉, 《漢城日報》 2면 3단, 1947년 12월 31일.

27 〈三一節의 絢爛한 大盛典: 自由의 鐘소리는 은은, 普信閣正面에서 記念式 典〉, 《工業新聞》 2면 3단, 1946년 3월 3일.

28 〈普信閣에서 記念式〉, 《工業新聞》 1면 4단, 1946년 3월 1일.

29 〈華麗한 假裝行列, 感懷 새로운 普信閣鐘 소래〉, 《獨立新報》 2면 7단, 1946년 8월 16일.

30 〈昨年 이날의 感奮再現에 三十五萬 市民 動員, 인경도 울린다〉, 《조선일보》 2면 1단, 1946년 8월 14일.

31 〈普信閣의 鐘도 운다〉, 《中央新聞》 2면 5단, 1948년 2월 29일.

32 〈普信閣鐘은 울다, 昨朝 李市長 始打로〉, 《自由新聞》 4면 4단, 1949년 8월 16일.

33 출처: 청암 아카이브 (임인식 촬영). https://www.foto.kr

34 〈하로에 세번씩, 다시 울리는 普信閣종〉, 《水産經濟新聞》 4면 3단, 1949년 8월 16일; 〈普信閣鐘 八·一五부터 운다〉, 《朝鮮中央日報》 2면 7단, 1949년 8월 13일.

35 〈鍾閣再建〉, 《조선일보》 2면 4단, 1952년 5월 16일.

36 〈普信閣 工事費로 姜一邁氏 大金 寄贈〉, 《조선일보》 2면 9단, 1952년 10월 12일.

37 〈八·一五까지엔 完成, 다시 活氣 띤 鐘閣 再建〉, 《조선일보》 2면 7단, 1952년 7월 22일.

38 〈改修된 普信閣〉, 《조선일보》 2면 6단, 1952년 12월 1일.

39 〈普信閣 丹靑工事, 廿七日부터 始作〉, 《조선일보》 2면 9단, 1953년 5월 22일; 〈普信閣 丹靑, 八日로 完了〉, 《조선일보》 2면 2단, 1953년 9월 10일.

40 〈올려진 "인경", 一日 下午에〉, 《조선일보》 2면 2단, 1953년 3월 3일.

41 〈普信閣 完全改修, 十日에 竣工式을 擧行〉, 《경향신문》 2면 6단, 1953년 12월 9일.

42 〈보신각 주변 공사 전 (1978년 4월 18일)〉, 고유번호: IT6058, 식별번호: RG5-SR65-IT6058, 생산자: 서울특별시 문화공보관(1976-1981). 출처: 서울기록원

홈페이지(https://archives.seoul.go.kr/).

43 〈文化質疑〉,《경향신문》3면 7단, 1949년 1월 4일.

44 〈除夜의 鍾〉,《조선일보》4면 1단, 1958년 1월 11일.

45 〈그믐밤에 에밀레鐘, 서울放送局 通해 울려〉,《경향신문》3면 6단, 1958년 12월 31일.

46 〈除夜의 鍾소리 中繼하고, KA·KY·TV 各局의 新正 푸로〉,《동아일보》4면 7단, 1958년 12월 30일; 〈울릴 除夜의 鐘, 鐘閣서 全國에 中繼〉,《동아일보》3면 11단, 1958년 12월 31일.

47 〈普信閣 인경, 33번을 打鍾〉,《조선일보》3면 6단, 1957년 3월 2일.

48 〈새해 알리는 「인경」〉,《동아일보》3면 6단, 1960년 1월 1일.

49 〈除夜의 鐘 33번, 그믐날 子正 期해〉,《동아일보》7면 6단, 1961년 1월 1일; 〈除夜의 鐘 33回, 1日 子正 普信閣서〉,《동아일보》3면 10단, 1964년 1월 1일.

50 〈임란때 탄 種樓 흔적 發見, 鍾路네거리 地下鐵工事場서〉,《동아일보》7면 3단, 1972년 10월 25일; 〈壬辰亂때 燒失, 普信閣 주춧돌 발견〉,《경향신문》7면 8단, 1972년 10월 26일.

51 〈普信閣 주변을 公園化〉,《동아일보》6면 1단, 1977년 8월 25일; 〈普信閣 중건, 2층 누각으로, 주변은 공원화〉,《경향신문》7면 8단, 1977년 8월 25일.

52 〈普信閣 復元키로〉,《조선일보》6면 5단, 1977년 8월 26일.

53 〈普信閣 주변 8백여坪, 都心公園으로 조성〉,《매일경제》3면 7단, 1978년 1월 6일.

54 〈普信閣 重建, 4월에 착공〉,《동아일보》6면 1단, 1978년 2월 18일.

55 〈「普信閣」重建 공사, 2억 들여 6월 착공〉,《매일경제》3면 3단, 1978년 5월 26일.

56 〈"普信閣鐘 깨졌다" 소문… "어떻게 된 거냐"騷動〉,《조선일보》6면 4단, 1979년 3월 18일; 〈普信閣鐘 안쪽 龜裂, 市 精密調査 의뢰〉,《동아일보》7면 9단, 1979년 3월 19일; 〈5百12년 된 서울 普信閣 鐘 균열… 길이 1m·폭8㎜〉,《경향신문》7면 1단, 1979년 3월 19일.

57 〈보신각 전경 (1979년 9월)〉, 고유번호: IT6036, 식별번호: RG5-SR65-

IT6036, 생산자: 서울특별시 문화공보관(1976-1981). 출처: 서울기록원 홈페이지(https://archives.seoul.go.kr/).

58 〈금 간 普信閣鐘이 울린 警鐘, 原形保存 소홀의 본보기〉,《경향신문》5면 1단, 1979년 3월 19일.

59 〈普信閣 새모습 드러내〉,《조선일보》6면 4단, 1979년 8월 15일; 〈普信閣 중건 새모습 丹裝, 光復節 맞아 선뵈〉,《경향신문》6면 3단, 1979년 8월 14일.

60 〈普信閣 중건〉,《경향신문》7면 7단, 1979년 8월 15일; 〈普信閣鐘 균열 생겨, 지난해 발견… 精密 검사중〉,《조선일보》6면 5단, 1980년 3월 4일.

61 〈普信閣鐘 除夜에만 打鐘, 모양같은 새鐘 만들기로〉,《경향신문》7면 9단, 1980년 6월 23일; 〈「普信閣鐘」을 새로 만든다〉,《조선일보》6면 1단, 1980년 6월 24일.

62 〈550日 만에 모습 드러낸 「보신각鐘」〉,《경향신문》6면 7단, 1985년 7월 23일.

63 〈重鑄 보신각鐘 시타식〉,《조선일보》2면 8단, 1985년 7월 27일; 〈새普信閣 종 완성, 시험 打鐘式 가져〉,《동아일보》10면 7단, 1985년 7월 30일; 〈普信閣 새鐘 시험 타종〉,《조선일보》10면 1단, 1985년 7월 30일.

64 〈517년 만에 退役하는 普信閣鐘〉,《경향신문》11면 9단, 1985년 8월 2일.

65 〈普信閣鐘 重鑄를 마치고 國民 여러분에게 報告드립니다〉,《동아일보》1면 11단, 1985년 8월 15일.

2장 오포와 사이렌의 전성시대

1 오포의 연대기: 무기의 시간

1 〈鴉は鳴かずとも午砲は鳴った, 廢砲の追憶から〉,《朝鮮新聞》5면 1단, 1924년 6월 19일.

2 京城府,《京城府史》第2卷, 朝鮮印刷株式會社, 昭和 11年(1936), 990-991쪽.

3 〈今日부터 午砲廢止〉,《동아일보》3면 5단, 1922년 8월 15일.

4 京城府,《京城府史》第2卷, 朝鮮印刷株式會社, 昭和 11年(1936), 1042-
1043쪽.

5 京城府,《京城府史》第2卷, 朝鮮印刷株式會社, 昭和 11年(1936), 726쪽.

6 〈京釜鐵道株式會社 廣告〉,《皇城新聞》3면 3단, 1904년 11월 18일.

7 〈午砲移轉交涉〉,《每日申報》2면 6단, 1912년 6월 27일.

8 〈午砲의 移轉期〉,《每日申報》2면 5단, 1912년 11월 9일.

9 〈午砲移轉問題〉,《每日申報》2면 3단, 1912년 11월 15일.

10 〈午砲發射暫止〉,《每日申報》2면 6단, 1912년 12월 22일.

11 〈今日브터 午砲發聲〉,《每日申報》2면 4단, 1912년 12월 27일.

12 〈午砲의 四日不鳴〉,《每日申報》2면 3단, 1913년 3월 28일.

13 〈午砲臺移轉說, 효창원이 될 듯〉,《每日申報》3면 5단, 1919년 5월 9일.

14 〈午砲場所變更, 션린상업학교 북방의 고딕로 되략 결명된 듯〉,《每日申報》
3면 3단, 1919년 10월 23일.

15 〈漢陽公園 午砲, 孝昌園에 移轉, 이십오일부터 닷시동안은 오포를 즁지〉,《每
日申報》3면 6단, 1920년 5월 24일.

16 〈さらば號砲よ, 二十年間風雨の日も休まず鳴った「時」の恩人, 德川幕府か
ら韓國にドンに絡まるエピソード〉,《京城日報》3면 1단, 1924년 6월 21일.

17 출처: ジャパン　アーカイブズ (1850-2100).

18 〈午砲臺를 移轉, 룡산 효창원으로〉,《동아일보》3면 7단, 1920년 5월 24일.

19 石井研堂,〈午砲の始〉,《明治事物起原》, 東京: 橋南堂, 明治 41年(1908),
331-332쪽.

20 〈雜報: 東京正午砲の發砲休止〉,《天文月報》第13卷 第8號, 日本天文學會,
大正 9年(1920) 8月, 122쪽.

21 鈴木誠一 編輯,〈午砲〉,《大東京市民の常識》, 東京: 大東京社, 大正 10年
(1921), 162쪽.

22 〈午砲廢止, 十九萬圓 節約〉,《每日申報》2면 2단, 1922년 7월 12일.

23 〈今日브터 午砲廢止, 軍縮結果로 朝鮮軍도 除隊式, 오늘브터 탕흐는 오포소
리 막연히 들니지 안케 되엿다고〉,《每日申報》3면 1단, 1922년 8월 15일.

24 《寫眞通信》9月號, 東京: 大正通信社, 大正 11年(1922).

25 〈京城府가 負擔ᄒ야 다시 오포를 놋케 될 듯도 ᄒ다, 부윤이 군사령부와 협의 중〉, 《每日申報》3면 2단, 1922년 8월 15일.

26 〈午砲發射ᄂ 소방ᄃ에 위탁〉, 《每日申報》3면 8단, 1922년 8월 18일; 〈午砲 發射任務, 소방대에 부탁해〉, 《동아일보》3면 5단, 1922년 8월 18일.

27 〈午砲引繼協議〉, 《每日申報》2면 7단, 1922년 8월 19일.

28 〈午砲는 府에서 經營〉, 《동아일보》3면 1단, 1922년 8월 16일.

29 〈府協議會 開催〉, 《동아일보》2면 7단, 1922년 9월 14일.

30 〈午砲代에 點燈信號〉, 《동아일보》3면 6단, 1922년 8월 19일.

31 〈午砲臺와 府廳間에 뎐화를 설비하여〉, 《동아일보》3면 6단, 1922년 8월 20일.

32 〈遲延잘되는 午砲에 새로히 뎐긔장치〉, 《동아일보》3면 6단, 1922년 9월 27일; 〈午砲를 電力으로, 이십구일브터 실시〉, 《每日申報》3면 9단, 1922년 10월 1일.

33 〈お名殘りの午砲一發(二十日寫す)〉, 《朝鮮新聞》3면 3단, 1924년 6월 21일.

34 〈京城午砲가 自今正確?〉, 《조선일보》2면 1단, 1922년 12월 7일.

35 〈さらば號砲よ, 二十年間風雨の日も休まず鳴った「時」の恩人, 德川幕府か ら韓國にドンに絡まるエピソード〉, 《京城日報》3면 1단, 1924년 6월 21일.

36 〈報時機 明日 始鳴, 오포도 오날 하로쑨〉, 《每日申報》5면 7단, 1924년 6월 20일.

37 〈失業した午砲, 世に浮ぶ〉, 《京城日報》1면 1단, 1925년 9월 15일.

38 〈孝昌園午砲를 神宮에 獻納, 일로전역 쌔에 공로 만흔 대포〉, 《每日申報》 2면 4단, 1925년 9월 15일.

39 〈失業した「午砲」を南山に移す, 千圓の移轉費で公園に手入をして欲しい〉, 《京城日報》3면 4단, 1925년 11월 20일.

40 仁川府廳, 《仁川府史》, 仁川府, 昭和 8年(1933), 384쪽.

41 仁川府廳, 《仁川府史》, 仁川府, 昭和 8年(1933), 547쪽.

42 〈목이 메인 仁川午砲〉, 《동아일보》2면 3단, 1924년 5월 22일.

43 〈仁川도 午砲廢止?〉, 《조선일보》3면 6단, 1923년 11월 15일; 〈仁川午砲 廢 止는 안될듯〉, 《조선일보》3면 5단, 1923년 11월 29일.

44 木浦新報社,《開港滿三十五年紀念 木浦寫眞帖》, 木浦: 庄島印刷所, 昭和 7年(1932), 39쪽.

45 〈仁川午砲는 存置〉,《조선일보》2면 7단, 1924년 10월 28일.

46 〈木浦午砲修繕〉,《每日申報》4면 4단, 1921년 7월 10일.

47 〈午砲臺下에 轉가る 屍體〉,《釜山日報》5면 7단, 1928년 12월 2일.

48 〈標準時間과 注意〉,《每日申報》2면 4단, 1913년 3월 18일.

49 〈午砲設置(平壤)〉,《每日申報》4면 1단, 1914년 6월 17일.

50 〈平壤午砲移轉)〉,《동아일보》3면 6단, 1920년 8월 14일.

51 〈平壤의 午砲도 폐지치 안코셔 계속〉,《每日申報》3면 4단, 1922년 8월 18일.

52 〈午砲山再び燦ゆ〉,《釜山日報》5면 7단, 1915년 1월 16일.

53 선우성혜, 〈중첩된 시공간의 기억, 부산 '원도심'의 근대유산〉,《原都心 역사의 발자취를 찾아서》, 부산광역시 문화유산과, 2020, 131쪽.

54 〈ドンのドンタク, 牧の島に移轉の爲め〉,《釜山日報》5면 5단, 1915년 6월 8일.

55 〈牧の島の初ドン, 大廳町以西は聞え惡し〉,《釜山日報》5면 4단, 1915년 6월 10일.

56 〈午砲と釜山郵便局〉,《釜山日報》5면 3단, 1915년 6월 25일.

57 〈大邱標準時間〉,《朝鮮時報》4면 1단, 1918년 8월 2일.

58 〈大邱에도 午砲臺, 시간 통일을 도모, 팔월부터나 시작〉,《每日申報》3면 8단, 1920년 6월 30일.

59 〈大邱午砲設置〉,《每日申報》4면 4단, 1920년 10월 7일.

60 〈大邱午砲設置〉,《동아일보》3면 9단, 1920년 6월 26일.

61 〈達城山 午砲를 月見山으로 移轉〉,《조선일보》3면 8단, 1921년 5월 6일.

62 〈鳥致院에 午砲設置〉,《조선일보》3면 8단, 1921년 6월 14일.

63 〈元山午砲廢止乎〉,《조선일보》4면 5단, 1921년 11월 19일.

64 〈馬山府의 午砲 實施〉,《동아일보》4면 3단, 1922년 11월 8일.

65 〈新義州の午砲問題, 目下考究中〉,《京城日報》3면 9단, 1924년 5월 2일.

66 〈午砲代에 汽笛 使用은 一週內, 경비는 오포보다 사분일, 건축물의 피해도 업서저〉,《時代日報》1면 7단, 1924년 6월 11일.

67 〈問題의 大邱午砲, 오포소리에 아이가 긔절〉,《時代日報》1면 11단, 1924년 5월 19일.

68 〈午砲노타 重傷〉,《동아일보》2면 10단, 1926년 7월 16일.

69 〈午砲소리와 記念郵便의 去處〉,《每日申報》3면 2단, 1919년 7월 4일.

2 시간 기계의 등장: 남대문소방서의 모터사이렌

1 〈午砲を廢めて電氣仕掛の汽笛を鳴らす, 消防本部の裏に五十尺の望樓を拵へ, その上で氣笛と火事の見張, 目下設計中〉,《京城日報》5면 4단, 1924년 2월 13일.

2 〈ベルを押せば號笛が鳴る, 午砲よりも時間が正確でよく聞え, おまけに經費も安いモーターサイレン, 五月頃には完成〉,《京城日報》2면 1단, 1924년 3월 14일;〈觀測所 電流로 號笛을 울녀, 午砲보다 時間이 正確, 인천관측소에서 뎐류를 통하야 호뎍을 울니는 「모타-싸이렌」, 南大門消防隊詰所內에 工事中〉,《每日申報》3면 3단, 1924년 3월 15일.

3 〈朝鮮總督府警務總監部告示 第6號〉,《朝鮮總督府官報》第518號, 朝鮮總督官房總務局印刷所, 明治 45年(1912) 5月 21日, 180쪽.

4 〈南大門消防署落成〉,《每日申報》2면 7단, 1912년 5월 21일.

5 〈朝鮮總督府警務總監部告示 第2號〉,《朝鮮總督府官報》第625號, 朝鮮總督官房總務局印刷所, 大正 3年(1914) 9月 1日, 3쪽.

6 〈朝鮮總督府京畿道警務部告示 第1號〉,《朝鮮總督府官報》第821號, 朝鮮總督官房總務局印刷所, 大正 4年(1915) 5月 1日, 3쪽.

7 〈京畿道警察部に消防課を新設, 三月一日から實施, 課長は警視小熊さん, 將來は獨立の消防署〉,《京城日報》2면 4단, 1924년 3월 1일.

8 〈朝鮮總督府令 第34號〉,《朝鮮總督府官報》號外, 朝鮮書籍印刷株式會社, 大正 14年(1925) 4月 1日, 8쪽.

9 〈京城消防署開署式, けふ前庭で盛大に擧行〉,《京城日報》2면 8단, 1925년 5월 17일;〈京城消防署開署式〉,《朝鮮新聞》3면 4단, 1925년 5월 17일.

10 〈午砲代りの時報機, 五十三尺の鐵骨で南大門高臺に建てる, 愈愈基礎工事

に着手した, 午砲より正確五月中旬竣成〉,《京城日報》2면 1단, 1924년 4월
20일.

11 〈正確な「時」を報ずる南大門の時報機, 來月十日頃までに完成, 望樓にも兼
用する〉,《京城日報》3면 1단, 1924년 5월 30일.

12 〈南大門の 報辰塔, 六月十日頃に 完成, 시간을 정확히 보도하고 소방디 망원
루에도 겸용〉,《每日申報》3면 5단, 1924년 5월 31일.

13 〈南大門外に出来た午の電鈴〉,《朝鮮新聞》3면 1단, 1924년 6월 13일.

14 〈午砲代に 汽笛使用은 一週內, 경비는 오포보다 사분일, 건축물의 피해도 업
서저〉,《時代日報》1면 7단, 1924년 6월 11일.

15 〈時の記念日雜觀〉,《京城日報》2면 1단, 1929년 6월 11일.

16 〈午砲代りにブーと電鈴が鳴る, 一兩日中に完成〉,《朝鮮新聞》3면 8단,
1924년 6월 11일.

17 〈午砲代りの電鈴が鳴り出す〉,《朝鮮新聞》3면 9단, 1924년 6월 18일.

18 〈ドンと聞えぬ報知機〉,《朝鮮新聞》3면 2단, 1924년 6월 19일.

19 〈午砲代りの時報機廿七町位までは聞える, 東大門附近へは聞へぬ〉,《京城
日報》2면 5단, 1924년 6월 19일.

20 〈오날부터 경성 시중을 울닐「시보기」〉,《每日申報》3면 1단, 1924년 6월
21일.

21 〈午砲は廿日限りでやめ, 廿一日から電氣時報機, 鳴り終った時が正午〉,《京
城日報》2면 4단, 1924년 6월 20일; 〈二十一日, 新時報器, ボー實施〉,《朝
鮮新聞》3면 3단, 1924년 6월 20일.

22 〈電鈴時變更〉,《朝鮮新聞》3면 10단, 1924년 10월 19일.

23 〈時報機는 日三回, 아츰, 점심, 저녁〉,《每日申報》2면 7단, 1925년 6월
10일.

24 〈非難 만흔 號笛, 필경은 증설인가〉,《每日申報》5면 4단, 1924년 6월 29일.

25 〈電氣時計, 南大門消防署에 비치하고 시간 질문에 응답〉,《每日申報》3면
6단, 1924년 9월 8일.

26 〈代り榮えない牛砲代りのブー〉,《京城日報》2면 7단, 1924년 6월 22일.

27 〈聞らぬ「ボー」より鐘を衝いた方が, 餘程氣が利いて居る, 早く改造せよの

聲〉, 《朝鮮新聞》3면 5단, 1924년 6월 29일.

28 〈「ブー」を止めて午砲を復活せよと龍山側で運動する〉, 《京城日報》3면 7단, 1924년 7월 6일.

29 〈午砲復活運動, 아모리 신식이라도 안들니면 소용업서〉, 《每日申報》3면 3단, 1924년 7월 7일.

30 〈聞えませぬ府廳様, 大砲を打つて下だされ……と, 時報機に對し龍山方面 澪す〉, 《朝鮮新聞》3면 1단, 1924년 7월 6일.

31 〈評判の惡い「ブー」, 何とかせずばなるまいと府當局腦を絞ぼる〉, 《京城日報》2면 4단, 1924년 7월 1일.

32 〈「ブー」より太い府民の不平に頭を惱ます府當局, 當分ドンを復活してサイレンを大型に取替へる算段〉, 《京城日報》2면 1단, 1924년 7월 8일.

33 〈時報機に追加豫算〉, 《朝鮮新聞》3면 2단, 1924년 7월 6일.

34 〈ブーに龜裂を生ず, 音響に差支ない〉, 《京城日報》2면 7단, 1924년 8월 7일.

35 〈評判の惡い「ブー」を府協議會にかけて取替える〉, 《京城日報》2면 8단, 1924년 9월 5일.

36 〈正午のブー, 大型に改める〉, 《京城日報》2면 6단, 1924년 9월 21일.

37 〈二十馬力の 新時報機〉, 《每日申報》2면 8단, 1925년 4월 2일.

38 〈新時報機가 오날부터 운다〉, 《每日申報》2면 9단, 1925년 4월 5일.

39 〈朝鳴る「ブー」は七日からやめる〉, 《京城日報》2면 5단, 1925년 4월 7일.

40 〈町内自慢(投書の中から): 大京城の空に嘯く猛虎の唸り, 正午を告ぐるモーターサイレン, 意氣な火消しの手で動く〉, 《京城日報》7면 2단, 1927년 6월 12일.

41 朝鮮神宮社務所, 《朝鮮神宮寫眞帖》, 京城: 谷岡商店印刷部, 大正 15年 (1926), 2쪽.

42 〈南大門消防署の老サイレンお拂箱, 十餘年馴染の府民へサヨナラ, 今後は 防空警報用として更生〉, 《京城日報》2면 6단, 1937년 4월 2일.

43 〈新屋에 移轉한 京城消防署, 대경성 전 시가를 비예하는 百餘尺 望樓의 偉 觀〉, 《每日申報》3면 5단, 1937년 11월 17일.

44 朝鮮總督府, 《京城市區改正事業: 回顧二十年》, 朝鮮總督府內務局京城土

木出張所, 昭和 5年(1930), 20쪽.

45 〈高さは正に京城一, 近代的な消防署, 望樓のアンテナは百尺餘り, 七月まで
   には完成〉,《京城日報》7면 1단, 1937년 2월 2일;〈大京城新名所圖繪: 竣工
   近き京城消防署〉,《京城日報》7면 1단, 1937년 10월 13일.

46 〈京城消防署お引越し〉,《京城日報》7면 5단, 1937년 11월 17일.

47 〈中部소방서 望樓, 31일부터 撤去〉,《조선일보》3면 1단, 1976년 3월 27일.

48 〈京城消防署跡を神宮外苑となす, 神宮參考舘も建設〉,《朝鮮新聞》2면
   1단, 1939년 4월 9일.

49 〈サイレン異變, これも暑さの加減か, けふ五分間狂ふ〉,《朝鮮新聞》2면
   5단, 1939년 8월 16일.

50 〈サイレンに缺陷, 誤報事件から問題化〉,《朝鮮新聞》2면 2단, 1939년 8월
   17일.

51 〈防空警報に新設備成る, 新式サイレン据付け〉,《朝鮮新聞》7면 4단,
   1939년 3월 11일.

52 〈防空用サイレンを午報に使用せん, 明年度から實現か〉,《朝鮮新聞》2면
   3단, 1939년 8월 23일.

53 〈又五十秒狂ふ, 全く當にならぬぞ京城の時報, サイレン異變續く〉,《朝鮮新
   聞》7면 8단, 1939년 8월 25일.

3 모터사이렌 전성시대: 시보에서 경보로

1 〈モーターサイレン〉,《京城日報》2면 11단, 1928년 5월 25일.

2 〈手動サイレン〉,《京城日報》2면 11단, 1930년 9월 3일;〈日立モーターサイレ
   ン〉,《京城日報》4면 10단, 1932년 8월 19일.

3 〈午砲の代りに電氣音響機, 安東消防隊で据付る〉,《京城日報》2면 5단,
   1924년 2월 29일.

4 〈馬山名物の午砲廢止, 汽笛に變更か〉,《朝鮮時報》3면 3단, 1926년 2월 7일.

5 〈再び午砲へ汽笛を捨てて府民の時をしらす, 馬山一部の說濃厚〉,《朝鮮時
   報》3면 9단, 1927년 6월 10일.

6 〈午砲を發し, 時間の正確, 馬山府の試み〉,《朝鮮時報》3면 4단, 1927년 6월 10일.

7 〈警鐘臺新設, 工事に着手〉,《京城日報》4면 12단, 1926년 12월 15일.

8 〈洛城した大田のモーターサイレン〉,《京城日報》3면 1단, 1927년 5월 2일.

9 〈忠淸南道: 警鐘臺に大形の國旗飜る, 消防組員參列揭揚式〉,《朝鮮新聞》4면 5단, 1933년 3월 30일.

10 〈響きの惡い新義州の午砲, モーターサイレンに變更〉,《朝鮮新聞》3면 8단, 1928년 4월 1일.

11 木浦新報社,《開港滿三十五年紀念 木浦寫眞帖》, 木浦: 庄島印刷所, 昭和 7年(1932), 29쪽.

12 〈天安の午砲サイレンに, 十八日から實施〉,《釜山日報》6면 5단, 1932년 7월 20일.

13 木浦新報社,《開港滿三十五年紀念 木浦寫眞帖》, 木浦: 庄島印刷所, 昭和 7年(1932), 29, 39쪽.

14 〈午砲を電笛に, 大邱府が經費の加減で取替〉,《朝鮮新聞》4면 5단, 1925년 8월 15일.

15 〈大邱府の午砲をモーターサイレンにする, 目下目錄書を調製中〉,《釜山日報》9면 6단, 1930년 9월 19일;〈慶尙北道, 大邱の時報モーターサイレン採用〉,《朝鮮新聞》4면 5단, 1930년 10월 10일.

16 〈大邱府 午砲, 싸이렌으로〉,《中央日報》3면 5단, 1931년 12월 2일.

17 〈サイレンの始末, 結局大邱署へ〉,《京城日報》5면 10단, 1933년 7월 8일.

18 〈仁川の午報をサイレンに, 最新式で鼻高々〉,《朝鮮新聞》3면 1단, 1931년 6월 20일.

19 〈大邱のサイレン復活〉,《京城日報》5면 6단, 1933년 9월 14일.

20 〈仁川の午報をサイレンに, 最新式で鼻高々〉,《朝鮮新聞》3면 1단, 1931년 6월 20일.

21 〈仁川府のサイレン, さっぱり聞えぬ, 一層止したらどうかと府民間に非難の聲〉,《朝鮮新聞》4면 1단, 1931년 8월 5일.

22 〈仁川府時報機改善〉,《每日申報》3면 3단, 1931년 10월 29일.

23 〈瓦電に交渉し午砲を消燈法に, 釜山府廳で計畵, 經費の都合總てに便利〉, 《朝鮮時報》3면 1단, 1930년 10월 23일.

24 〈「午砲」は不經濟と「サイレン」に換へる, 龍頭山上に据え付けるか?, 釜山府の調査進む〉, 《朝鮮時報》3면 4단, 1930년 11월 22일.

25 〈愈愈午砲を廢しサイレンに, 來年度に豫算計上, 釜山府の新しい試み〉, 《朝鮮時報》3면 7단, 1931년 1월 17일; 〈釜山の午砲おさらば, 九月一日からサイレンが鳴る〉, 《釜山日報》2면 11단, 1932년 7월 8일.

26 〈一日より唸るサイレン〉, 《朝鮮時報》3면 1단, 1932년 9월 1일.

27 〈慶尙南道: 釜山の午砲サイレンに〉, 《朝鮮新聞》4면 5단, 1932년 8월 21일.

28 〈汽船の汽笛と間違ふサイレン, 釜山の午砲廢止早くも非難の聲〉, 《京城日報》3면 9단, 1932년 8월 29일.

29 〈釜山のサイレン實施, 九月一日より〉, 《朝鮮時報》3면 5단, 1932년 8월 28일.

30 〈釜山のサイレン故障〉, 《京城日報》7면 9단, 1932년 10월 4일.

31 〈釜山府のサイレン, 徹底的の修理〉, 《朝鮮時報》3면 4단, 1934년 8월 24일.

32 〈サイレン故障, 市民一時驚く〉, 《朝鮮時報》3면 9단, 1935년 2월 27일.

33 〈近い内に平壤府の午砲をモーターサイレンに〉, 《朝鮮新聞》3면 7단, 1928년 3월 27일.

34 〈平壤午砲を「モ-다싸이렌」으로〉, 《中外日報》2면 3단, 1928년 8월 1일.

35 〈丸天時計店でサイレン時報〉, 《朝鮮新聞》3면 9단, 1930년 9월 24일; 〈午前と午後の二回に平壤府民に時間をサイレンで報ずる〉, 《釜山日報》3면 6단, 1930년 10월 12일.

36 〈九十尺の望樓新設, サイレン移轉〉, 《京城日報》4면 4단, 1932년 4월 5일.

37 〈九十尺 魔天樓, 午報사이렌도 이곳서, 平壤消防隊의 新望樓 竣工〉, 《每日申報》7면 1단, 1932년 8월 26일.

38 〈平安南道: 各工場のサイレン濫鳴, 押される府營時報, 新式三機を府で購入〉, 《朝鮮新聞》3면 8단, 1934년 10월 25일.

39 〈咸鏡南道: 元山第二高普, 十周年記念サイレンを設置〉, 《朝鮮新聞》3면 6단, 1932년 3월 10일.

40 〈咸鏡南道: 元山第一公普校內サイレン〉,《朝鮮新聞》4면 6단, 1934년 6월 9일.

41 〈咸鏡南道: 元山府ヘモーターサイレン, 元山水力電氣會社繼續認可に際して〉,《朝鮮新聞》3면 9단, 1932년 7월 13일.

42 〈咸鏡南道: 午砲サイレン取付工事成る〉,《朝鮮新聞》3면 11단, 1932년 10월 30일; 〈元山のサイレン, 一日から鳴る〉,《京城日報》3면 5단, 1932년 10월 31일.

43 〈正午のサイレン, 二ケ所吹鳴要望さる〉,《朝鮮時報》3면 9단, 1939년 9월 12일.

44 〈忠魂碑の除幕式, 来る八日盛大に擧行, 元山長德山上に於て〉,《釜山日報》7면 5단, 1930년 11월 6일; 〈鄕軍分會で計畫, 元山に大忠魂碑, 川島師團長を迎へて十月中旬頃除幕式〉,《朝鮮新聞》3면 6단, 1930년 9월 15일.

45 〈元山忠魂碑志〉,《朝鮮新聞》3면 3단, 1930년 11월 5일.

46 〈咸興の午砲をサイレンで, 府, 警察, 局の三當局が實現に努力〉,《釜山日報》5면 6단, 1932년 2월 9일.

47 〈咸興の午報サイレン, 近く實現〉,《釜山日報》5면 3단, 1932년 4월 9일.

48 〈咸興の午砲, いよいよ實現〉,《京城日報》2면 11단, 1932년 5월 29일; 〈咸興の午報, 工事完成す〉,《釜山日報》3면 4단, 1932년 5월 31일.

49 〈咸興署サイレン故障〉,《京城日報》5면 4단, 1933년 1월 19일.

50 〈淸津府のサイレン〉,《朝鮮時報》3면 7단, 1933년 11월 8일.

51 〈淸津のサイレン實現〉,《京城日報》4면 10단, 1933년 11월 18일.

52 〈淸津にもサイレン装置ちかし〉,《京城日報》4면 6단, 1934년 1월 12일.

53 〈淸津サイレン, 九日始鳴式〉,《京城日報》4면 5단, 1934년 3월 11일.

54 〈九日から淸津にサイレン〉,《釜山日報》5면 5단, 1934년 3월 14일.

55 〈慶尙北道: 時報機移管〉,《朝鮮新聞》4면 2단, 1932년 4월 2일.

56 〈モーターサイレン, 裡里惠美壽會寄附〉,《朝鮮新聞》3면 10단, 1930년 3월 8일.

57 〈鳥致院消防, モーターサイレンを取付け〉,《朝鮮新聞》3면 10단, 1930년 5월 26일.

58 〈時의 紀念으로 金化電鈴設置, 米田氏單獨寄贈〉,《中外日報》4면 2단, 1930년 6월 12일.

59 〈時報機の備付〉,《朝鮮新聞》3면 8단, 1931년 4월 18일.

60 〈鐵原消防組, 望樓とサイレン〉,《朝鮮新聞》4면 4단, 1931년 8월 6일.

61 〈鐵原にサイレン〉,《京城日報》5면 10단, 1935년 1월 9일.

62 〈手廻サイレン, 兩氏から寄附〉,《朝鮮新聞》3면 9단, 1931년 8월 14일.

63 〈慶山サイレン設置, 安炳吉氏寄附〉,《朝鮮時報》3면 3단, 1932년 1월 21일.

64 〈モーターサイレン設置の計畫進む, 市民間に賛否兩〉,《朝鮮新聞》4면 3단, 1932년 2월 18일.

65 〈京畿道: サイレン設置, 面費と有志の寄附で〉,《朝鮮新聞》3면 5단, 1932년 6월 12일.

66 〈平安北道: 寧邊警察署, サイレン設置〉,《朝鮮新聞》3면 9단, 1932년 6월 10일.

67 〈公州空の怪聲, サイレン鳴り響く, モダーン警鐘臺竣工〉,《京城日報》4면 6단, 1932년 4월 7일.

68 〈密陽署のサイレン, 邑內一般時間正確を期す〉,《朝鮮時報》3면 4단, 1933년 8월 22일.

69 〈慶尙北道: 永川邑にもサイレン〉,《朝鮮新聞》5면 3단, 1933년 6월 11일.

70 〈城津にサイレン〉,《京城日報》4면 6단, 1933년 3월 5일.

71 〈城津にサイレン〉,《京城日報》4면 11단, 1933년 7월 21일.

72 〈羅津にもサイレン, ちかく竣工〉,《京城日報》4면 6단, 1934년 3월 1일; 〈羅津にサイレン〉,《朝鮮新聞》3면 13단, 1934년 3월 3일.

73 〈サイレン鐵塔, 盛大に寄贈式〉,《朝鮮新聞》2면 5단, 1935년 6월 23일.

74 〈時報サイレン, 方魚津駐在所の新しい試み〉,《朝鮮時報》3면 6단, 1934년 9월 3일.

75 〈江原道: 春山華川署長からサイレンを寄附, 模範部落龍岩里へ〉,《朝鮮新聞》4면 11단, 1934년 11월 11일.

76 〈卒業記念にサイレン寄贈, 華川普校卒業生から〉,《朝鮮新聞》4면 11단, 1936년 3월 5일.

77 〈サイレン時代へ, 一つの悩み?, 消防自動車と間違へる, 釜山署で對策考究中〉,《朝鮮時報》3면 6단, 1934년 11월 27일.

78 〈茂山のサイレン〉,《京城日報》5면 10단, 1934년 6월 5일.

79 〈茂山サイレン台〉,《朝鮮新聞》4면 4단, 1934년 7월 10일; 〈茂山のサイレン完成〉,《京城日報》5면 7단, 1934년 7월 10일.

80 〈非常サイレン, 會寧に設置〉,《京城日報》4면 9단, 1934년 5월 20일.

81 〈會寧のサイレン竣工〉,《京城日報》5면 10단, 1935년 2월 27일.

82 〈會寧にサイレン〉,《京城日報》4면 11단, 1935년 1월 15일.

83 〈サイレン建設, 瀧澤署長奔走〉,《朝鮮新聞》3면 10단, 1934년 2월 8일.

84 〈サイレンと國旗塔, 全州の竣工式〉,《京城日報》5면 9단, 1934년 8월 4일.

85 朝鮮總督府 編, 〈南山の頂を飾る國旗揭揚塔〉,《朝鮮》第207號, 朝鮮印刷株式會社, 昭和 7年(1932) 8月 1日, 151-152쪽.

86 〈南山頂上に國旗揭揚塔奉納と決す〉,《朝鮮新聞》2면 1단, 1932년 5월 27일; 〈南山の頂上に日の丸が翻る, 大久保氏が國旗揭揚塔を奉納, 百尺の鐵柱上に〉,《京城日報》2면 6단, 1932년 5월 27일.

87 〈集團部落にサイレン, 好仁署の計畫〉,《京城日報》4면 5단, 1935년 9월 15일.

88 〈昌原の午砲がサイレンとなる, 金基哲氏の美居〉,《釜山日報》3면 3단, 1935년 2월 3일.

89 朝鮮神宮奉贊會 編纂,《恩賴: 朝鮮神宮御鎭座十周年記念》, 朝鮮印刷株式會社, 昭和 12年(1937), 218쪽.

90 〈順天邑にサイレン設置, 有志金・朴兩氏の寄附〉,《朝鮮新聞》4면 7단, 1935년 6월 14일.

91 〈黃海道: 電氣サイレン, 崎山組の寄贈〉,《朝鮮新聞》4면 12단, 1935년 6월 18일.

92 〈永柔市 中央에 時報機 設置, 九月 中旬 實現〉,《朝鮮中央日報》3면 7단, 1935년 9월 6일.

93 〈南川のサイレン〉,《朝鮮新聞》4면 12단, 1935년 12월 3일.

94 〈サイレンを一日三回, 大邱で實施〉,《京城日報》5면 3단, 1934년 2월 18일.

95 〈時報サイレン, 三回制に改訂を要望さる〉,《朝鮮新聞》3면 7단, 1935년 11월 16일.

96 〈朝のサイレン時間を變更〉,《朝鮮新聞》5면 7단, 1935년 6월 28일.

97 〈五時半にサイレン〉,《京城日報》5면 2단, 1937년 4월 2일.

98 〈靈岩消防組でサイレン設置〉,《朝鮮新聞》5면 10단, 1936년 4월 22일.

99 〈邑事務所屋上にモーターサイレンを設置す, 防空演習からその必要を痛感して〉,《朝鮮時報》3면 5단, 1936년 11월 28일.

100 〈電氣サイレン, 京安消組に設置〉,《朝鮮新聞》3면 10단, 1936년 11월 16일.

101 〈報恩の時報サイレン待望〉,《京城日報》5면 2단, 1936년 12월 16일.

102 〈報恩署にサイレン〉,《京城日報》5면 9단, 1937년 6월 5일.

103 〈報恩署のサイレン完成〉,《京城日報》5면 10단, 1937년 6월 23일.

104 〈青山にサイレン〉,《朝鮮新聞》5면 6단, 1937년 5월 22일.

105 〈龍仁署にサイレン〉,《京城日報》5면 4단, 1937년 6월 22일.

106 〈永同にサイレン〉,《京城日報》5면 9단, 1937년 7월 23일.

107 福井市役所,《市制五十周年記念 稿本 福井市史》下卷, 東京: 三秀舍, 昭和 16年(1941), 325-326쪽.

108 宇治山田市役所,《市制實施三十周年記念小史》, 宇治山田: 橋爪活版所, 昭和 11年(1936), 60쪽.

109 〈空軍に備える東京市の强力氣笛, 午砲代りともして三個所に建設〉,《朝鮮新聞》2면 8단, 1929년 3월 25일.

110 〈ドンの代わりに電氣サイレン〉,《釜山日報》2면 5단, 1929년 4월 27일.

4 철탑과 망루의 시대: 높이의 식민화

1 〈三角地望樓〉,《朝鮮新聞》2면 1단, 1929년 7월 6일.

2 〈危險な望樓〉,《朝鮮新聞》3면 7단, 1924년 2월 20일.

3 〈南山町の望樓が腐つて危險, 修繕費の出所が無く, 詰所は廢止とならう〉,《京城日報》3면 7단, 1926년 10월 30일.

4 〈京城で一番高い望樓〉,《京城日報》1면 1단, 1925년 11월 20일.

5 〈龍山に大望樓〉,《京城日報》7면 5단, 1929년 7월 7일.

6 〈京城第一의 望樓, 경성시가 三분지二가 뵈인다, 西署엽헤 不遠完成〉,《每日新報》3면 4단, 1938년 11월 10일.

7 〈平壤一の高い望樓〉,《京城日報》5면 9단, 1939년 12월 9일.

8 〈巍然, 百尺의 望樓, 開城消防詰所みごと成る〉,《京城日報》5면 2단, 1939년 9월 21일.

9 〈朝鮮總督府令 第104號: 警防團規則〉,《朝鮮總督府官報》第3734號, 朝鮮總督府印刷局, 昭和 14年(1939) 7月 3日, 21쪽.

10 〈興亞大任의 警防團, 團員 總數 十九萬, 十月一日 施政記念日에 結團式〉,《每日新報》2면 5단, 1939년 9월 27일.

11 〈蔚山警鐘臺落成〉,《每日申報》4면 6단, 1924년 2월 11일.

12 〈警鐘取替へ, 大西氏より寄附〉,《朝鮮時報》3면 7단, 1928년 8월 9일.

13 〈全州警鐘臺竣工式〉,《每日申報》4면 6단, 1924년 8월 19일.

14 〈錦山 警鍾을 設備〉,《每日申報》4면 5단, 1924년 11월 25일.

15 〈警鐘臺に添はぬ警鐘〉,《朝鮮新聞》4면 8단, 1925년 6월 19일.

16 〈咸興の發展を語る警鐘〉,《釜山日報》7면 3단, 1929년 2월 17일.

17 〈沃川の放火デー〉,《金山日報》4면 1단, 1937년 12월 7일.

18 〈大邱消防組警鐘を新調す〉,《朝鮮時報》3면 9단, 1926년 3월 21일.

19 〈沃川消防組の警鐘臺完成〉,《朝鮮新聞》3면 7단, 1927년 12월 23일.

20 〈三千浦の警鐘臺落成式擧行〉,《釜山日報》3면 10단, 1927년 4월 22일.

21 〈濟州島の大禮記念, 警鐘臺の落成式, 來る二十七日を卜し, 放火宣傳も同時に〉,《金山日報》5면 4단, 1928년 10월 25일.

22 〈三陟署に警鐘臺, 記念事業として建設, 鐵原を除きては嚆矢〉,《釜山日報》4면 2단, 1928년 12월 28일.

23 〈黃州에 警鍾臺 두 개를 설치〉,《每日申報》3면 4단, 1928년 11월 3일.

24 〈光州警鐘台改築に決定〉,《朝鮮新聞》5면 1단, 1929년 5월 12일.

25 〈警鐘臺竣工〉,《京城日報》3면 3단, 1929년 6월 10일; 〈光州消防組, 警鍾臺落成〉,《每日申報》3면 6단, 1929년 6월 16일.

26 〈警鐘臺, 良浦に新設〉, 《釜山日報》11면 3단, 1929년 4월 26일.

27 〈危難救護警鐘〉, 《每日申報》3면 4단, 1929년 5월 24일.

28 〈天安に警鐘櫓, 寺尾·河村·合馬 三氏の美擧〉, 《釜山日報》7면 6단, 1930년 10월 26일.

29 〈警鍾櫓を寄附, 天安の河村氏が〉, 《釜山日報》5면 8단, 1932년 5월 13일.

30 〈天安の警鐘臺, 篤志家達の寄附で竣工〉, 《京城日報》5면 11단, 1932년 7월 5일.

31 〈羅州消防組警鍾臺, 七月一日落成式〉, 《釜山日報》5면 5단, 1930년 7월 5일.

32 〈全羅南道: 榮山浦消防組, 道知事から表彰, 警鐘臺落成式擧行〉, 《朝鮮新聞》4면 7단, 1930년 10월 1일.

33 〈組立式の警鐘臺建設, 襄陽署構內に〉, 《釜山日報》6면 3단, 1930년 10월 7일.

34 〈新設警鐘臺の落成式, 二十一日盛大に擧行す〉, 《釜山日報》6면 4단, 1930년 11월 7일.

35 〈汗浦鐵柱警鐘臺〉, 《朝鮮新聞》3면 8단, 1930년 9월 4일.

36 〈江陵の警鐘臺完成〉, 《朝鮮新聞》3면 10단, 1930년 6월 25일.

37 〈江陵消防組警鐘臺落成, 並勤續表彰〉, 《朝鮮新聞》4면 3단, 1930년 7월 8일.

38 〈平澤消防組へ鐵製警鐘臺, 奧村氏が奇篤〉, 《朝鮮新聞》3면 3단, 1931년 7월 6일.

39 〈鐵原消防組, 望樓とサイレン〉, 《朝鮮新聞》4면 4단, 1931년 8월 6일.

40 〈警鐘臺新設〉, 《朝鮮新聞》3면 8단, 1932년 5월 26일.

41 〈瑞興消防演習, 警鐘台落成式と共に〉, 《朝鮮新聞》3면 10단, 1932년 5월 31일.

42 〈舊馬山消所, 警鐘을 變更, 電氣사이렌裝備〉, 《每日申報》3면 11단, 1932년 6월 14일.

43 〈大田郡 東面, 駐在所에 警鍾 建設〉, 《每日申報》3면 11단, 1932년 6월 17일.

44 〈伊川の警鐘臺竣工〉, 《京城日報》5면 6단, 1932년 6월 22일.

45 〈伊川消組警鐘臺 落成紀念〉, 《每日申報》3면 1단, 1932년 6월 22일.

46 〈安眠面各里, 警鐘을 設置〉, 《每日申報》3면 2단, 1933년 3월 6일.

47 〈瑞山安眠面, 各里의 警鐘, 規律生活開始〉, 《每日申報》4면 5단, 1933년
2월 14일.

48 〈原州警鐘臺新設〉, 《京城日報》4면 11단, 1933년 12월 16일; 〈警鐘臺 寄
附〉, 《每日申報》5면 4단, 1933년 12월 16일.

49 〈警鐘臺 新設, 國旗塔도 建設〉, 《每日申報》5면 7단, 1933년 9월 29일.

50 〈警鐘臺 竣工式〉, 《每日申報》5면 2단, 1933년 11월 19일.

51 〈咸州郡岐谷面警鐘臺建築, 道路品評受賞金으로〉, 《每日申報》5면 3단,
1934년 1월 10일.

52 〈西湖津駐在所에 五百圓을 寄附, 國旗揭揚臺와 警鐘 設備費로, 奧山消防
組頭가〉, 《每日申報》4면 12단, 1935년 3월 8일.

53 〈一ケ年の出動手當を投出し警鐘臺を建設, 靈山消防組員の美擧〉, 《釜山日
報》5면 3단, 1933년 5월 13일.

54 〈黃海道: 新幕消防組警鐘塔を建設, 落成式と演習〉, 《朝鮮新聞》3면 11단,
1933년 5월 21일.

55 〈新幕消防組, 警鐘臺竣工式〉, 《朝鮮新聞》3면 1단, 1933년 7월 27일.

56 〈國旗揭揚塔, 春川에 建設〉, 《每日申報》5면 8단, 1933년 3월 5일.

57 〈"海拔千二百尺", 全鮮一의 國旗揭揚塔, 春川鳳儀山頂に建つ〉, 《京城日
報》5면 9단, 1937년 11월 9일; 〈春川 鳳儀山頂의 國旗揭揚式 盛大, 全國
最高의 揭揚臺〉, 《每日申報》4면 1단, 1937년 11월 10일.

58 〈高原消防警鐘臺竣工〉, 《釜山日報》5면 11단, 1933년 5월 24일.

59 〈春川 國旗揭揚塔 竣功〉, 《每日申報》5면 5단, 1933년 4월 6일.

60 〈成歡消防演習, 警鐘台竣工式〉, 《朝鮮新聞》4면 6단, 1933년 11월 8일.

61 〈咸鏡南道, 梵鐘을 寄附, 寄篤な姜氏〉, 《朝鮮新聞》3면 5단, 1933년 9월 3일.

62 〈十錢貯蓄で警鐘臺, 部落民이 建設〉, 《釜山日報》5면 5단, 1934년 12월
18일.

63 〈矢萩サイレン〉, 《警務彙報》第381號, 朝鮮警察協會, 昭和 13年(1938) 1월

號, 권말 광고.

64 〈達城郡振興會 警鐘購入配附〉,《每日申報》5면 8단, 1934년 1월 28일.

65 〈江原道: 理想的の金化警鐘台建設, 落成を機し聯合演習〉,《朝鮮新聞》5면 9단, 1934년 11월 10일.

66 〈安邊消防組警鐘臺竣工, 五十六尺の雄大なもの〉,《朝鮮新聞》4면 1단, 1934년 12월 7일.

67 〈寄附金で美事な警鐘台, 新上·定平の美舉〉,《朝鮮新聞》3면 7단, 1934년 11월 23일.

68 〈警鐘臺와 消防費에 千餘圓을 寄附, 長湍郡 李熙斌氏가〉,《每日申報》4면 6단, 1935년 5월 22일;〈警鐘臺設置에 五百圓을 寄附, 長湍 李熙斌氏 特志〉,《朝鮮中央日報》3면 4단, 1935년 5월 19일.

69 〈獐項里에 警鐘 設置〉,《每日申報》4면 9단, 1935년 5월 23일.

70 〈安養消防組, 警鐘臺落成〉,《朝鮮新聞》3면 2단, 1935년 5월 22일.

71 〈防空監視台を兼ね警鐘塔を建設, 肅川消防組の懸案成り盛大に竣工式舉行〉,《朝鮮新聞》6면 1단, 1935년 5월 28일.

72 〈來源里靑年部, 警鐘臺建設〉,《每日申報》4면 9단, 1935년 7월 31일.

73 〈警鐘費 五十圓 喜捨, 平昌 楡川 李氏 特志〉,《每日申報》2면 7단, 1936년 10월 11일.

74 〈國旗揭揚塔及警鐘臺竣工式, 襄陽署で舉行〉,《朝鮮新聞》3면 6단, 1936년 5월 8일.

75 〈襄陽署警鐘臺와 消防器具 購入, 有志들의 寄附로〉,《每日申報》5면 7단, 1936년 5월 7일.

76 〈大場村消防組, 警鐘臺建設式〉,《朝鮮新聞》5면 8단, 1936년 1월 17일.

77 〈警鐘臺建設, 斗村酒組が寄附〉,《朝鮮新聞》4면 3단, 1936년 12월 2일.

78 〈斗村消防組, 警鐘台落成式〉,《朝鮮新聞》5면 3단, 1937년 1월 23일.

79 〈鎭興消防組, 警鐘塔完成, 盛大한 落成式〉,《每日申報》5면 7단, 1936년 5월 6일.

80 〈警鐘台建設〉,《京城日報》5면 7단, 1936년 12월 18일.

81 〈警鐘台建設に三百圓を寄附, 崔女史の美舉〉,《釜山日報》6면 2단, 1937년

1월 28일.

82 〈方魚津消防組, 警鐘台新設〉,《釜山日報》4면 5단, 1937년 3월 16일.

83 〈七山消防組, 警鐘台建立〉,《朝鮮新聞》4면 10단, 1937년 12월 22일.

84 〈警鐘台落成式擧行〉,《朝鮮新聞》2면 7단, 1941년 7월 2일.

85 〈信號鐘設置〉,《京城日報》5면 10단, 1932년 12월 17일.

86 〈時計のない村, 信號鐘を購入〉,《京城日報》4면 8단, 1934년 8월 16일.

87 〈朴東燮氏特志, 信號鍾을 寄附〉,《每日申報》3면 11단, 1935년 2월 27일.

88 〈部落信號鍾 寄附〉,《每日新報》3면 3단, 1940년 4월 23일.

89 〈部落에 警鍾 寄附〉,《每日新報》3면 9단, 1941년 6월 22일.

5 일상과 비상: 근대적인 시간의 정체

1 〈六日は「愛國デー」, 學校で時局認識强調, 父兄の參會を希望〉,《朝鮮時報》
4면 5단, 1937년 9월 5일.

2 森田芳夫 編,《朝鮮に於ける國民總力運動史》, 京城: 國民總力朝鮮聯盟, 昭
和 20年(1945), 20쪽.

3 〈愛國日を變更, 每月一日に, 全鮮一齊に實施〉,《京城日報》2면 1단, 1938년
10월 6일.

4 森田芳夫 編,《朝鮮に於ける國民總力運動史》, 京城: 國民總力朝鮮聯盟, 昭
和 20年(1945), 21-24쪽.

5 森田芳夫 編,《朝鮮に於ける國民總力運動史》, 京城: 國民總力朝鮮聯盟, 昭
和 20年(1945), 24쪽.

6 森田芳夫 編,《朝鮮に於ける國民總力運動史》, 京城: 國民總力朝鮮聯盟, 昭
和 20年(1945), 25쪽.

7 〈國民精神總動員朝鮮聯盟發會式告辭〉,《朝鮮新聞》2면 6단, 1938년 7월
8일.

8 〈愛國班(民家十戶を基底に)設置, 國民精神聯盟の有機的機構, 中央地方の組
織大綱〉,《朝鮮新聞》2면 5단, 1938년 7월 20일; 森田芳夫 編,《朝鮮に於け
る國民總力運動史》, 京城: 國民總力朝鮮聯盟, 昭和 20年(1945), 30-32쪽.

9 森田芳夫 編,《朝鮮に於ける國民總力運動史》, 京城: 國民總力朝鮮聯盟, 昭和 20年(1945), 32-34쪽.

10 〈全市を擧げて每月一日愛國班常會實施, 欠席家庭は役員が理由を調査〉,《朝鮮新聞》2면 5단, 1939년 10월 27일.

11 〈愛國日を 愛國班常會日로〉,《每日新報》3면 9단, 1939년 10월 29일.

12 森田芳夫 編,《朝鮮に於ける國民總力運動史》, 京城: 國民總力朝鮮聯盟, 昭和 20年(1945), 42쪽.

13 朝鮮總督府,《朝鮮の國民總力運動》, 昭和 19年(1944), 8쪽.

14 〈半島の新體制案成る, 總督府精動を一元化, 名稱は國民總力聯盟, けふ組織要綱發表さる〉,《朝鮮新聞》1면 1단, 1940년 10월 15일.

15 〈國民總力聯盟, 各道でも結成〉,《朝鮮新聞》2면 8단, 1940년 10월 23일.

16 〈愛國班常會に ラヂオ 活用, 四月一日부터 實施〉,《每日新報》2면 2단, 1941년 3월 7일.

17 〈皇軍の武運長久, サイレンを合圖に參集, 晋州神社に參拜〉,《朝鮮時報》4면 3단, 1937년 8월 15일.

18 〈サイレンを鳴らすが迷はずに司令部より公示〉,《朝鮮時報》2면 9단, 1937년 9월 15일.

19 〈サイレンの機能を點檢, 三ケ所へ增設〉,《朝鮮新聞》5면 4단, 1937년 9월 17일.

20 〈空襲に備へサイレン增設, 豫算を府會に上程〉,《朝鮮新聞》5면 7단, 1937년 7월 27일.

21 〈防空施設を兼ね三ケ所に時報用サイレンを新設す, 五日制能試驗を行ふ〉,《朝鮮時報》2면 9단, 1937년 10월 5일.

22 〈淸州鄕軍主催國防劇盛況, 純益でサイレン購入〉,《朝鮮新聞》4면 8단, 1937년 7월 23일.

23 〈長興のサイレン復活, 十五日から吹鳴〉,《朝鮮新聞》4면 3단, 1937년 9월 18일.

24 〈モーターサイレン, 八百五十圓の代物, 晋州に到着据付け〉,《朝鮮時報》4면 1단, 1937년 12월 12일.

25 〈サイレン試吹〉,《朝鮮新聞》2면 8단, 1938년 10월 3일.

26 〈サイレンの裝置を統一〉,《朝鮮新聞》2면 9단, 1938년 2월 15일.

27 〈東方を遙拜, サイレンを合圖〉,《朝鮮時報》1면 2단, 1938년 1월 1일.

28 〈爾今サイレンの音響管制實施, 燈火は警戒警報で實施〉,《朝鮮新聞》2면 7단, 1938년 2월 25일.

29 〈サイレン管制解除〉,《京城日報》2면 3단, 1938년 3월 13일.

30 〈音響管制解除, 明日からサイレンも聞えます〉,《京城日報》2면 1단, 1938년 6월 15일.

31 〈パリに世界最大のサイレン〉,《京城日報》4면 2단, 1939년 1월 8일.

32 〈金興成氏美擧, 東小學校にサイレンを寄贈〉,《朝鮮新聞》5면 11단, 1939년 6월 17일.

33 〈サイレン設置, 佐藤團長が寄附〉,《朝鮮新聞》4면 12단, 1939년 12월 3일.

34 〈御親拜の時刻, サイレン等で周知〉,《朝鮮新聞》2면 1단, 1940년 6월 8일.

35 〈平澤時の記念日, サイレンで時計を合せる〉,《朝鮮新聞》5면 7단, 1940년 6월 11일.

36 〈防空演習中はサイレン中止〉,《朝鮮新聞》2면 10단, 1940년 9월 28일.

37 〈警防團にサイレン寄贈, 朴敬善氏美擧〉,《朝鮮新聞》3면 5단, 1940년 10월 12일.

38 〈默禱の合圖にサイレン〉,《朝鮮新聞》2면 8단, 1941년 2월 21일.

39 〈サイレン寄贈, 惠山西國民校卒業生が〉,《朝鮮新聞》3면 10단, 1941년 4월 28일.

40 〈五馬力サイレン新設〉,《朝鮮新聞》2면 4단, 1941년 5월 23일.

41 〈天安のサイレン〉,《朝鮮新聞》3면 5단, 1941년 7월 28일.

42 〈サイレン二個〉,《朝鮮新聞》2면 8단, 1941년 8월 3일.

43 〈망령을 부린 標準時計, 今日 正午 싸이렌이 三分 느저〉,《每日新報》2면 9단, 1942년 6월 17일.

44 〈防空訓練下の時報, サイレン吹鳴を廢止, 瀨戶警察部長談話を發表〉,《朝鮮新聞》2면 4단, 1941년 10월 19일.

45 〈遙拜と默禱のサイレン中止〉,《每日新報》4면 3단, 1944년 7월 1일.

46 朝日新聞社,《戦争と庶民 1940-1949: ② 窮乏生活と学徒出陣》, 朝日歴史 写真ライブラリー, 1995. (출처: https://commons.wikimedia.org/wiki/ File:Kyujo-Yohai_by_Korean_people.JPG).

47 〈一日午前零時に合圖の機笛が鳴る, 國勢調査の「時」を知らせるモーターサ イレン〉,《京城日報》1면 1단, 1925년 9월 30일.

48 〈國勢調査日, サイレンを吹鳴〉,《朝鮮新聞》2면 9단, 1940년 9월 29일.

49 〈準備怠りない京城時報機係り, 其の日は近づく〉,《朝鮮新聞》3면 3단, 1925년 11월 26일.

50 〈國民的慶びは夜中でもキット時報機で速報〉,《朝鮮新聞》3면 2단, 1925년 11월 19일.

51 〈悲みの時刻にモーターサイレン, 一般府民に知らす爲め電車も一分間停 車〉,《京城日報》2면 7단, 1927년 2월 7일.

52 〈平安南道: 西島燈臺霧信號機を變更, モーターサイレンに〉,《朝鮮新聞》 3면 3단, 1932년 4월 23일.

53 〈長箭漁組にモータサイレン〉,《朝鮮新聞》4면 10단, 1938년 9월 15일.

54 〈自力更生鐘, サイレンの時報大うけ〉,《京城日報》5면 4단, 1934년 6월 7일.

55 〈自動車 出發時刻은 任意로 變更말라, 五分前에 電鈴으로 信號토록, 忠北警 察部서 指示〉,《每日申報》4면 5단, 1937년 8월 17일.

3장 시계의 연대기

1 시계 시간의 등장: 모던 타임의 확산

1 〈고종 19년 4월 6일 신유〉,《고종시대사》2, 국사편찬위원회, 1968.

2 〈一八ノ秘第一四九號: 京城 居留 日本人營業者에 대한 調査報告件(明治 29年[1896] 2月 4日)〉,《韓日經濟關係》2, 한국근대사자료집성 7권, 국사편찬 위원회, 2003.

3 〈一八ノ秘第一四九號: 韓錫璋, 宋憲斌, 白肯在, 沈相老, 申錫麟, 鄭化瑞, 金中王 動靜報告(明治 30年[1897] 8月18日)〉,《要視察韓國人擧動》1, 한국근대사료집성 1권, 국사편찬위원회, 2001.

4 The Seiko Museum Ginza. (출처: https://museum.seiko.co.jp/collections/watch_previousterm/collect003/).

5 〈광고〉,《독립신문》4면 2단, 1897년 11월 16일.

6 〈잡보〉,《독립신문》3면 1단, 1898년 5월 31일.

7 〈廣告〉,《皇城新聞》4면 2단, 1899년 9월 4일.

8 〈廣告〉,《皇城新聞》3면 2단, 1902년 8월 9일.

9 The Seiko Museum Ginza. (출처: https://museum.seiko.co.jp/collections/watch_previousterm/collect005/).

10 〈廣告〉,《皇城新聞》4면 3단, 1904년 9월 19일.

11 《西洋時計便覽》, 東京: 大和屋喜兵衛, 明治 5年(1872).

12 〈腕時計の誕生から発展: 1960年代まで〉, The Seiko Museum Ginza. (출처: https://museum.seiko.co.jp/knowledge/relation_10/).

13 〈新春初輸着の代表的腕卷時計〉,《京城日報》2면 10단, 1924년 1월 22일.

14 〈時計組合請認〉,《每日申報》2면 5단, 1910년 12월 21일.

15 〈京城時計興振會〉,《每日申報》2면 7단, 1911년 1월 19일.

16 〈朝鮮總督府令 第2號: 府制及學校組合令ノ施行ニ關スル件〉,《朝鮮總督府官報》號外, 朝鮮總督官房總務局印刷所, 大正 3年(1914) 1月 25日, 1-2쪽; 〈朝鮮總督府令 第28號〉,《朝鮮總督府官報》號外, 朝鮮總督官房總務局印刷所, 大正 3年(1914) 3月 31日, 1쪽.

17 The Seiko Museum Ginza. (출처: https://museum.seiko.co.jp/collections/clock/collect004/).

18 〈民團記念の時計〉,《釜山日報》5면 2단, 1914년 12월 10일.

19 〈時計寄附〉,《每日申報》2면 7단, 1914년 2월 2일.

20 〈名譽의 時計賞, 김퇴진씨의 명예〉,《每日申報》3면 4단, 1915년 7월 28일.

21 〈「午前午后」를 不用ᄒ게 되면〉,《每日申報》3면 3단, 1915년 12월 19일.

22 〈名譽의 銀時計, 휘문의숙의 졸업식〉,《每日申報》3면 3단, 1916년 3월

25일.

23 〈面吏員篤行者 表彰, 銀時計及銀盃授與〉,《釜山日報》3면 2단, 1916년 4월 20일.

24 〈名譽의 銀時計〉,《每日申報》3면 3단, 1916년 5월 10일.

25 〈堀井氏へ金時計〉,《釜山日報》2면 9단, 1916년 6월 15일.

26 〈沙里院에서: 岐川面長의 名譽 金時計〉,《每日申報》2면 7단, 1916년 7월 14일.

27 〈王丸小佐へ金時計〉,《釜山日報》5면 7단, 1916년 12월 3일.

28 〈榮譽의 銀時計, 평양녀즈고등보통학교〉,《每日申報》3면 4단, 1917년 3월 28일.

29 〈銀時計롤 授與된 安命煥君, 갈린 사늬총독의 샹을 밧고 댱곡천총독의 시계를 밧음〉,《每日申報》3면 2단, 1917년 2월 15일.

30 〈記念홀 名譽의 花環, 優勝의 金時計〉,《每日申報》3면 1단, 1920년 5월 4일.

31 〈兩校 優等生에게 時計 寄贈〉,《每日申報》4면 4단, 1920년 4월 6일.

32 〈本社에서 嘉禮祝品 獻上, 놋는 시계 일좌〉,《每日申報》3면 5단, 1920년 4월 29일.

33 The Seiko Museum Ginza. (출처: https://museum.seiko.co.jp/collections/clock/collect003/).

34 〈Waltham 시계 광고지〉. 출처: e뮤지엄 전국박물관 소장품 검색(https://www.emuseum.go.kr), 부산광역시립박물관 소장품 번호: 구입 7599.

35 〈朝鮮人 店員, 篤行者 表彰, 知事로부터 時計 授與〉,《每日申報》4면 3단, 1922년 11월 23일.

36 〈「時의 紀念日」, 오는 십일에 시계 션뎐을 홀 터이다〉,《每日申報》3면 2단, 1921년 6월 7일.

37 〈「時의 紀念日」〉,《每日申報》3면 10단, 1921년 6월 10일.

38 〈光榮의 十年紀念, 성공혼 우됴당 시계포〉,《每日申報》3면 5단, 1916년 9월 14일;〈京城時計商組合〉,《每日申報》3면 7단, 1923년 1월 1일.

39 〈寶探 一等은 金時計, 누가 가져가나〉,《每日申報》3면 3단, 1923년 10월

23일.

40 〈三學校에 標準時計 寄附, 安南奎氏 特志〉,《中外日報》4면 6단, 1928년 4월 23일.

41 〈第二回 先納者 抽籤〉,《동아일보》4면 8단, 1926년 9월 22일.

42 〈水稻立毛 品評, 淸州 江外面서〉,《동아일보》4면 5단, 1927년 9월 28일.

43 The Seiko Museum Ginza. (출처: https://museum.seiko.co.jp/collections/clock/collect015/).

44 〈광고〉,《京城日報》7면 10단, 1928년 2월 23일.

45 〈明時堂, 精工舍製目覺時計〉,《京城日報》2면 11단, 1933년 7월 25일.

46 〈大同郡 時計가 三十戶에 1個, 씩에 딕한 지식이 히마다 진보〉,《每日申報》3면 7단, 1923년 9월 24일.

47 〈(朝鮮風俗) 妓生 (イ572)〉, 朝鮮写真絵はがきデータベース, 整理番号: 35-43, 国際日本文化研究センター. (출처: https://kutsukake.nichibun.ac.jp/CHO/).

48 宮木正雄,〈時計の普及は文化の魁〉,《警務彙報》第217號, 朝鮮警察協會, 大正 13年(1924) 6月號, 124-125쪽. 평창군의 경우 민간의 주시계가 29개로 기재되어 있지만, 총계 숫자와 맞지 않아 19개로 수정했다. 그 외에 계산이 잘못된 수치도 수정하였다.

49 〈(朝鮮風俗) 上流の児童 (金俗304)〉, 朝鮮写真絵はがきデータベース, 整理番号: 12-1-42, 国際日本文化研究センター. (출처: https://kutsukake.nichibun.ac.jp/CHO/).

50 宮木正雄,〈時計の普及は文化の魁〉,《警務彙報》第217號, 朝鮮警察協會, 大正 13年(1924) 6月 15日, 121-123쪽.

51 宮木正雄,〈時計の普及は文化の魁〉,《警務彙報》第217號, 朝鮮警察協會, 大正 13年(1924) 6月 15日, 125-126쪽.

52 〈普校生 時計調査〉,《每日申報》3면 9단, 1931년 6월 22일.

53 〈慶尙北道: 初等校兒童が各戶の時計調査, 十八ヶ町千四百五十七戶, 成績は比較的良好〉,《朝鮮新聞》5면 4단, 1933년 6월 11일.

54 〈時の記念日〉,《釜山日報》4면 5단, 1935년 6월 13일.

2 최초의 시계탑: 거리 시계의 등장

1 小坂貞雄,《外人の觀たる朝鮮外交秘話》, 京城: 外人の觀たる朝鮮外交秘話
出版會, 昭和 9年(1934), 359쪽. 같은 내용이 〈外人の見たる三十八年間の朝
鮮外交界 (53): 文化の經路, 勳四等エミール·マーテル氏回想談〉,《朝鮮新聞》
1면 2단, 1932년 11월 15일에도 실려 있다. 이 책은《조선신문》기자인 고사카
사다오(小坂貞雄)가 약 2개월간 에밀 마르텔을 방문하여 직접 들은 이야기를 문
헌 대조를 거쳐 다시 정리한 것이다. 또한 이 책의 내용은 1932년 9월 8일부터
12월까지《조선신문》에 연재되었다.

2 《승정원일기》2970책, 고종 25년(1888) 2월 21일 계묘;《승정원일기》3012책,
고종 28년(1891) 8월 13일 갑진.

3 〈壽仁堂行閣新建及觀文閣撤毁費를 預算外支出請議書 第三十五號〉,《各部
請議書存案》18, 光武 5年(1901) 5月 21日.

4 Nate Kornegay, "Auguste Joseph Salabelle: Gojong's Little-Known
French Architect(1888-1891)", October 1, 2019. 출처: Colonial Korea-
Early Modern Architecture in Korea 홈페이지(https://colonialkorea.
com/2019/10/01/auguste-joseph-salabelle-gojongs-little-known-
french-architect-1888-1891/).

5 "景福宮奧庭時計台",〈風俗写真·絵葉書資料(満州·朝鮮·アイヌ)〉,《アジア
の肖像: 学習院大学所蔵古写真》, 學習院大學 東洋文化研究所: 東アジア学
バーチャルミュージアム, 2011-2012.(출처: https://www.gakushuin.ac.jp/
univ/rioc/vm/c05_koshashin/c0502_huzoku/1116.html).

6 京城電氣株式會社,《京城電氣株式會社六十年沿革史》, 1958.

7 〈標準電鐘〉,《皇城新聞》2면 2단, 1901년 10월 4일.

8 李重華,《京城記略》, 京城: 新文館, 大正 7年(1918), 147-148쪽.

9 〈(朝鮮名所) 京城鐘路街 (イ785)〉, 日之出商行 發行, 朝鮮写真絵はがきデ
ータベース, 整理番号: 27-17, 国際日本文化研究センター. (출처: https://
kutsukake.nichibun.ac.jp/CHO/).

10 善積三郎 編,《京城電氣株式會社二十年沿革史》, 東京: 京城電氣株式會社,

昭和 4年(1929), 47-48쪽.

11 〈(韓国) 京城電車〉, 朝鮮写真絵はがきデータベース, 整理番号: 27-47, 国際
日本文化研究センター. (출처: https://kutsukake.nichibun.ac.jp/CHO/).

12 善積三郎 編, 《京城電氣株式會社二十年沿革史》, 東京: 京城電氣株式會社,
昭和 4年(1929), 54-58쪽.

13 〈電車運行〉, 《皇城新聞》 2면 3단, 1899년 5월 19일.

14 〈龍山電車通行禮式〉, 《皇城新聞》 2면 2단, 1899년 12월 21일.

15 〈本社에서 自陽曆十一月一日로 電車夜行時間을 改定如左〉, 《皇城新聞》
2면 4단, 1900년 10월 30일.

16 〈電車營業時間變更〉, 《每日申報》 3면 1단, 1913년 10월 28일.

17 〈電車は午前二時迄, 年末の運轉時間〉, 《京城日報》 7면 4단, 1929년 12월
28일.

18 〈電車始終時間變更〉, 《每日申報》 2면 3단, 1931년 3월 13일. 신문기사는
9월과 10월의 전차 운행 시간을 형식상 구분하면서도 똑같은 내용을 기재하고
있다.

19 〈電車の時間延長さる〉, 《朝鮮新聞》 7면 6단, 1939년 5월 5일.

20 〈鍾路電燈〉, 《皇城新聞》 2면 1단, 1900년 4월 11일.

21 1887년에 경복궁 안에 있는 건청궁에 조선 최초로 전등이 가설되었다는 주장에
대해서는 다음 글을 참고하라. 金源模, 〈乾淸宮 멕케電燈所와 韓國 最初의
電氣 點燈(1887)〉, 《史學志》 21, 檀國大史學會, 1987년 12월.

22 〈電氣燈〉, 《皇城新聞》 2면 2단, 1901년 6월 18일.

23 〈電燈開設禮式〉, 《皇城新聞》 2면 3단, 1901년 8월 16일; 〈電燈始點〉, 《皇城
新聞》 2면 4단, 1901년 8월 19일.

24 京城府, 《京城府史》 第二卷, 朝鮮印刷株式會社, 昭和 11年(1936), 690쪽.

25 京城府, 《京城府史》 第一卷, 朝鮮印刷株式會社, 昭和 9年(1934), 683-
684쪽. 그러나 《경성전기주식회사 20년 연혁사》에 따르면, 진고개에서 전등이
점등되기 시작한 것은 1900년 6월 말이었다[善積三郎 編, 《京城電氣株式會社
二十年沿革史》, 東京: 京城電氣株式會社, 昭和 4年(1929), 58쪽.].

26 善積三郎 編, 《京城電氣株式會社二十年沿革史》, 東京: 京城電氣株式會社,

昭和 4年(1929), 第8表 電燈需用增加趨勢.

27 朝鮮總督府,《昭和 5年 朝鮮國勢調査報告: 道編》, 第1卷: 京畿道, 近澤商店印刷部, 昭和 7年(1932), 2, 293쪽.

28 〈電燈だけでも四十八萬燈, 動力二萬數千馬力, 各支店別の檢討〉,《京城日報》6면 12단, 1934년 3월 6일.

29 〈電燈需要狀況〉,《每日申報》4면 3단, 1925년 9월 10일.

30 朝鮮總督府,《昭和 5年 朝鮮國勢調査報告: 全鮮編》, 第1卷: 結果表, 近澤商店印刷部, 昭和 9年(1934), 2-3쪽.

31 〈朝鮮內의 電燈需要狀況〉,《中外日報》1면 8단, 1927년 11월 5일. 신문기사에는 총 전등 수가 525,666개로 나오지만, 실제 합산을 통해 이를 수정했다.

32 〈電燈需要狀況, 전선에 십륙만호〉,《每日申報》2면 5단, 1928년 12월 4일.

33 〈電燈需要, 一千萬燭光〉,《每日申報》4면 2단, 1930년 1월 12일; 〈朝鮮の電燈需要數〉,《朝鮮新聞》7면 10단, 1930년 1월 12일.

34 〈全鮮內電燈需要, 最近調査〉,《朝鮮新聞》4면 2단, 1931년 8월 2일; 〈鮮內の電燈需要, 最近の調査〉,《京城日報》3면 5단, 1931년 8월 2일.

35 朝鮮總督府,《昭和 5年 朝鮮國勢調査報告: 全鮮編》, 第1卷: 結果表, 近澤商店印刷部, 昭和 9年(1934), 2-3쪽.

36 〈電燈需要增加〉,《朝鮮新聞》4면 4단, 1932년 7월 29일.

37 〈電燈需要家調〉,《朝鮮新聞》4면 3단, 1933년 5월 18일.

38 善積三郎 編,《京城電氣株式會社二十年沿革史》, 東京: 京城電氣株式會社, 昭和 4年(1929), 62, 69, 73쪽.

39 〈電社時計改造〉,《慶南日報》2면 5단, 1911년 5월 21일.

40 善積三郎 編,《京城電氣株式會社二十年沿革史》, 東京: 京城電氣株式會社, 昭和 4年(1929), 5, 23-26쪽.

41 善積三郎 編,《京城電氣株式會社二十年沿革史》, 東京: 京城電氣株式會社, 昭和 4年(1929), 26-29, 59-60쪽. 〈明治四十一年日韓瓦斯誕生〉,《京城日報》6면 9단, 1937년 7월 8일.

42 〈光輝ある京電の歷史〉,《京城日報》6면 8단, 1937년 7월 8일.

43 〈日韓瓦斯會社改稱〉,《釜山日報》2면 8단, 1915년 9월 15일; 善積三郎 編,

《京城電氣株式會社二十年沿革史》, 東京: 京城電氣株式會社, 昭和 4年 (1929), 109쪽.

44 〈京電の本社移轉, 東京水原支店設置と共に十六日手續完了す〉, 《京城日報》 4면 1단, 1932년 5월 18일; 〈光輝ある京電の歷史〉, 《京城日報》 6면 8단, 1937년 7월 8일.

45 善積三郎 編, 《京城電氣株式會社二十年沿革史》, 東京: 京城電氣株式會社, 昭和 4年(1929)의 표제와 목차 사이에 실린 사진.

46 〈日韓瓦斯 營業課 移轉〉, 《每日申報》 2면 7단, 1913년 1월 17일; 〈日韓瓦斯 營業課 移轉〉, 《每日申報》 2면 7단, 1913년 10월 21일; 〈瓦斯會社의 移轉〉, 《每日申報》 2면 6단, 1913년 11월 20일; 〈瓦斯會社의 移轉〉, 《每日申報》 2면 5단, 1913년 12월 26일.

47 善積三郎 編, 《京城電氣株式會社二十年沿革史》, 東京: 京城電氣株式會社, 昭和 4年(1929), 133-136쪽.

48 〈京電新築移轉期〉, 《京城日報》 4면 4단, 1929년 4월 7일; 〈京電の移轉全部 の引越は六日〉, 《朝鮮新聞》 4면 4단, 1929년 5월 2일; 〈京電新社屋移轉〉, 《京城日報》 4면 5단, 1929년 5월 7일.

49 〈(朝鮮名所) 京城鐘路警察署及キリスト教青年会館ヲ望ム (京166)〉, 日之 出商行 發行, 朝鮮写真絵はがきデータベース, 整理番号: 4-京-59, 国際日 本文化研究センター. (출처: https://kutsukake.nichibun.ac.jp/CHO/).

50 가쿠슈인대학(学習院大學) 국제센터의 "東アジアの都市における歴史遺 産の保護と破壊: 古写真と旅行記が語る近代" 사진 자료 (https://www. gakushuin.ac.jp/univ/geore/research/2015a/seoul.html).

51 〈鍾路署 移轉說, 종로 이전 던긔회사로〉, 《每日申報》 3면 5단, 1915년 7월 20일; 〈鍾路署 移轉期, 팔월 십오일경에 이전 던긔회샤로〉, 《每日申報》 3면 3단, 1915년 7월 22일; 〈鍾路署의 移轉〉, 《每日申報》 3면 6단, 1915년 9월 2일.

52 〈종로셔 ᄉ법계 이젼〉, 《每日申報》 3면 6단, 1915년 9월 28일.

53 〈想起す去年の今夜, 鐘路署の爆彈事件, きのふ署員をあつめて激勵した森 署長〉, 《京城日報》 5면 4단, 1924년 1월 12일.

54 〈廿八日夜西小門町, 印刷會社より發火し附近の貞洞分室悉く燒失す, 消防隊と軍隊の出動〉,《朝鮮新聞》9면 1단, 1924년 4월 30일.

55 〈貞洞에 大法院, 삼법원을 합하야, 사층집을 신축〉,《中外日報》2면 6단, 1926년 11월 15일.

56 統監府,《韓國寫眞帖》, 東京: 小川寫眞製版所, 明治 43年(1910), 高等法院及京城地方裁判所.

57 〈鍾路署廳舍を民間に拂下げ裁判所跡へ移轉〉,《朝鮮新聞》2면 1단, 1926년 3월 17일.

58 朝鮮總督府,《朝鮮: 寫眞帖》, 堀寫眞製版部·朝鮮印刷株式會社, 大正 14年(1925), 도판 번호 47.

59 〈勅令 第236號: 統監府裁判所令〉,《公報》第124號 附錄, 統監府, 明治 42年(1909) 10月 23日, 1-2쪽.

60 〈制令 第5號〉,《朝鮮總督府官報》第29號, 朝鮮總督府印刷局, 明治 43年(1910) 10月 1日, 12쪽.

61 〈制令 第4號〉,《朝鮮總督府官報》號外, 朝鮮總督府印刷局, 明治 45年(1912) 3月 18日, 1-2쪽.

62 서울역사아카이브 근현대서울사진, 아카이브 번호: H-TRNS-77891-808.

63 〈高等法院移接期〉,《每日申報》2면 6단, 1911년 8월 24일.

64 〈高等法院의 移轉〉,《每日申報》2면 4단, 1911년 12월 2일.

65 〈貞洞に新裝して建つ三法院の落成式, 官民八百餘の來賓を招いてけふ盛大に擧行さる〉,《京城日報》2면 1단, 1928년 10월 8일; 〈登記係を残し三法院移轉, 頭?で仕事の判檢事殿〉,《朝鮮新聞》2면 1단, 1928년 10월 11일.

66 〈由緒の廳舍にお別れの日, 舊裁判所の跡へ鍾路署お引越し〉,《京城日報》2면 3단, 1929년 9월 5일.

67 〈鍾路署の移轉, 愈よ決定か, 舊裁判所の跡へ, この四月から〉,《京城日報》2면 7단, 1929년 1월 30일.

68 〈鍾路署 移轉은 確實 舊基 處分이 問題〉,《中外日報》2면 3단, 1929년 8월 4일.

69 〈鍾路署移轉開始〉,《中外日報》2면 1단, 1929년 9월 3일; 〈鍾路署移轉〉,

《每日申報》2면 1단, 1929년 9월 5일.

70 〈更生する"敵性", 泰和館が鍾路署の新廳舍に, 今秋十一月ごろ移轉〉,《京城日報》4면 2단, 1942년 8월 1일.

71 〈愈愈鍾路警察引越, 廿四日泰和女子館へ〉,《京城日報》4면 5단, 1943년 10월 14일; 〈이사하는 鍾路署, 二十四日 泰和女子館 자리로〉,《每日新報》2면 8단, 1943년 10월 14일.

72 〈泰和女子館의 近況〉,《每日申報》3면 1단, 1921년 5월 14일.

73 〈營營廿年의 結晶, 堂堂한 外觀과 內容을 兼備, 三層의 泰和女子館竣功〉,《每日新報》3면 1단, 1939년 6월 14일.

74 출처: 태화복지재단 홈페이지 (https://taiwhafound.org/).

75 서울역사아카이브 서울시정사진, 아카이브 번호: H-TRNS-84237-762.

76 〈曲折 많은 泰和舘, 鍾路署 移轉으로 다시 復活〉,《조선일보》2면 3단, 1949년 1월 18일.

77 〈무엇 때문의 許可: 都市計劃 無視한 百貨店 建築〉,《경향신문》3면 2단, 1955년 6월 21일; 〈新新百貨店 開店〉,《경향신문》3면 7단, 1955년 11월 16일.

78 〈建坪 576坪 鍾路署廳舍 落成〉,《조선일보》3면 9단, 1957년 3월 14일.

79 〈鍾路署 옛建物과 百年間의 來歷〉,《조선일보》2면 1단, 1957년 5월 9일.

80 〈童心의 나라 「해피랜드」, 어제 新新百貨店 뒤서 開場〉,《경향신문》2면 4단, 1961년 9월 27일.

81 〈獎忠壇에 「해피·랜드」〉,《경향신문》3면 4단, 1960년 10월 29일; 〈종로에 「어린이 놀이터」〉,《경향신문》2면 5단, 1961년 9월 5일.

82 〈그 시절 그 광고 (35): "없는 것 없는 小花들의 낙원", 서울 도심에 등장한 놀이공원〉,《조선일보》, 2014년 8월 27일.

83 〈新新百貨店이 헐린다. 21층 업무용 빌딩 지어〉,《동아일보》10면 5단, 1983년 8월 26일.

84 〈신축 第一銀行 본점 石造로 꾸며〉,《매일경제》2면 3단, 1984년 4월 30일.

85 〈第一銀行 본점신축 이전기념식〉,《매일경제》2면 6단, 1987년 10월 5일.

86 朝鮮總督府 編,《朝鮮》第230號, 朝鮮印刷株式會社, 昭和 9年(1934) 7月

1日, 口繪: 總督府遞信局分館.

87 〈遞信局保險課, 舊鐘路署移轉〉,《朝鮮新聞》2면 4단, 1930년 9월 1일;〈簡易保險引越し, もとの鍾路署跡へ〉,《京城日報》2면 8단, 1930년 9월 7일.

88 〈遞信局保險課廳舍新築地鎭祭〉,《朝鮮新聞》2면 4단, 1932년 12월 11일;〈遞信局保險課廳舍けふ地鎭祭を擧行〉,《京城日報》1면 4단, 1932년 12월 11일;〈遞信局廳舍落成〉,《京城日報》2면 1단, 1934년 6월 10일.

89 〈簡易保險課二十日竣工〉,《京城日報》2면 9단, 1934년 5월 5일.

90 京城電氣株式會社,《伸び行く京城電気》, 東京: 共同印刷株式會社, 昭和10年(1935), 11쪽.

91 〈(京城名所) 鐘路二丁目通り〉, 日之出商行 發行, 朝鮮写真絵はがきデータベース, 整理番号: 4-京-77, 国際日本文化研究センター. (출처: https://kutsukake.nichibun.ac.jp/CHO/).

92 〈鐘路唯一の大殿堂, 和信百貨店全燒, 發火原因不明, 損害六十餘萬圓, 宵の口の人出盛で大混雜〉,《朝鮮新聞》1면 1단, 1935년 1월 28일;〈一本のローソクに大百貨店を燒く, デパート和信の出火原因は隣りの不注意から〉,《朝鮮新聞》2면 1단, 1935년 1월 29일.

93 〈東亞百貨店 落成 (一월一일부터 개업)〉,《中央日報》2면 1단 1931년 12월 31일.

94 〈全燒 西舘은 十七年의 歷史, 東舘은 閔奎植氏 所有〉,《每日申報》1면 9단, 1935년 1월 28일 號外;〈西舘은 四回 增築, 保險 加入은 總計 몰은다, 西舘建物主 韓學洙氏 談〉,《每日申報》1면 9단, 1935년 1월 28일 號外;〈東亞百貨店을 和信商會가 買收, 鍾路街에 大センセーション〉,《朝鮮新聞》2면 4단, 1932년 7월 19일.

95 〈東亞百貨店 四日에 開業〉,《每日申報》2면 9단, 1932년 1월 3일.

96 〈復興計劃中의 和信百貨店, 원종로서 자리를 사용하야 一部開店을 準備中〉,《每日申報》5면 1단, 1935년 1월 30일.

97 〈和信百貨店臨時營業凄い景氣に開始〉,《朝鮮新聞》2면 4단, 1935년 2월 9일.

98 〈朝鮮人側唯一の百貨店「和信」竣工〉,《朝鮮新聞》7면 6단, 1935년 9월 12일.

99 〈火災後 다시 復興된 和信百貨店의 偉觀〉,《朝鮮中央日報》2면 1단, 1935년 9월 15일.

100 〈(京城名所) 鐘路二丁目通り〉, 日之出商行 發行, 朝鮮写真絵はがきデータベース, 整理番号: 4-京-78, 国際日本文化研究センター. (출처: https://kutsukake.nichibun.ac.jp/CHO/).

101 국립중앙박물관 소장 조선총독부박물관 유리건판, 소장품 번호: 건판 029257.

102 〈新舘竣工せる和信百貨店五日より謝恩大賣出し〉,《朝鮮新聞》7면 9단, 1936년 12월 5일.

103 〈和信百貨店第二期增築〉,《京城日報》3면 7단, 1937년 4월 10일.

104 〈スカイサイン京城に出現, 和信百貨店の新裝〉,《朝鮮新聞》7면 6단, 1937년 10월 8일.

105 〈和信の新舘, 十日より開店〉,《朝鮮新聞》2면 10단, 1937년 11월 7일.

106 〈50년 榮華…헐리는 和信백화점〉,《조선일보》10면 7단, 1987년 3월 15일.

107 〈舊鐘路署建物, 來十七日에 公賣〉,《每日申報》5면 9단, 1935년 11월 30일.

108 〈舊鍾路署廳舍 最近에 競賣〉,《조선일보》2면 5단, 1935년 10월 16일.

109 〈もとの鍾路署跡へニュース舘が建つ, 慶南道會議員河駿錫氏が計畫〉,《京城日報》7면 1단, 1937년 10월 7일;〈漢城電氣가 創建, 最近와서는 貸家: 헐리는 前鍾路署 來歷〉,《朝鮮中央日報》2면 1단, 1936년 2월 22일.

110 〈舊鍾路署跡에 摩天樓 建立, 하씨재단 중심〉,《每日申報》3면 1단, 1937년 10월 14일;〈舊鍾路署跡에 大삘딩 計畫〉,《조선일보》2면 4단, 1937년 10월 10일.

111 〈元鍾路署跡에 六層삘딩 計畫〉,《조선일보》2면 10단, 1938년 6월 2일.

112 〈舊鍾路署の跡に貸ビルを建設か, 富豪河駿錫氏が計劃〉,《朝鮮新聞》7면 4단, 1938년 7월 30일.

113 〈鍾路署蹟에「삘딩」〉,《每日新報》3면 6단, 1939년 3월 8일.

114 〈長安삘딩 工事 進捗, 八月末로 竣工〉,《每日新報》6면 7단, 1939년 6월 14일.

115 〈永保ビル增築竣工〉,《朝鮮新聞》7면 8단, 1937년 1월 9일.

116 〈長安派와 再建派〉,《自由新聞》1면 10단, 1945년 10월 26일; 〈長安「삘딩」
全燒, 保管中인 教科書는 건졌다〉,《경향신문》3면 8단, 1957년 4월 6일; 〈長
安「삘딩」에 大火〉,《조선일보》2면 6단, 1957년 4월 5일; 〈鍾路에 大火, 長安
삘딩 全燒〉,《동아일보》3면 9단, 1957년 4월 6일; e영상역사관 대한뉴스관,
대한뉴스 제 108호, 1957년 4월 6일. (https://www.ehistory.go.kr/page/
view/movie.jsp?srcgbn=KV&mediaid=542&mediadtl=2662&gbn=DH).

3 대시계: 랜드마크의 시대

1 〈勅令 第9號: 大韓醫院官制〉,《官報》第3712號, 議政府官報課, 光武 11年
(1907) 3月 13日, 30-31쪽; 〈醫院移接〉,《大韓每日申報》2면 2단, 1907년
9월 7일; 〈本院이 本月 九·十 兩日에 統內 馬登山 新築 大韓醫院으로 移接
홈〉,《皇城新聞》3면 2단, 1907년 11월 8일.

2 이규철, 〈대한의원 본관의 건축 과정과 건축 계획적 특성〉,《의사학》25-1, 통
권 제52호, 대한의사학회, 2016년 4월, 11-21쪽; 〈醫院移接〉,《大韓每日申報》
2면 4단, 1908년 6월 18일.

3 統監府,《第二次韓國施政年報(明治 41年)》, 龍山印刷局, 明治 43年(1910),
166쪽.

4 朝鮮總督府,《朝鮮: 寫眞帖》, 堀寫眞製版部·朝鮮印刷株式會社, 大正 14年
(1925), 도판번호 40.

5 〈勅令 第368號: 朝鮮總督府醫院官制〉,《朝鮮總督府官報》第28號, 龍山印刷
局, 明治 43年(1910) 9月 30日, 132쪽

6 〈總督府醫院閉院式擧行, 第二代第三代の院長が相携へて昨夜入城〉,《京城
日報》2면 8단, 1928년 5월 15일; 〈總督府醫院閉院式, 十六日午後二時擧
行〉,《釜山日報》2면 8단, 1928년 5월 18일.

7 〈記念時計塔〉,《每日申報》2면 6단, 1915년 9월 21일.

8 〈共進會開場次第〉,《朝鮮時報》1면 1단, 1915년 9월 6일; 〈朝鮮共進會開會
式: 閑院宮同妃兩殿下臺臨〉,《釜山日報》2면 4단, 1915년 10월 3일; 〈(京城
特電) 始政五年記念共進會閉會式〉,《釜山日報》2면 2단, 1915년 10월 29일.

9 〈共進會と仁丹〉,《每日申報》4면 1단, 1915년 10월 6일.

10 朝鮮總督府鐵道局,《朝鮮鐵道史》第1卷, 朝鮮印刷株式會社, 昭和 4年 (1929), 580쪽, 482-483쪽.

11 朝鮮總督府鐵道局,《朝鮮鐵道史》第1卷, 朝鮮印刷株式會社, 昭和 4年 (1929), 276쪽; 〈京義線開通期〉,《皇城新聞》3면 1단, 1905년 9월 25일.

12 朝鮮總督府鐵道局,《朝鮮鐵道史》第1卷, 朝鮮印刷株式會社, 昭和 4年 (1929), 482쪽과 483쪽 사이의 사진.

13 〈(朝鮮名所) 京城南大門停車場〉 사진엽서. 출처: e뮤지엄 전국박물관 소장품 검색(https://www.emuseum.go.kr), 용산역사박물관 소장품 번호: 구입 712.

14 京城府,《京城府史》第一卷, 朝鮮印刷株式會社, 昭和 9年(1934), 660, 673, 679, 766쪽.

15 朝鮮總督府鐵道局,《朝鮮鐵道史》日韓印刷株式會社, 大正 4年(1915), 180쪽.

16 〈京城驛の麗觀〉 사진엽서. 출처: e뮤지엄 전국박물관 소장품 검색(https://www.emuseum.go.kr), 부산광역시립박물관 소장품 번호: 구입 3202.

17 〈京城の發展を表徵する南大門驛, 愈々明春から改築に着手, 逐年乘降客增加の趨勢〉,《釜山日報》3면 8단, 1918년 2월 23일; 〈南大門驛 入場料, 五錢으로 改正〉,《每日申報》3면 4단, 1915년 9월 10일.

18 〈오늘부터 경성역이 된 남대문역의 식간판〉,《每日申報》3면 1단, 1923년 1월 1일.

19 〈復興式の姿も美しい, 新京城驛竣工, 十五日から開業〉,《朝鮮新聞》3면 3단, 1925년 10월 7일; 〈南大門驛 改稱, 경성역이라 기칭홀 것을 인가 출원〉,《每日申報》3면 8단, 1922년 3월 14일; 〈京城驛修板式〉,《京城日報》1면 1단, 1925년 10월 13일.

20 〈震災 餘波로 京城驛 工事는 일년을 더 쓸어〉,《每日申報》3면 7단, 1923년 11월 16일.

21 〈炎天下に槌の響, 築かれゆく大建物 (2): 首都の玄關を飾る新京城驛, 汗と鬪ふ三國の人夫二百名, 誇りは高聲電話機と電氣時計〉,《京城日報》3면 2단,

1924년 8월 12일.

22 〈大京城の玄關口を飾る, 新裝の京城驛〉, 《朝鮮新聞》6면 1단, 1925년 10월 15일.

23 〈京城驛食堂, ラヂオ設備〉, 《京城日報》2면 8단, 1925년 12월 12일; 〈京城驛食堂にラヂオ設備〉, 《朝鮮新聞》3면 9단, 1925년 12월 12일; 〈京城驛食堂放送開始, 십일일부터〉, 《每日申報》2면 3단, 1925년 12월 12일.

24 朝鮮總督府, 《朝鮮神宮造營誌》, 京都: 山本湖舟印刷, 昭和 2年(1927), 1-14쪽, 70-72쪽. 조선신궁 창건 과정은 《조선신궁조영지》를 참고하였다.

25 久保實光, 《朝鮮神宮寫眞圖集》, 朝鮮建築會, 大正 14年(1925), 5쪽.

26 〈釜山停車場 (外部の景)〉 사진엽서. 출처: e뮤지엄 전국박물관 소장품 검색 (https://www.emuseum.go.kr), 부산광역시립박물관 소장품 번호: 기증 2696.

27 〈釜山特電: 停車場開場式〉, 《每日申報》2면 2단, 1910년 11월 1일.

28 〈大田驛と階上の食堂〉 사진엽서. 출처: e뮤지엄 전국박물관 소장품 검색 (https://www.emuseum.go.kr), 부산광역시립박물관 소장품 번호: 구입 5497.

29 〈釜山驛屋上の大時計: 寄る年波に傷く誇り, 故障を起したり狂ったり, 近く電氣時計と交代〉, 《釜山日報》2면 7단, 1934년 10월 10일.

30 〈時の記念日も何糞ツ: 拗ねて時計の盟休, ズラリ寝入んだ電氣時計, 釜山鐵道街此頃憂鬱〉, 《釜山日報》2면 2단, 1935년 6월 9일.

31 〈大田驛落成期〉, 《釜山日報》3면 8단, 1918년 5월 21일.

32 〈大田驛と食堂品〉, 《釜山日報》3면 6단, 1918년 12월 26일.

33 〈大田驛に 地下道 掘鑿, 공비 수만원을 드리여〉, 《每日申報》3면 4단, 1919년 1월 9일.

34 〈羅津驛に大時計〉, 《京城日報》7면 1단, 1936년 4월 30일.

35 〈中央郵便局の正門に大時計を据付, 五十燭光四球をつけて夜間でも見える〉, 《京城日報》3면 4단, 1925년 10월 10일.

36 〈京城郵便局の全影〉 사진엽서. 출처: e뮤지엄 전국박물관 소장품 검색 (https://www.emuseum.go.kr), 부산광역시립박물관 소장품 번호: 구입

3294.

37 〈서울중앙우체국 청사 전경〉, 관리번호: CET0038636, 생산기관: 공보처 홍보국 사진담당관, 관리기관: 영구기록물관리기관, 1957년 2월 8일. 출처: 행정안전부 국가기록원 홈페이지(https://www.archives.go.kr/).

38 〈京城郵便局은 東洋의 第一〉, 《每日申報》 3면 1단, 1915년 10월 1일.

39 〈京城中央電信局新設, 京城郵便局도 愈よ看板替へ, 中央郵便局에 改稱〉, 《京城日報》 2면 8단, 1939년 10월 1일; 〈中央電信局〉, 《조선일보》 2면 7단, 1939년 8월 25일; 〈保險醫院을 開放〉, 《동아일보》 2면 9단, 1949년 7월 31일.

40 〈中央郵遞局, 忠武路局開店〉, 《경향신문》 2면 5단, 1953년 7월 4일; 〈中央郵遞局復活〉, 《조선일보》 2면 6단, 1954년 1월 15일.

41 〈中央郵遞局, 31日 落成式〉, 《조선일보》 3면 9단, 1957년 1월 19일; 〈서울中央郵遞局, 復舊落成式 盛大〉, 《동아일보》 3면 10단, 1957년 2월 1일.

42 〈서울中央우체국, 開局 86돌〉, 《매일경제》 7면 6단, 1974년 7월 2일; 〈中央우체국 前面 4백4평, 8월末까지 철거〉, 《매일경제》 6면 1단, 1977년 7월 29일.

43 〈寄贈大時計, 府廳의 玄關に〉, 《朝鮮新聞》 5면 2단, 1931년 10월 31일.

44 〈서울중앙우체국〉, 통합코드번호: 02W06201Dc0000, 서울연구원 서울연구데이터서비스, 2000년 8월 촬영.

45 서울역사아카이브 근현대서울사진, 아카이브 번호: H-TRNS-103072-808.

46 〈甦る京城府廳の電氣時計〉, 《京城日報》 2면 1단, 1941년 4월 9일.

47 〈京城府廳舍新建築は小寺氏へ落札〉, 《京城日報》 1면 8단, 1924년 11월 16일.

48 〈京城府廳舍定礎式〉, 《每日申報》 2면 1단, 1925년 9월 10일; 〈槌の響も嚴かに, けふ上棟式を擧行, 堂堂たる京城府廳舍, 官民九百の來賓を迎へて盛大に〉, 《京城日報》 1면 1단, 1925년 12월 7일.

49 〈輪奐の美を極む京城新府廳舍, 十月三十日落成式〉, 《釜山日報》 5면 7단, 1926년 10월 16일; 〈京城府新廳舍工事槪要〉, 《朝鮮新聞》 1면 8단, 1926년 10월 30일.

50 〈國內 최대 電光時計, 市廳 옥상에 설치)〉, 《조선일보》 6면 5단, 1975년 2월 23일.

51 〈서울시청 전광시계 점광식 (1975년 2월 21일)〉, 고유번호: IT8109, 식별번호: RG5-SR58-IT8109, 생산자: 서울특별시 문화공보실(1974-1976). 출처: 서울기록원 홈페이지(https://archives.seoul.go.kr/).

52 〈待望の京城府民舘落成式, 國際都市の文化殿堂, 近代建築の精華集る, けふ盛大なる落成式擧行, 堂々たる雄姿出現〉, 《朝鮮新聞》6면 1단, 1935년 12월 10일.

53 〈仰ぎ見る朝鮮一の大時計, 府民舘を飾る〉, 《京城日報》2면 1단, 1935년 10월 24일.

54 〈府民館〉 사진 엽서. 출처: e뮤지엄 전국박물관 소장품 검색(https://www.emuseum.go.kr), 부산광역시립박물관 소장품 번호: 구입 2800.

55 〈三年만에 도로찾는 府民舘〉, 《동아일보》2면 6단, 1948년 12월 3일; 〈倭色은 여기에도, 府民舘 舞臺幕에 物議〉, 《조선일보》2면 8단, 1949년 10월 7일.

56 〈中央國立劇場 誕生, 市民舘 改修, 二月一日 開舘〉, 《동아일보》2면 1단, 1950년 1월 4일; 〈中央國立劇場, 어제 開舘式 盛大〉, 《동아일보》2면 8단, 1950년 4월 30일; 〈府民舘, 國立劇場으로〉, 《조선일보》2면 2단, 1950년 1월 4일.

57 〈修理되는 府民舘〉, 《동아일보》2면 3단, 1953년 12월 23일.

58 〈政府廳舍再配定〉, 《동아일보》2면 4단, 1954년 5월 23일; 〈새選良 맞는 새 議事堂〉, 《경향신문》2면 1단, 1954년 6월 9일.

59 〈汝矣島 새國會議事堂 준공〉, 《조선일보》1면 1단, 1975년 9월 2일; 〈市民會舘별관 개관〉, 《경향신문》7면 6단, 1975년 11월 29일.

60 〈市民會舘全燒〉, 《조선일보》7면 1단, 1972년 12월 3일.

61 〈世宗문화회관 命名〉, 《경향신문》7면 11단, 1978년 2월 6일.

62 〈市의회 8일 개원〉, 《경향신문》13면 4단, 1991년 7월 3일.

63 출처: 서울특별시의회 홈페이지(https://www.smc.seoul.kr) 사진영상홍보관 (의회건축물).

64 〈本紙創刊四十五周年記念事業に大時計塔, 京城運動塲に建設, 京城府に寄附決定, いよいよ來る二十九日落成式〉, 《朝鮮新聞》2면 1단, 1932년 9월 28일; 〈京城運動塲に 三面時計塔 落成〉, 《東亞日報》2면 8단, 1932년 10월

3일.

65 〈運動場の新設備, 本社寄贈の時計塔, けふ落成式を擧行〉, 《朝鮮新聞》2면
3단, 1932년 9월 30일

66 〈運動場開き式順きまる, 鎭座祭の佳き日, 午後二時行はる〉, 《京城日報》
2면 5단, 1925년 10월 13일.

67 〈李相圭氏 寄附, 朝鮮一의 大時計, 直徑 七尺이나 되는 큰 時計, 天主教堂
에 裝置 豫定〉, 《每日申報》2면 3단, 1936년 1월 9일; 〈京城天主教堂 尖端
의 新偉觀, 直徑 七尺의 大時計를 裝置!〉, 《每日申報》7면 5단, 1936년 4월
1일.

68 〈丁子屋新舘上棟式, あす擧行〉, 《京城日報》2면 7단, 1929년 7월 1일; 〈丁
子屋新舘落成す〉, 《京城日報》2면 9단, 1929년 9월 20일; 〈丁子屋新館, け
ふから開店〉, 《京城日報》7면 9단, 1929년 9월 21일.

69 〈堂堂五階の丁子屋新館, 近日中に落成, 南大門通の偉觀〉, 《京城日報》3면
4단, 1930년 10월 8일; 〈丁子屋新館, 九月末落成〉, 《京城日報》7면 10단,
1930년 6월 18일.

70 서울역사아카이브 근현대서울사진, 아카이브 번호: H-TRNS-103427-798.

71 〈京城の一偉觀, 丁子屋本舘落成, けふから"大京城展"〉, 《京城日報》7면
9단, 1939년 9월 21일; 〈京城一の偉觀, 丁子屋本館落成〉, 《朝鮮時報》3면
13단, 1939년 9월 26일; 〈丁子屋の大增築, 約五十萬圓を投し〉, 《朝鮮時報》
3면 5단, 1937년 10월 3일.

72 〈街の龍宮丁子屋, 廿一日開店〉, 《朝鮮新聞》7면 11단, 1939년 9월 8일; 〈丁
子屋, 新館增築落成〉, 《每日新報》3면 9단, 1939년 9월 20일; 〈丁子屋落成
式〉, 《朝鮮新聞》2면 5단, 1939년 9월 22일; 〈丁子屋新館落成, 堂堂斯界に
君臨〉, 《朝鮮時報》3면 5단, 1939년 10월 23일.

73 〈丁子屋 中央으로, 一日로 刷新 發足〉, 《조선일보》2면 9단, 1946년 2월
4일.

74 〈(京城) 京城四大デパートの一, 丁子屋の景觀〉 사진 엽서. 출처: e뮤지엄 전
국박물관 소장품 검색(https://www.emuseum.go.kr), 부산광역시립박물관
소장품 번호: 구입 3063.

75 〈中央百貨店 退去를 命令〉,《조선일보》2면 6단, 1946년 5월 16일.

76 〈前美軍 PX, 貿易局等이 使用〉,《동아일보》2면 11단, 1949년 7월 10일.

77 〈美都波에 突然 閉鎖令〉,《경향신문》2면 4단, 1954년 8월 10일; 〈美都波(舊丁子屋), 管理權 爭奪〉,《조선일보》2면 7단, 1954년 9월 12일; 〈舊丁子屋, 契約 更新 完了〉,《동아일보》2면 6단, 1954년 11월 17일; 〈百貨店 없어진다〉,《경향신문》3면 5단, 1955년 1월 16일; 〈店鋪는 어디로, 貿協, 美都波 建物 안으로 이사〉,《조선일보》3면 7단, 1955년 1월 22일.

78 〈美都波 拂下에 特惠 措處인가, 査定價 겨우 四億餘圜〉,《경향신문》3면 8단, 1955년 8월 22일; 〈22日 拂下 申請, 問題의 美都波 建物〉,《경향신문》3면 6단, 1955년 8월 24일; 〈東紡 等을 隨意契約으로 賣却〉,《조선일보》1면 6단, 1955년 8월 24일.

79 〈主人 바뀐 美都波〉,《조선일보》4면 1단, 1969년 3월 13일.

80 〈새丹粧 위해 門닫은 美都波, 9월부터 새모습으로〉,《매일경제》6면 6단, 1973년 3월 2일.

81 〈美都波·時代百貨店 합병, 9월부터 新裝 개업〉,《매일경제》6면 1단, 1973년 5월 12일; 〈미도파百貨店, 내일 新裝 開店〉,《동아일보》6면 5단, 1973년 10월 31일.

82 〈「미우만」百貨店〉,《조선일보》3면 4단, 1959년 12월 20일.

83 〈치솟는 「眼下無人」, (7) 時代百貨店〉,《매일경제》3면 1단, 1968년 11월 22일.

84 서울역사아카이브 근현대서울사진, 아카이브 번호: H-TRNS-85402-369.

85 〈미도파본점 "변신" 시도〉,《동아일보》10면 9단, 1994년 9월 24일; 〈미도파백화점 새단장, 명동店 패션의류 特化〉,《경향신문》9면 2단, 1994년 12월 10일.

86 서울역사박물관 소장 유물, 유물번호: 서울역사 050595.

87 京城府,《京城府史》第二卷, 朝鮮印刷株式會社, 昭和 11年(1936), 967쪽.

88 〈府廳跡は三越が買收?, 大百貨店建設の計畫, 府當局も秋波を送る〉,《京城日報》2면 7단, 1926년 5월 15일.

89 〈買手を急ぐ舊府廳舍趾の賣却, 起債利子にも追はれ三越に渡りを附く〉,《京城日報》2면 3단, 1927년 5월 9일.

90 〈樂天地, あす蓋明け〉,《京城日報》2면 7단, 1927년 10월 1일.

91 〈樂天地開場近づく, 美しく竣成〉,《朝鮮新聞》2면 6단, 1927년 9월 30일;
〈子供達の絶好樂園, 樂天地けふから開場, 整った塲內の設備振り〉,《朝鮮
新聞》5면 5단, 1927년 10월 1일; 〈樂天地, 一日の賑ひ〉,《朝鮮新聞》2면
8단, 1927년 10월 2일.

92 〈舊府廳舍跡へ三越のお引越し, 大枚卅萬圓を投げ出して近く本契約を
結ぶ〉,《京城日報》2면 1단, 1928년 9월 15일; 〈明秋までに五層樓の大建
築, 殘地は分筆入札, 起債の償還をやる〉,《京城日報》2면 1단, 1928년 9월
15일; 〈坪八百圓が最高, 府廳舍跡の一部, 卅萬で三越に賣る〉,《朝鮮新聞》
2면 1단, 1928년 9월 15일; 〈舊府廳舍跡に六層樓の大建築, 三越新築の具體
案を得て加藤出張所長歸城〉,《京城日報》2면 5단, 1928년 10월 4일.

93 〈舊府廳舍跡に百貨店計畫, 有志連の目論見〉,《朝鮮新聞》2면 8단, 1928년
11월 27일.

94 〈舊府廳舍跡の身賣り話きまる, 戶嶋氏らの百貨店の具體化で馬野さんの置
土産〉,《京城日報》2면 1단, 1929년 1월 29일.

95 〈舊府廳舍跡綺麗に拂濟み, 三越建築に着手〉,《朝鮮新聞》2면 7단, 1929년
3월 15일.

96 〈三越の新築, 多田組に落札〉,《朝鮮新聞》4면 3단, 1929년 6월 26일.

97 〈三越新築の地鎭祭, 廿七日擧行〉,《京城日報》2면 6단, 1929년 6월 25일.

98 〈三越出張所, 京城支店と改稱〉,《朝鮮新聞》4면 3단, 1929년 10월 8일.

99 〈京城目ぬきの新名所, 三越支店の新築落成, 鮮銀前廣場に近代的建築美,
近日中に新築落成式を擧行〉,《京城日報》3면 3단, 1930년 10월 14일; 〈京
城の誇り, 三越新館開き〉,《京城日報》7면 10단, 1930년 10월 21일; 〈新裝
成つて三越の新館開き, まづ新聞關係者を招待, 廿四日から開業〉,《京城
日報》2면 8단, 1930년 10월 23일; 〈京城の新風景として, 三越新館堂堂出
現, 官民千數百名を招待して, 廿二日盛大な披露〉,《朝鮮新聞》2면 3단,
1930년 10월 23일.

100 〈京城の新風景として, 三越新館堂堂出現, 官民千數百名を招待して, 廿二
日盛大な披露〉,《朝鮮新聞》2면 3단, 1930년 10월 23일.

101 서울역사아카이브 근현대서울사진, 아카이브 번호: H-TRNS-103333-798.

102 〈增築する三越, 躍進京城に備へて〉,《京城日報》2면 7단, 1936년 11월 8일; 〈三越が增築, 五百坪を增し六階に〉,《朝鮮新聞》3면 9단, 1936년 11월 8일.

103 〈三越新舘竣成〉,《朝鮮新聞》7면 9단, 1937년 9월 30일; 〈三越增築落成式〉,《京城日報》2면 7단, 1937년 10월 1일.

104 〈三越裏の電話局設置は都市繁榮を阻害, 都市計畫研究會に反對熱高調, あす府廳で相談〉,《京城日報》11면 4단, 1933년 5월 18일; 〈買手澤山で府廳有卦に入る, 三越裏の府有地〉,《京城日報》7면 9단, 1932년 8월 10일

105 〈京城中央電話局, 新廳舍 落札〉,《조선일보》1면 11단, 1934년 3월 15일.

106 〈大トンネルで舊廳舍と連結, 中央電話局の新築規模〉,《朝鮮新聞》2면 7단, 1934년 3월 16일; 〈中央電話局, 三越側に 新築〉,《每日申報》7면 6단, 1934년 3월 16일; 〈中央電話局新築地鎭祭〉,《朝鮮新聞》7면 8단, 1934년 3월 24일; 〈電話局の上棟式〉,《京城日報》7면 9단, 1934년 10월 23일.

107 〈The Outside View of the Keijo Central Telephone Office, Seoul, Korea〉, U.S. Army Signal Corps, October 1945 (소장처: 국립문서기록관리청, 수집정리번호: 13025099, 문서번호: SC297373). 출처: 국사편찬위원회 전자사료관(http://archive.history.go.kr).

108 〈京城中央電話局, 六月頃完成せん〉,《釜山日報》2면 6단, 1935년 2월 24일; 〈中央電話局, 工事進む〉,《朝鮮新聞》3면 9단, 1935년 2월 24일; 〈中央電話局, 廿八日落成式〉,《京城日報》2면 7단, 1935년 9월 24일; 〈京城中央電話局, 盛大な落成式, 總監始め多數の來賓が列席, きのふ午後擧行〉,《京城日報》2면 5단, 1935년 9월 29일.

109 〈新世界백화점 別館, 9월초 신규 開店〉,《매일경제》10면 6단, 1985년 7월 15일; 〈新世界백화점 리빙관, 10일 새로 열어〉,《매일경제》10면 4단, 1985년 9월 10일.

110 〈不景氣を參酌し, 府廳跡は安値賣り, 貯蓄銀行と協定成らん〉,《朝鮮新聞》5면 1단, 1930년 11월 2일.

111 〈貯蓄銀行ビルの入札, 六十八萬圓で大林組に落札〉,《朝鮮新聞》4면 3단, 1933년 9월 26일.

112 〈鐵骨建つ〉,《京城日報》7면 2단, 1934년 10월 14일; 〈朝鮮貯蓄銀行定礎

式, 十日午後盛大に擧行〉,《朝鮮新聞》7면 7단, 1935년 5월 11일.

113 서울역사아카이브 근현대서울사진, 아카이브 번호: H-TRNS-103426-807.

114 〈朝鮮貯蓄銀行落成式〉,《朝鮮時報》1면 6단, 1935년 11월 24일; 〈貯蓄銀行

落成〉,《每日申報》4면 3단, 1935년 12월 1일; 〈貯蓄銀行新築落成式, 新舘

大會議室でけふ盛大に擧行〉,《朝鮮新聞》7면 7단, 1935년 12월 3일.

115 〈商號變更에 對한 謹告〉,《동아일보》3면 13단, 1958년 12월 1일.

116 中央情報鮮滿支社 編,《大京城寫眞帖》, 京城出版社, 昭和 12年(1937),

97쪽.

117 미나카이백화점의 역사는 다음 신문기사를 참고했다. 〈朝鮮産業大觀 (二十):

半島服飾界の覇王, 大三中井の現況,「吳服は三中井」を深く認識せしめ, 今

は完備せるデパートに君臨〉,《京城日報》6면 1단, 1934년 9월 22일.

118 〈三中井新館記念, 吳服·洋服大特賣, 二十日から愈愈開始〉,《朝鮮新聞》

5면 7단, 1929년 3월 17일; 〈三中井の大賣出, 廿日から〉,《朝鮮新聞》2면

8단, 1929년 3월 20일.

119 〈七層樓の三中井新舘竣工, 廿日から店びらき〉,《京城日報》7면 8단, 1933년

9월 14일; 〈三中井新築落成式〉,《朝鮮新聞》4면 5단, 1933년 9월 14일; 〈三

中井新築落成式〉,《朝鮮新聞》2면 6단, 1934년 9월 18일; 〈三中井落成式〉,

《京城日報》7면 10단, 1933년 9월 19일; 〈新裝の京城三中井, 一期建築落

成〉,《釜山日報》5면 9단, 1933년 9월 21일.

120 〈三中井增築, 安銀迹を買收〉,《釜山日報》5면 10단, 1935년 10월 11일.

121 서울역사아카이브 근현대서울사진, 아카이브 번호: H-TRNS-103428-798.

122 〈군사원호청 건물 외경 2〉, 관리번호: CET0044966, 생산기관: 공보처 홍보국

사진담당관, 관리기관: 영구기록물관리기관, 1962년 1월 28일. 출처: 행정안전

부 국가기록원 홈페이지(https://www.archives.go.kr/).

123 〈끝내 헐리게 된 前원호처 建物〉,《경향신문》4면 3단, 1970년 2월 17일

124 〈都心 4곳에 共同駐車場 설치 검토〉,《경향신문》6면 4단, 1980년 1월 28일.

125 〈명동역 상업은행 재건축, 新세대 "신명례방" 쇼핑몰 탄생〉,《조선일보》28면

1단, 1997년 5월 29일.

126 中央情報鮮滿支社 編, 《大京城寫眞帖》, 京城出版社, 昭和 12年(1937), 85쪽.

127 〈安田銀行新築〉, 《京城日報》 2면 9단, 1931년 12월 7일.

128 〈安田銀行支店新築, 本月着工〉, 《京城日報》 4면 3단, 1934년 10월 7일; 〈安田銀行新築竣工〉, 《京城日報》 4면 6단, 1935년 10월 23일; 〈安田銀行支店新營開業〉, 《朝鮮新聞》 7면 6단, 1935년 11월 12일.

129 中央情報鮮滿支社 編, 《大京城寫眞帖》, 京城出版社, 昭和 12年(1937), 250쪽.

130 朝鮮商業銀行, 《株式會社朝鮮商業銀行沿革史》, 北內印刷所, 昭和 17年 (1942), 1-2, 7-8, 13-15, 17쪽.

131 〈天一銀行 上樑式〉, 《皇城新聞》 2면 5단, 1908년 10월 6일; 〈廣通館 落成式〉, 《皇城新聞》 1면 5단, 1909년 12월 1일; 〈商銀 成灰〉, 《每日申報》 2면 4단, 1914년 2월 9일; 〈商業銀行의 重修〉, 《每日申報》 2면 9단, 1914년 8월 19일; 〈商業銀行 移轉期〉, 《每日申報》 2면 5단, 1914년 12월 18일.

132 서울역사박물관 소장 유물, 유물번호: 서울역사 050617.

133 〈한국상업은행〉, 관리번호: CET0036097, 생산기관: 공보처 홍보국 사진담당관, 관리기관: 영구기록물관리기관, 1959년 2월 24일. 출처: 행정안전부 국가기록원 홈페이지(https://www.archives.go.kr/).

134 〈한국상업은행 전경 2〉, 관리번호: CET0036315, 생산기관: 공보처 홍보국 사진담당관, 관리기관: 영구기록물관리기관, 1965년 12월 22일. 출처: 행정안전부 국가기록원 홈페이지(https://www.archives.go.kr/).

135 〈實業銀行 定礎式〉, 《每日申報》 2면 8단, 1922년 6월 16일; 〈實銀工事竣期〉, 《每日申報》 2면 8단, 1922년 10월 25일; 〈實銀 移轉期, 本町 支店 설치〉, 《每日申報》 2면 8단, 1923년 4월 18일; 〈實業銀行 移轉期〉, 《每日申報》 2면 9단, 1923년 5월 9일.

136 〈商銀本店＝ 新築落成式〉, 《동아일보》 3면 1단, 1965년 12월 15일.

137 朝鮮銀行, 《朝鮮銀行五年志》, 朝鮮總督官房總務局印刷所, 大正 4年 (1915), 1-4쪽; 〈韓國銀行改稱期〉, 《每日申報》 2면 5단, 1911년 7월 27일; 〈朝鮮銀行으로 改稱〉, 《每日申報》 2면 4단, 1911년 8월 16일; 〈法律 第

48號: 朝鮮銀行法〉,《朝鮮總督府官報》第175號, 朝鮮總督府印刷局, 明治
44年(1911) 4月 4日, 11쪽.

138 〈韓國銀行 發足〉,《경향신문》1면 1단, 1950년 6월 13일.

139 〈復舊된 韓銀本舘〉,《조선일보》3면 1단, 1958년 1월 19일.

140 〈(朝鮮名所) 京城朝鮮銀行〉 사진 엽서. 출처: e뮤지엄 전국박물관 소장품 검
색(https://www.emuseum.go.kr), 부산광역시립박물관 소장품 번호: 구입
2777.

141 〈韓銀 본점新館 준공〉,《매일경제》2면 9단, 1987년 12월 1일.

142 〈復元되는 韓國銀行 본관〉,《경향신문》13면 7단, 1988년 4월 2일;〈韓國銀
行 본관 준공〉,《매일경제》4면 6단, 1989년 6월 5일;〈韓銀 본관 原形 복원
준공〉,《경향신문》6면 7단, 1989년 6월 5일;〈韓銀 복원공사 완공〉,《동아일
보》7면 8단, 1989년 6월 5일;〈말쑥한 9層 建物, 韓銀別館 20日 落成〉,《조
선일보》4면 5단, 1963년 11월 21일.

143 東京火災保險株式會社,《東京火災保險株式會社五十年誌》, 東京: 一色活
版所, 昭和 13年(1938), 27, 452쪽.

4 전기시계: 바야흐로 전기의 시대

1 〈皇室の御生活御改善, 先づ時間の問題より, 御殿に電氣時計を御採用, 年內
に取着完了の筈〉,《朝鮮時報》3면 1단, 1922년 12월 23일.

2 〈釜山郵便局增築, 局構內倉庫を榮町に移轉, 電氣時計五十餘個を增設〉,
《朝鮮時報》2면 1단, 1922년 12월 6일.

3 〈電氣時計의 新輸入, 서서국제의 최신식 시계, 톄신국에서 스로히 구입〉,《每日
申報》3면 3단, 1923년 3월 28일.

4 〈覆蓋を割り電氣時計破壞〉,《朝鮮新聞》2면 3단, 1926년 7월 27일.

5 〈(釜山名所) 釜山郵便局〉, 釜山呉竹堂書店 發行, 朝鮮写真絵はがきデー
タベース, 整理番号: 5-釜-113, 国際日本文化研究センター. (출처: https://
kutsukake.nichibun.ac.jp/CHO/).

6 〈來月廿日迄に取附る, 釜山局の電氣時計, 總計四十五個工費約四千圓〉,

《朝鮮時報》3면 1단, 1923년 2월 15일.

7 〈午砲よりも正確になる釜山局の電氣時計, 本月中には据付を終わる豫定〉, 《朝鮮時報》3면 5단, 1923년 3월 22일.

8 〈釜山局の三千圓の大時計, 四十五の小時計を連れ, 一晝夜に半秒の時差, 今後局の時間は正確〉, 《朝鮮時報》3면 1단, 1923년 7월 4일.

9 〈釜山局の電氣時計の親〉, 《朝鮮時報》3면 1단, 1923년 7월 6일.

10 〈狂ひ出した電氣時計, 釜山局御自慢の親時計は大丈夫〉, 《朝鮮時報》3면 7단, 1924년 1월 22일.

11 〈新義州局に電氣時計, 三千圓で新設, 西鮮では最初〉, 《京城日報》5면 5단, 1924년 1월 24일.

12 〈新義州郵便局に 電氣時計를 寄贈〉, 《每日申報》2면 10단, 1936년 8월 5일.

13 〈南大門頭に電氣時計を特に設置〉, 《朝鮮新聞》3면 3단, 1924년 9월 5일; 〈南大門消防署に 電氣時計 備置, 부민에게 시간을 언제든지 알려줘〉, 《時代日報》1면 9단, 1924년 9월 7일; 〈電氣時計, 南大門消防署에 비치하고 시간 질문에 응답〉, 《每日申報》3면 6단, 1924년 9월 8일.

14 〈大邱郵便局の電氣大時計〉, 《釜山日報》3면 9단, 1925년 11월 18일.

15 〈電氣時計, 大田局に新設〉, 《京城日報》4면 8단, 1926년 2월 6일.

16 〈(朝鮮大觀) 漢時代よりの古邑, 咸興府の繁華街本町〉, Taisho 發行, 朝鮮 写真絵はがきデータベース, 整理番号: 10-5-11, 国際日本文化研究センター. (출처: https://kutsukake.nichibun.ac.jp/CHO/).

17 〈道廳所在地に 電氣時計 裝置〉, 《每日申報》2면 10단, 1928년 12월 12일.

18 〈統營局へ電氣時計装新設, 二十六日頃には完了〉, 《釜山日報》7면 6단, 1933년 5월 26일.

19 〈咸鏡北道: 雄基局標準時計〉, 《朝鮮新聞》3면 10단, 1933년 5월 28일.

20 〈郵便局正面に標準時計, 設置の議起る〉, 《朝鮮新聞》4면 9단, 1933년 6월 2일.

21 〈木浦局標準時計, 釜山の篤志家寄金〉, 《朝鮮新聞》4면 6단, 1933년 6월 10일.

22 〈木浦局前に電氣時計, いよいよ裝置〉,《朝鮮時報》3면 2단, 1935년 2월 7일.

23 〈正確な時計設備, 慶南道廳內, 電氣時計と改む〉,《朝鮮時報》3면 3단, 1933년 3월 19일.

24 〈忠北道新廳舍, 電燈電氣時計工事, 淸州電氣商會に落札〉,《朝鮮時報》3면 6단, 1936년 12월 25일.

25 〈落成の統營第一普校に大型電氣時計を寄附〉,《朝鮮時報》3면 4단, 1937년 11월 21일;〈母校の落成に電氣時計, 吳福煥氏寄贈〉,《釜山日報》6면 5단, 1937년 12월 18일.

26 〈驛の電氣時計, 全部取付完了〉,《釜山日報》4면 10단, 1939년 4월 11일.

27 朝鮮總督府,《朝鮮總督府廳舍新營誌》, 刊寫年 未詳, 6쪽. 이 책은 조선총독부 도서관에 '쇼와 4년(1929) 12월 26일 자'로 등록되었다.

28 〈朝鮮總督府廳舍, 新築工事槪要〉,《朝鮮新聞》1면 8단, 1926년 10월 1일.

29 서울역사아카이브 근현대서울사진, 아카이브 번호: H-TRNS-103355-808.

30 〈중앙청 박물관으로, 개축기공식 가져〉,《매일경제》1면 9단, 1983년 6월 15일;〈새 國立중앙박물관 開館〉,《경향신문》1면 1단, 1986년 8월 21일;〈舊총독부 건물 완전철거〉,《조선일보》1면 9단, 1996년 11월 14일.

31 서울역사박물관 소장 유물, 유물번호: 서울역사 052029.

32 京城府,《京城府史》第2卷, 朝鮮印刷株式會社, 昭和 11年(1936), 1-5쪽.

33 〈統監府新廳舍〉,《每日申報》2면 1단, 1910년 9월 4일; 朝鮮總督府,《朝鮮總督府廳舍新營誌》, 刊寫年 未詳, 1쪽.

34 〈民衆化す總督府舊廳舍, 記念科學博物館と商品陳列館に改造〉,《京城日報》1면 5단, 1926년 1월 18일;〈專賣局의 移轉과 商品陳列館의 休館〉,《每日申報》1면 8단, 1925년 12월 28일.

35 〈第六回全國菓子飴大品評會〉,《朝鮮新聞》1면 7단, 1926년 4월 15일.

36 〈新築さるる商品陳列館, 工費は二十二萬圓, 設計全部出來上る〉,《京城日報》2면 8단, 1928년 9월 11일.

37 〈朝鮮總督府, 商品陳列館地鎭祭, 明秋新築工事竣成〉,《釜山日報》2면 9단, 1928년 12월 20일.

38 〈중앙상공장려관 전경〉, 관리번호: CET0036069, 생산기관: 공보처 홍보국 사진담당관, 관리기관: 영구기록물관리기관, 1956년. 출처: 행정안전부 국가기록원 홈페이지(https://www.archives.go.kr/).

39 〈(京城) 倭城臺にある恩賜記念科學館〉 사진 엽서. 출처: e뮤지엄 전국박물관 소장품 검색(https://www.emuseum.go.kr), 부산광역시립박물관 소장품 번호: 구입 4039.

40 〈商工獎勵館開舘式, 落成式を兼ね本日行はる〉,《京城日報》1면 7단, 1929년 12월 12일.

41 〈大韓商議 신축회관 기공〉,《매일경제》2면 7단, 1982년 9월 30일;〈1백주년 맞은 大韓商議, 新築會館 준공식 가져〉,《매일경제》7면 3단, 1984년 9월 26일.

42 京城府,《京城府史》第2卷, 朝鮮印刷株式會社, 昭和 11年(1936), 286쪽;〈恩賜科學舘名士招待會〉,《京城日報》2면 1단, 1927년 5월 6일.

43 〈日曜時評: 鄕土科學舘 建設의 方案〉,《동아일보》1면 1단, 1953년 10월 5일.

44 〈電氣時計〉,《京城日報》3면 10단, 1924년 11월 4일.

45 〈マツダ電氣時計〉,《京城日報》7면 1단, 1936년 4월 10일.

46 〈電氣時計に京電頭をふる, 府當局で設置するのが當然ときつい肱鐵砲〉,《京城日報》3면 6단, 1925년 7월 5일.

47 〈三共無線式電氣時計〉,《京城日報》3면 9단, 1929년 12월 4일.

48 〈停電にと止らぬ精工舍電氣時計〉,《朝鮮新聞》2면 10단, 1936년 7월 14일.

49 〈電氣時計賣出〉,《朝鮮新聞》2면 10단, 1935년 8월 16일.

50 〈電氣時計展〉,《朝鮮新聞》3면 10단, 1937년 9월 28일.

51 〈興電大邱支店 電氣時計賣出し〉,《釜山日報》5면 8단, 1936년 6월 5일.

52 〈電氣時計の知識〉,《京城日報》4면 3단, 1936년 2월 2일.

53 〈富士電機時計〉,《朝鮮新聞》5면 11단, 1937년 3월 26일.

54 〈サクラ電氣時計〉,《京城日報》7면 12단, 1937년 5월 22일.

55 〈KN電氣自動時報時計〉,《朝鮮新聞》2면 12단, 1937년 9월 10일.

56 〈KN電氣自動時報時計〉,《朝鮮新聞》2면 11단, 1937년 6월 6일.

57 〈京城にも・いよいよ「電氣時計」登場, 試験に成功・京電が賣出す〉,《京城日報》3면 3단, 1934년 12월 14일;〈十日は時の記念日, 電燈線に時計, 素晴らしい便利な時代, 發電所の親時計まかせ〉,《京城日報》3면 1단, 1934년 6월 9일.

58 〈常に正しい時刻を指す電氣時計のお話, どうして正確に動くか〉,《京城日報》4면 5단, 1938년 6월 5일.

59 〈最近電氣時計が遅れる〉,《朝鮮新聞》7면 7단, 1938년 8월 30일.

60 〈댁의 전긔시게는 요새 틀님업시 맞습니까〉,《每日新報》4면 4단, 1939년 8월 15일.

61 〈電力異變朝鮮に飛火, 京城の電氣時計, 一晝夜に三・四分遲刻, 原因は?, まづ電力節約が急務〉,《朝鮮新聞》7면 1단, 1939년 10월 17일.

62 〈科學斷片: 電氣時計의 將來〉,《每日新報》4면 6단, 1940년 4월 16일.

5 시의 기념일: 일상의 표준화

1 〈標準時間統一?, 늬무셩의 시로운 계획〉,《每日申報》3면 3단, 1919년 12월 23일.

2 関口直甫,〈時の記念日の起源と, 大正年代の報時事業について〉,《科學史研究》第58号, 日本科學史学会, 1961년 4-6月, 16-23쪽. 별도의 미주가 없는 경우 일본의 '시의 기념일'에 대한 정보는 세키구치 나오스케(関口直甫)의 글에 근거한다.

3 〈雜報: 時の展覽會〉,《天文月報》第13卷 第5號, 日本天文學會, 大正 9年(1920) 5月, 73쪽.

4 有田邦雄,〈生活改善としての「時」展覽會〉,《天文月報》第13卷 第6號, 日本天文學會, 大正 9年(1920) 6月, 79-80쪽.

5 有田邦雄,〈生活改善としての「時」展覽會〉,《天文月報》第13卷 第6號, 日本天文學會, 大正 9年(1920) 6月, 80쪽.

6 〈報時球〉, 横浜 手彩色写真絵葉書 図鑑: 1900-1920 明治~大正 古絵葉書・古写真・古書籍・古地図より. (출처: https://yokohamapostcardclub.blogspot.

com/2014/05/blog-post_6009.html).

7 山田正良 編, 《改正增補 航海指針》, 神戶: 海員協會, 大正 2年(1913),
   153쪽; 〈雜報: 報時球及報時燈〉, 《天文月報》第20卷 第4號, 日本天文學會,
   昭和 2年(1927) 4月, 76쪽.

8 稻田三之助, 《電信工學》, 東京: 誠文堂 工學全集刊行會, 昭和 8年(1933),
   374쪽: 第223圖.

9 〈時의 紀念日〉, 《每日申報》3면 10단, 1921년 6월 10일; 〈時의 記念日, 오는
   십일에 시계 션뎐을 흘터이다〉, 《每日申報》3면 2단, 1921년 6월 7일.

10 〈時의 紀念日은 륙월 십일에 거힝〉, 《每日申報》3면 9단, 1922년 5월 26일;
   〈時의 宣傳, 시간관념 필요, 리십일의 긔념일에〉, 《每日申報》3면 6단, 1922년
   6월 6일.

11 〈大田: 「時의 기념일」〉, 《每日申報》3면 9단, 1923년 6월 8일; 〈平壤: 時의
   記念日〉, 《每日申報》4면 2단, 1923년 6월 11일.

12 〈十日が來た, 時の宣傳, 「樂隊や汽笛」の鳴物入りに乘馬隊も加へて! 名案
   があれば聞きたい〉, 《朝鮮時報》3면 1단, 1923년 6월 6일.

13 〈六月十日, 時の記念日, 正午合圖に鐘や笛が鳴る, 學校では「時」の講演, 市
   中には宣傳ビラ〉, 《京城日報》2면 7단, 1924년 6월 5일

14 〈時の記念日, 釜山府に於ても大大的に宣傳, 之れでもか之れでもかと積極
   的にやる計畫〉, 《朝鮮時報》3면 5단, 1924년 6월 7일; 〈乘馬隊で押し出し
   「時の日」の宣傳, 寺院·工場で鐘と笛, 大人の眞似はするなと訓ゆ〉, 《朝鮮時
   報》3면 1단, 1924년 6월 11일.

15 〈時の記念日〉, 《朝鮮時報》2면 1단, 1925년 6월 10일; 〈由緖ふかい時の記念
   日に就き, 和田慶南知事談〉, 《朝鮮時報》3면 1단, 1927년 6월 11일.

16 〈時!, 生活改善の一步, 六月十日の記念日にポスターや總ゆる方法で宣傳〉,
   《朝鮮新聞》3면 1단, 1925년 6월 10일

17 〈今日は 時計が 創造された 날, 永遠히 遵守할 時의 紀念日, 正確한 時計로 참
   되게 살자〉, 《每日申報》2면 2단, 1925년 6월 10일.

18 〈時の記念日, 新義州の宣傳方法〉, 《朝鮮新聞》4면 5단, 1925년 5월 26일

19 〈時の記念日に時間勵行の宣傳, 來る六月十日を期して目下道社會課で標語

作製中〉,《朝鮮時報》3면 2단, 1925년 5월 21일

20 〈十日は時の記念日, 功榮者表彰を行ふ〉,《京城日報》2면 2단, 1925년 6월 7일

21 〈けふは時の記念日, 正午を期して一齊に汽笛鐘を鳴らす〉,《京城日報》4면 7단, 1925년 6월 10일

22 〈釜山の「時の記念日」, 自動車を驅つてビラを撒き大宣傳〉,《朝鮮時報》3면 6단, 1925년 6월 5일;〈釜山の「時の記念日」, 自動車を驅つて一齊に「時の宣傳」, 時計組合も組合員出動して鳴物入りの大宣傳〉,《朝鮮時報》3면 1단, 1925년 6월 10일.

23 〈時の記念日, 一日早く宣傳〉,《朝鮮新聞》3면 7단, 1926년 6월 5일.

24 〈府民の頭に「時」を植つける, あすの時の記念日, 六時に報時機が吠える〉, 《京城日報》2면 2단, 1926년 6월 9일.

25 〈眞面目顔して府尹の「時」の放送, むかし天智天皇が~, 今日は時の記念日〉, 《京城日報》3면 1단, 1926년 6월 9일.

26 〈時の記念日, 沙里院の催し〉,《京城日報》3면 6단, 1926년 6월 9일.

27 〈新義州の時の記念日, 十五日に繰下〉,《京城日報》3면 2단, 1926년 6월 11일.

28 〈時の記念日, 各地の催し〉,《京城日報》3면 6단, 1926년 6월 12일.

29 〈平澤に於ける時の記念日〉,《朝鮮新聞》3면 4단, 1926년 6월 11일.

30 〈六月十日正午を期し時の記念日大宣傳, 慶南道の試みと通牒〉,《朝鮮時報》3면 1단, 1927년 6월 3일.

31 〈時の記念日に大邱府が大宣傳, 二萬枚の宣傳ビラで〉,《朝鮮新聞》3면 8단, 1927년 6월 3일.

32 〈「時間勵行」の制札に府內に物物しい時の關所, 龍谷女學校の生徒は總出で宣傳, 由緒深い時の記念日〉,《京城日報》2면 1단, 1927년 6월 11일.

33 〈平澤: 時の記念日〉,《朝鮮新聞》3면 10단, 1927년 5월 29일.

34 〈貴方の時計を標準時にあはせませう〉,《釜山日報》2면 2단, 1927년 6월 11일;〈全市に亘つて時の大宣傳, 一齊に行はる〉,《朝鮮時報》3면 1단, 1927년 6월 10일.

35 〈時の記念日, 本町通りを中心にいろいろな催し〉,《京城日報》2면 5단, 1928년 6월 11일.

36 〈十日は時の記念日, 京城府の催し〉,《京城日報》2면 6단, 1928년 6월 3일.

37 〈時間勵行會大宣傳開始, 府內一般に〉,《朝鮮新聞》5면 9단, 1928년 6월 28일; 〈府民も眞劍な時間勵行會, 會員は七百に上り徽章も近く出來る〉,《京城日報》2면 6단, 1928년 7월 15일.

38 〈京城時間勵行會徽章, 會員に配布〉,《朝鮮新聞》2면 4단, 1928년 8월 1일.

39 〈時間勵行會徽章〉,《朝鮮新聞》2면 9단, 1928년 8월 12일.

40 〈時間勵行會のマーク〉,《京城日報》2면 9단, 1928년 8월 1일.

41 〈町をあげて時間勵行會へ, まづ時間の節約からと元町二丁目の思ひつき〉,《京城日報》7면 2단, 1929년 8월 10일.

42 〈慶典記念に時間勵行會, 新たに組織さる〉,《朝鮮時報》3면 4단, 1925년 5월 24일; 〈銀婚記念, 時間勵行會, 一週一回, 指針を正す〉,《釜山日報》7면 10단, 1925년 5월 24일.

43 〈沃川時間勵行, 會規確定實行〉,《每日申報》3면 5단, 1925년 6월 24일.

44 〈時間勵行會を組織す〉,《朝鮮時報》2면 8단, 1929년 9월 23일.

45 〈求禮時間勵行會〉,《每日申報》3면 4단, 1930년 8월 19일.

46 〈開城に時間勵行會〉,《京城日報》4면 8단, 1932년 6월 12일.

47 〈居昌の時間勵行會創立〉,《釜山日報》5면 1단, 1932년 6월 14일.

48 〈江原道: 華川有志が時間勵行會〉,《朝鮮新聞》4면 7단, 1933년 8월 23일.

49 〈時間勵行會, 海州에서 組織〉,《每日申報》4면 4단, 1933년 6월 16일.

50 〈時間勵行會, 設立を促す〉,《京城日報》5면 4단, 1936년 6월 11일.

51 〈楊口時間勵行會〉,《朝鮮新聞》4면 9단, 1936년 10월 30일.

52 〈六月十日は時の記念日, 大大的に催す〉,《朝鮮新聞》2면 3단, 1929년 5월 28일.

53 〈時の記念日〉,《朝鮮新聞》2면 6단, 1929년 6월 7일.

54 〈時の記念日, 海州の計畫〉,《朝鮮新聞》4면 3단, 1929년 6월 1일.

55 〈時の記念日に京城組合の大宣傳, 全市を擧げ「時」の徹底〉,《朝鮮新聞》2면 5단, 1930년 6월 8일.

56 〈「時」の小旗が散る「時」の行列が通る, 時間調整所も千客萬來, けふの時の
    記念日〉,《京城日報》2면 1단, 1930년 6월 11일; 〈日時計陳列〉,《朝鮮新聞》
    5면 10단, 1930년 6월 17일; 〈日時計公開〉,《京城日報》2면 9단, 1930년
    6월 17일.

57 《세종실록》66권, 세종 16년(1434) 10월 2일 을사.

58 〈五百年前の「日時計」を鍾路から掘り出す, 安泰應氏が書物で發見, 時計史
    上の貴重品〉,《京城日報》2면 1단, 1930년 6월 8일; 〈鍾路の宗廟南街で發
    掘された日時計の餘談〉,《京城日報》7면 1단, 1930년 6월 10일.

59 〈時の記念日(時間勵行會總會と村木時計店の宣傳)〉,《朝鮮新聞》2면 2단,
    1930년 6월 11일.

60 〈街の時計アラベスク〉,《朝鮮新聞》3면 1단, 1936년 6월 10일.

61 〈村木時計店の活動〉,《京城日報》2면 2단, 1930년 6월 10일.

62 〈時の記念日, 平壤の催し〉,《京城日報》3면 10단, 1930년 6월 4일.

63 〈時の記念日仁川の催し〉,《朝鮮新聞》3면 5단, 1930년 6월 10일.

64 〈村人のために「時」を告げる, 時の記念日に表彰された朝鮮の二氏, 寒暑に
    も屈せずやり通したその功績〉,《朝鮮新聞》5면 5단, 1930년 6월 11일.

65 〈社說: 「時」の觀念, 記念日の意義〉,《京城日報》3면 1단, 1930년 6월 10일.

66 〈文化人の生活を充實せよと … 時の記念日について林慶北知事語る〉,《朝
    鮮新聞》4면 1단, 1930년 6월 10일.

67 〈時の記念日, 鮮內各地の催し〉,《朝鮮新聞》4면 1단, 1931년 6월 12일.

68 〈平安南道: 時の記念日, 平壤府の催し〉,《朝鮮新聞》3면 6단, 1931년 6월
    11일.

69 〈時の記念日迫る〉,《朝鮮新聞》2면 1단, 1932년 6월 9일.

70 〈時の記念日, 春川での催し〉,《朝鮮新聞》4면 4단, 1931년 6월 4일.

71 〈時の記念日, 平澤の催し〉,《朝鮮新聞》3면 9단, 1931년 6월 10일.

72 〈時の記念日とサイレン吹鳴〉,《朝鮮新聞》2면 4단, 1932년 6월 10일; 〈時記
    念日, 十日府內の催し〉,《京城日報》7면 4단, 1932년 6월 8일.

73 〈平安北道: 時の記念日, 江界の催し〉,《朝鮮新聞》4면 3단, 1932년 6월
    14일.

74 〈黃海道: 時の記念日, 海州の催し〉, 《朝鮮新聞》3면 9단, 1932년 6월 9일.

75 〈時の記念日, 各地の催し〉, 《朝鮮新聞》4면 1단, 1932년 6월 12일.

76 〈けふは時の記念日, お互に時間を尊重しませう〉, 《京城日報》4면 1단, 1932년 6월 10일.

77 〈貴方の時計は正確ですか, 十日は時の記念日〉, 《京城日報》2면 6단, 1933년 6월 10일.

78 〈けふは時の記念日, 時間の尊中忘れずに!〉, 《京城日報》5면 2단, 1933년 6월 10일.

79 〈忠淸南道: 時の記念日, 鳥致院の催し〉, 《朝鮮新聞》4면 5단, 1933년 6월 6일.

80 〈咸鏡南道: 時の記念日, 元山の催し〉, 《朝鮮新聞》3면 8단, 1933년 6월 12일.

81 〈慶尙北道: 永川時の記念日〉, 《朝鮮新聞》4면 8단, 1933년 6월 10일.

82 〈慶尙南道: 時の記念日に團體部落の選奬, 慶南道で時計一個を〉, 《朝鮮新聞》5면 4단, 1933년 6월 11일.

83 〈時の記念日に「時の夕」開催〉, 《朝鮮新聞》2면 5단, 1934년 6월 9일.

84 〈時の記念日, 慶北の催し〉, 《京城日報》5면 1단, 1934년 5월 8일.

85 〈黃海道: 瑞興時の記念日〉, 《朝鮮新聞》4면 2단, 1934년 6월 12일.

86 〈時の記念日に功勞者を表彰, 十日關水知事より選ばれた三名の功蹟〉, 《朝鮮時報》3면 1단, 1934년 6월 10일.

87 〈咸鏡北道: 時の記念日, 城津の催し〉, 《朝鮮新聞》3면 6단, 1934년 6월 9일.

88 〈時の記念日〉, 《朝鮮新聞》2면 5단, 1935년 6월 11일.

89 〈時の記念日を看板で宣傳〉, 《朝鮮新聞》7면 9단, 1935년 5월 31일.

90 〈時の記念日に鐵道の諸計畫〉, 《京城日報》2면 6단, 1935년 6월 6일.

91 〈時の記念日〉, 《京城日報》4면 8단, 1935년 6월 13일.

92 〈忠淸南道: 時の記念日, 大田の催し〉, 《朝鮮新聞》6면 5단, 1935년 5월 31일.

93 〈全羅南道: 時の記念日, 長興の計畫〉, 《朝鮮新聞》6면 11단, 1935년 6월

11일.

94 〈時の記念日, 浦項の打合〉,《朝鮮新聞》2면 5단, 1935년 6월 9일.

95 〈全羅南道: 時の記念日, 靈岩の催し, 打合會で決定〉,《朝鮮新聞》5면 1단, 1935년 6월 8일.

96 〈時の記念日, 各地の催し〉,《京城日報》5면 9단, 1936년 6월 13일.

97 〈時の記念日, 春川邑打合會〉,《朝鮮新聞》2면 1단, 1936년 6월 8일.

98 〈仁川の時の記念日, 各種の計畫〉,《朝鮮時報》2면 7단, 1936년 6월 5일; 〈時の記念日, 時間尊重, 定時勵行, 三回に亘り標準時を報知, 仁川府の各種催し〉,《釜山日報》6면 8단, 1936년 6월 3일.

99 〈「時の記念日」, 全鮮各地それぞれの催し, "時間の確守と尊重"〉,《朝鮮新聞》4면 5단, 1936년 6월 12일.

100 〈部落を更生させた時の鐘の女主人公, 朝鮮唯一の功勞者として記念日に表彰さる〉,《京城日報》2면 6단, 1937년 6월 11일.

101 〈けふは時の記念日, 敬虔な一分間默禱, 戰時色濃い京城の諸行事〉,《京城日報》7면 2단, 1938년 6월 10일; 〈時の記念日, 鐵道局の催し〉,《京城日報》7면 4단, 1938년 6월 7일.

102 〈時の記念日〉,《京城日報》5면 3단, 1938년 6월 11일.

103 〈けふは時の記念日, 一齊に時の觀念强調〉,《京城日報》5면 5단, 1938년 6월 10일; 〈時の記念日〉,《京城日報》5면 1단, 1938년 6월 12일.

104 〈仁川時の記念日〉,《朝鮮新聞》5면 4단, 1938년 6월 11일.

105 〈各地時の記念日〉,《朝鮮新聞》3면 9단, 1938년 6월 13일.

106 〈時の記念日〉,《朝鮮新聞》2면 2단, 1938년 6월 12일.

107 〈時の記念日當日, 京城府の諸行事〉,《京城日報》2면 10단, 1939년 6월 7일.

108 〈守れ寸秒!, 時の記念日, 仁川の催し〉,《京城日報》5면 3단, 1939년 6월 6일; 〈時の記念日〉,《朝鮮新聞》5면 6단, 1939년 6월 7일.

109 〈時の記念日〉,《朝鮮新聞》5면 5단, 1939년 6월 4일.

110 〈時の記念日, 平澤邑の行事〉,《朝鮮新聞》4면 11단, 1939년 6월 9일.

111 〈時間を尊重せよ, 各地"時の記念日"行事〉,《朝鮮新聞》5면 9단, 1939년 6월 10일.

112 〈時の記念日, 大田の行事〉, 《京城日報》5면 10단, 1940년 6월 7일.

113 〈時の記念日, 平壌府の行事〉, 《朝鮮新聞》5면 6단, 1940년 6월 9일.

114 〈各地時の記念日〉, 《朝鮮新聞》3면 10단, 1940년 6월 10일.

115 〈"時を活かせ", 各地の時の記念日〉, 《朝鮮新聞》5면 6단, 1940년 6월 12일.

116 〈皮肉・時の記念日, 全南道廳の遲刻者三割〉, 《京城日報》5면 3단, 1941년 6월 13일.

117 〈出退勤廳時間延長〉, 《朝鮮新聞》2면 9단, 1941년 6월 14일.

118 〈襄陽時の記念日〉, 《朝鮮新聞》2면 5단, 1941년 6월 12일.

119 〈春川時の記念日, 各種行事實施さる〉, 《朝鮮新聞》2면 9단, 1941년 6월 12일.

120 〈急げ"建設への分秒", きのふ決戰下初の「時の記念日」〉, 《京城日報》4면 1단, 1942년 6월 11일.

121 〈「時」今こそ重大, けふ時の記念日〉, 《京城日報》2면 7단, 1945년 6월 10일.

122 〈のろい時計早い針脚, 電氣時計を除くほかほとんど狂つてゐる, 本社が各方面に亘つて調査したタイム〉, 《京城日報》2면 1단, 1924년 6월 11일.

123 〈時の關所張込み記, 出勤時間は果して勵行されてゐるか, 記念日の成績しらべ〉, 《京城日報》2면 1단, 1931년 6월 11일.

124 〈時の記念日, 鮮内各地の催し〉, 《朝鮮新聞》4면 1단, 1931년 6월 12일.

125 〈時の記念日〉, 《京城日報》5면 10단, 1934년 6월 12일.

126 〈時の記念日, 咸商の時計調査, 平均時差五分餘〉, 《京城日報》4면 9단, 1936년 6월 12일.

127 〈官公署はルーズ?, 時計の狂が一番多い, 流石に學校は殆ど正確, 大邱「時の記念日」の正誤調査〉, 《釜山日報》4면 6단, 1935년 6월 13일.

128 〈慶尙北道: 時の記念日, 時計正否統計〉, 《朝鮮新聞》5면 5단, 1935년 6월 14일.

129 〈出鱈目時間ばかり, なんとだらしない大邱府民の時計, 時の記念日も泣く〉, 《京城日報》4면 6단, 1936년 6월 13일.

130 〈けふ時の記念日, 京城時計打診簿, 中央標準時計の前に健康なのが幾つあるか?〉, 《京城日報》7면 1단, 1937년 6월 10일.

4장 라디오 시대

1 표준시의 역사: 하나의 시간을 위하여

1 〈勅令 第5號: 大韓國標準時에 關ᄒᆫ 件〉,《官報》第3994號, 內閣法制局官報課, 隆熙 2年(1908) 2月 11日 火曜, 37쪽; 〈時間標準〉,《皇城新聞》2면 4단, 1908년 2월 9일.

2 〈勅令 第240號: 韓國ニ統監府及理事廳ヲ置クノ件〉,《官報》號外, 印刷局, 明治 38年(1905) 11月 23日.

3 〈統監部令 第5號〉,《公報》第41號, 統監部, 明治 41年(1908) 2月 15日, 1쪽.

4 〈廣告: 京釜鐵道株式會社〉,《皇城新聞》3면 3단, 1904년 11월 18일; 〈廣告: 경부텰도쥬식회샤〉,《帝國新聞》2면 3단, 1904년 11월 18일.

5 〈仁川理事廳告示 第5號〉,《公報》第51號, 統監部, 明治 41年(1908) 4月 25日, 3쪽.

6 〈時間一定의 標準〉,《皇城新聞》2면 2단, 1910년 7월 30일; 〈進退時間標準〉,《大韓每日申報》2면 3단, 1910년 7월 30일.

7 〈中央標準時實施〉,《每日申報》2면 4단, 1912년 1월 1일.

8 〈日鮮標準時改正〉,《每日申報》2면 3단, 1911년 9월 24일.

9 〈標準時의 改正〉,《每日申報》2면 3단, 1911년 9월 26일.

10 〈標準時間實行期〉,《每日申報》2면 4단, 1911년 12월 7일.

11 〈標準時實施期〉,《每日申報》2면 3단, 1911년 12월 14일.

12 〈朝鮮總督府令 第144號〉, 〈朝鮮總督府告示 第338號〉,《朝鮮總督府官報》第367號, 朝鮮總督府印刷局, 明治 44年(1911) 11月 16日, 109쪽.

13 〈官通牒 第375號: 標準時改正ニ關スル件〉,《朝鮮總督府官報》第389號, 朝鮮總督府印刷局, 明治 44年(1911) 12月 13日, 85쪽.

14 〈標準時變更計劃, 東經 120度 30分 基準〉,《동아일보》2면 7단, 1954년 2월 7일.

15 〈三十分을 늦춘다, 21日부터 標準時間 還元〉,《경향신문》3면 1단, 1954년 3월 14일.

788 시간의 연대기

16 〈現行時刻, 卅分 뒤로 늦춘다〉, 《조선일보》 2면 4단, 1954년 3월 14일.

17 〈유엔軍 協調를 注目, 韓國標準時 使用에 拒否的〉, 《조선일보》 3면 1단, 1954년 3월 15일.

18 〈大統領令 第876號: 標準子午線 變更에 關한 件〉, 《官報》 第1074號, 公報處, 檀紀 4287年(1954) 3月 17日, 1쪽.

19 〈廿一日零時卅分〉, 《조선일보》 2면 1단, 1954년 3월 19일.

20 〈出退勤時間을 變更, 19日 國務會서 決定〉, 《동아일보》 2면 8단, 1954년 3월 20일.

21 〈上午 九時부터 五時까지, 公務員執務時間 變更〉, 《동아일보》 2면 8단, 1954년 3월 23일.

22 〈標準時間 變更, 美軍서도 同意〉, 《경향신문》 2면 9단, 1954년 3월 23일.

23 〈標準時 光復과 時間嚴守〉, 《조선일보》 1면 1단, 1954년 3월 21일.

24 〈法律 第676號: 標準子午線 變更에 關한 法律〉, 《官報》 第2926號(其二), 공보부, 檀紀 4294年(1961) 8月 7日, 430쪽.

25 〈10日부터 「標準時間」을 變更, 子正 期해 實施, 零時를 零時半으로〉, 《동아일보》 3면 1단, 1961년 8월 5일.

26 〈九日밤 通禁싸이렌 불면 時計바늘을 12時半으로〉, 《경향신문》 3면 2단, 1961년 8월 9일.

27 〈全朝鮮의 標準時間은 仁川觀測所에서, 時計의 中央政府內容〉, 《每日申報》 2면 6단, 1925년 6월 10일.

28 〈明十日は時の記念日, 標準時間はどうして全鮮へ報ぜられるか, 東京無電局から仁川へ仁川觀測所から全鮮へ〉, 《京城日報》 2면 1단, 1930년 6월 10일.

29 〈三ケ所三樣の釜山の標準時間, サイレン, 郵便局, 驛, 何れも信ずべきか?〉, 《釜山日報》 3면 2단, 1936년 3월 7일.

30 〈標準時는 엇던 經路로 우리들이 알게 되는가〉, 《每日申報》 2면 10단, 1931년 6월 10일.

31 木船海運協會圖誌部 編, 《ラジオの每時時報と機帆船の天測》, 東京: 大日本海洋図書出版社, 昭和 19年(1944), 29쪽.

32 島村福太郎, 〈資料: 現代日本科學技術史年表—天文學 (I)〉, 《科學史研究》 16, 日本科学史學會, 1950年 10月, 43쪽; 〈今年は日本標準時制定130周 年, 1886~2016〉, 《星空のレシピ》 vol. 331, 明石市立天文科学館 広報誌, 2016年 7月, 2-4쪽.

33 〈오늘은 "時의 記念日", 東亞共營團의 標準時間은 어떤가, 가지각색이나 日 本標準에 統一 不遠〉, 《每日新報》 2면 6단, 1942년 6월 11일.

34 〈明春から滿洲國も日本と同一の標準時を使用する〉, 《朝鮮新聞》 9면 4단, 1936년 5월 15일.

35 〈滿洲國の標準時變更〉, 《京城日報》 2면 11단, 1936년 8월 6일.

36 島村福太郎, 〈資料: 現代日本科學技術史年表—天文學 (II)〉, 《科學史研究》 17, 日本科学史學會, 1951年 1月, 32쪽; 〈日本標準時間대로 滿洲國時間改 正, 明年一月一日부터〉, 《朝鮮中央日報》 2면 10단, 1936년 5월 15일; 〈滿 洲國內時間, 長春時間을 標準, けふ國務院から發表〉, 《京城日報》 1면 7단, 1932년 4월 2일.

37 〈明年元旦より一時間を繰延べ, 滿洲國の標準時間改正で列車發着時間變 更〉, 《釜山日報》 7면 10단, 1936년 12월 15일.

38 〈昭和 12年 臺灣總督府告示 第207號: 臺灣ノ標準時ヲ中央標準時ニ改正〉, 《臺灣總督府官報》, 昭和 12年(1937) 9月 26日.

39 〈標準時改正統一で薄らぐ國境風景, 姿消す安東驛名物グロ時計, 話題の數 數を拾ふ〉, 《朝鮮新聞》 2면 1단, 1936년 12월 30일.

40 〈滿洲國の標準時改正〉, 《朝鮮新聞》 2면 1단, 1936년 8월 11일.

41 〈在北支陸軍部隊, 中央標準時使用〉, 《京城日報》 1면 9단, 1938년 4월 17일.

42 〈標準時統一, 在北支陸軍部隊서 使用〉, 《每日申報》 2면 5단, 1938년 4월 17일.

43 〈鋪道聯盟: 日本の標準時〉, 《朝鮮新聞》 3면 7단, 1939년 6월 13일.

44 〈오늘은 "時의 記念日", 東亞共營團의 標準時間은 어떤가, 가지각색이나 日 本標準에 統一 不遠〉, 《每日新報》 2면 6단, 1942년 6월 11일.

2 경성방송국과 라디오 학교: 하늘로부터의 문화

1 木船海運協会圖誌部 編,《ラジオの毎時時報と機帆船の天測》, 東京: 大日本 海洋圖書出版社, 昭和 19年(1944), 43, 47쪽.

2 社團法人 日本放送協会 編,《昭和 6年 ラヂオ年鑑》, 東京: 誠文堂, 昭和 6年(1931), 208-209쪽.

3 〈ラヂオの時報が音樂的に改まる, ピアノとセコンドで知らせる, 來春元旦か ら實施〉,《釜山日報》2면 1단, 1932년 12월 12일; 〈頗る正確にラヂオ時報改 正, 一月一日から實施〉,《京城日報》2면 4단, 1932년 12월 31일.

4 〈敷地買收も濟み, 大急ぎの京城放送局, 東洋一の完全を目的に, 中村技師研 究に出る〉,《朝鮮新聞》2면 4단, 1926년 3월 4일; 〈朝鮮の鄕土藝術を全世界 に放送する, 工事中の京城放送局, あす上棟式を擧行〉,《京城日報》2면 3단, 1926년 10월 27일.

5 〈朝鮮一の 女普落成, 명동녀자공립보통교 신축, 총공비는 십칠만오천여원〉,《每 日申報》3면 1단, 1922년 10월 24일.

6 〈救世軍士官學校成る〉,《京城日報》2면 3단, 1928년 8월 1일.

7 서울역사아카이브 근현대서울사진, 아카이브 번호: H-TRNS-103353-808.

8 〈裝置の設計終つていよいよ建つ放送局, 百五十尺の放送柱二基で最新樣式 の三階建〉,《京城日報》3면 1단, 1926년 6월 22일; 〈日本一になる京城放送 局, 內容外觀ともに素晴らしいもの〉,《朝鮮新聞》3면 1단, 1926년 8월 11일.

9 〈JODKがけふ盛大に放送開始, 朝鮮の文化史上に新らしい一頁を加へた京城 放送局〉,《京城日報》4면 1단, 1927년 2월 16일.

10 〈京城放送局設立總會〉,《朝鮮時報》2면 7단, 1926년 11월 22일; 〈高らかに 産聲をあげた京城放送局, けふの總會で役員きまる, 正月から本放送開始〉, 《京城日報》1면 1단, 1926년 12월 1일; 〈十月一日から一圓に値下, JODK聽 取料値下愈よ斷行さる〉,《京城日報》7면 1단, 1927년 9월 20일.

11 〈放送局地鎭祭〉,《京城日報》5면 2단, 1926년 7월 1일; 〈新舘の露台で放送 局の産聲, 有賀委員長以下參列し昨日莊重な上棟式〉,《京城日報》3면 6단, 1926년 10월 28일.

12 〈陣容なつた京城放送局, 愈愈新舍屋にお引越し, 明春の本放送を控へて押寄する求職者の群れ〉, 《京城日報》1면 1단, 1926년 12월 4일; 〈京城放送局, 新舘に移る〉, 《朝鮮新聞》3면 9단, 1926년 12월 5일.

13 〈朝鮮總督府告示 第379號〉, 《朝鮮總督府官報》第4291號, 朝鮮書籍印刷株式會社, 大正 15年(1926) 12月 9日, 101-102쪽; 〈JODKの波長は三五七米, 京城放送局と契約せねば聽取が出來ぬ〉, 《京城日報》7면 8단, 1926년 12월 14일.

14 〈朝鮮總督府告示 第35號〉, 《朝鮮總督府官報》第34號, 朝鮮書籍印刷株式會社, 昭和 2年(1927) 2月 12日, 96쪽; 〈京城放送局波長も變更, 準備漸く完し〉, 《朝鮮新聞》5면 7단, 1927년 2월 11일.

15 〈朝鮮總督府告示 第54號〉, 《朝鮮總督府官報》第644號, 朝鮮書籍印刷株式會社, 昭和 4年(1929) 2月 26日, 237쪽

16 〈朝鮮總督府告示 第125號〉, 《朝鮮總督府官報》第378號, 朝鮮書籍印刷株式會社, 昭和 3年(1928) 4月 6日, 53쪽; 〈京城放送局波長變更, 試驗放送開始〉, 《朝鮮新聞》5면 4단, 1928년 4월 3일.

17 〈JODKがけふ盛大に放送開始, 朝鮮の文化史上に新らしい一頁を加へた京城放送局〉, 《京城日報》4면 1단, 1927년 2월 16일.

18 〈京城放送局聽取章〉, 《朝鮮新聞》7면 9단, 1927년 2월 16일.

19 〈京城放送局聽取章〉, 《朝鮮新聞》7면 9단, 1927년 2월 16일.

20 社團法人 日本放送協会 編, 《昭和 12年 ラヂオ年鑑》, 東京: 日本放送出版協會印刷部, 昭和 12年(1937), 222쪽.

21 〈イリミネーター用電氣料金供給, 規定を京電で發表, 電池式ラヂオ全く廢る〉, 《京城日報》3면 4단, 1931년 2월 1일.

22 〈ラヂオ聽取者, 京城は貧弱〉, 《京城日報》1면 4단, 1927년 4월 2일.

23 〈ラヂオ聽取者, 六千を突破〉, 《朝鮮新聞》2면 8단, 1928년 8월 4일.

24 〈ラヂオ聽取者への注意〉, 《京城日報》7면 9단, 1930년 5월 13일.

25 〈JODK 최초 라디오〉. 출처: e뮤지엄 전국박물관 소장품 검색(https://www.emuseum.go.kr), 천안박물관 소장품번호: 구입 1345.

26 〈ラヂオ聽取者の名簿配付〉, 《京城日報》3면 6단, 1930년 5월 21일.

27 〈全鮮に盗聽者狩り, ポースターで注意を喚起〉,《國民新報》27면 1단,
    1939년 10월 29일.

28 〈ラヂオ聽取者一萬に近し〉,《朝鮮新聞》2면 9단, 1929년 8월 7일.

29 〈ラヂオ聽取者前年より千五百增加, 總數の半數は京城で占む〉,《京城日報》
    3면 5단, 1930년 5월 4일.

30 〈職業別に見たラヂオ聽取者〉,《朝鮮新聞》5면 7단, 1930년 8월 27일.

31 〈釜山局管內のラヂオ聽取者〉,《朝鮮新聞》4면 3단, 1931년 7월 10일.

32 〈ラヂオ聽取料, 明年度から値下, 一圓を八十錢に, 聽取者百萬を突破〉,《朝
    鮮時報》1면 4단, 1931년 11월 12일.

33 〈ラヂオ聽取者激增〉,《京城日報》3면 6단, 1932년 6월 5일.

34 〈ラヂオ聽取者〉,《朝鮮新聞》5면 9단, 1932년 7월 12일.

35 〈ラヂオ聽取者, 一萬六千九百人〉,《京城日報》2면 9단, 1932년 10월 27일;
    〈ラヂオ聽取者, 九月末數字〉,《朝鮮新聞》2면 9단, 1932년 10월 27일.

36 〈京城放送局十キロ二重放送, 理事會實施を協議す, 多年の懸案を一掃〉,
    《朝鮮時報》3면 6단, 1932년 2월 22일.

37 〈更生のDK,「朝鮮放送協會」名稱變更その他を八日の臨時總會で〉,《京城
    日報》7면 8단, 1932년 3월 9일;〈朝鮮放送協會, 放送局改稱〉,《朝鮮新聞》
    4면 3단, 1932년 4월 12일.

38 〈內鮮二重放送, 五日付で認可, 協會直ちに準備〉,《朝鮮新聞》5면 7단,
    1932년 5월 7일.

39 〈DKの擴張案, 二重放送認可さる, 來春から實施の豫定〉,《京城日報》7면
    5단, 1932년 5월 7일.

40 〈尹白南氏がDK囑託となる, 二重放送實現の曉, 朝鮮語方面を擔當〉,《京城
    日報》7면 8단, 1932년 6월 29일.

41 〈二重放送準備と尹氏の計畫〉,《朝鮮新聞》5면 6단, 1932년 7월 3일.

42 〈D・Kの新天地, 二重放送と共に, 朝鮮語の放送をウンと殖して, 地方人教
    育に力を入れる, 聽取料金も安くならう〉,《京城日報》2면 1단, 1932년 9월
    30일.

43 〈十キロ二重放送所敷地愈愈決定〉,《朝鮮新聞》2면 9단, 1932년 8월 2일.

44 〈二重放送所, 敷地地鎮祭〉,《京城日報》2면 8단, 1932년 8월 19일.

45 〈着着工事進める半島文化の大殿堂, 府外延禧面のDK送信所, 二重放送近く完成〉,《京城日報》7면 6단, 1932년 8월 31일.

46 〈空からの文化, DKの二重放送, 明年一月元旦から, 十一月から試驗放送, 地方も空からの文化を滿喫〉,《京城日報》2면 1단, 1932년 9월 5일.

47 〈朝鮮放送協會, 二重放送施設進捗す〉,《朝鮮新聞》5면 5단, 1932년 9월 7일.

48 〈日本一の大アンテナ, DKの二重放送は明春早早から開始〉,《京城日報》2면 4단, 1932년 10월 12일.

49 〈延禧放送所〉,《朝鮮新聞》2면 8단, 1934년 10월 3일.

50 〈大アンテナの下に野球場が出來る, 延禧面の新DK放送所で〉,《京城日報》2면 5단, 1932년 11월 24일.

51 〈ラヂオ文化への飛躍, 二重放送, 明春早早よりDKで實施の運び〉,《朝鮮新聞》5면 7단, 1932년 11월 25일;〈大アンテナの下に野球場が出來る, 延禧面の新DK放送所で〉,《京城日報》2면 5단, 1932년 11월 24일.

52 〈二重放送設備槪要〉,《朝鮮新聞》4면 9단, 1933년 4월 26일.

53 〈DKの十キロ, 二重放送記念, 優良受信機景品附特賣〉,《朝鮮新聞》5면 7단, 1932년 11월 19일.

54 〈開始されるDK二重放送, すべて順調に進捗〉,《朝鮮新聞》5면 1단, 1932년 12월 13일.

55 〈延禧放送所工事を竣成, 餘す所機械の据付〉,《京城日報》7면 8단, 1932년 12월 18일;〈DK二重放送, 四月に實現か〉,《朝鮮新聞》5면 3단, 1933년 1월 15일;〈DK二重放送, 試驗放送開始〉,《朝鮮新聞》5면 10단, 1933년 1월 27일.

56 〈朝鮮總督府告示 第45號〉,《朝鮮總督府官報》第1823號, 朝鮮書籍印刷株式會社, 昭和 8年(1933) 2月 7日, 61쪽;〈十キロ二重放送許可, DK近く試驗放送開始〉,《朝鮮新聞》5면 3단, 1933년 2월 5일.

57 〈二重放送實現近い, 京城放送局の準備〉,《朝鮮新聞》7면 7단, 1933년 3월 21일.

58 〈二重放送合格〉,《朝鮮新聞》5면 9단, 1933년 4월 21일;〈二重放送の檢定

證書, DKの試驗好成績, 十八日附下附さる〉,《京城日報》2면 9단, 1933년 4월 21일.

59 〈尖端婦人女アナ〉,《京城日報》6면 8단, 1933년 4월 26일; 〈放送協會, 二重放送準備進む〉,《朝鮮新聞》5면 5단, 1933년 2월 23일; 〈二重放送實施で景氣のよい放送局, アナに朝鮮美人など續續採用, 百十三名の大世帶〉,《京城日報》7면 6단, 1933년 2월 23일.

60 〈JODK, 記念すべき二重放送開始, いよいよけふから〉,《朝鮮新聞》7면 7단, 1933년 4월 26일.

61 〈ラヂオ界多忙, DKの全國に進出, 聽取者も急に增加〉,《京城日報》2면 2단, 1933년 4월 3일.

3 라디오 청취자 통계: 근대화와 식민화의 혼효

1 〈ラヂオ聽取者激增す, 二萬四百余名〉,《京城日報》7면 6단, 1933년 4월 15일. 신문기사의 합산에 오류가 있어서 총계만 수정했다.

2 〈ラヂオ聽取者, 激增の數字〉,《朝鮮新聞》2면 12단, 1933년 5월 31일. 신문기사의 합산에 오류가 있어서 총계만 수정했다.

3 〈ラヂオ聽取者〉,《朝鮮新聞》2면 9단, 1933년 8월 13일.

4 〈ラヂオ聽取者, 七月の數字〉,《朝鮮新聞》2면 9단, 1933년 8월 25일; 〈ラヂオ聽取者, 地方別分布狀況, 京畿道が第一位, 慶南は第二位に〉,《朝鮮時報》3면 8단, 1933년 8월 26일. 신문기사의 잘못된 숫자는 합계를 기준으로 바로잡았다.

5 朝鮮總督府,《大正 14年 10月 1日 現在 簡易國勢調査結果表》, 近澤商店印刷部, 大正 15年(1926), 2-3, 490-491쪽.

6 朝鮮總督府,《昭和 5年 朝鮮國勢調査報告: 全鮮編 第1卷, 結果標》, 近澤商店印刷部, 昭和 9年(1934), 2-3, 54-55, 324-325쪽.

7 朝鮮總督府,《昭和 10年 朝鮮國勢調査報告: 全鮮編, 結果表及記述報文》, 近澤商店印刷部, 昭和 14年(1939), 2-3, 57, 146-147쪽.

8 朝鮮總督府,《朝鮮 昭和 15年 國勢調査結果要約》, 民俗苑, 1992, 6-7쪽.

9 〈ラヂオ聽取者〉,《朝鮮新聞》5면 10단, 1933년 9월 9일.

10 〈ラヂオ聽取者〉,《朝鮮新聞》5면 10단, 1933년 10월 12일.

11 〈ラヂオ聽取者, 益益增える, 總計二萬六千〉,《朝鮮新聞》4면 1단, 1933년 10월 17일.

12 〈ラヂオ聽取者〉,《朝鮮新聞》7면 10단, 1933년 11월 22일.

13 〈ラヂオ聽取者〉,《朝鮮新聞》2면 9단, 1933년 12월 21일; 〈ラヂオ聽取者〉,《朝鮮新聞》2면 8단, 1933년 12월 29일. 목포부의 경우 자료 판독이 어려워 합계로부터 청취자 수를 추정했다.

14 〈地方別に見たラヂオ聽取者〉,《朝鮮新聞》2면 6단, 1934년 2월 16일.

15 〈平安南道: 分局設置の前提か, DK駐在員增加, 西鮮のラヂオ聽取者, 四千五百名を突破〉,《朝鮮新聞》4면 6단, 1934년 2월 20일.

16 〈ラヂオ聽取者〉,《朝鮮新聞》1면 8단, 1934년 4월 25일.

17 〈ラヂオ聽取者〉,《朝鮮新聞》7면 7단, 1934년 6월 22일.

18 〈ラヂオ聽取者〉,《朝鮮新聞》2면 7단, 1934년 8월 16일. 신문기사의 합산에 오류가 있어서 총계만 수정했다.

19 〈ラヂオ聽取者〉,《朝鮮新聞》5면 10단, 1934년 10월 11일.

20 〈ラヂオ聽取者〉,《朝鮮新聞》11면 10단, 1935년 1월 9일.

21 〈ラヂオ聽取者〉,《朝鮮新聞》2면 7단, 1935년 2월 14일.

22 〈ラヂオ聽取者〉,《朝鮮新聞》2면 9단, 1935년 9월 7일.

23 〈ラヂオ聽取者〉,《朝鮮新聞》2면 9단, 1935년 10월 6일. 신문기사의 합산에 오류가 있어서 총계만 수정했다.

24 〈ラヂオ聽取者〉,《朝鮮新聞》7면 2단, 1935년 11월 6일.

25 朝鮮總督府遞信局,《朝鮮遞信事業沿革史》, 東京: 凸版印刷株式會社, 昭和 13年(1938)의 권말에 실린 〈ラヂオ聽取者數〉 도표.

26 朝鮮總督府遞信局,《朝鮮遞信事業沿革史》, 東京: 凸版印刷株式會社, 昭和 13年(1938)의 권말에 실린 〈昭和九年度 朝鮮に於ける通信力〉 도표.

27 〈ラヂオ聽取者〉,《朝鮮新聞》2면 9단, 1935년 12월 10일.

28 朝鮮總督府遞信局,《朝鮮遞信事業沿革史》, 東京: 凸版印刷株式會社, 昭和 13年(1938), 210쪽.

29 〈朝鮮總督府告示 第507號〉,《朝鮮總督府官報》第2608號, 朝鮮書籍印刷株式會社, 昭和 10年(1935) 9月 19日, 161쪽.

30 〈朝鮮總督府告示 第337號〉,《朝鮮總督府官報》第2514號, 朝鮮書籍印刷株式會社, 昭和 10年(1935) 6月 1日, 1쪽; 〈釜山放送局, 二十一日開局式, 公會堂に官民有志を招待, 當日は一般に開放〉,《京城日報》5면 7단, 1935년 9월 17일.

31 〈釜山放送局, 電力增大試驗, 慶南各地に技術官出張, 每晚ニース後レコード放送〉,《朝鮮時報》3면 7단, 1936년 2월 10일; 〈釜山放送局, 威力を加ふ, 二五0キロワットに改裝, あすから試驗放送〉,《京城日報》3면 9단, 1936년 2월 11일; 〈釜山放送局, 電力增大, 定式に許さる〉,《釜山日報》3면 10단, 1936년 12월 22일.

32 〈釜山放送局, 電力增大試驗〉,《朝鮮總督府官報》第2758號, 朝鮮書籍印刷株式會社, 昭和 11年(1936) 3月 26日, 248쪽; 〈平壤放送局, 豪華「푸로」, 드듸여 廿二日은 온다, 公會堂에서 開局式〉,《每日申報》3면 1단, 1936년 11월 22일; 〈JBBK 平壤放送局, 開國準備進捗して六月頃本放送開始か〉,《釜山日報》2면 10단, 1936년 3월 15일.

33 〈970キロと710キロに, 京城放送局の波長變更〉,《釜山日報》2면 10단, 1936년 6월 28일.

34 直江生, 〈朝鮮放送事業裏面史 ③: 發展途上の協會, 土師會長の天降り〉,《朝鮮新聞》1면 2단, 1938년 11월 17일; 〈放送十周年を壽ぐ祝賀式, 十七日午後京城府民舘で, 京城五十キロ放送開始さる〉,《京城日報》3면 2단, 1937년 4월 18일; 〈祝放送事業開始十周年, 五十キロ放送施設完成記念〉,《京城日報》6면 1단, 1937년 4월 17일.

35 〈朝鮮總督府告示 第68號〉,《朝鮮總督府官報》第3021號, 朝鮮書籍印刷株式會社, 昭和 12年(1937) 2月 12日, 101쪽; 〈待つた感激の日, 愈よ電波に乘る躍進咸北, 淸津放送局開局式〉,《京城日報》5면 4단, 1937년 6월 6일.

36 〈朝鮮總督府告示 第563號〉,《朝鮮總督府官報》第3443號, 朝鮮書籍印刷株式會社, 昭和 13年(1938) 7月 9日, 90쪽; 〈JBFK, 祝裡里放送局開局式, JBFKの誕生と躍進朝鮮放送陣の展望〉,《京城日報》3면 6단, 1938년 10월

1일; 〈裡里放送局の盛大な開局式, 十月一日農林學敎で, 多年の宿望愈よ實現〉, 《釜山日報》5면 2단, 1938년 10월 1일.

37 〈朝鮮總督府告示 第562號〉, 《朝鮮總督府官報》第3443號, 朝鮮書籍印刷株式會社, 昭和 13年(1938) 7月 9日, 90쪽; 〈咸興放送局開く, "JBDK"處女放送〉, 《京城日報》3면 2단, 1938년 11월 1일; 〈咸興放送局, 十月二十日頃開局〉, 《釜山日報》3면 7단, 1938년 10월 1일; 〈JBDK咸興放送局準備成る, 愈よ三十日開局式〉, 《京城日報》5면 8단, 1938년 10월 15일; 〈いよいよ電波に乗る躍進咸興の英姿, 待望久し! 放送局の實現, 今秋から放送開始〉, 《京城日報》5면 1단, 1937년 4월 21일.

38 〈朝鮮總督府告示 第261號〉, 《朝鮮總督府官報》第3950號, 朝鮮書籍印刷株式會社, 昭和 15年(1940) 3月 23日, 233쪽; 〈大邱放送局, 院垈洞に決定〉, 《京城日報》4면 4단, 1940년 5월 8일; 〈待望の本放送開始, けふを晴れの大邱放送局〉, 《京城日報》5면 1단, 1941년 4월 19일; 〈大邱放送局開始式〉, 《每日新報》3면 2단, 1941년 4월 22일; 〈大邱放送局, 來月中に本格的設備完了〉, 《朝鮮新聞》7면 7단, 1941년 1월 15일; 〈大邱放送局, 愈よけふ假放送開始〉, 《京城日報》5면 7단, 1940년 10월 6일.

39 〈朝鮮總督府告示 第1032號〉, 《朝鮮總督府官報》第4336號, 朝鮮書籍印刷株式會社, 昭和 16年(1941) 7月 8日, 80쪽; 〈新設光州放送局, 今日開局式을 擧行〉, 《每日新報》2면 8단, 1942년 3월 21일; 〈光州放送局, 二十一日부터 放送〉, 《每日新報》2면 2단, 1942년 3월 19일; 〈光州放送局, 廿一日開局〉, 《京城日報》2면 4단, 1942년 3월 21일; 〈光州放送局の位置, 愈よ楊消亭裏に決定〉, 《朝鮮新聞》6면 2단, 1940년 8월 21일; 〈光州放送局, 明春二月開設, 位置는 社町으로 決定〉, 《每日新報》4면 1단, 1940년 9월 6일; 〈光州放送局, 廿一日 地鎭祭〉, 《每日新報》2면 3단, 1941년 3월 19일; 〈光州放送局上棟式〉, 《朝鮮新聞》3면 5단, 1941년 6월 20일.

40 〈朝鮮總督府告示 第158號〉, 《朝鮮總督府官報》第4816號, 朝鮮書籍印刷株式會社, 昭和 18年(1943) 2月 23日, 131쪽

41 〈大田放送局, 十五日에 開局式〉, 《每日新報》3면 9단, 1943년 7월 15일; 〈元山放送局, 十七日에 開局式〉, 《每日新報》4면 5단, 1943년 7월 15일;

〈海州放送局, 開局式 盛大〉,《每日新報》2면 7단, 1944년 3월 23일.

42 〈新義州, 春川에 放送局, 八月과 九月 下旬에 各其放送開始〉,《每日新報》
3면 7단, 1944년 7월 29일;〈新義州放送局, 九月五日開局〉,《京城日報》
3면 7단, 1944년 8월 30일;〈春川放送局, けふ開局〉,《京城日報》2면 5단,
1944년 12월 20일.

43 〈馬山, 木浦에 放送局〉,《每日新報》2면 8단, 1945년 1월 19일.

44 〈城津放送局開局式〉,《京城日報》2면 3단, 1945년 3월 17일;〈城津에 放送
局, 十五日 開局式〉,《每日新報》2면 4단, 1945년 3월 15일;〈淸州放送局,
廿六日開局式〉,《京城日報》2면 7단, 1945년 6월 23일;〈淸州에 放送局,
二十六日에 開局式〉,《每日新報》2면 8단, 1945년 6월 26일.

45 〈朝鮮のラヂオ聽取者, 年內に五萬突破, 新春早早記念放送〉,《朝鮮新聞》
7면 7단, 1935년 12월 4일.

46 〈ラヂオ聽取者, 遂に五萬を突破, 祝賀の具體案成る〉,《朝鮮新聞》3면 8단,
1935년 12월 22일.

47 〈ラヂオ聽取者, 昨年末現在〉,《朝鮮新聞》7면 8단, 1936년 1월 7일.

48 〈ラヂオ聽取者, 十萬突破計畫〉,《京城日報》7면 9단, 1936년 1월 24일.

49 〈ラヂオ聽取者激增〉,《朝鮮新聞》1면 4단, 1936년 2월 11일.

50 〈ラヂオ聽取者, 激增した〉,《朝鮮新聞》2면 7단, 1936년 4월 5일. 신문기사
의 합산에 오류가 있어서 총계만 수정했다.

51 〈ラヂオ聽取者, 激增した〉,《朝鮮新聞》2면 5단, 1936년 6월 6일. 신문기사
의 합산에 오류가 있어서 총계만 수정했다.

52 〈ラヂオ聽取者數〉,《朝鮮新聞》2면 9단, 1936년 8월 6일.

53 〈六萬を突破したラヂオ聽取者, 十二萬になれば料金値下げ, 各部大車輪で
活動〉,《朝鮮新聞》7면 2단, 1936년 9월 5일.

54 〈ラヂオ聽取者, 六萬二千人〉,《朝鮮新聞》7면 3단, 1936년 10월 20일.

55 〈ラヂオ聽取者, 六萬四千餘人〉,《朝鮮新聞》2면 4단, 1936년 11월 13일.

56 〈聽取者漸增, ラヂオ〉,《朝鮮新聞》2면 6단, 1936년 12월 8일. 합계를 기준
으로 일본인 청취자 수를 44,337명에서 45,337명으로 수정했다.

57 〈ラヂオ聽取者〉,《朝鮮新聞》2면 9단, 1937년 1월 7일.

58 〈ラヂオ聽取者〉,《京城日報》7면 3단, 1937년 2월 6일.

59 〈ラヂオ聽取者, 七萬二千人〉,《京城日報》2면 4단, 1937년 4월 2일.

60 〈ラヂオ聽取者の倍加運動を起す, 谷理事ら來釜し各關係方面を歷訪〉,《朝鮮時報》2면 5단, 1937년 3월 17일.

61 〈ラヂオ聽取者增募〉,《京城日報》5면 4단, 1937년 3월 28일.

62 〈ラヂオ聽取者倍加の猛運動〉,《朝鮮新聞》4면 10단, 1937년 6월 11일.

63 〈ラヂオ聽取者〉,《朝鮮新聞》2면 9단, 1937년 6월 11일.

64 〈ラヂオ聽取者, 八萬四千餘人〉,《京城日報》7면 9단, 1937년 7월 4일.

65 〈ラヂオ聽取者激增, 時局を反映し〉,《朝鮮新聞》7면 10단, 1937년 7월 15일.

66 〈連川のラヂオ聽取者激增, 時局の反映!〉,《朝鮮新聞》7면 9단, 1937년 8월 26일.

67 〈ラヂオ聽取者, 事變で激增す, 一躍三百八十名に〉,《朝鮮時報》4면 4단, 1937년 11월 14일.

68 〈事變を反映してラヂオ聽取者激增, 一年間に二萬七千人〉,《京城日報》2면 6단, 1937년 8월 10일.

69 〈ラヂオ聽取者激增, 八月中に五千二百人〉,《朝鮮時報》2면 9단, 1937년 9월 9일.

70 〈待望の十萬突破, 記念の催しは時節柄取止め, 鮮內のラヂオ聽取者〉,《朝鮮新聞》7면 6단, 1937년 10월 23일.

71 〈ラヂオ聽取者, 十萬七百餘人〉,《朝鮮時報》5면 4단, 1937년 11월 10일.

72 〈十萬を突破, ラヂオ聽取者〉,《京城日報》7면 11단, 1938년 1월 11일.

73 〈ラヂオ聽取者, 激增の一途〉,《朝鮮新聞》2면 3단, 1938년 2월 6일.

74 〈全鮮ラヂオ聽取者〉,《京城日報》2면 9단, 1938년 3월 12일.

75 〈全鮮ラヂオ聽取者十一萬人〉,《京城日報》7면 9단, 1938년 4월 8일. 신문기사의 합산에 오류가 있어서 증가분 합계를 수정했다.

76 〈ラヂオ聽取者, 朝鮮人が激增, 愈愈十一萬を突破〉,《朝鮮新聞》7면 2단, 1938년 4월 8일.

77 〈ラヂオ聽取者, 三萬餘人激增〉,《朝鮮新聞》2면 7단, 1938년 5월 6일. 신문기사의 합산에 오류가 있어서 증가분 합계를 수정했다.

78 〈ラヂオ聽取者, 三萬五千增加〉,《朝鮮新聞》7면 10단, 1938년 6월 11일.

79 〈ラヂオ聽取者, 事變以來激增, 遂に十一萬人突破〉,《朝鮮新聞》2면 4단, 1938년 7월 5일. 신문기사의 합산에 오류가 있어서 합계를 수정했다.

80 〈七月末現在, ラヂオ聽取者激增〉,《朝鮮新聞》2면 7단, 1938년 8월 6일.

81 〈ラヂオ聽取者, 益益增加〉,《朝鮮新聞》2면 5단, 1938년 9월 3일.

82 〈ラヂオ聽取者激增〉,《朝鮮新聞》2면 3단, 1938년 10월 7일.

83 〈ラヂオ聽取者〉,《朝鮮新聞》2면 10단, 1938년 12월 3일.

84 〈ラヂオ聽取者, 十二萬突破〉,《朝鮮新聞》2면 5단, 1939년 1월 24일.

85 〈ラヂオ聽取者增〉,《朝鮮新聞》7면 3단, 1939년 3월 9일.

86 〈ラヂオ聽取者, 半島人殖ゆ〉,《朝鮮新聞》2면 4단, 1939년 4월 7일.

87 〈全鮮聽取者, 職業別狀況, 官公吏が一番〉,《國民新報》26면 6단, 1939년 7월 2일.

88 〈ラヂオ聽取者, 十三萬六百人, 一萬六千の激增〉,《朝鮮新聞》2면 7단, 1939년 5월 5일. 신문기사의 합산에 오류가 있어서 합계를 수정했다.

89 〈ラヂオ聽取者數, 全鮮で七萬七千三百人〉,《國民新報》26면 4단, 1939년 4월 3일.

90 〈ラヂオ聽取者數, 全鮮で七萬七千三百人〉,《國民新報》26면 4단, 1939년 4월 3일.

91 〈ドイツの聽取者狀及普況〉,《國民新報》27면 4단, 1939년 7월 2일.

92 〈英國ラヂオ聽取者數〉,《國民新報》27면 6단, 1939년 10월 22일.

93 〈列强の聽取者數, 思想戰の尖兵ラヂオを强化〉,《國民新報》26면 4단, 1939년 4월 30일.

94 〈ラヂオ聽取者數, 全鮮で七萬七千三百人〉,《國民新報》26면 4단, 1939년 4월 3일. 신문기사의 잘못된 합계만 수정했다.

95 〈朝鮮の聽取者, 十三萬突破, ラヂオの重要性を高揚〉,《國民新報》27면 2단, 1939년 5월 28일.

96 〈京城の聽取者數〉,《國民新報》27면 7단, 1939년 6월 4일.

97 〈ラヂオ聽取者〉,《朝鮮新聞》7면 11단, 1939년 6월 6일.

98 〈昭和十四年九月末現在道別ラヂオ聽取者數〉,《國民新報》27면 1단,

1939년 10월 29일. 신문기사의 오류는 합계에 근거하여 수정했다.

99 〈聽取者十四萬突破, 前途洋洋朝鮮のラヂオ普及〉, 《國民新報》 27면 1단, 1939년 10월 15일.

100 〈ラヂオ聽取者〉, 《朝鮮新聞》 2면 10단, 1939년 12월 6일. 신문기사의 합산에 오류가 있어서 합계를 수정했다.

101 〈ラヂオ聽取者〉, 《朝鮮新聞》 2면 3단, 1940년 1월 10일. 신문기사의 합산에 오류가 있어서 합계를 수정했다.

102 〈ラヂオ聽取者〉, 《朝鮮新聞》 2면 10단, 1940년 2월 9일.

103 〈昭和十五年一月末現在道別ラヂオ聽取者表〉, 《國民新報》 27면 4단, 1940년 2월 25일.

104 〈三萬人激增す, 今年のラヂオ聽取者〉, 《朝鮮新聞》 2면 6단, 1940년 3월 5일.

105 〈ラヂオ聽取者增加〉, 《朝鮮新聞》 7면 4단, 1940년 5월 3일.

106 〈ラヂオ聽取者〉, 《朝鮮新聞》 2면 9단, 1940년 5월 29일.

107 〈ラヂオ聽取者, 依然增加す〉, 《朝鮮新聞》 2면 8단, 1940년 6월 4일.

108 〈激增するラヂオ聽取者〉, 《朝鮮新聞》 2면 11단, 1940년 7월 3일.

109 〈ラヂオ聽取者, 十九萬突破〉, 《朝鮮新聞》 3면 8단, 1940년 8월 6일.

110 〈四倍に大激增, 凄いラヂオ聽取者, 二十萬に一と息〉, 《朝鮮新聞》 2면 4단, 1940년 9월 4일.

111 〈ラヂオ聽取者, 二十萬を突破〉, 《朝鮮新聞》 2면 10단, 1940년 10월 17일.

112 〈ラヂオ聽取者, 廿二萬突破〉, 《朝鮮新聞》 2면 7단, 1941년 4월 9일.

113 〈라듸오 聽取者 六百萬〉, 《每日新報》 2면 6단, 1941년 8월 18일.

114 〈라듸오 廳取者 增加〉, 《每日新報》 2면 4단, 1941년 11월 10일.

115 〈大東亞戰爭と電波, 激增するラヂオ聽取者〉, 《國民新報》 6면 3단, 1942년 2월 1일.

116 〈二十七萬을 突破, 라듸오 聽取者 激增〉, 《每日新報》 2면 7단, 1942년 2월 8일.

117 〈라듸오 聽取者, 二十七萬名 突破〉, 《每日新報》 2면 6단, 1942년 4월 19일.

118 〈放送電波를 管制, 晝間二重放送廢合〉, 《每日新報》 2면 5단, 1941년 12월 17일.

119 〈第一·第二放送電波管制, 오늘부터 放送 "프로"도 全部 變更〉,《每日新報》
　　2면 1단, 1942년 4월 28일.

120 〈聽きづらい時はダイヤルで調整, ラジオの電波を管制〉,《京城日報》3면
　　5단, 1942년 5월 13일;〈波長을 잘 마추라, 라듸오 電波管制, 一般의 協力
　　要望, 深川監理課長 談〉,《每日新報》2면 6단, 1942년 5월 13일.

121 〈라듸오 聽取者 增加, 電波官制實施의 影響은 別無〉,《每日新報》3면
　　10단, 1943년 3월 13일.

122 〈라듸오 聽取者 激增〉,《每日新報》2면 9단, 1943년 4월 14일.

123 〈라듸오 聽取者, 前月六千激增〉,《每日新報》2면 4단, 1943년 6월 25일.

124 〈二重放送을 復活, 今後 더욱 防諜을 强化〉,《每日新報》2면 10단, 1943년
　　10월 31일.

125 〈培ふ皇民魂, 十一日から二重放送を再開〉,《京城日報》2면 6단, 1943년
　　11월 1일.

126 〈一家에 一臺主義로 라듸오 受信機 配給 統制〉,《每日新報》2면 2단,
　　1943년 6월 29일.

127 〈聽取者十四萬突破, 前途洋洋朝鮮のラヂオ普及〉,《國民新報》27면 1단,
　　1939년 10월 15일.

128 〈ラジオ聽取者, 九割以上を突破〉,《京城日報》3면 11단, 1944년 1월 23일.

129 〈ラヂオ常識讀本, それ空襲だ, 警報放送に對する聽取者の心構へ〉,《國民
　　新報》26면 1단, 1939년 6월 4일.

130 〈遙拜와 默禱의 勵行, 「라디오」 音樂 利用, 一般의 實踐 要望〉,《每日新報》
　　3면 1단, 1944년 7월 28일.

131 津村一二,〈ラヂオの常識 (七): よい受信機とは?〉,《國民新報》26면 1단,
　　1940년 3월 17일.

132 〈礦石受信機が二圓六十錢で出來る, 第二回ラヂオ講習〉,《京城日報》3면
　　5단, 1927년 6월 16일.

133 〈진공관 라디오〉. 출처: e뮤지엄 전국박물관 소장품 검색(https://www.
　　emuseum.go.kr), 부평역사박물관 소장품번호: 부평역사 836.

134 津村一二,〈ラヂオの常識 (十): 交流式受信機〉,《國民新報》22면 1단,

1940년 3월 31일.

135 電氣商業新報社 編,《電氣無線商品年報(昭和 11年版)》, 昭和 11年(1936), 2쪽;〈国防受信機〉, 日本ラジオ博物館 홈페이지. (출처: https://www.japanradiomuseum.com/).

4 라디오 체조회: 몸으로 스며드는 시간

1 라디오 체조의 역사에 대한 개략적인 설명은《쇼와 9년 라디오 연감》의 내용을 정리한 것이다. 社團法人 日本放送協會 編,《昭和 9年 ラヂオ年鑑》, 東京: 日本放送出版協會, 昭和 9년(1934), 15-19쪽.

2 社團法人 日本放送協會 編,《昭和 8年 ラヂオ年鑑》, 東京: 日本放送出版協會, 昭和 8년(1933), 57쪽.

3 社團法人 日本放送協會 編,《昭和 10年 ラヂオ年鑑》, 東京: 日本放送出版協會, 昭和 10년(1935), 111-113쪽.

4 라디오 체조에 관한 이하 내용은《쇼와 12년 라디오 연감》을 참고했다. 社團法人 日本放送協會 編,《昭和 12年 ラヂオ年鑑》, 東京: 日本放送出版協會, 昭和 12년(1937), 124-126쪽.

5 社團法人 日本放送協會 編,《昭和 13年 ラヂオ年鑑》, 東京: 日本放送出版協會, 昭和 13년(1938), 123-126쪽.

6 社團法人 日本放送協會 編,《昭和 15年 ラヂオ年鑑》, 東京: 日本放送出版協會, 昭和 15년(1940), 177-182쪽.

7 社團法人 日本放送協會 編,《昭和 16年 ラヂオ年鑑》, 東京: 日本放送出版協會, 昭和 15년(1940), 130-131쪽.

8 〈この元氣はラヂオ體操〉,《朝鮮新聞》2면 5단, 1928년 12월 6일.

9 〈ラヂオ體操, 朝からに變更〉,《京城日報》7면 10단, 1932년 6월 24일.

10 〈ラヂオ體操, 午前六時から〉,《京城日報》7면 10단, 1932년 7월 17일.

11 〈爽快な夏早朝のラヂオ體操〉,《京城日報》3면 2단, 1932년 7월 23일.

12 〈ラヂオ體操〉,《京城日報》3면 9단, 1932년 7월 14일;〈ラヂオ體操, あすから實施〉,《京城日報》2면 9단, 1932년 7월 21일.

13 〈みんな揃つてラヂオ體操，市內各所に開く〉，《朝鮮新聞》2면 7단，1932년
7월 21일.

14 〈ラヂオ體操，盛大に行はる〉，《朝鮮新聞》2면 12단，1932년 7월 24일; 〈十五
ケ所でラヂオ體操開始〉，《京城日報》7면 9단，1932년 7월 24일; 〈ラヂオ體
操，加入者九千名〉，《京城日報》2면 6단，1932년 7월 28일; 〈ラヂオ體操，非
常な盛況〉，《朝鮮新聞》7면 10단，1932년 7월 30일.

15 〈先づ國民の健康，ラヂオ體操の盛況〉，《朝鮮新聞》3면 7단，1932년 8월
4일.

16 〈ラヂオ體操大會〉，《京城日報》2면 9단，1932년 8월 7일.

17 〈ラヂオ體操大盛況〉，《朝鮮新聞》5면 8단，1932년 8월 13일.

18 〈參加者四萬，ラヂオ體操〉，《京城日報》7면 6단，1932년 8월 17일.

19 〈ラヂオ體操繼續する，十月から朝七時〉，《京城日報》2면 9단，1932년 9월
6일.

20 〈金山刑務所でラヂオ體操實施，擴聲機で全囚人にニュースも放送〉，《朝鮮
時報》3면 8단，1933년 4월 29일.

21 〈新義州局員のラヂオ體操と書道研究會等〉，《朝鮮新聞》3면 13단，1933년
6월 6일.

22 〈ラヂオ體操，各所に廿一日から〉，《朝鮮新聞》7면 7단，1933년 7월 15일.

23 〈ラヂオ體操，誰でも加はれる〉，《京城日報》11면 9단，1933년 7월 20일.

24 〈ラヂオ體操，昨日南大門小學校にて〉，《京城日報》8면 4단，1933년 7월
22일.

25 〈官民一致の協力を結成，輝く健康朝鮮へ，來る廿一日から一ケ月間，先づ
府內でラヂオ體操會〉，《京城日報》2면 1단，1933년 7월 7일

26 〈ラヂオ體操の歌〉，《京城日報》12면 3단，1933년 7월 21일.

27 〈小學校庭でラヂオ體操，二十四日より每朝開始，一般參加方を希望〉，《朝
鮮新聞》3면 10단，1933년 7월 26일.

28 〈水原小學校でラヂオ體操〉，《朝鮮新聞》4면 9단，1933년 8월 8일.

29 〈永田秀次郎氏がラヂオ體操視察〉，《朝鮮新聞》2면 10단，1933년 8월 5일.

30 〈ラヂオ體操大集合擧行，二十日の終了日に〉，《朝鮮新聞》2면 8단，1933년

8월 17일; 〈一齊に體操する五千人の大衆, 來る廿日午前六時府廳前で, ラヂオ體操の幕切れの盛觀〉, 《京城日報》2면 6단, 1933년 8월 17일.

31 〈早起會でラヂオ體操〉, 《朝鮮新聞》2면 9단, 1933년 8월 24일; 〈ラヂオ體操, 府廳前で行ふ〉, 《朝鮮新聞》2면 4단, 1933년 9월 7일; 〈ラヂオ體操盛況〉, 《京城日報》3면 4단, 1933년 9월 17일.

32 〈ラヂオ體操大會開催, 十月一日に〉, 《朝鮮新聞》2면 6단, 1933년 9월 22일.

33 〈ラヂオ體操, 講習會開催〉, 《朝鮮新聞》3면 12단, 1933년 9월 8일.

34 〈沙里院局でラヂオ體操〉, 《朝鮮新聞》4면 8단, 1933년 9월 19일.

35 〈煉獄の世界にレコード奏曲, ラヂオ體操もやらす, 平壤刑務所の新試み〉, 《京城日報》4면 9단, 1933년 10월 8일.

36 〈囚徒の健康保全, ラヂオ體操を實行, 平壤刑務所の試み〉, 《京城日報》4면 5단, 1934년 4월 29일.

37 〈普及したラヂオ體操, 全鮮でこの數字〉, 《朝鮮新聞》2면 9단, 1934년 2월 9일.

38 〈ラヂオ體操, 清津普校實施〉, 《京城日報》5면 9단, 1934년 2월 10일.

39 〈ラヂオ體操, 二十一日から (十九日の打合會で)〉, 《朝鮮新聞》2면 7단, 1934년 7월 20일.

40 〈奉納ラヂオ體操〉, 《朝鮮新聞》2면 5단, 1934년 8월 11일; 〈奉納ラヂオ體操大會〉, 《朝鮮新聞》2면 1단, 1934년 8월 13일.

41 〈ラヂオ體操〉, 《朝鮮新聞》4면 5단, 1934년 7월 22일.

42 〈ラヂオ體操〉, 《朝鮮新聞》3면 12단, 1934년 7월 23일.

43 〈井州ラヂオ體操〉, 《京城日報》5면 6단, 1934년 7월 24일.

44 〈ラヂオ體操〉, 《朝鮮新聞》3면 8단, 1934년 7월 24일.

45 〈ラヂオ體操〉, 《朝鮮新聞》4면 7단, 1934년 7월 27일; 〈ラヂオ體操成績〉, 《朝鮮新聞》5면 7단, 1934년 8월 22일.

46 〈光州邑主催でラヂオ體操, 光小校も實施〉, 《朝鮮新聞》3면 11단, 1934년 7월 30일.

47 〈ラヂオ體操, 今年は全鮮的·大大的にやるに決定〉, 《京城日報》11면 6단, 1934년 7월 14일; 〈ラヂオ體操, 全鮮的放送で〉, 《朝鮮新聞》4면 5단,

1934년 7월 14일; 〈ラヂオ體操, 淸州でも實施〉, 《朝鮮新聞》 3면 10단, 1934년 7월 16일.

48 〈海州でラヂオ體操會〉, 《京城日報》 7면 1단, 1934년 7월 9일.

49 〈ラヂオ體操, 大邱は大盛況〉, 《京城日報》 5면 10단, 1934년 8월 1일.

50 〈ラヂオ體操, 馬山も好成績〉, 《京城日報》 4면 10단, 1934년 8월 18일.

51 〈ラヂオ體操終了〉, 《朝鮮新聞》 5면 6단, 1934년 8월 22일.

52 〈春川郵便局でラヂオ體操〉, 《朝鮮新聞》 4면 10단, 1935년 1월 19일.

53 〈麗水警察署ラヂオ體操〉, 《朝鮮新聞》 5면 8단, 1934년 11월 28일.

54 〈みんなで參加しよう, ラヂオ體操, 全國で五千萬人の參加〉, 《京城日報》
    3면 1단, 1935년 7월 13일.

55 〈ラヂオ體操〉, 《朝鮮新聞》 2면 4단, 1935년 6월 28일.

56 〈ラヂオ體操, 永登浦神宮で〉, 《朝鮮新聞》 4면 10단, 1935년 7월 20일.

57 〈大邱體協が六ケ所で實施, 仁川でも行ふ〉, 《京城日報》 5면 5단, 1935년
    7월 21일.

58 〈大田校々庭でラヂオ體操, 七月廿一日から實施〉, 《朝鮮新聞》 5면 6단,
    1935년 6월 5일; 〈健康保全にラヂオ體操, 大田小學校庭で〉, 《朝鮮新聞》
    3면 9단, 1935년 8월 1일.

59 〈國民保健運動ラヂオ體操, 鳥致院小學校で〉, 《朝鮮新聞》 5면 10단,
    1935년 8월 6일.

60 〈ラヂオ體操會, 槐山は好績〉, 《朝鮮新聞》 5면 10단, 1935년 8월 3일.

61 〈ラヂオ體操〉, 《朝鮮新聞》 3면 13단, 1935년 7월 10일.

62 〈ラヂオ體操會, 發會式擧行さる〉, 《朝鮮新聞》 3면 8단, 1935년 7월 22일.

63 〈ラヂオ體操の會, 海州校で開催, 朝鮮體育協會主催〉, 《朝鮮新聞》 4면 9단,
    1935년 7월 4일; 〈海州ラヂオ體操〉, 《朝鮮新聞》 3면 8단, 1935년 7월 27일;
    〈海州のラヂオ體操〉, 《朝鮮時報》 2면 8단, 1935년 7월 18일.

64 〈ラヂオ體操〉, 《朝鮮新聞》 4면 7단, 1935년 7월 11일; 〈ラヂオ體操盛況〉,
    《京城日報》 4면 6단, 1935년 7월 29일.

65 〈ラヂオ體操終る〉, 《朝鮮新聞》 2면 13단, 1935년 8월 11일.

66 〈ラヂオ體操, 今後も行ふ〉, 《朝鮮新聞》 4면 10단, 1935년 8월 14일.

67 〈肅川のラヂオ體操〉,《朝鮮新聞》4면 3단, 1935년 8월 21일.

68 〈ラヂオ體操普及を後援〉,《朝鮮新聞》3면 12단, 1935년 7월 11일.

69 〈ラヂオ體操, 初日を終る〉,《朝鮮新聞》4면 6단, 1935년 7월 24일.

70 〈ラヂオ體操〉,《朝鮮新聞》4면 1단, 1935년 8월 24일.

71 〈「ラヂオ體操」, 講習會開催, 健康增進第一の開城〉,《朝鮮新聞》5면 2단, 1935년 7월 16일.

72 〈ラヂオ體操〉,《朝鮮新聞》3면 11단, 1935년 7월 18일.

73 〈群山府民のラヂオ體操, 參加一千五百名〉,《朝鮮新聞》3면 1단, 1935년 8월 2일.

74 〈ラヂオ體操, 裡里で施行〉,《朝鮮新聞》5면 9단, 1935년 7월 23일; 〈ラヂオ體操, 裡里體協で實施〉,《朝鮮新聞》5면 8단, 1935년 6월 28일.

75 〈木浦のラヂオ體操會, 府尹らも出席〉,《朝鮮時報》1면 5단, 1935년 7월 26일; 〈ラヂオ體操會, 簡易な健康法〉,《朝鮮新聞》5면 13단, 1935년 8월 8일.

76 〈松汀理校のラヂオ體操, 十日まで實施〉,《朝鮮新聞》5면 11단, 1935년 8월 8일.

77 〈ラヂオ體操會, 松汀里再開始〉,《朝鮮新聞》5면 12단, 1935년 8월 16일.

78 〈ラヂオ體操, 釜山で勵行〉,《朝鮮新聞》5면 11단, 1935년 7월 20일; 〈どこの會もラヂオ體操盛況, 廿九日までの參加者は五萬八千人を突破す〉,《朝鮮時報》3면 6단, 1935년 7월 31일.

79 〈居昌ラヂオ體操〉,《京城日報》5면 9단, 1935년 8월 10일.

80 〈ラヂオ體操, 大邱も好績〉,《京城日報》5면 3단, 1935년 8월 3일.

81 〈ラヂオ體操會, 盈德で開く〉,《朝鮮新聞》5면 2단, 1935년 7월 31일.

82 〈春川公普校, ラヂオ體操施行〉,《朝鮮新聞》2면 9단, 1935년 7월 22일.

83 〈ラヂオ體操會, 二十一日から〉,《朝鮮新聞》4면 6단, 1935년 7월 23일; 〈鐵原邑民のラヂオ體操, 三百名を突破〉,《朝鮮新聞》2면 9단, 1935년 8월 4일.

84 〈ラヂオ體操〉,《朝鮮新聞》4면 6단, 1935년 7월 25일; 〈ラヂオ體操, 華川で年中無休〉,《朝鮮新聞》4면 11단, 1935년 9월 3일.

85 〈ラヂオ體操納會〉,《朝鮮新聞》3면 6단, 1935년 8월 19일.

86 〈ラヂオ體操, 參加者集計〉,《朝鮮新聞》2면 7단, 1935년 11월 9일.

87 〈ダイアル嬢には健康が大切, 毎朝ラヂオ體操など〉,《朝鮮新聞》3면 2단, 1936년 3월 20일.

88 〈夏の保健にラヂオ體操, 爽やかな朝のひととき, DKからも別に放送しては?,「朝鮮の江木」を以て任ずる中央電話局根岸勝利氏の話〉,《朝鮮新聞》3면 1단, 1936년 6월 30일.

89 〈普校でラヂオ體操〉,《京城日報》4면 11단, 1936년 6월 27일.

90 〈みんな揃つてラヂオ體操を, 今年も七月二十一日から一ヶ月間實施決定〉,《朝鮮新聞》2면 1단, 1936년 5월 21일.

91 〈ラヂオ體操, あすから始る, 全鮮二百餘ヶ所で〉,《京城日報》2면 1단, 1936년 7월 21일.

92 〈積極的銷夏はラヂオ體操から, 酷暑もなんのその各地でオイチ二三〉,《京城日報》5면 8단, 1936년 7월 22일.

93 〈ラヂオ體操, 廿一日から各地で〉,《朝鮮新聞》3면 6단, 1936년 7월 21일.

94 〈水原のラヂオ體操〉,《京城日報》4면 6단, 1936년 7월 24일.

95 〈驪州のラヂオ體操〉,《京城日報》5면 6단, 1936년 7월 30일.

96 〈廣州のラヂオ體操〉,《京城日報》5면 8단, 1936년 7월 19일.

97 〈"ラヂオ體操"〉,《朝鮮新聞》4면 10단, 1936년 7월 11일.

98 〈先づ健康を, ラヂオ體操會〉,《朝鮮新聞》4면 7단, 1936년 7월 18일.

99 〈舒川ラヂオ體操〉,《朝鮮新聞》3면 8단, 1936년 8월 12일.

100 〈大川ラヂオ體操〉,《朝鮮新聞》3면 8단, 1936년 8월 12일.

101 〈ラヂオ體操と天安の早起會〉,《朝鮮新聞》5면 10단, 1936년 7월 30일.

102 〈天安ラヂオ體操〉,《朝鮮新聞》3면 10단, 1936년 8월 19일.

103 〈天安ラヂオ體操納會〉,《朝鮮新聞》4면 8단, 1936년 8월 23일.

104 〈永同のラヂオ體操〉,《京城日報》4면 7단, 1936년 7월 21일;〈永同のラヂオ體操〉,《京城日報》5면 6단, 1936년 7월 26일.

105 〈沃川ラヂオ體操〉,《朝鮮新聞》3면 8단, 1936년 7월 22일.

106 〈ラヂオ體操, 鳥致院小學校で〉,《朝鮮新聞》5면 1단, 1936년 7월 23일.

107 〈淸州ラヂオ體操〉,《朝鮮新聞》4면 10단, 1936년 7월 21일.

108 〈大邱のラヂオ體操〉,《京城日報》5면 10단, 1936년 7월 14일; 〈大邱のラヂ
オ體操, 一日から開始〉,《京城日報》5면 10단, 1936년 7월 31일.

109 〈金泉のラヂオ體操〉,《京城日報》5면 10단, 1936년 8월 2일.

110 〈蔚山のラヂオ體操〉,《京城日報》3면 5단, 1936년 7월 30일.

111 〈ラヂオ體操, 平昌で實施〉,《朝鮮新聞》3면 9단, 1936년 6월 24일; 〈平昌ラ
ヂオ體操〉,《朝鮮新聞》4면 8단, 1936년 7월 30일.

112 〈華川體協, ラヂオ體操〉,《朝鮮新聞》4면 10단, 1936년 7월 21일; 〈春川ラ
ヂオ體操〉,《朝鮮新聞》4면 10단, 1936년 7월 21일.

113 〈裸里ラヂオ體操〉,《朝鮮新聞》4면 8단, 1936년 8월 24일.

114 〈海州ラヂオ體操〉,《朝鮮新聞》4면 10단, 1936년 7월 2일.

115 〈ラヂオ體操の會〉,《京城日報》3면 4단, 1936년 7월 18일.

116 〈元山でもラヂオ體操〉,《京城日報》4면 11단, 1936년 7월 19일.

117 〈咸興ラヂオ體操〉,《京城日報》4면 10단, 1936년 8월 29일.

118 〈開城ラヂオ體操〉,《京城日報》4면 4단, 1936년 7월 23일.

119 〈南川のラヂオ體操〉,《朝鮮新聞》5면 2단, 1936년 7월 30일.

120 〈ラヂオ體操に不熱心〉,《京城日報》5면 10단, 1936년 7월 29일.

121 〈ラヂオ體操會〉,《京城日報》4면 5단, 1936년 7월 19일; 〈寂しいラヂオ體
操〉,《京城日報》5면 10단, 1936년 8월 2일.

122 〈全國で一億人以上が參加, ラヂオ體操がはじまります〉,《京城日報》4면
1단, 1937년 7월 11일.

123 〈專賣局のラヂオ體操〉,《朝鮮新聞》2면 5단, 1936년 9월 1일.

124 〈統營稅務署員がラヂオ體操練習〉,《朝鮮新聞》5면 9단, 1936년 11월 20일.

125 〈シヤツ一枚でラヂオ體操, 二百五十名一齊に, 仁川局の明朗風景〉,《京城
日報》5면 6단, 1936년 12월 11일.

126 〈ラヂオ體操續ける團體, 全鮮で百七團體〉,《朝鮮新聞》2면 4단, 1936년
12월 12일.

127 〈京城府早起會, ラヂオ體操開始〉,《朝鮮新聞》2면 9단, 1937년 1월 9일.

128 〈ラヂオ體操會〉,《京城日報》2면 9단, 1937년 7월 8일.

129 〈ラヂオ體操の會, 廿一日から始まります〉,《京城日報》7면 5단, 1937년

7월 17일; 〈ラヂオ體操〉,《朝鮮新聞》2면 9단, 1937년 7월 21일.

130 〈鐵道官舍村(錦町)のラヂオ體操は大人氣, 會場を移して一般を歡迎〉,《京
城日報》7면 8단, 1937년 7월 23일.

131 〈平壤ラヂオ體操〉,《朝鮮新聞》7면 9단, 1937년 7월 9일.

132 〈北靑のラヂオ體操〉,《朝鮮新聞》5면 3단, 1937년 7월 24일.

133 〈瑞興のラヂオ體操, 廿一日から〉,《朝鮮新聞》5면 10단, 1937년 7월 16일.

134 〈定州のラヂオ體操〉,《京城日報》2면 6단, 1937년 7월 26일.

135 〈素砂ラヂオ體操〉,《朝鮮新聞》4면 4단, 1937년 7월 23일.

136 〈ラヂオ體操の會〉,《京城日報》5면 8단, 1937년 7월 23일.

137 〈平澤ラヂオ體操〉,《朝鮮新聞》4면 9단, 1937년 7월 17일.

138 〈鎭川のラヂオ體操〉,《京城日報》5면 3단, 1937년 7월 15일.

139 〈淸州のラヂオ體操〉, 〈永同も行ふ〉,《京城日報》5면 6단, 1937년 7월 22일;
〈淸州ラヂオ體操〉,《朝鮮新聞》4면 4단, 1937년 7월 23일.

140 〈ラヂオ體操〉,《京城日報》5면 10단, 1937년 7월 24일.

141 〈ラヂオ體操〉,《京城日報》5면 9단, 1937년 7월 25일.

142 〈天安ラヂオ體操〉,《朝鮮新聞》4면 7단, 1937년 6월 29일.

143 〈統營ラヂオ體操〉,《朝鮮新聞》5면 10단, 1937년 7월 20일.

144 〈長興のラヂオ體操〉, 〈蔚山のラヂオ體操〉,《朝鮮新聞》3면 4단, 1937년
7월 21일.

145 〈裡里ラヂオ體操〉,《朝鮮新聞》3면 5단, 1937년 7월 20일.

146 〈春川のラヂオ體操〉,《朝鮮新聞》4면 5단, 1937년 7월 21일.

147 〈洪川ラヂオ體操〉,《朝鮮新聞》4면 10단, 1937년 7월 23일.

148 〈鐵原のラヂオ體操〉,《朝鮮新聞》4면 9단, 1937년 7월 23일.

149 〈楊口ラヂオ體操〉,《朝鮮新聞》4면 7단, 1937년 8월 1일.

150 〈ラヂオ體操, 盛況裡に終る〉,《京城日報》5면 6단, 1937년 8월 22일.

151 〈群山ラヂオ體操〉,《朝鮮新聞》5면 10단, 1937년 7월 8일; 〈群山ラヂオ體
操, 延人員八萬人で好成績を收む〉,《朝鮮時報》3면 5단, 1937년 8월 23일.

152 〈全府廳員, 東方遙拜, ラヂオ體操〉,《朝鮮時報》5면 4단, 1937년 11월 13일.

153 〈憲兵司令部のラヂオ體操〉,《朝鮮新聞》7면 11단, 1938년 2월 23일.

154 〈平北道廳員のラヂオ體操〉,《朝鮮新聞》3면 5단, 1938년 3월 22일; 〈平北
　　道廳員のラヂオ體操〉,《朝鮮新聞》2면 1단, 1938년 4월 17일.

155 〈健康色を取戻さう, 府民病院のラヂオ體操〉,《京城日報》7면 1단, 1938년
　　5월 13일.

156 〈慶北道廳員, ラヂオ體操〉,《朝鮮新聞》5면 6단, 1938년 5월 19일.

157 〈半島が聲を揃へオイチニッサン, 七月二十一日からラヂオ體操會實施〉,《朝
　　鮮新聞》7면 7단, 1938년 6월 21일; 〈ラヂオ體操の會, 七月廿一日から全鮮
　　一齊に開始〉,《京城日報》3면 1단, 1938년 6월 21일.

158 〈皇國臣民體操講習初まる〉,《朝鮮新聞》2면 8단, 1938년 8월 28일.

159 〈武道を織込んだ「皇國臣民體操」制定〉,《朝鮮時報》5면 4단, 1937년 10월
　　10일; 〈木劍を使用する, 皇國臣民體操成る〉,《朝鮮時報》5면 2단, 1937년
　　10월 13일; 〈皇國臣民體操, 愈愈學務局で制定〉,《朝鮮新聞》2면 1단,
　　1937년 10월 13일; 〈學務局創案の皇國臣民體操, 全鮮各學校に實施〉,《京
　　城日報》2면 2단, 1937년 10월 13일; 〈皇國臣民體操, いよいよ獎勵實施, 學
　　務局長通牒す〉,《朝鮮時報》1면 8단, 1937년 10월 15일.

160 〈新しい皇國臣民體操, 柔劍道を基本とし更に二種を制定, 本府が音頭取り
　　で武士道精神を鼓吹する〉,《京城日報》7면 1단, 1938년 7월 16일.

161 〈はじめよ建國體操, 本府社會教育課が乘り出し, まづ主な團體に獎勵〉,
　　《京城日報》7면 7단, 1937년 6월 3일; 〈純國産の建國體操, 學校體操講習會
　　で實地指導, 全鮮初等校から參加〉,《朝鮮新聞》3면 1단, 1937년 7월 28일.

162 〈今夏もラヂオ體操〉,《京城日報》7면 1단, 1938년 6월 30일; 〈ラヂオ體操,
　　全鮮的に普及〉,《京城日報》3면 4단, 1938년 7월 10일.

163 〈錦町官舍村のラヂオ體操〉,《朝鮮新聞》7면 4단, 1938년 6월 22일.

164 〈ラヂオ體操, 愈今日から初まる〉,《朝鮮新聞》2면 8단, 1938년 7월 22일;
　　〈京城のラヂオ體操會場決定〉,《京城日報》7면 6단, 1938년 7월 22일; 〈醫
　　專の校庭でもラヂオ體操〉,《京城日報》2면 4단, 1938년 7월 31일.

165 〈府廳の正午ラヂオ體操〉,《京城日報》2면 10단, 1938년 7월 22일.

166 〈永樂町內のラヂオ體操〉,《朝鮮新聞》2면 5단, 1938년 8월 16일.

167 〈ラヂオ體操, 廿一日から〉,《朝鮮新聞》5면 10단, 1938년 7월 21일.

168 〈麗水のラヂオ體操〉,《朝鮮新聞》4면 13단, 1938년 7월 22일.

169 〈群山のラヂオ體操〉,《朝鮮新聞》5면 1단, 1938년 7월 23일.

170 〈天安ラヂオ體操〉,《朝鮮新聞》4면 11단, 1938년 7월 12일.

171 〈公州のラヂオ體操〉,《朝鮮新聞》4면 5단, 1938년 7월 16일.

172 〈ラヂオ體操〉,《京城日報》5면 6단, 1938년 7월 22일; 〈淸州のラヂオ體操〉, 《朝鮮新聞》5면 9단, 1938년 7월 26일.

173 〈ラヂオ體操〉,《京城日報》5면 7단, 1938년 7월 27일.

174 〈洪川のラヂオ體操〉,《朝鮮新聞》5면 7단, 1938년 7월 21일.

175 〈金城のラヂオ體操〉,《朝鮮新聞》4면 11단, 1938년 7월 26일.

176 〈楊口のラヂオ體操〉,《朝鮮新聞》5면 5단, 1938년 8월 9일.

177 〈開城のラヂオ體操〉,《朝鮮新聞》3면 4단, 1938년 7월 25일.

178 〈長箭のラヂオ體操〉,《朝鮮新聞》3면 5단, 1938년 7월 25일.

179 〈咸北道廳員, ラヂオ體操〉,《朝鮮新聞》2면 13단, 1938년 7월 31일.

180 〈茂山ラヂオ體操〉,《朝鮮新聞》2면 5단, 1938년 7월 24일.

181 〈載寧ラヂオ體操〉,《朝鮮新聞》2면 8단, 1938년 7월 24일.

182 〈サア健康體へ!, ラヂオ體操の會賑ふ〉,《京城日報》5면 7단, 1938년 7월 24일.

183 〈水原のラヂオ體操〉,《朝鮮新聞》3면 5단, 1938년 7월 25일.

184 〈全鮮ラヂオ體操, ハチ切れる元氣で京城の閉會式, 各種團體學生六千名參集〉,《朝鮮新聞》2면 1단, 1938년 8월 21일; 〈ラヂオ體操, けふは納會, 全鮮七十萬の參加者〉,《京城日報》2면 1단, 1938년 8월 21일.

185 〈ラヂオ體操實施の要項〉,《京城日報》2면 2단, 1939년 6월 25일; 〈ラヂオ體操會, 江木さんも參加, 七月廿一日から實施〉,《朝鮮新聞》7면 2단, 1939년 6월 25일.

186 〈盛況を豫想されるラヂオ體操の會, 國民精神總動員運動に資す今夏の特殊な催し〉,《國民新報》26면 1단, 1939년 7월 9일.

187 〈國民體操三種, 厚生省で制さる〉,《朝鮮新聞》2면 4단, 1939년 6월 25일.

188 庄野貞一,《聖訓 青少年学徒の錬成》, 大阪: 高橋南益社, 昭和 15年(1940), 62-63쪽.

189 〈大日本體操は厚生省から〉,《朝鮮新聞》3면 1단, 1939년 9월 5일.

190 〈大日本體操, 晴れて實施〉,《朝鮮新聞》7면 9단, 1939년 10월 6일.

191 〈大日本體操講習會, 廿七日南大門小學校で開く〉,《朝鮮新聞》2면 9단, 1940년 1월 22일.

192 〈七十五萬府民, 元氣で一・二・三, 今年ラヂオ體操へ〉,《京城日報》3면 1단, 1939년 7월 15일.

193 〈ラヂオ體操會〉,《京城日報》2면 3단, 1939년 7월 22일.

194 〈女給さんも混り, 潑剌たるラヂオ體操, 永樂町二丁目朝の律動美〉,《朝鮮新聞》2면 1단, 1939년 7월 24일.

195 〈ラヂオ體操, 指導者講習會開催〉,《朝鮮新聞》2면 8단, 1939년 7월 28일; 〈ラヂオ體操, 指導者講習會〉,《朝鮮新聞》2면 6단, 1939년 7월 30일.

196 〈ラヂオ體操講習會〉,《京城日報》5면 3단, 1939년 7월 31일.

197 〈ラヂオ體操指導講習會, 咸興小學校で〉,《京城日報》3면 5단, 1939년 7월 28일.

198 〈銃後の體位向上に, 仁川府でラヂオ體操を奬勵〉,《朝鮮新聞》4면 6단, 1939년 7월 15일; 〈今年も元氣にラヂオ體操, 仁川府でも十四ヶ所〉,《京城日報》5면 1단, 1939년 7월 15일.

199 〈時局を乘切る體を作れ!, 長湍東校でもラヂオ體操〉,《京城日報》5면 5단, 1939년 7월 23일.

200 〈大田のラヂオ體操〉,《朝鮮新聞》4면 4단, 1939년 7월 18일; 〈旭光浴びて一・二・三, ラヂオ體操の會始まる〉,《京城日報》3면 4단, 1939년 7월 23일.

201 〈論山のラヂオ體操〉,《朝鮮新聞》5면 8단, 1939년 7월 25일.

202 〈淸州のラヂオ體操〉,《朝鮮新聞》2면 9단, 1939년 7월 24일.

203 〈愛國班のラヂオ體操〉,《京城日報》3면 4단, 1939년 7월 14일.

204 〈鳥致院でラヂオ體操實施〉,《朝鮮新聞》4면 6단, 1939년 7월 29일.

205 〈馬山のラヂオ體操〉,《朝鮮新聞》3면 7단, 1939년 7월 22일.

206 〈浦項ラヂオ體操〉,《朝鮮新聞》5면 10단, 1939년 7월 21일.

207 〈統營のラヂオ體操, 邑內四ヶ所で〉,《朝鮮新聞》4면 7단, 1939년 7월 19일.

208 〈龍頭山上でラヂオ體操大會〉,《朝鮮新聞》2면 6단, 1939년 7월 24일.

209 〈體位向上, ラヂオ體操參加者, 五十萬人を突破す〉, 《朝鮮時報》2면 9단, 1939년 9월 17일.

210 〈一日の計は朝にあり, さあ皆さんラヂオ體操です, 光州商店街のハリキリ風景〉, 《京城日報》5면 3단, 1939년 7월 24일.

211 〈木浦のラヂオ體操〉, 《朝鮮新聞》3면 7단, 1939년 7월 22일; 〈街頭で一齊ラヂオ體操〉, 《朝鮮新聞》3면 10단, 1939년 7월 24일.

212 〈裡里市民は奮て參加せよ, ラヂオ體操へ〉, 《朝鮮新聞》4면 9단, 1939년 7월 21일.

213 〈順天のラヂオ體操〉, 《朝鮮新聞》3면 7단, 1939년 7월 22일.

214 〈南原のラヂオ體操〉, 《朝鮮新聞》5면 5단, 1939년 7월 25일.

215 〈元山のラヂオ體操始る〉, 《朝鮮新聞》3면 6단, 1939년 7월 22일.

216 〈兼二浦のラヂオ體操〉, 《朝鮮新聞》5면 10단, 1939년 7월 23일.

217 〈穩城邑民もラヂオ體操〉, 《朝鮮新聞》5면 11단, 1939년 7월 23일.

218 〈ラヂオ體操〉, 《京城日報》5면 10단, 1939년 7월 26일.

219 〈元氣で始め, ラヂオ體操〉, 《京城日報》5면 6단, 1939년 8월 7일.

220 〈健康增進に懸命の梁山署, 一人殘らずラヂオ體操〉, 《釜山日報》4면 3단, 1940년 4월 26일.

221 〈ラヂオ體操講師, 全南各郡へ派遣し, 道民の保健向上へ〉, 《朝鮮新聞》5면 9단, 1940년 5월 19일.

222 〈今年も全鮮一をと, 全南のラヂオ體操皆勤者は表彰する〉, 《朝鮮新聞》1면 10단, 1940년 7월 14일.

223 〈群山のラヂオ體操〉, 《朝鮮新聞》5면 12단, 1940년 5월 23일.

224 〈裡里ラヂオ體操會〉, 《朝鮮新聞》4면 6단, 1940년 7월 18일.

225 〈釜山府のラヂオ體操會〉, 《京城日報》5면 6단, 1940년 6월 6일.

226 〈朝のラヂオ體操, 道內百七十萬人動員, 一日平均五萬人を算す〉, 《朝鮮時報》2면 8단, 1940년 7월 31일.

227 〈聯合ラヂオ體操, 府內五ケ所で行ふ, 府民の參加を希望〉, 《朝鮮時報》2면 1단, 1940년 8월 11일.

228 〈ラヂオ體操, 今夏も一齊に實施〉, 《朝鮮新聞》2면 5단, 1940년 7월 5일.

229 〈府民こぞつてラヂオ體操, 府で總代を集め講習〉, 《京城日報》2면 7단, 1940년 7월 12일.

230 〈라디오 體操, 忠北道內도 一齊實施〉, 《每日新報》4면 10단, 1940년 7월 19일.

231 〈ラヂオ體操の指導者講習會〉, 《京城日報》5면 10단, 1940년 7월 12일.

232 〈黎明ラヂオ體操, 元山で實施〉, 《朝鮮新聞》5면 12단, 1940년 7월 18일.

233 〈ラヂオ體操〉, 《京城日報》4면 4단, 1940년 7월 23일; 〈開城ラヂオ體操〉, 《朝鮮新聞》4면 3단, 1940년 7월 23일.

234 〈青春의 律動, 開城에서도 라디오 體操〉, 《每日新報》4면 4단, 1940년 8월 9일.

235 〈ラヂオ體操, 海州府で實施〉, 《朝鮮新聞》5면 7단, 1940년 7월 21일; 〈府民 라듸오 體操, 海州서도 一個月間 實施〉, 《每日新報》4면 2단, 1940년 7월 21일.

236 〈宣川でもラヂオ體操〉, 《朝鮮新聞》3면 5단, 1940년 7월 22일.

237 〈陽德서 라디오 體操〉, 《每日新報》3면 6단, 1940년 8월 4일.

238 〈退潮서도 라듸오 體操〉, 《每日新報》3면 7단, 1940년 7월 27일.

239 〈南陽 라듸오 體操會〉, 《滿鮮日報》4면 3단, 1940년 7월 24일.

240 〈元氣でラヂオ體操, さあ, あすから仁川でも三ケ所, 府民總動員, 皆集れ〉, 《京城日報》4면 1단, 1940년 7월 20일.

241 〈ラヂオ體操, 七月廿一日より開始, 隨所で行はれる〉, 《朝鮮時報》3면 10단, 1940년 7월 22일.

242 〈ラヂオ體操の會, 廿一日より八月二十日〉, 《朝鮮時報》3면 7단, 1940년 7월 23일.

243 〈라듸오 體操, 渭城小校서 實施〉, 《每日新報》3면 8단, 1940년 7월 27일.

244 〈ラヂオ體操〉, 《京城日報》4면 4단, 1940년 7월 25일.

245 〈昇る旭日を一杯浴びて, 長湍官民のラヂオ體操〉, 《朝鮮新聞》4면 11단, 1940년 7월 28일.

246 〈平澤 라디오 體操〉, 《每日新報》3면 3단, 1940년 7월 24일.

247 〈天安ラヂオ體操〉, 《朝鮮新聞》4면 3단, 1940년 7월 23일.

248 〈淸州邑でもラヂオ體操〉, 《朝鮮新聞》4면 13단, 1940년 7월 23일.

249 〈錦山ラヂオ體操〉, 《朝鮮新聞》4면 8단, 1940년 7월 25일.

250 〈全北精動のラヂオ體操〉, 《朝鮮新聞》5면 2단, 1940년 7월 13일.

251 〈全州のラヂオ體操〉, 《朝鮮新聞》5면 3단, 1940년 7월 25일.

252 〈南原ラヂオ體操〉, 《朝鮮新聞》4면 10단, 1940년 7월 26일.

253 〈光州は各町別ラヂオ體操〉, 《朝鮮新聞》4면 5단, 1940년 7월 23일; 〈潑剌!
新體制で光州のラヂオ體操〉, 《朝鮮新聞》4면 1단, 1940년 7월 30일.

254 〈木浦のラヂオ體操會〉, 《朝鮮新聞》5면 12단, 1940년 7월 24일.

255 〈大邱府ラヂオ體操〉, 《朝鮮新聞》5면 8단, 1940년 8월 2일.

256 〈統營のラヂオ體操, 頗る盛況〉, 《朝鮮時報》3면 4단, 1940년 7월 26일.

257 〈라듸오 體操, 鐵原서 一個月間〉, 《每日新報》3면 3단, 1940년 7월 20일.

258 〈라듸오 體操, 春川서도 一個月間 實施〉, 《每日新報》3면 1단, 1940년 7월
22일.

259 〈洪川 라듸오 體操〉, 《每日新報》3면 5단, 1940년 8월 3일.

260 〈淮陽 라듸오 體操〉, 《每日新報》3면 9단, 1940년 7월 24일.

261 〈襄陽 라듸오 體操〉, 《每日新報》3면 3단, 1940년 7월 24일.

262 〈寧越에서도 라디오 體操〉, 《每日新報》3면 4단, 1940년 8월 7일.

263 〈旌善 라듸오 體操〉, 《每日新報》3면 10단, 1940년 7월 31일.

264 〈麟蹄에 라듸오 體操〉, 《每日新報》4면 10단, 1940년 8월 7일.

265 〈早朝 라듸오 體操, 明日부터 府內 全愛國班에서 實施, 三角町에서는 昨年
부터 率先實行〉, 《每日新報》3면 6단, 1940년 8월 31일.

266 〈總督府全職員, 今日부터 「라듸오」 體操〉, 《每日新報》2면 1단, 1940년 9월
7일.

267 〈京畿道廳 라듸오 體操〉, 《每日新報》2면 10단, 1940년 10월 3일.

268 〈ラヂオ體操の江木氏來鮮〉, 《朝鮮新聞》2면 8단, 1940년 10월 10일; 〈ラヂ
オ體操の江木さんがけふ群山で〉, 《朝鮮新聞》3면 5단, 1940년 10월 27일.

269 〈保健 第一課 "라디오 體操", 廿一日부터 한달동안 全鮮 一齊히 大會開催〉,
《每日新報》2면 2단, 1941년 7월 16일.

270 〈라듸오 體操會, 平壤서도 一齊實施〉, 《每日新報》3면 6단, 1941년 7월

22일.

271 〈楊口 라디오 體操〉,《每日新報》3면 6단, 1941년 8월 5일.

272 〈勅令 第148號: 國民學校令〉,《官報》第4243號, 內閣印刷局, 昭和 16年
(1941) 3月 1日, 2쪽.

273 〈全國の小學校, "國民學校", 四月一日から〉,《朝鮮新聞》2면 8단, 1941년
2월 4일.

274 〈六年制小學校, 國民學校制を實施〉,《朝鮮新聞》2면 2단, 1941년 2월 5일.

275 〈라듸오 體操〉,《每日新報》3면 10단, 1941년 8월 3일.

276 〈春川 라디오 體操會〉,《每日新報》3면 4단, 1941년 7월 22일.

277 〈伊川 라디오 體操會〉,《每日新報》3면 3단, 1941년 7월 26일.

278 〈舍人서도 라디오 體操〉,《每日新報》3면 4단, 1941년 7월 24일.

279 〈라디오 體操, 各町聯盟에서〉,《每日新報》3면 3단, 1941년 7월 22일.

280 〈束草서도 라디오 體操〉,《每日新報》3면 6단, 1941년 7월 27일.

281 〈江華 라디오 體操會〉,《每日新報》3면 6단, 1941년 7월 27일.

282 〈ラヂオ體操, 方魚津協會〉,《釜山日報》3면 7단, 1941년 8월 6일.

283 〈ラヂオ體操に揮つて參加, 晋州府民はまだ熱が足らぬ〉,《釜山日報》3면
2단, 1941년 8월 2일.

284 〈本府 三千職員, 「라디오」 體操〉,《每日新報》2면 1단, 1941년 12월 16일.

285 〈展開된 夏期鍛鍊 라디오 體操, 街頭健步, 集團勤勞, 石田厚生局長 全鮮
에 激勵放送〉,《每日新報》2면 5단, 1942년 7월 22일.

286 〈延人員 二億七千, 全國 라디오 體操 性績〉,《每日新報》2면 6단, 1942년
9월 6일; 〈二億八千萬人, 昨年のラヂオ體操會參加人員〉,《釜山日報》2면
3단, 1942년 9월 6일.

287 〈北阿峴町 第二區, 라듸오 體操 盛況〉,《每日新報》2면 9단, 1942년 4월
21일.

288 〈라듸오 體操 普及〉,《每日新報》4면 7단, 1942년 4월 29일.

289 〈國民體位 向上과 皇民鍊成의 總力譜, 廿一日부터 全鮮 一齊히 라디오 體
操〉,《每日新報》2면 7단, 1942년 7월 19일.

290 〈"라듸오" 體操, 指導者講習會 開催〉,《每日新報》2면 13단, 1942년 7월

28일; 〈府民 "라디오" 體操, 受講指導合格者 發表〉, 《每日新報》2면 11단, 1942년 8월 3일.

291 〈新たに合理的體操, 近く厚生省から發表〉, 《京城日報》5면 8단, 1941년 2월 17일.

292 〈厚生體操講習會, 七日から遞信局で〉, 《朝鮮新聞》2면 6단, 1941년 7월 5일.

293 〈라디오體操會, 春川에서 一個月間〉, 《每日新報》4면 4단, 1942년 7월 24일.

294 〈面民 라디오 體操〉, 《每日新報》4면 9단, 1942년 7월 23일.

295 〈延安邑 라디오 體操〉, 《每日新報》4면 10단, 1942년 8월 6일.

296 〈安養 라디오 體操〉, 《每日新報》4면 9단, 1942년 8월 11일.

297 〈江華邑 라디오 體操〉, 《每日新報》2면 11단, 1942년 8월 12일.

298 〈金川 라디오 體操〉, 《每日新報》4면 3단, 1942년 8월 20일.

299 〈平山郡 라디오 體操, 總數 十萬八千餘名〉, 《每日新報》4면 7단, 1942년 9월 26일.

300 〈南川邑 라디오 體操〉, 《每日新報》4면 8단, 1942년 7월 26일.

301 〈班員에 라디오 體操〉, 《每日新報》4면 10단, 1942년 7월 18일.

302 〈다가티 라디오 體操〉, 《每日新報》2면 11단, 1943년 7월 3일.

303 〈百萬府民 總動, 來五日부터 各町會 라디오 體操會〉, 《每日新報》2면 14단, 1943년 7월 3일.

304 〈利川서도 라디오 體操〉, 《每日新報》4면 6단, 1943년 7월 25일.

305 〈漣川서도 라디오 體操〉, 《每日新報》4면 7단, 1943년 7월 27일.

306 〈여름은 鍛鍊할 때, 各地서 「라디오」 體操를 實施〉, 《每日新報》4면 2단, 1943년 7월 23일.

307 〈各町 單位로 라디오 體操〉, 《每日新報》4면 5단, 1943년 7월 11일.

308 〈라디오 體操, 區를 單位로 一齊 施行〉, 《每日新報》3면 9단, 1943년 7월 21일.

309 〈라디오 體操, 指導者 講習〉, 《每日新報》4면 3단, 1943년 6월 26일.

310 〈南川邑 라디오 體操〉, 《每日新報》4면 7단, 1943년 7월 25일.

311 〈黃州서도 라디오 體操〉, 《每日新報》4면 6단, 1943년 7월 27일.

312 〈라디오 體操, 沙里院서도 勵行〉,《每日新報》4면 8단, 1943년 7월 29일.

313 〈社說: 라디오 體操와 保健〉,《每日新報》1면 1단, 1943년 7월 23일.

314 〈아침 라디오 體操, 全鮮 男女에게 八月 一日부터 實施〉,《每日新報》3면 11단, 1944년 7월 16일.

5장 달력의 연대기

1 자동 점술의 시간: 시헌력의 구조

1 시헌력에 관한 전문적이고 학술적인 내용은 다음 책을 참고하라. 이창익,《조선 시대 달력의 변천과 세시의례》, 창비, 2013.

2 《大朝鮮開國五百四年歲次乙未時憲書》, 學務衙門觀象局, 1895(서울대 규장 각, 청구기호: 古7300-16[1]).

3 黃玹,《梅泉野錄》, 李章熙 譯, 大洋書籍, 1972, 333쪽.

2 사라진 43일: 태양력의 등장

1 Les missionnaires de corée de la société des missions étrangères de paris, *Dictionnaire coréen-français*(한불ᄌ뎐, 韓佛字典), Yokohama: C. Lévy, Imprimeur-Libraire, 1880, pp. 467, 594.

2 Horace Grant Underwood, *A Concise Dictionary of the Korean Language in Two Parts: Korean-English & English-Korean*(韓英字典, 한영ᄌ뎐), Yokohama: Kelly & Walsh, L'D., 1890, pp. 8, 32, 148, 184.

3 옥성득,《한국 기독교 형성사: 한국 종교와 개신교의 만남 1876-1910》, 새물결플 러스, 2020, 446쪽.

4 徐景祚, 〈徐景祚의 信道와 傳道와 松川敎會 設立歷史〉,《神學指南》제7권 4호(통권 제28호), 神學指南社, 1925년 10월, 94쪽.

5 〈광고〉,《독립신문》2면 3단, 1896년 12월 22일.

6 〈광고〉, 《독립신문》 4면 2단, 1898년 1월 11일.

7 〈광고〉, 《독립신문》 4면 3단, 1898년 12월 8일.

8 〈光武 6年(1902) 日曆〉. 출처: e뮤지엄 전국박물관 소장품 검색(https://www.emuseum.go.kr), 국립민속박물관 소장품 번호: 민속 82570.

9 조선의 호구(戶口)에 대해서는 다음 책을 참고하라. 善生永助, 《朝鮮の人口研究》, 朝鮮印刷株式會社出版部, 大正 14年(1925), 18쪽.

10 《고종실록》 31권, 고종 31년(1894) 6월 28일 계유.

11 〈草記 甲午 六月二十八日〉, 〈草記 開國五百三年 六月二十九日〉, 《官報: 開國五百三年七月》, 軍國機務處 編, 1894年 6月 28日-29日(국립중앙도서관, 청구기호: 일산古608-2).

12 《승정원일기》 3052책, 고종 31년(1894) 11월 20일 임진.

13 《官報: 開國五百三年十一月至十二月》, 議政府 編, 開國 503年(1894) 12月 13日(국립중앙도서관, 청구기호: 일산古608-4).

14 〈詔勅〉, 《官報》 號外, 內閣記錄局官報課, 開國 504年(1895) 9月 9日.

15 〈照會 第百三號, 발신자: 度支部大臣署理 度支部協辦 李鼎煥, 수신자: 內閣總理大臣 金弘集 閣下〉, 《度支部來文》 1, 내각 편, 開國 504年(1895) 10月.

16 〈詔勅〉, 〈彙報: 官廳事項〉, 《官報》 號外, 內閣記錄局官報課, 開國 504年(1895) 11月 15日.

17 〈詔勅〉, 《官報》 號外, 內閣記錄局官報課, 開國 504年(1895) 11月 15日.

18 學部觀象所, 《大朝鮮開國五百五年歲次丙申時憲曆》, 1895. 출처: 한국천문연구원 천문우주지식정보(https://astro.kasi.re.kr/) 천문기록관.

19 〈告示〉, 《官報》 第214號, 內閣記錄局官報課, 建陽 元年(1896) 1月 4日 土曜, 1쪽.

20 국립중앙도서관 소장본 《建陽元年曆》(청구기호: 일산古734-84)은 훼손된 부분이 많아서 표지, 권두, 1월과 12월의 역면만 남아 있다. 그런데 연세대학교 도서관 국학자료실에 《대조선개국505년력(大朝鮮開國五百五年曆)》(學部觀象所, 1895, 청구기호: O 529.3 학부관 대)이 훼손 없이 온전하게 보관되어 있는 것을 2023년 7월에 확인했다. 연세대학교 소장본에도 건양원년력(建陽元年曆)이라는 서명이 추가된 겉표지가 있다. 이 책에서는 연세대학교 소장본을 이용했다.

21 〈通牒 第二號, 발신자: 學部主事 李貞善, 수신자: 外部主事 李琦〉,《學部來去文》2·3·5·6, 외부 편, 建陽 元年(1896) 1月 11日.

22 《고종실록》35권, 고종 34년(1897) 8월 12일 양력.

23 《독립신문》2면 1단, 1896년 12월 17일.

24 〈宮庭錄事〉,《官報》號外, 議政府總務局官報課, 開國 506年(1897) 8月 15日;〈宮庭錄事〉,《官報》第717號, 議政府總務局官報課, 光武 元年(1897) 8月 17日 火曜, 18쪽.《고종실록》36권, 고종 34년(1897) 8월 16일 양력.

25 〈宮庭錄事〉,《官報》第718號, 議政府總務局官報課, 光武 元年(1897) 8月 18日 水曜, 20쪽.

26 〈宮庭錄事〉,《官報》號外, 內閣記錄局官報課, 開國 506年(1897) 8月 14日, 1-2쪽. 또한 8월 15일 자《관보》호외와 8월 16일과 8월 17일 자《관보》를 보면 이 사실을 확인할 수 있다.

27 《官報》第715號, 議政府總務局官報課, 建陽 2年(1897) 8月 14日 土曜;《官報》第716號, 議政府總務局官報課, 開國 506年(1897) 8月 16日 月曜.

28 鄭喬,《大韓季年史》卷之二, 정유년 건양 2년(1897) 1월.

29 이 사실은 김미화,《한국 달력체계의 근대적 전환: 근대국가와 사회적 동기화》, 한국학중앙연구원 한국학대학원 박사학위논문, 2017, 84쪽 각주 75번의 내용을 좀 더 수정하고 확장한 것이다.

30 〈발신자: 閔種默〉,《總關去函》5, 외부 편, 光武 元年(1897) 8月 15日.

31 《고종실록》36권, 고종 34년(1897) 10월 11일 양력.

32 《官報》號外, 議政府總務局官報課, 光武 元年(1897) 10月 11日;《고종실록》36권, 고종 34년 10월 12일 양력;《고종실록》36권, 고종 34년 10월 1일 양력.

33 《고종실록》36권, 고종 34년(1897) 10월 21일 양력.

34 《官報》號外, 議政府總務局官報課, 光武 元年(1897) 12월 1일;《고종실록》36권, 고종 34년 11월 29일 양력;《고종실록》36권, 고종 34년 11월 30일 양력.

35 〈照會 第九十七號, 발신자: 議政府贊政學部大臣 趙秉稷, 수신자: 議政府贊政外部大臣 趙秉式〉,《學部來去文》2·3·5·6, 외부 편, 光武 元年(1897) 12月 15日. 단력 반포 문제는 김미화,《한국 달력체계의 근대적 전환: 근대국가

와 사회적 동기화〉, 한국학중앙연구원 한국학대학원 박사학위논문, 2017, 86쪽
에 잘 설명되어 있다.

36 〈照復 學部大臣 趙秉稷 第五號, 수신자: 學部大臣 趙秉稷〉, 《農商工部去牒
    存案》2, 농상공부 편, 光武 元年(1897) 12月 17日.

37 〈照復 學部大臣 趙秉稷 第六號, 수신자: 學部大臣 趙秉稷〉, 《農商工部去牒
    存案》2, 농상공부 편, 光武 元年(1897) 12月 28日.

38 〈照會 第百十號, 발신자: 議政府贊政學部大臣 趙秉稷, 수신자: 議政府贊政
    外部大臣 趙秉式〉, 《學部來去文》2·3·5·6, 외부 편, 光武 元年(1897) 12月
    27日.

39 《순종실록》1권, 순종 즉위년(1907) 7월 19일 양력; 《순종실록》1권, 순종 즉위
    년(1907) 8월 2일 양력.

40 《官報》第3834號, 內閣法制局官報課, 光武 11年(1907) 8月 2日 金曜; 《官
    報》第3835號, 內閣法制局官報課, 隆熙 元年(1907) 8月 3日 土曜; 《官報》
    第3838號, 內閣法制局官報課, 隆熙 元年(1907) 8月 7日 水曜.

41 〈照會 第二十五號, 발신자: 度支部大臣 高永喜, 수신자: 內閣總理大臣 李完
    用 閣下〉, 《各部通牒》1, 의정부 등 편, 隆熙 元年(1907) 8月 7日.

3 번역되지 않는 시간: 양력 축일과 음력 제일

1 〈閣令 第7號〉, 《官報》第62號, 內閣記錄局官報課, 開國 504年(1895) 閏5月
   12日, 7-8쪽.

2 《官報》第1號, 內閣記錄局官報課, 開國 504年(1895) 4月 1日.

3 〈閣令 第6號〉, 《官報》第2822號, 內閣官報局, 明治 25年(1892) 11月 22日,
   234-235쪽; 〈閣令 第1號〉, 《官報》第2854號, 內閣官報局, 明治 26年(1893)
   1月 6日, 17쪽.

4 《閣令 第6號〉, 《官報》第3727號, 內閣官報局, 明治 28年(1895) 11月 29日,
   802쪽.

5 일본의 휴일 제도에 관해서는 다음 글을 참고하였다. 宮崎貴臣, 〈明治初期中
   央官員の休日考〉, 《社会系諸科学の探究》, 藤井德行 編, 京都: 法律文化社,

2010, 308-315쪽.

6 《고종실록》33권, 고종 32년(1895) 5월 10일 경진; 〈詔勅〉,《官報》第36號, 內閣記錄局官報課, 開國 504年(1895) 5月 12日.

7 《고종실록》35권, 고종 34년(1897) 건양 2년 1월 11일 양력; 〈宮廷錄事〉,《官報》號外, 議政府総務局官報課, 建陽 2年(1897) 1月 13日.

8 《승정원일기》3064책, 고종 32년(1895) 개국 504년 10월 28일 을미.

9 《고종실록》33권, 고종 32년(1895) 개국 504년 11월 3일 기해.

10 《승정원일기》3065책, 고종 32년(1895) 개국 504년 11월 13일 기유.

11 《大朝鮮開國五百五年歲次丙申時憲曆》, 學部觀象所, 1895(서울대 규장각, 청구기호: 古7300-16(1)-2).

12 《고종실록》34권, 고종 33년(1896) 건양 1년 2월 1일 양력.

13 《官報》第388號, 內閣記錄局官報課, 建陽 元年(1896) 7月 27日 月曜; 《고종실록》34권, 고종 33년(1896) 건양 1년 7월 24일 양력.

14 《고종실록》34권, 고종 33년(1896) 건양 1년 8월 21일 양력.

15 《大朝鮮建陽二年歲次丁酉時憲曆》, 學部觀象所, 1896. 출처: 한국천문연구원 천문우주지식정보(https://astro.kasi.re.kr/) 천문기록관.

16 《大朝鮮建陽二年曆》, 學部觀象所, 1896(국립중앙도서관, 청구기호: 한古朝 66-57).

17 〈閣令 第6號: 官廳執務時限改正件〉,《官報》第4117號, 內閣法制局官報課, 隆熙 2年(1908) 7月 4日 土曜. 인용문에서 일부 한자 표기는 당대의 한글 표기로 바꾸었다.

18 〈議用陽曆〉,《皇城新聞》2면 3단, 1908년 2월 23일.

19 〈陽曆施行〉,《大韓每日申報》2면 2단, 1908년 7월 4일.

20 〈布達 第178號〉,《官報》第4136號, 內閣法制局官報課, 隆熙 2年(1908) 7月 27日 月曜, 90-91쪽;《순종실록》2권, 순종 1년(1908) 융희 2년 7월 22일 양력.

21 《순종실록》1권, 순종 즉위년(1907) 융희 1년 8월 7일 양력.

22 《순종실록》2권, 순종 1년(1908) 융희 2년 7월 15일 양력.

23 《大韓隆熙三年曆》, 學部印刷局(서울대 규장각, 청구기호: 古7300-17A-v.3).

24 《고종실록》 36권, 고종 34년(1897) 광무 1년 12월 2일 양력.

25 《순종실록》 1권, 순종 즉위년(1907) 융희 1년 11월 18일 양력.

26 《순종실록》 2권, 순종 1년(1908) 융희 2년 9월 15일 양력.

27 《순종실록》 3권, 순종 2년(1909) 융희 3년 8월 16일 양력.

28 〈舊曆誕辰問安〉, 《大韓每日申報》 2면 1단, 1910년 3월 19일.

4 음양력 대조 역서: 조선과 일본의 양력화 과정

1 《明治二十九年曆》, 伊勢: 神宮司廳, 明治 28年(1895). 출처: 国立国会図書館
デジタルコレクション(https://dl.ndl.go.jp/pid/1939375), 請求記号:117-93;
《明治二十九年略本曆》, 伊勢: 神宮司廳, 明治 28年(1895). 출처: 国立国会図
書館デジタルコレクション(https://dl.ndl.go.jp/pid/2535394), 請求記号: 寄
別12-6-27(23).

2 《明治六年太陽曆》, 明治 5年(1872). 출처: 国立国会図書館デジタルコレクシ
ョン(https://dl.ndl.go.jp/pid/2555225), 請求記号: 寄別12-6-28.

3 《明治十二年太陽略本曆》, 東京: 頒曆商社, 明治 11年(1878). 출처: 国立国会
図書館デジタルコレクション(https://dl.ndl.go.jp/pid/2535373), 請求記号:
寄別12-6-27(6).

4 일본의 개력 과정에 대해서는 渡邊敏夫, 《日本の曆》, 東京: 雄山閣, 1976,
139-145쪽을 참고하라.

5 《明治六年太陽略曆》, 奈良: 奈良縣廳, 明治 6年(1873) 1月. 출처: 国立国会
図書館デジタルコレクション(https://dl.ndl.go.jp/pid/3462254), 請求記号:
VF7-W201.

6 《明治七年太陽曆》, 大阪: 頒曆商社, 明治 6年(1873). 출처: 国立国会図書館
デジタルコレクション(https://dl.ndl.go.jp/pid/2555226), 請求記号: 寄別12-
6-28.

7 《明治七年太陽略曆》, 大阪: 頒曆商社, 明治 6年(1873). 출처: 国立国会図書
館デジタルコレクション(https://dl.ndl.go.jp/pid/2535365), 請求記号: 寄別
12-6-27(1).

8 《明治八年太陽曆》, 東京: 頒曆商社, 明治 7年(1874). 출처: 国立国会図書館 デジタルコレクション(https://dl.ndl.go.jp/pid/2555227), 請求記号: 寄別12-6-28.

9 《明治八年太陽略曆》, 大阪: 頒曆商社, 明治 7年(1874). 출처: 国立国会図書館デジタルコレクション(https://dl.ndl.go.jp/pid/2535367), 請求記号: 寄別12-6-27(2).

10 《明治四十二年略本曆》, 伊勢: 神部署, 明治 41年(1908). 출처: 国立国会図書館デジタルコレクション(https://dl.ndl.go.jp/pid/2555221), 請求記号: 寄別12-6-27(34~39).

11 《明治四十三年略本曆》, 伊勢: 神部署, 明治 42年(1909). 출처: 国立国会図書館デジタルコレクション(https://dl.ndl.go.jp/pid/2555222), 請求記号: 寄別12-6-27(34~39).

5 사라진 달력: 음양합병역서와 《대한융희5년력》

1 근대적인 달력의 도입 과정에 대한 논의는 다음 글을 참고하라. 김미화, 《한국 달력체계의 근대적 전환: 근대국가와 사회적 동기화》, 한국학중앙연구원 한국학대학원 박사학위논문, 2017.

2 〈內閣秘書課長 高源植의 起安〉, 《起案 15(起案 自光武十一年一月 至隆熙元年十二月)》, 의정부 편, 隆熙 元年(1907) 12月 28日.

3 〈陰曆無暇〉, 《大韓每日申報》 2면 2단, 1909년 10월 8일.

4 〈斷以陽曆〉, 《皇城新聞》 2면 3단, 1909년 1월 1일.

5 〈陰陽曆書合並〉, 《皇城新聞》 2면 3단, 1908년 9월 27일.

6 《大韓光武六年曆》, 學部觀象所(서울대 규장각, 청구기호: 古7300-17A-v.1).

7 《고종실록》 32권, 고종 31년(1894) 개국 503년 7월 11일 을유.

8 《고종실록》 33권, 고종 32년(1895) 개국 504년 3월 25일 병신.

9 《고종실록》 45권, 고종 42년(1905) 광무 9년 2월 26일 양력.

10 〈勅令 第54號: 學部官制〉, 《官報》 號外, 內閣法制局官報課, 隆熙 元年(1907) 12月 18日, 20-21쪽; 《승정원일기》 3215책, 순종 1년(1907) 11월 9일

병신(양력 12월 13일).

11 성주덕 편저, 《서운관지》, 이면우 · 허윤섭 · 박권수 옮김, 소명출판, 2003, 152-155쪽.

12 〈曆監等訴〉, 《皇城新聞》 2면 3단, 1908년 6월 28일; 〈曆價定給〉, 《皇城新聞》 2면 5단, 1908년 8월 2일; 〈刊曆半分〉, 《大韓每日申報》 2면 2단, 1908년 8월 7일; 〈曆價勿煩〉, 《皇城新聞》 2면 5단, 1908년 8월 13일.

13 〈新曆二十萬部〉, 《皇城新聞》 2면 2단, 1908년 12월 2일.

14 〈曆書印刷〉, 《大韓每日申報》 2면 2단, 1908년 7월 12일; 〈刊曆協議〉, 《大韓每日申報》 2면 3단, 1908년 8월 2일.

15 〈曆書減秩〉, 《大韓每日申報》 2면 1단, 1908년 8월 8일; 〈曆書印刷〉, 《大韓每日申報》 2면 2단, 1908년 7월 12일; 〈曆書發行〉, 《皇城新聞》 2면 3단, 1908년 10월 25일.

16 〈刊曆二十萬部〉, 《皇城新聞》 2면 4단, 1908년 8월 8일.

17 〈刊曆竣工〉, 《大韓每日申報》 2면 2단, 1908년 11월 3일.

18 〈陰曆添附廢止〉, 《皇城新聞》 2면 6단, 1909년 6월 16일; 〈舊曆永廢〉, 《大韓每日申報》 2면 2단, 1909년 6월 16일; 〈음력폐지 지휘〉, 《대한매일신보》 2면 2단, 1909년 6월 16일.

19 〈東京電報: 陰曆廢止問題〉, 《大韓每日申報》 2면 6단, 1909년 10월 8일; 〈陰曆廢止問題〉, 《皇城新聞》 2면 2단, 1909년 10월 8일.

20 渡邊敏夫, 《日本の曆》, 東京: 雄山閣, 1976, 139-144쪽.

21 〈舊曆幷刊〉, 《大韓每日申報》 2면 4단, 1909년 6월 18일; 〈음력폐지허설〉, 《대한매일신보》 2면 2단, 1909년 6월 18일.

22 〈陳曆何用〉, 《大韓每日申報》 2면 2단, 1909년 5월 21일; 〈頒曆時晚〉, 《皇城新聞》 2면 3단, 1909년 5월 21일; 〈新曆頒給請願〉, 《大韓每日申報》 2면 1단, 1909년 6월 3일; 〈褒贊膳給〉, 《皇城新聞》 2면 4단, 1909년 6월 26일; 〈褒狀決議〉, 《大韓每日申報》 2면 3단, 1909년 6월 26일.

23 〈曆書頒給〉, 《大韓每日申報》 2면 2단, 1909년 9월 11일.

24 〈廣告: 隆熙四年曆發賣人募集公告〉, 《官報》 第4395號, 內閣法制局官報課, 隆熙 3年(1909) 6月 5日, 24쪽.

25 〈曆書許可〉,《皇城新聞》2면 6단, 1909년 6월 8일; 〈曆書請求을 申飭〉,《皇城新聞》3면 1단, 1909년 7월 21일.

26 〈曆書發刊〉,《大韓每日申報》2면 4단, 1909년 10월 6일.

27 〈曆書更刷〉,《皇城新聞》2면 5단, 1909년 10월 14일.

28 〈曆書發送〉,《大韓每日申報》2면 1단, 1909년 10월 19일; 〈新曆配付〉,《皇城新聞》2면 5단, 1909년 10월 19일.

29 〈曆書頒給〉,《皇城新聞》2면 5단, 1908년 12월 22일.

30 〈歷書分給〉,《皇城新聞》2면 6단, 1909년 12월 5일.

31 〈至日頒曆〉,《大韓每日申報》2면 1단, 1909년 12월 23일; 〈曆書下賜〉,《皇城新聞》2면 1단, 1909년 12월 23일.

32 〈曆書分給〉,《皇城新聞》2면 6단, 1909년 12월 25일; 〈新曆又頒〉,《大韓每日申報》2면 1단, 1909년 12월 25일.

33 〈曆書貿交의 照會〉,《皇城新聞》2면 4단, 1910년 1월 25일.

34 〈曆書被損의 請願〉,《皇城新聞》2면 4단, 1910년 3월 18일.

35 〈廣告: 隆熙五年曆發賣人募集公告〉,《官報》第4709號, 內閣法制局官報課, 隆熙 4年(1910) 6月 20日.

36 〈明年曆書刊出〉,《皇城新聞》1면 5단, 1910년 8월 24일.

37 〈朝鮮民曆〉,《每日申報》2면 3단, 1910년 9월 4일.

38 〈民曆契約〉,《每日申報》2면 5단, 1910년 9월 10일; 〈民曆更刊의 契約〉,《皇城新聞》2면 3단, 1910년 9월 10일.

39 〈朝鮮新曆發布〉,《慶南日報》2면 1단, 1910년 11월 19일.

40 〈民曆配布의 盛況〉,《每日申報》2면 5단, 1910년 12월 3일.

41 〈各年度主要印刷物製造高一覽〉,《朝鮮總督府印刷所要覽》, 朝鮮總督官房庶務部印刷所, 1921, 40-41쪽.

42 〈明年度曆書加刷〉,《皇城新聞》2면 6단, 1909년 10월 3일.

43 善生永助,《朝鮮の人口研究》, 朝鮮印刷株式會社出版部, 大正 14年(1925), 37, 44쪽; 京城商業會議所,《朝鮮人口統計表》, 京城: 東亞出版印刷會社, 大正 13年(1924), 5-6쪽.

6 파괴되지 않는 시간: 조선민력의 구조와 역사

1 《大韓隆熙四年曆》, 學部印刷局, 隆熙 3年(1909) 10月 1日(서울대 규장각, 청구기호: 古7300-17A-v.4).

2 《明治四十四年朝鮮民曆》, 朝鮮總督府印刷局, 明治 43年(1910) 10月 10日 (국립중앙도서관, 청구기호: 古734-138).

3 편의상 본문에서 신상제(神嘗祭)는 '신상제(A)'로, 신상제(新嘗祭)는 '신상제(B)'로 표기할 것이다.

4 〈勅令 第19號〉, 《朝鮮總督府官報》第35號, 朝鮮總督官房總務局印刷所, 大正 元年(1912) 9月 9日, 55쪽.

5 〈朝鮮總督府令 第20號〉, 《朝鮮總督府官報》第29號, 朝鮮總督府印刷局, 明治 43年(1910) 10月 1日, 18-19쪽.

6 〈學部令 第1號-第6號〉, 《官報》附錄, 內閣法制局官報課, 隆熙 3年(1909) 7月 9日, 4, 9, 15, 21, 25, 30쪽.

7 〈官通牒 第265號: 天長節祝日ニ關スル件〉, 《朝鮮總督府官報》第318號, 朝鮮總督官房總務局印刷所, 大正 2年(1913) 8月 21日, 205쪽.

8 〈官通牒 第250號: 天長節祝日ニ關スル件〉, 《朝鮮總督府官報》第300號, 朝鮮總督官房總務局印刷所, 大正 2年(1913) 7月 31日, 297쪽.

9 〈東京特電: 天長節과 休日〉, 《每日申報》2면 1단, 1913년 7월 20일.

10 〈詔書〉, 〈勅令 第25號〉, 〈宮內省令 第4號〉, 《朝鮮總督府官報》第54號, 朝鮮書籍印刷株式會社, 昭和 2年(1927) 3月 8日, 81-82쪽.

11 《昭和十一年朝鮮民曆》, 朝鮮書籍印刷株式會社, 昭和 10年(1910) 11月 1日. 출처: 한국천문연구원 천문우주지식정보(https://astro.kasi.re.kr/) 천문기록관.

12 〈省令: 宮內省令 第5號〉, 《朝鮮總督府官報》, 第4150號, 朝鮮書籍印刷株式會社, 大正 15年(1926) 6月 21日, 81-82쪽.

13 《明治四十四年朝鮮民曆》, 朝鮮總督府印刷局, 明治 43年(1910) 10月 10日. 출처: 한국천문연구원 천문우주지식정보(https://astro.kasi.re.kr/) 천문기록관.

14 《大正四年朝鮮民曆》, 朝鮮總督官房總務局印刷所, 大正 3年(1914) 10月

1日. 출처: 한국천문연구원 천문우주지식정보(https://astro.kasi.re.kr/) 천문기록관.

15 《大正九年朝鮮民曆》, 朝鮮總督官房庶務部印刷所, 大正 8年(1919) 10月 1日. 출처: 한국천문연구원 천문우주지식정보(https://astro.kasi.re.kr/) 천문기록관.

16 《大正二年朝鮮民曆》, 朝鮮總督官房總務局印刷所, 大正 元年(1912) 10月 1日. 출처: 한국천문연구원 천문우주지식정보(https://astro.kasi.re.kr/) 천문기록관.

17 《昭和八年朝鮮民曆》, 朝鮮書籍印刷株式會社, 昭和 7年(1932) 10月 1日. 출처: 한국천문연구원 천문우주지식정보(https://astro.kasi.re.kr/) 천문기록관.

18 〈明治四十五年朝鮮民曆發賣人募集公告〉, 《朝鮮總督府官報》第236號, 朝鮮總督府印刷所, 明治 44年(1911) 6月 14日, 98쪽;〈廣告: 明治四十五年朝鮮民曆發賣人募集〉, 《每日申報》3면 2단, 1911년 6월 15일.

19 〈民曆發行部數〉, 《釜山日報》2면 5단, 1916년 12월 8일.

20 〈朝鮮總督府令 第52號: 朝鮮民曆發賣規程〉, 《朝鮮總督府官報》第1994號, 朝鮮總督官房總務局印刷所, 大正 8年(1919) 4月 5日, 67쪽.

21 〈民曆發賣規程〉, 《每日申報》4면 4단, 1919년 4월 6일.

22 〈朝鮮民曆改善〉, 《每日申報》2면 7단, 1919년 10월 15일.

23 〈朝鮮總督府令 第66號〉, 〈朝鮮總督府告示 第122號〉, 《朝鮮總督府官報》第3198號, 朝鮮書籍印刷株式會社, 大正 12年(1923) 4月 12日, 151쪽.

24 〈官通牒 第50號: 朝鮮民曆ニ關スル件〉, 《朝鮮總督府官報》第3236號, 朝鮮書籍印刷株式會社, 大正 12年(1923) 5月 26日, 278쪽.

25 〈朝鮮書籍印刷創立總會〉, 《每日申報》2면 7단, 1923년 3월 29일.

26 〈新裝한 民曆이 出現, 일용 참고상을 더욱 첨입〉, 《每日申報》3면 5단, 1923년 11월 16일.

27 〈明年度의 新民曆 發賣, 도량형법이 식로히 게재〉, 《每日申報》3면 8단, 1923년 11월 13일.

28 〈頻頻たる支那曆の密輸入, 仁關で二百部を沒收〉, 《朝鮮新聞》3면 8단, 1927년 12월 9일.

29 朝鮮總督府,《朝鮮に於ける施設の一斑》2版, 昭和 4年(1929), 18-19쪽.

30 〈注意, 萬歲曆과 朝鮮民曆, 날ㅈ가 하로 틀님은 시간게산의 관게다, 民曆編纂者談〉,《每日申報》3면 5단, 1924년 3월 21일.

31 〈大正 14年의 朝鮮民曆, 지나의 만세력과 하로가 항상 틀닌다〉,《每日申報》3면 5단, 1924년 9월 5일.

32 〈民曆賣買 開始와 本年 敎科書 賣行 不良〉,《每日申報》2면 8단, 1924년 12월 5일;〈敎科書類의 賣況, 南鮮地方은 특히 不良, 民曆은 已賣盡〉,《每日申報》1면 8단, 1925년 3월 11일.

33 〈明年民曆脫稿, 목하 인쇄중〉,《每日申報》2면 9단, 1925년 8월 28일.

34 〈昭和6年中陰曆歲次辛未年月表及節候表〉, 경북 청도: 李東人 商店. 출처: e뮤지엄 전국박물관 소장품 검색(https://www.emuseum.go.kr), 국립민속박물관 소장품 번호: 민속 26954. 오른쪽 하단에 절후표와 일요표가 있고, 왼쪽 하단에 연신방위도, 가취주당도, 천화일, 득신, 용치수, 황기(皇紀), 불기(佛紀), 공자탄강, 서력기원, 각종 절일 등이 기재되어 있다.

35 〈晦日의 差異, 民曆과 月曆〉,《每日申報》2면 7단, 1925년 8월 19일.

36 〈曆に依り日か違ふ, 正當なのは朝鮮民曆, 仁川朝鮮總督府觀測所發表〉,《朝鮮新聞》2면 1단, 1927년 11월 9일;〈在來曆には多少誤謬がある, 民曆と在來曆の相違につき, 仁川觀測所發表〉,《京城日報》2면 6단, 1927년 11월 9일;〈萬世曆과 朝鮮民曆, 明年中若干差異, 仁川觀測所發表〉,《中外日報》2면 3단, 1927년 11월 11일.

37 〈朝鮮民曆に新趣向, 明年度から〉,《京城日報》7면 10단, 1929년 5월 9일.

38 〈朝鮮總督府令 第56號〉,《朝鮮總督府官報》號外, 朝鮮總督府印刷局, 明治 45年(1912) 3月 28日, 13쪽.

39 〈お馴染の朝鮮民曆, 朝鮮で作るに內定, 天文臺をはなれ仁川觀測所で編纂, 朝鮮神宮から發賣す〉,《京城日報》11면 1단, 1933년 12월 12일.

7 음력 폐지와 시간의 통일: 약력과 양력의 시대

1 〈社說: 陰曆廢止는 市日로부터〉,《每日申報》2면 1단, 1936년 2월 16일.

2 〈陽曆 설날보다 陰曆 설날이 優勢, 電車로만도 二千二百餘圓, 交通量으로 본 比較〉, 《每日申報》5면 2단, 1936년 1월 26일.

3 〈舊正月を來年から新曆にしたい, 總督, 二重正月の無駄指摘, けふ本府局長會議〉, 《京城日報》1면 5단, 1936년 1월 30일.

4 〈朝鮮民曆の改正, 明年度から略曆と改稱實施〉, 《京城日報》1면 2단, 1936년 7월 29일.

5 〈二重過歲 打破코저 朝鮮民曆을 改正, 新曆 中心으로 改纂〉, 《朝鮮中央日報》2면 2단, 1936년 2월 15일.

6 〈二重生活打破に朝鮮民曆の改正, 學務當局が研究〉, 《朝鮮新聞》2면 6단, 1936년 2월 15일.

7 〈半島生活の好伴侶, 朝鮮改正新曆, 總督精神を吹込んで出來た〉, 《京城日報》2면 1단, 1936년 2월 21일.

8 〈陽曆本位로 民曆을 改編, 中樞院의 意見聽取〉, 《朝鮮中央日報》2면 9단, 1936년 4월 8일.

9 〈舊曆の日次廢止, その代り月齡を入れる, 朝鮮民曆改正案成る〉, 《京城日報》2면 4단, 1936년 4월 16일; 〈民曆を改正して面目一新する, 學務局で案が出來た〉, 《朝鮮新聞》2면 7단, 1936년 4월 16일; 〈朝鮮民曆 改正, 重要骨子 決定〉, 《朝鮮中央日報》, 1936년 4월 16일; 〈陽·陰曆을 併用하야 民情에 適應한 것으로, 從來의 迷信的事項은 削除, 朝鮮民曆改正 骨子〉, 《每日申報》3면 4단, 1936년 4월 16일; 〈朝鮮民曆大改正, 十二年度から, 改正案の骨子〉, 《朝鮮時報》1면 6단, 1936년 4월 19일. 당시의 신문기사 내용은 조금씩 틀린 부분이 있다. 따라서 전체 기사 내용을 종합해 서술한다.

10 〈改定される朝鮮略曆, 學務局原案成る〉, 《釜山日報》1면 7단, 1936년 7월 1일; 〈朝鮮民曆の改正を具體的に審議, 學務局が觀測所と打ち合せ, 知事の意見も加ふ〉, 《京城日報》2면 3단, 1936년 7월 3일; 〈民曆 改正에 異論, 農家 實情을 無視할 수 없다고, 知事會議에 意見 對立〉, 《朝鮮中央日報》2면 1단, 1936년 6월 30일.

11 〈來年から新曆, 通俗的に親切な解說もつけて, 朝鮮略曆が生れる〉, 《京城日報》1면 5단, 1936년 7월 4일.

12 〈第二半世紀 첫 事業, 朝鮮民曆의 改訂, 農漁山村의 實益과 迷信打破, 宇垣總督의 提案 實現〉, 《每日申報》7면 4단, 1936년 6월 4일.

13 〈官通牒 第39號: 儀禮準則制定ニ關スル件〉, 《朝鮮總督府官報》第2351號, 朝鮮書籍印刷株式會社, 昭和 9年(1934) 11月 10日, 77-83쪽.

14 〈民曆改正に就て, 富永學務局長談〉, 《京城日報》1면 2단, 1936년 7월 29일; 〈民曆の改正に就て, 富永學務局長語る〉, 《朝鮮新聞》2면 1단, 1936년 7월 29일; 〈朝鮮民曆の大改正, 明年度より實施, 實狀に即した合理的なもの, (廿八日) 總督府から發表〉, 《朝鮮新聞》2면 1단, 1936년 7월 29일; 〈朝鮮の民曆改正, 民家の日常生活に即して, 來年度から實施決定〉, 《釜山日報》3면 6단, 1936년 7월 29일.

15 〈朝鮮民曆の大改正〉, 《朝鮮新聞》2면 1단, 1936년 7월 31일.

16 〈朝鮮總督府告示 第569號〉, 《朝鮮總督府官報》號外, 朝鮮書籍印刷株式會社, 昭和 11年(1936) 10月 16日, 1쪽.

17 〈民曆を略曆と改稱, 內容も大改善, 來年の曆の見本出来上る, 太陽曆に慣らさせる〉, 《京城日報》7면 1단, 1936년 10월 13일.

18 〈朝鮮民曆献上, 曩に改正した分〉, 《京城日報》2면 4단, 1936년 11월 29일.

19 〈淸州地方에 新曆過歲 多數〉, 《每日申報》4면 3단, 1936년 12월 30일.

20 〈陰曆廢止强調, 燕岐郡에서〉, 《每日申報》4면 1단, 1936년 12월 13일.

21 〈新年부터 陽曆으로, 陰曆 使用은 制限, 忠南서 實行策 協議〉, 《每日申報》4면 7단, 1936년 12월 20일.

22 〈陰曆廢止運動, 中和郡 中和面서〉, 《每日申報》5면 7단, 1936년 12월 27일.

23 〈新義州 自成會, 陰曆廢止主唱〉, 《每日申報》5면 8단, 1936년 12월 29일.

24 〈陰曆の慣用を廢し, 陽曆實施計畫, 郡當局通牒を發す〉, 《朝鮮新聞》4면 1단, 1936년 12월 4일; 〈各敎化團體에 通牒, 二重的 過歲嚴禁: 沃川郡서 陰曆廢止慫慂〉, 《每日申報》4면 5단, 1936년 12월 6일.

25 〈虛禮と陰曆廢止, 永同郡守が各面に嚴達〉, 《京城日報》5면 10단, 1936년 12월 19일.

26 〈順天有志發起, 陰曆廢止運動, 生活改善の一助とし〉, 《朝鮮新聞》5면 8단, 1936년 12월 24일.

27 〈昌寧郡で陽曆實施打合會〉,《釜山日報》4면 6단, 1937년 12월 7일.

28 〈昌寧老人連, 時代に覺醒, 陰曆を廢止〉,《釜山日報》6면 4단, 1937년 12월 18일.

29 〈社說: 陽曆市日勵行方針〉,《每日申報》2면 1단, 1937년 3월 7일.

30 〈朝鮮總督府令 第136號: 市場規則〉,《朝鮮總督府官報》, 第635號, 朝鮮總督官房總務局印刷所, 大正 3年(1914) 9월 12日, 161-163쪽.

31 〈市日は陽曆で, 內務局が積極的に獎勵〉,《京城日報》7면 5단, 1936년 3월 6일;〈陽曆實行强調, 本府의 積極策, 各地 陰曆定期市日을 全部 陽曆으로 改定, 生活改善運動에 好個方便, 地方官廳도 擧皆贊成〉,《每日申報》3면 5단, 1937년 3월 6일.

32 〈陰曆廢止後의 開市日의 影響, 忠北道서 調査〉,《每日申報》4면 7단, 1936년 4월 24일.

33 〈市日の陽曆, 沃川郡から道に申請〉,《朝鮮新聞》4면 6단, 1937년 1월 27일.

34 〈二重曆を廢止し, 朝鮮市日も陽曆に, 大邱府, 本格的に硏究〉,《釜山日報》5면 2단, 1937년 3월 9일.

35 〈朝鮮民曆을 太陽曆에, 市場方面への影響大て, 當局も愼重考究中〉,《釜山日報》1면 6단, 1936년 7월 21일.

36 〈來年一月から市日を新曆で, 本府が協議を進む〉,《京城日報》2면 8단, 1937년 9월 9일;〈市日도 新曆 適用, 明春 正月부터 實施를 하고저, 本府商工課 硏究中〉,《每日申報》3면 1단, 1937년 9월 9일.

37 〈明春の四月から市日は陽曆, 市場規則變更を命ず〉,《京城日報》7면 7단, 1936년 10월 13일;〈市日を陽曆に, 來年から實施〉,《朝鮮新聞》7면 10단, 1937년 10월 13일;〈農村 舊曆使用 廢止로 市日을 陽曆에 遵行, 明春부터 施行 決定〉,《每日申報》3면 3단, 1937년 10월 13일;〈"市日"는新曆, 正月부터 實施〉,《京城日報》7면 4단, 1938년 1월 11일.

38 〈市日の陽曆 更, 日字 配定에 頭痛, 結局 陽曆으로 表示함에 不過, 忠南서 銳意硏究中〉,《每日申報》4면 5단, 1937년 10월 9일.

39 〈市日陽曆化〉,《京城日報》5면 2단, 1937년 12월 22일.

40 〈陽曆市日, 全北道에서도 實施方勵行〉,《釜山日報》3면 7단, 1937년 12월 26일.

41 〈陽曆市日實施〉,《釜山日報》3면 4단, 1937년 12월 26일.

42 〈統營郡內市日新曆實行〉,《釜山日報》4면 6단, 1937년 12월 28일.

43 〈全鮮の市日, 陽曆に見事轉換, 生活改善に明るい姿〉,《京城日報》2면 4단, 1938년 4월 6일;〈全鮮の市日が陽曆に一變した, 陰曆は一ケ所もない, 取引も殖えて成績上々〉,《釜山日報》2면 9단, 1938년 4월 7일;〈開市日の陽曆スッカリ馴致, 全鮮各地で好影響〉,《朝鮮新聞》2면 7단, 1938년 4월 6일.

8 시간의 식민화: 약력의 구조와 역사

1 《昭和十二年略曆》, 朝鮮書籍印刷株式會社, 昭和 11年(1936) 11月 20日(국립중앙도서관, 청구기호: 古734-244).

2 《昭和十一年朝鮮民曆》, 朝鮮書籍印刷株式會社, 昭和 10年(1935) 11月 1日. 출처: 한국천문연구원 천문우주지식정보(https://astro.kasi.re.kr/) 천문기록관.

3 《昭和十五年略曆》, 朝鮮書籍印刷株式會社, 昭和 14年(1939) 11月 20日(국립중앙도서관, 청구기호: 古734-247).

4 《昭和十六年略曆》, 朝鮮書籍印刷株式會社, 昭和 15年(1940). 출처: 한국천문연구원 천문우주지식정보(https://astro.kasi.re.kr/) 천문기록관.

5 《昭和十八年略曆》, 朝鮮書籍印刷株式會社, 昭和 17年(1942) 12月 8日. 출처: 한국천문연구원 천문우주지식정보(https://astro.kasi.re.kr/) 천문기록관.

6 전지연·김옥선·김해빛나, 〈역서의 시대별 표지 장황 연구 및 복원〉,《생활문화연구》제35호, 국립민속박물관, 2019년 12월, 87쪽.

7 《昭和十九年略曆》, 朝鮮書籍印刷株式會社, 昭和 18年(1943) 12月 8日. 출처: 한국천문연구원 천문우주지식정보(https://astro.kasi.re.kr/) 천문기록관.

8 《昭和十七年略曆》, 朝鮮書籍印刷株式會社, 昭和 16年(1941) 11月 25日. 출처: 한국천문연구원 천문우주지식정보(https://astro.kasi.re.kr/) 천문기록관.

9 《昭和二十年略曆》, 朝鮮書籍印刷株式會社, 昭和 19年(1944) 12月 8日. 출처: 한국천문연구원 천문우주지식정보(https://astro.kasi.re.kr/) 천문기록관.

10 《昭和十三年略曆》, 朝鮮書籍印刷株式會社, 昭和 12年(1937) 11月 20日(국립중앙도서관, 청구기호: 古734-245).

11 《大正十六年朝鮮民曆》, 朝鮮書籍印刷株式會社, 大正 15年(1926) 10月 1日. 출처: 国立国会図書館デジタルコレクション(https://dl.ndl.go.jp/pid/2535601), 請求記号: 寄別12-6-113(3).

12 《昭和五年朝鮮民曆》, 朝鮮書籍印刷株式會社, 昭和 4年(1929) 10月 1日. 출처: 한국천문연구원 천문우주지식정보(https://astro.kasi.re.kr/) 천문기록관.

13 〈皇國臣民の誓詞, 全半島民衆が朗唱!〉, 《朝鮮新聞》 2면 1단, 1937년 10월 5일.

14 〈「宮城」遙拜に就て, 問題は精神で方向は第二だ〉, 《朝鮮新聞》 2면 2단, 1938년 11월 5일.

15 〈內地に先んじて皇居遙拜の時間, 三日から每朝設定〉, 《釜山日報》 2면 2단, 1938년 11월 3일.

16 《昭和十四年略曆》, 朝鮮書籍印刷株式會社, 昭和 13年(1938) 11月 20日(국립중앙도서관, 청구기호: 古734-246).

17 〈皇居遙拜を宮城遙拜と訂正〉, 《朝鮮新聞》 2면 1단, 1939년 1월 29일; 〈「宮城遙拜」に用語を統一〉, 《朝鮮新聞》 7면 1단, 1939년 2월 1일; 〈「皇居」遙拜を「宮城」遙拜に改稱〉, 《每日新報》 3면 1단, 1939년 1월 29일.

18 〈朝の宮城遙拜, 廿一日から時刻變更〉, 《朝鮮新聞》 2면 2단, 1942년 1월 20일.

19 國民總力朝鮮聯盟 編, 《朝鮮に於ける國民總力運動史》, 京城: 國民總力朝鮮聯盟, 昭和 20年(1945), 89-90쪽; 〈精神總動員朝鮮聯盟, けふ初打合會を開催, 具體的綱領, 實踐事項を決定〉, 《京城日報》 1면 1단, 1938년 9월 23일.

20 國民總力朝鮮聯盟 編, 《朝鮮に於ける國民總力運動史》, 京城: 國民總力朝鮮聯盟, 昭和 20年(1945), 106-107쪽.

21 〈朝鮮總督府告示 第527號〉, 《朝鮮總督府官報》 第3732號, 朝鮮書籍印刷株式會社, 昭和 14年(1939) 6月 30日, 311쪽.

22 朝鮮總督府觀測所 編纂, 《昭和十二年 (第29次) 日用便覽》, 仁川: 氣象講話會, 昭和 11年(1936).

9 식민지 조선의 마지막 시간 : 약력, 본력, 약본력

1 일본 역서의 제작과 반포의 역사는 다음 책을 참고했다. 渡邊敏夫,《日本の曆》, 東京: 雄山閣, 1976, 393, 408, 412-423, 453쪽.

2 《昭和二十年略本曆》, 伊勢: 神宮神部署, 昭和 19年(1944). 출처: 国立国会 図書館デジタルコレクション(https://dl.ndl.go.jp/pid/3462249), 請求記号: VF7-W199.

3 中倉祺氏,《神宮略本曆解》, 東京: 乙卯出版部, 大正 4年(1915), 97-100쪽.

4 《明治七年太陽略曆》, 大阪: 頒曆商社, 明治 6年(1873). 출처: 国立国会図書 館デジタルコレクション(https://dl.ndl.go.jp/pid/2535365), 請求記号: 寄別 12-6-27(1).

5 《昭和十六年曆》, 伊勢: 神宮神部署, 昭和 15年(1940). 출처: 国立国会図書館 デジタルコレクション(https://dl.ndl.go.jp/pid/1184177), 請求記号: 117-93.

6 《昭和六年略本曆》, 神宮神部署, 昭和 5年(1930), 国立国会図書館デジタル コレクション(https://dl.ndl.go.jp/pid/2535407).

10 관청의 집무 시간: 절기의 시간에서 전쟁의 시간으로

1 〈朝鮮總督府令 第59號〉,《朝鮮總督府官報》第87號, 朝鮮總督府印刷局, 明 治 43年(1910) 12月 12日, 49쪽.

2 〈朝鮮總督府令 第154號〉,《朝鮮總督府官報》第401號, 朝鮮總督府印刷局, 明治 44年(1911) 12月 27日, 201쪽.

3 〈閣令 第6號〉,《官報》第2976號, 印刷局, 大正 11年(1922) 7月 4日, 65쪽.

4 〈朝鮮總督府令 第103號〉,《朝鮮總督府官報》第2971號, 朝鮮總督官房庶務 部印刷所, 大正 11年(1922) 7月 8日, 117쪽.

5 〈官通牒 第215號: 暑中休暇ノ件〉,《朝鮮總督府官報》第260號, 朝鮮總督府 印刷局, 明治 44年(1911) 7月 12日, 85쪽.

6 〈官通牒 第270號: 臨時雇員, 傭人暑中休暇ノ件〉,《朝鮮總督府官報》第 588號, 朝鮮總督官房總務局印刷所, 大正 3年(1914) 7月 17日, 229쪽.

7 宮崎貴臣, 〈明治初期中央官員の休日考〉, 《社会系諸科学の探究》, 藤井德行 編, 京都: 法律文化社, 2010, 312쪽.

8 〈朝鮮總督府令 第37號〉, 《朝鮮總督府官報》第3562號, 朝鮮書籍印刷株式會 社, 大正 13年(1924) 6月 28日, 249쪽.

9 〈朝鮮總督府令 第275號〉, 《朝鮮總督府官報》號外, 朝鮮書籍印刷株式會社, 昭和 17年(1942) 11月 1日, 1쪽.

10 〈朝鮮總督府令 第296號〉, 《朝鮮總督府官報》第4749號, 朝鮮書籍印刷株式 會社, 昭和 17年(1942) 11月 28日, 153쪽.

11 〈朝鮮總督府令 第210號〉, 《朝鮮總督府官報》第4939號, 朝鮮書籍印刷株式 會社, 昭和 18年(1943) 7月 20日, 147쪽.

12 〈朝鮮總督府令 第301號〉, 《朝鮮總督府官報》第5000號, 朝鮮書籍印刷株式 會社, 昭和 18年(1943) 9月 30日, 224쪽.

13 〈朝鮮總督府令 第72號〉, 《朝鮮總督府官報》第5124號, 朝鮮書籍印刷株式 會社, 昭和 19年(1944) 3月 6日, 45쪽.

14 〈朝鮮總督府令 第81號〉, 《朝鮮總督府官報》第5135號, 朝鮮書籍印刷株式 會社, 昭和 19年(1944) 3月 18日, 155쪽.

11 공휴일의 탄생: 몸과 정신의 시간 통일

1 《국역 증보문헌비고》제201권, 〈선거고〉, 고과, 세종대왕기념사업회, 2000.

2 渡邊彰, 〈官廳の執務時間に就て〉, 《警務彙報》第209號, 朝鮮警察協會, 大 正 11年(1922) 10月號, 65쪽; 《經國大典》, 〈吏典〉, 土官職, 考課; 《大典會 通》卷之一, 〈吏典〉, 考課; 《성종실록》137권, 성종 13년(1482) 1월 4일 계유.

3 《태종실록》26권, 태종 13년(1413) 11월 11일 정해.

4 《大明律直解》卷第二, 〈吏律〉, 職制, 無故不朝參公座.

5 《세종실록》51권, 세종 13년(1431) 3월 15일 기묘.

6 《經國大典》, 〈禮典〉, 給暇.

7 《經國大典》, 〈禮典〉, 五服.

8 《大典會通》卷之三, 〈禮典〉, 五服, 給暇

9   《經國大典》,〈吏典〉, 土官職, 給暇.

10 《大典通編》卷之一,〈吏典〉, 給暇.

11 〈理髮所의 夜休, 일요일에 한ᄒᆞ야〉,《每日申報》3면 6단, 1918년 6월 30일.

12 〈日曜日의 郵便局은 全休計劃, 구미 각국을 모방ᄒᆞ야셔〉,《每日申報》3면 6단, 1920년 12월 18일.

13 〈京城, 公休日 問題〉,《每日申報》2면 4단, 1920년 2월 20일;〈公休日 協議〉,《每日申報》2면 8단, 1920년 2월 22일.

14 〈我商家의 公休日도 第一日曜, 第三日曜ᄂᆞ 自由〉,《每日申報》3면 3단, 1920년 4월 6일.

15 〈公休日 實施乎, 五月 九日브터〉,《每日申報》4면 5단, 1920년 5월 23일. 인용문에서는 국한문이 혼용된 취지서의 오류를 수정하여 좀 더 읽기 쉽게 풀어 썼다.

16 〈市內 各商工業者에게: 公休日의 必要한 意義〉,《每日申報》3면 4단, 1921년 4월 6일.

17 〈娼妓에도 公休日〉,《每日申報》3면 6단, 1921년 8월 12일.

18 〈公娼에도 公休日, 대구에서 처음 시작〉,《每日申報》3면 4단, 1922년 5월 31일.

19 〈店員公休日全廢, 一般に休日の意義を解せず惡風の助長と地方客の不便〉,《朝鮮時報》2면 1단, 1921년 3월 30일.

20 〈公休日存廢問題, 惡風矯正の要, (時代的に存續すべし), 花輪書記長談〉,《朝鮮時報》2면 1단, 1921년 4월 10일.

21 〈社說: 支拂統一と公休日, 店主及雇主諸君に告ぐ〉,《朝鮮時報》1면 1단, 1921년 4월 14일;〈社說: 公休日に就て, 靑年會と公休日〉,《朝鮮時報》1면 1단, 1921년 4월 16일.

22 〈店員公休日依然存續す〉,《朝鮮時報》2면 1단, 1921년 5월 24일.

23 〈店員其他公休日, 協議事項〉,《朝鮮時報》3면 1단, 1923년 5월 12일.

24 〈理髮組合公休日〉,《朝鮮時報》2면 1단, 1923년 4월 28일.

25 〈淸津各商店の店員公休日, 毎月二回と略決定, 四元會頭から聲明した〉,《釜山日報》4면 1단, 1926년 7월 15일;〈淸津의 店員公休日〉,《每日申報》

2면 8단, 1926년 8월 6일.

26 〈咸興市에 公休日!, 每月 第一日曜〉, 《時代日報》3면 4단, 1926년 5월 13일.

27 〈公休日을 利用하야 貪利하는 商輩, 商業道德上 重大問題〉, 《每日申報》
    3면 1단, 1924년 11월 6일.

28 〈世界共通의 公休日을 無視, 小利에 戀戀한 鍾路各商店〉, 《每日申報》2면
    5단, 1925년 7월 6일.

29 〈春季公休日 廣告〉, 《京城日報》1면 10단, 1925년 4월 27일; 〈春季公休日
    廣告〉, 《京城日報》1면 11단, 1925년 9월 27일; 〈花柳界公休日, 來る四月
    十六日〉, 《朝鮮新聞》2면 11단, 1926년 4월 15일.

30 〈公休日謹告〉, 《京城日報》2면 11단, 1926년 9월 23일; 〈公休日廣告〉, 《京
    城日報》2면 10단, 1931년 7월 15일.

31 〈料理屋組合に公休日, 永年勤續者も表彰する〉, 《京城日報》2면 9단, 1928년
    3월 13일.

32 〈商友會公休日, 店員優待 노리〉, 《中外日報》4면 7단, 1927년 5월 12일;
    〈商友會의 非買同盟, 공휴일에 개렴하얏다고〉, 《中外日報》2면 12단, 1927년
    5월 14일.

33 〈龍山料理店, 雇人の公休日〉, 《朝鮮新聞》5면 5단, 1928년 7월 20일.

34 〈鳥致院, 商業組合, 公休日定まる〉, 《釜山日報》5면 8단, 1928년 10월 6일.

35 〈藝娼妓の公休日を決める, 平壤署管内で實行〉, 《朝鮮新聞》3면 8단, 1928년
    2월 17일.

36 〈藝妓公休は置屋々々で行れる, 春秋の慰安會だけは卷番が今春から實行〉,
    《釜山日報》4면 7단, 1929년 2월 21일.

37 〈釜山券番の公休日問題, 券番側は不贊成〉, 《釜山日報》4면 6단, 1929년
    2월 20일.

38 〈藝娼妓公休日〉, 《朝鮮新聞》3면 10단, 1929년 12월 13일.

39 〈麗水の料理屋組合で藝娼妓の公休日と賞與制を新に設ける〉, 《釜山日報》
    7면 4단, 1930년 11월 27일.

40 〈釜山公益質屋, 公休日變更〉, 《每日申報》3면 9단, 1931년 9월 17일.

41 〈慶尙北道, 惠まれぬ店員, 公休日が無い, 實施方を會議所が斡旋〉, 《朝鮮新

聞》6면 3단, 1932년 6월 24일.

42 〈開城商工業者, 公休日制定〉,《高麗時報》3면 8단, 1935년 10월 1일; 〈布木商公休日, 開城で制定〉,《京城日報》5면 9단, 1935년 10월 15일.

43 〈京城穀物組合, 公休日設定〉,《朝鮮新聞》4면 5단, 1935년 10월 29일.

44 〈店員의 保健 爲해 公休日을 制定, 咸興商議所에서〉,《每日申報》5면 4단, 1936년 8월 26일.

45 〈閉店은 午後十時, 公休日은 每月一回, 群山에서도 愈よ實施〉,《釜山日報》5면 8단, 1938년 10월 7일.

46 〈伊川理髮業公休日〉,《每日新報》3면 5단, 1938년 5월 20일.

47 〈平澤布木組合, 公休日을 制定〉,《每日新報》3면 7단, 1939년 5월 6일.

48 〈商工業者公休日〉,《每日新報》3면 8단, 1940년 11월 7일.

49 〈公休日制를 決定, 仁川古物商組合總會〉,《每日新報》3면 9단, 1940년 5월 7일.

50 〈南陽의 洋品店員들, 公休日 實施를 要望〉,《每日新報》2면 6단, 1940년 8월 6일.

51 〈仁川商店公休日, 組合別로 各自決定〉,《每日新報》3면 6단, 1940년 4월 24일.

52 〈織物小賣組合, 公休日을 增加, 業員本位로〉,《每日新報》4면 7단, 1940년 8월 1일.

53 〈襄陽公休日決定〉,《朝鮮新聞》2면 10단, 1941년 6월 17일.

54 〈商店法の代りに營業時間統一, 支拂日, 公休日統一, 商工聯合會が研究中〉,《朝鮮新聞》4면 2단, 1938년 9월 3일.

55 李哲河,〈自由論壇: 公休日을 無視하는 奸商輩에게 一諫〉,《高麗時報》5면 2단, 1938년 7월 1일.

56 〈優遇の公休日, 釜山花柳界で月一回の申合せ, 當局が促す時局認識〉,《釜山日報》2면 7단, 1939년 8월 15일.

57 庄野貞一,《聖訓 青少年學徒の鍊成》, 大阪: 高橋南益社, 昭和 15年(1940), 62-63쪽.

58 〈諭告〉,《朝鮮總督府官報》第3771號, 朝鮮書籍印刷株式會社, 昭和 14年

(1939) 8月 15日, 146쪽.

59 〈長城布木商組合, 公休日實施〉,《朝鮮新聞》4면 11단, 1939년 12월 5일.

60 〈龜浦料理屋飲食店の公休日〉,《釜山日報》3면 7단, 1940년 3월 7일.

61 〈各界 公休日을 興亞奉公日로, 龍井署에서 立案中〉,《滿鮮日報》7면 1단, 1940년 3월 7일.

62 〈每月一日を愛國日に, 官民擧って神社參拜, 南海郡で愛國心を昂揚す〉,《釜山日報》3면 9단, 1937년 12월 9일; 〈平壤: "愛國日即公休日"の誤れる觀念打破, 神社は早朝から參拜者の波〉,《京城日報》5면 2단, 1940년 8월 3일.

12 카렌다 연대기: 절후표, 월력, 칠요표

1 〈大正7年(戊午)陰陽曆對照及節候表〉,《每日申報》第3691號 附錄, 大正 7年(1918) 1月 1日. 출처: e뮤지엄 전국박물관 소장품 검색(https://www. emuseum.go.kr), 천안박물관 소장품 번호: 구입 812.

2 〈昭和 6年(1931) 月曆〉, 忠州郡 農會. 출처: e뮤지엄 전국박물관 소장품 검색 (https://www.emuseum.go.kr), 국립민속박물관 소장품 번호: 민속 26955.

3 〈庚午月曆〉, 朝鮮日報社, 昭和 5年(1930) 1月 1日. 출처: e뮤지엄 전국박물관 소장품 검색(https://www.emuseum.go.kr), 국립민속박물관 소장품 번호: 민속 26953.

4 〈中央月曆〉, 中央日報社, 昭和 7年(1932) 12月 12日. 출처: e뮤지엄 전국박물관 소장품 검색(https://www.emuseum.go.kr), 국립민속박물관 소장품 번호: 민속 83380.

5 〈戊子年日曆〉, 大洋出版社. 출처: e뮤지엄 전국박물관 소장품 검색(https:// www.emuseum.go.kr), 국립민속박물관 소장품 번호: 민속 26980.

6 〈壬寅年曆〉, 東亞日報社, 1962년 1월 1일. 출처: e뮤지엄 전국박물관 소장품 검색(https://www.emuseum.go.kr), 국립민속박물관 소장품 번호: 민속 27069.

7 〈今年 一般掛曆에 重大한 錯誤가 잇다, 地方에 依한 標準時間의 差異로 陰六月이 하로式 틀려〉,《中央日報》2면 4단, 1933년 1월 12일.

8 〈昭和十四年 藤澤特選カレンダー〉, 株式會社 藤澤友吉商店. 출처: e뮤지엄 전국박물관 소장품 검색(https://www.emuseum.go.kr), 국립민속박물관 소장품 번호: 민속 26966.

9 〈또 달력이 틀렷다. 新年度 掛曆의 誤謬, 總督府觀測所서 發見, 十月中에 一日 差異〉, 《朝鮮中央日報》2면 2단, 1933년 12월 31일.

10 〈陰曆「八月」의 大小, 民曆(大)이 正確, 掛曆(小)은 錯誤된 것〉, 《朝鮮中央日報》2면 6단, 1934년 10월 7일.

11 〈昭和 9年(1934) 납세 카렌다〉, 京城府. 출처: e뮤지엄 전국박물관 소장품 검색(https://www.emuseum.go.kr), 국립민속박물관 소장품 번호: 민속 26960.

12 〈新義州で納税奬勵, カレンダー配布〉, 《朝鮮新聞》4면 5단, 1925년 12월 24일.

13 〈税金を忘れるな, カレンダーを配布〉, 《京城日報》2면 3단, 1932년 12월 18일.

14 〈納税カレンダー, 京城府で配布〉, 《朝鮮新聞》2면 8단, 1933년 12월 31일.

15 〈自力更生のカレンダー, 簡保局各所に配布〉, 《朝鮮新聞》5면 6단, 1933년 1월 12일.

16 〈咸鏡南道: 元山府で作るカレンダー, 今年一層嚴選, 優秀なものを〉, 《朝鮮新聞》4면 6단, 1934년 12월 15일.

17 〈新春膳物로「카렌다」進呈, 六百愛讀者에게〉, 《朝鮮中央日報》3면 1단, 1935년 12월 25일.

18 〈昭和十一年 京日繪こよみ〉, 京城日報社, 昭和 11年 1月 1日. 출처: e뮤지엄 전국박물관 소장품 검색(https://www.emuseum.go.kr), 국립민속박물관 소장품 번호: 민속 26963.

19 〈朝鮮觀光のカレンダー〉, 《京城日報》11면 10단, 1936년 11월 15일.

20 〈鐵道局のカレンダー, 新年度の樣式決定〉, 《京城日報》7면 6단, 1938년 11월 11일; 〈鐵道カレンダー, 近日中配布〉, 《朝鮮新聞》2면 5단, 1938년 12월 23일.

21 〈カレンダーを配布, 密造防止に力瘤, 昌原咸安酒類矯正會で〉, 《朝鮮新聞》

3면 5단, 1937년 1월 18일.

22 〈カレンダー廢し, 防空器材費寄附〉,《朝鮮新聞》7면 10단, 1939년 12월 8일.

23 〈防犯カレンダー, 龍山署で配布〉,《朝鮮新聞》2면 6단, 1941년 1월 19일.

24 〈新春は近し, カレンダーは早くも店頭へ〉,《朝鮮新聞》2면 6단, 1928년 12월 5일.

25 〈街頭にデヴユーした十二年のカレンダー〉,《朝鮮新聞》3면 1단, 1936년 11월 29일.

시간의 연대기

잊힌 시간 형태의 기록

초판 1쇄 발행 2025년 1월 31일

지은이 이창익
발행편집 유지희
디자인 박진범, 이정아
제작 제이오

펴낸곳 테오리아
    출판등록 2013년 6월 28일 제25100-2015-000033호
    전화 02-3144-7827
    팩스 0303-3444-7827
    전자우편 theoriabooks@gmail.com

ISBN 979-11-87789-43-7 (93910)

이 도서는 2024년 문화체육관광부의 '중소출판사 도약부문 제작 지원' 사업의 지원을 받아 제작되었습니다.